SCHÄFFER
POESCHEL

Helmut Hopp/Astrid Göbel

Management in der öffentlichen Verwaltung

Organisations- und Personalarbeit
in modernen Kommunalverwaltungen

3., überarbeitete und erweiterte Auflage

2008
Schäffer-Poeschel Verlag Stuttgart

Professor Dr. Helmut Hopp, Hochschule für öffentliche Verwaltung und Finanzen Ludwigsburg
Dipl.-Kauffrau Astrid Göbel, Partnerin, Advisory Public Sector,
KPMG Deutsche Treuhand-Gesellschaft Aktiengesellschaft
Wirtschaftsprüfungsgesellschaft, a subsidiary of KPMG Europe L.L.P.

Dozenten finden Folienvorlagen für dieses Lehrbuch unter:
www.sp-dozenten.de (Registrierung erforderlich).

Bibliografische Information Der Deutschen Bibliothek
Die Deutsche Bibliothek verzeichnet diese Publikation in der Deutschen Nationalbibliografie; detaillierte bibliografische Daten sind im Internet über <http://dnb.ddb.de> abrufbar.

Gedruckt auf chlorfrei gebleichtem, säurefreiem und alterungsbeständigem Papier

ISBN 978-3-7910-2751-7

www.schaeffer-poeschel.de
info@schaeffer-poeschel.de

Einbandgestaltung: Willy Löffelhardt, Melanie Weiß
(Umschlagmotiv: MEV Verlag, Augsburg)
Satz: media office gmbh, Kornwestheim
Druck und Bindung: Kösel, Krugzell • www.koeselbuch.de

Printed in Germany
September 2008

Schäffer-Poeschel Verlag Stuttgart
Ein Tochterunternehmen der Verlagsgruppe Handelsblatt

Vorwort zur dritten Auflage

Das im Jahre 1999 erstmals erschienene Lehrbuch *Management in der öffentlichen Verwaltung* geht nunmehr in die dritte Auflage. Es enthält neben den Grundzügen des New Public Managements ausführliche Darstellungen der Organisations- und Personalarbeit in modernen Kommunalverwaltungen.

Inzwischen ist das New Public Management in eine Phase getreten, in der es um die Konsolidierung des Erreichten und um gut durchdachte und kontrollierte Weiterentwicklungen geht. In der Neuauflage haben wir den eingetretenen Entwicklungen Rechnung getragen. Sie enthält in den Kapiteln 2 und 3 Bestandsaufnahmen zur Einführung der Bausteine des Neuen Steuerungsmodells, Ausführungen zu den Wirkungen der Europäischen Union auf das Verwaltungsmanagement und einen neuen Abschnitt zum Thema Good Governance. Der Bereich des Organisationsmanagements (Kapitel 4) ist durch das Thema Organisationscontrolling erweitert worden. Zudem konnten bei den Vorgehensweisen zum organisatorischen Wandel neue Erörterungen zu den verschiedenen Rollen von Mitarbeitern und zum Einsatz externer Berater integriert werden. Weitere Ergänzungen beziehen sich auf die Erfolgsfaktoren des Change Managements, das Projektmanagement und die Techniken der Organisationsarbeit. Das Kapitel 5 (Personalmanagement) hat in den Feldern der Personalbedarfsdeckung und der Personalentwicklung Veränderungen erfahren. Der Themenbereich Leistungs- und Potenzialbeurteilung wurde grundlegend aktualisiert und wesentlich erweitert. Neu sind Lösungshinweise zu den Wiederholungsfragen. Damit wird die Aufarbeitung des umfangreichen Lehrstoffes wesentlich erleichtert.

In den Universitäten und Fachhochschulen haben sich in den letzten Jahren gravierende Veränderungen ergeben. Der Bologna-Prozess ist mit großem Nachdruck umgesetzt worden. Die Studiengänge sind weitgehend auf die Studienabschlüsse *Bachelor* und *Master* umgestellt, wobei die bisherigen Fachgebiete eines Studiengangs die Form von Modulen aufweisen, die einerseits eine ausgeprägte Outputorientierung und andererseits auf der Basis von Leistungspunkten eine höhere Vergleichbarkeit zwischen den Studiengängen gewährleisten sollen. Zudem sind in allen Studiengängen neben den Präsenzzeiten die Selbstlernzeiten eindeutig definiert und in der Quantität explizit beziffert worden.

Die Hochschule für öffentliche Verwaltung und Finanzen Ludwigsburg, die in zwei Fakultäten vier grundständige Studiengänge und einen Aufbaustudiengang gewährleistet, hat die Umstellung auf das neue System vollständig abgeschlossen. Als Ergänzung zu den einschlägigen Vorlesungen, hat das vorliegende Lehrbuch auch in der neuen Studienstruktur eine hohe Relevanz. Es richtet sich zudem an Studierende anderer Hochschulen, die sich im Bereich von BWL- und Management-Studiengängen mit Fragestellungen der öffentlichen bzw. halböffentlichen Verwaltungsorganisationen befassen. Selbstverständlich sind die Inhalte des Lehrbuches auch für Praktiker geeignet, die in den berührten Themenbereichen arbeiten. Durch ein Autorenteam, das sowohl die akademische Lehre wie auch die Umsetzung der theoretischen Ansätze in der Anwendung sehr gut repräsentiert, wird die notwendige Verknüpfung von Theorie und Praxis gewährleistet.

Wir bedanken uns bei allen Lesern, die uns aufgrund aufmerksamer und kritischer Lektüre hilfreiche Hinweise für Überarbeitungen gegeben haben. Ein besonderer Dank gilt Herrn Prof. Günther Pfeifer, der uns wertvolle Hinweise zu den neuen Tarifverträgen und zur Reform des öffentlichen Dienstrechtes geben konnte. Herr Frank Katzenmayer und Frau Adelheid Fleischer vom Schäffer-Poeschel Verlag haben die Erstellung des Lehrbuches seit 1999 in hervorragender Weise unterstützt und die Autoren an anstehende Neuauflagen erinnert.

Mundelsheim und Bempflingen, im Juli 2008

Helmut Hopp
Astrid Göbel

Vorwort zur ersten Auflage

Die Kommunalverwaltungen befinden sich in einem durchgreifenden Umgestaltungsprozess. Die Finanzknappheit, der Wertewandel und der Blick auf Entwicklungen im westlichen Ausland haben einen Prozess ausgelöst, der die Strukturen und die Praxis der Verwaltungsorganisationen grundlegend verändert. Kundenorientierung, Dezentralisierung, Controlling und Wettbewerb sind nur einige der Aspekte, die heute in modernen Verwaltungen nicht mehr wegzudenken sind. Wer geglaubt hat, dass die deutsche öffentliche Verwaltung nicht reformfähig sei, wird gegenwärtig vielleicht eines Besseren belehrt. Obwohl sich die Praxis nicht immer so verhält, wie es sich die Theorie eines Neuen Steuerungsmodells vorstellt, zeichnen sich im Rahmen der Verwaltungsmodernisierung inzwischen Erfolge ab. Die Vision von einem modernen Dienstleistungsunternehmen nimmt in einigen Städten und Gemeinden Konturen an. Dort, wo die Entwicklungen noch nicht so weit fortgeschritten sind, wird der Reformdruck zusehends größer.

Um den Herausforderungen der Modernisierung gerecht zu werden, benötigt die öffentliche Verwaltung umfangreiches Managementwissen. Dabei ist es nicht damit getan, das notwendige Know-how je nach Bedarf durch den Einsatz von Unternehmensberatern ins Rathaus zu holen. Wer im Modernisierungsprozess mithalten will, muss die eigenen Mitarbeiter mit den neuen Managementinstrumenten vertraut machen. Unter diesen Voraussetzungen kommt dem Nachwuchs für den öffentlichen Dienst eine besondere Bedeutung zu. Die Hochschulen für öffentliche Verwaltung sind dabei besonders gefordert, sie müssen ihre Lehrinhalte an die neuen Entwicklungen anpassen. In Baden-Württemberg haben die Verwaltungsfachhochschulen bereits reagiert, indem sie Studieninhalte zugunsten von Betriebswirtschaft und Management verändert haben. Aber auch für die betriebswirtschaftlichen Studiengänge der externen Fachhochschulen sind die gegenwärtigen Entwicklungen von großem Interesse. Immer mehr Verwaltungen rekrutieren ihren Nachwuchs für Managementaufgaben aus externen BWL-Studiengängen.

Das vorliegende Lehrbuch richtet sich vornehmlich an Studierende der genannten Fachhochschulen. Darüber hinaus ist es natürlich auch für Praktiker geeignet, die in den Verwaltungen mit Managementaufgaben betraut sind. Es stellt die wesentlichen Konzepte, Instrumente und Maßnahmen des Organisations- und Personalmanagements dar. Grundlage bilden die Bausteine des Neuen Steuerungsmodells, an dem die *Kommunale Gemein-*

schaftsstelle für Verwaltungsvereinfachung (*KGSt*) einen maßgeblichen Anteil hat. Der Untertitel »Organisations- und Personalarbeit in modernen Kommunalverwaltungen« weist bereits darauf hin, dass wir mit dem Lehrbuch nicht die gesamte »Betriebswirtschaftslehre der öffentlichen Verwaltung« abdecken. So werden finanzwirtschaftliche Zusammenhänge und das Haushalts- und Rechnungswesen nur soweit zum Gegenstand, als sie zum Gesamtverständnis des Neuen Steuerungsmodells notwendig sind.

Der Aufbau und die inhaltliche Gestaltung des Buches gibt die Erfahrungen und Erkenntnisse der Autoren wieder, die sie als Studierende, als Organisations- und Wirtschaftsberater sowie als Hochschullehrer gesammelt haben. Für Hinweise, die das vorliegende Lehrbuch verbessern können, sind wir dankbar.

Im Unterschied zu den anderen Lehrbüchern der Reihe »Praxisnahes Wirtschaftsstudium« konnten wir aufgrund unseres Gegenstandes nicht auf das Fallbeispiel *Speedy GmbH* zurückgreifen. Wir haben deshalb im ersten Kapitel ein spezifisches Fallbeispiel eingeführt, das den Leser durch alle weiteren Kapitel des Lehrbuches begleiten wird: die Stadtverwaltung *Bürohausen*. Zahlreiche Tabellen und Abbildungen sowie über 100 Kontrollfragen runden das didaktische Konzept des Buches ab.

Ohne die Unterstützung des Umfeldes ist die Produktion eines Buches nicht denkbar. Wir bedanken uns deshalb bei allen, die uns in dem Vorhaben bestärkt und uns mit Rat und Tat zur Seite gestanden haben.

Ludwigsburg und Stuttgart, im Februar 1999 *Helmut Hopp*
Astrid Göbel

Inhaltsverzeichnis

Abkürzungsverzeichnis

Abb.	Abbildung
Abs.	Absatz
AC	Assessment-Center
a.F.	alte Fassung
AGG	Allgemeines Gleichbehandlungsgesetz
apf	Ausbildung-Prüfung-Fortbildung (Zeitschrift für die staatliche und kommunale Verwaltung)
ARGE	Arbeitsgemeinschaft
Art.	Artikel
BAG	Bundesarbeitsgericht
BAT	Bundesangestelltentarif
BBesG	Bundesbesoldungsgesetz
BFG	Beratungs- und Förderungsgespräch
BM	Bürgermeister
BMT-G	Bundesmanteltarifvertrag für Arbeiter gemeindlicher Verwaltungen
BSC	Balanced Scorecard
BSHG	Bundessozialhilfegesetz
BW	Baden-Württemberg
bzw.	beziehungsweise
CAF	Common Assessment Framework
DGFP	Deutsche Gesellschaft für Personalführung e.V.
d.h.	das heißt
DIN	Deutsche-Industrie-Norm(en)
DZ	Datenzentrale
EDV	Elektronische Datenverarbeitung
EFQM	European Foundation for Quality Management
E-Government	Electronic Government
EU	Europäische Union
f.	folgende
ff.	fortfolgende
FuE	Forschung und Entwicklung
GBl.	Gesetzblatt
GG	Grundgesetz
GmbH	Gesellschaft mit beschränkter Haftung
GTZ	Gesellschaft für Technische Zusammenarbeit
HöV	Hochschule für öffentliche Verwaltung
HVF	Hochschule für öffentliche Verwaltung und Finanzen
HWFü	Handwörterbuch der Führung
IuK	Information und Kommunikation

i.V.	in Verbindung
KGSt	Kommunale Gemeinschaftsstelle für Verwaltungsmanagement
KVP	Kontinuierlicher Verbesserungsprozess
LGA	Landesgesundheitsamt
LHO	Landeshaushaltsordnung
LVA	Landesversicherungsanstalt
MBD	Management by Delegation
MBE	Management by Exception
MBO	Management by Objectives
NPM	New Public Management
NSI	Neue Steuerungsinstrumente
NSM	Neues Steuerungsmodell
OB	Oberbürgermeister
OC	Organisationscontrolling
OE	Organisationsentwicklung
OECD	Organisation für wirtschaftliche Zusammenarbeit und Entwicklung (OECD, en.: *Organisation for Economic Co-operation and Development*)
PE	Personalentwicklung
PIS	Personalinformationssystem
SGK	Sozialdemokratische Gemeinschaft für Kommunalpolitik Nordrhein-Westfalen
StOGVO	Stellenobergrenzenverordnung
TQM	Total Quality Management
TVöD	Tarifvertrag für den öffentlichen Dienst
TVÜ	Tarifvertrag zur Überleitung in den TVöD
TV-L	Tarifvertrag für den öffentlichen Dienst der Länder
UA	Unterabschnitt
u.a.	unter anderem
u.E.	unseres Erachtens
usw.	und so weiter
v.a.	vor allem
VC	Verwaltungscontrolling
vgl.	vergleiche
VHS	Volkshochschule
VO	Verordnung
VOP	Verwaltung Organisation Personal Die Fachzeitschrift für erfolgreiches Verwaltungsmanagement
VKA	Verband der Kommunalen Arbeitgeber
z.B.	zum Beispiel
zfo	Zeitschrift Führung + Organisation

1 Die öffentliche Verwaltung als Gegenstand modernen Managements: Funktionen, Strukturen und Probleme

Lernziele

Die öffentliche Verwaltung hat sich bis zu Beginn der 90er-Jahre vor allem an rechts-, politik- und verwaltungswissenschaftlichen Erkenntnissen und Vorgaben orientiert. Bis dahin wurden betriebswirtschaftliches Wissen und Managementmethoden nur sehr dosiert für das Handeln der Verwaltungen eingesetzt. Spätestens mit der Einführung des Neuen Steuerungsmodells wird mit Nachdruck versucht, Betriebswirtschaft und Management in stärkerem Maße zur Qualitätsverbesserung und Effizienzsteigerung einzusetzen. Dennoch können die Methoden, die in den privaten Unternehmen erfolgreich zum Einsatz gekommen sind, nicht immer unmittelbar auch in Verwaltungsorganisationen verwendet werden. Das Kapitel 1 thematisiert die spezifischen Strukturen und Problemlagen der öffentlichen Verwaltung. In diesem Kapitel soll der Leser

- die spezifischen Funktionen, Strukturen und Probleme der öffentlichen Verwaltung kennen lernen,
- die Besonderheiten der Verwaltung als Gegenstand des modernen Managements erkennen,
- die gegenwärtigen Probleme der Kommunalverwaltungen aufzeigen und
- den Begriff Verwaltungsmanagement in Grundzügen herleiten und einordnen.

1.1 Funktionen und Strukturen der Kommunalverwaltung

Besonderheiten der Verwaltung

Die öffentliche Verwaltung ist ein besonderer Gegenstand für das moderne Management. Dies müssen bisweilen auch Unternehmensberater feststellen, die im Bereich der öffentlichen Verwaltung jene Konzepte realisieren wollen, mit denen sie im privaten Sektor erfolgreich gewesen sind. Viele Strategien und Maßnahmen, die in der gewerblichen Wirtschaft funktionieren, sind in der öffentlichen Verwaltung nicht in jedem Fall geeignet, um die *Qua-*

lität der Aufgabenbewältigung oder die *ökonomische Effizienz* des Verwaltungshandelns zu gewährleisten. Mitunter scheitern Beratungsprojekte, weil die besonderen Rahmenbedingungen der Verwaltung nicht ausreichend berücksichtigt werden. Wenn es um das Management in der Kommunalverwaltung geht, müssen die spezifischen Rahmenbedingungen des dreigliedrigen Verwaltungssystems beachtet werden. Ein kurzer Blick auf Funktionen, Aufgaben und Strukturen der Kommunalverwaltung ist deshalb notwendig.

1.1.1 Funktionen und Aufgaben

Unterschiede zu Wirtschaftsunternehmen

Aufgrund ihrer besonderen Funktion haben Verwaltungsorganisationen als Gebietskörperschaften einerseits Gemeinsamkeiten, andererseits markante Unterschiede zu privaten Wirtschaftsunternehmen. »Gebietskörperschaften sind nichts anderes als Non-Profit-Organisationen, die wie alle anderen Wirtschaftsunternehmen zielgerichtete, produktive, soziale, offene Systeme darstellen. Gebietskörperschaften sind mit Mehrproduktdienstleistungsunternehmen vergleichbar. Von privaten Wirtschaftsunternehmen unterscheiden sie sich dahingehend, dass ihre spezifischen Ziele sich nicht im übergeordneten Existenzziel der Gewinnerzielung bündeln, sondern die einzelnen Sachziele nebeneinander bestehen, die idealtypisch aus den gesellschaftlichen Willensbildungsprozessen der Bürger hergeleitet sind« (*Lang, E.* 1996 S. 12). Verfassungsrechtliche und politische Voraussetzungen sind dem gemäß zu berücksichtigen.

Rechtliche Stellung der Kommunalverwaltung

Die Stellung der kommunalen Verwaltungen ergibt sich aus dem Grundgesetz, in dem die Grundstruktur des öffentlichen Sektors festgelegt ist. Besonders maßgeblich sind die Art. 20 und 28 GG. Art. 20 regelt die *Gewaltenteilung*, die vorsieht, dass drei voneinander unabhängige Gewalten existieren: die Judikative, die Legislative und die Exekutive. Die Letztere ist wiederum differenziert in Regierung und Verwaltung, wobei festgelegt ist, dass der Regierung die grundsätzliche Organisationsgewalt obliegt, die sich zum Beispiel auf die Auflösung, die Veränderung und die Neubildung ganzer Verwaltungseinheiten bezieht. Weniger gravierende Veränderungen in Aufbau- und Ablauforganisation können eigenverantwortlich durch die Verwaltung selbst vorgenommen werden. Überdies sieht das Grundgesetz eine *föderale Struktur* vor, was bedeutet, dass sich der Staatsaufbau aus zwei voneinander unabhängigen staatlichen Ebenen, dem Bund und den Bundesländern, konstituiert (vgl. *Damkowski, W./Precht, C.* 1995 S. 133).

In Art. 28 Absatz 2 GG wird den Gemeinden das Recht gewährt, »... alle Angelegenheiten der örtlichen Gemeinschaft im Rahmen der Gesetze in eigener Verantwortung zu regeln.« Daraus ergibt sich die dritte Ebene des Verwaltungsaufbaus. Das *Prinzip kommunaler Selbstverwaltung* bestimmt, dass die Gemeinden gegenüber der Bundes- und der Landesebene eine relative Unabhängigkeit haben, obwohl sie keinen Staatscharakter besitzen (vgl. *Köster, R.* 2003a S. 18 ff.). Kommunalverwaltungen können z. B. keine formalen Gesetze erlassen, sie haben lediglich das Satzungsrecht.

Die Verwaltungsorganisationen der kommunalen Ebene sind in das rechtliche und strukturelle Gefüge des dreigliedrigen Verwaltungsaufbaus eingebunden. Die Möglichkeiten und Grenzen der kommunalen Verwaltung ergeben sich aufgrund der verfassungsrechtlichen Voraussetzungen. Von besonderer Bedeutung sind der föderale Staatsaufbau und das verbriefte Recht auf kommunale Selbstverwaltung.

Europäische Richtlinien

Inzwischen ist die kommunale Selbstverwaltung auch in der Europäischen Union ein akzeptiertes Strukturprinzip. Dies ist insofern von besonderer Bedeutung, als ein Großteil der Gesetze in der Bundesrepublik Deutschland durch Richtlinien der EU verursacht sind und viele dieser Gesetze auf Ebene der Kommunen umgesetzt werden müssen. So betont der Oberbürgermeister der Landeshauptstadt Stuttgart Dr. Wolfgang *Schuster* anlässlich der Europakonferenz des Landeskreises Ludwigsburg (vgl. *Haas, R./Hopp, H./Kese, V.* 2008) hinsichtlich des 2007 neu formulierten EU-Vertrages: »In den Verhandlungen war es den kommunalen Vertretern wichtig, dass im künftigen Artikel 4 des EU-Vertrages ein Passus aufgenommen wurde, der die lokale Selbstverwaltung als Bestandteil der Identität der Mitgliedstaaten ausdrücklich anerkennt. Die kommunale Selbstverwaltung ist ein unverzichtbares Ordnungsprinzip, das von allen akzeptiert werden muss« (*Schuster, W.* 2008 S. 34).

Sozialstaatsprinzip

Weitere Verfassungsbestimmungen geben Aufschluss darüber, welche inhaltlichen Funktionen Staat und Verwaltung zu erfüllen haben. *Damkowski/Precht* betonen, dass vor allem aus dem Sozialstaatsprinzip (Art. 20 Absatz 1 GG), aus der Sozialbindung des Eigentums (Art. 14 Absatz 1 GG) wie auch aus dem Grundrechtskatalog hervorgeht, dass der Staat primär die Verpflichtung hat, das Gemeinwohl zu erhalten und zu fördern. Das nur schwer materiell zu bestimmende *Gemeinwohl* muss im Einzelfall durch entsprechende legislative bzw. politisch-administrative Entscheidungen definiert werden. Dabei sind die Chancengleichheit und der gerechte soziale Ausgleich durch Formen der Umverteilung zu gewährleisten. Daraus folgt, dass Staat und Verwaltung nicht beliebig entscheiden dürfen, ob und welche Aufgaben bzw. Dienstleistungen sie durch ihr Handeln gewährleisten (vgl. *Damkowski, W./ Precht*, C. 1995 S. 134).

Funktion der Verwaltung

Die Funktion der öffentlichen Verwaltung liegt primär in der Durch- bzw. Umsetzung jener *kollektiv verbindlichen Entscheidungen*, die im Rahmen der gesetzgebenden Gewalt (Bundestag und Landesparlamente) formuliert worden sind. Dabei ist in vielen Fällen die Ebene der Kommunalverwaltung (Kreise, Städte und Gemeinden) für die Sicherstellung der damit verbundenen Aufgaben verantwortlich. Das heißt, Gesetze und Rechtsverordnungen, die auf Bundes- oder Landesebene erarbeitet werden, führen auf der Ebene der kommunalen Selbstverwaltung fast immer zu neuen Aufgaben bzw. zu Ausweitungen bereits bestehender Aufgaben. Wie das Zusammenspiel zwischen staatlicher Gesetzgebung und kommunaler Aufgabenbewältigung funktioniert, lässt sich an einem konkreten Beispiel deutlich machen.

B

In den 90er-Jahren ist auf Bundesebene ein Gesetz verabschiedet worden, wonach jedes Kind ab dem dritten Lebensjahr einen rechtlichen Anspruch auf einen Kindergartenplatz erhält. Die Kommunalverwaltungen stehen seither vor dem Problem, dieses Gesetz in die Realität umsetzen zu müssen. Sie haben die Aufgabe, in ihren jeweiligen Gebietskörperschaften jene konkreten Voraussetzungen zu schaffen, die eine Realisierung dieser gesetzlichen Vorgabe ermöglichen.

Pflichtaufgaben und freiwillige Aufgaben

Ein großer Teil der Aufgaben der Kommunalverwaltungen resultieren aus derartigen Gesetzen. Selbst die so genannten *freiwilligen Aufgaben* (Kultur, Sport, Freizeit) der Städte und Gemeinden gehen letztlich aus gesetzlichen Vorgaben hervor. So ist im Grundgesetz und in den Gemeindeordnungen festgelegt, dass die Kommunalverwaltungen die *allgemeine Daseinsvorsorge* für die Bevölkerung ihrer Gebietskörperschaften gewährleisten müssen. Allerdings haben die Kommunen bei der Realisierung dieser Vorgaben Interpretations- und Ermessensspielräume. Tatsächliche Handlungsspielräume bei den freiwilligen Aufgaben ergeben sich jedoch nur dann, wenn nach ordnungsgemäßer Erfüllung der *Pflichtaufgaben* noch genügend finanzielle Mittel zur Verfügung stehen.

Querschnittsaufgaben

In Kommunalverwaltungen sind die *Fachaufgaben* von den *Querschnittsaufgaben* zu unterscheiden. Als Fachaufgaben bezeichnen wir jene Aufgaben, die unmittelbare Außenwirkung haben und somit entweder auf gesellschaftliche Bedarfe oder Problemlagen reagieren, oder unerlässliche Voraussetzungen für gesellschaftliche Funktionsbereiche (Wirtschaft, Bildung, Sport, Kultur ...) schaffen. *Naßmacher/Naßmacher* sprechen einerseits von der Bereitstellung öffentlicher Dienstleistungen für die Bevölkerung und andererseits von einer kleinräumigen Steuerung der Umweltgestaltung (vgl. *Naßmacher, H./Naßmacher, K.-H.* 1979 S. 40ff.).

Querschnittsaufgaben sind demgegenüber Leistungen, die die Facheinheiten erst in die Lage versetzen, ihre Aufgaben zu erfüllen. Die Querschnittsämter (Hauptamt, Organisations- und Personalamt …) versorgen die Facheinheiten mit jenen Ressourcen, die notwendig sind, um die Aufgaben zu bewältigen. Die Organisation der konventionellen Kommunalverwaltung zeichnet sich dadurch aus, dass Fachverantwortung und Ressourcenverantwortung jeweils unterschiedlichen Organisationseinheiten zugeordnet sind. In einer reformierten Kommunalverwaltung sind Fach- und Ressourcenverantwortung auf Ebene der Fachbereiche zusammengeführt.

1.1.2 Strukturen

Aufgabenspektrum

Wie breit das Aufgabenspektrum der Kommunalverwaltungen ist, zeigen die Verwaltungsgliederungspläne der Stadt- und Gemeindeverwaltungen. Der Muster-Verwaltungsgliederungsplan der *Kommunalen Gemeinschaftsstelle für Verwaltungsmanagement* – kurz: *KGSt* – aus dem Jahre 1979 umfasst insgesamt 45 Aufgabengruppen, die in der kommunalen Struktur als Ämter bezeichnet werden. Die Ämter bilden somit das Kernstück des kommunalen Verwaltungsaufbaus, sie fungieren als die den Aufgabenvollzug tragenden Organisationseinheiten. »Die Ämter stellen damit diejenigen Teileinheiten der kommunalen Gesamtverwaltung dar, die gegenüber den Bürgerinnen und Bürgern oder gegenüber Geschäftspartnern selbstständig im Rahmen festgelegter Kompetenzen auftreten« (*Streibl, U.* 1996 S. 52). Im *KGSt*-Verwaltungsgliederungsplan werden die *Aufgabengruppen* wiederum zu *Aufgabenhauptgruppen* zusammengefasst. Organisatorisch bilden sie jeweils einen Geschäftsbereich, der als Einzelverwaltung bezeichnet wird. Insgesamt sind die 45 Ämter acht Einzelverwaltungen zugeordnet, die schließlich zusammengenommen die kommunale Gesamtverwaltung darstellen (vgl. *Streibl, U.* 1996 S. 53, *KGSt* 1979 S. 27 f. und 230). Inzwischen haben die Arbeiten am Neuen Steuerungsmodell zu einer deutlichen Modifikation der überholten Aufgabengliederungspläne geführt. So sind die Aufgabenbeschreibungen durch Produkte und Produktpläne ersetzt worden. Der Kommunale Produktplan Baden Württemberg unterscheidet insgesamt über 400 Einzelprodukte. Eine ähnlich große Zahl erreicht der *KGSt-Produktplan* für Städte und Gemeinden. Um eine Übersichtlichkeit in die komplexe Struktur der Produkte zu bekommen, sind Produkte zu Produktgruppen und Produktgruppen zu Produktbereichen zusammengefasst worden. Der *KGSt-Produktplan* verfügt über eine Struktur mit 41 Produktgruppen, die insgesamt fünf Produktbereichen zugeordnet sind. Die Abbildung 1.2 stellt den Produktplan im Überblick dar.

An der Spitze der Kommunalverwaltung steht die Verwaltungsleitung, die je nach Größe und geltender Gemeindeordnung unterschiedlich ausgestaltet ist. Entweder handelt es sich um einen (Ober-)Bürgermeister oder um ein Gremium bestehend aus Bürgermeister und Beigeordneten (vgl. *Streibl, U.* 1996 S. 53).

Muster – Verwaltungsgliederungsplan der *KGSt*

1 **Allgemeine Verwaltung**	2 **Finanzverwaltung**	3 **Rechts-, Sicherheits- und Ordnungsverwaltung**	4 **Schul- und Kulturverwaltung**	5 **Sozial-, Jugend- und Gesundheitsverwaltung**	6 **Bauverwaltung**	7 **Verwaltung der öffentlichen Einrichtungen**	8 **Verwaltung für Wirtschaft und Verkehr**
10 Hauptamt	20 Kämmerei	30 Rechtsamt	40 Schulverwaltungsamt	50 Sozialamt	60 Bauverwaltungsamt	70 Stadtreinigungsamt	80 Amt für Wirtschafts- und Verkehrsförderung
11 Personlamt	21 Kasse	31	41 Kulturamt	51 Jugendamt	61 Stadtplanungsamt	71 Schlacht- und Viehhof	81 Eigenbetriebe
12 Statistisches Amt	22 Steueramt	32 Ordnungsamt	42 Bibliothek	52 Sportamt	62 Vermessungs- und Katasteramt	72 Marktamt	82 Forstamt
13 Presseamt	23 Liegenschaftsamt	33 Einwohner- und Meldeamt	43 Volkshochschule	53 Gesundheitsamt	63 Bauordnungsamt		
14 Rechnungsprüfungsamt	24 Amt für Verteidigungslasten	34 Standesamt	44 Musikschule	54 Krankenhäuser	64 Wohnungsförderungsamt		
		35 Versicherungsamt	45 Museum	55 Ausgleichsamt	65 Hochbauamt		
		36	46 Theater		66 Tiefbauamt		
		37 Feuerwehr	47 Archiv		67 Grünflächenamt		
		38 Zivilschutzamt					

Abb. 1.1: Muster – Verwaltungsgliederungsplan der *KGSt* (*KGSt* 1979 S. 234)

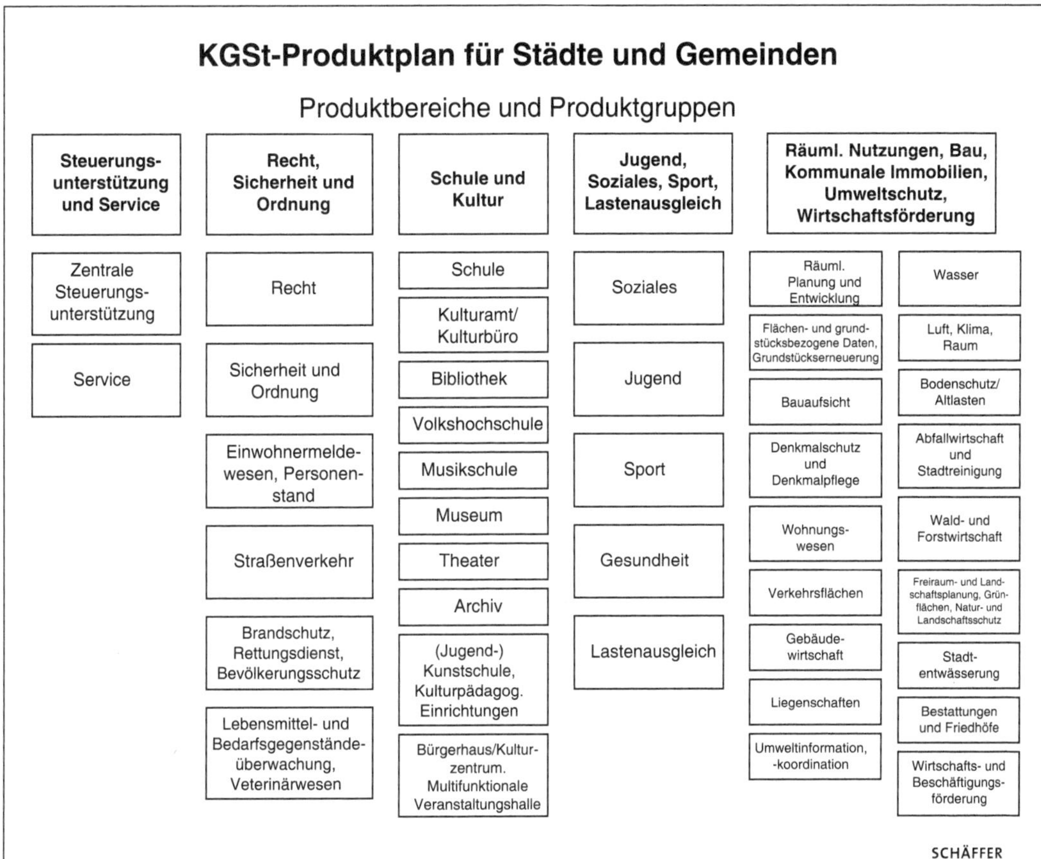

Abb. 1.2: *KGSt*-Produktplan (KGSt-Bericht 5/1997 S. 11)

Aufbaustruktur

Kommunalverwaltungen weisen je nach Einwohnerzahl unterschiedliche Aufgabenspektren auf, die sich dann wiederum auf die jeweilige Aufbaustruktur der Verwaltung auswirken. In kleineren Verwaltungen ist der zweistufige Verwaltungsaufbau, bestehend aus der Verwaltungsleitung und der Ämterebene, die Regel. In größeren Kommunalverwaltungen (ab ca. 20.000 Einwohnern) schiebt sich zwischen Verwaltungsleitung und Ämterebene die Ebene der Dezernate. Die einzelnen Ämter können je nach Größe intern nochmals in Abteilungen und Sachgebiete unterteilt sein. Als organisatorische Basiseinheit fungiert die einzelne Stelle. Auch in der Aufbaustruktur der Kommunalverwaltungen haben sich inzwischen Änderungen ergeben. Die neue Produktstruktur hat sich auf die Aufbaustruktur der Kommunen ausgewirkt. An die Stelle der stark ausdifferenzierten und spezialisierten Ämter sind so genannte Fachbereiche getreten, die eine Mehrzahl von ähnlichen Produktgruppen zusammenfassen, um einerseits den Bürgern bzw.

Kunden umfassendere und ganzheitliche Dienstleistungsangebote unterbreiten zu können und andererseits insgesamt eine schlankere und damit effizientere Organisation zu gewährleisten. Fachbereiche können aufgrund ihrer Größe selbstständige Managementverantwortung übernehmen. Im Zuge des Fachbereichsdenkens ist in einigen größeren Kommunalverwaltungen zudem die Dezernentenebene entfallen. An die Stelle von Dezernenten und Amtsleitern ist dann die Position des Fachbereichsleiters getreten, der mithin beide bisherigen Funktionen integriert wahrnehmen muss. Insofern wird der Verwaltungsaufbau auch größerer Kommunalverwaltungen künftig zweistufig sein. In der Praxis ist aber auch bei Fachbereichsstrukturen noch oft eine Dezernatsebene vorgesehen.

Rat und Verwaltung

Bei Kommunalverwaltungen muss überdies berücksichtigt werden, dass die wesentlichen Angelegenheiten durch den Stadt- bzw. Gemeinderat entschieden werden. Die Verwaltungsführung bereitet die Entscheidungen vor und ist nach den entsprechenden Beschlüssen des Rates verpflichtet, die jeweiligen Entscheidungen umzusetzen. Eine der zentralen Aufgaben besteht darin, die Haushaltssatzung für das jeweils anstehende Haushaltsjahr zu verabschieden. Die Gemeinderäte wiederum sind den Wählern, das heißt den Bürgern verpflichtet. Im Idealfall setzen sie durch ihre Entscheidungen den Willen der Bürgerschaft um. Unterstützung finden die Gemeinderäte durch die Arbeit der von ihnen selbst eingerichteten *Ausschüsse*, die sich jeweils spezifischen Fachthemen widmen, um dem Rat Empfehlungen zu geben. Üblicherweise werden u. a. folgende Ausschüsse eingerichtet: Schulausschuss, Kulturausschuss, Sozialausschuss und Bauausschuss. Kritisch ist zu sehen, dass die konventionelle Zusammenarbeit zwischen Rat und Verwaltung auch gegenwärtig noch unzureichend organisiert ist, weil sich die politische Ebene zu sehr in Detailfragen des Verwaltungsvollzugs einmischt und somit das durchaus bestehende kreative Potenzial der Verwaltung eher behindert als befördert.

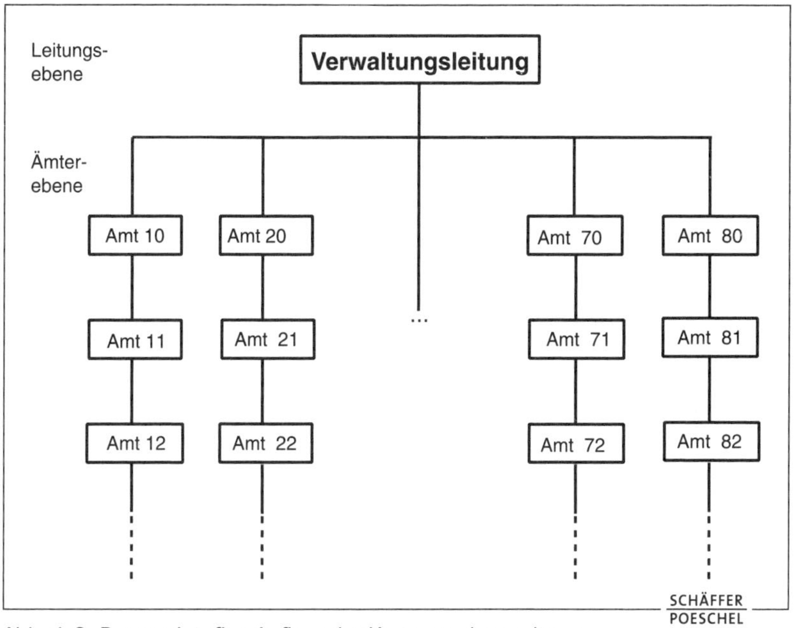

Abb. 1.3: Der zweistufige Aufbau der Kommunalverwaltung
(*Streibl, U.* 1996 S. 55)

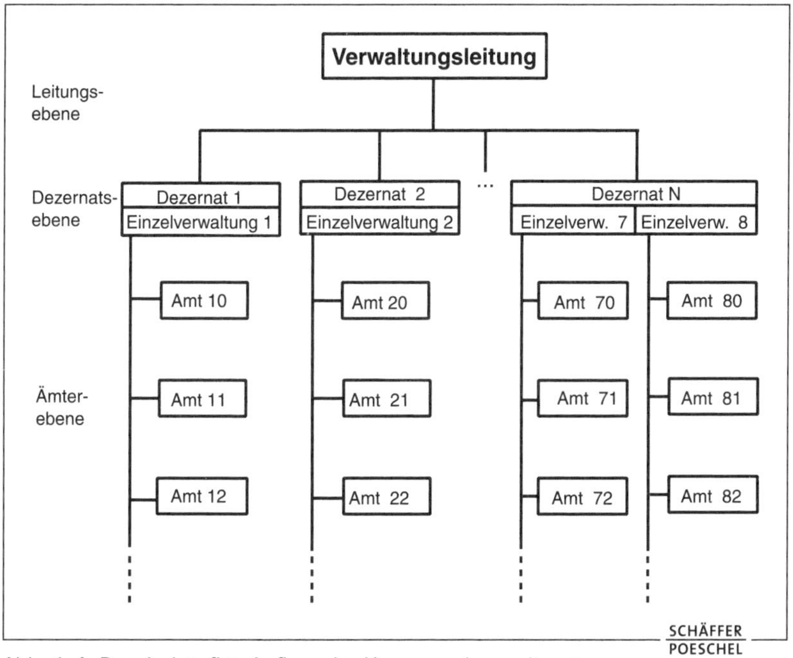

Abb. 1.4: Der dreistufige Aufbau der Kommunalverwaltung
(*Streibl, U.* 1996 S. 55)

1.1.3 Rechtliche Rahmenbedingungen

Die Aufgabenbewältigung der öffentlichen Verwaltung ist in fast perfekter Weise rechtlich geprägt. Nicht ganz zu unrecht spricht man von einer *Überreglementierung*. Für die Kommunalverwaltung sind zahlreiche Gesetze und Vorschriften maßgeblich. Dazu zählen u. a. das Staatsrecht, das allgemeine und das besondere Verwaltungsrecht, das Sozialrecht, das Baurecht, das öffentliche Dienstrecht, das Kommunalverfassungsrecht, das kommunale Wirtschaftsrecht und das Kommunalabgabenrecht. In Bezug auf das Organisations- und Personalmanagement sind insbesondere die folgenden rechtlichen Rahmenbedingungen von Interesse:

- rechtliche Rahmenbedingungen für die Finanzwirtschaft,
- rechtliche Rahmenbedingungen für die Organisation,
- rechtliche Rahmenbedingungen für die Personalwirtschaft.

Finanzen

Die finanzwirtschaftlichen Rahmenbedingungen des Verwaltungshandelns sind im Wesentlichen durch das Kommunale Wirtschaftsrecht abgesteckt. Hier werden u. a. die Grundlagen für die Finanzverfassung und den Finanzausgleich, das Haushaltswesen, die Steuerpflicht öffentlicher Betriebe, die Buchführung und die Abwicklung finanziell bedeutsamer Investitionen geregelt. Das Kommunale Wirtschaftsrecht wird ergänzt durch das Staatliche Haushalts-, Kassen- und Rechnungswesen. Das dominierende Instrument der Haushaltswirtschaft war die *Kameralistik*, die in erster Linie dem externen Ziel der Rechenschaftslegung dient. Im Zuge der aktuellen Verwaltungsreform ist die Kameralistik in die Kritik geraten, weil sie die interne Betriebsführung nicht ausreichend unterstützt. Inzwischen ist die Umstellung auf die kaufmännische doppelte Buchführung in fast allen Bundesländern beschlossene Sache. In einigen Bundesländern (z. B. Bayern und Thüringen) wird den Kommunen die Wahl gelassen, ob sie auf Doppik umstellen oder die Kameralistik weiterführen wollen. In Baden-Württemberg ist die Umstellung im Rahmen eines Neuen Kommunalen Haushalts- und Rechnungswesens (NKHR) fest eingeplant, allerdings haben die Kommunen eine Umstellungsfrist, die bis zum Jahre 2016 läuft.

Organisation

Die rechtlichen Rahmenbedingungen bestimmen weitgehend die interne Organisation der Verwaltung. Im Grundgesetz ist bereits geregelt, dass sich der Verwaltungsaufbau in Bundes-, Landes- und Kommunalebene differenziert. Die kommunale Selbstverwaltung ist wesentlicher Bestandteil der mittelbaren Landesverwaltung. Wichtige Rechtsgrundlagen finden sich in den Landesverfassungen, den *Gemeindeordnungen* und den Landesverwaltungsgesetzen. Weitere wichtige Rahmenbedingungen sind das Hierarchieprinzip, die Organisationsgewalt und die verschiedenen Arten der Aufsicht: Rechtsaufsicht, Fachaufsicht und Dienstaufsicht (vgl. *Joerger, G./Geppert, M.* 1983 S. 303 ff.).

Personal

Schließlich ist die Personalwirtschaft der öffentlichen Verwaltung durch zum Teil überkommene Strukturen geprägt. Das *öffentliche Dienstrecht* behindert in vielen Verwaltungsbereichen immer noch notwendige Modernisierungen. Zurzeit wird das öffentliche Dienstrecht auf Ebene der Bundesländer grundlegend neu gestaltet. So werden z. B. die Zugangswege für die Laufbahnen, die Gewährung von Leistungszulagen und die Möglichkeiten, Führungspositionen auf Zeit zu gewähren, neu geregelt. Im Bereich der Angestellten und Arbeiter ist der neue Tarifvertrag für den öffentlichen Dienst (TVöD) inzwischen verabschiedet und eingeführt worden. In diesem Zusammenhang sind u. a. folgende Neuerungen realisiert worden: Bezahlung nach individueller Leistung und Berufserfahrung, variable Leistungsbezahlung, Wegfall leistungsunabhängiger Bewährungs- und Zeitaufstiege sowie Führungsfunktionen auf Zeit und auf Probe. Zudem ist die Trennung von Angestellten und Arbeitern aufgehoben worden. Insoweit ist davon auszugehen, dass die neuen Regelungen die Kompatibilität mit den Verwaltungsreformen deutlich verbessert.

Es bleibt somit festzuhalten: Die Finanzwirtschaft, die Organisation und die Personalwirtschaft der konventionellen Kommunalverwaltungen sind in ein relativ enges und durch rechtliche Vorgaben geprägtes Korsett eingebunden. Die organisatorischen Handlungsspielräume wie auch die personalwirtschaftliche Flexibilität sind eher gering ausgebildet.

1.2 Fallbeispiel Bürohausen

Die Stadtverwaltung *Bürohausen* ist eine Große Kreisstadt mit etwa 34.000 Einwohnern. Neben den typischen gesetzlichen Pflichtaufgaben nimmt sie vor allem im Kultur- und Sportbereich zahlreiche freiwillige Aufgaben wahr. Bereits Mitte der 90er-Jahre steht *Bürohausen* finanzwirtschaftlich unter starkem Druck. Vor allem die zahlreichen städtischen Kultur- und Freizeiteinrichtungen belasten den kommunalen Haushalt, der schon seinerzeit nicht ausgeglichen werden konnte. 1998 entschließt man sich dazu, die Aufbauorganisation umzubauen und einige Bausteine des Neuen Steuerungsmodells einzuführen. Zudem will man nicht nur die Effizienz der Stadtverwaltung erhöhen, sondern zudem durch eine stärkere Kundenorientierung Qualitätsverbesserungen erzielen. Die Abbildung 1.5 stellt den Verwaltungsgliederungsplan der Stadtverwaltung *Bürohausen* aus dem Jahre 1998 dar.

Im Zuge der Veränderungen hat man Ende der 90er-Jahre begonnen eine Kosten- und Leistungsrechnung einzuführen. Zudem sind einige Pilotbereiche budgetiert worden. Die Einführung eines modernen Bürgeramtes scheitert zunächst an den fehlenden finanziellen Mitteln zum Umbau des Rathauses. Die Umsetzung einer dezentralen Ressourcenverantwortung kann wegen der fehlenden betriebswirtschaftlichen Qualifikation und Motivation der Amtsleiter im Jahre 2000 zunächst noch nicht umgesetzt werden. Trotz mehrerer Klausurtagungen des Gemeinderates, in

denen qualifizierte und praxisorientierte Berater die Vorzüge des Kontraktmanagements (Zielvereinbarungen zwischen Rat und Verwaltung) erörtert haben, können sich die Politiker nicht dazu entschließen, sich auf die Festlegung globaler Zielsetzungen zu beschränken. Der Oberbürgermeister setzt 2001 aber gemeinsam mit einer Unternehmensberatungsgesellschaft die Einführung einer neuen Organisationsstruktur durch, die zwar noch keine Fachbereiche vorsieht, aber dennoch einige sinnvolle Umgestaltungen gebracht hat. So ist die Zahl der Ämter von 18 auf 12 reduziert worden, von ehemals vier Dezernaten sind noch drei geblieben. Die Abbildung 1.6 stellt den geänderten Aufbau der Stadtverwaltung *Bürohausen* dar. Obwohl die realisierten Veränderungen nicht sehr weit gegangen sind, ist auf Seiten der Mitarbeiter keine Begeisterung ausgebrochen. Viele sind verunsichert und beklagen sich über die Mehrarbeit, die durch die Umorganisationen offensichtlich verursacht sind. Der notwendige Ruck, der die Einstellungen und Verhaltensweisen durchgreifend hätte ändern können, ist seinerzeit ausgeblieben. Im Resultat verbleiben teils Verunsicherung, teils erhebliche Frustrationen und Demotivationen. Die Umstrukturierung gelingt schließlich nur deshalb, weil sich der Oberbürgermeister auf knapp die Hälfte der Führungskräfte des mittleren Managements stützen konnte.
In den folgenden Jahren sind die Probleme keineswegs geringer geworden. So haben die permanent herrschenden Finanzprobleme weitere Reformen nach sich gezogen. Zudem haben interkommunale Kennzahlenvergleiche seinerzeit gezeigt, dass *Bürohausen* überdurchschnittlich viel Personal einsetzt. Bei Qualitätsvergleichen hat sich die Große Kreisstadt regelmäßig im Mittelfeld wiedergefunden. Im Jahre 2004 haben diese Probleme eine neuerliche Aufbruchstimmung erzeugt. Gespräche mit den Oberbürgermeistern vergleichbarer Städte haben aufgezeigt, dass durch gezielte Strukturveränderungen und durch weitere Modifikationen im strategischen und operativen Management durchaus Verbesserungen erzielt werden können. Weil auch der Gemeinderat der Auffassung gewesen ist, dass weitere Reformschritte notwendig sind, ist in 2006 eine neuerliche Umorganisation gelungen, in der eine Organisationsstruktur mit insgesamt fünf Fachbereichen bei gleichzeitiger Suspendierung der Dezernats- und Ämterebene realisiert wird (siehe Kap. 3 S. 128). Aufgrund einer systematischen Personalentwicklung ist zudem erreicht worden, dass die neuen Fachbereichsleiter sowohl das Kontraktmanagement wie auch die dezentrale Ressourcenverantwortung nunmehr realisieren konnten. Zudem konnte bei weiteren strategischen Überlegungen beschlossen werden, eine Balanced Scorecard zur strategischen Steuerung einzuführen (siehe Kap. 3 S. 81 ff.).
Seither kann festgestellt werden, dass durch die neuen Strukturen keineswegs sämtliche Probleme bewältigt werden können. Die Stadt hat weiterhin vor allem mit Problemen der Haushaltskonsolidierung zu kämpfen. Dabei stellt man immer wieder fest, dass Haushaltskonsolidierung und New Public Management nicht immer miteinander vereinbar sind. Auch in den öffentlichen Diskussionen kommt vielfach zum Ausdruck, dass die Verheißungen der neuen Steuerungsmodelle bzw. -instrumente nicht oder kaum erfüllt werden können. Inwieweit die Kommunalverwaltungen ihre mit dem New Public Management verbundenen Ziele tatsächlich erreichen, hängt weitgehend davon ab, wie sie innerhalb der Strukturen konkret agieren bzw. arbeiten. Es kommt zudem darauf an, dass es gelingt, das Personal zu qualifizieren und zu motivieren. Auch in *Bürohausen* hat man inzwischen realisiert, dass das Personalmanagement und der Kulturwandel fast noch wichtiger sind als die Einrichtung neuer, ausgetüftelter Strukturen. Das wichtigste Projekt, das die Stadt *Bürohausen* zuletzt angestoßen hat, ist die Konzeption einer systematischen Personalentwicklung.
Bürohausen ist zwar ein fiktives Beispiel, es spiegelt jedoch die Situation vieler Städte und Gemeinden wider. Im weiterem Verlauf dieses Lehrbuchs werden wir

immer wieder auf dieses Beispiel zurückkommen und Maßnahmen des Organisations- und Personalmanagements exemplarisch erläutern.

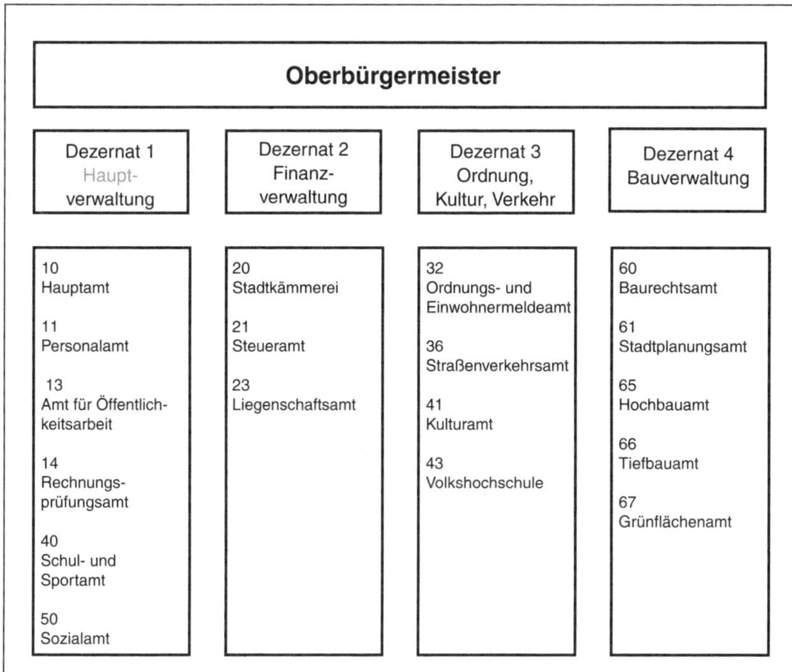

SCHÄFFER POESCHEL

Abb. 1.5: Verwaltungsgliederungsplan der Stadtverwaltung *Bürohausen* (1998)

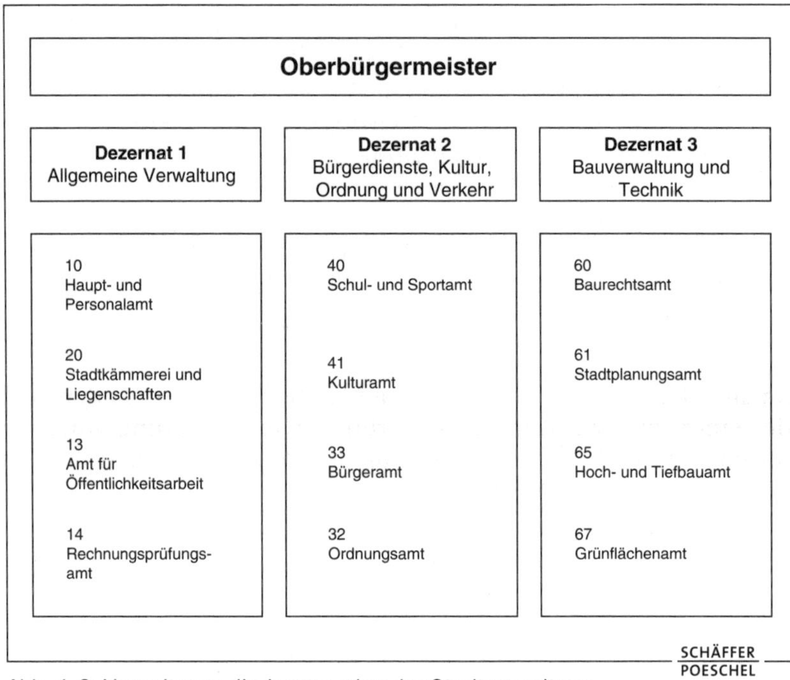

Abb. 1.6: Verwaltungsgliederungsplan der Stadtverwaltung *Bürohausen* (2003)

1.3 Was heißt Verwaltungsmanagement?

Führen und Leiten

Der Begriff Management hat eine anglo-amerikanische Herkunft und ist seit Ende des Zweiten Weltkrieges auch im deutschen Sprachraum weit verbreitet. Es herrscht die Auffassung, dass sich der Begriff aus dem lateinischen *manus agere* herleitet, was soviel bedeutet wie »an der Hand führen« (vgl. *Staehle, W. H.* 1994 S. 69). Im deutschen Sprachgebrauch wird der Begriff demgemäß oft mit Führen und Leiten gleichgesetzt. Dieser Sichtweise kommt auch die nachstehende Definition nahe:

»Management ist ein Komplex von Steuerungsaufgaben, die bei der Leistungserstellung und -sicherung in arbeitsteiligen Organisationen erbacht werden müssen. Diese Aufgaben stellen sich ihrer Natur nach als immer wiederkehrende Probleme dar, die im Prinzip in jeder Leitungsposition zu lösen sind, und zwar unabhängig davon, in welchem Ressort, auf welcher Hierarchieebene und in welcher Organisation sie anfallen. (...) Sie werden in der Regel von speziell dazu bestellten Personen erfüllt, den Führungskräften, also dem Management im institutionellen Sinne« (*Steinmann, H./Schreyögg, G.* 2005 S. 7 f.).

Steuerungsaufgaben

Da die öffentliche Verwaltung ein arbeitsteiliges System ist, bedarf sie einer zielorientierten Steuerung. Die Steuerungsaufgaben beziehen sich dabei einerseits auf den Verwaltungsbetrieb und andererseits auf das Personal:

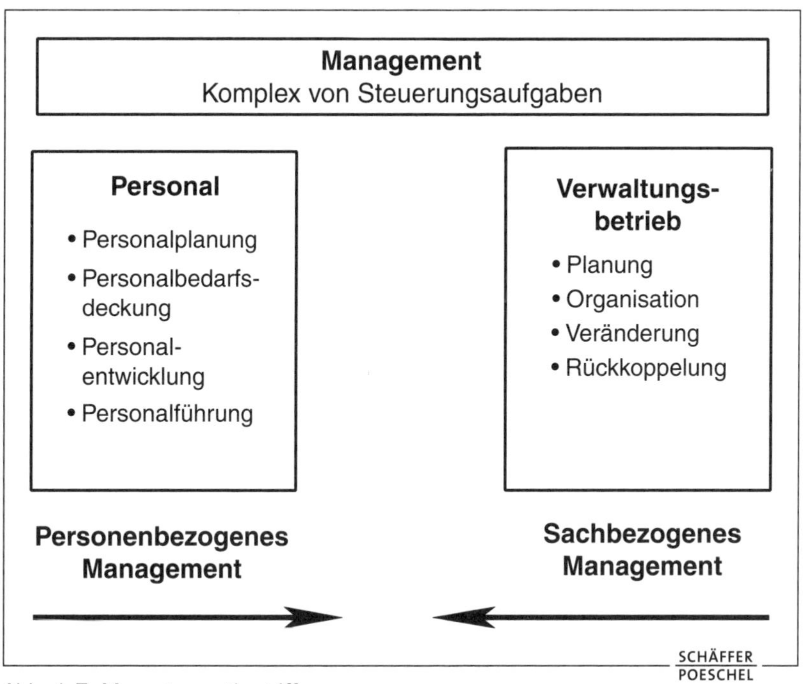

Abb. 1.7: Managementbegriff

Sachbezogenes Management

- Das sachbezogene Management bezieht sich auf die Aufgaben, die notwendig sind, um die Leistungserstellung des Verwaltungsbetriebes zu koordinieren. Die öffentliche Aufgabenwahrnehmung muss geplant werden, die erforderlichen Instrumente sind auszuwählen. Überdies ist der Vollzug der Aufgabenerfüllung zu organisieren und der Erfolg der Leistungen zu kontrollieren. Schließlich bedarf es einer kontinuierlichen Anpassung an die gesellschaftlichen, wirtschaftlichen und technologischen Entwicklungen.

Personenbezogenes Management

- Das personenbezogene Management bezieht sich auf alle Funktionen, die dafür sorgen, dass der Verwaltungsbetrieb kontinuierlich mit genügend gut qualifizierten Mitarbeitern ausgestattet ist. Dabei ist Folgendes zu gewährleisten: Der Personalbedarf ist zu planen, die notwendigen Mitarbeiter sind zu suchen und auszuwählen. Darüber hinaus müssen die beschäftigten Mitarbeiter veranlasst werden, sich für die Ziele der Organisation zu engagieren (Personalführung). Besonderes Augenmerk gilt der Personalentwicklung. In diesem Zusammenhang muss das Management auch dafür sorgen, dass die Mitarbeiter eines Verwaltungsbetriebes jederzeit in der Lage sind, den vielfältigen fachlichen, methodischen und sozialen Anforderungen zu entsprechen. Die immer wieder thematisierte *Motivationslücke* im öffentlichen Dienst macht deutlich, dass das Potenzial der Mitarbeiter kaum ausreichend genutzt wird. Das Human Resource Management, das im Rahmen der Verwaltungsführung die Leistungsbeiträge der Mitarbeiter in den Mittelpunkt stellen will, hat deshalb eine besondere Bedeutung.

Managementfunktionen

Allgemein werden fünf Grundfunktionen des Managements unterschieden (vgl. *Damkowski, W./Precht, C.* 1995 S. 17 ff.):

- Planung,
- Organisation,
- Personalführung
- Personaleinsatz und
- Kontrolle.

Die genannten Funktionen leiten sich aus der amerikanischen Managementlehre her, die die Management-Funktionen folgendermaßen beschrieben und unterschieden hat (vgl. *Staehle, W. H.* 1994 S. 78 ff., *Vahs, D.* 2007 S. 20 f.):

Planning ist der erste Schritt des Managementprozesses. Hier wird das Management gedanklich vorstrukturiert.

Organization gewährleistet, dass im Rahmen des Managements eine arbeitsteilige Vorgehensweise vorgenommen werden kann. Organisation mündet in eine klare Aufgabenzuteilung und damit verbunden in Entscheidungs- und Anordnungsbefugnisse.

Staffing. Organisation impliziert, dass die ausdifferenzierten Funktionen mit entsprechend qualifiziertem Personal ausgestattet werden müssen. Personalwirtschaftliche Vorkehrungen ermöglichen, dass der quantitative und qualitative Personalbestand gesichert werden kann.

Directing oder Leading veranlassen die Arbeitsausführung und die zielgerichtete Steuerung einer Unternehmung.

Controlling ermöglicht systematische Soll-Ist-Vergleiche, die Korrekturmaßnahmen und Planrevisionen anleiten.

Managementprozess

Auf diese Grundfunktionen wiederum baut sich ein *Managementprozess* auf, der als »... ein rückgekoppeltes Regelkreismodell zu begreifen (ist), das sich idealtypisch gliedert in die Phasen

- der Definition des Managementproblems,
- der Bestimmung des angestrebten Ziels bzw. der Entwicklung eines Zielsystems zur Problemlösung,
- der Suche nach und der Bewertung von Lösungsalternativen zur Zielerreichung,
- der Entscheidung zugunsten einer bestimmten Alternative,
- der Um- und Durchsetzung der gewählten Alternative (Implementation),
- der Erfolgskontrolle im Sinne einer auf das Zielsystem bezogenen Soll-Ist-Abweichungsanalyse (Evaluation), sowie
- der Rückkoppelung der Ergebnisse der Evaluation und Implementation an die vorlaufenden Managementphasen mit dem Ziel einer eventuellen Modifikation der Problemdefinition, des Zielsystems, des Sets von Alternativen und des Entscheidungs- bzw. Maßnahmenprogramms« (*Damkowski, W./Precht, C.* 1995 S. 18).

Die dargestellten Phasen des Managementprozesses lassen sich anhand der Abbildung 1.8 verdeutlichen:

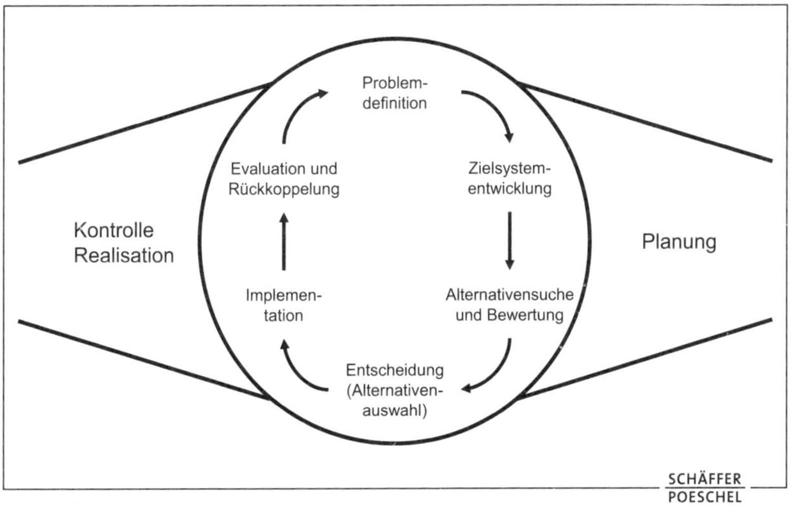

Abb. 1.8: Managementprozess
(*Damkowski, W./Precht, U.* 1995 S. 19).

Die Praxis eines derartigen Managementprozesses könnte bezogen auf ein spezifisches Organisationsproblem der exemplarischen Verwaltung *Bürohausen* folgendermaßen aussehen:

B

Problemdefinition: Die ursprüngliche Aufbauorganisation der Stadtverwaltung sieht vor, dass sich der Aufgabenbereich *Stadtwerke* in zwei Teilbereiche gliedert: technische Funktionen und kaufmännische Funktionen. Während die technischen Aufgaben in Dezernat IV (Bauverwaltung) angesiedelt sind, werden die kaufmännischen Aufgaben im Bereich der Finanzverwaltung bewältigt. Diese Konstellation hat immer wieder zu komplizierten Verwaltungsabläufen und damit zu Reibungsverlusten geführt. Eine effiziente Betriebsführung war bislang nicht möglich, weil der Technische Leiter der Stadtwerke die kaufmännischen Funktionen kaum beeinflussen konnte.

Zielsystementwicklung: Eine neue Organisation der Stadtwerke soll unter anderem den folgenden Zielen gerecht werden:

- Kaufmännische und technische Betriebsführung sind stärker aufeinander abzustimmen.
- Die Betriebsleitung soll in die Lage versetzt werden, Entscheidungen schnell und problemgerecht zu fällen.
- Das Personal der Stadtwerke ist bedarfsgerecht, flexibel und effizient einzusetzen.
- Die Kundenbeziehungen sind zu verbessern.

Alternativensuche und -bewertung: Für eine Neuorganisation werden folgende organisatorische Alternativen in Erwägung gezogen:

- Zusammenführung von kaufmännischen und technischen Funktionen im Rahmen der herkömmlichen Verwaltungsorganisation *(Regiebetrieb).*
- Finanzwirtschaftliche Verselbstständigung der Organisation im Rahmen eines öffentlichen *Eigenbetriebes.* Die Stadtwerke können dann finanzwirtschaftlich selbstständig geführt werden, die Belegschaft bleibt weiterhin Personal der Stadtverwaltung.
- Formale Privatisierung durch Gründung einer privatrechtlichen städtischen Gesellschaft in Form einer *Gesellschaft mit beschränkter Haftung* (GmbH).

Entscheidung: Nach Prüfung der Vorteile und der Nachteile der verschiedenen Alternativen entscheiden sich die Verantwortlichen für die Eigenbetriebslösung.

Implementation: Durch die Schaffung der notwendigen Voraussetzungen wird die Eigenbetriebslösung umgesetzt.

Evaluation und Rückkoppelung: Im Rahmen dieser vorläufig letzten Phase des Managementprozesses soll beobachtet und geprüft werden, wie erfolgreich die Neuorganisation ist. Haben sich die erwarteten Effekte auch tatsächlich ergeben oder zeigen sich signifikante Abweichungen? Die Evaluationsergebnisse zeigen auf, wie der weitere Fortgang der Organisationsänderung zu gestalten ist. Kann und soll man die realisierte Lösung beibehalten? Gibt es Anhaltspunkte für weitere Änderungen? Kann eine neue Problemdefinition daraus hergeleitet werden?

Kontinuierlicher Veränderungsprozess

Die Situation der öffentlichen Verwaltung ist weiterhin äußerst problematisch. Die Finanzkrise, die Probleme der Überreglementierung und der Wertewandel innerhalb der (Welt-)Gesellschaft machen Veränderungsprozesse notwendig, die im Rahmen des Verwaltungsmanagements gestaltet werden müssen. Die Kommunalverwaltungen versuchen weiterhin die neuen Steuerungsinstrumente umzusetzen und weiter zu entwickeln, um die Entwicklung zu einer schlanken, leistungsfähigen und kundenorientierten Kommunalverwaltung zu forcieren. Dazu sind Mitarbeiter notwendig, die einerseits die Bereitschaft zu Veränderungen mitbringen und andererseits sich die Qualifikationen aneignen, um in den neuen Strukturen arbeiten zu können. Sie müssen mehr denn je eine permanente Lernbereitschaft mitbringen, um einen kontinuierlichen Veränderungsprozess zu gewährleisten. Das moderne Management hat dafür die Voraussetzungen zu schaffen, indem es Wissen, Methoden und Instrumente bereithält, mit deren Hilfe die Ziele einer modernen Verwaltungsorganisation und Personalführung erreicht werden können.

Das Verwaltungsmanagement bezieht sich auf die Planung, Steuerung, Organisation und Kontrolle der Aufgaben, Strukturen und Prozesse von Verwaltungsorganisationen und die Führung des dazu notwendigen Personals. Es handelt sich um einen kontinuierlich fortlaufenden Entwicklungsprozess, der darauf ausgerichtet ist, die Organisation der Verwaltung im Rahmen interner und externer Bedingungen erfolgreich zu platzieren.

Wiederholungsfragen

1. Können Organisations- bzw. Managementkonzepte der Privatwirtschaft unmittelbar auf die öffentliche Verwaltung übertragen werden?
2. In welchem Verhältnis steht die Kommunalverwaltung zu den anderen Verwaltungsebenen im Staatsaufbau?
3. Welche rechtlichen Regelungen im GG sind in besonderem Maße für die Kommunalverwaltungen relevant?
4. Welche Aufgaben erfüllen Kommunalverwaltungen?
5. Was ist ein Amt?
6. Erläutern Sie den Unterschied zwischen Pflichtaufgaben und freiwilligen Aufgaben.
7. Wovon hängen die Handlungsspielräume einer Kommunalverwaltung ab?
8. Was verstehen Sie unter Querschnittsaufgaben?
9. Welche hierarchischen Ebenen sind in kommunalen Verwaltungsorganisationen zu unterscheiden?
10. Worin besteht der Unterschied zwischen einem Amt und einem Fachbereich?
11. Worin sehen Sie die wesentlichen Probleme konventioneller Verwaltungsorganisationen?

12. Erläutern Sie den Begriff Management.
13. Was sind Managementfunktionen?
14. Welche Aufgaben müssen im Rahmen des Verwaltungsmanagements erfüllt werden?
15. Was ist ein Managementprozess? Wie lässt er sich anhand eines selbstgewählten Beispiels darstellen?

Lösungshinweise

1. Organisations- bzw. Managementkonzepte der Privatwirtschaft können prinzipiell auch auf die öffentliche Verwaltung angewandt werden. Nur muss man berücksichtigen, dass aufgrund der spezifischen Rahmenbedingungen die Wirkungen bzw. die Konsequenzen mitunter anders ausfallen als erwartet. Insoweit ist es unerlässlich, die Rahmenbedingungen zu beachten. Vergleiche S. 1 f.
2. Der Staatsaufbau sieht zwei voneinander unabhängige staatliche Ebenen vor, den Bund und die Bundesländer. Die kommunale Ebene ist die dritte nach der Bundes- und der Landesebene. Es herrscht das Prinzip der kommunalen Selbstverwaltung. Obwohl die Kommunen keinen Staatscharakter haben, besitzen sie eine gewisse Unabhängigkeit, sie dürfen jedoch keine Gesetze erlassen, sie haben lediglich das Satzungsrecht. Vergleiche S. 2 ff.
3. Besonders relevant sind im Grundgesetz die Artikel 20 und 28. Art. 20 regelt die Gewaltenteilung, Art. 28 das Recht der Selbstverwaltung. Darüber hinaus gibt es eine große Menge an Spezialgesetzgebungen, die sich auf die Kommunen auswirken können. Vergleiche S. 2 f.
4. Kommunalverwaltungen sind Multiproduktdienstleistungsunternehmen. Insofern kommen große Kommunalverwaltungen auf bis zu 400 verschiedene Aufgaben bzw. Produkte. Man unterscheidet Pflichtaufgaben, freiwillige Aufgaben und Querschnittsaufgaben. Vergleiche S. 4.
5. Ein Amt ist bzw. war das Kernstück des kommunalen Verwaltungsaufbaus. Es handelt sich um eine Organisationseinheit, die gegenüber den Bürgern oder anderen Geschäftspartnern selbstständig im Rahmen ihrer Befugnisse handelt (z. B. das Bauordnungsamt). Vergleiche S. 5.
6. Pflichtaufgaben müssen erfüllt werden, weil sie vom Gesetzgeber (dem Bund oder dem Land) festgelegt sind. Freiwillige Aufgaben werden aufgrund eigener Entscheidungen durch eigene Satzungen geregelt und durchgeführt (zum Beispiel die Aufgaben im Kulturbereich). Vergleiche S. 4.

7. Die Handlungsspielräume hängen in hohem Maße vom Verhältnis der freiwilligen Aufgaben zu den Pflichtaufgaben ab. Je höher der Anteil der Pflichtaufgaben ist, desto weniger sind Kommunen in der Lage, im Rahmen ihrer freiwilligen Aufgaben gestalterisch zu wirken. Vergleiche S. 4.
8. Querschnittsaufgaben sind notwendig, damit die Fachämter ihre Aufgaben erfüllen können. Sie versorgen die Fachämter mit Finanzen und den notwendigen Ressourcen: Organisation, Personal und Sachmittel. Für die Bewältigung werden so genannte Querschnittsämter eingerichtet: z. B. Hauptamt, Kämmerei, Organisations- und Personalamt. Vergleiche S. 4.
9. Man unterscheidet traditionell grundsätzlich den zweistufigen und den dreistufigen Aufbau. Im ersten Fall sind dies die Verwaltungsleitung und die Ämterebene. In größeren Kommunalverwaltungen tritt zwischen diese Ebenen noch die Dezernatsebene. Innerhalb der Ämter kann es noch Abteilungen und/oder Sachgebiete geben. Vergleiche S. 7 ff.
10. In modernen Verwaltungen werden die Dezernats- und die Ämterebene durch die Ebene der Fachbereiche ersetzt. Fachbereiche sind größere Organisationseinheiten, die zwei oder mehr ursprünglich eigenständige Ämter zusammenfassen. Vergleiche S. 5 ff.
11. Die Kommunalverwaltungen sind in ein relativ starres Korsett an Regelungen eingebunden. Das betrifft die Finanzwirtschaft genauso wie die Organisation und die Personalwirtschaft. Vergleiche S. 10 f.
12. Der Begriff Management steht für ein Bündel von Steuerungsaufgaben, die zur Leistungserfüllung erbracht werden müssen. Arbeitsteilige Organisationen sind auf Management angewiesen. Vergleiche Näheres S. 13 f.
13. Zu den Managementfunktionen werden in der Regel gerechnet: Planung, Organisation, Personaleinsatz, Personalführung und Kontrolle (bzw. Controlling). Vergleiche S. 15.
14. Man unterscheidet personenbezogenes Management und sachbezogenes Management. Vergleiche dazu die Abbildung 1.7. Der Vollständigkeit halber sei darauf hingewiesen, dass zudem auch noch das Finanzmanagement mit seinen vielfältigen Teilfunktionen zu den Managementaufgaben zählt.
15. Der Managementprozess unterscheidet folgende Phasen: Problemdefinition, Zielsystementwicklung, Alternativensuche und Bewertung, Entscheidung, Implementation und Evaluation/Rückkoppelung. Vergleiche S. 17 f. Dort finden Sie auch ein Beispiel.

2 Kommunalverwaltung im stetigen Wandel

Lernziele

Für die öffentliche Verwaltung gilt mehr denn je, dass Wandel den Normalfall darstellt. Die turbulenten Entwicklungen im Umfeld der Verwaltungsorganisationen stellen für die Führungskräfte und die Mitarbeiter große Herausforderungen dar. Dieses Kapitel stellt dar, weshalb sich die öffentliche Verwaltung seit etwa 20 Jahren in einer kontinuierlichen Umbruchsituation befindet. Der Leser soll

- konkrete Defizite der gegenwärtigen Verwaltungsorganisation rekonstruieren,
- die Beweggründe (Megatrends) für den durchgreifenden Wandel nachvollziehen und
- den *Kardinalfehler* des konventionellen Organisations- und Verantwortungssystems beschreiben können.

In der Bundesrepublik Deutschland sind in den Jahren 1990 und 1991 zum ersten Mal die Grundzüge eines Neuen Steuerungsmodells entwickelt worden (vgl. *KGSt-Bericht* 12/1991). Seinerzeit haben vor allem die folgenden Schrittmacher zu einem Umdenken im Verwaltungsmanagement geführt:

Finanzielle Engpässe

- Die öffentliche Verwaltung stand zu Beginn der 90er-Jahre vor gravierenden finanziellen Problemen, die insgesamt als *finanzwirtschaftliche Krise* beschrieben worden sind. Haushaltssperren, Veräußerungen von städtischen Grundstücken und Gebäuden sowie die Schließung von bis dahin für unverzichtbar gehaltenen kommunalen Einrichtungen waren an der Tagesordnung.

Veränderte Einstellungen und Verhaltensweisen

- Der weithin wirksame *Wertewandel* hatte insgesamt dazu beigetragen, dass sich die Leistungserwartungen der Bürger deutlich verändert hatten. So wurden einerseits qualitativ bessere Leistungen eingefordert, obwohl die Bürger andererseits die bestehenden Steuer- und Gebührenbelastungen nicht akzeptierten. Außerdem wuchs die Empfindlichkeit gegenüber bürokratischen Vorschriften, Regeln und Normen, die sich letztlich in einer höheren Konfliktbereitschaft manifestierte (vgl. *Korintenberg, W.* 1997 S. 46f.). Auch auf Seiten der Mitarbeiter hatten mehr und mehr veränderte Werteinstellungen an Bedeutung gewonnen. Selbstständigkeit, Initiativkraft, Kreativität, Identifikation und Teamgeist konnten in den zum Teil noch sehr bürokratischen und hierarchischen Verwaltungsstrukturen nicht ausreichend umgesetzt werden. Beide Entwicklungen – die veränderten Erwartungen der Bürger und die neuen Bedürfnisse und Interessen der Mitarbeiter – brachten die Städte, die Gemeinden wie auch die Landkreise in Zugzwang. Insoweit sah sich die kommunale Ebene insgesamt gezwungen, die Kunden- und die Mitarbeiterorientierung zu verstärken.

Internationale Entwicklungen

- Gleichzeitig konnte man im europäischen und außereuropäischen Ausland Entwicklungen beobachten, die deutlich machten, dass ein verändertes und verbessertes Verwaltungsmanagement in der Praxis durchaus möglich ist. Seit fast 25 Jahren gibt es Vorzeigebeispiele, an denen sich die deutsche Kommunalverwaltung durchaus orientieren kann. Ein immer wieder thematisiertes Beispiel ist die Stadt *Phoenix* in Arizona. Sie zählt wohl zu den innovativsten und progressivsten Stadtverwaltungen in den USA. Umfassende Bürger- und Kundenorientierung, starke Wettbewerbsorientierung, ein aussagefähiges Finanzmanagement und eine massive Mobilisierung der Mitarbeiter sind Maßnahmen, die *Phoenix* international bekannt gemacht haben (vgl. *Reichard, C.* 1994 S. 25). Ein anderes Beispiel ist *Christchurch* in Neuseeland, das sich gleichermaßen durch eine schlagkräftige und unternehmensorientierte Verwaltung auszuzeichnen wusste (vgl. *Bertelsmann Stiftung* 1993). 1993 wurden *Phoenix* und *Christchurch* als weltweit leistungsfähigste Kommunen mit dem *Carl-Bertelsmann-Preis* gewürdigt. Weitere Beispiele, die international für Aufsehen erregt haben, sind das *Surrey County Council* in Großbritannien und die Stadt *Hämeenlinna* in Finnland (vgl. *Reichard, C.* 1994 S. 25 ff., *Ritz, A./Thom, N.* 2000). Bestrebungen zur Verwaltungsmodernisierung hat es zudem in Österreich und in der Schweiz gegeben (vgl. *Thom, N./Ritz, A.* 2000 S. 43 ff.). Schließlich steht für das in Deutschland wohl bekannteste ausländische Reformmodell die niederländische Stadt *Tilburg*.

Anfang der 80er-Jahre offenbarten wirtschaftliche Stagnation und konjunkturelle Einbrüche die Grenzen des niederländischen Versorgungsstaates. Die Rolle des Zentralstaates wurde in einer politischen Diskussion zur Disposition gestellt und daraufhin neu definiert. Dies führte u. a. zu einer drastischen Zurücknahme der staatlichen Finanztransfers, auf die die Kommunalverwaltungen bis dahin stark angewiesen waren. Die Stadt *Tilburg* war von den prekären Entwicklungen besonders betroffen und hatte Anfang der 80er-Jahre mit dramatischen Finanzproblemen zu kämpfen. *Tilburg* war zwar nicht die einzige, aber sicherlich jene Stadt in den Niederlanden, die besonders früh und nachhaltig ihre Verwaltungsreform zu realisieren versuchte. Unter anderem wurden seinerzeit folgende Defizite und Schwachstellen ausgemacht:

- Die Schwerfälligkeit des Verwaltungsapparates und die geringen Entscheidungskompetenzen hielten qualifizierte Führungskräfte davon ab, sich im Rahmen des öffentlichen Dienstes zu engagieren.

- Der Stadtrat als politisch verantwortliche Vertretungskörperschaft verzettelte sich zu oft in einer Fülle von Einzelfragen. Die Auseinandersetzung um wichtige Grundsatzentscheidungen blieb dabei auf der Strecke.
- Die Verwaltung war über weite Strecken zu sehr mit sich selbst beschäftigt, sodass der Blick auf die Wünsche der Kunden verstellt blieb.
- Schließlich arbeiteten die städtischen Fachdienste oft ineffizient und unwirtschaftlich.

Unter diesen Bedingungen wurde in *Tilburg* das Vorhaben *Konzern Stadt* entwickelt. Dabei sollten vor allem zwei Leitbilder den notwendigen Veränderungsprozess in Gang setzen:

- *Psychologisches Leitbild:* Bereitstellung anspruchsvoller Dienstleistungen anstelle *hoheitlicher Abfertigung.*
- *Organisatorisches Leitbild:* Ablösung der hierarchischen, zentralistischen und arbeitsteiligen Verwaltungsorganisation durch weitgehende Verselbstständigung der einzelnen Verwaltungssektoren und Anwendung von Managementtechniken zur Verbesserung ihrer Leistungsfähigkeit.

Die neuen Strukturen konnten in einem breit angelegten Umgestaltungsprozess geschaffen werden. Heute ist der *Konzern Stadt* in *Tilburg* Realität. Auch wenn es durchaus kritische Stimmen gibt, *Tilburg* steht für eine erfolgreich gestaltete Verwaltungsreform (vgl. *Reichard, C.* 1994 S. 29).

KGSt als Schrittmacher

- Schließlich war auch das Engagement der *Kommunalen Gemeinschaftsstelle für Verwaltungsmanagement* (*KGSt*) als Schrittmacher der Verwaltungsreform zu nennen. Man war seit Beginn der 90er-Jahre davon überzeugt, dass die dargestellte Situation in *Tilburg* im Wesentlichen mit der Realität der deutschen Kommunalverwaltung übereinstimmte. Deshalb hatte die *KGSt* versucht, das holländische Modell auf die deutsche Kommunalverwaltung zu übertragen. Seitdem wird die Reform der Kommunalverwaltungen von der *KGSt* mit Nachdruck vorangetrieben.

Organisierte Unverantwortlichkeit

Die *KGSt* beklagte vor allem die Ausprägungen rigider Arbeitsteilung und eine Atomisierung der Verantwortungsstrukturen. Das Strukturprinzip der konventionellen Kommunalverwaltung, nach der die Serviceaufgaben – vor allem Organisation, Personal, und IuK – getrennt von den Fachbereichen in den so genannten Querschnittsämtern (Hauptamt, Kämmerei ...) zentralisiert wahrgenommen werden, hatte *Banner* dazu veranlasst, gar von einem »System organisierter Unverantwortlichkeit« zu sprechen (vgl. *Reichard, C.* 1994 S. 16 f.). Er gebrauchte diese »harten Worte«, um eine für ihn unumgängliche Reform der öffentlichen (Kommunal-)Verwaltung anzustoßen. Die Begründung für diese durchaus überzogene Kritik lieferte er mit der folgenden Beschreibung:

»Was tut ein Fachbereichsleiter, wenn irgendwo in seinem Verantwortungsbereich die Arbeit zunimmt? Er fordert mehr Planstellen, mehr Mitarbeiter, mehr Diensträume, einen höheren Sachetat, mehr Investitionsmittel usw. Was tut er dagegen nicht, von seltenen Fällen abgesehen? Er prüft nicht zuerst, ob er vielleicht intern ausgleichen kann? Vielleicht sind ja an einer anderen Stelle seines Verantwortungsbereichs die Fallzahlen zurückgegangen oder eine Dienstleistung wird nicht mehr so stark nachgefragt oder man könnte durch Technisierung teures Personal durch preiswerte Maschinen ersetzen. Warum tut ein Amtsleiter dies in der Regel nicht? Weil er, wenn er es versuchte, sofort Gegenwind bekäme. Er müsste Mitarbeiter umsetzen, die darüber nicht gerade begeistert sind. Die Leute müssten vielleicht umgeschult werden. Er müsste Geld von einer Haushaltsstelle, wo es nicht gebraucht wird, umwidmen können. Das darf er meistens nicht, weil es an der Deckungsfähigkeit fehlt. Er muss dann eine überplanmäßige Ausgabe bei der Kämmerei beantragen. Möglicherweise ist für die Entscheidung der Rat zuständig. Er kann auch nicht einfach eine Planstelle verlagern. Dazu braucht er die Genehmigung des Hauptamtes. Er bekommt also Schwierigkeiten, wenn er tut, was eigentlich von ihm zu verlangen ist, nämlich sich verantwortlich und wirtschaftlich zu verhalten. Daher geht er lieber den Weg des geringsten Widerstandes und beantragt zusätzliche Ressourcen« (*Banner, G.* 1994 S. 351).

Fehlende Ergebnisverantwortung

Banner betrachtete dies als Kardinalfehler des konventionellen Organisations- und Verantwortungssystems. Die Trennung von Fach- und Ressourcenverantwortung bedeutete, dass die Fachämter (Sozialamt, Kulturamt, Bauverwaltung, Ordnungsamt usw.) zwar die *technisch-fachliche Verantwortung* innehaben, über den Einsatz der zur Aufgabenbewältigung notwendigen Ressourcen durften sie jedoch nicht eigenständig entscheiden, weil dies die dafür vorgesehenen Querschnittsämter (Hauptamt, Personalamt, Kämmerei usw.) taten. Die Ressourcenverantwortung lag damit außerhalb des Dispositionsspielraumes der Fachamtsleiter. In einer solchen Konstellation konnten sich bei entsprechend schlechten Ergebnissen beide Seiten recht gut herausreden. Die Querschnittsämter betonten, dass für die Qualität der Aufgabenbewältigung allein die Fachämter zuständig seien. Die Fachämter wiederum argumentierten, dass die unerlässlichen Ressourcen durch die Querschnittsämter nicht in ausreichendem Maße zur Verfügung gestellt worden sind (vgl. *Reichard, C.* 1994 S. 17f.). Auch nach fast 20 Jahren Verwaltungsmodernisierung sind in vielen Kommunalverwaltungen die geschilderten Problemlagen immer noch nicht überwunden.

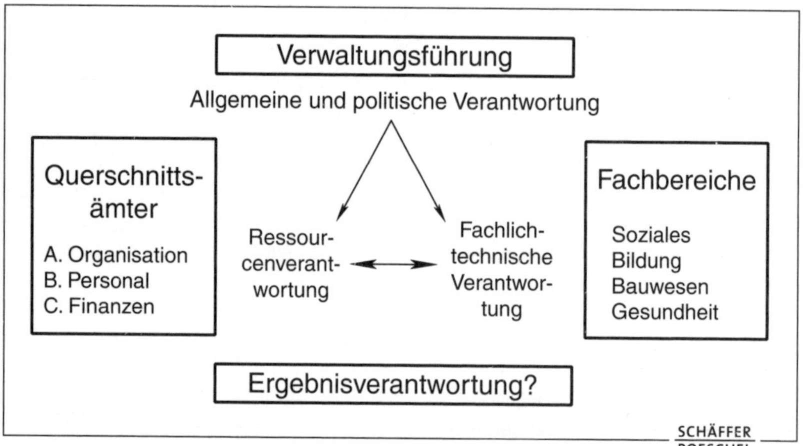

Abb. 2.1: Trennung von Fach- und Ressourcenverantwortung in der Kommunalverwaltung (*Reichard, C.* 1994 S. 18)

Reformfähigkeit

Die *KGSt* hat den Umgestaltungsprozess der Kommunalverwaltungen initiiert und kontinuierlich begleitet. Es sind zahlreiche Berichte und Publikationen entstanden, die den Reformprozess einerseits immer wieder eingefordert haben, andererseits aber auch konkrete und praxisnahe Hinweise und Empfehlungen gegeben haben. Schrittmacher der Entwicklung sind zudem Organisations- und Wirtschaftsberatungsgesellschaften gewesen, die im Rahmen von Projekten die betriebswirtschaftliche Orientierung der Kommunalverwaltungen verstärkt haben. Aber ohne jene Kommunalverwaltungen, die ein besonderes Engagement gezeigt haben, indem sie in ihren Verwaltungen neue Konzepte und Ideen Realität werden ließen, wäre der Reformprozess in der zu beobachtenden Form nicht möglich gewesen. Sie konnten damit anderen Städten und Gemeinden wie auch den Landes- und Bundesverwaltungen zeigen, dass die deutsche öffentliche Verwaltung durchaus reformfähig ist. Vor allem die Kommunalverwaltungen selbst haben somit dazu beigetragen, dass das Neue Steuerungsmodell nicht ein bloßes Schlagwort geblieben ist. Inzwischen kann man mit Fug und Recht von einer *Kommunalverwaltung im stetigen Wandel* sprechen.

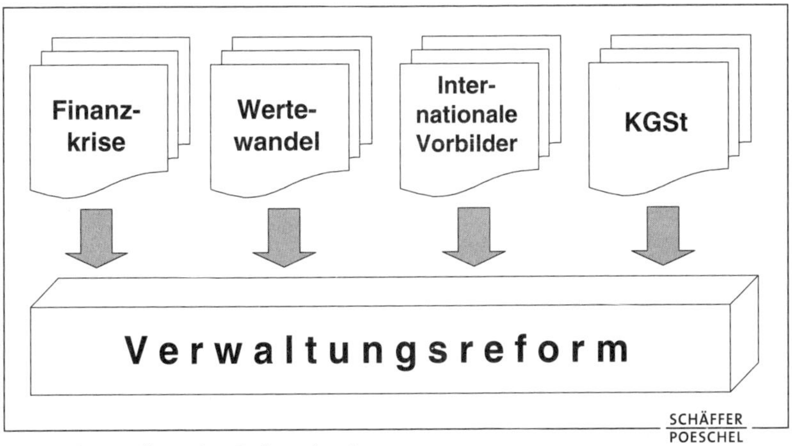

Abb. 2.2: Auslöser des Reformdrucks

2.1 Neues Steuerungsmodell: Verheißungen und Realitäten

Umsetzungserfolge

Die Aufbruchstimmung der 90er-Jahre hat aus heutiger Sicht zu einigen Umsetzungserfolgen geführt. Auf der Grundlage einer in 2005 durchgeführten Befragung schreibt der Universitätsprofessor *Bogumil* von der Bochumer Ruhr-Universität. »Zweifelsohne haben die deutschen Kommunen in den letzten zehn Jahren die Modernisierung beachtlich vorangetrieben. Verwaltungsmodernisierung ist und war ein flächendeckendes Thema in deutschen Kommunalverwaltungen, was unsere Umfragebefunde klar widerspiegeln. 92,4 % der antwortenden Kommunen geben an, seit den 90er-Jahren Maßnahmen zur Verwaltungsmodernisierung durchgeführt zu haben (...). Hervorzuheben ist, dass sich von den deutschen ›Reformkommunen‹ eine überwältigende Mehrheit am Neuen Steuerungsmodell (NSM) als Reformleitbild orientiert hat« (*Bogumil, J.* 2007 S. 7). Die Abbildung 2.3 gibt die Modernisierungsaktivitäten der deutschen Kommunen im Überblick wieder:

Maßnahmen zur Verwaltungs-modernisierung	Kreisfreie Städte	Kreis-angehörige Städte	Landkreise	West	Ost	Gesamt
Insgesamt	97,6 % (80)	91,0 % (579)	94,5 % (145)	92,2 % (688)	93,5 % (116)	92,4 % (804)
Orientierung am NSM als Gesamtkonzept	27,2 % (22)	14,7 % (85)	15,9 % (23)	17,1 % (118)	10,3 % (12)	16,1 % (130)
Orientierung an einzelnen Elementen des NSM	65,45 % (53)	64,3 % (374)	74,5 % (108)	66,7 % (461)	63,8 % (74)	66,3 % (535)

n = 870; Angaben in Prozent, Absolutzahlen in Klammern, Spaltenprozente
Quelle: Umfrage »10 Jahre NSM«, Bügermeisterdatensatz

SCHÄFFER POESCHEL

Abb. 2.3: Modernisierungsaktivitäten der deutschen Kommunen (*Bogumil, J.* 2007 S. 7)

Probleme bei der Umsetzung

Ins Auge fallen aber auch die zum Teil gravierenden Probleme in der Umsetzung. So lässt sich die politische Ebene nur selten auf eine aktive Rolle im Veränderungsprozess ein. Zumeist überlässt man die Einführung neuer Steuerungsinstrumente der Verwaltung, fordert aber gleichzeitig schnelle Erfolge bei der Umsetzung und bei den erwünschten Wirkungen. Die Dominanz finanzwirtschaftlicher Ziele endet zumeist in einer überaus prekären Verknüpfung von Haushaltskonsolidierung und Verwaltungsreform. Die Gleichzeitigkeit von Haushaltskonsolidierung und Verwaltungsreform erweckt bei vielen den Eindruck, dass die Anwendung betriebswirtschaftlicher Methoden stets zu Kostensenkungen und Personalabbau führt. »Dies ist aber nicht Folge der Anwendung betriebswirtschaftlicher Methoden heute, sondern Folge unwirtschaftlichen Handelns in der Vergangenheit« (*Bolay, F. W.* 2001 S. 180). Budgetierung wird vorwiegend inputorientiert eingeführt, aber nur selten zu einer outputorientierten Mittelvergabe ausgebaut bzw. weitergeführt. Das bedeutet gleichzeitig, dass Kontrakte zwischen Gemeinderat und Verwaltungsführung über Leistungsziele noch eher selten sind. Im Rahmen der bereits oben dargestellten Untersuchung stellt *Bogumil* weiter fest, dass es jenseits der »Verlautbarungsebene« zwischen Konzept und Realität durchaus eine deutliche Diskrepanz gibt. Bei einer Untersuchung der einzelnen Bausteine des Neuen Steuerungsmodells stellt man fest, dass es keinen relevanten Baustein gibt, der in mehr als der Hälfte aller Kommunen inzwischen in der gesamten Verwaltung umgesetzt worden wäre (vgl. *Bogumil, J.* 2007 S. 8). Die Abbildung 2.4 verdeutlicht dies:

NSM-Kernbereiche	Umsetzung in der gesamten Verwaltung	Umsetzung in Teilbereichen
Fachbereichsstrukturen	43,8 % (379)	9,3 % (81)
Zentrale Steuerungsunterstützung	25,9 % (225)	12,4 % (108)
Dezentrale Controlling-Stellen	10,9 % (95)	13,6 % (118)
Umbau Querschnittsbereiche zu Servicestellen	23,9 % (208)	24,7 % (215)
Abbau von Hierarchieebenen	34,5 % (300)	25,4 % (221)
Dezentrale Fach- und Ressourcenverantwortung	33,1 % (288)	26,2 % (228)
Budgetierung	33,1 % (288)	34,4 % (291)
Produkte	29,0 % (252)	9,9 % (86)
Kosten- und Leistungsrechnung	12,7 % (108)	33,0 % (287)
Berichtswesen	22,1 % (192)	20,7 % (180)
	Eingeführt	
Kontrakte Politik – Verwaltung	14,8 % (129)	*
Kontrakte Verwaltungsspitze – Verwaltung	24,3 % (211)	*

n = 870; *Item nicht vorhanden
Quelle: Umfrage »10 Jahre NSM«, Bürgermeisterdatensatz

SCHÄFFER POESCHEL

Abb. 2.4: Realisierte NSM-Kernelemente (*Bogumil, J.* 2007 S. 8)

Defizitärer Kulturwandel

In vielen Gemeinden hat man nicht berücksichtigt, dass Strukturveränderungen und die Einführung neuer Steuerungsinstrumente mit einem Wandel der kulturellen Voraussetzungen einhergehen müssen. Der defizitäre Kulturwandel führt letztlich zu Widerständen und Reibungsverlusten, die in etlichen Fällen auch Frustrationen nach sich ziehen. Damit verbunden sind Defizite in der Motivation des Personals und im Bereich der Personalentwicklung. Schließlich fehlt es vielen Kommunalverwaltungen an einer echten strategischen Ausrichtung. Zukunftskonferenzen und -offensiven, in denen die strategischen Grundlagen für die weitere Entwicklung eines Gemeinwesens gelegt werden, sind die absolute Ausnahme. *Hans-Joachim Hilbertz* – bis zum Jahre 2007 Vorstand der KGSt – hat die Veränderungserfolge in 2001 folgendermaßen beschrieben: »Einerseits kann man feststellen, dass die Reformbestrebungen in den Kommunen weiter vorankommen, andererseits sind bei einem Teil der Verwaltungen die mit der Modernisierung verbundenen Erwartungen bisher nicht erfüllt worden. Diese Aussagen widersprechen sich nicht. Sie sind vielmehr eine Bestätigung dafür, dass die Kommunen auf dem richtigen Weg weit voran-, aber noch nicht am Ziel angekommen sind« (*Hilbertz, H.-J.* 2001 S. 10).

Phasen der Reform

Eine recht ernüchternde Einschätzung hat der Hamburger Public-Management-Experte *Budäus* gegeben. In seiner Bestandsaufnahme gliedert er die bisherigen Reformbestrebungen in drei Phasen (vgl. *Budäus, D.* 2006 S. 174 ff.):

- Phase 1: Hierbei handelt es sich um den Reformeinstieg und die damit verbundene Reformeuphorie. Sie dauert von Anfang bis Mitte der 90er-Jahre.
- Phase 2: Es folgt die Phase der Ernüchterung, derzufolge man sich vor allem auf die Reformmachbarkeit konzentriert. *Budäus* verortet diese Phase zeitlich in den Bereich Ende der 90er-Jahre bis Anfang des neuen Jahrtausends.
- Phase 3: In der aktuellen Phase, in der wir uns seit etwa 2003 befinden, geht es einerseits um die Vertiefung Erfolg versprechender Bausteine des NPMs, andererseits kommt es zur Hinwendung zu einem *Good Governance.*

Gute Regierungsführung

Im Mittelpunkt der aktuellen Phase scheint sich vor allem die vertiefende Analyse einer ordnungsgemäßen Buchführung des öffentlichen Haushalts- und Rechnungswesens zu etablieren. Inzwischen haben alle Bundesländer sich wohl dazu entschlossen, ein neues Haushalts-, Kassen- und Rechnungswesen einzuführen. Unterschiedlich sind jedoch die Zeithorizonte, in denen dies geschehen soll. Auf der anderen Seite hat sich zumindest über einige Jahre hinweg eine Stagnation in den Reformbestrebungen eingestellt. Parallel ist die Diskussionsrichtung eines *Good Governance* entstanden, die sich nicht unmittelbar aus dem NPM herleitet: »Hierbei geht es weniger um konkrete Steuerungsinstrumente wie die Reform des Haushalts- und Rechnungswesens, sondern eher um die Rückkehr und Revitalisierung allgemeiner Grundsätze und Handlungsorientierungen im öffentlichen Bereich. Praktisch handelt es sich um die Abkehr von den bisherigen Versuchen, ein leistungsfähiges Public Management zu entwickeln zu Gunsten einer übergeordneten allgemeinen normativ geprägten Diskussion« (*Budäus, D.* 2006 S. 179). *Good Governance* stellt die Außenbeziehungen der Verwaltung in den Vordergrund und untersucht die Voraussetzungen für einen Staat, der unter demokratischen Vorzeichen, die Gesellschaft gut (somit vor allem sozial und gerecht) zu steuern vermag.

E-Government

Trotz aller Rückschläge und Frustrationen besteht jedoch kein Zweifel, dass die Reformbestrebungen der öffentlichen Verwaltung weiter gehen müssen. Die Schwerpunkte gegenwärtiger Reformbestrebungen liegen wohl vor allem im Bereich des E-Governments und des damit verbundenen Prozessmanagements. Es besteht die berechtigte Hoffnung, dass sich die im Jahre 2006 beschlossene EU-Dienstleistungsrichtlinie zu einem Treiber für die Verwaltungsmodernisierung entwickelt. In diesem Zusammenhang sind die Verwaltungen verpflichtet, die Genehmigungsverfahren für aus- und inländische Dienstleistungsunternehmen drastisch zu vereinfachen, wobei auch die Vorgabe gemacht worden ist, dass sämtliche Verfahren für den Antragsteller online durchführbar sein müssen. Am 28. Dezember 2009 müssen die EU-Mitgliedstaaten der EU-Kommission berichten, inwieweit sie diese Voraussetzungen geschaffen haben.

Problembereiche

In den Verwaltungsstrukturen, die zu Beginn der 90er-Jahre in vielen Städten und Gemeinden üblich gewesen sind, ließen sich Defizite und Mängel beobachten, die im Rahmen der damals vorzufindenden Strukturen kaum verändert werden konnten. Nachstehend werden die gravierendsten Problembereiche zunächst beschrieben, um darauf aufbauend die bislang erreichten Veränderungen zu verdeutlichen. Die Bandbreite der Problemlagen ist groß. Sie reichen von Mängeln, die sich an der Schnittstelle zwischen Bürger und Verwaltung verdichten, gehen weiter über organisationsinterne Schwachstellen bis hin zu Problemen in der Zusammenarbeit zwischen Rat und Verwaltung. Im einzelnen sind folgende Problembereiche zu nennen:

- Mängel im Verhältnis von Verwaltung und Bürger,
- Mängel in der Zusammenarbeit zwischen Rat und Verwaltung,
- Mängel in der Organisation (Aufbaustruktur und Prozessorganisation),
- Mängel im finanzwirtschaftlichen Bereich,
- Mängel im Personalbereich.

Fehlende Bürger- und Kundenorientierung

Mängel im Verhältnis von Verwaltung und Bürger: Aufgrund ihrer unzureichenden Kunden- und Bürgerorientierung steht die öffentliche Verwaltung immer noch in der Kritik. Beanstandet werden u. a. zu lange Bearbeitungszeiten in den Genehmigungs- und Verwaltungsverfahren, lange Wartezeiten, fehlende Möglichkeiten für online-Transaktionen sowie die nur geringen Partizipationsmöglichkeiten. *Vorschriftenabbau* und *Verwaltungsvereinfachung* werden auch heute noch als unerlässliche Zukunftsaufgaben angesehen. Trotz aller Entwicklungen, die beispielsweise durch verstärkte Kunden- und Bürgerorientierung in zeitgemäßen Bürgerservice-Zentren oder in neuen *E-Government*-Strukturen (vgl. *Mehlich, H.* 2002) zu verzeichnen sind, sind hohe Regelungsdichte und

Überreglementierung weiterhin ein Thema. Daran konnten auch die vielen Projekte und Anstrengungen im modernen Qualitätsmanagement noch nicht viel ändern.

Politik und Verwaltung

Mängel in der Zusammenarbeit zwischen Rat und Verwaltung: Ein weiteres Problem der Organisation der Kommunalverwaltungen war zu Beginn der 90er-Jahre die Schnittstelle zwischen Politik und Verwaltung. Beide Seiten – der Gemeinderat und die Verwaltung – hatten mit jeweils spezifischen Problemen zu kämpfen. So fühlte sich der Gemeinderat oft nur unzureichend informiert. Um dennoch alle Fäden in der Hand zu behalten, verzettelte er sich in einer Fülle von Detail- und Einzelfragen. Auf der anderen Seite forderte die Verwaltung neue Handlungsspielräume ein. Eine *politisch-strategische Steuerung* der Verwaltung durch klare Zielvorgaben konnte auf dieser Basis kaum realisiert werden. Was hat sich in den letzten Jahren verändert? Insgesamt gesehen hat sich die Transparenz der Verwaltungen durch Produktstrukturen und operatives Controlling aus Sicht der Gemeinderäte durchaus verbessert. Zu der angestrebten klaren Verantwortungsabgrenzung, wie es das Prinzip Steuerung auf Abstand – Politik entscheidet über das »Was«, die Verwaltung über das »Wie« – vorsieht, ist es aber nur in sehr wenigen Fällen gekommen. Die *KGSt* hat in den letzten Jahren immer wieder darauf hingewiesen, dass die meisten Kommunalverwaltungen von einer strategischen Steuerung über Zielvereinbarungen noch weit entfernt scheinen (vgl. *Bogumil, J.* 2007 S. 8, *Heinz, R.* 2000). Es besteht nach wie vor eine beachtliche Strategielücke.

Überzogene Regelungsdichte

Mängel in der Organisation: Die viel betonte Regelungsdichte machte sich in der Vergangenheit zudem in der inneren Organisation bemerkbar. Insbesondere die Mitarbeiter auf der operativen Ebene hatten insgesamt zu wenig Entscheidungsspielräume. Oft wurden diese Spielräume von den Führungskräften und den Mitarbeitern gar nicht gewollt. Die entlastende Wirkung der Regelungen wurde bisweilen höher geschätzt als die Schaffung von neuen Strukturen, die die Verantwortung in stärkerem Maße nach unten delegieren. Die Aufbauorganisation basierte auf Zentralisierung und Arbeitsteilung, was sich in den Kommunalverwaltungen vor allem als eine *Trennung von Fach- und Ressourcenverantwortung* auswirkte. Priorität hatten die Querschnittsämter, die über den Ressourceneinsatz (Personal, Organisation, Finanzen) der Fachämter zentral entschieden. Dies wiederum führte zu einer Situation, in der die hoch qualifizierten Fachamtsleiter auf das Prinzip des normgerechten Verhaltens reduziert wurden. Die dispositive Kompetenz dezentraler Organisationseinheiten widersprach der zentralen Ausrichtung der Gesamtverwaltung. Schließlich führte die Priorität für eine funktionsorientierte Aufgaben- und Kompetenzverteilung zu langwierigen Geschäftsprozessen und Arbeitsabläufen (vgl. *Janning, H.* 1994 S. 5 f.). Inzwischen haben sich die Kommunalverwaltungen dieser organisatorischen Engpässe angenommen. Durch die Schaffung größerer Organisationseinheiten und die Verlagerung von Befugnissen und Verantwortung sind die Handlungsspielräume im operativen Management vieler Kommunalverwaltungen erweitert worden. Darüber hinaus hat das Prozessdenken und -management Einzug gehalten. Die Durchlaufzeiten wichtiger Geschäftsprozesse (z.B. Bauanträge) konnten im Interesse der Kunden reduziert werden. In den modernen Bürgerämtern kann man beobachten, wie sich die Geschäftsprozessoptimierung mehr und mehr auf das Verwaltungshandeln auswirkt. Trotzdem bleibt festzustellen, dass die Veränderungen in vielen Bereichen nicht weit genug gehen. Außerdem sind die Unterschiede in den Kommunalverwaltungen in der organisatorischen Dimension zum Teil sehr groß. Die organisatorischen Defizite bestehen somit immer noch, zumal im Bereich der Organisationstheorie und -praxis ständig neue Konzepte entwickelt und erprobt werden.

Vorrang der Norm- und Sachgerechtigkeit

Mängel im finanzwirtschaftlichen Bereich: Zu Beginn der 90er-Jahre stand fest, dass die zahlreichen haushaltsrechtlichen Vorschriften eine wirtschaftliche Betriebsführung massiv erschweren. Die Verwaltung ist zwar rechtlich zu wirtschaftlichem Handeln verpflichtet, das praktische Verwaltungshandeln war zumeist aber primär auf Norm- und Sachgerechtigkeit ausgerichtet (vgl. *Janning, H.* 1994 S. 6 f., *Bolay, F.W.* 2001 S. 179 ff.). Dies deutete darauf hin, dass die betriebswirtschaftliche Orientierung bis in die 90er-Jahre hinein nur gering ausgeprägt war. Die Gründe lassen sich vor allem auf zwei Aspekte zurückführen:

- Erstens waren die Kommunalverwaltungen zumindest bis etwa Mitte der 80er-Jahre finanzwirtschaftlich kaum unter Druck.
- Zweitens hatte man den Bereich der Verwaltung als eine Sphäre betrachtet, die von der Privatwirtschaft grundsätzlich zu unterscheiden sei. Gesetze und Notwendigkeiten des Wirtschaftssystems sollten für den öffentlichen Dienst deshalb ausdrücklich nicht gelten.

Kameralistik

Ein vordringliches Problem bestand darin, dass die öffentliche Verwaltung kaum – von einigen Ausnahmen abgesehen – in der Lage war, aufgaben- bzw. produktbezogen exakte Kosten zu ermitteln. Das *kameralistische Rechnungswesen* und das *Gesamtdeckungsprinzip* hatten dafür keine geeigneten Voraussetzungen geschaffen. Man wusste zwar exakt, welche Ausgaben in einem Haushaltsjahr getätigt worden sind. Die Wirkungen und Ergebnisse des Handelns wie auch die damit verbundenen Kosten blieben aber diffus. In der Vergangenheit hatte eindeutig die externe Rechtfertigung der öffentlichen Ausgaben Priorität. Kosten- und Leistungsrechnungen, wie sie in der privaten Wirtschaft obligatorisch sind, konnten sich unter diesen Voraussetzungen in der öffentlichen Verwaltung nicht etablieren. Ähnlich lagen die Probleme im Bereich der betriebswirtschaftlichen Informationsvermittlung. Es fehlte in der konventionellen Verwaltungsstruktur an Mess- und Orientierungsgrößen, die Informationen quantifizieren und in verdichteter Form hätten darstellen können. Statt dessen lagen meistens seitenlange Berichte und »Zahlenfriedhöfe« vor, aus denen die Gremien und Entscheidungsträger kaum rationale und zukunftsorientierte Entscheidungen herleiten konnten. Es fehlte vor allem an aussagekräftigen Kennzahlen und einem *empfängerorientierten Berichtswesen*, die es ermöglichen, Abweichungen von Zielsetzungen zeitnah zu erkennen, um rechtzeitig Gegenmaßnahmen ergreifen zu können. Das heißt, die vorgesehene Kontrolle konnte zwar nachträglich Abweichungen feststellen, sie war aber nur selten in der Lage, rechtzeitig Korrekturen zu veranlassen.

Nach etwa 10 bis 15 Jahren Neues Steuerungsmodell haben sich auf diesem Gebiet vergleichsweise wenige Entwicklungen eingestellt. Eine im Jahre 2005 durchgeführte Befragung hat u. a. Folgendes ergeben (vgl. *Bogumil, J.* 2007 S. 8):

- Nur 29,0 % der Kommunalverwaltungen haben die Produktbildung in ihrer gesamten Verwaltung umgesetzt. Weitere 9,9 % haben dies in Teilbereichen getan.
- Eine Kosten- und Leistungsrechnung haben lediglich 12,7 % der Kommunen in der gesamten Verwaltung eingeführt. Immerhin haben weitere 33,0 % die Kosten- und Leistungsrechnung wenigstens in Teilbereichen umgesetzt.

Die kaufmännische doppelte Buchführung hat sich auch noch nicht überall etabliert. In den meisten Bundesländern hat man jedoch verbindlich festgelegt, dass die Doppik in den nächsten Jahren wohl kommen wird. Es kann festgehalten werden, dass die geeigneten finanzwirtschaftlichen Instrumente zur Verfügung stehen. Leider werden sie noch zu wenig genutzt, um strategische Zielsetzungen damit umsetzen zu können. Wie wenig die modernen finanzwirtschaftlichen Möglichkeiten genutzt werden, zeigt z. B. das Verhalten bei notwendigen Haushaltskonsolidierungen, bei denen die vielkritisierte »Rasenmähermethode« immer noch übliche Praxis zu sein scheint.

Fehlende Arbeitszufriedenheit und Motivation

Mängel im Personalbereich: Auf Seiten des Personals fehlte es an Arbeitszufriedenheit und Motivation. Die Gründe wurden mit den Überlegungen zu einem Neuen Steuerungsmodell auf breiter Ebene diskutiert. Der Bundesangestelltentarif (BAT) und das öffentliche Dienstrecht waren in ihren Auswirkungen eher leistungsfeindlich, vor allem weil die Besoldungs- und Vergütungsgruppen unabhängig von individueller Leistung auf der Grundlage stellenbezogener Anforderungen zugeteilt wurden. An dieser Sachlage konnten bislang auch diverse Modifikationen und die teilweise eingeführten Leistungszulagen bzw. -prämien nicht viel ändern. Im Tarifbereich der Arbeiter und Angestellten ist inzwischen der Tarifvertrag für den öffentlichen Dienst (TVöD) in Kraft getreten, der im Bereich des Bundes und der Kommunen verbindlich gilt. In den Bundesländern werden entsprechende Tarifverträge – Land (TV – L) erarbeitet.

BAT und TVöD

Die damit verbundenen Verheißungen und Regelungen im Hinblick auf eine leistungsorientierte Ausrichtung und Bezahlung sind bisher (noch) nicht in wünschenswertem Umfang erfüllt worden. Es ist zwar angekündigt worden, ein neues Eingruppierungssystem mit einer entsprechenden Entgeltordnung zu schaffen. Diese Regelungen stehen jedoch für alle Bereiche noch aus. Bisher besteht zwischen den Tarifvertragsparteien nur Einigkeit über gewisse Eckpunkte. So soll die künftige Entgeltordnung tätigkeitsbezogen sein und sich in vier ausbildungsbezogene Qualifikationsebenen gliedern. Die Tarifautomatik gemäß § 22 BAT soll erhalten bleiben und das Bewertungsverfahren weiterhin am Arbeitsvorgang und an der überwiegend auszuübenden Tätigkeit anknüpfen. Nach § 17 TVÜ-VKA gelten bis zum Inkrafttreten von Eingruppierungsvorschriften des TVöD (mit Entgeltordnung) die §§ 22, 23, 25 BAT sowie die Lohngruppenverzeichnisse der Landesbezirke gemäß Rahmentarifvertrag zu § 20 BMT-G fort. Nach § 17 Abs. 3 TVÜ-VKA sind mit Ausnahme der Eingruppierung in die Entgeltgruppe 1 allerdings alle zwischen dem 1. Oktober 2005 und dem Inkrafttreten der neuen Entgeltordnung stattfindenden Eingruppierungsvorgänge (Neueinstellungen und Umgruppierungen) vorläufig und begründen keinen Vertrauensschutz und keinen Besitzstand. Bei Eingruppierungen zwischen dem 1. Oktober 2005 und dem Inkrafttreten der neuen Entgeltordnung werden jedoch jetzt schon die Vergütungsgruppen der Allgemeinen Vergütungsordnungen (Anlage 1a), die Vergütungsgruppen der Allgemeinen Vergütungsordnungen für Angestellte im Pflegedienst (Anlagen 1b) und die Lohngruppen der Lohngruppenverzeichnisse gemäß Anlage 3 den Entgeltgruppen des TVöD zugeordnet (vgl. § 17 Abs. 7 TVÜ-VKA). Entsprechende Regelungen enthalten auch die Überleitungstarifverträge für den Bundes- und den Länderbereich.

Öffentliches Dienstrecht

Auch in das öffentliche Dienstrecht ist seit der Föderalismusreform durchaus Bewegung gekommen. Nach Aufhebung des Art. 74a GG a. F. (vgl. Art. 125a Abs. 1 GG) entfällt die konkurrierende Gesetzgebungskompetenz des Bundes für den Bereich der Besoldung der Beamten. Das bisherige Recht gilt nur noch weiter, solange es nicht durch Landesrecht ersetzt wird. Die Bundesländer haben dadurch jeweils neue Spielräume, die sie ausgestalten können und ausgestalten sollten. Dabei wird aller Voraussicht nach auch die jeweilige Haushaltssituation keinen ganz unwesentlichen Einfluss haben. Man darf gespannt sein, welche Resultate dabei jeweils erzielt werden. Auch die Hoffnung, dass sich die anderen Rahmenbedingungen für die Mitarbeiter ändern, scheint verfrüht zu sein.

Defizite in der Motivation

Die für Verwaltungen typische hierarchische Arbeitsteilung ist zwar stellenweise abgebaut worden, insbesondere auf den mittleren und unteren Hierarchieebenen ist Unzufriedenheit und Demotivation der Mitarbeiter jedoch immer noch ein Thema. Die Notwendigkeit einer strategischen Personalentwicklung durch bedarfs- und zielgerechte Weiterbildung ist heute zwar allgemein unstrittig, in der Praxis schlägt sich dies jedoch noch zu wenig nieder. Und schließlich gilt auch weiterhin, dass die Ausprägungen des autoritären Führungsstils immer noch verbreitet sind.

Die Abbildung 2.5 gibt einen Gesamtüberblick der dargestellten Problemlagen.

Mängel im Verhältnis von Verwaltung und Bürger	• Geringe Kunden- bzw. Bürgerorientierung. • Undurchsichtiges Zuständigkeitswirrwarr. • Abfertigung von »Bittstellern«. • Zu wenig Partizipationsmöglichkeiten. • Zu lange Bearbeitungszeiten in Genehmigungs- und Verwaltungsverfahren. • Lange Wartezeiten auf den Amtsfluren. • Bürgerunfreundliche Öffnungs- und Geschäftszeiten. • Unzureichende E-Government-Struktur.
Mängel in der Zusammenarbeit zwischen Rat und Verwaltung	• Politik verzettelt sich zu sehr in Detail- und Einzelfragen. • Lange Verhandlungen im Gemeinderat ohne greifbare Ergebnisse. • Eine politisch-strategische Steuerung der Verwaltung wird nur bedingt praktiziert. • Die Information des Gemeinderates durch die Verwaltung ist unzureichend. • Es existiert ein breites Misstrauen des Gemeinderates gegenüber der Verwaltung.

SCHÄFFER POESCHEL

Abb. 2.5: Mängelkatalog der konventionellen Kommunalverwaltung

Mängel in der Organisation	• Zu viele kleine Organisationseinheiten. • Zu viele Hierarchieebenen in den Organisationseinheiten. • Ein-Linien-Organisation mit einflussreichen Querschnittseinheiten. • Zentrale Ressourcenverantwortung. • Priorität für eine funktionsorientierte Aufgaben- und Kompetenzverteilung. • Zu geringe Prozessorientierung in den Verwaltungsstrukturen.
Mängel im finanzwirtschaftlichen Bereich	• Unzählige haushaltsrechtliche Vorschriften erschweren eine wirtschaftliche Betriebsführung. • Kameralistische Haushaltsführung ist für die interne Betriebsführung ungeeignet. • »Dezemberfieber« als ungewollte Auswirkung der Kameralistik. • Kosten- und Leistungsrechnungen fehlen weitgehend. • Notwendige betriebswirtschaftliche Informationen liegen nicht vor (z.B. Kennzahlen). • Es fehlt inter- und inneradministrativer Wettbewerb.
Mängel im Personalbereich	• Das öffentliche Dienstrecht wie auch der Bundesangestelltentarif (BAT) waren eher leistungsfeindlich. • Die hierarchische Arbeitsteilung ist für unattraktive Arbeitsplätze auf den mittleren und unteren Ebenen verantwortlich. • Fort- und Weiterbildung werden restriktiv behandelt und relativ unabgestimmt realisiert. • Ausprägungen des autoritären Führungsstils sind noch verbreitet. • Auf angemessene Umfeld- und Arbeitsbedingungen wird kaum wert gelegt.

SCHÄFFER POESCHEL

Abb. 2.5: Mängelkatalog der konventionellen Kommunalverwaltung (Fortsetzung)

2.2 Relevante Trends

Fortsetzung des Projektes Neue Steuerung

Relevante Strukturveränderungen, wie es das Neue Steuerungsmodell insgesamt vorsieht, sind nur sehr schwer umzusetzen. Zum Teil fehlt es an der notwendigen Veränderungsbereitschaft, zum Teil schränken die herrschenden Rahmenbedingungen den Veränderungserfolg deutlich ein. Überzogene Erwartungen und ein Defizit an Teamfähigkeit und Qualifikationen auf Seiten der Mitarbeiter können ebenso als Veränderungshemmnisse dingfest gemacht werden. Nachdem über 15 Jahre lang der Versuch unternommen worden ist, die Strukturen der neuen Steuerung in den Verwaltungsorganisationen zu etablieren, stellt sich gegenwärtig die Frage, ob die durchaus eingetretenen Frustrationen zum Ende des Reformeifers führen oder ob eine neue Aufbruchstimmung auf dieser Basis entstehen kann. Noch im Jahre 2001 hat die *KGSt* keinen Zweifel daran gelassen, dass an den Bausteinen des Neuen Steuerungsmodells weiter gearbeitet werden muss. Die Schwerpunkte der Bemühungen liegen danach vor allem im Haushalts- und Rechnungswesen, im strategischen Management, im Wettbewerb und in den beachtlichen Möglichkeiten des E-Governments (vgl. *Hilbertz, H.-J.* 2001 S. 9 ff.).

Seither ist aber von einer neuen Aufbruchstimmung nicht viel zu spüren. Allenfalls kann man mit *Budäus* der Auffassung sein, dass man sich aktuell und zukünftig auf besonders wichtige Einzelbausteine konzentriert, um sie vertiefend zu analysieren und darauf aufbauend umzusetzen. Am ehesten wird dies – wie gezeigt – im Bereich des Haushalts- und Rechnungswesens und im Bereich der elektronischen Verwaltung in Verbindung mit einem verbesserten Prozessmanagement geschehen (vgl. *Budäus, D.* 2006). Wünschenswert wäre es allerdings, dass die öffentliche Verwaltung sich angesichts absehbarer Herausforderungen zu weiteren und umfassenderen Reformschritten bereitfindet. Nachstehend werden einige der wichtigsten Trends beschrieben, denen sich die öffentliche Verwaltung zurzeit und in den nächsten Jahren stellen muss.

Demographischer Wandel und Wanderungsbewegungen in die reichen Länder

Dramatische soziale Herausforderungen

Die demographische Entwicklung in Deutschland wie auch in vielen anderen Industrieländern ist prekär. Die Einwohnerzahl nimmt stetig ab. Der Anteil der Erwerbstätigen an der Gesamtbevölkerung geht ebenfalls zurück. Während im Jahr 2003 noch 56 % der Bevölkerung zu den Erwerbstätigen zählen, werden dies im Jahre 2050 nur noch 45 % sein. Im gleichen Zeitraum wird der Anteil der über 60-Jährigen von 23 % auf 40 % steigen. Schon gegenwärtig zeichnet sich ab, dass die Erwerbsdauer der erwerbstätigen Personen in den letzten Jahren deutlich gesunken ist. So ist das durchschnittliche Alter beim Berufseintritt durch die Verlängerung der Ausbildungszeiten im Vergleich zum Jahre 1960 deutlich angestiegen, während das durchschnittliche Alter bei Renteneintritt von 65 auf 59 Jahre gesunken ist. Hier wird inzwischen durch Anheben des Rentenalters gegengesteuert. Die dargestellten Trends wirken sich auf das Sozialsystem aus und erschüttern die sozialen Sicherungssysteme in ihren Grundfesten. Die Situation wird sich noch dadurch verschärfen, dass die Bevölkerungsexplosion in den Entwicklungsländern und der gesellschaftliche Umbruch in den mittel- und osteuropäischen Staaten weitere internationale Wanderungsbewegungen in Gang setzen wird, deren Auswirkungen in den entwickelten Ländern des Westens unmittelbar Platz greifen werden.

Dies verdeutlicht auch der Oberbürgermeister der Landeshauptstadt Stuttgart, indem er in einem Vortrag anlässlich der Europakonferenz des Landeskreises Ludwigsburg Folgendes ausführt: »Gerade wir im Großraum Stuttgart sind die Gewinner der Globalisierung. Daraus erwächst eine Verantwortung denen gegenüber, denen es nicht so gut geht. Tag für Tag versuchen Tausende von Menschen, aus ihren Ländern zu fliehen, und sie suchen ihr Glück in Europa. Viele erreichen das Ziel nicht oder kommen nicht weit; sie ertrinken im Mittelmeer« (*Schuster, W.* 2008 S. 38). Insoweit werden die sozialen Probleme unseres Gemeinwesens noch dramatischer werden. Die Kluft zwischen Arm und Reich wächst kontinuierlich. Schon heute zählen – so beschreibt es der Armuts- und Reichtumsbericht der Bundesregierung im Jahre 2008 – 13 % der Bevölkerung zu den Armen. Weitere 13 % sind von Armut bedroht, ihren Absturz in die Armut verhindern lediglich die gewährten staatlichen Sozialleistungen. Auf die Kommunalverwaltungen werden somit weitere und vielleicht noch größere Belastungen zukommen.

Technologiesprünge und Globalisierung

Rasante Entwicklungen

Die technologische Entwicklung schreitet gegenwärtig weitaus rasanter voran als noch vor 20 bis 30 Jahren. Die Abstände zwischen den Technologiesprüngen werden tendenziell kürzer. Die wichtigsten Trends lassen sich in der Informationsverarbeitung, in der Biotechnik und in der Nanotechnologie beobachten. Die so genannte digitale Revolution ebnet mehr und mehr die Entwicklung zur Informationsgesellschaft. Heute zählen Online-Dienste, Tele-Arbeit, E-Business und elektronische Börsen zur Normalität. Im öffentlichen Sektor wird das E-Government das Verwaltungshandeln künftig noch spürbarer verändern. Die Entwicklungen in der Biotechnik ziehen dramatische gesellschaftliche Folgen nach sich, die politisch, rechtlich und auch ethisch kaum in den Griff zu bekommen sind. Die Nanotechnologie wirkt sich insofern auch auf die elektronische Datenverarbeitung aus, als sie das Fassungsvermögen eines Siliziumchips alle 18 Monate um das Doppelte steigert. Genauso wird die Globalisierung der Wirtschaft unaufhaltsam voranschreiten. Landes-, Zoll- und Handelsschranken verlieren mehr und mehr an Bedeutung (vgl. *Hilbertz, H.-J.* 2002 S. 78 ff.). Die Arbeitswelt dürfte sich in naher Zukunft noch dramatischer verändern. So ist die weltweite Verlagerung von Arbeitsplätzen in der globalisierten Wirtschaft aus Sicht der Betriebe kaum mehr ein Problem. Die Kommunalverwaltungen müssen bei ihren strategischen Überlegungen mehr und mehr internationale Entwicklungen berücksichtigen. Noch mehr als die globale Welt hat die Europäische Union Einfluss auf die Strukturen und Prozesse der Kommunalverwaltungen. Inzwischen sind die Einflüsse z. B. im Sparkassenwesen oder im Vergabewesen sehr gravierend. Zum Letzteren betont der ehemalige baden-württembergische Minister des Staatsministeriums und für europäische Angelegenheiten anlässlich einer Europakonferenz im Jahre 2007: »Ein weiteres Konfliktfeld ist das EU-Vergaberecht. Die Ausschreibung öffentlicher Aufträge führt grundsätzlich zu mehr Wettbewerb und niedrigeren Kosten für die öffentliche Hand. Die kommunale Organisationshoheit einschließlich der Möglichkeit interkommunaler Kooperationen darf allerdings nicht durch eine ausdehnende Auslegung des Vergaberechts immer mehr eingeengt werden. Die Entscheidung der Kommunen, ob die Zuständigkeit für öffentliche Aufgaben von einer öffentlichen Stelle an eine andere übertragen wird, gehört zur kommunalen Selbstverwaltungsgarantie und darf als Aufgabe der Daseinsvorsorge von öffentlichem Interesse nicht in den Anwendungsbereich des EU-Vergaberechts fallen« (*Stächele, W.* 2008 S. 31). Diese Diskussion macht deutlich, wie die europäische Ebene sich mehr und mehr auf das kommunale Geschehen auswirkt. Insoweit ist es wichtig und unerlässlich, dass die Kommunen der europäischen Mitgliedstaaten ihre Interessen bei der Europäischen Union deutlich und nachdrücklich vertreten.

Wertewandel und Veränderung der Arbeitstugenden

Pluralität der Lebensstile

Während der Wertewandel der 70er-Jahre eine eindeutige Richtung und Tendenz im Hinblick auf Emanzipation und Selbstentfaltung zeigte, sind die gegenwärtigen Entwicklungen komplexer und unüberschaubarer geworden. Insgesamt macht sich eine *Pluralisierung der Wert- und Orientierungssysteme* wie auch der *Lebensformen* bemerkbar. Traditionelle und alternative Lebensformen scheinen gut nebeneinander bestehen zu können. Auch der Trend zur Individualisierung kann die gegenwärtigen Zustände nicht umfassend charakterisieren. Dem gegenüber steht eine wachsende Zahl von Bürgern, die sich aktiv bürgerschaftlich engagieren wollen. Im Bereich der Arbeitswelt gibt es einerseits einen Trend, der sich schon in den 80er-Jahren abzeichnete. Der Wunsch nach Selbstverwirklichung und Selbstbestimmung ist bei vielen Mitarbeitern immer noch prägend. Andererseits können wir eine Renaissance des traditionellen Managements beobachten, das Leistung und Disziplin höher schätzt als emotionale Intelligenz, Teamgeist und Soft Skills. In ihren Buch »Schluss mit lustig« versucht *Judith Mair* aufzuzeigen, dass mit den harten Arbeitstugenden mehr zu erreichen ist als mit ausgeklügelten Motivations- und Belohnungssystemen (vgl. *Mair, J.* 2002 S. 64 ff.). Alles in allem werden wir mit einer neuen Unübersichtlichkeit konfrontiert. *Hill* hat die veränderten Rahmenbedingungen, denen die Verwaltung gegenwärtig ausgesetzt ist, in einer sehr anschaulichen Gegenüberstellung verdeutlicht.

Früher	Heute
• Überschaubare Sachverhalte und Problembereiche	• Unübersichtlichkeit und Komplexität
• Relativ konstante Verhältnisse	• Dynamischer Wandel
• Klare Wirkungszusammenhänge	• Vernetzung und Multikausalität
• Rechtsstrukturen nach dem Trennungsprinzip	• Kombinationen und Alternativen
• Eindeutige gesellschaftliche Zielgruppen	• Schnelllebige Zielgruppen, »Sowohl als auch Gesellschaft«
• Politische Berechenbarkeit	• Nichtwähler, Wechselwähler
• Obrigkeitsglaube, Autorität	• Wertewandel, -gleichgültigkeit
• Soziokulturelle Stabilität	• Demografische Veränderungen

SCHÄFFER POESCHEL

Abb. 2.6: Veränderte Anforderungen an den öffentlichen Sektor (*Hill, H.* 1997 S. 21)

Negative Finanzentwicklung

Finanzkrise als immerwährender Veränderungsmotor

Die Reformbestrebungen zu Beginn und Mitte der 90er-Jahre sind bereits in hohem Maße durch die seinerzeit bereits gravierenden Finanzprobleme in Gang gesetzt worden. Obwohl sich eine unmittelbare Verknüpfung der Verwaltungsmodernisierung mit Zielen der Haushaltskonsolidierung verbietet (vgl. *Bolay, F. W.* 2001

S. 180), lässt es sich nicht verhindern, dass dieser Zusammenhang immer wieder hergestellt wird. Es gibt inzwischen Stimmen, die behaupten, dass bereits die bisherigen Umsetzungserfolge ohne den enormen Druck der negativen Finanzentwicklung kaum möglich gewesen wären. Insofern dürfte die immer noch herrschende Finanzkrise, die in Zukunft absehbare Entwicklung der öffentlichen Finanzen ein ordentlicher Schrittmacher der Reformbestrebungen bleiben. Auch wenn im Zuge einer florierenden Wirtschaft die Steuereinnahmen zurzeit deutlich ansteigen, werden weitere Konsolidierungsmaßnahmen notwendig bleiben. Dabei ist auch zu berücksichtigen, dass die relativ hohen Tarifabschlüsse im öffentlichen Dienst im Jahre 2008 die Kosten weiter steigen lassen. Insoweit tun die Verwaltungsebenen in Bund, Ländern und Kommunen gut daran, wenn sie ihre Anstrengungen zur Konsolidierung der öffentlichen Haushalte weitergehen. Es dürfte wahrscheinlich sein, dass nach der zurzeit herrschenden Aufschwungphase die Finanzprobleme noch prekärer sein dürften als zu Zeiten der letzten Rezessionsphase.

2.3 Auswirkungen der Trends auf das Organisations- und Personalmanagement des öffentlichen Sektors

Verstärkte Aufgabenkritik

Beschränkung auf die Kernaufgaben

In der Vergangenheit hat der öffentliche Sektor auf Finanzkrisen reagiert, indem er Haushaltskonsolidierungen, beschränkte Rationalisierungen und operative Kostensenkungen in Gang gesetzt hat. Angesichts der gegenwärtigen Problemdimensionen reichen diese Instrumente wohl nicht mehr aus. Insgesamt legen es die dargestellten Trends nahe, dass sich der Staat und die Kommunen künftig noch stärker auf ihre Kernaufgaben beschränken müssen. Aufgabenkritische Überlegungen sollten in diesem Zusammenhang insbesondere die folgenden Fragen beantworten:

- Welche Leistungen sollen mittel- bis langfristig noch erbracht werden? Die Entscheidung hängt davon ab, welche strategischen Ziele gesetzt werden.
- Bei allen Leistungen, die mittel- bis langfristig erbracht werden sollen, ist die Frage zu erörtern, auf welche Art und Weise diese Leistungen dann erstellt werden können. Daraus resultieren wiederum »Make or Buy«-Entscheidungen.
- Inwieweit können die sozialen Leistungsangebote dem Bedarf besser angepasst werden? Dabei sind die sozialen Leistungen auf Finanzierbarkeit und Effektivität zu überprüfen.

Organisation als Erfolgsfaktor

Organisationales Lernen

Die Organisation gilt in der Unternehmenspraxis als ernst zu nehmender Erfolgsfaktor. Inwieweit beispielsweise die Marktausrichtung, die Kundenorientierung und die Mitarbeitermotivation gelingen können, hängt zu einem guten Teil von den aufbau- und ablauforganisatorischen Bedingungen ab. »›Erfolgreiche Neuorganisation‹, ›Optimierung von Strukturen‹, ›Reorganisation zur Steigerung von Rentabilität und Wachstum‹ – wer sich mit der aktuellen Situation unserer Unternehmen auseinandersetzt, stößt sehr schnell auf das Thema Organisation. Offensichtlich spielen unternehmensstrukturelle Fragestelllungen bei der Lösung der anstehenden Aufgaben nach wie vor eine besonders wichtige Rolle, gleichgültig ob es z. B. um die Marktausrichtung, die Kundenorientierung, die Mitarbeitermotivation oder das Risikomanagement geht« (*Vahs, D.* 2007 S. 1). Im Rahmen der Verwaltungsmodernisierung haben deshalb organisatorische Aspekte wie die Fachbereichsstruktur (anstelle der Ämterstruktur) und die dezentrale Ressourcenverantwortung (anstelle einer zentralen Ressourcenverwaltung) eine wichtige Rolle gespielt. Aus den oben skizzierten Trends lässt sich ableiten, dass die bisherigen Umgestaltungen weiter ausgebaut und darüber hinaus weitere organisatorische Strukturelemente eingeführt werden müssen. So muss weiter daran gearbeitet werden, die Hierarchien abzuflachen und die vertikalen und horizontalen Kooperationen zu verbessern. Des Weiteren ist davon auszugehen, dass die Geschäftsprozesse vor allem durch den Einsatz von Informations- und Kommunikationstechniken noch weiter optimiert werden. Den Ansprüchen der Bürger wird man durch multifunktionale Serviceläden (Kombination aus öffentlichen und privaten Leistungen) und durch spezifische Online-Angebote (E-Government) noch weiter entgegen kommen müssen. Dabei wird vieles darauf ankommen, inwieweit die optimale Verbindung zwischen Front-Office und Back-Office gelingt. Sofern sich die Kommunalverwaltungen tendenziell auf ihre Kerngeschäfte beschränken, wird es bei vielen kommunalen Dienstleistungen zu Kooperationen mit anderen Anbietern und Organisationen kommen. In diesem Zusammenhang müssen Beteiligungen, Auslagerungen (Outsourcing) und Public-Private-Partnership organisiert werden.

Personal als Schlüsselkategorie

Herausforderung für die Personalentwicklung

Das Personal ist gegenwärtig und bleibt auch in Zukunft die wichtigste Ressource. Demzufolge sind bei allen Maßnahmen, die die Leistungsfähigkeit und -bereitschaft steigern sollen, die Bedürfnisse und Interessen der Mitarbeiter zu berücksichtigen. Obwohl

Judith Mair in ihrem Buch »Schluss mit lustig« die Auffassung vertritt, dass sich die Führungskräfte heute nicht mehr hinter ihren Motivations- und Belohnungssystemen verstecken dürften (vgl. *Mair, J.* 2002 S. 64), ist das Management in Theorie und Praxis überwiegend davon überzeugt, dass die angemessene Berücksichtigung der Mitarbeiterinteressen immer noch eine wichtige Voraussetzung für den Unternehmenserfolg darstellt. Empirische Untersuchungen haben wohl hinreichend bestätigt, dass die Motivation und die Identifikation der Führungskräfte und Mitarbeiter sowie eine partnerschaftlich und kooperativ ausgerichtete Unternehmenskultur zum Erfolg einer Organisation maßgeblich beitragen. Für den öffentlichen Dienst bedeutet dies, dass er die Rahmenbedingungen so gestalten muss, dass Identifikation, Motivation und Mitgestaltungsmöglichkeiten begünstigt werden. Die Bedeutung der so genannten *Soft Skills* wird in Zukunft noch steigen.

Wiederholungsfragen

1. Warum ist die öffentliche Verwaltung eine Verwaltung im stetigen Wandel?
2. Welche Phasen der Verwaltungsmodernisierung unterscheidet der Public-Management-Experte Professor *Budäus*?
3. Welche Konflikte bestehen im Verhältnis zwischen Verwaltung und Bürger?
4. Welche konkreten Probleme bestehen im Verhältnis von Politik und Verwaltung?
5. Warum wird der öffentlichen Verwaltung immer noch eine überzogene Regelungsdichte vorgeworfen?
6. Welche Schwächen und Defizite sind in der Organisation der Kommunalverwaltung auszumachen?
7. Beschreiben Sie die wesentlichen Schrittmacher der Verwaltungsreform?
8. Haben sich die Verheißungen des Neuen Steuerungsmodells erfüllt?
9. Stellen Sie einen Zusammenhang zwischen der EU-Dienstleistungsrichtlinie und der Verwaltungsmodernisierung her.
10. Wertewandel ist eine soziologische Kategorie. Was hat der Wertewandel mit dem modernen Verwaltungsmanagement zu tun?
11. Wie schneidet die deutsche öffentliche Verwaltung im internationalen Vergleich ab? Machen Vergleiche mit Verwaltungen im Ausland Sinn?
12. Warum war und ist die niederländische Stadt Tilburg ein Modell für deutsche Kommunalverwaltungen?
13. Was ist mit dem Vorwurf »System organisierter Unverantwortlichkeit« gemeint? Ist er zutreffend?

14. Beschreiben Sie die wesentlichen Entwicklungstrends, die die öffentliche Verwaltung beeinflussen.
15. Welche Konsequenzen sollten aus den genannten Entwicklungstrends gezogen werden?

Lösungshinweise

1. Die öffentliche Verwaltung ist eine Verwaltung der jeweils herrschenden gesellschaftlichen Verhältnisse. Insofern muss sie ständig sich jenen Entwicklungen anpassen, die im Umfeld vonstatten gehen. Die turbulenten Entwicklungen des Umfeldes stellen die Verwaltung, ihre Führungskräfte und ihre Mitarbeiter stetig vor neue Herausforderungen. Hinzu kommen Entwicklungen, die von der öffentlichen Verwaltung erwarten, dass sie sich wie ein privates Unternehmen verhält (New Public Management). Wandel ist insoweit der Normalfall geworden. Vergleiche S. 22 ff.
2. *Budäus* spricht in der Phase 1 von einem Reformeinsteig und von einer damit verbundenen Reformeuphorie (Anfang bis Mitte der 90er-Jahre). In Phase 2 erfolgt die Ernüchterung und die Konzentration auf das jeweils Machbare (Ende der 90er-Jahre bis zu Beginn des neuen Jahrtausends). Schließlich bezeichnet er die vorerst letzte Phase, die seit etwa 2003 vorherrscht, als Phase der Vertiefung erfolgversprechender Bausteine. Gleichzeitig entwickelt sich die Reformausrichtung Good Governance. Vergleiche S. 30 f.
3. Das Verhältnis der Verwaltung zu ihren Bürgern ist in den vergangenen Jahren zusehends komplexer geworden. Es wird beständig ein Mehr an Kunden- und Bürgerorientierung gefordert. Neben einer dienstleistungsorientierten Aufgabenbewältigung wird zudem erwartet, dass den Bürgern mehr Partizipationsmöglichkeiten bei Planungen und Entscheidungen gegeben werden. Schließlich beklagen die Bürger – oft zu Recht – eine überzogene Regelungsdichte. Die Bürger sind insgesamt konfliktbereiter geworden. Vergleiche S. 31 f. und Abbildung 2.5.
4. Das Verhältnis zwischen Politik und Verwaltung ist oft durch Misstrauen geprägt. Der Gemeinderat hat vielfach das Bedürfnis, sich auch in Detailfragen einbringen zu müssen, weil er dies der Verwaltung nicht allein überlassen will. Die Verwaltung ihrerseits beklagt die Eingriffe und die nur geringen Handlungsspielräume, versäumt es bisweilen aber, die Gemeinderäte angemessen zu informieren. Vergleiche S. 26 und Abbildung 2.5.
5. Insbesondere auf Ebene des mittleren Managements und auf der operativen Ebene gibt es noch zu wenige Handlungsspiel-

räume, die verantwortlich ausgefüllt werden könnten. Die Entlastungswirkung von starren Regelungen wird immer noch oft höher bewertet als neue und dezentrale Strukturen. Es hat sich in den letzten Jahren einiges zum Besseren gewendet, Handlungsbedarf besteht aber immer noch. Vergleiche S. 32 f. und Abbildung 2.5.

6. Die größten Schwächen liegen in der Überbetonung des Hierarchiedenkens und in der mangelnden Dezentralisierung. Zudem setzt man zumeist immer noch auf betont kleine Organisationseinheiten und auf eine funktionsorientierte Aufgaben- und Kompetenzverteilung, die das Prozessgeschehen aufgrund unnötiger Schnittstellen sehr erschweren. Des Weiteren ist festzustellen, dass die Chancen der modernen IT-Technik nicht nachdrücklich genug genutzt werden. Vergleiche S. 32 f. und Abbildung 2.5.
7. Die wesentlichen Schrittmacher der Verwaltungsreform sind die Finanzkrise, der Wertewandel auf Seiten der Bürger und auf Seiten der Mitarbeiter, die zum Teil sehr innovativen Verwaltungsvorbilder im europäischen Ausland und weltweit sowie die Aktivitäten der KGSt. Vergleiche S. 22 ff. und Abbildung 2.2.
8. Die Bilanz des Neuen Steuerungsmodells ist durchwachsen. Zwar sind einige Bausteine durchaus erfolgreich umgesetzt worden, insgesamt gesehen ist es aber kein uneingeschränktes Erfolgsmodell. Trotzdem gibt es zur Verwaltungsmodernisierung keine Alternative. Vergleiche S. 27 ff.
9. Im Zusammenhang mit der EU-Dienstleistungsrichtlinie müssen u. a. auch die Kommunalverwaltungen besonders kundenorientierte Voraussetzungen für aus- und inländische Antragsteller schaffen. Zudem sollen sämtliche Genehmigungsverfahren vollständig online durchführbar sein. Vergleiche S. 31.
10. Wertewandel betrifft die Veränderungen in den Einstellungen und Verhaltensweisen der Menschen in einer Gesellschaft. Während man in den 70er- und 80er-Jahren noch eindeutige Tendenzen ausfindig machen konnte, haben wir es seit einigen Jahren mit einer großen Unübersichtlichkeit zu tun. Wir haben schnelllebige Zielgruppen und eine Sowohl-als-auch-Gesellschaft. Der Wertepluralismus wirkt sich sowohl auf Seiten der Bürger als auch auf Seiten der Mitarbeiter aus. Insoweit muss sich die Verwaltung diesen Veränderungen stellen und ihre Managementkonzepte daran anpassen. Vergleiche S. 40 f.
11. Die deutsche öffentliche Verwaltung gilt im internationalen Vergleich vor allem als rechtssicher und leistungsverlässlich. Die föderale Struktur unseres Verwaltungsaufbaus fungiert immer noch als Vorbild für Staaten, in denen Verwaltungen neu aufgebaut werden müssen. Das kommunale Selbstverwal-

tungsrecht hat auch in anderen europäischen Staaten viele Befürworter. Wenn es aber um die ökonomischen Aspekte der Verwaltung geht, schneidet Deutschland im internationalen Vergleich lediglich durchschnittlich ab. Vergleiche mit der innovativen öffentlichen Verwaltung im Ausland machen durchaus Sinn. Man blickt über den »Tellerrand« und gewinnt unter Umständen neue Ideen. Vergleiche S. 23 f.

12. Die niederländische Stadt Tilbug hat bereits im Jahre 1984 eine umfassende Verwaltungsreform realisieren können. Aufgrund der relativen Vergleichbarkeit des niederländischen Verwaltungssystems mit dem deutschen Behördenaufbau hat man Tilburg ganz besonders aufmerksam beobachtet. Auch die relative Radikalität, mit der betriebswirtschaftliche Instrumente in die Verwaltung eingeführt worden sind, hat die deutschen Reformer stark beeindruckt. Insoweit hat die KGSt das Modell Tilburg auf die deutschen Verhältnisse angepasst und daraus das Neue Steuerungsmodell entwickelt. Vergleiche S. 19 ff.
13. Das »System organisierter Unverantwortlichkeit« ist ein Ausdruck des ehemaligen KGSt-Vorstands *Prof. Gerhard Banner*. Mit dieser überaus kritischen Zustandsbeschreibung stellte er dem konventionellen System der Kommunalverwaltung ein geradezu vernichtendes Zeugnis aus. Es resultiert vor allem aus der bis in die 90er-Jahre hinein praktizierten zentralen Ressourcenverantwortung. Vergleiche das Zitat auf S. 24 ff.
14. Die wesentlichen Entwicklungstrends, die die Verwaltung gegenwärtig und künftig beeinflussen werden, sind: Demografischer Wandel und Wanderungsbewegungen in die reichen Länder, Technologiesprünge und Globalisierung, Wertewandel und Veränderung der Arbeitstugenden sowie die negative Finanzentwicklung. Vergleiche S. 38 ff.
15. Die dargestellten Entwicklungstrends sind eine Herausforderung für den öffentlichen Sektor. Die öffentliche Verwaltung muss diesen durch eine umfassende Aufgaben- und Produktkritik, durch innovative Organisations- und Personalstrategien begegnen. Vergleiche S. 42 ff.

3 Grundzüge des New Public Managements

Lernziele

Das Neue Steuerungsmodell bezeichnet die spezifische Verwaltungsmodernisierung auf Ebene der Kommunalverwaltungen in Deutschland. Auf Landes- und Bundesebene werden zum Teil andere Begrifflichkeiten verwendet (Neue Steuerungsinstrumente, Moderner Staat-Moderne Verwaltung). In einen größeren Zusammenhang gestellt, lassen sich sämtliche Spielarten auf kommunaler und staatlicher Ebene aus dem übergeordneten Konzept des *New Public Management* herleiten. In den Ausführungen dieses Kapitels werden je nach Problemlage zum Teil verschiedene Begriffe verwendet. Da sie sich alle aus dem übergeordneten Konzept herleiten lassen, wird in der Überschrift dieses Kapitels der Begriff New Public Management verwendet. Insofern werden die Grundzüge des New Public Managements dargestellt. Die Leser sollen

- die Notwendigkeit der neuen Verwaltungssteuerung aus den spezifischen Problemlagen der konventionellen Verwaltung herleiten können,
- das *KGSt*-Modell des kommunalen Managements nachvollziehen,
- Funktion und Struktur von Leitbildern als Kern des Normativen Managements diskutieren,
- die Bedeutung der wirkungsorientierten Steuerung erkennen,
- die organisatorischen- und personalwirtschaftlichen Komponenten des Neuen Steuerungsmodells darstellen können und
- in der Lage sein, die Elemente des New Public Managements in einen Gesamtzusammenhang zu bringen.

3.1 Total Quality Management und Lean Management

Die gegenwärtige *Verwaltungsmodernisierung* orientiert sich im Wesentlichen an zwei Konzepten der allgemeinen Managementlehre:

- Total Quality Management und
- Lean Management.

Total Quality Management

Total Quality Management setzt kompromisslos auf die Umsetzung von Qualität. Dabei sollen sich alle Aktivitäten eines Unternehmens an genau definierten Qualitätsstandards ausrichten. Es handelt sich um eine Weiterentwicklung klassischer, auf Produkte und den Produktionsprozess beschränkter Maßnahmen zur Qualitätssicherung. Hervorgehoben wird zudem der Anspruch einer kontinuierlichen stetigen Verbesserung (vgl. *Kopperger, G.* 1996 S. 53). »Die Bedeutung des Begriffs erschließt sich auch aus der Betrachtung seiner Bestandteile:

- *Total* = Alle Bereiche eines Unternehmens sowie dessen Produkte/Dienstleistungen werden über die gesamte Wertschöpfungskette in den Qualitätsprozess einbezogen.
- *Quality* = Fehlerfreie Produkte/Dienstleistungen zur Erfüllung von Kundenerwartungen; ständige Verbesserung der Prozesse.
- *Management* = Es handelt sich um eine Führungsaufgabe« (*Simon, W.* 2002 S. 195).

Als Qualität wird grundsätzlich die Übereinstimmung der tatsächlichen Eigenschaften eines Produkts oder einer Leistung mit den vom Kunden geforderten Eigenschaften bezeichnet (vgl. *Vahs, D.* 2007 S. 234). Dabei geht man in der öffentlichen Verwaltung zunehmend davon aus, dass es um die Erstellung von Produkten (hier: öffentliche Dienstleistungen) geht, die den Kunden (hier: den Bürgern) zu einem bestimmten Preis angeboten werden. Ausgangspunkte für die *Qualitätssicherung* sind die Wünsche, Interessen und Bedürfnisse der Bürger. Qualitätsmanagement ist darauf ausgerichtet, den Ansprüchen auf der Grundlage der zur Verfügung stehenden Ressourcen gerecht zu werden. Dazu ein Beispiel:

Im Pass- und Meldewesen erwartet der Kunde u. a. kompetente Mitarbeiter, die möglichst unmittelbar reagieren. Darüber hinaus spielen Freundlichkeit sowie verständliche Beratungen und Formulare eine Rolle. Nicht zuletzt geht es auch um angemessene Öffnungszeiten und publikumsgerechte Räumlichkeiten. Um diesen Ansprüchen gerecht werden zu können, sind Ressourcen (Organisation, räumliche und technische Ausstattung) notwendig. Überdies müssen Mitarbeiter bereitstehen, die in der Lage sind, den Kundenansprüchen hinsichtlich Kompetenz und Verhalten gerecht zu werden. Qualitätsmanagement hat in diesem Zusammenhang die Funktion, die Voraussetzungen für zufriedene Kunden zu schaffen.

Die Merkmale eines modernen Qualitätsmanagements lassen sich verdeutlichen, wenn man die früher praktizierte Qualitätskontrolle als Kontrast gegenüberstellt (vgl. *Kopperger, G.* 1996 S. 54):

	Qualitätskontrolle (früher)	**Total Quality Management** (heute)
Unternehmensziel	• Bessere Produkte • Minimale Herstellungskosten • Optimale Losgrößen	• Besseres Unternehmen • Zufriedene Kunden • Hohe Flexibilität
Grundausrichtung	• Produktausstoß	• Markt befriedigen
Organisation der Qualitätssicherung	• Starke Qualitätsabteilungen	• Qualitätssicherung als Bestandteil jeder Tätigkeit
Verantwortung für Qualität	• Qualitätsleiter	• Einzelner Mitarbeiter und sein Vorgesetzter
Methode der Qualitätssicherung	• Fehlererfassung und -auswertung • Messung am Produkt • Kontrolleur	• Null-Fehler-Ziel • Überwachung der Prozesse • Selbstprüfung
Qualitätssicherung	• Produktbezogen	• Prozess- und systembezogen

SCHÄFFER POESCHEL

Abb. 3.1: Qualitätskontrolle und Total Quality Management
(*Kopperger, G.* 1996 S. 54)

Das moderne Verwaltungsmanagement orientiert sich zudem am Konzept Lean Management. In den 80er-Jahren reagierte die amerikanische Autoindustrie auf die stetig wachsende japanische Konkurrenz, indem sie einen Forschungsauftrag an das *Massachusetts Institute of Technology* (MIT) vergab. Das Institut sollte herausfinden, inwieweit die Faktoren hohe Qualität, hohe Quantität und vergleichbar günstiger Preis miteinander vereinbar sind. Die Forschergruppe *Womack*, *Jones* und *Roos* hat in diesem Zusammenhang das Konzept *Lean Production* entwickelt (vgl. *Womack, J.P./ Jones, D. T./Roos, D.* 1992), das im Anschluss zum so genannten *Lean Management* weiter entwickelt worden ist (vgl. *Simon, W.* 2002 S. 157 f.).

Lean Management hält Methoden und Instrumente bereit, um eine Organisation für die Zukunft fit zu machen. Im Kern steht die Auffassung, dass die Akteure des gesamten Unternehmens eng miteinander kooperieren, um die Ziele der Organisation zu erreichen. »Neben der auf die eigentliche Produktion bezogenen Lean Production soll es auch als Organisations- und Führungsprinzip verstanden werden, in welchem alle zur Verfügung stehenden Produktionsfaktoren optimal zu nutzen und die ursprüngliche Aufbau- und Ablauforganisation umzugestalten sind« (*Simon, W.* 2002 S. 158).

Zu den Akteuren zählen die Unternehmensleitung, das mittlere Management und die Ausführungsebene genauso wie die Kunden und Lieferanten, auf die das Unternehmen angewiesen ist. *Schlanke Organisationen* zeichnen sich durch folgende Merkmale aus (vgl. *Kopperger, G.* 1996 S. 54 f.):

- weniger Beschäftigte,
- Konzentration auf Kernkompetenzen,
- Ausgliederung von Teilaufgaben (Outsourcing),
- Verringerung der Fertigungstiefe,
- weniger Stabsarbeit, statt dessen bedarfsabhängige Projektgruppen,
- konsequente Kundenorientierung,
- Kundenmanager statt Produktmanager,
- intensive Mitarbeiterentwicklung,
- Verantwortung auf möglichst niedriger Ebene,
- Aufgliederung des Gesamtunternehmens (Ergebnis-Center),
- gut entwickeltes Anreizsystem.

Abbau der Hierarchie

Die hier genannten Struktureigenschaften sind zwar vorrangig auf private Unternehmen gemünzt, unter bestimmten Voraussetzungen und bei Berücksichtigung der Grenzen können die Konzepte aber auch für die öffentliche Verwaltung fruchtbar gemacht werden. Bürokratische Organisationen sind u. a. dadurch gekennzeichnet, dass auf horizontaler Ebene tendenziell zu viele kleine Einheiten (Dezernate, Ämter) gebildet werden. In der vertikalen Richtung besteht das Problem darin, dass innerhalb der Teileinheiten zu viele Hierarchieebenen (Amtsleiter, Abteilungsleiter, Sachgebietsleiter) eingerichtet sind. Nimmt man das Konzept *Lean Management* ernst, müssen in der horizontalen Dimension kleine Organisationseinheiten zu größeren zusammengefasst und in der vertikalen Dimensionen die ein oder andere Ebene eliminiert werden. Dass Kommunalverwaltungen in dieser Hinsicht durchaus Handlungsbedarf haben, zeigt ein Blick auf das Fallbeispiel *Bürohausen.*

B

Im Jahre 1998 ergab eine Situationsanalyse unter anderem, dass die Verwaltungsstruktur über zu viele kleine Organisationseinheiten verfügte. Faktisch war jeder Beamte des gehobenen Dienstes in einer Abteilungsleitungsfunktion. In vielen Bereichen konnten Leitungsspannen von 1:2 und 1:3 festgestellt werden. Eine kritische Überprüfung der Organisations- und Leitungsstrukturen führte zu einer Aufbaustruktur mit tendenziell größeren Einheiten. Eine deutliche Verringerung der vertikalen Ebenen gelang seinerzeit jedoch nicht. Im Jahre 2006 wurden weitere Überlegungen angestellt, um die Möglichkeiten einer noch schlankeren Organisationsstruktur auszuloten.

Inwieweit in öffentlichen Verwaltungen die Beschäftigtenzahl deutlich reduziert werden kann, hängt davon ab, ob die Personaleinsparungen sozialverträglich realisiert werden können. Entlassungen, wie sie bei Rationalisierungen in der privaten Wirtschaft üblich sind, sind jedenfalls (noch) nicht die Regel. Maßnahmen wie die *konsequente Kundenorientierung* und die *intensive Mitarbeiterentwicklung* wiederum sind Ansprüche, die in der öffentlichen Verwaltung, insbesondere bei Kommunalverwaltungen, durchaus gut umgesetzt werden können. Das gleiche gilt für die Auslagerung von Teilaufgaben (in Ansätzen), die Verbesserung der Mitarbeiterentwicklung und die Schaffung von Anreizsystemen.

3.2 Outcome- und outputorientierte Steuerung: der KGSt-Ansatz

Zu Beginn der 90er-Jahre hat die *KGSt* aus den Eckpunkten des Tilburger Modells das Neue Steuerungsmodell für Kommunalverwaltungen entwickelt. Das Neue Steuerungsmodell sollte seinerzeit die Organisation von Kommunalverwaltungen, wie man sie sich in idealer Weise heute vorstellt, abbilden und eine Orientierung für Städte und Gemeinden bieten, die sich anschicken, ihre Verwaltungen umzugestalten.

D

Das *Neue Steuerungsmodell* steht für ein Vorhaben, mit dem betriebswirtschaftliche Konzepte, Methoden und Techniken in die Strukturen der öffentlichen Verwaltung integriert werden, um eine leistungsfähige, effiziente und dienstleistungsorientierte Verwaltungsorganisation zu schaffen.

Landes- und Bundesebene

Mit einiger Zeitverzögerung haben auch die Verwaltungen der Bundesländer und des Bundes Prozesse der Verwaltungsmodernisierung in Gang gesetzt. In Baden-Württemberg firmiert die Reform unter dem Begriff »*Neue Steuerungsinstrumente*«. Die Eckpunkte des Reformvorhabens sind: neues Haushaltsmanagement, dezentrale Budgetverantwortung, Kosten- und Leistungsrechnung und Controlling. Auf Bundesebene sind die Reformvorhaben unter der Bezeichnung »*Moderner Staat – Moderne Verwaltung*« in Gang gesetzt worden. So betont die Bundesregierung auf der Internet Seite »*www.staat-modern.de*«: »Die öffentliche Verwaltung ist ein Standortfaktor im internationalen Wettbewerb. Der gesellschaftliche, technologische und demografische Wandel fordert auch von der Verwaltung Innovationen. Die Modernisierung von Staat und Verwaltung und der Abbau überflüssiger Bürokratie sind daher von großer Bedeutung. Staatliche Aufgaben sollen effizient, serviceorientiert und in hoher Qualität erfüllt werden. Mit dem am 13. September 2006 im Bundeskabinett beschlossenen Programm *Zukunftsorientierte Verwaltung durch Innovationen* und dem Programm *E-Government* legt die Bundesregierung die Grundlagen dafür, dass die Verwaltung wachsende Anforderungen effizient erfüllt. Im Umsetzungsplan 2007 zum Regierungsprogramm, der am 28. Februar 2007 im Kabinett beschlossen wurde, konkretisiert die Bundesregierung in 57 Modellprojekten ihre Gesamtstrategie zur Modernisierung der Bundesverwaltung« (*Bundesministerium des Innern* 2008). In diesem Zusammenhang werden u. a. folgende Projekte realisiert: Bündelung verwaltungsinterner Dienstleistungen (Shared Services), Ausbau des Informations- und Wissensmanagements in der Bundesverwaltung, sowie Steuerung in der Verwaltung. Im Bereich E-Government geht es u. a. um die Modernisierung des Meldewesens, die Elektronische Verdachtsanzeige und die Sichere Lebensmittelkette.

New Public Management

Die nationale Bewegung der neuen Steuerungsmodelle auf kommunaler Ebene sowie die Modernisierungsbestrebungen in den Bundesländern und auf Bundesebene lassen sich aus dem Konzept des New Public Managements herleiten: »New Public Management (NPM) ist der Oberbegriff der weltweit relativ einheitlichen »Gesamtbewegung« der Verwaltungsreformen. Charakteristisch für NPM-Reformen ist der Wechsel von der Input- zur Outputorientierung« (*Schedler, K./Proeller, I.* 2006 S. 5).

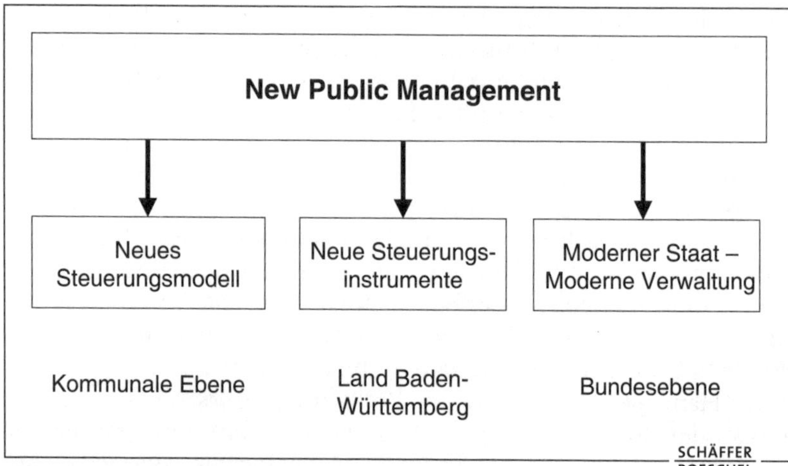

Abb. 3.2: New Public Management-Ausprägungen in der Bundesrepublik Deutschland

Kommunales Management

Das ursprünglich durch die *KGSt* entwickelte Neue Steuerungsmodell ist im Jahre 2000 zu einer integrierten Theorie des modernen kommunalen Managements weiter entwickelt worden (vgl. *Heinz, R.* 2000 S. 3 f.). Im Grundmodell wird die Überzeugung vertreten, dass Kommunalverwaltungen, die eine durchgreifende Verwaltungsreform eingeleitet haben, nicht bei den ursprünglichen Schwerpunkten des Neuen Steuerungsmodells halt machen können. Vielmehr müssten darauf aufbauend weitere Veränderungen vorangetrieben werden. »Die bisherigen Leerstellen des Neuen Steuerungsmodells auszufüllen und das Neue Steuerungsmodell konzeptionell weiterzuentwickeln, ist eine wichtige Herausforderung für die Praxis und für die *KGSt.* (...) Inhaltlich geht es um die Einbettung des Neuen Steuerungsmodells in ein kommunalspezifisches Managementkonzept« (*Heinz, R.* 2000, S. 5). Ausgehend von der allgemeinen Managementlehre (vgl. *Bleicher, K.* 1999) werden drei Dimensionen des Managements unterschieden, die systematisch aufeinander aufbauen.

Normatives Management

Im *Normativen Management* werden die generellen Zielsetzungen eines Unternehmens beschrieben, mit deren Hilfe das jeweilige Selbstverständnis einer Organisation geklärt werden soll. In diesem Zusammenhang sind der konstitutionelle, der programmatische und der kulturelle Entwicklungspfad zu skizzieren, wobei es von besonderer Wichtigkeit ist, dass die Konstitution (Organisation), die Programmatik (z. B. Dienstleistungsunternehmen) und die Kultur (Werte und Einstellungen) aufeinander abgestimmt sind und sich nicht gegenseitig widersprechen. So dürfte beispielsweise die Programmatik eines modernen proaktiven Dienstleisters kaum mit einer bürokratischen Organisationsstruktur vereinbar sein. Im Zuge der Verwaltungsmodernisierung der Kommunalverwaltungen sind stets auch Leitbilder entwickelt worden. Man war sich stets bewusst, dass die Einführung neuer Steuerungsmodelle ein sehr komplexes und zeitaufwändiges Vorhaben ist. Um auf dem Weg dorthin das Ziel nicht aus den Augen zu verlieren, ist es angebracht, die angestrebten Veränderungen in ein Leitbild zu gießen, das im Laufe des Veränderungsprozesses eine Orientierung geben kann.

Strategisches Management

Im *Strategischen Management* geht es um die Ausarbeitung von Erfolgspotenzialen, für die spezifische Ressourcen eingesetzt werden müssen. In diesem Zusammenhang schlägt *Heinz* (2000) insgesamt vier Zielfelder vor, die den Gesamterfolg einer Verwaltungsorganisation maßgeblich beeinflussen: Ergebnisse und Wirkungen kommunalen Handelns, Programme und Produkte, Prozesse und Strukturen sowie der Ressourceneinsatz. »Innerhalb der vom normativen Management vorgegebenen Entwicklungspfade geht es um die optimale Ausrichtung und Koordination des operativen Geschäfts« (*Heinz, R.* 2000 S. 69). Die wesentlichen Schwachpunkte im Verwaltungsmanagement liegen immer noch im strategischen Bereich. In den Bereich der strategischen Überlegungen gehören vor allem die folgenden Elemente des Neuen Steuerungsmodells: die Wirkungsorientierung und das Qualitätsmanagement, die Produktbildung, das Kontraktmanagement, die dezentrale Ressourcenverantwortung sowie das Organisations- und Personalmanagement.

Wirkungsorientierung und Qualitätsmanagement

Outcomeorientierung

Die Leistungsansprüche der Bürger wachsen beständig. Es werden Leistungen gefordert, die auch in qualitativer Hinsicht höchsten Ansprüchen genügen sollen. Die noch immer starke Innenorientierung der konventionellen Verwaltungsorganisationen verhindert die notwendige *Bürger- und Kundennähe*. Die aktuellen Modernisierungsbestrebungen gehen davon aus, dass die Wirkung des Verwaltungshandelns (Outcome) als Ausgangspunkt der strategischen Überlegungen fungieren sollte (vgl. *Schedler, K./Proeller, I.* 2006 S. 71 ff.). In diesem Zusammenhang spielt das Qualitätsmanagement eine wichtige Rolle. Ziel des Qualitätsmanagements ist es, »die Leistungsprozesse kundenorientiert nach Qualitätsgesichtspunkten zu gestalten, d. h., dafür zu sorgen, dass bereits in jeder Stufe der Leistungskette das angestrebte Qualitätsniveau erreicht wird« (*Kirchhoff, G.* 1996 S. 17). Das damit verbundene Prozessmanagement verfolgt vor allem zwei Ziele: Erstens sollen bei der Implementierung von prozessorientierten Arbeitsstrukturen die Grenzen und die qualitätshemmenden Barrieren der Abteilungsstrukturen überwunden werden. Zweitens sind zum Zwecke der Kundenorientierung die Kundenbedürfnisse in den Prozess der Dienstleistungserstellung zu integrieren (vgl. *Schedler, K./Proeller, I.* 2006 S. 77 f.).

Produkte

Outputorientierung

An die Stelle der überholten Aufgabenerfüllung tritt das *Produkt des Verwaltungshandelns*. Warum? »Politik und Verwaltungsführung haben gelegentlich nur vage, häufig dazu noch unterschiedliche Vorstellungen darüber, was eigentlich das Ergebnis des Handelns der Verwaltung sein soll. Immer, wenn der Rat meint, etwas korrigieren zu müssen, greift er über Finanzmittel ein: Kleine und kleinste Haushaltsstellen werden gebildet, ohne dass ein präziser Handlungsauftrag formuliert wird« (*KGSt-Politikerhandbuch* 1996 S. 28). Auf der Grundlage von eindeutig definierten und beschriebenen Produkten kann der Erfolg des Verwaltungshandelns explizit an den Ergebnissen festgemacht werden (vgl. *Schedler, K./Proeller, I.* 2006 S. 139 ff.). Damit soll deutlich werden, dass die Verwaltung Dienstleistungen erbringt, die in den Erwartungen und Wünschen der Bürger einen wesentlichen Anknüpfungspunkt haben. Die Einführung des Neuen Steuerungsmodells beginnt deshalb mit der Erstellung eines Produktplanes.

Die Abbildung 3.3 stellt die Unterscheide zwischen bisheriger input- und neuer outputorientierter Steuerung im Überblick dar.

Indirekte Produktsteuerung (= Inputorientierung)			
Definition	Produktion	Kontrolle	Systemwirkung
keine Produktdefinition: Politik/ Verwaltungsführung haben vom gewünschten Produkt nur vage Vorstellungen	Politik/ Verwaltungsführung wirken laufend auf Fachbereich ein durch: • Ressourcenzu- und -abschläge • Eingriffe in den Produktionsprozess	sinnlos und ungerecht, da Kontrollmaßstab fehlt; meist nur in Gestalt einer Momentaufnahme, da nicht systematisch und auf Dauer angelegt organisiert	**Ökonomisch:** Zweck- und Abnehmerorientierung (Effektivität) und Wirtschaftlichkeit sind kaum erreichbar ⇒ Verschwendung **Psychologisch:** Keine Ergebnisverantwortung, Misstrauen und Unzufriedenheit ⇒ Frustration

Direkte Produktsteuerung (= Outputorientierung)			
Definition	Produktion	Kontrolle	Systemwirkung
Politik/Verwaltungsführung definieren das gewünschte Produkt nach: • Zweck • Menge • Qualität • Zielgruppe • Kosten	Fachbereich stellt das Produkt nach diesen Vorgaben selbstverantwortlich her	Berichtswesen ermöglicht periodischen Soll-Ist-Vergleich und bei Bedarf korrigierende Führungseingriffe	**Ökonomisch:** • Zielgenauigkeit (Effektivität) • Wirtschaftlichkeit (Effizienz) sind erreichbar **Psychologisch:** klare Verantwortungsabgrenzung zwischen Führung und Fachbereichen fördert: • Ergebnisverantwortung • Vertrauen • Arbeitszufriedenheit

Abb. 3.3: Inputsteuerung/Outputsteuerung in der öffentlichen Verwaltung (Verwaltungsakademie Berlin: Unternehmen Verwaltung, Teilprojekt Dezentrale Fach- und Ressourcenverantwortung, Berlin 1995, S. 16 – zitiert in: *Nau, H.-R./Wallner, G.* 1998, S. 44)

Kontraktmanagement

Steuerung auf Abstand

Die Gemeinderäte haben die Verwaltung in der Vergangenheit im Einzelfall und meist ohne strategisches Konzept gesteuert. Es mangelte an klaren Zielvereinbarungen und Feedbackinformationen zwischen Politik und Verwaltung. Die Steuerung orientierte sich an den Inputs, das heißt an den Ressourcen. Über die detaillierte Bewilligung bzw. die Ablehnung von Ressourcen (Haushaltsplanverfahren) versuchte der Gemeinderat, einen sparsamen Einsatz der Finanzmittel zu gewährleisten. Dabei wurde auch stets entschieden, wie viele Finanzmittel für exakt bezeichnete Ausgabearten zur Verfügung stehen. Man beabsichtigte dabei zwar auch eine Beeinflussung der Resultate des Verwaltungshandelns, Informationen über erreichte und zukünftig anzustrebende Ziele lagen meist jedoch nicht vor. Kontraktmanagement soll eine outputorientierte Steuerung der Verwaltung gewährleisten, indem es eine *strikte Arbeitsteilung* zwischen Politik und Verwaltung gewährleistet. Während sich die Politik darauf beschränkt, Leistungsziele und Rahmenbudgets zu formulieren, entscheiden die Verwaltungsfachbereiche über das Wie der Zielerreichung selbst.

Dezentrale Ressourcenverantwortung

Neue Kompetenzen für die Facheinheiten

Die konventionelle Verwaltung realisierte eine klare Trennung zwischen Fach- und Ressourcenverantwortung. Während den Amtsleitern die Fachverantwortung zugewiesen war, wurden die Ressourcen zentral in den Querschnittsbereichen verwaltet und verantwortet. Dies verursachte eine Konstellation, in der die Amtsleiter kaum motiviert waren, ihre Ressourcen (Finanzen, Organisation und Personal) wirtschaftlich einzusetzen. Im Gegenteil: Es wurde eher positiv sanktioniert, wenn sämtliche Ressourcen, die im Haushaltsplan vorgegeben waren, auch ausgeschöpft werden. Amtsleiter, die sparsam wirtschafteten, wurden negativ sanktioniert, indem man ihnen erstens eine Übertragung der eingesparten Mittel untersagte und zweitens im folgenden Haushaltsjahr entsprechend weniger Ressourcen im Haushaltsansatz zuwies. Die bereits in vielen Kommunalverwaltungen realisierte dezentrale Ressourcenverantwortung hat diese Situation grundsätzlich verändert. Den Fachbereichs- bzw. Amtsleitern werden *neue Handlungsspielräume* eröffnet, indem man ihnen ermöglicht, Ressourcen flexibel einzusetzen. Die starre und vorweg festgelegte Zuordnung von Mitteln für bestimmte Ausgabearten (Personalausgaben, Büromaterial, Honorare ...) ist inzwischen weitgehend aufgegeben. Zudem erhalten die Fachbereiche Kompetenzen im Bereich der Organisations- und Personalarbeit.

Organisationsmanagement

Tragfähige Organisationskomplexe

Die Schaffung dezentraler Ergebnisverantwortung auf der Ebene der Facheinheiten hat zudem weitere organisatorische Veränderungen eingefordert. Die Facheinheiten werden inzwischen so gebildet, dass wirtschaftlich tragfähige Organisationskomplexe entstehen. Die herkömmliche Ämterstruktur der Kommunalverwaltungen gerät damit in die Kritik, in vielen Kommunalverwaltungen sind bereits größere Fachbereiche entstanden. Überdies ändert sich das Verhältnis zu den bisherigen Querschnittsämtern, die sich zu *Dienstleistungs- und Serviceeinheiten* wandeln. Zusätzlich kommt es mehr und mehr zu einem fachbereichsübergreifenden Controlling, das organisatorisch in die Aufbaustruktur eingefügt wird. Schließlich haben die Städte und Gemeinden viele ihrer tragenden Geschäftsprozesse analysiert und kundenorientierter gestaltet.

Personalmanagement

Qualifizierung und Motivation

Dienstleistungsunternehmen sind personalintensiv und damit weitgehend von den Qualifikationen und Motivationen der Mitarbeiter abhängig. Outcome- und Outputorientierung, Kontraktmanagement und dezentrale Ressourcenverantwortung stellen neue Anforderungen an die Arbeitsplätze, denen sich die Führungskräfte wie auch die Mitarbeiter stellen müssen. Das Personalmanagement zielt insgesamt darauf ab, die personalwirtschaftlichen Voraussetzungen für das neue Management zu schaffen. Es geht darum, die Mitarbeiter in die Lage zu versetzen, in der neuen Steuerungslogik zu denken und zu handeln. Man hat in diesem Zusammenhang weitgehend auf Motivations- und Belohnungssysteme gesetzt. Neuerdings gibt es jedoch durchaus Zweifel, ob diese positiven Ansätze ausreichen, um ein Umdenken auf breiter Ebene zu ermöglichen.

Operatives Management

Das *Operative Management* regelt die konkrete Umsetzung der normativen und strategischen Vorgaben in Leistungsziele und zielgerichtete Aktivitäten. Dabei bezieht es sich zunächst auf das Produktmanagement. »Das operative Management hat die Verantwortung für das Produktmanagement zur Erreichung der strategischen Ziele« (*Heinz, R.* 2000 S. 21). Im Rahmen des Produktmanagements müssen die Fachbereiche insgesamt vier Dimensionen im Blick haben und zielgerichtet beeinflussen: Produkte und Leistungen, Preise und Kosten, Distribution, Kommunikation und Vertrieb. Des Weiteren sind die Fachbereiche verpflichtet und angehalten, im Rahmen des funktionalen Managements das Personalmanagement, die Arbeitsteilung und die weiteren Binnenstrukturen so zu gestalten, dass im Kosten-Nutzen-Verhältnis gute Ergebnisse erzielt werden. Das funktionale Management hat in diesem Zusammenhang vor allem die Aufgabe, die dezentrale Ressourcenverantwortung mit Leben zu füllen. In diesem Zusammenhang sind das operative Controlling, die Budgetierung, die Kosten- und Leistungsrechnung und das Berichtswesen von Bedeutung.

Die Abbildung 3.4 stellt die verschiedenen Elemente des normativen, strategischen und operativen Managements dar:

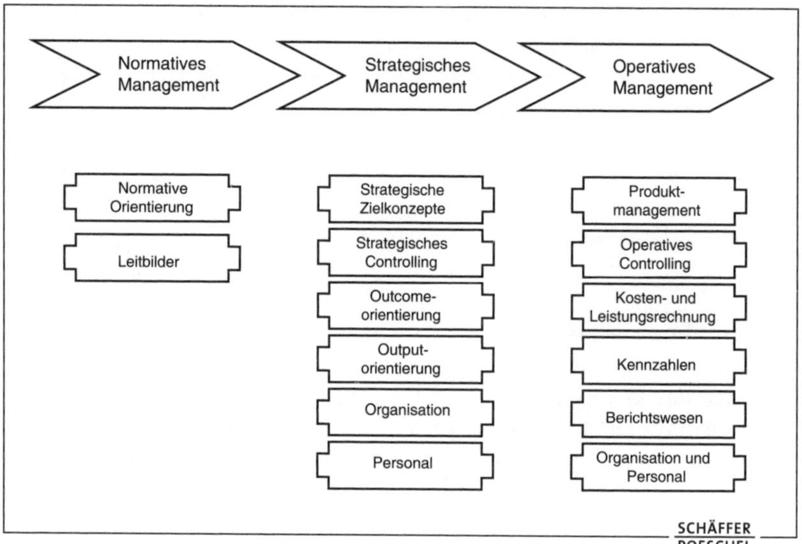

Abb. 3.4: Das kommunale Management im Überblick (in Anlehnung an *Heinz, R.* 2000 S. 13 ff.)

3.3 Normatives Management: Leitbilder

B

Die Stadt *Bürohausen* hat sich vorgenommen, ihre Verwaltungsstrukturen umzugestalten. Dabei will man sich zwar an den allgemeinen Grundsätzen des New Public Managements orientieren, gleichzeitig aber einen eigenen Weg einschlagen. Um einen weiteren Veränderungsprozess realisieren zu können, ist beschlossen worden, gemeinsam mit den Mitarbeitern ein neues Leitbild zu entwickeln. Leitbilder spiegeln die Unternehmensphilosophie wider und bilden damit eine ständige Orientierung für den Fortgang des Veränderungsprozesses.

In einer ersten Annäherung können Leitbilder folgendermaßen definiert werden:

D

Verwaltungsleitbilder sind ausgestaltete Zukunftsentwürfe, die einen von allen Akteuren (Bürger und Institutionen, Gemeinderat, Verwaltungsführung, Mitarbeiter) getragenen Sollzustand einer bestimmten Verwaltung darstellen. Es werden dabei wesentliche Ziele aufgezeigt und Maßnahmen abgesteckt, mit denen die Ziele erreicht werden sollen. Leitbilder wirken sowohl nach innen als auch nach außen.

Organisationskultur

Leitbilder lassen sich aus der allgemeinen Betriebswirtschafts- und Managementlehre herleiten. Sie stehen in enger Verbindung zur *Organisationskultur*. Für den Erfolg eines Unternehmens ist die

Organisationskultur ein nicht zu unterschätzender Faktor. »Unter Organisationskultur – synonym wird vielfach der Begriff Unternehmenskultur (corporate culture) verwendet – ist die Gesamtheit der im Laufe der Zeit in einer Organisation entstandenen und zu einem bestimmten Zeitpunkt wirksamen Wertvorstellungen, Verhaltensvorschriften (Normen) und Einstellungen zu verstehen« (*Vahs, D.* 2007 S. 125). Es stellt sich somit die Frage: Wie kann man die Organisationskultur eines Betriebes beeinflussen. In diesem Zusammenhang spielen die Kulturelemente Vision, Leitbilder, Normen, Symbole und Helden eine Rolle (vgl. *Vahs, D.* 2007 S. 127):

- Eine *Vision* ist ein in knappen Worten formuliertes Zukunftsbild, das eine bestimmte Richtung vorgibt, der ein Unternehmen nachzugehen trachtet. So lautet etwa ein Beispiel aus der Praxis: »Vision einer partnerschaftlichen Leistungsgemeinschaft«.
- *Leitbilder* sind bereits konkreter und gehen aus Visionen hervor. Sie sollen »relativ abstrakte Ziele, Werte, Normen und Aktivitäten« beinhalten. Hierzu zählen die Einstellungen beispielsweise zum Kunden, zur Gestaltung der zwischenmenschlichen Beziehungen in der Organisation, zum Wettbewerb oder zur Umwelt. Im Unterschied zu einer Vision haben Leitbilder einen deutlichen Gegenwartsbezug.
- *Normen* sind Verhaltensstandards und in dieser Form eine weitere Stufe zur Konkretisierung von Visionen und Leitbildern. Sie bezeichnen konkrete Denk- und Verhaltensweisen und schreiben mitunter konkretes Verhalten der Organisationsmitglieder vor.
- *Symbole* stellen dar, welche Normen und Verhaltensstandards in der Unternehmung gelten. Symbole sind etwa eine bestimmte Kleidung, diverse Statussymbole oder ein bestimmter Kommunikationsstil.
- *Helden* sind herausragende Persönlichkeiten, die innerhalb einer Organisation hohe Anerkennung genießen. Sie fungieren als »unerreichbare« Vorbilder, denen es nachzueifern gilt. In vielen Fällen werden Unternehmensgründer »zu Helden hochstilisiert«, über die Geschichten, Sagen und Legenden verbreitet werden.

Bedeutung von Leitbildern

Überlegungen zur *Verwaltungskultur* beschränken sich im Wesentlichen auf die Elemente Vision, Leitbild und Normen. Leitbilder formulieren eine Vision, aus der dann bezogen auf spezifische Handlungsfelder Leitsätze (Leitbild) sowie Maßnahmen und Verhaltensstandards (Normen) hergeleitet werden. Symbole oder gar Helden spielen in der gegenwärtigen öffentlichen Verwaltung keine Rolle. Für die Kommunalverwaltungen haben Leitbilder in zweierlei Hinsicht eine Bedeutung. Einerseits fungiert das Steuerungsmodell der *KGSt* als ein Leitbild für alle Kommunalverwaltungen. Andererseits erarbeiten sich immer mehr Kommunalverwaltungen ein für sie geltendes spezifisches Leitbild. Sie dokumentieren damit, dass sie im Rahmen eines Modernisierungsprozesses ihren eigenen spezifischen Weg zu gehen beabsichtigen.

3.3.1 Dreidimensionale Ausrichtung von Leitbildern

Sozialwissenschaftliche Dimension

Der hier verwendete Begriff des Normativen Managements lässt sich aus einem sozialwissenschaftlichen Verständnis herleiten. Demzufolge sind nicht die Gesetze und Verordnungen gemeint, die der Bund und die jeweiligen Länder als Rechtsgrundlage vorgeben. Vielmehr geht es in diesem Zusammenhang um die »... durch die Kommunen selbst entwickelten grundlegenden Zielsetzungen, Prinzipien und Spielregeln« (*Heinz, R.* 2000 S. 28). Der Begriff des Managements deutet darüber hinaus darauf hin, dass es sich im Falle von Leitbildern um ein wichtiges Gestaltungsfeld handelt, das für den Erfolg einer Verwaltungsorganisation von besonderer Bedeutung ist. »Das normative Management beschäftigt sich mit den generellen und längerfristig gültigen Zielen der Kommune, mit ihren Prinzipien, Normen und Spielregeln, die darauf ausgerichtet sind, die Lebens- und Entwicklungsfähigkeit der örtlichen Gemeinschaft und der Kommune als konstitutives Element sicherzustellen« (*Heinz, R.* 2000 S. 28). Das *KGSt*-Modell propagiert damit im Anschluss an *Bleicher* eine umfassendere Vorstellung über Leitbilder. Sofern sich das Strategische aus dem Normativen Management herleiten soll, muss das Leitbild Anforderungen entsprechen, die in anderen Kontexten dem Leitbild nicht zugesprochen werden. In diesem Zusammenhang werden drei Entwicklungsfelder thematisiert, mit denen sich die Verwaltungsorganisationen im Rahmen ihrer Leitbildentwicklung beschäftigen sollten:

- der programmatische Entwicklungspfad,
- der konstitutionelle Entwicklungspfad und
- der kulturelle Entwicklungspfad.

Inhaltliche Zielsetzungen

Der *programmatische Pfad* thematisiert die grundlegenden und noch relativ abstrakten inhaltlichen Zielsetzungen des Verwaltungshandelns, die sich aus einer Vision bzw. Mission herleiten lassen. Die Vision sollte kurz und prägnant formuliert sein. Typische Visionen von Kommunen bzw. Verwaltungsorganisationen lauten beispielsweise »Modernes Dienstleistungsunternehmen«

oder »Bürgerkommune« (vgl. *Heinz, R.* 2000 S. 32). Die *KGSt* geht davon aus, dass in diesem Zusammenhang vier Profile angesprochen sind:

- Positionierung der Kommune (hoheitliche Spitze – Auftragnehmer für die Bürger),
- Leistungsprofil (Produzent – Gewährleister),
- Handlungsprofil (reaktiv – proaktiv) und
- Entwicklungsprofil (evolutionär – zielorientiert).

Eine schlüssige Vision stellt sicher, dass sich die Ausgestaltungen der Profile miteinander vereinbaren lassen. So ist beispielsweise ein proaktives Handlungsprofil nicht mit einem Selbstverständnis der Kommune als hoheitliche Spitze vereinbar.

Organisatorische Rahmenbedingungen

Der *konstitutionelle Pfad* bezieht sich auf die »Grundsatzentscheidung über die gestaltete Ordnung«. »Als ›Grundgesetz‹ definiert sie mit ihren Rahmenbedingungen die strukturellen Gestaltungsräume und -grenzen und damit den generell zu respektierenden Verhaltensrahmen nach innen wie nach außen« (*Heinz, R.* 2000 S. 42). Für die Grundstruktur zur Profilierung der Konstitution sieht *Heinz* folgende Elemente vor:

- Offenheit (geringe Bürgerbeteiligung – starke Bürgerbeteiligung),
- Verhältnis von Politik und Verwaltung (nebeneinander – miteinander),
- Organisationstyp (strukturorientiert – prozessorientiert),
- Differenzierung (einheitliche Organisation – differenzierte Organisation).

Auch hier gilt, dass die jeweiligen Ausprägungen zueinander passen müssen. So kann eine starke Bürgerbeteiligung kaum angestrebt werden, wenn man gleichzeitig die Absicht hat, an der einheitlichen Organisation der gesamten Verwaltung festzuhalten.

Werte, Normen und Einstellungen

Der *kulturelle Pfad* bezieht sich auf die Organisationskultur. »Mit der Organisationskultur wird die Verhaltensdimension des normativen Managements angesprochen. Werte und Normen prägen das Verhalten der Mitarbeiter einer Organisation. Sie leiten die Auswahl, Verarbeitung und Bewertung von Informationen und beeinflussen damit die Zielerreichung und die Organisationsentwicklung« (*Heinz, R.* 2000 S. 48 f.). Auch hier besteht die Grundstruktur zur Profilierung aus vier Elementen:

- Offenheit (traditionsbestimmte Kultur – zukunftsorientierte, offene Kultur),
- politische Kultur (positionell – diskursiv),
- Binnenkultur der Verwaltung (klassisch-bürokratische Kultur – Dienstleistungskultur),

- Differenzierung (spitzenorientierte Einheitskultur – differenzierte Werthaltungen).

Mit diesen Anforderungen wird die Leitbilderstellung zu einem sehr anspruchsvollen Unterfangen. So muss bei der Entwicklung von Leitbildern darauf geachtet werden, dass es alle drei Entwicklungspfade thematisiert. Zum anderen sollte sichergestellt sein, dass die Aussagen in und zwischen den jeweiligen Dimensionen möglichst widerspruchsfrei formuliert sind.

3.3.2 Äußere und innere Relevanz von Leitbildern

Gesellschaftliche Herausforderungen

Moderne Verwaltungen sind gehalten, sich den *Herausforderungen* der gegenwärtigen Gesellschaft zu stellen. Dazu zählen die neuen Erwartungen und Forderungen der Bürger genauso wie die veränderten Werteinstellungen der Mitarbeiter. Überdies haben sich die finanziellen Spielräume der Verwaltung im Zuge der wirtschaftlichen Entwicklung spürbar verengt. Das gesellschaftliche Umfeld fordert in zunehmendem Maße betriebswirtschaftliches Denken und Handeln.

Angesichts dieser Herausforderungen müssen Verwaltungen ein Zukunftsbild entwerfen, an dem sie sich während eines Veränderungsprozesses orientieren können. Insofern erfüllen Leitbilder eine *Orientierungsfunktion*. Bei der Planung, Organisation und Durchführung von weitgreifenden Veränderungen, wie es das Neue Steuerungsmodell vorsieht, ist es wichtig, in jeder Phase zu wissen, was das Ziel der Maßnahmen ist. So kann man sich jederzeit vergewissern, ob man noch auf dem richtigen Weg ist. Gegebenenfalls lässt sich dadurch sicherstellen, dass der Kurs bei Abweichungen korrigiert werden kann (vgl. *Jourdan, R.* 1996 S. 6 f.).

Leitbilder wirken nach außen

Leitbilder sind sowohl nach außen als auch nach innen gerichtet. Wenn sie nach außen wirken sollen, geht es darum, die Verwaltung gegenüber der Bürgerschaft und den kommunalpolitisch relevanten Akteuren (Betriebe und Unternehmen, Organisationen und Verbände) zu präsentieren. Als Bestandteil des kommunalen Marketings erfüllen sie eine *Legitimations- und Transparenzfunktion*. Die Letztere weist darauf hin, dass das Leitbild die Durchschaubarkeit der Verwaltung verbessern kann, indem die Bürger sowie die genannten Organisationen über die Verwaltung und deren Aufgaben informiert werden. Damit wird dem Vorwurf entgegengewirkt, die Verwaltung sei aus Sicht der Bürger nicht viel anderes als ein »Dickicht der Bürokratie«. Die Legitimationsfunktion bezieht sich vor allem auf das Aufgabenspektrum und zielt darauf ab, die Verwaltung und ihr Handeln gegenüber der Öffentlichkeit zu rechtfertigen (vgl. *Jourdan, R.* 1996 S. 6 f., *Schmöller, W.* 1997 S. 15).

Leitbilder wirken nach innen

Nach innen wirken Leitbilder, indem sie eine *Identifikations-* und *Motivationsfunktion* erfüllen. Die Identifikationsfunktion stellt auf das so genannte »WIR-Gefühl« ab. Die Mitarbeiter sollen im Rahmen einer Organisationskultur zu einer besseren Identifikation mit der Verwaltung und ihren eigenen Aufgaben geführt werden. Die Motivationsfunktion gibt eine Antwort auf die Frage: »Was wollen wir?« Gerade dann, wenn sich eine Verwaltung anschickt, ihre Strukturen, ihre Prozesse und ihr Selbstverständnis zu ändern, sind die Beteiligten darüber in Kenntnis zu setzen, wo die Reise hingehen soll. Die Motivationsfunktion setzt voraus, dass das Leitbild unter den Mitarbeitern auf *breite Akzeptanz* stößt und insgesamt als *erstrebenswertes Ziel* gilt. Deshalb sollte auch von Beginn an sichergestellt werden, dass möglichst viele Mitarbeiter an der Entwicklung des Leitbildes mitwirken (vgl. *Jourdan, R.* 1996 S. 6 f., *Schmöller, W.* 1997 S. 15, *Frey, M.* 1997 S. 13).

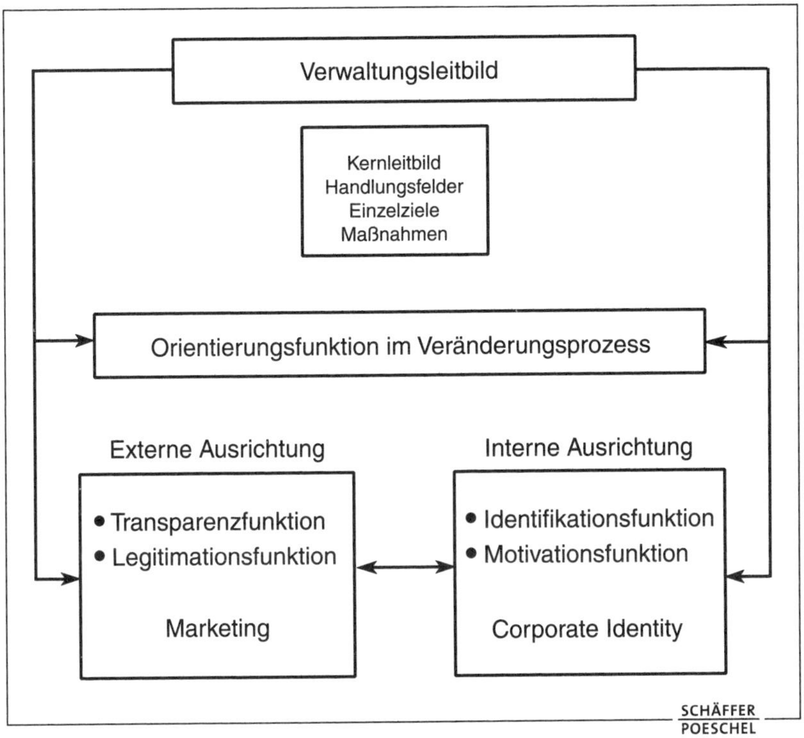

Abb. 3.5: Funktionen von Verwaltungsleitbildern

B

Welche Bedeutung ein Leitbild für den Modernisierungsprozess haben kann, zeigt das Beispiel *Unternehmen Stadt Passau* (vgl. *Schmöller, W.* 1997, S. 14 ff.). Am 21. März 1994 wurde das Leitbild durch einen Beschluss des Stadtrates offizielle Leitlinie der Organisations- und Steuerungspolitik. Viele der im Leitbild formulierten Zielsetzungen und Vorhaben konnten seither umgesetzt werden. So ist beispielsweise die Bürgerorientierung schon deutlich verbessert worden. »Den Bürgern gegenüber wurde ein Qualitätsversprechen abgegeben, das besagt, dass alle Anliegen und Schreiben innerhalb von 10 Tagen beantwortet werden (...). Durch eine Erweiterung der allgemeinen Öffnungszeiten von 24 Stunden auf 30 Stunden pro Woche hat die Passauer Stadtverwaltung einen Spitzenplatz in Bayern erringen können und dadurch die *Bürgernähe* nochmals optimiert« (*Schmöller, W.* 1997 S. 15). Im Bereich der Zusammenarbeit von Politik und Verwaltung konnten angesichts der im Leitbild formulierten Zielsetzungen ebenfalls bereits große Fortschritte erreicht werden. Es wurde angestrebt, dass sich der Stadtrat künftig darauf beschränkt, die Verwaltung über wesentliche Zielsetzungen zu steuern. »Der Stadtrat wächst ... mehr und mehr in seine neue Rolle hinein und hat sich durch die Zustimmung zum Neuen Steuerungsmodell dazu bekannt, die neuen Herausforderungen anzunehmen« (*Schmöller*, W. 1997 S. 15). Das Leitbild der Stadt Passau ist kontinuierlich weiter entwickelt worden. Es umfasst insgesamt die Bereiche *Leben in der Stadt, Politik* und *Verwaltung* (vgl. *Thom, N./Ritz, A.* 2006, S. 61). Es enthält damit Aspekte der Programmatik, der Konstitution und der Verwaltungskultur.

Struktur von Leitbildern

Leitbilder weisen eine Struktur auf. Folgender Aufbau wird in der Regel praktiziert (vgl. *Jourdan, R.* 1996 S. 3 f.):

- *Kernleitbild:* Das Kernleitbild besteht aus knapp gefassten Aussagen. Sie sollen das Selbstverständnis und die Zukunftsorientierung der Verwaltung deutlich machen. Beispiel: »Wir sind ein modernes Dienstleistungsunternehmen. Wir orientieren uns unmittelbar an den Bedürfnissen der Bürgerinnen und Bürger.«
- *Handlungsfelder und Einzelziele:* Hier werden wichtige Aufgabenschwerpunkte dargestellt. Möglich ist eine Unterteilung in einen Leitsatz, aus dem dann entsprechende Einzelziele hergeleitet werden können. Ein Beispiel für einen solchen Leitsatz wäre: »Wir wollen im Rahmen unserer Organisation kooperativ führen und vertrauensvoll zusammenarbeiten.« Daraus lassen sich dann u. a. folgende Einzelziele herleiten: »Die Kreativität und Problemlösungskapazität der Mitarbeiter ist gefordert.« – »Die Delegationsbereitschaft der Führungskräfte genießt einen hohen Stellenwert.«
- *Maßnahmenkatalog:* Die angestrebten Maßnahmen werden aus den Einzelzielen hergeleitet. Aus dem Handlungsfeld »Führung und Zusammenarbeit« wird etwa das Einzelziel »Optimierung der Einführung neuer Mitarbeiter« hergeleitet. Dazu sollten u. a. folgende Maßnahmen beitragen: »Erarbeitung und Ausarbeitung einer Informationsbroschüre« – »Bestellung von Paten bzw. Mentoren.«

3.3.3 Entwicklung von Leitbildern

Problem Akzeptanz

Leitbilder können ihre normative Kraft nur dann in strategisches und operatives Handeln umsetzen, wenn sichergestellt ist, dass sich ein Großteil der Mitarbeiter diesen Grundsätzen verpflichtet fühlt und das Leitbild auch zu leben bereit ist. Insofern ist die breite Beteiligung der Mitarbeiter eine unerlässliche Voraussetzung für die Funktion von Leitbildern. Hier gilt der verblüffend einfache Satz, dass man sich seinen eigenen Ideen in der Regel nicht widersetzt. Für die Entwicklung von Leitbildern haben sich in der Praxis die Ideen der Organisationsentwicklung als nützlich erwiesen: »Im sozialwissenschaftlichen und vielleicht idealen Sinn des Wortes ist Organisationsentwicklung eine langfristige Bemühung, die Problemlösungs- und Erneuerungsprozesse in einer Organisation zu verbessern, vor allem durch eine wirksamere auf Zusammenarbeit gegründete Steuerung der Organisationskultur – unter besonderer Berücksichtigung der Kultur formaler Arbeitsteams – durch die Hilfe eines (Organisationsentwicklungs)beraters oder Katalysators und durch Anwendung der Theorien und Technologien der angewandten Sozialwissenschaften unter Einbeziehung der Aktionsforschung« (*French, W. L./Bell, C. H.* 1994 S. 31). Die Definition weist darauf hin, dass mithilfe der Organisationsentwicklung primär ein Kulturwandel herbeigeführt werden kann. Eine breite und aktive Beteiligung der Mitarbeiter ist vor allem in großen Organisationen mit mehreren Hundert Mitarbeitern nicht leicht zu bewerkstelligen.

Um möglichst viele Mitarbeiter in kreative Prozesse einbinden zu können, sind in den Sozialwissenschaften spezielle Großgruppenverfahren entwickelt worden. »Großgruppenverfahren ... zielen auf die partizipative und die direkte Begegnung der Menschen – auch in großen Gruppen. (...) Der Einsatz von Großgruppenveranstaltungen wird besonders dann empfohlen, wenn komplexe Frage- und Problemstellungen vorliegen, die von Einzelnen nicht gelöst werden können« (*Weber, S.* 2002 S. 65) Als Prototyp der Großgruppenveranstaltungen fungiert die so genannte Open-Space-Technologie, die folgende Merkmale aufweist (vgl. *Weber, S.* 2002 S. 66):

- Als Basis fungiert das »freie Spiel der Kräfte« (aus Chaos entsteht Ordnung).
- Die Selbstorganisation der Teilnehmenden setzt Kräfte frei, die ansonsten nur selten aktiviert werden können.
- Ein großes Plenum bildet den Rahmen und den Ausgangspunkt für die Themenfindung; darauf aufbauend bilden sich Arbeitsgruppen mit spezifischen Problemstellungen, die anschließend wieder zusammengeführt werden.

- Die Zielsetzung ist die Schaffung eines extrem hohen Wertberücksichtigungspotenzials, auf dessen Basis viele Informationen gesammelt und bewertet werden können.
- Die Zahl der Teilnehmer ist grundsätzlich unbegrenzt. Die Teilnahme ist freiwillig.
- In der Regel dauert eine Open-Space-Konferenz ein bis drei Tage.

Komplettes System in einem Raum

Inzwischen sind auch im Bereich der öffentlichen Verwaltung bereits Großgruppenveranstaltungen (vgl. Abschnitt 4.8.9) zum Einsatz gekommen. So hat beispielsweise ein Regierungspräsidium im Land Baden-Württemberg sein Leitbild im Rahmen einer Open-Space-Konferenz entwickelt. Dabei ist es immerhin gelungen, die Hälfte der Belegschaft – ca. 250 Personen – zur Mitarbeit zu gewinnen. Eine aus der Open-Space-Technologie abgeleitete Form der Großgruppenveranstaltung ist die Zukunftskonferenz (vgl. *Weisbord, M./Janoff S.* 2001). Die grundlegende Philosophie der Zukunftskonferenz besteht in der Orchestrierung möglichst vieler Perspektiven, um komplexe Problemlösungen zu entwickeln. Es geht vor allem darum, ein komplettes System in einen Raum zu bringen, um auf der Basis des Durchschreitens der Phasen Vergangenheit, Gegenwart und Zukunft Gemeinsamkeiten und Konsens zu entwickeln. Um möglichst alle unterschiedlichen Perspektiven berücksichtigen zu können, ist ein hochstandardisierter Ablauf notwendig, der Gruppenarbeit sowohl in homogenen als auch in gemischten Gruppen realisiert. Insoweit muss die Zukunftskonferenz durch eine gemischte Planungsgruppe gründlich vorbereitet werden. Die ideale Teilnehmerzahl beträgt 64 (jeweils 8 Teilnehmer an 8 Tischen). Die begrenzte Teilnehmerzahl erleichtert sowohl die Kooperation als auch die Koordination. Das wesentliche Problem besteht in der Auswahl der Teilnehmer, die sämtliche Gruppen repräsentieren sollen (vgl. *Weber, S.* 2002 S. 66 ff.).

3.4 Strategisches Management

3.4.1 Grundlagen

Kräfte entwickeln und einsetzen

Der Begriff der Strategie lässt sich sprachlich aus dem Griechischen herleiten: *stratos* (=Heer), *agein* (=Führen). Im Rahmen der Heerführung bezeichnet der Begriff Strategie die Kunst »Schlachten richtig einzusetzen, um Kriege zu gewinnen«, während mit dem Begriff Taktik die Kunst gemeint ist, »Truppen in der Schlacht richtig einzusetzen« (vgl. *Simon, W.* 2002 S. 10). Seit 1965 wird der Strategiebegriff im Bereich der allgemeinen Führungstheorie verwendet. In diesem Zusammenhang sind Maßnahmen angesprochen, die den langfristigen Unternehmenserfolg sichern. »Strategie ist die Kunst und die Wissenschaft, alle Kräfte eines Unternehmens so zu entwickeln und einzusetzen, dass ein möglichst profitables, langfristiges Überleben gesichert wird« (*Simon, H.* 2000 S. 9). Die Erklärungsansätze zum Thema Strategie betonen die Langfristigkeit der Überlegungen, die Orientierung an den Unternehmenszielen, die Anpassungsfähigkeit sowie die Strategie als Führungsaufgabe. Die Abbildung 3.6 verdeutlicht die Unterscheidung von strategischem und operativem Management.

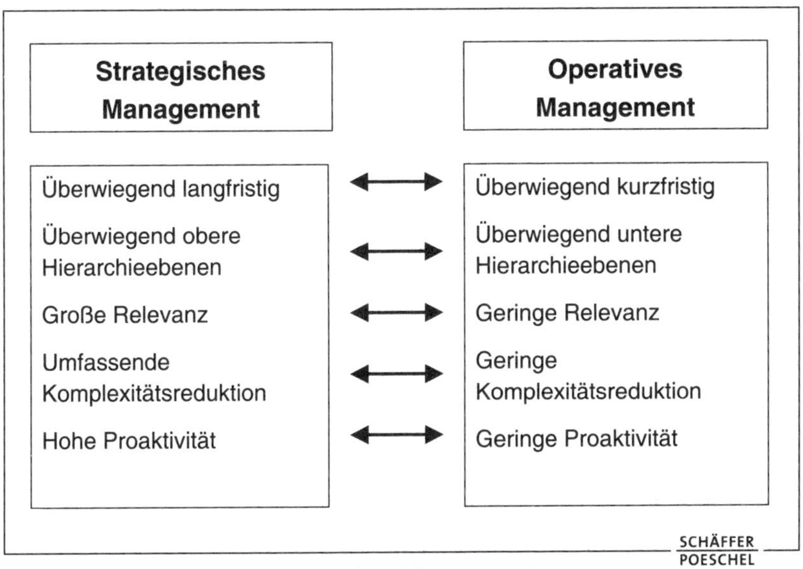

Abb. 3.6: Strategisches und operatives Management
(in Anlehnung an *Scholz, C.* 1994 S. 48)

So ist die Zielsetzung Bürokratieabbau ein langfristig angelegtes Ziel der Verwaltung, das auf den oberen Hierarchieebenen thematisiert und erörtert wird. Sie hat – sofern die Verwaltungsspitze die Entbürokratisierung ernsthaft fördert – eine sehr große Relevanz und erfordert zudem eine hohe Proaktivität. Die strategische Zielsetzung Bürokratieabbau setzt weiterhin voraus, dass die bisherige Steuerungspraxis (in Richtung Dezentralisierung und Zielvereinbarungen) verändert wird, Wirkungs- und Qualitätsüberlegungen im Hinblick auf staatliche Leistungen angestellt werden sowie eine kontinuierliche Aufgaben- bzw. Produktkritik etabliert wird. Schließlich sind in diesem Zusammenhang langfristige organisatorische Umgestaltungen (z. B. Hierarchieabbau) und personalwirtschaftliche Maßnahmen (z. B. Verstärkung der Personalentwicklung) zu planen. Auf der operativen Ebene (untere Hierarchieebenen) wiederum sind die strategischen Überlegungen in kurzfristige Maßnahmen umzusetzen, die aufgrund ihrer begrenzten Reichweite eine eher geringe Relevanz aufweisen und vergleichsweise wenig proaktiv sind. So bedeutet konkreter Bürokratieabbau in einem Verwaltungsamt, dass die primären Geschäftsprozesse konkret auf Bürger- und Kundenorientierung sowie Effizienz überprüft werden.

Ziele als Ausgangspunkt

Entscheidend für das strategische Vorgehen ist die *Auseinandersetzung mit Zielen*. »Wichtig ist, dass Controlling nur dann funktionieren kann, wenn beim Verwaltungsmanagement der Wille vorhanden ist, die Verwaltung mit Zielvereinbarungen zu führen« (*Hieber, F.* 2001 S. 262). Während der Strategiebegriff des Militärs sich fast ausnahmslos auf die Frage nach den richtigen Mitteln reduziert hatte, spielt die Strategieentwicklung und die Zielplanung in der modernen Führungs- und Managementlehre eine herausragende Bedeutung. Das zielorientierte Vorgehen lässt sich vom Konzept des *Management by Objectives* (MBO) herleiten. Das MBO-Konzept bedeutet Führen durch Zielvereinbarungen. Dabei sollen die Ziele die folgenden Funktionen unterstützen: Steuerung, Koordination und Beurteilung. Um diese Funktionen erfüllen zu können, sollten die Ziele die folgenden Charakteristika aufweisen:

- Die Ziele müssen herausfordernd, aber auch realistisch sein.
- Die Ziele dürfen den betroffenen Leistungseinheiten nicht vorgegeben werden, sie sollten vielmehr das Resultat einer Vereinbarung sein.
- Des Weiteren ist es unerlässlich, dass die Ziele messbar sind. Ohne Messung kann es keine Verbesserungen bzw. Steigerungen geben.
- Das Erreichen der Ziele sollte zudem klar mit einem zeitlichen Horizont verknüpft werden.
- Schließlich ist es im Rahmen der konkreten und operativen Umsetzung notwendig, dass aus den strategischen Zielen sukzessive und nachvollziehbar mitarbeitergerechte Teilziele hergeleitet werden können.

Müller-Stevens/Lechner messen dem strategischen Management eine herausragende Bedeutung für private Unternehmen zu. Es handelt sich um eine sehr anspruchsvolle und facettenreiche Aufgabe, die man als enorme Herausforderung sehen kann: »Eines der grundlegendsten Probleme besteht für Unternehmen darin, die Zukunft nicht vorhersehen zu können. Veränderungen in seiner Umwelt wie sie durch neue Technologien, veränderte Kundenanforderungen, Aktionen von Konkurrenten oder staatliche Eingriffe ausgelöst werden, sind kaum prognostizierbar. (...) Je weiter man in die Zukunft blickt, auf desto unsichererem Boden steht man« (*Müller-Stevens, G./Lechner, Ch.* 2001 S. 13). Es ist davon auszugehen, dass die Verwaltungsorganisationen vor den gleichen Problemen stehen. Die turbulenten und komplexen Entwicklungen im Umfeld der öffentlichen Verwaltung stellen diese vor immer größere Probleme. Dennoch ist das strategische Management unverzichtbar.

Strategiedefizit im Neuen Steuerungsmodell

Das Neue Steuerungsmodell hat sich bis zum Jahr 2000 nur wenig mit strategischen Fragen und Problemstellungen auseinander gesetzt. Gleichwohl haben die Überlegungen zu einem neuen Steuerungsmodell die Frage nach der strategischen Ausrichtung von Kommunalverwaltungen erst aufgeworfen. Insofern fordert *Heinz* konsequenterweise, dass das Neue Steuerungsmodell um ein strategisches Management als Teil eines integrierten Managementkonzeptes ergänzt werden muss. »Strategisches Management in Kommunen erfordert somit vor allem, dass es zur Kultur bzw. Routine von Politik, Führung sowie Mitarbeiterinnen und Mitarbeitern gehört, strategische Fragen zu stellen und sich mit ihnen auseinander zu setzen!« (*Heinz, R.* 2000 S. 71). Aus den Praxisfeldern der Therapie, der Beratung und der Supervision weiß man inzwischen, dass strategisches Denken durch spezifische Fragen gefördert werden kann. In diesem Zusammenhang werden strategiefördernde Fragen thematisiert, die sich aus vier Zielfeldern des strategischen Managements herleiten lassen:

Zielfeld »Ergebnisse/Wirkungen«	»Was wollen wir erreichen?«
Zielfeld »Programme/Produkte«	»Was müssen wir tun?«
Zielfeld »Prozesse/Strukturen«	»Wie müssen wir etwas tun?«
Zielfeld »Ressourcen«	»Was müssen wir einsetzen?«

SCHÄFFER POESCHEL

Abb. 3.7: Zielfelder und strategieleitende Fragen (vgl. *Heinz, R.* 2000 S. 20)

Strategische Handlungsfelder

Gefordert ist demzufolge eine ganzheitliche Ausrichtung und Stimmigkeit der Gesamtstrategie. »Gleichwohl werden Gesamtstrategien mit zunehmender Komplexität und Dynamik unwahrscheinlich. (...) Wie kann man zusammenfassen, was in so unterschiedlichen Gebieten wie Jugend, Bauleitplanung und Wirtschaftsförderung beabsichtigt ist?« (*Heinz, R.* 2000 S. 97). Eine Lösung dieser Problematik liegt in der Erarbeitung von Teilstrategien für strategische Handlungsfelder, wobei unterhalb eines wohl zu weitgehenden Integrationsanspruches zwischen den Teilstrategien die wechselseitigen Chancen und Gefährdungen jeweils erkannt und ausgelotet werden können. Um das Problem der Abstimmung von Teilstrategien zu lösen, können spezifische Methoden und Instrumente hilfreich sein: zum Beispiel das strategische Controlling und die Balanced Scorecard.

3.4.2 Strategisches Controlling

Mit der Einführung neuer Steuerungsmodelle hat das Controlling Einzug in das Verwaltungsmanagement gehalten. Es ist immer wieder darauf hingewiesen worden, dass das Controlling etwas anderes, zumindest aber mehr ist, als der deutsche Begriff Kontrolle auszudrücken vermag. »Das in der Verwaltung eigens dafür eingesetzte Personal (Verwaltungscontroller) beschäftigt sich mit der Entwicklung, der Implementierung und der Anwendung von geeigneten Instrumenten, die eine systematische Planung und Kontrolle des Verwaltungshandelns seitens der Verwaltungsführung zulassen. Der Verwaltungscontroller tritt dabei als Lotse der Verwaltung in Erscheinung, wobei er als Vermittler und Moderator zwischen der Verwaltungsführung, den einzelnen Abteilungen und Fachbereichen für die Umsetzung von Controlling verantwortlich ist« (*Müller, U.* 2006 S. 63).

Kontrolle	Controlling
• vergangenheits-orientiert	• zukunftsorientiert
• Fehler feststellen	• planen
• Schuldige suchen	• steuern, überwachen
• anklagen	• helfen
• bestrafen	• leiten

SCHÄFFER POESCHEL

Abb. 3.8: Kontrolle und Controlling
(*Hilbertz, H.-J.* 1996 S. 47)

In der theoretischen Auseinandersetzung mit dem Begriff Controlling sind mindestens drei unterschiedliche Begriffsbestimmungen erörtert worden (vgl. *Weber, J.* 2004 S. 22 ff.):

- Controlling als Informationsversorgungssystem,
- Controlling als spezielle Form der Führung,
- Controlling als Koordinierungsfunktion.

Rationalitätsdefizite abbauen

Weber stellt dar, dass alle drei begrifflichen Ansätze richtige Funktionsbeschreibungen des Controllings vorgestellt haben. Er geht aber gleichzeitig davon aus, dass jeder dieser Ansätze für sich betrachtet den Funktionsumfang des Controllings nur unvollständig abzubilden vermag. Insoweit hat *Weber* versucht, die unterschiedlichen Ansätze in einen eigenen Definitionsansatz zu integrieren. »Deshalb sei vorgeschlagen (...), *Controlling funktional als Rationalitätssicherung der Führung* zu sehen. (...) Ihr Spezifikum liegt in der Beantwortung der Frage, wie man Rationalitätsdefizite erkennt und wie man sie verhindern oder beseitigen kann« (Weber, J. 2004 S. 48). Insoweit hat das Controlling die überaus anspruchsvolle Aufgabe, die Rationalität der Führung sicherzustellen. Dabei wird betont, dass Controlling subsidiär agieren sollte. Das heißt also, dass in jenen Fällen, in denen die Rationalität durch andere Vorkehrungen – beispielweise durch Intuition – gesichert werden kann, das Controlling entbehrlich sei. Zudem stellt der Ansatz deutlich heraus, dass neben den speziell genannten Controllern auch die Führungskräfte, spezifische Stabsfunktionen und externe Berater Träger von Controllingfunktionen sind.

Die Reichweite des Controllings kann unterschiedlich ausgeprägt sein. Sofern das Controlling lang- bzw. mittelfristig ausgerichtet ist und sich auf die Aufgaben bzw. Zielsetzungen der Kommunalverwaltung (Frage nach dem WAS?) bezieht, spricht man vom strategischen Controlling. Bezieht sich das Controlling demgegenüber kurzfristig auf die konkrete Bewältigung der operationalen Zielsetzungen kommt der Begriff des operativen Controllings zur Anwendung.

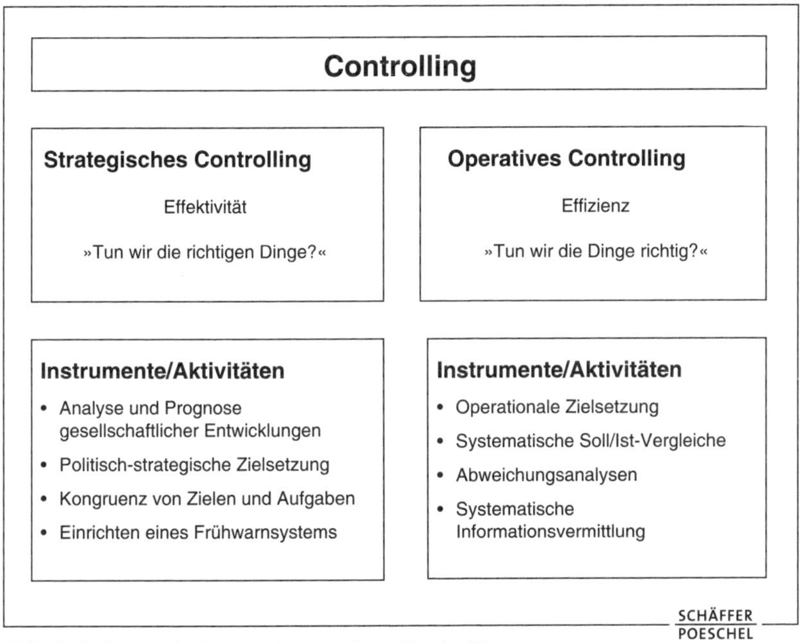

Abb. 3.9: Strategisches und operatives Controlling

D

Das strategische Controlling hat die Aufgabe, gesellschaftliche, politische, wirtschaftliche und technologische Entwicklungen systematisch zu beobachten, um die Verwaltungsführung in die Lage zu versetzen, ihre politischen Ziele und Programme zeitnah an diese Entwicklungen anpassen zu können. »Das strategische Controlling koordiniert strategische Planung und Kontrolle mit der strategischen Informationsversorgung. (...) Es ist langfristig orientiert und will Erfolgspotenziale aufdecken und nutzen« (*Rau, T.* 2007 S. 152 f.).

Rau betont, dass zur Bewertung von Strategien die folgenden Kriterien berücksichtigt werden müssen:

- »Konsistenz: Ziele und Maßnahmen (Programme) müssen widerspruchsfrei sein.
- Einklang: Die Strategie muss zu den Umweltveränderungen und zu den Wettbewerbsveränderungen passen.
- Vorsprung: Sie muss einen Wettbewerbsvorteil schaffen.
- Machbarkeit: Sie darf die eigenen Kräfte nicht überfordern« (*Rau, T.* 2007 S. 153).

Politisch-strategische Zielsetzung

Die gesellschaftlichen Bedingungen, unter denen Kommunalverwaltungen ihre Funktion erfüllen, ändern sich kontinuierlich. Öffentliche Verwaltungen müssen sich insofern den Entwicklungen anpassen, als sie ihre Aufgaben und ihre Strukturen am gesellschaftlichen Bedarf ausrichten. Es geht demnach vor allem darum, die richtigen *politisch-strategischen Ziele* zu formulieren. Welche Zielsetzungen muss eine Kommunalverwaltung verfolgen, wenn sie den gesellschaftlichen Entwicklungen gerecht werden will? Es geht darüber hinaus auch um das kritische Hinterfragen bereits bestehender Zielsetzungen. Das strategische Controlling unterstützt die Beantwortung dieser Fragen durch die Bereitstellung der notwendigen Informationen. Aus den strategischen Grobzielen müssen wiederum Teilziele hergeleitet werden, die auf Ebene der einzelnen Ämter zur Handlungsorientierung notwendig sind (vgl. *Hieber, F.* 2001 S. 257 ff.).

Kongruenz von Zielsetzungen und Produkten

Eine weitere Funktion des strategischen Controllings besteht darin zu untersuchen, inwieweit in Relation zu den Zielsetzungen auch tatsächlich die richtigen Produkte erstellt werden. In Verwaltungen kommt es bisweilen vor, dass Aufgaben erfüllt werden, die auf Ziele ausgerichtet sind, die gar nicht mehr bestehen bzw. noch nie bestanden haben. Auf der anderen Seite existieren mitunter Zielsetzungen, aus denen auf Ebene der Produkte/Aufgaben keine Konsequenzen gezogen sind. Controlling unterstützt in diesem Zusammenhang die Herstellung der Kongruenz von Zielen und Aufgaben bzw. Produkten.

Das strategische Controlling soll schließlich die Funktion eines Frühwarnsystems erfüllen. »Frühwarnung im kommunalen Bereich bedeutet, mit wachem Blick die Entwicklungen im Umfeld einer Kommune zu beachten, um rechtzeitig steuernd eingreifen zu können« (*Vogel, A. M.* 1996 S. 154). Im Rahmen des Frühwarnsystems werden beispielsweise der zukünftige Bedarf an Kindergartenplätzen oder die mittelfristig zu erwartenden Gewerbesteuereinnahmen prognostiziert.

Frühwarnsystem

Zusammenfassend kann ausgeführt werden, dass das strategische Controlling insbesondere durch Informationsvermittlung dafür Sorge trägt, dass eine Kommunalverwaltung die *richtigen Dinge* tut. Im Mittelpunkt steht die Beziehung der Verwaltung zu den Bürgern und zum gesellschaftlichen Umfeld. Insofern kann das strategische Controlling die Erarbeitung von Teilstrategien, die untereinander eine Mindestabstimmung realisieren, sehr gut unterstützen. Dabei ist aber auch zu berücksichtigen, dass es sich um eine anspruchsvolle Aufgabe handelt, in die die jeweilige politische Vertretungskörperschaft unbedingt mit einzubeziehen ist.

3.4.3 Balanced Scorecard

Problem der Strategieumsetzung

In den öffentlichen Verwaltungen aller gebietskörperschaftlichen Ebenen wird der Ruf nach schlüssigen Strategien und nach entsprechenden Umsetzungen immer lauter. Gerade Kommunalverwaltungen, die ab einer bestimmten Größe zum Teil mehrere Hundert Produkte zu realisieren haben, ist die Erarbeitung einer integrierten Gesamtstrategie sehr problematisch. Im Bereich der privaten Wirtschaft ist seit Mitte der 90er-Jahre ein Instrument erfolgreich eingesetzt worden, das dabei hilft, ein strategisches Gesamtkonzept zu entwickeln und umzusetzen. Das Instrument heißt Balanced Scorecard (BSC) und ist von den Amerikanern *Kaplan/Norton* (1997) mit der folgenden Zielsetzung entwickelt worden. »Zielsetzung des Ansatzes ist es, die Strategie einer Geschäftseinheit in materielle Ziele und dazugehörige Messgrößen zu übersetzen« (*Müller-Stevens, G./ Lechner, Ch.* 2001 S. 527). Der Begriff heißt ins Deutsche übertragen »ausgewogene Anzeigentafel« (vgl. *Simon, W.* 2002 S. 65).

Ausgewogene Gesamtschau

Die Grundgedanken der Balanced Scorecard lassen sich folgendermaßen umreißen: Damit eine Organisation in eine erfolgversprechende Zukunft geführt werden kann, reichen als Voraussetzung finanzielle Kennzahlen bzw. Messgrößen allein nicht aus. Um eine solide Gesamteinschätzung der Situation einer Kommunalverwaltung vornehmen zu können, sind zusätzlich Qualitätsangaben und Daten notwendig, die beispielsweise auch etwas über die Kunden- bzw. die Bürgerzufriedenheit aussagen. Überdies ist es angebracht, Veränderungen und Entwicklungen im gesellschaftlichen und politischen Umfeld bei der Ausarbeitung von strategischen Zielsetzungen zu berücksichtigen. Im Resultat müssten demnach unzählige Kennzahlen und Daten zusammengetragen und dokumentiert werden, was sich als äußerst schwierig erweisen dürfte. Angesichts dieser Problematik ist eine *Reduktion von Komplexität* fast unausweichlich. Diese Reduktion kann unter Umständen durch eine ausgewogene Gesamtschau von finanziellen und nicht-finanziellen Kennzahlen, die mit den strategischen Zielsetzungen einer Verwaltung in Verbindung gebracht werden können, erreicht werden. »Eine gute Balanced Scorecard besteht aus diagnostischen Ergebniszahlen und strategischen Zielzahlen. Aufgrund ihres Anspruches der Ausgewogenheit zwingt sie den Anwender, ein Gleichgewicht zwischen finanziellen und nicht-finanziellen Kennzahlen, kurzfristigen und langfristigen Zielen, Früh- und Spätindikatoren sowie interner und externer Sichtweise herzustellen« (*Simon, W.* 2002 S. 66).

Eine ausgewogene Gesamtschau kann damit nur gelingen, wenn man möglichst viele unterschiedliche Perspektiven einbezieht. Die ursprüngliche Balanced Scorecard weist insgesamt vier Perspektiven auf (vgl. *Kaplan, R. S./Norton, D. P.* 1997 S. 9 ff.):

- Finanzwirtschaft,
- Kunden,
- Geschäftsprozesse,
- Mitarbeiter und Lernen.

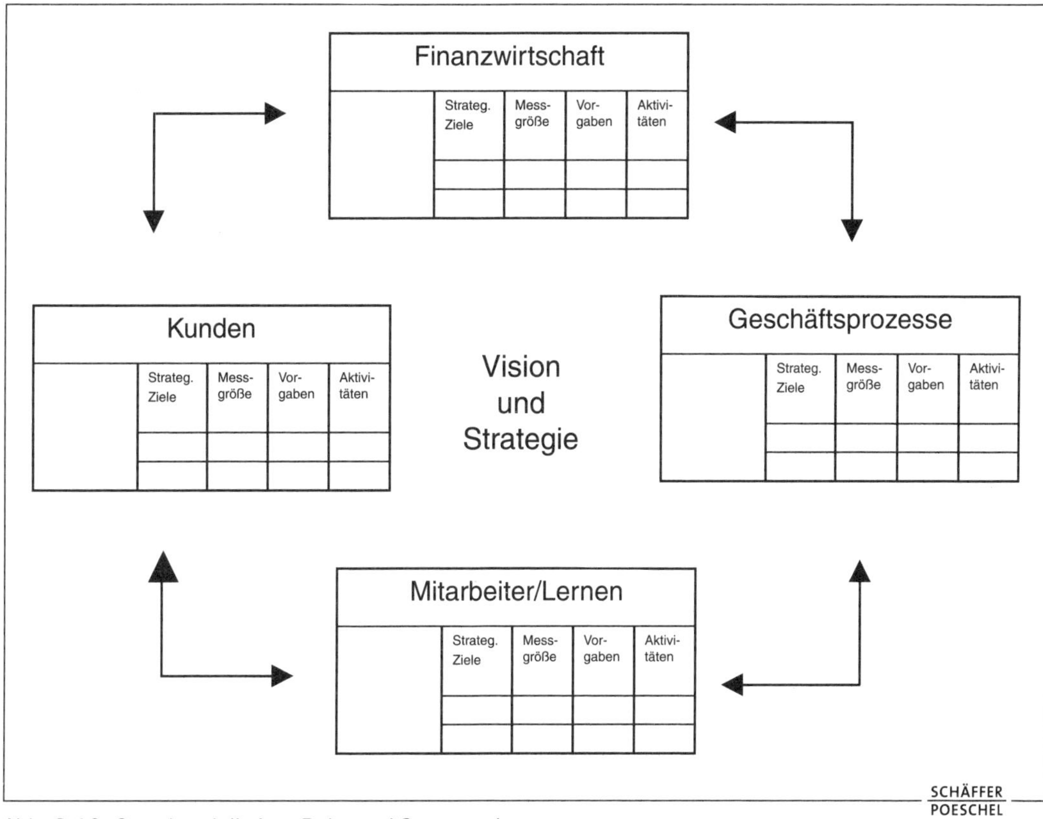

Abb. 3.10: Grundmodell einer Balanced Scorecard
(vgl. *Kaplan,R. S./Norton, D. P.* 1997 S. 9)

Vier bis fünf Perspektiven

Bei der konkreten Ausgestaltung von Scorecards wird zumeist mit den genannten vier Perspektiven agiert. Teilweise kommt man aber auch zu dem Ergebnis, insgesamt fünf Perspektiven einzuführen. So wird für öffentliche Verwaltungen als maßgebliche fünfte Dimension zum Beispiel die Leistungsauftragsperspektive vorgeschlagen. »Vereinfachend kann gesagt werden, dass die *Finanzperspektive* eine Erweiterung erfahren muss. Sie bildet den Erfolg des Unternehmens im »fütternden System« der Privatwirtschaft ab, dem Markt. Für eine öffentliche Institution ist dieses fütternde System jedoch in der Regel nicht der Markt, sondern die Politik in der Rolle des Auftraggebers (...). Daher ist es für das Überleben der öffentlichen Institution unerlässlich, die Aufgabenerfüllung zum zentralen Thema dieser Perspektive zu machen« (*Schedler, K./Proeller, I.* 2006 S. 185). Nachstehend werden die Perspektiven im Einzelnen beschrieben (vgl. *Wöhler, B./Weise, F.* 2003, S 18 ff.):

- *Finanzwirtschaftliche Perspektive:* In der ursprünglichen für private Unternehmen konzipierten Balanced Scorecard spielt die finanzwirtschaftliche Perspektive eine Doppelrolle. Sie gibt einerseits die finanzielle Leistung eines Unternehmens vor und fungiert darüber hinaus als Fokus für die Ziele und Kennzahlen der anderen Perspektiven. Ob die Finanzperspektive auch im Bereich der öffentlichen Verwaltung diese Doppelrolle spielen kann, ist fraglich. In Zeiten angespannter öffentlicher Haushalte scheint sie auf jeden Fall dominierend zu sein. Auf der anderen Seite können finanzielle Kennzahlen allein kaum etwas über die zukünftig zu realisierenden Maßnahmen aussagen. Die wichtigsten Parameter dieser Perspektive sind beispielsweise das Haushaltsdefizit, das Ziel der Kostensenkung und der Budgetunterschreitung sowie die Senkung der Gemeinkosten.
- *Kundenperspektive:* Mit der Kundenperspektive wird der Versuch unternommen einen betont externen Blickwinkel zu realisieren. Hier steht die Frage im Vordergrund, wie die Kunden der Verwaltung die eigene Behörde wahrnehmen und einschätzen. Die Verwaltungsmodernisierung im Sinne des Neuen Steuerungsmodells ist u. a. darauf ausgerichtet, die Vision von einem modernen Dienstleistungsunternehmen umzusetzen. Die Aufgaben bzw. Produkte sollen bedarfsgerecht geplant, die Verwaltungsverfahren zugunsten der Bürger vereinfacht und beschleunigt werden. Schließlich wird gefordert, dass die Verwaltung den Bürger als Kunden wahrnimmt und daraus Konsequenzen zieht. Dazu muss in Erfahrung gebracht werden, wie die Bürger die Verwaltung einschätzen und welche Erwartungen gegenwärtig und zukünftig relevant sind.
- *Interne Prozessperspektive:* Die Geschäftsprozesse sind in den letzten Jahren verstärkt ins Blickfeld geraten. Business Process Reengineering hat seit Mitte der 90er-Jahre auch in die Verwaltungen Einzug gehalten. »Die Prozessperspektive soll kritische Punkte identifizieren, die verbessert werden müssen. Dabei sollen diejenigen Punkte fokussiert werden, die den größten Einfluss auf die Kundenzufriedenheit und die Zielerreichung haben. Denkbar ist aber auch, dass völlig neue Prozesse identifiziert werden, die optimale Kundenzufriedenheit erzeugen« (*Simon, W.* 2002 S. 68 f.) Strategieleitende Fragen sind: Wie können wir unsere Abläufe organisieren, um effizient und kundenorientiert zu handeln? Welche Qualität erfordern unsere Produkte und Leistungen?
- *Lern- und Entwicklungsperspektive:* Diese Perspektive verleiht dem Anspruch einer lernenden Organisation Gewicht. Sofern sich eine Verwaltung in der Leistungserbringung zu steigern beabsichtigt, muss sie sich weiter entwickeln. Zudem geht man heute davon aus, dass Organisationsentwicklung unweigerlich

auch Personalentwicklung bedeutet. In diesem Zusammenhang sollen Voraussetzungen geschaffen werden, die die Ideenproduktion auf der operativen Ebene fördert. Wichtige Faktoren sind die Weiterbildung, die IT-Nutzung sowie die Mitarbeitermotivation. Die relevanten Fragen lauten folgendermaßen: Wie sichern und entwickeln wir die Leistungsfähigkeit unserer Mitarbeiter? Wie können wir die Mitarbeiter auf die Anforderungen vorbereiten? Wie können wir unsere Mitarbeiter dauerhaft motivieren?

- *Leistungsauftragsperspektive:* Inzwischen wird für den Bereich der öffentlichen Verwaltung eine weitere wichtige Perspektive ins Spiel gebracht. »Während in einem Unternehmen die finanzwirtschaftliche Dimension in der Hierarchie der Perspektiven oben steht, rückt in der öffentlichen Verwaltung der Leistungsauftrag an die Spitze. Denn gerade in dieser Perspektive schlägt sich die Wirkung (der Outcome) des Verwaltungshandelns nieder. (...) Zusammenfassend steht die Leistungsauftragsperspektive unter folgenden Fragestellungen: Wie erfüllen wir unseren politischen und gesetzlichen Auftrag? Wie erzielen wir die beabsichtigten Wirkungen?« (*Wöhler, B./Weise, F.* 2003 S. 21 f.)

Messbarkeit als Voraussetzung

Innerhalb der Perspektiven sollen etwa vier bis fünf maßgebliche strategische Ziele formuliert werden, aus denen dann spezifische Messgrößen, herausfordernde sowie realistische Vorgaben und schließlich geeignete Maßnahmen hergeleitet werden. Das nachstehende Beispiel in der Abbildung 3.11, das aus dem Bereich der Lern- und Entwicklungsperspektive entnommen ist, macht diesen Aufbau deutlich.

Strategisches Ziel	Zwischen Führungskräften und Mitarbeitern soll eine partnerschaftliche und kooperative Zusammenarbeit realisiert werden.
Messgröße	Zufriedenheit der Mitarbeiter mit den Führungskräften (Mitarbeiterbefragung; Vorgesetztenbeurteilung)
Vorgabe	80 % der Mitarbeiter sollen mit den Führungskräften zufrieden bis sehr zufrieden sein.
Maßnahmen	• Führungsgrundsätze aufstellen. • 360-Grad-Feedback durchführen. • Systematische Führungskräfteentwicklung planen und durchführen. • …

SCHÄFFER POESCHEL

Abb. 3.11: Lern- und Entwicklungsperspektive in einer BSC (Beispiel)

Balanced Scorecard und Change Management

Die Balanced Scorecard ist ein Hilfsmittel zur Strategieumsetzung. Es eignet sich vor allem, um strategische Zielsetzungen in konkrete Operationen zu transformieren. Die erfolgreiche Etablierung einer Balanced Scorecard setzt gründliche und nachhaltige Überlegungen voraus. Insofern sollte eine Scorecard in einem Organisationsentwicklungs- bzw. Change Management-Prozess erfolgen. Derartige Prozesse sind diskussionsaktiv, sie setzen eine hohe Partizipation der Mitarbeiter sowie eine kooperative Zusammenarbeit voraus. Für die Erarbeitung und Erstellung einer Balanced Scorecard ist die folgende Vorgehensweise geeignet (vgl. *Wöhler, B./Weise, F.* 2003 S. 43 ff.):

- Auftaktveranstaltung: Einführung, Was ist eine BSC?
- Workshop 1: Vision, Stärken/Schwächen-Analysen, strategische Stoßrichtungen
- Workshop 2: Strategische Ziele definieren (Leistungsauftrag, Kunden, Finanzen, Prozesse, Lernen und Entwicklung)
- Workshop 3: Messgrößen festlegen
- Workshop 4: Aktionen selektieren und Ressourcen planen

Wer sich mit dem Instrument der Balanced Scorecard aktiv auseinandersetzt, merkt sehr schnell, dass sie die Akteure geradezu zwingt, strategische Überlegungen anzustellen. Insofern kann ein Projekt zur Einführung einer Balanced Scorecard die viel kritisierte strategische Lücke der Kommunalverwaltung zumindest ein Stück weit schließen.

Die Stadt *Bürohausen* hat sich dazu entschlossen, das strategische Management auszubauen. Nach etlichen Diskussionen in den Sitzungen des Gemeinderates konnte eine Klausurtagung geplant werden, in der die Gemeinderäte gemeinsam mit den Fachbereichsleitern eine Reihe globaler strategischer Ziele formulierten. Daraufhin ist ein Projektkernteam beauftragt worden, eine Balanced Scorecard für die Stadtverwaltung zu entwickeln. Im Rahmen einer Zukunftskonferenz wurde zunächst eine Plattform geschaffen, auf der auch die Mitarbeiter aufgefordert wurden, sich aktiv an den strategischen Überlegungen zu beteiligen. Auf der Grundlage der Ergebnisse hat das Projektteam in mehreren Workshops den ersten Entwurf einer Balanced Scorecard für die Stadtverwaltung erarbeitet. Mit den Ergebnissen ihrer Arbeit, die in der Abbildung 3.12 dargestellt sind, geht das Projektteam nun in die inhaltliche Auseinandersetzung mit den Mitarbeitern und den Gemeinderäten.

Leistungsauftrags-Perspektive				
	Strategische Zielsetzung	**Messgröße**	**Vorgabe**	**Maßnahmen**
Wie erfüllen wir unseren gesetzlichen Auftrag?	Es wird eine wirtschaftliche und soziale Struktur angestrebt, die allen Bürgern eine hohe Lebensqualität ermöglicht.	Durchschnittliche Einkommen Kriminalitätsrate	Durchschnittliche Einkommen um 2 % erhöhen. Kriminalitätsrate um 5 % senken.	Wirtschaftsförderung verstärken. Kriminalprävention durch soziale Einrichtungen Integration von sozial Schwachen
Wie erzielen wir die beabsichtigten Wirkungen?	Es wird eine kulturelle Infrastruktur angestrebt, die breiten Bevölkerungsschichten eine angemessene Partizipation ermöglicht.	Zahl der Kultureinrichtungen im Vergleich zu anderen Gemeinden Anteil der Kulturausgaben am Verwaltungshaushalt	Anteil am Verwaltungshaushalt soll 4 % betragen. Anteil der Alternativkultur um 10 % erhöhen.	Stärkere Förderung alternativer Kulturprojekte Verlagerung eines Teils der finanziellen Mittel von der institutionellen zur Projektförderung
	Die Kommunalverwaltung fördert das berufliche Engagement von kinderbetreuenden Elternteilen.	Zahl derjenigen Nachfragenden, die nicht unmittelbar einen Platz bekommen Durchschnittliche Wartezeit	Wartelisten um 25 % reduzieren. Wartezeit soll 3 Monat nicht überschreiten.	Schaffung neuer Krippenplätze in städtischer Trägerschaft Kooperation mit kirchlichen und freien Trägern verstärken. Unterstützung bei der Schaffung eines funktionierenden Netzwerkes von Tagesmüttern

Abb. 3.12: Balanced Scorecard für die Stadtverwaltung *Bürohausen*

Finanzwirtschaftliche Perspektive

	Strategische Zielsetzung	Messgröße	Vorgabe	Maßnahmen
Wie können wir unseren Handlungsspielraum bewahren oder ggf. erweitern?	Haushaltsdefizit verringern	Höhe des Defizits € v.H.	Schaffung eines ausgeglichenen Haushalts	Aufgabenkritik Einsparmöglichkeiten ausloten (z.B. Personal einsparen)
	Gemeinkosten senken	Anteil der Gemeinkosten am Gesamthaushalt	Anteil soll geringer als 15 % sein.	Organisationsuntersuchung im Bereich der Querschnittsaufgaben
Wie setzen wir die knappen Ressourcen am besten ein?	Förderung des wirtschaftlichen Handelns in den Fachbereichen	Budgetabweichungen	Budgetunterschreitung von 5 %	BWL-Kompetenzen der Fachbereichsleiter fördern. Eingesparte Budgets zu 50 % zur Verfügung stellen.

Bürger- und Kundenperspektive

	Strategische Zielsetzung	Messgröße	Vorgabe	Maßnahmen
Wie sollen wir in den Augen unserer Bürger/Kunden erscheinen?	Das Image der Kommunalverwaltung soll maßgeblich verbessert werden.	Anteil der negativen Artikel in der Lokalpresse	Anteil soll weniger als 10 % betragen.	Imagebroschüre entwickeln Tag der offenen Tü r regelmäßige Bürgerversammlungen
Wie erfüllen wir die Erwartungen unserer Kunden?	Deutliche Verbesserung des Dienstleistungscharakters der publikumsintensiven Bereiche	Zufriedenheit der Kunden (Bürger- bzw. Kundenbefragungen)	80 % der Befragten sollen die Bereiche gut bis sehr gut einschätzen.	Bürgerbefragungen durchführen Beschwerdemanagement einrichten Kundenpfadanalysen durchführen
	Electronic Government soll für die Bürger/Kunden zur Normalität werden.	Anteil der Kunden, die online Transaktionen durchführen	30 % der Verwaltungsleistungen sollen mittelfristig online erfolgen.	Technische Voraussetzungen schaffen. Bürger informieren. Geschäftsprozesse überarbeiten. Mitarbeiter qualifizieren und motivieren.

SCHÄFFER POESCHEL

Abb. 3.12: Balanced Scorecard für die Stadtverwaltung *Bürohausen* (Fortsetzung)

Interne Verwaltungs- und Prozessperspektive				
	Strategische Zielsetzung	**Messgröße**	**Vorgabe**	**Maßnahmen**
Wie können wir unsere Abläufe organisieren, um effizient und kundenorientiert zu handeln?	Die Durchlaufzeiten der wichtigsten Geschäftsprozesse sind deutlich zu reduzieren.	Zeitdauer der Geschäftsprozesse Verhältnis von Bearbeitungs- und Durchlaufzeiten	Die DLZ sollen um durchschnittlich 15 % gesenkt werden.	Prozesse analysieren. Zahl der Beteiligten begrenzen. Verantwortung an die bearbeitende Stelle delegieren. Prozessvarianten bilden.
Welche Qualität erfordern unsere Produkte und Leistungen und wie müssen unsere Abläufe gestaltet werden?	Schaffung einer schlanken und effizienten sowie prozessorientierten Aufbaustruktur	Leitungsspanne Leitungstiefe Leitungsintensität	Leitungsspanne bei routinisierten Abläufen: > 8 Leitungsspanne bei planerisch-kreativen Aufgaben: > 5	Organisationsuntersuchungen Anwendung des Kongruenzprinzips Ämter zu größeren Fachbereichen zusammenfassen.
	Realisierung einer partnerschaftlichen und kooperativen Zusammenarbeit zwischen Führungskräften und Mitarbeitern	Zufriedenheit der Mitarbeiter mit den Führungskräften (Mitarbeiterbefragungen)	80 % sollen sich im Bereich von zufrieden bis sehr zufrieden bewegen.	Führungsgrundsätze aufstellen. 360° Feedback durchführen. Systematische Führungskräfteentwicklung (Management Development)

Lern- und Entwicklungsperspektive				
	Strategische Zielsetzung	**Messgröße**	**Vorgabe**	**Maßnahmen**
Wie sichern und entwickeln wir die Leistungsfähigkeit unserer Mitarbeiter?	Klare Rekonstruktion der Anforderungen, die mit der Verwaltungsmodernisierung verbunden sind	Zahl der aktualisierten Anforderungsprofile/ Gesamtzahl der Stellen	Bis 12/2005: Anforderungsprofile erstellt für alle Haushälter, Controller und Führungskräfte	Systematische Arbeitsanalysen Systematische Herleitung der Konsequenzen, die sich aus Organisationsveränderungen ergeben Bestimmen der Schlüsselqualifikationen
Wie können wir die Mitarbeiter auf die Anforderungen vorbereiten?	Personalentwicklung ist eine strategische Aufgabe, für die auch entsprechende Ressourcen bereitgestellt werden sollen.	Zahl der Weiterbildungstage/Mitarbeiter	Jeder Mitarbeiter sollte sich mindestens 5 Tage/Jahr anforderungsbezogen weiterbilden.	Weiterbildungsetat sichern bzw. ausweiten. Systematische Personalentwicklungsplanung Kosten/Nutzen-Analysen durchführen Zuschüsse für und Förderung von Weiterbildungen, die die Mitarbeiter privat organisieren und finanzieren
Wie können wir unsere Mitarbeiter dauerhaft motivieren?	Deutliche Steigerung des Anteils der on-the-job-Maßnahmen in Relation zu den off-the-job-Maßnahmen	Anteil der on-the-job-Maßnahmen	50 % der PE sollte on- bzw. near-the job erfolgen	Erarbeitung sinnvoller on-the-job-Konzepte Motivation für on-the-job-Maßnahmen verbessern. Karrieremöglichkeiten aufzeigen. BFG planen und durchführen.

Abb. 3.12: Balanced Scorecard für die Stadtverwaltung *Bürohausen* (Fortsetzung)

3.4.4 Outcome: Wirkungsorientierte Steuerung und Qualitätsmanagement

3.4.4.1 Grundlagen

Wirkungsorientierte Steuerung

Im Rahmen des Neuen Steuerungsmodells wird beabsichtigt, die bis weit in die 90er-Jahre noch vorherrschende Inputorientierung der Verwaltung durch eine Outputorientierung abzulösen. In der Bundesrepublik Deutschland ist man in diesem Zusammenhang davon ausgegangen, dass über die Auseinandersetzung mit den konkreten Leistungen bzw. Produkten gleichzeitig eine Wirkungs- bzw. Outcomeorientierung realisiert werden kann. Demgegenüber hat sich die NPM-Bewegung in der Schweiz von Beginn an an den Wirkungen des Verwaltungshandelns orientiert. Das nachstehende Zitat der Schweizer Autoren *Schedler/Proeller* verdeutlicht diese Diskrepanz. »Lange war man sich unsicher, ob als outputorientierte Zielgrößen für das Verwaltungshandeln Leistungen (Produkte) oder Wirkungen angegeben werden sollen. In der deutschen Reformdiskussion dominierte lange Zeit die Leistungsebene die Zieldiskussion« (*Schedler, K./Proeller, I.* 2006 S. 72). *Schedler/Proeller* definieren Leistungen und Wirkungen folgendermaßen:

D

»*Leistungen* stellen das direkte Ergebnis der Verwaltungstätigkeit aus dem Blickwinkel eines Dritten (externen Leistungsempfängers) dar. *Wirkungen* sind das mittelbare Ergebnis der Erbringung einer oder mehrerer Leistungen durch die Verwaltungen. Die Verwaltung erbringt – durch eine Vielzahl unterschiedlicher, meist interner Aktivitäten – Leistungen an Leistungsempfänger, die bei diesen oder deren Umfeld bestimmte Wirkungen auslösen.« (*Schedler, K./Proeller, I.* 2006 S. 72)

Inzwischen ist man sich auch in der deutschen Diskussion einig, dass sich das Verwaltungshandeln primär an den Wirkungen orientieren sollte. Man geht wohl richtigerweise davon aus, dass eine öffentliche Aufgabe erst dann erfüllt ist, wenn eine damit angesteuerte Wirkung erreicht ist.

Die *KGSt* hat in der Publikation »Kommunales Management« (2000) die Wirkungs- bzw. Outcomeorientierung viel stärker betont als dies in früheren Publikationen der Fall gewesen ist. Danach nimmt das strategische Denken ihren Ausgang bei der Frage »Was wollen wir erreichen?« Davon abgleitet werden Produkte bzw. Programme kreiert bzw. in den bereits bestehenden Formen weitergeführt. Die Abbildung 3.13 macht die wirkungsorientierte Vorgehensweise deutlich.

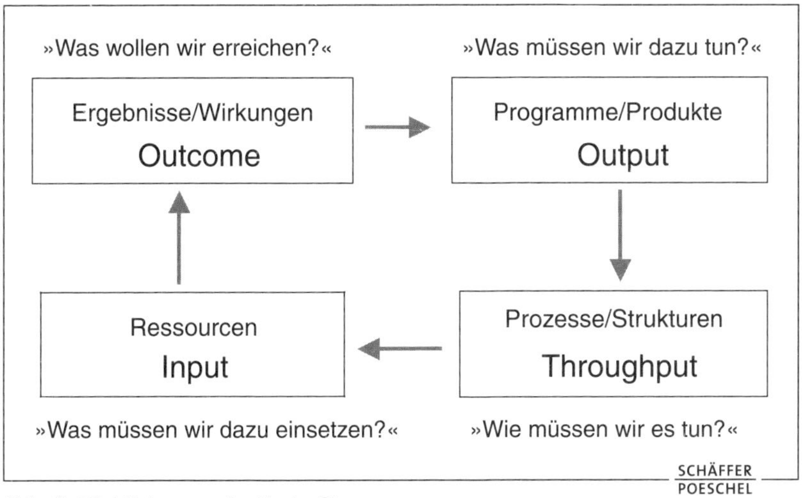

Abb. 3.13: Wirkungsorientierte Steuerung
(*Heinz, R.* 2000 S. 20)

Outcome: Aus der Balanced Scorecard der Stadt *Bürohausen* geht hervor, dass künftig eine noch höhere Zufriedenheit der Bürger bzw. Kunden angestrebt wird. Zudem hat man sich vorgenommen, die Möglichkeiten des E-Governments noch stärker zu nutzen. *Output*: Was muss Bürohausen tun bzw. einrichten, um die genannten Wirkungen zu erzielen? Als erstes müssen die Strukturen des bestehenden Bürgeramtes verändert werden. Das Produktspektrum sollte durch weitere Leistungen ergänzt werden. Im zweiten Schritt wird vorgesehen, einen Teil der Bürgerdienste in elektronischer Form anzubieten. *Throughput*: Wie können die genannten Produkte und Wirkungen realisiert werden? Zunächst werden die relevanten Geschäftsprozesse auf weitere Verbesserungen hin überprüft. Überdies sollen die bestehenden Verknüpfungen von Front-Office und Back-Office ausgebaut werden. Zur Realisierung der E-Government-Strukturen müssen die technischen Voraussetzungen (Hardware und Software) geschaffen werden. Schließlich sind Vorkehrungen für die Weiterbildung (on the job-Training) der relevanten Mitarbeiter zu schaffen. *Input:* Bei der Ressourcenfrage müssen Überlegungen zu notwendigen Investitionen und zu Veränderungen des Budgets für den laufenden Betrieb angestellt werden. Über diesen Weg soll schließlich auch ermittelt werden, welche Ressourcen eingesetzt werden, um die oben beschriebene Wirkung erzielen zu können.

Messbarkeit

Für eine wirkungsorientierte Steuerung müssen folgende Voraussetzungen geschaffen werden:

- Bestimmte Wirkungen können nur erzielt und systematisch beobachtet werden, wenn sie in eine messbare Form – das heißt Kennzahlenform – gebracht werden können. »Das Bedürfnis nach derartigen Informationen kann von den traditionellen Kontroll- und Finanzinstrumenten nicht erbracht werden. Eine funktionierende Steuerung über Wirkungen/Leistungen setzt folglich eine umfangreiche Kosten-Leistungsrechnung sowie ein differenziertes System von aussagekräftigen Indikatoren voraus« (*Schedler, K./Proeller, I.* 2006 S. 7).

- Es ist in diesem Zusammenhang zudem wichtig, dass die Wirkungs- bzw. Ergebnisorientierung unmittelbar mit einem Anreizsystem für die beteiligten Mitarbeiter verknüpft wird (vgl. *Schedler, K./Proeller, I.* 2006 S. 75).
- Die kritische Würdigung von Wirkungen führt unmittelbar zu Fragen nach der Qualität von öffentlichen Dienstleistungen.
- Eine wirkungsorientierte Steuerung kann zudem nur realisiert werden, wenn die entsprechenden Strukturen und Prozesse eingerichtet sowie die notwendigen Instrumente und Mittel eingesetzt werden.

Die in diesem Zusammenhang auftretenden Fragen sind Gegenstand des Qualitätsmanagements. Deshalb werden sich die nachstehenden Erörterungen mit der Thematik des Qualitätsmanagements befassen.

3.4.4.2 Qualität und Qualitätsmanagement

Bestimmungsgrößen für Qualität

Im öffentlichen Sektor wird der Qualitätsbegriff vornehmlich mit Recht- und Ordnungsmäßigkeit verbunden. »Durch die Ausweitung auf die Benutzer- und Kundenorientierung umfasst er zum Teil völlig neue Elemente, die für viele Beteiligte ungewohnt sind. Der Leistungsabnehmer bzw. die Leistungsabnehmerin wird zum Kunden bzw. zur Kundin und darf Ansprüche an die Verwaltungsleistungen stellen« (*Schedler, K./Proeller, I.* 2006 S. 77). Insgesamt betrachtet ist Qualität das Ergebnis des Zusammenspiels von Kunden, Organisation und Ressourcen. Während die Qualität bei materiellen Produkten durch einigermaßen *objektive Prüfeigenschaften* bestimmt werden kann, können Dienstleistungen nur indirekt durch die *subjektive Bewertung der Nutzer* qualitativ eingeschätzt werden. Ausgangspunkt der Qualitätsfrage sind demzufolge die Bürger bzw. die Kunden, die jeweils eine bestimmte Auffassung von Qualität haben und entsprechende Erwartungen an die Verwaltung richten. Inwieweit diesen Qualitätsansprüchen entsprochen werden kann, entscheiden die Strukturen und Prozesse, die zuständigen Mitarbeiter (Qualifikation und Motivation) sowie schließlich die zur Verfügung stehenden sächlichen Ressourcen. Qualitätsmanagement erfordert mindestens drei relevante strategische Ausrichtungen:
- Kunden- und Bürgerorientierung,
- Prozessorientierung,
- Mitarbeiterorientierung.

Kunden- und Bürgerorientierung

Neue Forderungen

Während die Forderung nach Bürgerorientierung bzw. Bürgernähe bereits seit den 70er-Jahren immer wieder an das Verwaltungshandeln herangetragen wird, ist die Forderung nach Kundenorientierung in den 90er-Jahren aufgeflammt und scheint eine neue Qualität in den Beziehungen zwischen Bürger und Verwaltung einzufordern. Oder kann das *Konzept Kundenorientierung* als modisch aktuelle Zielbestimmung für Bürgerorientierung gelten? Es gibt zwei Antworten.

Bürger als Kunde

Einerseits verbirgt sich im Begriff *Kundenorientierung* so etwas wie eine Steigerung von Bürgernähe. In der *Rolle des Kunden* darf der Bürger eine seinen Wünschen möglichst weitgehend entgegenkommende Behandlung seiner Anliegen erwarten. Kundenorientierung hat ihren Ausgangspunkt bei dem konkreten individuellen Bürger selbst. Entscheidend ist, was die Bürger als Kunden von der Verwaltung als Dienstleistungsunternehmen in einer bestimmten Situation erwarten. Indem der bisherige Bürger gegenüber der Verwaltung zum Kunden avanciert, kann dieser davon ausgehen, dass die Qualität der Relation zwischen Bürger und Verwaltung noch über die Ansprüche der Bürgerorientierung hinausreicht. Bekanntlich gilt ja: »Der Kunde ist König!«

Begriff des Bürgers

Aus einer anderen Perspektive umfasst das Konzept *Kundenorientierung* weitaus weniger als die scheinbar überkommene Bürgerorientierung. »Unter Kunde wird primär der Konsument von Dienstleistungen verstanden, der eher passiv bleibt und auf Bedürfnisbefriedigung aus ist. Sein Auftreten gegenüber der Kommunalverwaltung als Anbieterin von Dienstleistungen wird durch eine Anspruchshaltung gekennzeichnet« (*Kleinfeld, R.* 1996 S. 221 in Anlehnung an *Bogumil, J./Kissler, L.* 1994). Der Begriff des Bürgers ist weitaus umfassender. Hiernach ist die Rolle des Kunden lediglich eine *Teilrolle* der Gesamtrolle Bürger. Der Bürger wird zudem noch in der Rolle des Partizipanten, in der Rolle des Untergebenen und in der Rolle des Klienten gesehen. Die verschiedenen Rollen lassen sich anhand der Dimensionen Dienstleistungscharakter und Partizipationsgrad systematisch herleiten und darstellen (vgl. Abbildung 3.14).

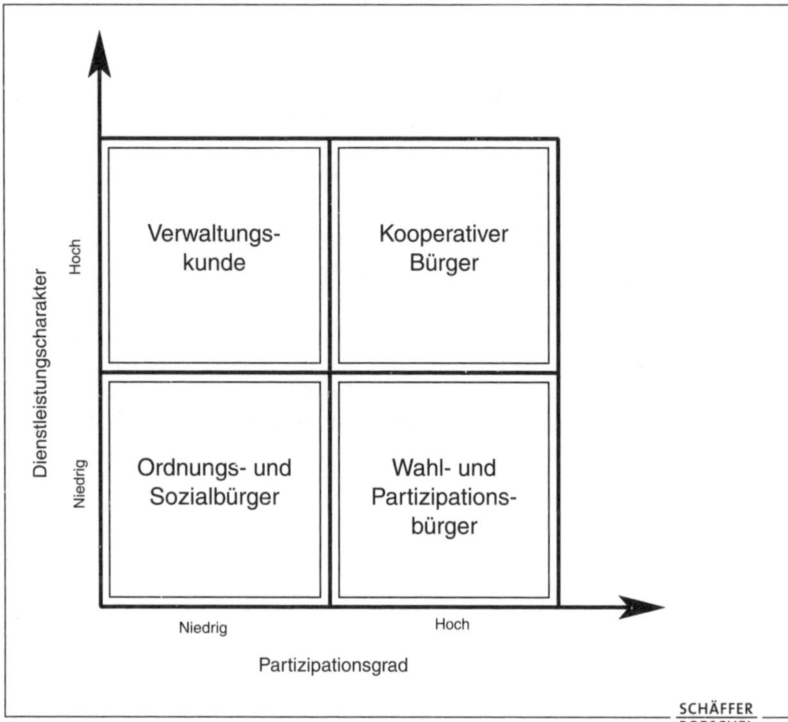

Abb. 3.14: Rollen des Bürgers

Rollen des Bürgers

Beim *Ordnungs- und Sozialbürger* sind sowohl der Dienstleistungscharakter als auch der Partizipationsgrad gering. Als Adressat von restriktiven Verwaltungsakten oder als Empfänger von Sozialleistungen darf er zunächst lediglich die recht- und verhältnismäßige Bearbeitung seiner Angelegenheit erwarten.

Als *Wahl- und Partizipationsbürger* beeinflusst der Bürger die Zusammensetzung der Vertretungsorgane und wirkt über Bürgerentscheide und andere Beteiligungsverfahren an konkreten kommunalpolitischen Entscheidungen mit. Der Dienstleistungscharakter spielt nur eine kleine Rolle.

In etlichen Verwaltungs- und Gestaltungsbereichen ist die Kommunalverwaltung auf das direkte Engagement der Bürger angewiesen. Der *kooperative Bürger* engagiert sich in hohem Maße für die Produktion kommunaler Leistungen und beeinflusst dadurch direkt deren Dienstleistungsqualität. Diese Rolle ist insbesondere im Kultur- und Sportbereich wie auch im Bereich der Wirtschaftsförderung relevant (vgl. *Bogumil, J.* 2007 a S. 9 ff.).

Der Begriff des *Verwaltungskunden* ist in allen Bereichen angebracht, in denen ein hoher Dienstleistungscharakter und eine niedrige Ausprägung des Partizipationsgrades vorliegt: u. a. bei Meldeangelegenheiten, im Personenstandswesen, im Wohnungswesen, bei Versorgungsbetrieben und bei Gewerbeangelegenheiten.

Komplexe Relation

Die Beziehung zwischen Bürger und Verwaltung ist überaus komplex. Die Kundenrolle tangiert deshalb nur einen Teil der Bürger-Verwaltungs-Beziehung. Eine Ausweitung des Kundenbegriffs auf alle Bereiche des Verwaltungshandelns ist nicht sinnvoll. In spezifischen Bereichen sollte weiterhin mit dem Begriff des Bürgers gearbeitet werden. In jenen Verwaltungsbereichen, die *echte Dienstleistungen* erstellen, macht der Kundenbegriff durchaus Sinn – vor allem dann, wenn im Bereich von Bürgerämtern besonderer Wert auf die Servicequalität gelegt wird. Aber auch in jenen Bereichen, in denen der Bürgerbegriff angemessener erscheint, kann das Kriterium Kundenorientierung eine Rolle spielen.

Der Begriff *Kundenorientierung* motiviert eine signifikante Veränderung im Verwaltungshandeln. Während traditionell ein Verwaltungshandeln dann gutzuheißen ist, wenn es aus Sicht der geltenden Vorschriften als recht- und zweckmäßig und damit angemessen gilt, kommt es bei der *Kundenorientierung* darauf an, wie der Adressat die Qualität des Handelns einschätzt. Bürgerorientiert ist die Verwaltung aufgrund der einschlägigen Gesetze. »Kundenorientierung im Sinne marktorientierter Betriebsführung beinhaltet eine völlig andere Ausrichtung als diese Tradition der Bürgernähe, die durch Gleichheitsgedanken und eine juristische Orientierung geprägt ist. *Kundenorientierung* im Sinne moderner Marketingkonzepte bemüht sich um eine Differenzierung von Ziel- und Kundengruppen und um Marktsegmentierung, also gerade nicht um Gleichbehandlung, sondern um Unterscheidungen. Es wird versucht, die ganz spezifischen Bedürfnisse von Zielgruppen herauszufinden und zu befriedigen« (*Bolay, F. W.* 2001 S. 182). So könnte man von einem kundenorientierten Sozialamt dann sprechen, wenn es sich die Zusammensetzung seiner Kunden (Ausländer, Langzeitarbeitslose, Behinderte, alleinerziehende Mütter...) genau anschaut und sich über die unterschiedlichen Bedürfnisse seiner Zielgruppen in Kenntnis setzt. »So könnte man z. B. überlegen, ob alleinerziehende Mütter nur von weiblichen Sachbearbeitern beraten werden sollten« (*Bolay, F. W.* 2001 S. 182). Auf ausländische Kunden könnte das Sozialamt reagieren, indem es für diese Kundengruppe Sachbearbeiter vorsieht, die eine Weiterbildung in inter-kultureller Kommunikation absolviert haben. *Kundenorientierung* resultiert demzufolge aus einer Selbstverpflichtung der jeweiligen Verwaltungsorganisation und geht in dieser Hinsicht über *Bürgerorientierung* hinaus.

Lebenslagenkonzept

Ein Beispiel für ein strategisches Konzept im Bereich einer kundenorientierten Verwaltung ist das so genannte *Lebenslagenkonzept*, das eine Antwort auf das Problem darstellt, dass die Bürger bzw. Kunden es bei ihren Anliegen oft mit einer fragmentierten

Verwaltung zu tun haben. Fragmentiert bedeutet, dass zum Beispiel die Lebenslage *Umzug* verwaltungstechnisch nur zu regeln ist, wenn der Bürger eine bestimmte Anzahl von Ämtern konsultiert. Eine typische Familie muss im Falle des Umzugs in eine andere Stadt u. a. folgende Angelegenheiten erledigen (vgl. *KGSt-Bericht* 5/2002 S. 14): Anmeldung, Änderung des Personalausweises, Lohnsteuerkarte, Familienpass, Parkausweis, Schul- und Kindergartenanmeldung, Anmeldung bei der Musikschule, Anmeldung des Hundes, Kfz-Ummeldung... In der normalen Struktur der Stadtverwaltungen hat der Bürger zur Bewältigung der Anliegen folgende Ämter aufzusuchen: Einwohnermeldeamt, Sozialamt, Straßenverkehrsamt, Jugend-/Schulamt, Musikschule und Steueramt. Das Lebenslagenkonzept sieht nun vor, dass der Bürger alle genannten Anliegen an einem Schalter bzw. online im Internet erledigen kann. »Die Kommune bietet dem Neubürger als Dienstleistungspaket alle Anmeldungen, Ummeldungen etc. an, die im Zusammenhang eines Umzugs der individuellen Situation des Bürgers entsprechend erforderlich sind. Zusätzlich kann der Neubürger über die Verknüpfung mit dem virtuellen Marktplatz Aufträge an örtliche Unternehmen (Handwerker, Makler, Umzugsunternehmen) erteilen oder zumindest eine Marktsichtung durchführen. (...) Vertikale Integration verschiedener Behörden sowie horizontale Integration öffentlicher und privater Anbieter sind verwirklicht« (*KGSt-Bericht* 5/2002 S. 20). Im genannten *KGSt-Bericht* sind weitere Lebenslagen beschrieben, die auf ähnliche Weise kundenorientiert organisiert werden können: Betriebsansiedlung, soziale Notlage, Feste und Veranstaltungen.

Interne Kundenbeziehungen

Im TQM erhält *Kundenorientierung* noch einen weiteren Stellenwert. Kunde ist nicht nur der Bürger als externer Abnehmer von Verwaltungsleistungen, sondern auch jede Organisationseinheit innerhalb der Verwaltung, deren Beitrag an der Produkterstellung auf *Vorleistungen anderer Organisationseinheiten* angewiesen ist. »Denn jeder Output eines Leistungsprozesses wird zum Input für den nächsten Prozess. Damit ist jeder Mitarbeiter oder jede Verwaltungseinheit Kunde des im Arbeitsprozess vor ihm liegenden Mitarbeiters und zugleich Anbieter bzw. Lieferant seines Arbeitsergebnisses an den nachfolgenden Mitarbeiter oder die nachfolgende Verwaltungseinheit. Damit wird die Berücksichtigung der internen Kundenbedürfnisse zur Voraussetzung für die Zufriedenheit der externen Kunden« (*Kirchhoff, G.* 1996 S. 8). Das heißt, wenn die internen Arbeitsbeziehungen mit Kundenbeziehungen gleichgesetzt werden, erhöht sich die Qualität der Aufgabenbewältigung. Nutznießer dieser Qualitätssteigerungen sind die Bürger oder die externen Kunden.

Prozessorientierung

Das Qualitätsmanagement zielt auf eine kundenorientierte Gestaltung der Leistungsprozesse ab. Die qualitätsbewusste Gestaltung von Dienstleistungen ist jedoch problematisch, weil ihre Produktion nur im direkten Zusammenwirken mit dem Kunden möglich ist. Dienstleistungsqualität kann somit nicht ex post durch entsprechende Qualitätsprüfungen gewährleistet werden. Sie muss vielmehr im Prozess der Leistungserstellung durch *Präventionsmaßnahmen* von vornherein garantiert sein (vgl. *Benz, C.* 1996 S. 2, *Meyer, A./Blümelhuber, C./Pfeiffer, M.* 2000 S. 53). Das Qualitätsmanagement im Dienstleistungsunternehmen Kommunalverwaltung ist demnach weitaus problematischer als in produzierenden Unternehmen. Es kommt jedenfalls darauf an, »dass bereits in jeder Stufe der Leistungskette das angestrebte Qualitätsniveau erreicht wird« (*Kirchhoff, G.* 1996 S. 17). Qualitätssicherung muss deshalb auch das Prozessmanagement mit einbeziehen (vgl. Abschnitt 4.5).

In den traditionellen Organisationskonzepten wird die Aufbaustruktur primär funktions- und hierarchiebezogen gebildet, was bedeutet, dass die Prozesse im Nachhinein in die Struktur hineinorganisiert werden müssen – mit folgenden Konsequenzen: »Das Ressortdenken und die Intransparenz führen zu ›operativen Inseln‹. Sie verursachen unnötige Schnittstellen, Doppelarbeiten und Redundanzen und verringern so die Ressourceneffizienz der Organisation« (*Vahs, D.* 2007 S. 216).

Schlüsselprozesse der Verwaltung

Das Prozessmanagement zielt u. a. darauf ab, die Aufbauorganisation in stärkerem Maße an den Geschäftsprozessen auszurichten. Dazu müssen zunächst die Schlüsselprozesse der Verwaltungsorganisation herausgearbeitet werden. Schlüsselprozesse beeinflussen die *kritischen Erfolgsfaktoren* der Verwaltung in besonderem Maße, dazu zählen die Bearbeitungsdauer, die Servicequalität oder die Bedarfsorientierung. »Schlüsselprozesse sind die für den Erfolg der Organisation besonders bedeutsamen Prozesse. Nach welchen Kriterien Prozesse zu Schlüsselprozessen werden, ist organisationsspezifisch unterschiedlich. Es können z. B. die öffentlichkeitswirksamen Prozesse, die besonders kundenrelevanten Prozesse oder die besonders budgetrelevanten Prozesse sein« (*Broekmate, L./Dahrendorf, K./Dunker, K.* 2001 S. 93). Die Prozessoptimierung orientiert sich insbesondere an den folgenden Grundprinzipien:

- Es ist ein geringer Grad der Arbeitsteilung gefordert. Zusammengehörige Aufgaben sollen in *einem* Prozess integriert werden.
- Innerhalb eines Geschäftsprozesses sollen Schnittstellen vermieden werden. Klassische Abteilungsgrenzen sind zur Disposition zu stellen.

- Es wird eine eigenverantwortliche Selbststeuerung bevorzugt, in der Teams oder Projektgruppen ihre Aufgaben eigenverantwortlich bewältigen.

Mitarbeiterorientierung

Motivation der Mitarbeiter

Qualitätsmanagement kann vor allem in der Dienstleistungsproduktion nur realisiert werden, wenn sich die Mitarbeiter entsprechend verhalten. »Bei vielen Dienstleistungen beteiligt sich der Kunde an der Leistungserstellung, und diese Beteiligung ist in den meisten Fällen mit einem persönlichen Kontakt zwischen Kunde und Kundenkontaktpersonal verbunden. Insofern beeinflusst das Verhalten der Mitarbeiter, ihr Auftreten und ihr Benehmen ganz wesentlich die vom Kunden wahrgenommene Dienstleistungsqualität« (*Stauss, B.* 2000 S. 205). Qualität hat somit ein ausgeprägtes Qualitätsbewusstsein aller Mitarbeiter und entsprechende Motivationen zur Voraussetzung. Dies wiederum erfordert ein Umdenken sowohl auf Seiten des Managements und der Führungskräfte als auch auf Seiten der Mitarbeiter. Die Führungskräfte sollten einen *Führungsstil* realisieren, der die nachgeordneten Mitarbeiter als kreative und verantwortungsbewusste Persönlichkeiten anerkennt. Somit wird diesen die Chance eingeräumt, auf Arbeitsgestaltung und Qualitätssicherung einen spürbaren Einfluss auszuüben. Von den Mitarbeitern wird im Gegenzug die Bereitschaft erwartet, dass sie ihre neuen Möglichkeiten nutzen und Verantwortung übernehmen. In diesem Zusammenhang kommt es auf die Umsetzung *offener Kommunikationsstrukturen* und qualitätsfördernder Informationspolitik an (vgl. *Kirchhoff, G.* 1996 S. 10).

3.4.4.3 Qualitätsmanagement im Bürgeramt

B

Bürgerämter sind inzwischen verbreitete kommunale Einrichtungen. Auch die Stadtverwaltung *Bürohausen* hatte sich bereits 1998 entschlossen, ein Bürgeramt einzurichten. Aufgrund finanzieller Engpässe konnte es aber erst im Jahre 2002 realisiert werden. Mit einem Bürgeramt soll den Ansprüchen der Bürger an eine moderne Verwaltung entsprochen werden. Es hat u. a. folgende Merkmale:

- Es geht darum, möglichst viele Bürgerkontakte der Stadtverwaltung in einem Amt zu bündeln und Fehlgänge von Bürgern zu vermeiden.
- Bei Angelegenheiten, die nicht direkt im Amt erledigt werden können, erfüllt das Personal eine Lotsenfunktion.
- Es wird eine kompetente und darüber hinaus eine freundliche Beratung der Bürger angestrebt.
- Die Ausstattung und Atmosphäre des Bürgeramtes entspricht einem modernen Dienstleistungsunternehmen, das den Bürger als Kunden betrachtet.

- (Längere) Wartezeiten werden vermieden.
- Kurze Bearbeitungs- und Durchlaufzeiten sind wichtige Qualitätsmerkmale.

Qualitätsdimensionen

Mit Bürgerämtern versuchen Kommunalverwaltungen, dem Anspruch der Kundenorientierung besser gerecht zu werden (vgl. *Abele, P.* 1999). Kundenorientierung zeichnet sich – wie gezeigt – dadurch aus, dass die Wünsche und Interessen der Kunden im Vordergrund stehen. »Da jeder Kunde andere Präferenzen und Erwartungen hat, hat auch Qualität unzählige unterschiedliche Gesichter« (*Kuhnert, B./Ramme, I.* 1998 S. 24). Um eine systematische Betrachtung zu ermöglichen, werden die folgenden Qualitätsdimensionen unterschieden: Unternehmens-, Produkt- und Servicequalität (vgl. *Kuhnert, B./Ramme, I.* 1998 S. 24 f.).

Die *Unternehmensqualität* bezieht sich auf die Rahmenbedingungen, unter denen eine Organisation ihre Aufgaben vollzieht. Die Kommunalverwaltungen haben in diesem Zusammenhang u. a. das eigene Image und die vorliegende technische Infrastruktur zu beachten. Wie hoch wird insgesamt die Gewährleistung der Daseinsvorsorge von den Bürgern eingeschätzt? Werden die technischen Möglichkeit zum Nutzen der Bürger eingesetzt? Gibt es auf Seiten der Bürger genügend Möglichkeiten, auf kommunalpolitische Entscheidungen einzuwirken?

Die *Produktqualität* sagt etwas aus über die Eigenschaften der Produkte, mit denen das Unternehmen am Markt agiert. Bei Kommunalverwaltungen ist die Produktqualität oft nur schwer zu bestimmen. Einerseits geht es hier überwiegend um Dienstleistungen, und andererseits handelt es sich aufgrund der unüberschaubaren Vielzahl von Produkten um Multi-Produkt-Dienstleistungsunternehmen. »Bei Dienstleistungen bezieht sich die Produktqualität vornehmlich auf die Eigenschaften der Kernleistungen« (*Kuhnert, B./Ramme, I.* 1998 S. 24). Zum Beispiel: Wie gut spielt eine Schülerin nach mehrjähriger Musikerziehung in der kommunalen Musikschule Klavier?

Bei Dienstleistungen ist die so genannte *Servicequalität* weitaus wichtiger als die Produktqualität. Die vom Kunden geforderte Dienstleistung entsteht in der Kommunikation zwischen dem Kunden und dem Kundenkontaktpersonal. Dabei ist eine verhaltensbezogene und eine fachliche Komponente zu beachten. Die erstere bezieht sich u. a. auf das Erkennen von Bedürfnissen, die Achtung vor dem Kunden und die Einsatz- und Hilfsbereitschaft. Die fachliche Komponente umfasst die Beratungsqualität. Ist der Mitarbeiter fachlich gut ausgebildet? Kann er dem Nachfrager erschöpfend Auskunft geben?

Zeitliche Abfolge der Dienstleistungserbringung

Im Qualitätsmanagement ist noch eine andere Perspektive relevant. Es geht auch darum, zu erfahren wie der Bürger als Kunde die zeitliche Abfolge der Dienstleistungserbringung erlebt. *Hentschel* unterscheidet dabei die Potenzial-, die Prozess- und die Ergebnisqualität. Bei der Strukturierung von Qualitätssicherungsprozessen kommt es auf die Gestaltung der drei Dimensionen der Qualitätssicherung an: Potenzial- bzw. Strukturqualität, Prozessqualität und Ergebnisqualität (vgl. *Hentschel, B.* 1992 S. 89 ff., *Damkowski, W./Precht, C.* 1995 S. 166 f.)

- *Potenzial- bzw. Strukturqualität* bezieht sich auf die materiellen und organisatorischen Rahmenbedingungen sowie auf die personellen und sachlichen Ressourcen der Dienstleistungserbringung (z. B. Organisations- und Betriebsform, Organisationsstruktur und Arbeitsabläufe, Personal- und Qualifikationsstruktur). Es wird sozusagen die Bereitschaft signalisiert, Kundenorientierung obwalten zu lassen.
- Die *Prozessqualität* hängt davon ab, inwieweit es gelingt, Kunden- bzw. Klientenerwartungen in den Prozess der Dienstleistungserstellung zu integrieren. Kundenservice und Bürger- bzw. Klientenbetreuung sind deshalb Maßstäbe dieser Qualitätsdimension. Bedeutsam sind z. B. Zugangsmöglichkeiten der Bürger, Beratungs- und Betreuungsintensität, die räumliche Nähe der Dienstleistungserbringung, die Schnelligkeit und die Flexibilität der Dienstleistungen.
- Schließlich bezieht sich die *Ergebnisqualität* auf die End-Qualität der Dienstleistungen und Produkte, die unmittelbar durch die Bürger beurteilt werden kann. Ansatzpunkte sind also u. a. die Zufriedenheit der Bürger, die Recht- und Verhältnismäßigkeit sowie die Akzeptanz eines hoheitlichen Eingriffs oder eines ablehnenden Bescheides.

	Qualitätsdimensionen des Bürgeramtes		
Zeitliche Abfolge des Qualitätserlebnisses	**Unternehmensqualität**	**Produktqualität**	**Servicequalität**
Potenzialqualität	• Image der Verwaltung • Flache Hierarchien und Teamstrukturen • Kundenorientierte Qualifikationsstruktur	• Produkt- und prozessorientierte Struktur • Technisch-unterstützte Arbeitsabläufe • Qualitätssicherungssystem	• Ein-Schalter-Prinzip • Öffnungszeiten • Parkmöglichkeiten • Wegweiser • Räumliche Atmosphäre
Prozessqualität	• Ganzheitliche Aufgabenbewältigung • Grundlagen für schnelle und flexible Aufgabenbewältigung	• Kompetente Beratung • Verständliche Formulare • Prompte Reaktion • Vollständige Information	• Freundliche Mitarbeiter • Fachliche Zuverlässigkeit • Leichte Zugangsmöglichkeit • Räumliche Nähe der Dienstleistung
Ergebnisqualität	• Zuverlässige Einhaltung von Standards • Rechtmäßigkeit und Verhältnismäßigkeit	• Nachvollziehbarkeit der Bescheide • Akzeptanz und geringe Zahl von Widersprüchen • Gutes Preis-Leistungsverhältnis	• Konsequentes Beschwerdemanagement • Hohe Kundenzufriedenheit • Offensive Dienstleistung

SCHÄFFER POESCHEL

Abb. 3.15: Qualitätsraster im Bürgeramt
(in Anlehnung an *Kuhnert, B./Ramme, I.* 1998 S. 28)

Eine praktische Umsetzung dieser Qualitätsdimensionen wird gegenwärtig bei der Geschäftsprozessoptimierung in Bürgerämtern versucht. Die Abbildung 3.15 stellt die Qualitätsindikatoren für Bürgerämter systematisch dar.

Geschäftsprozessoptimierung durch Bürgerämter

Bürgerämter stehen insofern für eine Form der Geschäftsprozessoptimierung, als sie versuchen, ihre Strukturen den tragenden Geschäftsprozessen sowie den Kundenbeziehungen anzupassen. »Dem Bürgeramt lag eine einfache Überlegung zugrunde, die sich aus der Tätigkeitsanalyse ergab: Die Bürger kommen in der Regel mit zwei unterschiedlichen Arten von Anliegen ›aufs Rathaus‹: Die erste Art von Dienstleistung kann gebündelt und sofort erledigt werden, die zweite braucht Überlegung und Zeit. Zur ersteren Art gehört das meiste, was der Bürger in Rathaus zu erledigen hat. Das geht im Bürgeramt schneller, einfacher und wirkungsvoller, d. h. viele Angelegenheiten kann der Bürger mit einem Behördengang erledigen – und dies alles in einer Atmosphäre, die den Bürger als ›Kunden‹ und nicht als Bittsteller behandelt« (*Räder, B. K.* 1996 S. 223).

E-Government

Das beschriebene Bürgeramt mit Öffnungszeiten und festgelegten Zuständigkeiten bildet das Erscheinungsbild des Front-Office der Offline-Verwaltung ab. Das Front-Office der Online-Verwaltung ist zunächst nicht sichtbar, es wird im Internet je nach Bedarf virtuell bereitgestellt. Die Entwicklungen im E-Government haben die Möglichkeiten der Bürger-Verwaltungsbeziehungen somit deutlich erweitert »Mit dem Einsickern immer mehr elektronischer Funktionen ins Front-Office und insbesondere mit dem Zugang über das Internet strebt das bisher räumlich-organisatorisch gebundene Front-Office seiner Auflösung entgegen. Der Bürger hat erstmalig den direkten Zugriff auf Verfahren im Back-Office ohne den Umweg über einen Sachbearbeiter. Bei einer zunehmenden Anzahl von Verwaltungsanliegen verliert das Front-Office den Teil seiner Existenzgrundlage, der ihm in der Offline-Verwaltung als unverzichtbare Zwischenschicht zwischen Back-Office und Kunden gesichert war« (*Mehlich, H.* 2002 S. 96). Bis heute haben sich die Verheißungen einer Online-Verwaltung noch nicht ganz erfüllt. Vieles geht zwar inzwischen auf elektronischem Wege, die enormen Möglichkeiten eines E-Governments sind jedoch bei weitem nicht umgesetzt. Mit der EU-Dienstleistungsrichtlinie erhofft man sich einen neuen Schub für die Umsetzung des E-Governments in der öffentlichen Verwaltung. Bis zum 28. Dezember 2009 müssen die EU-Mitgliedstaaten den ansiedlungswilligen ausländischen und inländischen Dienstleistungsunternehmen den Service einer Online-Verwaltung zwangsläufig bieten. In Artikel 8 Absatz 1 der Richtlinie 2006/123/EG des Europäischen Parlaments und des Rates vom 12. Dezember 2006 über Dienstleistungen im Binnenmarkt (kurz: EU-Dienstleistungsrichtlinie) heißt es: »Die Mitgliedstaaten stellen sicher, dass alle Verfahren und Formalitäten, die die Aufnahme oder die Ausübung einer Dienstleistung betreffen, problemlos aus der Ferne und elektronisch über den betreffenden einheitlichen Ansprechpartner oder bei der betreffenden zuständigen Behörde abgewickelt werden können.« Des Weiteren ist mit der Umsetzung auch ein so genanntes Normen-Screening verbunden, in dem die gegenwärtigen Regelungen mit dem Ziel analysiert werden, die Verfahren insgesamt schneller und unkomplizierter zu machen. Insoweit werden die Prozesse der Genehmigungsverfahren auf den Prüfstand gestellt und dem gemäß umgestaltet (vgl. *von Lucke, J./Eckert, K.-P./Breitenstrom, Ch.* 2008).

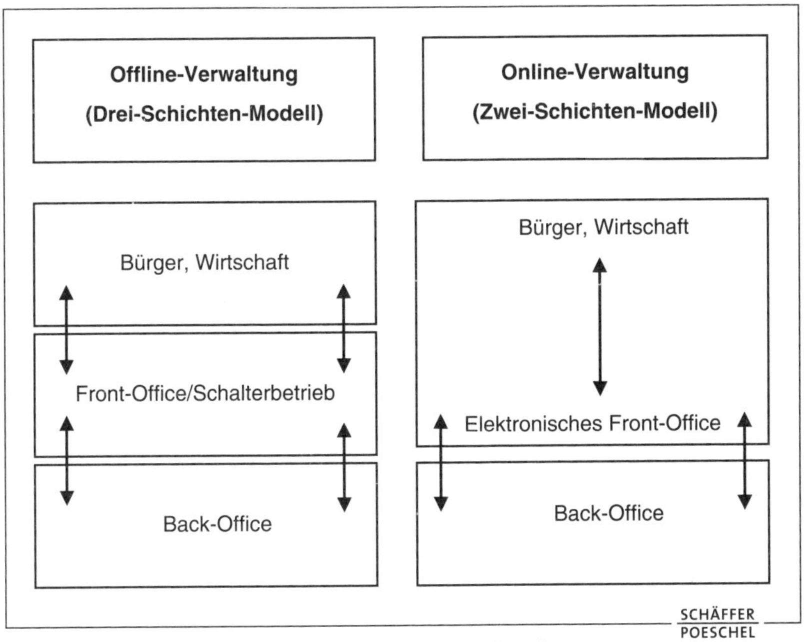

Abb. 3.16: Front-Office zwischen Verwaltung und Kunden
(*Mehlich, H.* 2002 S. 96)

3.4.4.4 Qualitätsindikatoren, Qualitätsstandards und kontinuierlicher Verbesserungsprozess

Messen von Qualität

Ein vordringliches Problem des Qualitätsmanagements in öffentlichen Verwaltungen ist das Messen von Qualität. Messung setzt Qualitätsindikatoren und -standards voraus. *Qualitätsstandards* sind Soll-Vorgaben, die für alle Mitarbeiter verbindlich sind. Sie stehen in enger Verbindung mit den so genannten Qualitätsindikatoren, die wiederum den angestrebten Erfüllungsgrad bezüglich der Anforderungskriterien und -merkmale abbilden (vgl. *Kirchhoff, G.* 1996 S. 15 f.).

B

Ein wichtiger Qualitätsindikator in einem Bürgeramt ist die durchschnittliche Wartezeit eines Kunden. Der damit verbundene Qualitätsstandard könnte lauten: Aufgrund der Ergebnisse einer Kundenbefragung wird ein Wert von 10 Minuten als durchschnittliche Wartezeit akzeptiert und für verbindlich erklärt.

Qualitätsindikatoren sind so zu formulieren, dass eine quantitative Messbarkeit erreicht werden kann. Anderenfalls können auf ihrer Grundlage keine Soll-Ist-Vergleiche angestellt werden. Nur messbare Qualitätsmerkmale sind für Zwecke der Verwaltungssteuerung geeignet. Bei Dienstleistungen – wie sie von Kommunalverwaltungen angeboten werden – lassen sich im Unterschied zu Werkstatt- oder industriellen Fertigungsprozessen nur sehr schwer Qualitätsstandards bestimmen (vgl. *Kirchhoff, G.* 1996 S. 15). Auf der Grundlage von Ansprüchen, die die Bürger an bestimmte Verwaltungsbereiche richten, lassen sich aber auch für Dienstleistungen Qualitätsindikatoren finden und formulieren. Die Abbildung 3.17 stellt einige Beispiele für Qualitätsindikatoren dar.

	Finanzverwaltung (Bearbeitung Steuerbescheide)	**Ordnungsamt (Pass- und Meldewesen)**	**Planungsamt (Städtebauplanung)**	**Rechnungshöfe (Revision)**
Zuverlässigkeit	Durchschnittliche Bearbeitungsdauer für eine Einkommensteuer-erklärung	Durchschnittliche Dauer der Anmeldeprozedur	Dauer eines Genehmigungsverfahrens (z.B. Baugenehmigung 1-Fam.-Haus)	Höhe der tatsächlich ersparten Staatsausgaben
Prompte Reaktion	Zeitabstand vom Posteingang bis zur Sichtung der Unterlagen	Durchschnittliche Wartezeit	Zeitabstand vom Posteingang bis zur Sichtung der Unterlagen auf Vollständigkeit	Zeitabstand zwischen Erteilung Prüfauftrag und Beginn der Prüfung
Kompetenz	Anzahl eingegangener Beschwerden fachlicher Art; Anzahl berechtigter Einsprüche/Jahr	Ausbildungsstand, DV-Unterstützung	Ausbildungsstand, DV-Unterstützung	Ausbildungsstand
Offener Zugang	Öffnungszeiten	Öffnungszeiten	–	–
Freundlichkeit	Anzahl eingegangener Beschwerden persönlicher Art	Anzahl eingegangener Beschwerden persönlicher Art	–	–
Kommunikation	Anzahl eingegangener Beschwerden persönlicher Art	Sprachkenntnisse	Art und Weise der Öffentlichkeitsarbeit	Anzahl eingegangener Beschwerden persönlicher Art
Sicherheit	Anzahl berechtigter Einsprüche/Jahr	Anzahl fehlerhaft ausgestellter/ zugestellter Dokumente/Jahr	–	–
Verständnis für den Bürger	–	Bürgerbefragung	Anzahl eingegangener Beschwerden persönlicher Art	–
Produkte	Anteil fehlerhaft ausgefüllter Steuererklärungs-vordrucke	Anteil fehlerhaft ausgefüllter Vordrucke	Verständlichkeit der Bescheide und Pläne	Verständlichkeit der Bescheide und Pläne

SCHÄFFER POESCHEL

Abb. 3.17: Beispiele für Qualitätsindikatoren
(*Benz, C.* 1996 S. 14 in Anlehnung an *Parasuraman, A./Zeithaml, V. a./Berry, L. L.* 1985)

Qualitätspolitik

Bei der Festlegung von Qualitätsstandards müssen einerseits Kundenbedürfnisse und andererseits verwaltungsspezifische Überlegungen bzw. Restriktionen (Begrenzungen der Verfügung stehenden Haushaltsmittel, allgemeine verwaltungsspezifische Grundsätze oder Ressourcenbeschränkungen) berücksichtigt werden. Inwieweit Kundenbedürfnissen durch Qualitätsmanagement entsprochen werden kann, hängt von der jeweiligen *Qualitätspolitik* und den damit verbundenen Zielen ab. »Insofern kann es natürlich keine allgemein gültigen Qualitätsstandards oder -indikatoren geben. Qualitätsstandards können nur im Hinblick auf die spezifischen Verhältnisse entwickelt und für verbindlich erklärt werden« (*Kirchhoff, G.* 1996 S. 16).

Kontinuierlicher Verbesserungsprozess

Qualitätsstandards und -indikatoren können überdies nicht auf Dauer Bestand haben. Qualitätssicherung ist ein kontinuierlicher Entwicklungsprozess. So müssen auch Bürgerämter in einem kontinuierlichen Verbesserungsprozess ständig weiterentwickelt werden. In diesem Zusammenhang können Kundenbefragungen, systematische Auswertungen von Beschwerden und *Qualitätszirkel* sehr hilfreich sein. Nimmt man den Anspruch der Kundenorientierung als verstärkte Bürgerorientierung ernst, ist die ständige Rückkoppelung mit den Bedürfnissen und Wünschen der Kunden unerlässlich.

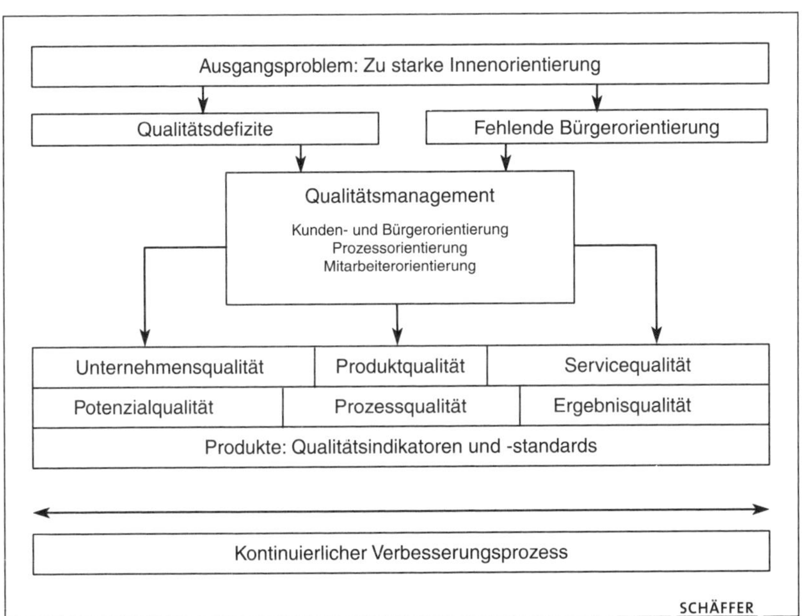

Abb. 3.18: Qualitätsmanagement in der öffentlichen Verwaltung

3.4.4.5 Qualität und Wettbewerb

Wettbewerb hat im Zuge der Einführung neuer Steuerungselemente nur eine unzureichende Rolle gespielt. »Obwohl von Anfang an klar formuliert war, dass die neue Struktur durch Wettbewerb bzw. Wettbewerbssurrogate aktiviert und innovationsfähig gemacht werden soll, sind Wettbewerbselemente nur zögerlich eingesetzt worden« (*Hilbertz, H-J.* 2001 S. 11). Wettbewerb kann zweifellos dazu beitragen, dass Qualitätsdefizite erkannt und bestehende Qualitätsstandards überdacht werden. Internes Qualitätsmanagement sollte deshalb durch Wettbewerbssituationen flankiert werden.

Fehlender Wettbewerb

Qualitätsdefizite der öffentlichen Verwaltung sind nicht zuletzt auch darauf zurückzuführen, dass sich die Aufgaben und Dienstleistungen der Verwaltungsorganisationen bislang kaum einem Wettbewerb aussetzen mussten. »Die öffentliche Verwaltung ging immer davon aus, dass sie nicht im Wettbewerb stünde, da sie erstens gesetzlich festgeschriebene Zuständigkeiten innehat (örtliche Zuständigkeit als Gebietskörperschaft) und zweitens gesetzlich vorgeschriebene Aufgaben erledigen muss« (*Hilbertz, H.-J.* 1996 S. 54). Diese Sichtweise ist aber überholt. Gegenwärtig wird deutlich darauf hingewiesen, dass Kommunalverwaltungen in einigen Bereichen durchaus einem *echten Wettbewerb* ausgesetzt sind. Zudem wird gefordert, dass Wettbewerb in den anderen Verwaltungsbereichen künstlich erzeugt werden muss (vgl. *KGSt-Materialien* 01/2003).

Direkte Wettbewerbssituationen: Hier kommt es zu einer *echten* Konkurrenz zwischen kommunalen und nichtstaatlichen Leistungseinheiten um nachfragende Kunden. Dieser Wettbewerb kann sich zum Beispiel auf bestimmte Vorleistungen beziehen, die zur Produktion öffentlicher Leistungen notwendig sind. Hierzu gehören u. a. Ingenieur- und IuK-Leistungen sowie Werkstatt-, Gartenbau- und Fuhrparkleistungen. Private Anbieter können diese Dienstleistungen oftmals günstiger anbieten als die Leistungsstellen der eigenen Verwaltung (vgl. *Hilbertz, H.-J.* 1996 S. 54 f., *Reichard, Ch.* 1994 S. 47 f., *KGSt-Bericht* 8/1996). Wettbewerb mit privaten Anbietern gibt es zudem beim Absatz von Dienstleistungen an die Bürger. Hierzu gehören zum Beispiel Fort- und Weiterbildungsangebote der Volkshochschulen wie auch Angebote im Bereich von Musikschulen. Nicht zu vergessen sind die Produktionen und Aufführungen unserer öffentlichen Stadttheater, die in verstärktem Maße mit Angeboten privater Theaterunternehmen konkurrieren müssen. Um tatsächlich in einen Wettbewerb treten zu können, sind sowohl die Qualität als auch das Preis-Leistungs-Verhältnis von Bedeutung.

Wettbewerbsähnliche Situationen: Solche Konstellationen ergeben sich einerseits durch Vergleiche kommunaler Leistungen mit analogen privatwirtschaftlichen bzw. gemeinnützigen Leistungen. Dieses bietet sich u. a. an bei der Müllentsorgung, bei der Gebäudereinigung sowie im Bereich des öffentlichen Personennahverkehrs. Kostenvergleiche bieten sich darüber hinaus an mit freiberuflichen Honorar- und Tarifordnungen (Ingenieur-, Architekten- und Rechtsanwaltsgebührenordnungen) (vgl. *Hilbertz, H.-J.* 1996 S. 54 f., *Reichard, C.* 1994 S. 47 f., *KGSt-Bericht* 8/1996). Eine andere Variante der Schaffung wettbewerbsähnlicher Situationen sind interkommunale Leistungsvergleiche (vgl. *Schedler, K./Proeller, I.* 2000 S. 68 f.). Hier bieten sich geradezu unerschöpfliche Vergleichsmöglichkeiten auf der Basis von Preisen, Kosten sowie spezifischen Kennzahlen (vgl. *Schedler, K./Proeller, I.* 2006 S. 81 f.). Einige Beispiele seien hier genannt: Kosten eines Bauantrags, Bearbeitungszeit für einen Wohngeldbescheid, Kosten einer Unterrichtsstunde in kommunalen Weiterbildungsinstitutionen. Die *KGSt* hat in diesem Zusammenhang unter der Bezeichnung IKO-Netz eine Vergleichsdatenbank aufgebaut, die noch weiter ausgebaut werden muss. Das Instrument kann jedoch nur dann den höchsten Nutzen abwerfen, »wenn sich möglichst alle Kommunen daran beteiligen« (*Hilbertz, H.-J.* 2001 S. 11). Bewährt haben sich überdies so genannte Qualitätswettbewerbe, bei denen herausragende Verwaltungen hinsichtlich ihrer Leistungen prämiert worden sind. Schließlich sind auch Vergleiche mit anderen Organisationseinheiten der eigenen Verwaltung geeignet, um wettbewerbsähnliche Situationen zu erzeugen. So lässt sich beispielsweise der erreichte Grad an Bürgerzufriedenheit im Einwohnermeldeamt mit dem des Standesamtes vergleichen. Oder: Wie hoch ist der tatsächliche Personaleinsatz für Organisations- und Personalaufgaben in den verschiedenen Fachämtern bzw. Fachbereichen der Stadtverwaltung?

Orientierung an den besten Problemlösungen

Benchmarking: Benchmarking ist eine betriebswirtschaftliche Methode, die in der privaten Wirtschaft – vorrangig in den USA – bereits seit Anfang der 80er-Jahre zu weitreichenden Erfolgen geführt hat. Ausgangspunkt war die Einsicht, dass die Wettbewerbsfähigkeit eines Unternehmens sehr stark von den internen Strukturen und Prozessen abhängt. Um die internen – nicht markt-getriebenen – Prozesse und Strukturen zu verbessern, fehlte es jedoch an geeigneten Beurteilungskriterien. Das Benchmarking sollte diese Managementlücke füllen (vgl. *Simon, W.* 2002 S. 312 ff., *Rode, U.* 1996 S. 4). Der Begriff stammt ursprünglich aus der Landvermessung und bezeichnet in diesem Zusammenhang Bezugspunkte bei der Landvermessung. Übersetzt man den Begriff ins Deutsche, so bedeutet er soviel wie »Maßstäbe setzen«: »Durch das Setzen eines Benchmarks wird demnach ein externer Maßstab für die eigene Leistungsfähigkeit definiert. Mit Hilfe von Benchmarks kann die Leistung von Funktionen, Tätigkeiten und Geschäften im Vergleich zu anderen beurteilt werden (*Simon, W.* 2002 S. 313).«

D

Benchmarking ist eine Methode, um die internen Leistungen, Strukturen und Prozesse einer zielgerichteten kritischen Untersuchung zu unterziehen. Dabei wird die kritische Würdigung durch einen Vergleich mit anderen Organisationen bzw. Organisationseinheiten ermöglicht. Im Unterschied zu üblichen Betriebsvergleichen ist das Benchmarking eindeutig darauf ausgerichtet, die besten Problemlösungen zu finden, um sie dann nach entsprechender Anpassung für die eigene Organisation nutzen zu können.

Optimierung nicht-marktfähiger Strukturen und Prozesse

Weil sich das Benchmarking vor allem auf die Optimierung nichtmarktfähiger Strukturen und Prozesse richtet, ist die Methode gerade für die öffentliche Verwaltung besonders gut geeignet. Ein Erfolg versprechendes Benchmarking sollte folgende Merkmale aufweisen (vgl. *Rode, U.* 1996 S. 7 ff.):

- In der Praxis wird dem prozessbezogenen Benchmarking gegenüber einem nur produktbezogenen Vorgehen klar der Vorzug gegeben. Das heißt, der *Prozess* der Leistungserstellung ist von besonderer Bedeutung (Beispiel: Ablauf einer Baugenehmigung).
- Im Vergleich zum internen hat das *externe* Benchmarking größere Chancen, die besten Praktiken zu finden. Die internen Prozesse einer Verwaltungsorganisation sollten sich demgemäß vorrangig mit Problemlösungen anderer öffentlicher oder privater Unternehmen messen (Beispiel: Prozesse einer hauseigenen Druckerei werden mit den Prozessen einer privaten Firma verglichen).
- Im Rahmen eines Benchmarking-Projektes sollte nicht nur das *Was* (Leistungsparameter, Kennzahlen ...), sondern auch das *Wie* (Methoden, Techniken, Instrumente ...) analysiert werden.
- Im Unterschied zum multilateralen (großes Teilnehmerfeld) verspricht das *bilaterale Benchmarking* (zwei Teilnehmer) detailliertere Analysen und damit bessere Ergebnisse.

Um ein Benchmarking-Projekt zielorientiert gestalten zu können, bedarf es zunächst der Bestimmung und Analyse des *Benchmarking-Objektes*. Es kann sich dabei um Produkte, um Funktionen oder um Prozesse handeln. Zudem sind die so genannten Benchmarks (Vergleichsparameter) zu bestimmen – zum Beispiel: Produktivität, Qualität, Bearbeitungszeiten ... In der Planungs- und Vorbereitungsphase muss dann noch der geeignete Vergleichspartner ausgewählt werden. Auf dieser Basis werden dann systematische Analysen vorgenommen und praktische Konsequenzen gezogen (vgl. *Rode, U.* 1996 S. 10 ff.).

3.4.4.6 Qualitätsmanagementsysteme

Komplexe Systeme

Die intensive Auseinandersetzung mit der Qualität von Produkten und Dienstleistungen hat zu komplexen Qualitätsmanagementsystemen geführt. »Dabei handelt es sich um durchstrukturierte Modellbeschreibungen (z. B. DIN EN ISO 9000 ff., EFQM-Modell, Six Sigma-Modell), in denen Qualität als Teil der Gesamtführungsaufgabe eines Unternehmens betrachtet wird. Es geht hier also nicht mehr nur um die Qualitätssicherung als zeitliche, personelle und gegebenenfalls örtliche Spezialveranstaltung am Ende des Leistungserstellungsprozesses, sondern um Qualität als eine unternehmerische Funktion, die gleichberechtigt neben dem Personal-, Beschaffungs-, Finanz-, Produktions- und Vertriebsmanagement steht« (*Simon, W.* 2002 S. 197). Das EFQM-Modell spielt seit geraumer Zeit auch in der öffentlichen Verwaltung eine Rolle. Darauf aufbauend ist das Common Assessment Framework (CAF) entwickelt worden. Beide Ansätze werden nachstehend kurz erläutert.

EFQM-Modell

Stärkung des Qualitätsgedankens

EFQM steht für *European Foundation for Quality Management*. Es handelt es dabei um eine Vereinigung europäischer Unternehmen, die es sich zur Aufgabe gestellt hat, den Qualitätsgedanken in europäischen Organisationen und Unternehmen zu fördern. Die Gründung erfolgte im Jahre 1988, die ersten Qualitätspreise konnten im Jahre 1992 verliehen werden. Das EFQM-Qualitätsmanagementsystem gliedert sich in Befähiger- und Ergebniskriterien, die jeweils zu 50 % in die Gesamtbewertung einfließen. »Die Grundgedanken bestehen darin, dass das Management für eine qualitätsorientierte Unternehmenspolitik verantwortlich ist und entsprechende Qualitätssysteme einzurichten hat, die sich in positiven Ergebnissen niederschlagen sollen (...). Interessanterweise sind mit den Ergebniskriterien nicht nur die üblichen Erfolgskriterien der Unternehmensführung, insbesondere der Gewinn und seine Steigerung, gemeint, sondern mit dem größten Gewicht in der Bewertung überhaupt wird die Zufriedenheit der Kunden, und geringer, die Zufriedenheit der Mitarbeiter sowie die Reputation des Unternehmens und die Übernahme von Verantwortung in der Gesellschaft bewertet (*Eckardstein, D. v.* 1999 S. 422).« Die Abbildung 3.19 verdeutlicht den Aufbau des EFQM-Modells.

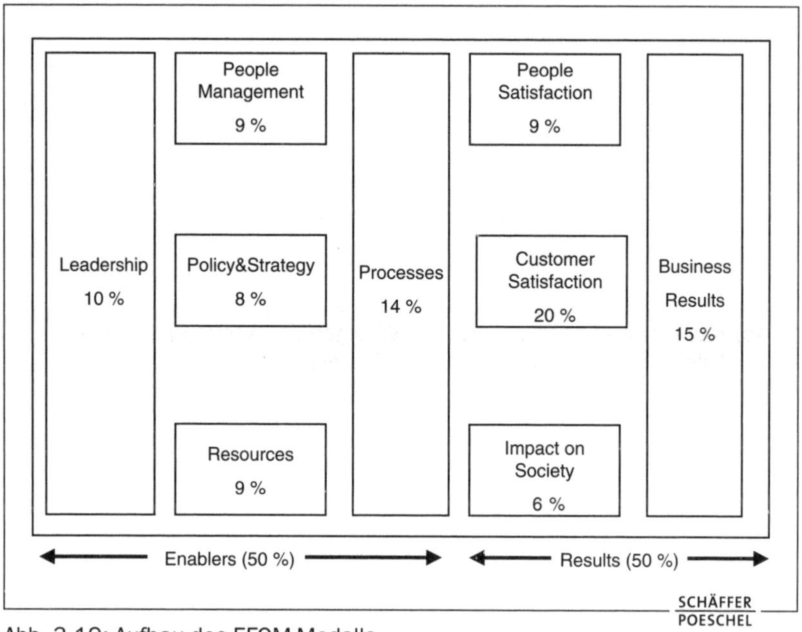

Abb. 3.19: Aufbau des EFQM-Modells
(*Eckardstein, D. v.* 1999 S. 423

Kriterium Führung

Im Modell werden die einzelnen Kriterien detailliert beschrieben und erläutert. In der entsprechenden Qualitätsprüfung müssen die Unternehmen bzw. die Behörden nachweisen, inwieweit sie den Forderungen tatsächlich entsprechen. Nachstehend wird das Kriterium Führung dargestellt, das zu 10 % in die Gesamtbewertung einfließt (vgl. *European Foundation for Quality Management* 1996 S. 13 ff., *Eckardstein, D. v.* 1999 S. 424 ff.):

Kriterium 1: Führung

Hiermit ist gemeint: Das Verhalten aller Führungskräfte, um die Organisation zu umfassender Qualität zu führen. Wie das geschäftsführende Team und die anderen Führungskräfte umfassende Qualität als grundlegenden Prozess für eine kontinuierliche Verbesserung initiieren, durchsetzen und widerspiegeln.

Es ist nachzuweisen:

1a) sichtbares Engagement und Vorbildfunktion im Hinblick auf umfassende Qualität,

1b) eine beständige TQM-Kultur,

1c) rechtzeitiges Anerkennen und Würdigen der Anstrengungen und Erfolge von Einzelpersonen und Teams,

1d) Förderung von Total Quality und Bereitstellung geeigneter Ressourcen und Unterstützung,

1e) Engagement bei Kunden und Lieferanten,

1f) aktive Förderung umfassender Qualität außerhalb der Organisation.

SCHÄFFER POESCHEL

Abb. 3.20: EFQM-Kriterium Führung
(*European Foundation for Quality Management* 1996 – Quelle: *Eckardstein, D. v.* 1999 S. 424)

Das EFQM-Modell verfolgt zwei Zielsetzungen. Einerseits geht es darum, im Rahmen von Qualitätswettbewerben besonders herausragende Qualitätsmanagement-Beispiele durch entsprechende Preise zu würdigen. Die dadurch herausgehobenen Vorbilder können dann als Ansporn für andere Organisationen fungieren, ihr Qualitätsmanagementsystem zu verbessern. Andererseits dienen die Kriterien als Instrument zur organisationsinternen Qualitätsstrategie. Anhand der Ergebnisse einer EFQM-Prüfung können eigene Stärken und Schwächen erkannt werden, um darauf aufbauend Strategien für Verbesserungen zu erarbeiten. Insofern kann die EFQM-Bewertung als Instrument für ein Veränderungsmanagement herangezogen werden. Für das EFQM-Modell spricht einerseits, dass es inhaltlich sehr breit angelegt ist. »Vergleicht man das EFQM-Modell mit der ISO-Zertifizierung, so fällt das EFQM-Modell ungleich umfassender aus, sodass hier meines Erachtens zu Recht von einem Ansatz des *Total Quality* Management gesprochen werden kann« (*Eckardstein, D. v.* 1999 S. 429). Des Weiteren weist *Eckardstein* darauf hin, dass das Modell dem arbeitenden Menschen eine sehr hohe Bedeutung zumisst.

Common Assessment Framework (CAF)

Die Hochschule für Verwaltungswissenschaften in Speyer hat in Zusammenarbeit mit 16 EU-Partnerländern auf der Basis des EFQM-Modells die auf die öffentliche Verwaltung bezogene Variante des Common Assessment Framework (CAF) erarbeitet. In diesem Zusammenhang ist auch das Bewertungssystem des Speyerer Qualitätswettbewerbs berücksichtigt worden (vgl. *Hill, H./Klages, H.* 2002). Das Common Assessment Framework (CAF) soll es den Verwaltungsorganisationen erleichtern, ein Qualitätsmanagementsystem einzuführen. »Auf der Basis einer Selbstbewertung mit dem europäischen Qualitätsbewertungsschema soll die Organisation dazu in die Lage versetzt werden, erste Schritte in Richtung Qualitätsmanagement zu machen und über weitere Schritte zu entscheiden. Das CAF kann also auch helfen zu entscheiden, ob das EFQM-Modell eingesetzt werden soll oder nicht. Der Übergang vom CAF zum EFQM-Modell kann praktisch nahtlos erfolgen« (*Broekmate, L./Dahrendorf, K./Dunker, K.* 2001 S. 262). Wie beim EFQM-Modell werden neun Themenfelder genannt, die einerseits auf die Befähiger, andererseits auf die Ergebnisse bezogen sind. Den Feldern werden wiederum systematisch über zwei weitere Ebenen Kriterien zugeordnet, anhand derer eine Organisationsanalyse durchgeführt werden kann. Aus dem Themenfeld 1 Führungseigenschaften beispielsweise werden auf der nächst niedrigeren Ebene folgende Kriterien hergeleitet (vgl. *CAF-Arbeitsbogen*):

- Der Organisation eine Richtung vorgeben: Entwicklung und Vermittlung einer Vision, einer Mission und von Werten (1.1)
- Entwicklung und Umsetzung eines Managementsystems für die Organisation (1.2)
- Motivierung und Unterstützung der Mitarbeiter und Handeln als Vorbild (1.3)
- Umgang und Organisation der Beziehung mit der Politik und anderen Interessengruppen (1.4)

Auf dieser Basis erfolgt eine weitere Konkretisierung, die jeweils fünf bis zehn Unterkriterien vorsieht, die anschließend anhand einer Skala mit sechs Ausprägungen bewertet werden. Damit ermöglicht das CAF-Modell eine umfassende Erhebung der Stärken und Schwächen einer Verwaltungsorganisation. Das Modell sieht einen Selbstbewertungszyklus vor, der idealtypisch über sieben Schritte erfolgen soll (vgl. Abbildung 3.21).

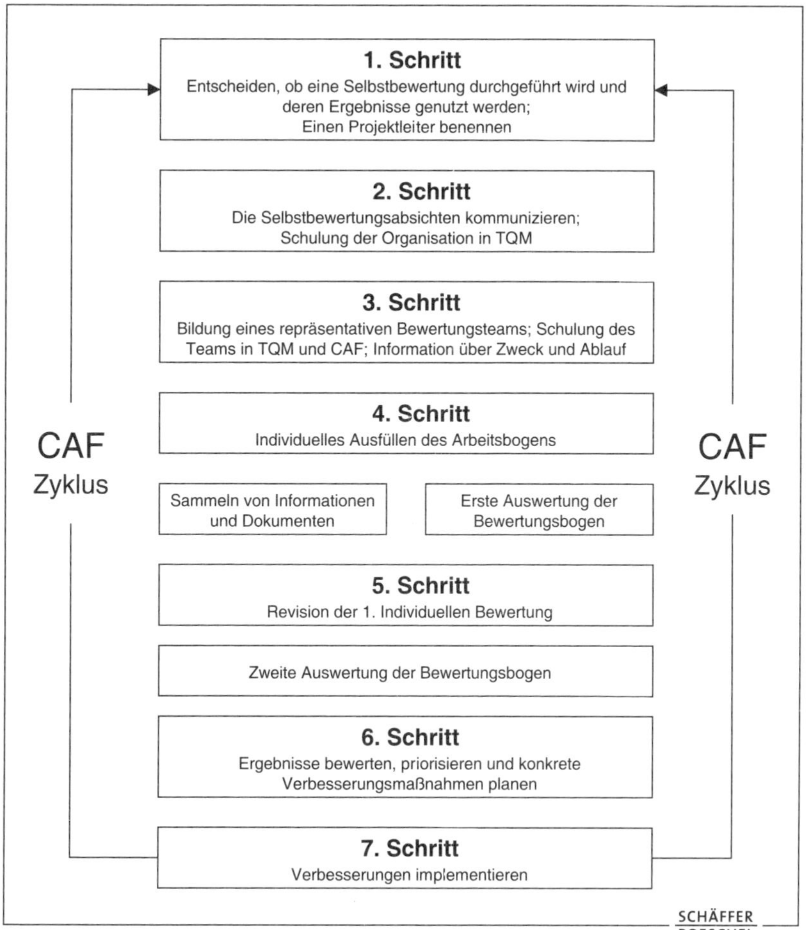

Abb. 3.21: CAF-Selbstbewertungszyklus
(*CAF: Common Assessment Framework*)

3.4.5 Produkte und Produktbildung

Leistungen der Verwaltung

In privaten Wirtschaftsunternehmen bildet das auf dem Markt angebotene *Produkt* den Ausgangspunkt für sämtliche Strukturen wie auch für alle im Betrieb ablaufenden Prozesse. Wirtschaftsunternehmen sind in diesem Sinne zielgerichtete, produktive, soziale und offene Systeme. Sind nun aber Gebietskörperschaften wie Kommunalverwaltungen mit privaten Unternehmen vergleichbar? Gelten hier wie dort die gleichen Gesetze? Fest steht jedenfalls, dass sich die Ziele einer Verwaltungsorganisation nicht im übergeordneten Existenzziel der Gewinnerzielung bündeln. Vielmehr besteht eine Mehrzahl von Sachzielen, die gleichberechtigt nebeneinander stehen und sich aus dem *Willensbildungsprozess* der Bürger herleiten lassen. Die Leistungen werden den Bürgern, Unternehmen und anderen Gebietskörperschaften angeboten, die diese Leistungen kontinuierlich nachfragen (vgl. *Lang, E.* 1996 S. 12). Insofern ist es durchaus gerechtfertigt, angesichts der Leistungen einer Kommunalverwaltung von Produkten zu sprechen. Indem die Kommunalverwaltung ihre Aufgaben als Produkte beschreibt und damit das Arbeitsergebnis betont, übernimmt sie die Perspektive der Abnehmer öffentlicher Leistungen und ermöglicht einerseits eine stärkere Kunden- bzw. Bürgerorientierung (vgl. *Rode, U.* 2000 S. 4). Auf der anderen Seite kann das Produkt als Kostenträger fungieren. Während die Outcomeorientierung primär Effektivitätsüberlegungen herbeiführt, kulminiert die Outputorientierung primär in Fragen, die ein angemessenes Verhältnis von Output und Input betreffen (vgl. *Schedler, K./Proeller, I.* 2006 S. 76 f.).

Ziel- und leistungsorientierte Steuerung

Der konventionellen Organisation der Kommunalverwaltung wurde vorgeworfen, dass sie eine *ziel- und leistungsorientierte Steuerung* nicht zu leisten vermochte. Ein Grund dafür lag darin, dass es auf Seiten von Politik und Verwaltungsführung keine klare Vorstellung von den Produkten gab, die eine Stadt oder eine Gemeinde ihren Kunden, Bürgern oder Abnehmern zur Verfügung stellt, um einer Nachfrage zu entsprechen. Man kannte zwar Ziele und Aufgaben sowie (manchmal) den Grad der Zufriedenheit der Bürger, allerdings nie exakt und umfassend genug, um die Verwaltung zielgerichtet steuern zu können. Um eine outputorientierte Steuerung der Verwaltung zu gewährleisten, ist es aber notwendig, exakt zu wissen, welche Leistungen eine Verwaltung für ihre Bürger bereitstellt.

Produkt als zentraler Ausgangspunkt

Das Produkt ist der zentrale Ausgangspunkt des outputorientierten Steuerungssystems. »Die Produktplanung ist – zusammen mit der parallelen Projektplanung zur Abbildung der einmaligen Maßnahmen – der Dreh- und Angelpunkt der Gesamtsteuerung« *(Rode, U. 2000 S. 11)*. Alle weiteren Aspekte des Managements (u. a. Finanzen, Personal und Organisation) sollen sich an den Produkten orientieren (vgl. *KGSt-Politikerhandbuch* 1996 S. 29 f.):

- Das Haushalts- und Rechnungswesen orientiert sich an den Produkten, indem produktbezogen Kosten ermittelt und ein produktorientierter Haushalt erstellt wird.
- Das Personalmanagement hat auf Grundlage der Produkte den quantitativen und qualitativen Personalbedarf zu ermitteln. Darüber hinaus ergibt sich aus den Erfordernissen einer qualitätsbetonten Produkterstellung eine entsprechende Kompetenzverteilung und damit ein spezifischer Stellenplan.
- Die Produkte des Verwaltungshandelns werden in Geschäftsprozessen realisiert. Die Prozesse müssen so geplant und organisiert werden, dass eine möglichst rasche und qualitativ

hochwertige Dienstleistung erbracht werden kann. Die Aufbauorganisation ist so zu gestalten, dass unter ihren Voraussetzungen eine Prozessoptimierung unterstützt wird.

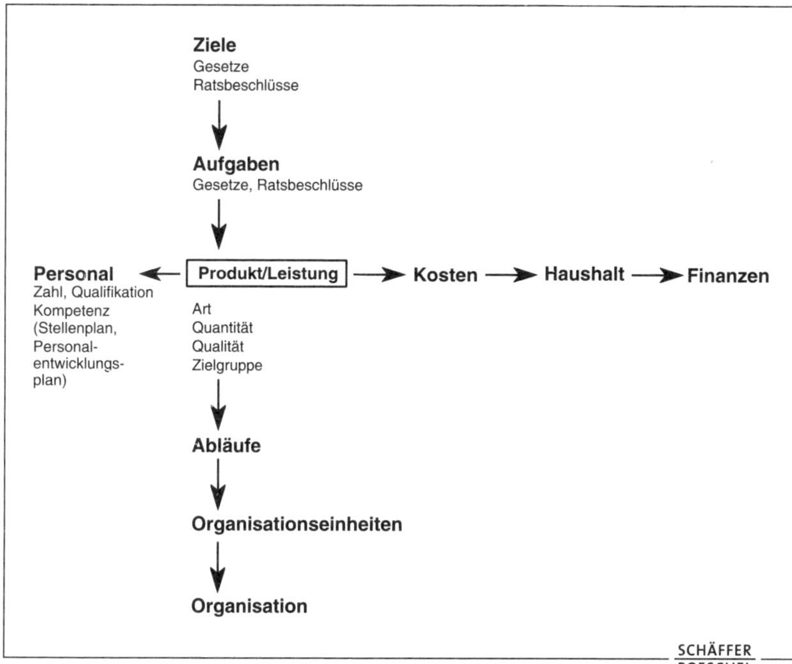

Abb. 3.22: Produkte im System outputorientierter Steuerung (*KGSt-Politikerhandbuch* 1996 S. 30).

Gesetze und Ratsbeschlüsse

Die Abbildung 3.22 verdeutlicht, dass auch die Produkte insoweit einer Abhängigkeit unterliegen, als sie aus entsprechenden Zielsetzungen und Aufgabenstellungen resultieren. Die Pflichtaufgaben gehen aus Gesetzen hervor, die auf Bundes- oder Landesebene erarbeitet worden sind. Daneben leiten sich Produkte der Kommunalverwaltungen aus Ratsbeschlüssen her.

3.4.5.1 Was ist ein Produkt?

Welche Bedingungen müssen erfüllt sein, damit in Bezug auf Verwaltungsleistungen von *Produkten* gesprochen werden kann?

D

»Ein Produkt umfasst eine Leistung oder eine Gruppe von Leistungen, die von Stellen außerhalb der jeweiligen Organisationseinheit (innerhalb oder außerhalb der Verwaltung) benötigt wird und für die in der Regel ein Preis zu zahlen wäre« (*Innenministerium Baden-Württemberg* 1996 S. 25).

Es müssen demnach folgende Bedingungen erfüllt sein, damit man in Bezug auf öffentliche Aufgaben von Produkten sprechen kann:

- Es muss sich um eine *Leistung* (oder ein Bündel von Leistungen) handeln.
- Die Leistung wird von einer Organisationseinheit erstellt.
- Die erstellte Leistung wird *anderen Stellen* (außerhalb oder innerhalb der Verwaltung) angeboten bzw. geliefert, die damit einen bestimmten Bedarf decken.
- In der Regel muss für ein Produkt ein *Preis* erzielt werden, der sich aus einer tragfähigen Kalkulation ergibt.

Kommunaler Produktplan Baden-Württemberg

Auf dieser Grundlage wurde für alle Kreise, Städte und Gemeinden des Landes Baden-Württemberg ein Produktplan entwickelt, der insgesamt mehr als 500 Einzelprodukte umfasste. Dies ermöglichte es den einzelnen Kommunen, sich bei der Erstellung des für sie selbst geltenden Produktplanes an einem *Muster-Produktplan* zu orientieren. Im Jahr 2001 wurde der Produktplan durch die ARGE »Produktkennzahlen Baden-Württemberg« erstmals überarbeitet und zudem mit spezifischen Kennzahlen ergänzt. Die ursprünglich über 500 Einzelprodukte konnten in diesem Zusammenhang auf 440 Produkte reduziert werden.

Produkthierarchie

Damit bei der Vielzahl von Produkten die Übersicht gewährleistet werden kann, sind ähnliche Produkte zu *Produktgruppen* und zueinander passende Produktgruppen zu *Produktbereichen* zusammengefasst worden (vgl. *Innenministerium Baden-Württemberg* 2001). Auf der anderen Seite können die Produkte weiter in konkrete Leistungen und Tätigkeiten bzw. Prozessschritte gegliedert werden. »Da vom Parlament in der Regel erwartet wird, dass es seine Beschlüsse auf dem Niveau von Produktgruppen steuert, dürfen diese nicht zu heterogen sein. Die Produktgruppe umfasst daher Produkte mit einer gemeinsamen, möglichst klaren Ausrichtung auf ein politisches Programm oder Maßnahmen mit eindeutigem Wirkungsziel« (*Schedler, K./Proeller, I.* 2006 S. 148). Die Abbildung 3.23 stellt eine beispielhafte Produkthierarchie dar:

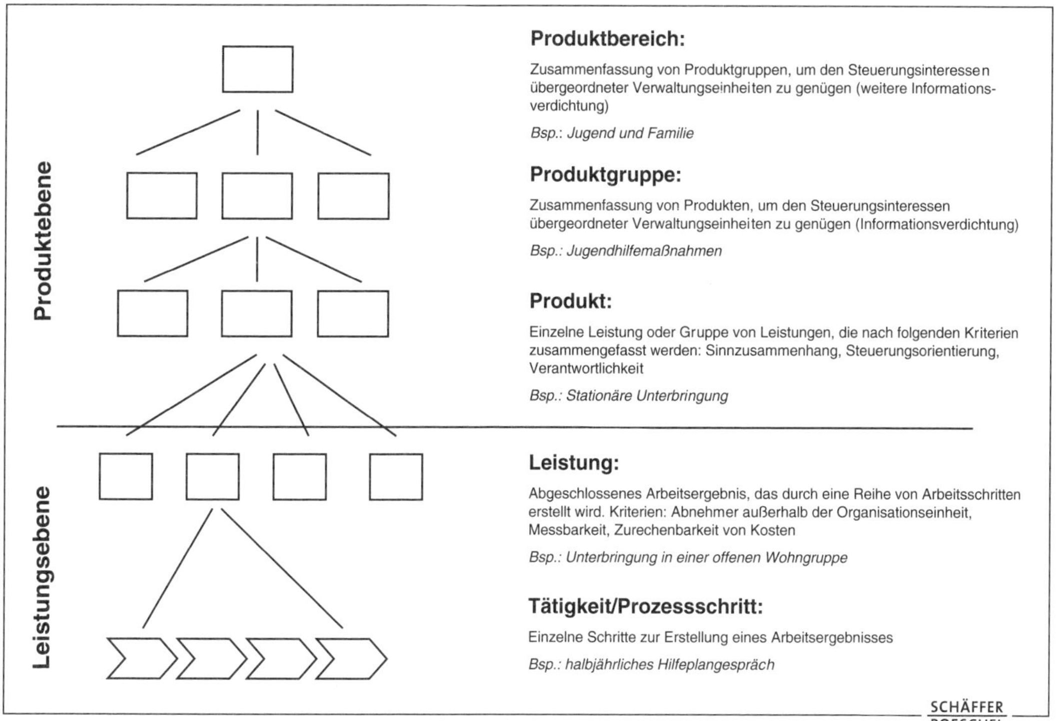

Abb. 3.23: Beispielhafte Produkthierarchie (*Rode, U.* 2000 S. 5)

Bei der Stadt Stuttgart gibt es einen Produktplan *Öffentliche Ordnung* (32), in dem die Produktbereiche

- Ordnungswesen,
- Verkehrswesen,
- Einwohnerwesen und
- Lebensmittelüberwachung/Veterinäraufsicht

zusammengefasst sind.

Die Abbildung 3.24 stellt exemplarisch den Produktbereich Einwohnerwesen dar.

Produktbereich	Produktgruppe	Produkt
32.1 Ordnungswesen	...	... ...
32.2 Verkehrswesen	...	... ...
33.1 Einwohnerwesen	33.1.1 Melde-/Ausweiswesen/ Staatsangehörigkeitsangelegenheiten.	33.1.1.01 Meldeangelegenheiten 33.1.1.02 Erteilen von Ausweis- und sonstigen Dokumenten 33.1.1.03 Ausstellen/ Ändern von Lohnsteuerkarten 33.1.1.04 Wahrnehmung von Aufgaben nach dem Wehrpflichtgesetz 33.1.1.05 Einbürgerungen/ Feststellung der Staatsangehörigkeit
	33.1.2 Aufenthaltsrecht von Ausländern	...
39.1 Lebensmittelüberwachung/Veterinäraufsicht	...	...

Abb. 3.24: Produktbereich Einwohnerwesen
(Auszug aus dem Produktplan der *Stadt Stuttgart*)

Verwaltungsinterne Produkte

Die Bildung von Produkten ist auch in jenen Bereichen der Verwaltung sinnvoll, die Leistungen erbringen, welche lediglich intern von Bedeutung sind. So beziehen sich die Leistungen der Personalabteilung nicht auf Kunden, die außerhalb der Verwaltung zu finden sind, sondern auf die verschiedenen Fachbereiche einer Kommunalverwaltung. Die Fachbereiche sind insofern auf das Personalwesen angewiesen, als dieses die Personalverwaltung aller Bediensteten gewährleistet. Dies bedeutet, dass es auch innerhalb der Organisation der Kommunalverwaltung Kunden- und Produktbeziehungen gibt bzw. geben soll. Insofern bietet die Personalabteilung spezifische Produkte an, die auf Seiten der Fachbereiche (Schulwesen, Kulturwesen, Bauwesen, Ordnungswesen (...) nachgefragt werden. Auf Basis einer *produktbezogenen Kostenrechnung* können dann Ressourcen ursachengerecht zugeordnet und interne Leistungen gegenseitig verrechnet werden. Die Abbildung 3.25 gibt einen Überblick über die Produkte im Produktbereich Personalwesen:

Produktbereich	Produktgruppe	Produkt
11.1 Personalwesen	11.1.1 Zentrale Personalsteuerung	11.1.1.01 Strategische Personalplanung
		11.1.1.02 Rahmenvorgaben für den Personalbereich, zentrales Personalcontrolling
	11.1.2 Personaldienste	11.1.2.01 Personalbedarfsdeckung
		11.1.2.02 Personalbetreuung
		11.1.2.03 Ausbildung
		11.1.2.04 Fortbildung
		11.1.2.05 Bezügeabrechnung
		11.1.2.06 Freiwillige soziale Leistungen

SCHÄFFER POESCHEL

Abb. 3.25: Produktbereich Personalwesen
(Auszug aus dem Produktplan der *Stadt Stuttgart*)

3.4.5.2 Notwendige Maßnahmen im Rahmen der Produktbildung

Verwaltungstransparenz durch Produktbildung

Durch eine sinnvolle Produktbildung und -beschreibung kann das Verwaltungshandeln transparenter werden. Anstelle unzähliger Einzelaktivitäten, die bislang in ausführlichen und detaillierten Aufgabenkatalogen dargestellt wurden, tritt nun eine *überschaubare Zahl von Leistungspaketen* (Produkte). Auf der Basis von relevanten Produktinformationen können die Entscheidungsträger besser als zuvor Planungs- und Organisationsentscheidungen fällen. Um als ein derartiges Steuerungsinstrumentarium fungieren zu können, muss die Produktbildung mit den folgenden Maßnahmen einhergehen:

- Wer Produkte definiert und deren Produktion in Auftrag gibt, muss auch wissen und sagen, welche Ziele er mit diesen Produkten verfolgt. Nur auf dieser Grundlage kann (im Nachhinein) beurteilt werden, wie es um die Effektivität (Wirksamkeit) einer Verwaltungsleistung bestellt ist. Die Formulierung *politisch-strategischer Ziele* durch die Verwaltungsführung ist deshalb unerlässlich.

- Bei der Produktbildung sind die Erwartungen der Bürger, Nutzer oder Abnehmer in den Mittelpunkt zu rücken. Auf Seiten der Verwaltung müssen u. a. Informationen darüber vorliegen, was die »Kunden« erwarten und unter welchen Voraussetzungen sie mit den entsprechenden Leistungen zufrieden sind. Produktbildung setzt demnach *Kundenorientierung* voraus (vgl. *KGSt-Politikerhandbuch* 1996 S. 29).
- Überdies impliziert die Produktbildung *eine eindeutige Ergebnis- und Kostenverantwortung*. Es muss klar sein, wer für die Qualität des Produktes und die dadurch verursachten Kosten verantwortlich ist.
- Mit der letzteren Forderung ist auch die Notwendigkeit einer Integration in das Rechnungswesen verknüpft. Anzustreben ist ein Haushaltsplan, der sich nach Produkten, Produktgruppen und Produktbereichen gliedert. Der *produktbezogene Haushaltsplan* sollte durch relevante Produktinformationen angereichert und ergänzt werden. Kosten, Mengen- und Qualitätsangaben gehören genauso dazu wie die jeweiligen Zielgruppen und die produktspezifischen Einnahmen (vgl. *KGSt-Politikerhandbuch* 1996 S. 37).
- Schließlich sollte durch die Produktbildung eine Koppelung zwischen den Outputs (Produkte und Leistungen) und den erforderlichen Ressourcen hergestellt werden (Budgetierung).

Produktbeschreibung

Wenn eine Vertretungskörperschaft in die Lage versetzt werden soll, eine Verwaltung zielgerichtet zu steuern, müssen dieser u. a. folgende Informationen vorliegen (vgl. *KGSt-Politikerhandbuch* 1996 S. 33 ff.):

- Produktdefinition,
- erwartete Wirkungen der Dienstleistungen (Zielsetzungen),
- Zielgruppe,
- Leistungsumfang,
- Leistungsqualität,
- Kosten der Produkterstellung,
- Daten zur Quantität, Qualität und Zielerreichung.

B

Das Innenministerium Baden-Württemberg hat im Jahre 2001 den Kommunalen Produktplan Baden-Württemberg mit entsprechenden Beschreibungen und Kennzahlen herausgegeben. Nachstehend ist das Produktbeispiel *Bereitstellung und Betrieb von Schulen besonderer Art* dargestellt:

»Produkt:

40.1.1.04 Bereitstellung und Betrieb von Schulen besonderer Art

Kurzbeschreibung:

Die Schule bietet alle Schulabschlüsse des dreigliedrigen Schulsystems. Der entscheidende Unterschied zu anderen Schulen ist, dass die Entscheidung über den Schulabschluss möglichst lange offengehalten wird. Sie fällt erst am Ende des

8. Schuljahres. Die Schule ist eine Ganztagsschule.
Leistungen: Sicherstellung des Schul- und Unterrichtsbetriebs durch Schaffung der sächlichen und personellen Voraussetzungen in Erfüllung der Aufgabe des örtlichen Schulträgers durch: Entwicklungsplanung sowie Bereitstellung, Unterhaltung und Bewirtschaftung der Grundstücke und der baulichen Anlagen; Bereitstellung von Einrichtungen, Lehr- und Lernmitteln. Bereitstellung und Fortbildung des nichtlehrenden Personals (incl. Schulpsychologen, Schulsozialarbeit); Abwicklung von Versicherungsangelegenheiten; Bereitstellung der Verpflegung gegen Entgelt einschl. des dazu notwendigen weiteren Personal- und Sachaufwands (Ausschreibung, Vergabe, Organisation, der Essensausgabe, Reinigung); Öffentlichkeitsarbeit/Beratung/ Auskünfte; Durchführung von Veranstaltungen, Ganztagsschule: Leistungen mit erweitertem pädagogischen Betreuungsangebot und Freizeitgestaltung.
Ziele:
Sicherstellung und Weiterentwicklung eines bedarfsgerechten Angebots
Kennzahlen:
- k01: Prozentanteil der auswärtigen Schüler/-innen
- k02: Durchschnittliche Klassenstärke
- k03: Ausgaben Gruppierung 935 je Schüler/-in
- k04 Unterrichtsspezifische Sachkosten je Schüler/-in
- k05: Direkte Personalkosten je Schüler/-in
- k06: Ausgaben für Bauunterhaltung – Richtwert für die Mittelbemessung = 2 % der Gebäudewiederbeschaffungswerte (Versicherungswerte)
- k07: Direkte Energiekosten je qm
- k08: Kosten für Abfallbeseitigung je Schüler/in
- k09: Produktkosten« (*Innenministerium Baden-Württemberg* 2001 S. 139 f.)

Derartige Beschreibungen können von den Kommunalverwaltungen aufgegriffen werden und je nach Bedarf modifiziert werden.
Das Produkt gehört zur Produktgruppe 40.1.1 *Bereitstellung und Betrieb von allgemeinbildenden Schulen,* die wiederum in den Produktbereich 40.1 *Bereitstellung und Betrieb von Schulen und schulischen Einrichtungen* eingeordnet ist.

Produktbürokratie

Die Produktorientierung ist nicht problemlos. »Es bestand in Anlehnung an das Konzept der *KGSt* die Vorstellung und Erwartung, die Leistungen von Verwaltungen vollständig und flächendeckend über Produkte erfassen zu können. Hierbei lag und liegt die Gefahr nahe, dass an die Stelle der Detailstruktur von Titeln im klassischen input-orientierten Haushalt mit seinen hinreichend bekannten Inflexibilitäten und Ineffizienzen der ›Titelbürokratie‹ nunmehr ein Äquivalent auf der Outputseite in Form von verbindlichen flächendeckenden Produktkatalogen und damit eine Art von ›Produktbürokratie‹ entsteht« (*Budäus, D.* 2002 S. 27). *Budäus* plädiert dafür, Leistungen der Verwaltungen nur dann in Produkten und Produktgruppen zu erfassen, wenn sie durch folgende budgetrelevanten Merkmale charakterisiert werden können: Zielbezug, Quantität, Qualität und Ressourcenverbrauch/Kosten. Leistungen, bei denen nicht alle genannten Merkmale messbar erfasst werden können, eignen sich nicht für eine Einordnung in das Produktsystem einer Kommunalverwaltung (vgl. *Budäus, D.* 2002 S. 27 f.).

3.4.5.3 Kontraktmanagement

Verantwortung auf niedrigerer Ebene

Als zentrales Strukturprinzip hat das Kontraktmanagement in der Stadtverwaltung *Tilburg* folgendermaßen funktioniert: »Im Rahmen des Kontraktmanagements trifft das Kollegium (als Organ der politischen Führungsebene) mit den Diensten (Managementebene) jeweils für ein Jahr verbindliche Absprachen über die zu leistenden Aufgaben und über die dafür bereitgestellten Finanzmittel. Das Kollegium formuliert auf der Grundlage der vom Rat verabschiedeten strategischen und finanzwirtschaftlichen Planwerke Leistungsanforderungen; die Fachbereiche beziffern die dafür erforderlichen Kosten. Auf diesen Grundlagen wird für den Fachbereich ein festes Budget entwickelt, aus dem die vorgegebenen Ziele, Aufgaben und Leistungsanforderungen bestritten werden müssen« (*Kleinfeld, R.* 1996 S. 199). Zudem ist es im Rahmen des Kontraktmanagements vorgesehen, dass die nachgeordnete Organisationseinheit der höheren Einheit im Gegenzug regelmäßig über Zielerreichung und Budgeteinhaltung berichtet (vgl. *Schedler, K./ Proeller, I.* 2006 S. 155 ff.).

Der Kontrakt fungiert als Leitlinie für die Erstellung der Leistung bzw. des Produkts. Die Leistungsvereinbarung enthält Angaben über Qualität, Quantität und die zeitliche Verfügbarkeit der Verwaltungsleistung. *Schedler/Proeller* definieren den Begriff der Leistungsvereinbarung folgendermaßen:

D

»Als *Leistungsvereinbarung* werden sämtliche Aufträge, Kontrakte und Vereinbarungen bezeichnet, die Aufgaben, Kompetenzen und Verantwortung zwischen Politik, Verwaltungsführung, Verwaltungseinheiten und Dritten regeln. Die Leistungsvereinbarungen konkretisieren die übergeordneten und operativen Ziele, die zu erbringenden Leistungen und die dafür zur Verfügung gestellten Mittel. Verwaltungsintern kommt den Leistungsvereinbarungen die Funktion von Managementvereinbarungen zu, im Verhältnis zu Dritten sind es Verträge« (*Schedler, K./Proeller, I.* 2006 S. 156).

Kontraktarten

Das Kontraktmanagement soll auch die Steuerung der Kommunalverwaltungen in Deutschland prägen. Auf der Grundlage von Produkten bzw. Outcomes sind in einem abgestuften Verfahren über alle hierarchischen Ebenen einer Kommunalverwaltung (Gemeinderat und Ausschüsse, Verwaltungsführung, Fachbereiche bzw. Fachämter und Fachdienste) spezifische Leistungs- und Budgetvorgaben möglichst einvernehmlich zu vereinbaren. Insofern können folgende Kontraktarten unterschieden werden (vgl. *Wintzen, R.* 1998 S. 31 ff.):

- Vereinbarungen zwischen Gemeinderat und Verwaltungsführung (Jahreskontrakt, Rahmenkontrakt),
- Vereinbarungen der Ausschüsse und der Verwaltungsführung mit den jeweiligen Fachbereichen (Fachkontrakt, Managementkontrakt),
- direkte Vereinbarungen zwischen Führungskräften und Mitarbeitern (Beratungs- und Förderungsgespräch).

Steuerungs- und Rückkoppelungsschleifen

Vor allem in größeren Kommunalverwaltungen führt das Kontraktmanagement zu einem komplexen Steuerungssystem. Es bildet den Ausgangspunkt für die Einrichtung mehrerer flächendeckender Steuerungs- und Rückkoppelungsschleifen, die sich über die verschiedenen Organisationsebenen erstrecken (vgl. *Reichard, C.* 1994 S. 55 f.):

- *Steuerung:* Zuerst formuliert der Gemeinderat in Verbindung mit den Ausschüssen einen politischen Gesamtauftrag an die Verwaltungsführung, die dann mit den einzelnen Fachbereichen Absprachen über deren Beiträge zur Zielerreichung und Aufgabenerfüllung vornimmt. Schließlich steuern die Fachbereichsleitungen ihre jeweiligen Ausführungsstellen, indem sie in Bezug auf spezifische Produkte verbindliche Zielvorgaben und Programme vorgeben.
- *Rückkoppelung:* Dezentrale Steuerungs-Hilfsstellen sorgen dafür, dass die Ausführungsstellen Berichte über Kosten und Leistungen der Fachbereichsleitung zuleiten. Die Fachbereichsleitungen wiederum berichten einem zentralen Steuerungsdienst, der Berichte und Auswertungen sowie Strategievorschläge und Koordinationsempfehlungen an die Verwaltungsführung weiterleitet, die wiederum den Gemeinderat als politische Vertretungskörperschaft umfassend – aber in verdichteter Form – informiert.

Die Abbildung 3.26 verdeutlicht diese Zusammenhänge.

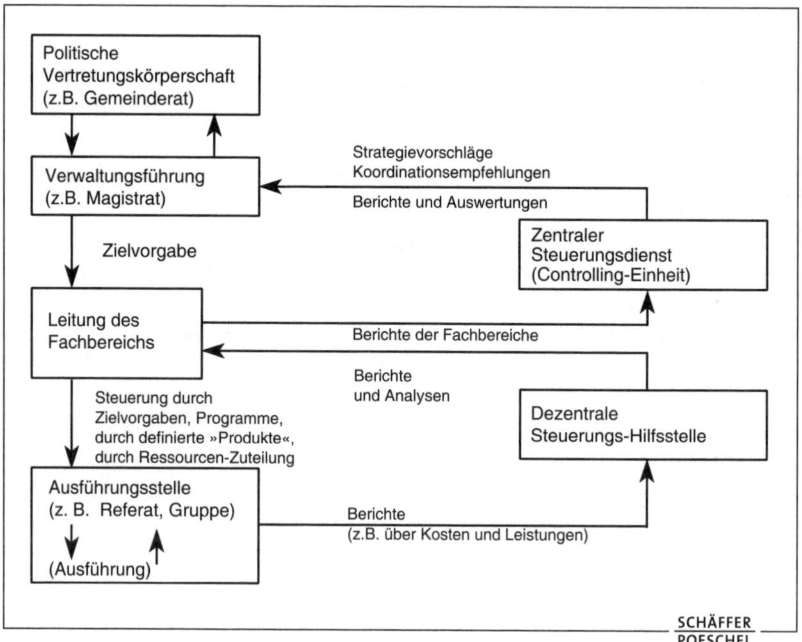

Abb. 3.26: Vernetzte Steuerkreise
(*Reichard, C.* 1994 S. 56)

Die wichtigste Konsequenz des Kontraktmanagements ist die deutliche Verantwortungsabgrenzung zwischen Politik und Verwaltung. Danach bestimmt die Politik verbindlich über das *WAS*, die Verwaltung entscheidet anschließend verbindlich über das *WIE* der Aufgabenbewältigung. Die konkrete Verantwortungsabgrenzung zwischen Politik und Verwaltung kann, wie in Abbildung 3.27 dargestellt, aussehen.

Aufgabenverteilung

Rat

- Kommunalpolitische Grundsätze aufstellen
- Strategische Entscheidungen treffen
- Ziele setzen
- Leistungsaufträge erteilen
- Menge, Qualität und Zeitbedarf definieren
- Gesamtbudget aufstellen
- Führungsstruktur definieren
- Erfüllung der Leistungsaufträge kontrollieren
- Konsequenzen bei Abweichungen ziehen

Verwaltung

- Aufträge des Rates erfüllen
- Entscheiden, wie die Ziele erreicht werden sollen
- Dem Rat Vorschläge zur Zieldefinition unterbreiten
- Dem Rat über Zielerreichungsgrad und Abweichungen davon berichten

SCHÄFFER POESCHEL

Abb. 3.27: Verantwortungsabgrenzung zwischen Politik und Verwaltung (*Kupka, H.* 1997 S. 169)

Rolle der Kommunalpolitiker

Bei der konkreten Umsetzung geht es um die Frage: Kann sich die Vertretungskörperschaft mit der Kompetenzabgrenzung (Leitlinien- und Durchführungskompetenz) abfinden? In der kommunalpolitischen Diskussion um die Einführung des Neuen Steuerungsmodells gibt es Stimmen, die in Zweifel ziehen, dass sich die Gemeinderatsmitglieder mit ihrer *neuen Rolle* abfinden können. Es ist für Kommunalpolitiker mitunter zu verlockend, sich mit Ausführungsfragen zu befassen, zumal dann, wenn dadurch öffentlichkeitswirksam Wählerstimmen gewonnen werden können.

Vorteile der Verantwortungsabgrenzung

Eine Umsetzung der – auf Basis des Kontraktmanagements – angeratenen Verantwortungsabgrenzung zwischen Rat und Verwaltung kann nur dann realistisch sein, wenn den Kommunalpolitikern vermittelt werden kann, dass eine *Konzentration auf zentrale Steuerungsfragen* sich im Wesentlichen vorteilhaft auswirkt. Dies wiederum setzt voraus, dass die Vorteile und Nachteile klar herausgearbeitet werden. Folgende Vorteile lassen sich hervorheben (vgl. *Kupka, H.* 1997 S. 161 f., *KGSt-Politikerhandbuch* 1996 S. 39 f., *Schedler, K./Proeller, I.* 2006 S. 156 f.):

- Die Zahl der Sitzungen wird reduziert, die Tagesordnungen werden gehaltvoller.
- Die inhaltliche Steuerungsfähigkeit des Gemeinderates wird verbessert.
- Die Politiker haben mehr Zeit für zielweisende Fragestellungen.

- Im Gemeinderat sind intensivere Ziel- und Strategiediskussionen möglich.
- Der Rat kann die Verwaltung besser durchschauen.
- Leistung, Service und Preisbildung sind durch den Rat überprüfbar.
- Der Rat kann in stärkerem Maße bürgerorientierte Entscheidungen fällen.

Gefahren der Verantwortungsabgrenzung

Auf der anderen Seite sind aber auch *mögliche Gefahren* zu beachten. So wird befürchtet, dass sich die Verwaltung gegenüber der Politik verselbstständigt, was auf Seiten des Gemeinderates nicht selten als Machtverlust interpretiert wird. *Bolay* hält diese Interpretation jedoch für ein Missverständnis: »Unabhängig von der unterschiedlichen verfassungsrechtlichen Lage in Bund und den Ländern einerseits und Kreisen oder Gemeinden andererseits entspricht die Betonung des strategischen Managements der ›Wesentlichkeitstheorie‹, nach der alle wichtigen Fragen von den demokratisch gewählten Volksvertretern entschieden werden müssen. Die Konzentration auf wichtige Fragen kann eigentlich nur zur Stärkung des Demokratieprinzips beitragen« (*Bolay, F. W.* 2001 S. 183).

Kritische Erfolgsfaktoren

Die *kritischen Erfolgsfaktoren* für eine Umsetzung des Kontraktmanagements auf der Ebene zwischen Gemeinderat und Verwaltungsführung sind (vgl. *Dumont du Voitel, R./Meinhold-Henschel, S.* 1997 S. 21):

- *Motivation und Handlungsspielräume:* Eine erfolgreiche Umsetzung ist nur wahrscheinlich, wenn beide Seiten – Politik und Verwaltung – an einem Strang ziehen. »Der Rat muss (...) Verantwortung delegieren; Führungskräfte und Mitarbeiter/innen müssen bereit sein, diese Verantwortung zu übernehmen« (*Dumont du Voitel, R./Meinhold-Henschel, S.* 1997 S. 21). Darüber hinaus ist es notwendig, Handlungsspielräume der Verwaltungsmitarbeiter auch tatsächlich zu schaffen und erforderliche Qualifizierungsmaßnahmen zu realisieren
- *Eindeutigkeit der Kontraktinhalte:* Eine langfristig erfolgreiche Arbeit mit dem Instrument Kontraktmanagement setzt voraus, dass die Inhalte der Vereinbarungen eindeutig formuliert sind.
- *Vertrauen durch Information:* Das bislang vielfach durch Misstrauen geprägte Verhältnis zwischen Politik und Verwaltung muss aufgebrochen werden. Dazu gehört auch, dass die Verwaltung adäquate Gegenleistungen erbringt und den Gemeinderat angemessen über die Entwicklungen in den Fachbereichen informiert. »Die Verwaltung muss sowohl in Planungs- als auch in Ausführungsphasen die Politik über Abweichungen von Leistungs-, Finanz- und Zeitzielen informieren« (*Dumont du Voitel, R./Meinhold-Henschel, S.* 1997 S. 21). Dies kann beispielsweise durch ein empfängerorientiertes Berichtswesen erreicht werden.

Um die Berichte zu verstehen und strategische Entscheidungen daraus ableiten zu können, ist innerhalb des Gemeinderates betriebswirtschaftliches Basiswissen notwendig (vgl. *Kupka, H.* 1997 S. 163 f.).

- *Notwendigkeit langfristiger Planung:* Es ist erforderlich, dass langfristige und strategische Planungen erfolgen. Im Kontrakt vereinbarte Planungen und Zielsetzungen sollten im Planungszeitraum Bestand haben.
- Schließlich ist es unerlässlich, dass der Gemeinderat den Veränderungsprozess von Beginn an mitträgt. Dies setzt wiederum voraus, dass die Mitglieder des Gemeinderates davon überzeugt sein müssen, dass die politische Arbeit durch die Verwaltungsreform überwiegend profitiert.

3.4.6 Organisation

Organisation als Erfolgsfaktor

Bei etlichen Reformanstrengungen, die in den letzten Jahren auf kommunaler und staatlicher Ebene zu beobachten waren, ist deutlich geworden, dass die Einführung neuer Steuerungsinstrumente nicht ohne organisatorische Veränderungen zu realisieren ist. Die strategischen Überlegungen im Rahmen der Verwaltungsmodernisierung beziehen sich damit sowohl auf das Finanz-, als auch auf das Organisations- und Personalmanagement. Insofern wirken sich strategische Ziele unmittelbar auf die Organisation aus und implizieren somit organisatorische Veränderungen. Damit wird der These von *Chandler* entsprochen, nach der die Strukturen einer Organisation den herrschenden Strategien zu folgen haben (»structure follows strategy«). In einer Umfrage, mit der die Autoren *Thom/Ritz* Reformprojekte im öffentlichen Sektor der Schweiz untersucht haben, kamen sie zu der Erkenntnis, dass in den Projekten drei organisatorische Aspekte eine herausragende Bedeutung erlangt haben (vgl. *Thom, N./Ritz, A.* 2000 S. 184):

- der Abbau von Hierarchiestufen,
- die Übertragung vom Entscheidungskompetenz auf dezentrale Einheiten,
- die Prozessorientierung bzw. die Neugestaltung von Prozessen.

Nachstehend werden die ersten beiden Aspekte und deren Konsequenzen näher dargestellt. Die besonderen Konsequenzen der Prozessorientierung finden ihre Berücksichtigung im Kapitel *Organisationsmanagement*.

3.4.6.1 Dezentrale Ressourcenverantwortung

Notwendige Handlungsspielräume

Die outcome- bzw. outputorientierte Steuerung erfordert einerseits – wie gezeigt – Produktbildung und Kontraktmanagement. Die genannten Bausteine lassen sich aus den Vorgaben eines Management by Objectves herleiten. Das damit verbundene zielorientierte Management setzt aber voraus, dass diejenige organisatorische Einheit, die für die Zielerreichung verantwortlich ist, Handlungsspielräume hat, die es ihr ermöglichen, über den Mitteleinsatz zur Zielerreichung selbst und eigenverantwortlich zu entscheiden. In etlichen Verwaltungen hat man versucht, diesem Anspruch allein durch Budgetierung der Finanzmittel gerecht zu werden. Während dezentrale Budgetierung sich nur auf die finanzwirtschaftliche Steuerung auswirkt, hat die Verankerung einer dezentralen Ressourcenverantwortung auch organisatorische Konsequenzen. Die dezentrale Budgetierung bezieht sich zunächst nur auf die materielle Verfügungsgewalt der Ressourcen, nicht auf die Ressourcen selbst.

D

Dezentrale Ressourcenverantwortung heißt, dass die Facheinheiten einer Kommunalverwaltung (Ordnungsamt, Schulverwaltungsamt, Kulturamt, Sozialamt ...) über die Fachverantwortung hinaus zusätzliche Entscheidungskompetenzen in Bezug auf die Ressourcenverantwortung erhalten.

Diese Ressourcenverantwortung soll sich möglichst auf alle Bereiche erstrecken, die in konventionellen Kommunalverwaltungen noch zentral verwaltet werden, u. a. Personal, Organisationsaufgaben, EDV-Organisation und Beschaffung von Sachmitteln. Wie sich diese neue Dezentralisierung auf das Zusammenspiel zwischen Fachbereichen und Querschnittseinheiten auswirkt, wird nachstehend an drei Beispielen gezeigt:

- Aufbauorganisation und Arbeitsabläufe,
- EDV-Organisation,
- Qualität der Mitarbeiter.

Organisationsfragen

Aufbauorganisation und Arbeitsabläufe: Im konventionellen System der Kommunalverwaltung ist die zentrale Organisationsabteilung oder das Hauptamt für die Regelung von Organisationsfragen zuständig. Nicht selten kommt es dabei zu Situationen, in denen den Fachämtern organisatorische Lösungen oktroyiert werden. Das heißt, ein Fachbereich muss mit der Organisation zurechtkommen, die die zentrale Organisationsabteilung für ihn vorgesehen hat. Konfliktträchtige Angelegenheiten sind in diesem Zusammenhang Personalbedarfsbemessungen. Ergebnisse von Personalbedarfsberechnungen, die von zentralen Organisatoren durchgeführt werden, stoßen auf Seiten der Fachämter zumeist auf Widerstand. Während die zentralen Organisationsabteilungen möglichst niedrige Personalbedarfe anstreben, ist es das Interesse der Fachämter, einen hohen Personalbedarf zu reklamieren. In der Konsequenz sind deshalb Konflikte zwischen Fachämtern und Querschnittsämtern die stetige Regel. Bei einer Umsetzung der dezentralen Ressourcenverantwortung werden nun Kompetenzen für Organisationsfragen an die Fachbereiche delegiert. Das heißt, es gilt der Grundsatz, dass die Fachbereiche für die eigene Organisation und die Gestaltung der Arbeitsabläufe selbst verantwortlich sind. Sie können also kraft eigener Analyse ihre jeweils für geeignet gehaltene Aufbau- und Ablauforganisation realisieren. So hat die Stadtverwaltung *Köln* bereits 1996 die im nachfolgenden Beispiel dargestellte dezentrale Konstellation realisiert (vgl. *Stadt Köln* 1996 S. 32 f.).

Im Rahmen der dezentralen Ressourcenverantwortung wurde die *Organisationshoheit auf die Fachdezernate* verlagert. Dazu ordnete man den Dezernaten jeweils eine Voll-Stelle für einen Organisator zu. Den dezentralen Organisatoren wurden folgende Organisationsaufgaben zugewiesen: Gestaltung der Aufbau- und Ablauforganisation, Dienstverteilung, Personalbedarfsbemessungen und Aufstellung des Dezernats-Stellenplans. Die zentrale Organisationsabteilung blieb zwar bestehen, die Aufgaben wie auch die Personalausstattung wurden aber deutlich verringert. Im Rahmen einer dezentralen Ressourcenverantwortung obliegen ihr noch die folgenden (zentralen) Aufgaben: Innovative Weiterentwicklung von Organisations- und Managementinstrumenten (»Vordenker«), Marktbeobachtung und die Klärung verwaltungsweiter Probleme im Personal- und Organisationsmanagement. Damit die Organisationsleistungen der dezentralen Organisatoren nicht zu sehr auseinanderlaufen, ist eine Fachaufsicht vorgesehen, die durch eine *Dezernats-Organisatoren-Konferenz* und entsprechende Richtlinien gewährleistet werden soll.

EDV-Bereich

EDV-Organisation: Im EDV-Bereich ist die Dezentralisierung der Ressourcenverantwortung besonders problematisch. Hier besteht die Gefahr, dass sich dezentrale Insellösungen zu einer prekären Gesamtkonstellation auswachsen. Dennoch hat sich die Stadtverwaltung *Köln* im Jahre 1996 entschlossen, auch hier eine Dezentralisierung der Ressourcenverantwortung zu realisieren (vgl. *Stadt Köln* 1996 S. 34 ff.):

Im Rahmen einer Neuorganisation wird für den Bereich der EDV-Organisation festgelegt, dass Entscheidungen über den Einsatz von fachbereichsspezifischen Hardware- und Software-Lösungen grundsätzlich durch die jeweiligen Anwender gefällt werden. Es werden aber gleichzeitig Rahmenbedingungen festgelegt, die von den dezentralen Stellen unbedingt einzuhalten sind. So lautet eine zentrale Vorgabe, dass verwaltungsweit Kompatibilität und Einheitlichkeit gewährleistet bleibt. Für EDV-Lösungen in den Aufgabenbereichen Controlling und Personalmanagement sind Standardlösungen zwingend vorgeschrieben. Ein neu geschaffenes Gremium, in dem sämtliche Anwender vertreten sind, bekommt den Auftrag, Entscheidungen zu fachbereichsübergreifenden oder strategisch bedeutsamen DV-Verfahren zu fällen. Folgende Aufgaben verbleiben weiterhin in der zentralen Organisationsabteilung:

- der Betrieb und die Weiterentwicklung des verwaltungsweiten Kommunikationsnetzes,
- das Rechenzentrum und
- die DV-Schulung.

Personalwesen

Qualität der Mitarbeiter: Soll die Entscheidungskompetenz zur Auswahl von geeigneten Mitarbeitern in den Fachbereich verlagert werden, müssen Strukturen und Abläufe im Personalwesen reorganisiert werden. Im herkömmlichen System der Personalwirtschaft werden Personalentscheidungen zumeist zentral getroffen. Obwohl die Amtsleiter ein Mitspracherecht geltend machen können, ist es oft vorgekommen, dass sie mit Mitarbeitern zusammenarbeiten mussten, für die sie sich selbst nicht entschieden hätten. Dezentrale Ressourcenverantwortung im Personalbereich bedeutet, dass die Auswahlentscheidung gänzlich in den Kompetenzbereich des Fachbereichs verlagert wird. Aber auch im Personalbereich gibt es noch Aufgaben, deren weitere zentrale Wahrnehmung aus betriebswirtschaftlicher Sicht durchaus vernünftig ist. So sollten beispielsweise die Aufgabenbereiche *Lohn- und Gehaltsabrechnung* und *Durchführung von Stellenausschreibungen* von der zentralen Personalabteilung wahrgenommen werden.

Sinnvolle Kombination von Zentralisierung und Dezentralisierung

Die dargestellten Beispiele machen deutlich, dass dezentrale Ressourcenverantwortung keineswegs bedeutet, dass sämtliche Querschnittsaufgaben in die Fachbereiche verlagert werden. Vielmehr geht es um die Realisierung einer vernünftigen Kombination aus dezentraler und zentraler Aufgabenbewältigung. »Die dezentrale Ressourcenverantwortung soll und kann nicht nur zur vollständigen Auflösung der Querschnittsfunktionen führen. Vielmehr wird eine ausgewogene Reintegration der Organisations- und Haushaltsfragen in die Fachbereiche angestrebt. Koordinierungs- und Dienstleistungsaufgaben, welche aus Sicht der Gesamtlenkung des Gemeinwesens besser zentral erbracht werden, bleiben weiterhin zentralisiert« (*Schedler, K./Proeller, I.* 2006 S. 117). Bei dezentraler Ressourcenverwaltung ist es bedeutsam, dass die *Entscheidungskompetenzen* für den jeweiligen Ressourceneinsatz in den Dispositionsspielraum des verantwortlichen Fachbereichsleiters verlagert werden. Darüber hinaus kann es aus ökonomischen Gründen durchaus sinnvoll sein, die Erfüllung bestimmter Querschnittsaufgaben weiterhin zentral zu gewährleisten (vgl. KGSt-Bericht 5/2006, S. 25). Das gilt insbesondere für kleinere Kommunen und Fachbereiche, weil dort eine vollständige Übertragung auf die Fachbereiche gar nicht möglich ist. Wichtig ist aber auch dort, dass die Entscheidungsverantwortung im Bereich der Fachbereiche liegt. *Reichard* betont, dass im Neuen Steuerungsmodell keineswegs einer »naiven« Dezentralisierung das Wort geredet werden soll. Es geht vielmehr darum, eine funktionierende Balance zwischen zentraler und dezentraler Steuerung sicherzustellen (vgl. *Reichard, C.* 1994 S. 55).

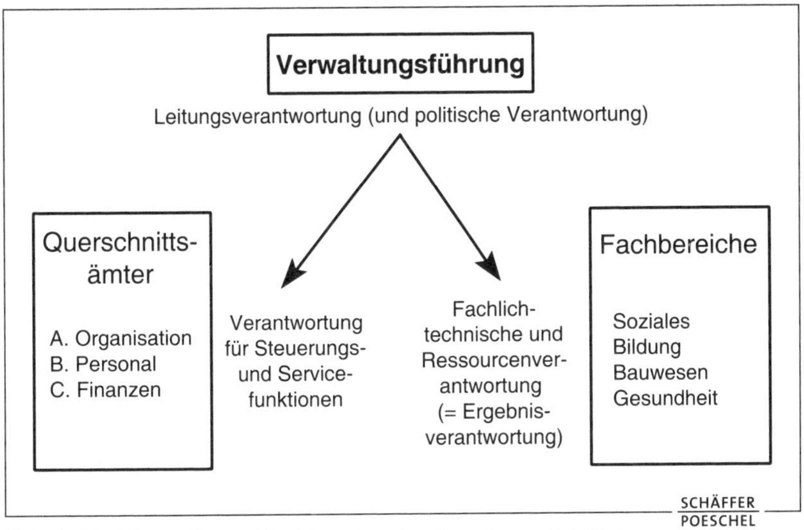

Abb. 3.28: Die sachgerechte Verantwortungsverteilung in der Kommunalverwaltung (vgl. *Reichard, C.* 1994 S. 53)

3.4.6.2 Flache Hierarchien: Fachbereichsmodell

Zusammenfassung von Ämtern

In der konventionellen Kommunalverwaltung ist das Fachamt die tragende Organisationseinheit. Die Städte und Gemeinden haben sich in diesem Zusammenhang überwiegend an die Ämterstruktur des *KGSt*-Verwaltungsgliederungsplans angelehnt. Die inzwischen überholte Struktur hat sich vor allem an funktionalen Gesichtspunkten orientiert. Im Resultat ergibt sich eine Struktur mit hoher Differenzierung und Spezialisierung. In größeren Verwaltungen sind danach bis zu 45 Ämter organisiert, die mitunter bis zu acht Dezernaten zugeordnet sind. Hier wird in besonderem Maße deutlich, dass sich die Verwaltungen in der Vergangenheit vornehmlich von innen heraus organisiert haben. Das Prinzip der outputorientierten Steuerung hat somit unmittelbar organisatorische Konsequenzen. Outputorientierung heißt, dass die Verwaltung die Perspektive der Abnehmer öffentlicher Dienstleistungen einnimmt und sich damit quasi von außen betrachtet. Deshalb wird gegenwärtig anstatt von Aufgaben von Produkten gesprochen. Dies ist ein entscheidender Perspektivenwechsel, der sich unweigerlich auf den Grad der Differenzierung und Spezialisierung auswirkt. Bereits 1996 hatte die *KGSt* im *Politikerhandbuch* (1996 S. 43) die Organisationseinheit Amt zur Disposition gestellt. Es wird vorgeschlagen, anstelle der Fachämter größere Organisationseinheiten – *Fachbereiche* – zu konstituieren. »Im Rahmen der Verwaltungsreform bündeln Fachbereiche in der Regel mehrere Bereiche, die bisher selbstständigen Ämtern zugeordnet waren« (*KGSt-Politikerhandbuch* 1996 S. 90). Die neue Organisationsstruktur einer Kommunalverwaltung kann sich an den inzwischen vorliegenden Produktplänen orientieren und solche Ämter zusammenfassen, deren Produkte zueinander passen. Die bisherige Struktur, die bis zu fünf Leitungsebenen umfasste, wird dadurch weitgehend abgelöst. Dabei sind mindestens zwei Prinzipien zu beachten:

- Die Zusammenfassung der Produkte zu Fachbereichen erfolgt aus der Abnehmersicht (z. B. Lebenslagenkonzept).
- Im Rahmen der Aufbaustruktur soll gewährleistet sein, dass ein Produkt abschließend in einem Fachbereich erstellt wird.

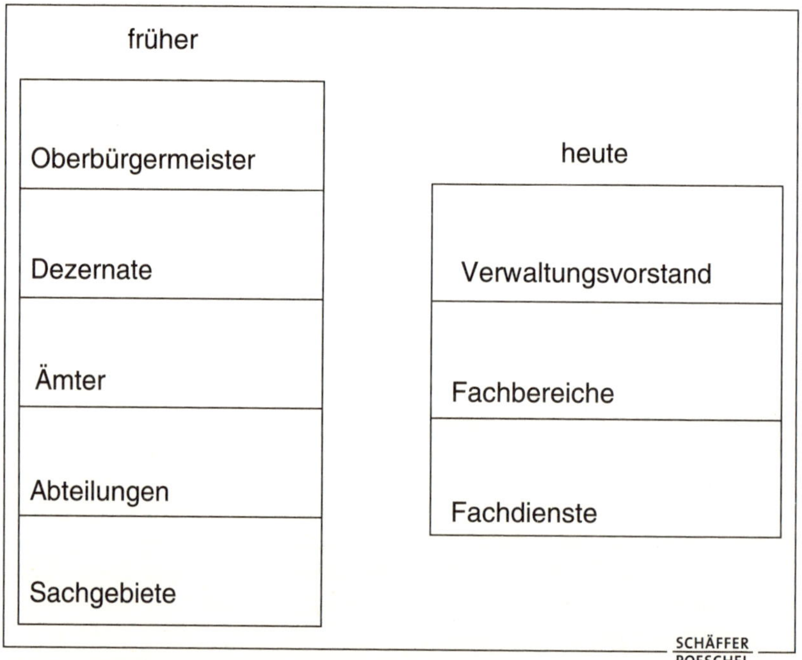

Abb. 3.29: Aufbaustruktur der Kommunalverwaltung – früher und heute

Ressourcenverantwortung

Die Umstellung von Ämtern auf Fachbereiche ist nicht nur eine Frage der Größe. Vielmehr hat diese Veränderung Konsequenzen für die Managementkompetenzen. Im Unterschied zu den Ämtern wird den Fachbereichen im Sinne der dezentralen Ressourcenverantwortung eine ganzheitliche Managementverantwortung zugeordnet. Der Fachbereich übernimmt in Anlehnung an die Idee des Profit-Centers in der gewerblichen Wirtschaft die Funktion eines Ergebnis-Centers. Der Begriff Ergebnis-Center passt hier besser, weil die Facheinheiten einer Verwaltung in der Regel nicht nach Gewinnen streben werden. In der Funktion als Ergebnis-Center müssen sie die Ressourcenverantwortung übernehmen können. Dies wiederum setzt voraus, dass sie eigenes Personal mit organisatorischen, personalwirtschaftlichen und finanzwirtschaftlichen Spezialkenntnissen einsetzen und auslasten können. Um die Auslastung der Spezialisten zu gewährleisten, bedarf es einer angemessenen Größe in Aufgabenspektrum und Personalstärke. Wo diese Größe nicht zu erreichen ist, werden Fachkräfte benötigt, die organisatorische, finanzwirtschaftliche und personalwirtschaftliche Spezialaufgaben gebündelt wahrnehmen können. *Siepmann/Siepmann* weisen aber darauf hin, dass in solchen Fällen ein bestimmtes Niveau an Fachlichkeit nicht unterschritten werden darf (vgl. *Siepmann, H./Siepmann, U.* 1995 S. 287). Innerhalb der Fachbereiche besteht bei Bedarf die Möglichkeit, weitere Abteilungen zu bilden. In der Regel findet hier der Begriff des Fachdienstes Verwendung.

Die Stadtverwaltung *Bürohausen* hatte sich 1998 im Zuge der Einführung des Neuen Steuerungsmodells dazu entschlossen, auf Grundlage des erstellten Produktplanes eine neue Organisationsstruktur zu gestalten. Anstelle einer Aufbaustruktur, die insgesamt 4 Dezernate und 18 Ämter vorsah, war eine Aufbauorganisation getreten, die nur noch 3 Dezernate und 12 Ämter umfasste. Im Jahre 2006 sah man sich abermals genötigt über die Aufbauorganisation der Stadtverwaltung neu nachzudenken. Im Rahmen eines Change-Projektes, in dem auch ein externes Beratungsunternehmen mitwirkt, wird neben anderen Verbesserungen auch eine neue Organisationsstruktur erarbeitet. In dem daraus resultierenden Vorschlag werden nur noch 5 Fachbereiche vorgesehen, die Ebene der Dezernate ist im neuen Modell nicht mehr vorgesehen (vgl. Abbildung 3.30).

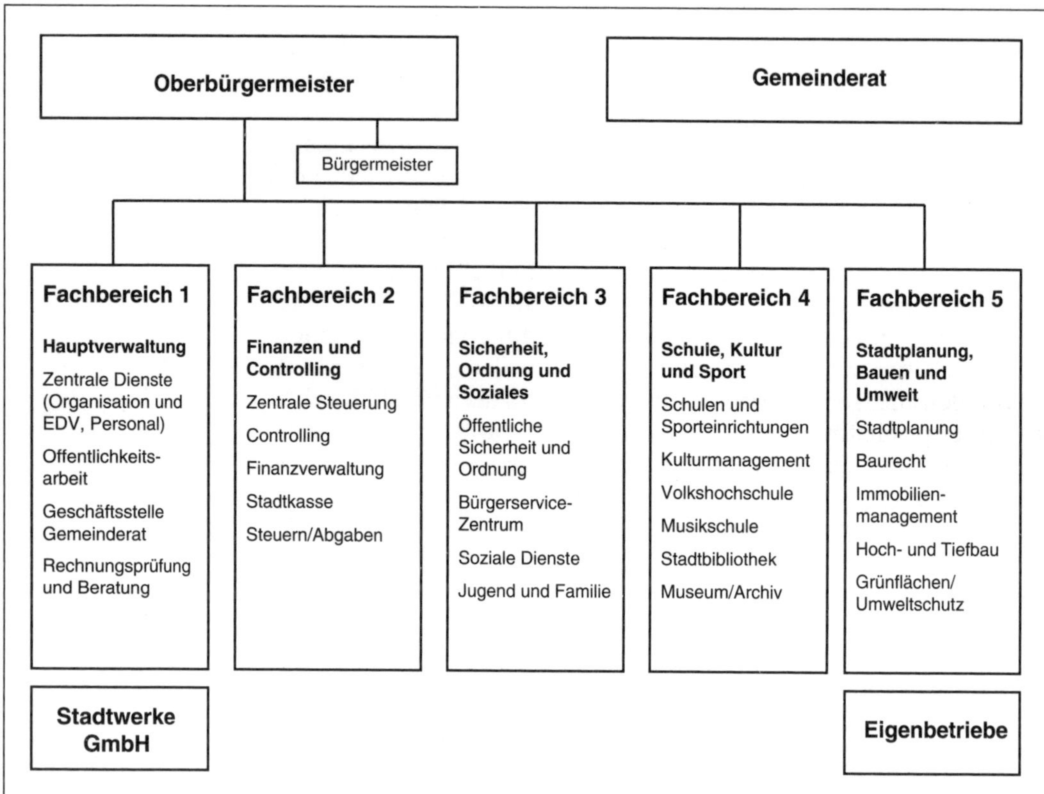

SCHÄFFER POESCHEL

Abb. 3.30: Neue Fachbereichsstruktur der Stadtverwaltung *Bürohausen*

Steuerungsdienst und Servicestellen

Welche Funktionen übernehmen die bisherigen Querschnittsämter in der Organisationsstruktur? Es ist zu berücksichtigen, dass trotz dezentraler Ressourcenverantwortung nicht alle Aufgaben in den Fachbereichen selbst wahrgenommen werden können. »Verantwortung auf einen Fachbereich verlagern, heißt nicht unbedingt, auch die Aufgaben im Fachbereich wahrzunehmen« (*Siepmann, H./Siepmann, U.* 1995 S. 288). *Zentrale Servicestellen* sind demgemäß auch unter den Bedingungen dezentraler Ressourcenverantwortung notwendig. Es ist zudem zu beachten, dass sowohl die Verwaltungsführung als auch die Fachbereiche Unterstützung benötigen, wenn sie ihre neuen Rollen im modernen Verwaltungsmanagement erfüllen wollen. Die *KGSt* schlägt in diesem Zusammenhang vor, neue zentrale Organisationseinheiten einzurichten, die einerseits die Funktion von Servicestellen für die Fachbereiche und andererseits die Funktion eines *zentralen Steuerungsdienstes* für die Verwaltungsführung wahrnehmen (vgl. *KGSt-Bericht* 11/1996 S. 9 ff.).

Angebotsspektrum der Servicestellen

Von den organisatorischen Veränderungen sind vor allem das Hauptamt, das Personalamt und die Kämmerei betroffen. Im Rahmen der dezentralen Ressourcenverantwortung müssen sie sich zu zentralen Servicestellen wandeln. Ihre Dienstleistungen sind aus der Sicht der Fachbereiche dann lediglich Angebote. Es steht diesen dann frei, auf die *Angebote der Serviceeinheiten* einzugehen oder ihre Angelegenheiten mit eigenen Mitteln und Kompetenzen zu bewältigen. Das Dienstleistungsspektrum der zentralen Servicestellen könnte u. a. folgende Aufgaben umfassen (vgl. *Siepmann, H./Siepmann, U.* 1995 S. 288):

- Organisationsberatung,
- Personalverwaltung (Besoldung, Lohn, Vergütung, Abrechnung von Beihilfe, Reisekosten etc.),
- Kassengeschäfte,
- Kosten- und Leistungsrechnung,
- Rechtsberatung,
- zentrale Dienste (Poststelle, Fahrbereitschaft, Fernsprechvermittlung, Druckerei, Beschaffungen, Gebäudereinigung).

Aufgaben des Steuerungsdienstes

Die Idee eines Kontraktmanagements ist nur zu verwirklichen, wenn die dezentrale Ressourcenverantwortung der Fachbereiche in ein funktionsfähiges Controllingsystem eingebunden wird. Das Controlling gewährleistet, dass die Verwaltungsspitze systematisch und kontinuierlich über den Stand der Zielerreichung und Budgeteinhaltung informiert wird. Eine wie auch immer ausgestaltete Organisationseinheit müsste zudem in der Lage sein, der Verwaltungsführung in allen Managementbelangen (Finanzen, Organisation und Personal) Strategien und Maßnahmen vorzuschlagen. Um diese effektive und effiziente *Beratung und Unterstützung der Verwaltungsführung* zu gewährleisten, schlägt die *KGSt* die Schaffung eines zentralen Steuerungsdienstes vor, der vor allem die folgenden Aufgaben zu bewältigen hätte (vgl. *KGSt-Bericht* 11/1996 S. 15 f.):

- Information der Verwaltungsführung und der Fachbereiche in allen steuerungsrelevanten Angelegenheiten,
- Unterstützung der Verwaltungsführung bei der Entwicklung fachbereichsübergreifender Leitbilder, Programme und Ziele,
- Unterstützung der Verwaltungsführung bei der Vereinbarung und Abwicklung der Kontrakte einschließlich des fachübergreifenden Controllings,
- Entlastung der Fachbereiche in allen weiteren Managementfunktionen,
- Beratung der Fachbereiche in allen steuerungsrelevanten Angelegenheiten.

3.4.7 Personal

Herausforderung für das Personalmanagement

Im Kapitel 5 wird das Personalmanagement noch gesondert und in aller Ausführlichkeit erörtert. Hier geht es zunächst lediglich darum, einige unmittelbare personalwirtschaftliche Konsequenzen der Verwaltungsmodernisierung aufzugreifen – nicht zuletzt auch, um zu zeigen, dass das Personalmanagement ein integraler Bestandteil des neuen strategischen Verwaltungsmanagements sein muss. Die Realisierung einer neuen Verwaltungskonzeption setzt nämlich voraus, dass die Mitarbeiter bereit sind, in und entsprechend den neuen Strukturen zu denken und zu handeln. Darüber hinaus müssen sie die Bereitschaft mitbringen, sich nach und nach die notwendigen *Qualifikationen* anzueignen. Wie wichtig das Personal in diesem Zusammenhang ist, hat *Reichard* bereits 1994 in aller Deutlichkeit ausgedrückt, indem er schreibt: »Ohne qualifizierte und motivierte Mitarbeiterinnen und Mitarbeiter wird das »Neue Steuerungsmodell« weitgehend ein »Papiertiger« bleiben« (*Reichard, C.* 1994 S. 64). Dies wiederum ist eine Herausforderung für das Personalmanagement der Kommunalverwaltungen.

Können und Wollen

Das Zitat von *Reichard* stellt auf zwei wesentliche Determinanten der Leistung ab: das *Können* und das *Wollen*. »Können und Wollen müssen zusammenkommen, damit eine konkrete Leistung entsteht. Sie machen gemeinsam die leistungsnotwendige Qualifikation aus« (*Berthel, J./Becker, F. G.* 2007 S. 38). Determinanten des Wollens sind beispielsweise Motive, Einstellungen, Normen sowie Anstrengungs- und Konsequenzerwartungen. Bestimmungsgrößen des Könnens sind u. a.: Eignung, Arbeitskenntnis sowie Arbeitsbedingungen. Können und Wollen müssen interaktiv zusammenwirken, und zwar multiplikativ und nicht bloß additiv. »Diese Art der Verknüpfung hat zum Ergebnis, dass ein positiver Wert für Leistung nur zustande kommt, wenn kein Faktor Null wird« (*Berthel, J./Becker, F. G.* 2003 S. 57). Diese Erkenntnisse müssen berücksichtigt werden, wenn gravierende Strukturveränderungen angestrebt werden.

Strukturelle Restriktionen für eine Personalstrategie

In der öffentlichen Verwaltung hat man dem Personalmanagement in der Vergangenheit kaum jene Bedeutung beigemessen, die ihm eigentlich zusteht. Viele Versäumnisse lassen sich auf die spezifischen Rahmenbedingungen zurückführen. Sollen die dargestellten organisationsstrukturellen Veränderungen durchgesetzt werden, muss das Personalmanagement offensiver betrieben und die Vorgaben des *öffentlichen Dienstrechts* überdacht werden. Folgende Aspekte erschweren ein modernes Personalmanagement:

- Im öffentlichen Dienst werden in Bezug auf die verschiedenen Laufbahngruppen beachtliche Eingangsqualifikationen gefordert, die aber im weiteren Fortgang der persönlichen Karrieren verflachen, weil im strategisch wichtigen Bereich der *Fort- und Weiterbildung* evidente Mängel vorliegen. 1995 wurde behauptet, dass für die Berufsgruppe der administrativen Führungskräfte ein systematisches Fort- und Weiterbildungsprogramm weitgehend fehlt (vgl. *Damkowski, W./Precht, C.* 1995 S. 220). Bis heute hat sich an dieser Situation nur wenig verbessert.

- Die Karriere von Verwaltungskräften ist immer noch fast ausschließlich auf die vertikale Laufbahn beschränkt. »Die vertikale Laufbahn hat jedoch ein begrenztes Aufnahmevolumen und diejenigen Mitarbeitenden, die keine höhere Position erreichen können, müssen sich mit dem periodisch ansteigenden Gehalt begnügen« (*Thom, N./Ritz, A.* 2006 S. 313). Aussichtsreiche Karrieren im Bereich der Fach- und Projektlaufbahnen sind immer noch eine Ausnahme.
- Eine leistungssteigernde Entwicklung der personellen Ressourcen hängt von den Lernmöglichkeiten der Mitarbeiter und der Lernfähigkeit der Organisation ab. Die überwiegend hierarchisch-bürokratisch geprägten Organisationsformen der öffentlichen Verwaltung behindern jedoch eher *lernfördernde Arbeitsstrukturen*. Das in neuen Verwaltungsstrukturen geforderte ganzheitliche, problembezogene und insgesamt innovative Denken, Lernen und Handeln bleibt dabei meistens auf der Strecke (vgl. *Damkowski, W./Precht, C.* 1995 S. 220 f.).
- Ein weiteres Hindernis für die Umstellung zu einer kundenorientierten und effizienteren Verwaltung bildet das *materielle Anreizsystem*. Erfolgreiche Ergebnisse und überdurchschnittliche Leistungen werden im Entlohnungssystem der öffentlichen Verwaltung noch zu wenig honoriert. »Vielerorts wird die Arbeit nach der klassischen Einreihung in der Lohntabelle mit periodischem Stufenanstieg entlohnt und weder ungenügende noch besonders gute Leistungserfüllung wirken sich auf die Gehaltshöhe aus« (*Thom, N./Ritz, A.* 2006 S. 314).
- Im Rahmen des öffentlichen Dienstrechts lassen sich aufgrund allzu starrer Regelungen moderne Personalentwicklungskonzeptionen kaum umsetzen. Ein Beispiel dafür ist das Stellenobergrenzenrecht, das es häufig verhindert, dass Beamte gemäß ihren Stellenanforderungen auch besoldet werden. Wenn aufgrund der *Stellenobergrenzen* keine Beförderungsstellen zur Verfügung stehen, muss ein nach analytischer Bewertung in A 12 einzuordnender Beamter die höherwertigen Aufgaben weiterhin auf einer mit A 11 dotierten Stelle erfüllen.

Eine strategische Ausrichtung des Personalmanagements bedeutet, dass es sich nachvollziehbar aus den strategischen Zielsetzungen der Verwaltungsorganisation herleitet. Das heißt, es zeichnet sich durch hohe Relevanz und deutliche Proaktivität aus. Bei strategischen Überlegungen kommen stark komplexitätsreduzierende Instrumente zum Einsatz, die eine Übersetzung in operative Maßnahmen ermöglichen (z. B. Balanced Scorecard). Für Verwaltungsorganisationen bedeutet dies konkret, dass lang- und mittelfristig darauf hingewirkt werden muss, dass das Personal den Anforderungen einer modernen Verwaltung entspricht. Die Verwaltung benötigt aufgrund ihrer Entwicklung zu modernen Dienstleistungsbetrieben Personal, das hohe Flexibilität und Mobilität mitbringt. In diesem Zusammenhang spielt die kontinuierliche Beschäftigungsfähigkeit der Bediensteten (»Employability«) eine herausragende Rolle (vgl. *Honegger, J.* 2001 S. 50 ff.). Es muss den Mitarbeitern mehr denn je vermittelt werden, dass sich die Anforderungen der Arbeitsfelder immer rascher wandeln, was eine kontinuierliche Entwicklung der Fähigkeiten notwendig macht (»lebenslanges Lernen«).

Geringe Erfahrung mit Veränderungsprozessen

Von erheblicher strategischer Bedeutung ist zudem, dass die Verwaltung zunehmend Mitarbeiter braucht, die mit dem zur Normalität gewordenen raschen Wandel der Organisation und der technischen Möglichkeiten umzugehen wissen. Gravierende Veränderungsprozesse stellen für die Führungskräfte und die Mitarbeiter eine Herausforderung dar, weil sich die dabei notwendigen Verhaltensweisen grundsätzlich von jenen Verhaltensmustern unterscheiden, die bei üblichen Routinetätigkeiten praktiziert werden. Gefordert sind deshalb vor allem Eigeninitiative, Eigenverantwortung, Kreativität, Know-how und Verantwortungsbewusstsein. Privatwirtschaftliche Unternehmen weisen im Vergleich zu Verwaltungsorganisationen bei Veränderungsprozessen immer noch mehr Erfahrungen auf, weil sie stetig gezwungen sind, sich den Marktveränderungen anzupassen. Bei weitreichenden und tief greifenden Verwaltungsreformen besteht das Problem, dass ein hohes Veränderungsausmaß bei einer geringen Veränderungserfahrung realisiert werden muss. »Das Risiko zu scheitern, ist groß, wenn die Veränderungen zu umfangreich und die Erfahrung der Beteiligten zu gering ist. In dieser Situation besteht die Gefahr, dass sich Widerstände in der Verwaltung bilden, die mittel- bis langfristig zum Scheitern des Veränderungsprozesses führen« (*Brokemper, A.* 1996 S. 5).

3.5 Operatives Management

3.5.1 Produktmanagement

Das konkrete Produktmanagement hat im Rahmen des operativen Managements die Aufgabe dafür zu sorgen, dass die strategischen

Ziele auch tatsächlich umgesetzt werden. »Statt lediglich um normgerechten Vollzug, geht es für das operative Management der Kommunen um die optimale Nutzung der Erfolgspotenziale zum Erreichen der strategischen Ziele innerhalb eines gegebenen Handlungs- und Entwicklungsrahmens« (*Heinz, R.* 2000 S. 153). In diesem Zusammenhang müssen das Sortimentsmanagement, das Preis- und Konditionenmanagement, die Distribution und das Kommunikationsmanagement in die Überlegungen einbezogen werden:

Sortimentsmanagement	**Wichtige Faktoren:** optimaler Produktmix, Bestandteile und Qualitätsmerkmale der verschiedenen Produkte/Leistungen, zusätzliche Servicequalität
Preis- und Konditionenmanagement	**Aktionsparameter:** Verkaufspreise, Rabatte, Skonti, Zahlungsbedingungen etc.
Distributionsmanagement	**Gestaltungsmöglichkeiten:** zentrale oder dezentrale Produktion, Zusammenhang von Produkten/Leistungen, Komm- oder Gehstruktur, Öffnungszeiten, Nutzung der Tele-Kommunikation (z.B. E-Government)
Kommunikationsmanagement	**Aktivitäten:** Werbung, persönliche Information, Publizität, Informations- und Aufklärungskampagnen

SCHÄFFER POESCHEL

Abb. 3.31: Dimensionen im Produktmanagement
(in Anlehnung an *Heinz, R.* 2000 S. 159 ff.)

Sortimentsmanagement

Öffentliche oder private Dienstleistung?

Hier steht die Frage im Vordergrund, auf welche Art und Weise ein Produkt erbracht werden soll, damit es den strategischen Zielsetzungen auch tatsächlich förderlich ist. Dabei ist zunächst zu prüfen, ob die Kommunalverwaltung selbst als Produzent fungieren soll. So gibt es Aufgaben- bzw. Produktbereiche, die andere private oder halböffentliche Organisationen besser bewältigen können als eine Behörde. Für die strategische Zielsetzung eines gepflegten und sauberen Stadt- und Straßenbildes ist es nicht unbedingt notwendig, dass der eigene Bauhof die damit verbundenen Aufgaben erfüllt. Bisweilen sind private Anbieter dieser Leistungen viel besser in der Lage, Grünflächen zu pflegen oder Straßen zu reinigen. Inzwischen hat es sich gezeigt, dass eine sinnvolle Arbeitsteilung zwischen eigenem Bauhof und privaten Firmen den Sinn der strategischen Zielsetzung sehr gut erfüllen kann. *Heinz* betont, dass derartige Konstellationen mit gutem Erfolg auch im Bereich der Jugendhilfe existieren. »Wird diese Frage konsequent verfolgt, wird sich das Leistungsspektrum der Kommunen deutlich verändern: Die vorwiegend unmittelbaren Dienstleistungen werden zunehmend durch Managementleistungen, wie Kontraktmanagement, Förderung und Qualitätssicherung ersetzt« (*Heinz, R.* 2000 S. 160). Damit nimmt die Beziehung zwischen Bürger und Verwaltung komplexere und differenziertere Formen an. Fielen die Funktionen des Leistungsfinanzierers und -erbringers im konventionellen System in Form der Verwaltung noch weitgehend zusammen, kann die Leistungserbringung heute sowohl durch öffentliche als auch private Organisationen erfolgen.

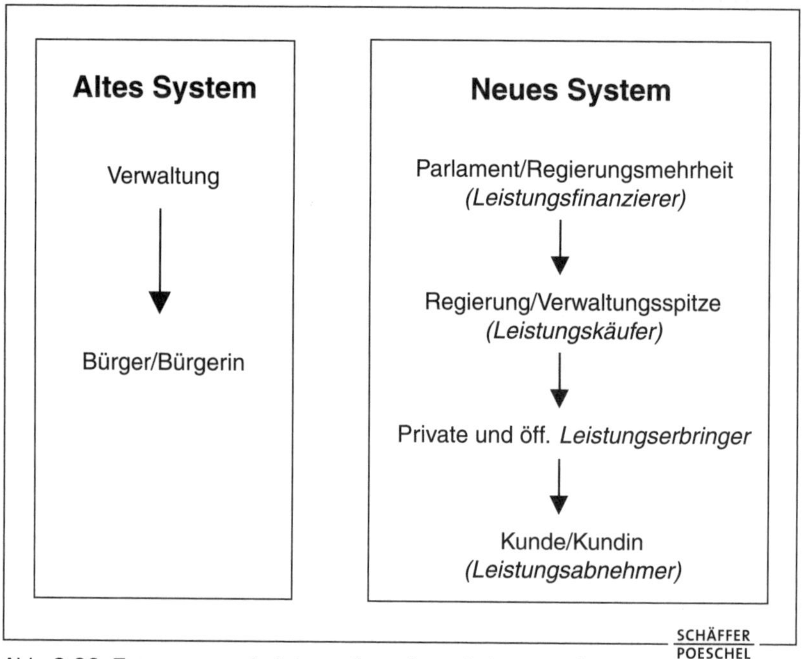

Abb. 3.32: Trennung von Leistungsfinanzierer, Leistungskäufer und Leistungserbringer
(*Schedler, K./Proeller, I.* 2006 S. 97)

Des Weiteren sollte im Rahmen des operativen Produktmanagements geprüft werden, inwieweit die jeweils aktuell realisierten Produkte selbst tatsächlich der strategischen Zielsetzung entsprechen. Können möglicherweise andere Produkte die Ziele besser realisieren? So sind im Bereich der Jugendhilfe bisweilen gänzlich neue Hilfe- bzw. Beratungsformen entstanden, weil mit den bereits realisierten Produkten die eigentlichen Ziele nicht erreicht werden konnten. Die Abbildung 3.33 stellt dar, wie man sich das Umfeld der Produktdefinition vorstellen könnte:

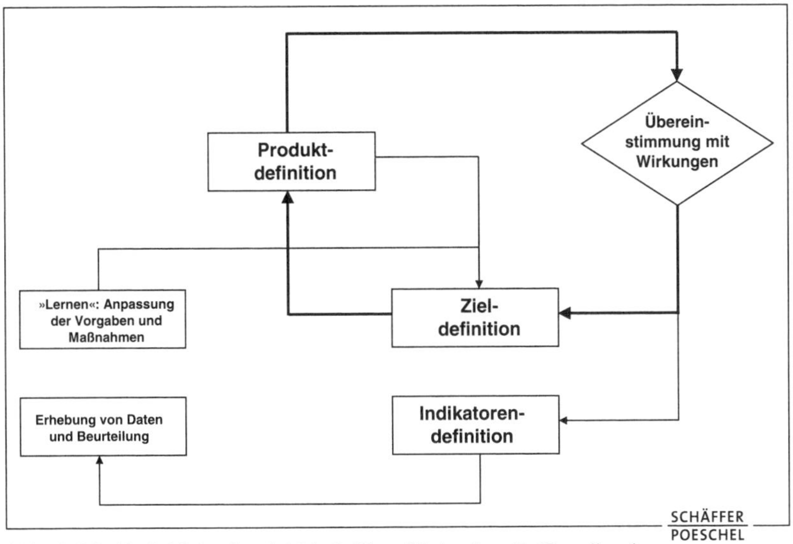

Abb. 3.33: Umfeld der Produktdefinition (*Schedler, K./Proeller, I.* 2006 S. 146)

Kundenorientierung und Servicequalität

Das Operative Management ist darauf aufbauend dafür verantwortlich, dass die Bestandteile und die Qualitätsmerkmale der Produkte positiv gestaltet werden. Hier hat das Qualitätsmanagement und die verstärkte Kundenorientierung inzwischen sehr viel verändert. Die weit verbreitete Existenz von modernen Bürgerservicezentren und die Ansätze im Bereich des E-Governments können dies belegen. Mehr und mehr werden die Kundenwünsche mit in die Gestaltungsüberlegungen einbezogen. »Dies gilt besonders, weil Dienstleistungen häufig nur als Koproduktionsprozesse möglich sind bzw. ihre Qualität entscheidend davon abhängt, dass der Abnehmer bestimmte Güter oder auch sich selbst in den Dienstleistungsprozess einbringt« (*Heinz, R.* 2000 S. 161). Schließlich muss die Kommunalverwaltung darauf reagieren, dass die privaten Unternehmen verstärkte Anstrengungen unternehmen, um ihre spezifischen Produkte mit attraktiven Serviceangeboten zu verknüpfen. So werden leistungsfähige Personal-Computer nur noch in Verbindung mit einem »Vor-Ort-Service« an den Mann gebracht. Inzwischen gehört es zur Normalität, dass der Kauf eines Neuwagens mit einer breiten Palette von Serviceleistungen verbunden wird. Sofern die Kommunalverwaltungen den Anspruch der Kundenorientierung ernst nehmen, kommen sie nicht umhin, ähnliche Serviceangebote zu unterbreiten. »Hier geht es somit um den ›Zusatznutzen‹ durch Serviceangebote wie ergänzende Informationen, Vermittlung von Ansprechpartnern, Kinderbetreuung während der Leistungserbringung etc.« (*Heinz, R.* 2000 S. 161) Der kritische Leser mag mit einigem Recht einwenden, dass die Gestaltungsmöglichkeiten im Bereich gesetzlicher Aufgaben beschränkt sein dürften. Aber auch bei gesetzlichen Aufgaben gibt es durchaus Spielräume für ergänzende Sericeangebote. So bieten manche Bürgerämter einen Service an, der die Bürger drei Monate vor Ablauf der Gültigkeit ihrer Ausweispapiere mit einem Schreiben darüber informiert, dass eine Verlängerung in den nächsten Wochen ansteht. Insgesamt steht es außer Zweifel, dass im Bereich der Produktgestaltung die Kreativität und der Ideenreichtum der kommunalen Manager künftig noch stärker gefordert sein dürfte.

Preis- und Konditionenmanagement

Für Unternehmen, die direkt am Markt agieren, ist dieser Aspekt noch mehr als andere überlebenswichtig. Werden im Bereich der Verkaufspreise, der Rabatte und der Zahlungsbedingungen schwerwiegende Fehler gemacht, kann das die Existenz eines Unternehmens in Gefahr bringen. Im öffentlichen Sektor scheinen diese Parameter zunächst wenig relevant zu sein. Erstens stellen finanzielle Engpässe zwar Teile der (freiwilligen) Leistungserbringung in Frage, aber kaum die Existenz einer Kommunalverwaltung insgesamt. Auf der anderen Seite ist den Kommunen in vielen Geschäftsfeldern formal vorgeschrieben, inwieweit sie Gebühren bzw. privatrechtliche Entgelte erheben dürfen. Allerdings deutet vieles darauf hin, dass die Kommunen künftig gezwungen sein werden, ihre Gestaltungsspielräume im Preis- und Konditionenmanagement zu erweitern. Die Kosten- und Leistungsrechnung macht deutlich, in welchem Ausmaß die Gebühren die tatsächlichen Kosten decken. In diesem Zusammenhang werden immer mehr Anstrengungen unternommen, um jene Kosten zu reduzieren, die durch Gebühren bzw. Entgelte gedeckt werden müssen. *Heinz* weist beispielsweise darauf hin, dass die Kommunen nicht mehr nur für Sport- und Kultureinrichtungen Werbepartner akquirieren, sondern beispielsweise auch für kommunale Fahrzeuge (vgl. *Heinz, R.* 2000 S. 162).

Distributionsmanagement

Lebenslagenkonzept und E-Government

Wie das Sortimentsmanagement steht auch das Distributionsmanagement in einer engen Verbindung zum Qualitätsmanagement. Hierbei geht es um die Frage, wie die Abnehmer der kommunalen Produkte zu ihren Leistungen kommen. Den Verantwortlichen bieten sich in diesem Zusammenhang beachtliche Gestaltungsspielräume (vgl. *Heinz, R.* 2000 S. 162 ff.). So kann darüber diskutiert werden, ob eine Leistung zentral oder dezentral angeboten werden soll. Das Bürgeramt der Stadt Heidelberg hat gezeigt, dass selbst die Kfz-Zulassung in den einzelnen Bezirksämtern direkt vor Ort angeboten werden kann, während Bürger, die in einer kreisangehörigen Gemeinde des Landes Baden-Württemberg wohnen, unter Umständen bis zu 30 Kilometer fahren müssen, um diese Angelegenheit im zentralen Landratsamt einer Kreisstadt zu erledigen. Derartige Zugangsstrukturen beeinflussen die Kundenzufriedenheit unmittelbar. Das gleiche gilt für das so genannte Lebenslagenkonzept, das darauf ausgerichtet ist zu verhindern, dass Bürger in einer bestimmten Lebenslage – zum Beispiel: Umzug – mehrere Ämter aufsuchen müssen. »Erfolgreiches Produktmanagement muss daher stets prüfen, welche Produkte/Leistungen ggf. zusammenhängend und von ein und derselben Stelle erbracht oder vermittelt werden können« (*Heinz, R.* 2000 S. 163). Mit dem Konzept des Bürgeramtes (One-Stop-Konzept) hat man versucht, möglichst viele Verwaltungsangelegenheiten an einer Anlaufstelle zu bündeln. Dies setzt ein enormes Generalistenwissen bei den Mitarbeitern voraus. Das Lebenslagenkonzept bedeutet damit eine deutliche Abkehr von einer Verwaltungsorganisation, die hochgradig spezialisiert und differenziert strukturiert ist (vgl. *Schedler, K./Proeller, I.* 2006 S. 123 ff.). Ein konsequent durchdachtes Distributionsmanagement fordert schließlich auch E-Government-Strukturen ein. Die Informations- und Kommunikationstechnik ermöglicht es, neben üblichen Informationsdiensten auch Transaktionen online abzuwickeln. In Zukunft werden wir auf Verwaltungen treffen, die eine Vielzahl an Zugangsmöglichkeiten für den Bürger bzw. Kunden bereithalten (vgl. *Mehlich, H.* 2002). »Insgesamt stehen die Kommunen noch am Anfang dieser Entwicklung, die mittelfristig jedoch von enormer Bedeutung für den Erfolg der Kommunen sein wird« (*Heinz, R.* 2000 S. 164).

Kommunikationsmanagement

Produktmarketing

Eine tief greifende Verwaltungsmodernisierung verändert die Verwaltung grundsätzlich. Externe Beobachter tun sich bisweilen schwer, bestimmte Konsequenzen dieser Entwicklung verständnisvoll nachzuvollziehen. Besonders Marketing- und Werbestrategien stoßen nicht selten auf Kritik. Man denke dabei nur an die Diskussionen, die die Veränderung der Marketingstrategie der *Bundesagentur für Arbeit* im Jahre 2003 ausgelöst hatte, bei der in hohem Maße externe Berater eingesetzt worden sind. Trotzdem kommt die Verwaltung nicht umhin, ihr Kommunikationsverhalten gründlich zu überdenken. Wer Produktmanagement betreibt und Kundenbedürfnisse anspricht, muss konsequenterweise auf die eigenen Leistungen aufmerksam machen. Weil Aufmerksamkeit in einer überkomplexen Gesellschaft zum chronisch knappen Gut wird, sind Werbe- und Kommunikationskampagnen unerlässlich. Es geht dabei um die Frage, »... wie man die Zielgruppe auf die Produkte/Leistungen aufmerksam macht, wie man sie informiert, überzeugt und ggf. zur Inanspruchnahme motiviert (*Heinz, R.* 2000 S. 165).« *Heinz* schlägt in diesem Zusammenhang die folgenden Aktivitäten vor:

- *Werbung* über Medien, um den Bekanntheitsgrad als Anbieter von Leistungen zu erhöhen,
- *Persönliche Information* durch Gespräche mit den Bürgern,
- *Publizität* durch nichtpersonale und kostenlose Informationen über Leistungsangebote (z. B. durch Druckmedien),
- *Informations- und Aufklärungskampagnen* durch Informationsstände, Gesundheitstage, Tag der offenen Tür, Bürgerversammlungen etc.

Die Ausführungen über das Produktmanagement machen deutlich, dass das strategische Management ins Leere läuft, wenn die dabei vereinbarten Zielsetzungen nicht in entsprechende operative Aktivitäten umgesetzt werden. Hier zeigt sich auch, wie wichtig die Umsetzung einer dezentralen Ressourcenverantwortung ist. Die dargestellten Gestaltungsmöglichkeiten auf der operativen Ebene können nur realisiert werden, wenn die Produktverantwortlichen Handlungs- und Entscheidungsspielräume haben. Um diese Spielräume offensiv ausschöpfen zu können, müssen die relevanten Akteure wiederum über unternehmerische und methodische Fähigkeiten verfügen.

3.5.2 Operatives Controlling

Funktionales Management

Um die Effizienz der Verwaltung gewährleisten zu können, müssen die Rahmenbedingungen der Produktion entsprechend gestaltet werden. Dabei soll das funktionale Management dafür sorgen, dass die zur Verfügung stehenden Ressourcen möglichst optimal eingesetzt werden. Das funktionale Management der Kommunalverwaltungen ist weitgehend mit jenen Aufgaben gleichzusetzen, die als Querschnittsfunktionen bezeichnet werden (vgl. *Heinz, R.* 2000 S. 166 f.): Finanzmanagement, Organisations- und Informationsmanagement und Personalmanagement. Das Finanzmanagement wird weitgehend durch das operative Controlling gewährleistet. In diesen Zusammenhang gehören zudem die Budgetierung, die Kosten- und Leistungsrechnung, ein aussagefähiges Kennzahlensystem und das Berichtswesen.

Folgen der Dezentralisierung

Kontraktmanagement und dezentrale Ressourcenverantwortung entlassen die in konventionellen Strukturen eng eingebundenen Fachbereiche und Fachdienste in eine *größere Selbstständigkeit*, die wiederum dafür sorgt, dass die Zahl der Handlungsmöglichkeiten und -alternativen in der gesamten Kommunalverwaltung deutlich ansteigt. Das ist – wie weiter oben beschrieben – zwar von Vorteil, bringt aber auch Gefahren, die beachtet werden müssen. Die organisatorische Verselbstständigung der Fachbereiche kann dazu führen, dass die Integration des Gesamtsystems *Kommunalverwaltung* nicht mehr gewährleistet werden kann. Ein ausgebautes operatives Controllingsystem soll das Auftreten derartiger Probleme verhindern.

D

Die Aufgaben des Controllings bestehen darin, das *Planungs-, Kontroll-, und Informationsversorgungssystem* des Verwaltungsmanagements zu koordinieren. Im Bereich des operativen Controllings wird kontinuierlich beobachtet, inwieweit die tatsächliche Arbeit in den Fachbereichen bzw. Fachdiensten mit den strategischen Zielsetzungen in Einklang gebracht werden kann.

Konkrete Steuerung

Das operative Controlling leitet sich damit von den Entscheidungen ab, die auf Basis des strategischen Controllings gefällt werden. Die dabei einzusetzenden Instrumente und Maßnahmen beziehen sich auf die Art und Weise, somit auf das *WIE* der Aufgabenbewältigung. Im operativen Controlling geht es um den Aufbau und die Pflege eines Informationssystems, das auf der Basis von Zielsetzungen und Budgetvorgaben die konkrete Steuerung der Fachbereiche ermöglicht. Das operative Controlling stellt mithin sicher, dass …

- das Verwaltungsgeschehen durch betriebswirtschaftliche Instrumente begleitet wird,
- kontinuierlich systematische Soll-Ist-Vergleiche erfolgen und
- bei Abweichungen von vereinbarten Zielsetzungen Korrekturen zeitnah veranlasst werden.

Das funktionierende Zusammenspiel von strategischem und operativem Controlling kann folgendermaßen beschrieben werden: »Controlling als ein Instrument der verbesserten Führung der Verwaltung verstanden, bedeutet unter anderem, dass globale Ziele vorgegeben werden (strategisches Handeln), die es zu erreichen gilt, wobei der Weg zur Erreichung der Ziele (das operative Handeln) möglichst den für die Ausführung der Beschlüsse Verantwortlichen überlassen bleiben sollte. Erst die Rückkopplung, die Ergebniskontrolle, muss wieder von den Vertretungskörperschaften übernommen werden« *(Albers, H.* 2003 S. 125).

Das operative Controlling steht in einem engen Zusammenhang mit betriebswirtschaftlichen Instrumenten: Budgetierung, Kosten- und Leistungsrechnung, Kennzahlensystem und Berichtswesen.

3.5.3 Budgetierung

D

Budgetierung heißt, dass den Fachbereichen zur Erreichung vereinbarter Ziele bestimmte Finanzmittel zur Verfügung gestellt werden. Durch die Höhe der Budgets legt die Vertretungskörperschaft die Wichtigkeit von Politikfeldern fest (vgl. *KGSt-Politikerhandbuch* 1996 S. 88).

Inputorientierte Budgetierung

Viele Kommunalverwaltungen beginnen den Einstieg in den Reformprozess mit der Einführung der Budgetierung. Dies kann dann zunächst lediglich eine *inputorientierte Budgetierung* sein, weil der den Fachbereichen zur Verfügung gestellte Finanzrahmen noch nicht an konkrete Leistungsversprechen gebunden werden kann. Eine Verknüpfung mit konkreten Leistungsvorgaben ist erst dann möglich, wenn politisch-strategische Zielsetzungen formuliert und daraus instruktive Teilziele hergeleitet werden.

Outputorientierte Budgetierung

Eine *outputorientierte Budgetierung*, in der gemeinsam mit Budgetvorgaben auch Zielsetzungen durch die politische Führung formuliert werden, setzt ein funktionierendes Controllingsystem voraus. Im weiteren zeitlichen Fortgang orientieren sich die Budgethöhe wie auch die jeweiligen Leistungsvorgaben an systematisierten Informationen und Ergebnissen, die im Rahmen des operativen Controllings bereitgestellt werden. Verwaltungscontrolling unterstützt die Budgetierungsmethodik: »Das Controlling beobachtet während des Budgetzeitraums den Budgetvollzug. Durch Soll/Ist-Vergleiche und Vorschaurechnungen wird klar, ob sich die Verwaltung noch auf Kurs befindet. Die Erkenntnisse der Soll/Ist-Vergleiche gehen in die Planung für den nächsten Budgetzeitraum ein (*Becker, R.* 1997 S. 18).« In der Praxis steht die outputorientierte Budgetierung jedoch noch am Anfang. Die heute in der Praxis realisierte Budgetierung ist immer noch fast ausschließlich inputorientiert (vgl. *Budäus, D.* 2002 S. 26).

3.5.4 Kosten- und Leistungsrechnung

Kostentransparenz ist notwendig

Im Abschnitt 3.4.5 ist darauf hingewiesen worden, dass es sich bei öffentlichen Produkten um Dienstleistungen handelt, für die in letzter Konsequenz ein *Preis* zu entrichten wäre. Auch wenn in den meisten Produktbereichen der Kommunalverwaltungen kaum kostendeckende Preise erhoben werden können, ist Kosten- und Leistungstransparenz für das moderne Verwaltungsmanagement unerlässlich. Kosten bezeichnen den in Geld bewerteten Wertverzehr von materiellen und immateriellen Gütern, der bei der Erstellung von Sach- und Dienstleistungen zu verzeichnen ist. Mit Leistung wird das Ergebnis des Produktionsprozesses bezeichnet, das als mengenmäßiger Output gemessen wird (vgl. *Bartels, K.* 2003 S. 21).

Kaufmännische Buchführung

Neben der Kosten- und Leistungsrechnung wird auch die Einführung einer *kaufmännischen Buchführung* eingefordert. Das bislang praktizierte kamerale Rechnungswesen kann den Anforderungen eines modernen Verwaltungsmanagements nicht mehr gerecht werden. Es dokumentiert lediglich den gesamten Geldverbrauch einer Periode, indem Einnahmen und Ausgaben einander gegenübergestellt werden. Der tatsächliche Ressourcenverbrauch bleibt aber zu wesentlichen Teilen unbekannt. Dazu zählen beispielsweise kalkulatorische Abschreibungen auf der Basis von Wiederbeschaffungswerten, kalkulatorische Zinsen auf das Anlagekapital sowie kalkulatorische Mieten und Wagnisse. Inwieweit zur Bereitstellung dieser Informationen eine kaufmännische Buchführung unbedingt erforderlich ist, ist gegenwärtig noch strittig. Während einige Autoren die Auffassung vertreten, dass auch die Kameralistik die notwendige Zahlenbasis liefern kann, ist für andere die Einführung einer kaufmännischen Buchführung unerlässlich (vgl. *Knöll, H. D.* 1996 S. 40 ff., *Schauer, R./Kepler, J.* 1997 S. 10 ff.). Unstrittig ist aber, dass aufbauend auf ein Rechnungswesen eine Kosten- und Leistungsrechnung einzuführen ist.

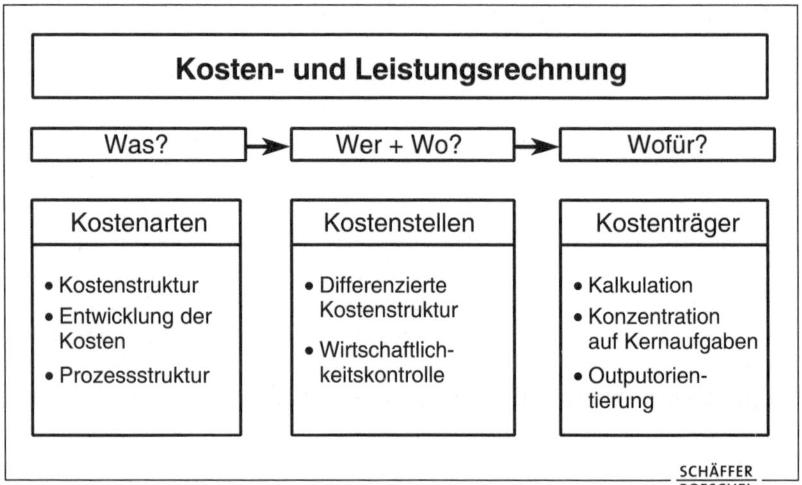

Abb. 3.34: Funktionen einer Kosten- und Leistungsrechnung (*Vogel, A. M.* 1996 S. 161).

Bestandteile einer Kosten- und Leistungsrechnung sind die Kostenartenrechnung, die Kostenstellenrechnung und die Kostenträgerrechnung (vgl. *Bartels, K.* 2003 S. 23, *Vogel, A. M.* 1996 S. 162).

Kostenarten

- *Kostenartenrechnung:* Der in einer Periode anfallende leistungsbedingte Wertverzehr (= Kosten) wird ermittelt und dokumentiert. Dabei sind jedoch nur jene Wertverzehre relevant, die bei der Erstellung eines Produktes bzw. einer Leistung anfallen: Personalkosten, Sachkosten, Kapitalkosten, Kosten für Fremdleistungen …

Kostenstellen

- *Kostenstellenrechnung:* In der Kostenstellenrechnung geht es um die Verteilung der einzelnen Kostenarten auf jene Organisationseinheiten, in denen die Kosten jeweils ursächlich entstehen. »Wird eine größere Organisation in einzelne Kostenstellen eingeteilt, ermöglicht eine Kostenstellengliederung die Zusammenführung von Aufgaben- und Geldverantwortung und damit auch einen größeren Anreiz zur Wirtschaftlichkeit« (*Vogel, A. M.* 1996 S. 162).

Kostenträger

- *Kostenträgerrechnung und Leistungsrechnung:* Kostenträger sind deckungsgleich mit den Produkten einer Kostenstelle. Die Kostenträgerrechnung beantwortet die Frage, welche Kosten anfallen, um ein bestimmtes Produkt zu erstellen. In der so genannten Vollkostenrechnung werden sämtliche Kosten erfasst, die dem Produkt zuzurechnen sind. Im Resultat ergibt sich ein Preis, der für ein bestimmtes Produkt (z. B. einen VHS-Kurs) zu entrichten wäre. Einfach wäre eine Kostenträgerrechnung dann, wenn pro Kostenstelle lediglich ein Produkt erzeugt würde. In diesem Fall könnten sämtliche Kosten der Kostenstelle

summiert und durch die Zahl der Produkte dividiert werden. Bei mehreren Produkten besteht das Problem, dass die gesamten Kosten verursachungsgerecht auf die Produkte verteilt werden müssten.
Die Kosten- und Leistungsrechnung erzeugt Kostentransparenz und verbessert durch die Bereitstellung wichtiger Planungs- und Entscheidungsgrundlagen die Möglichkeiten einer Steuerung über Leistungsziele und Budgetvorgaben. Die Kosten- und Leistungsrechnung sorgt primär für Kostentransparenz. »Für die Qualitätsmessung ist die KLR ungeeignet. Hierzu bedarf es zusätzlicher Qualitätsmerkmale und eines ergänzenden Messsystems, das unter Qualitätsgesichtspunkten einen Soll-Ist-Vergleich ermöglicht« (*Bartels, K.* 2003 S. 279).

3.5.5 Kennzahlen

D

Kennzahlen sind Messgrößen, die Sachverhalte und Zusammenhänge darstellen können. Dabei geht es vor allem darum, Informationen zu quantifizieren und in verdichteter Form darzustellen (vgl. *Gleich, R.* 1997 S. 4, *Böhmer, R./Dahlmann, C.* 1994, S. 132, *Vogel, A. M.* 1996 S. 163).

Kennzahlen bekommen in öffentlichen Verwaltungen eine stetig größere Bedeutung. Mithilfe von Kennzahlen können unter bestimmten Umständen Problembereiche, Gestaltungsspielräume und Wirkungszusammenhänge aufgedeckt werden (vgl. *Schedler, K./ Proeller, I.* 2006 S. 181 ff.). Dazu ein Beispiel:

B

Der Oberbürgermeister der Stadt *Bürohausen* unterhält sich während einer Tagung mit seinem Amtskollegen, der für die Verwaltung einer etwa gleich großen Stadt verantwortlich ist. Dabei erfährt er, dass dort der Zuschussbedarf für die örtliche Stadtbücherei wesentlich geringer ist als im Fall der eigenen städtischen Bücherei. Wieder zurück in *Bürohausen* beschließt er, der Sache einmal auf den Grund zu gehen. Die Leiterin der Stadtbücherei legt daraufhin ihren Kennzahlenbericht vor, in dem in Bezug auf das Haushaltsjahr 2006 u. a. folgende Informationen enthalten sind:

- Höhe der Einnahmen
- Höhe der Ausgaben
- Ausgabendeckungsgrad
- Zahl der Besucher
- Zahl der Entleihungen
- Zahl der Kunden
- Zahl der Neukunden
- Zahl der neuangeschafften Objekte
- Zuschuss je Besucher
- Zuschuss je Einwohner.

Im Vergleich mit den entsprechenden Kennzahlen der anderen Stadtbücherei wird festgestellt, dass in der Tat der Zuschussbedarf in der eigenen Stadtbücherei wesentlich höher ist. Bezogen auf den Zuschuss, der pro Besucher aufgebracht werden muss, liegt *Bürohausen* zwar auch noch höher, aber nur noch in sehr geringem Ausmaß. Weiterhin wird festgestellt, dass sowohl die Zahl der Neuanschaffungen als auch die Zahl der Entleihungen, der Kunden und der Veranstaltungen in *Bürohausen* deutlich höher liegt. Außerdem wird festgestellt, dass die Leiterin der Stadtbücherei eine offensive und erfolgreiche Werbestrategie fährt und damit insbesondere die Jugendlichen der Stadt erreicht. Schließlich macht der Vergleich deutlich, dass *Bürohausen* im Unterschied zur Vergleichsstadt keine Entleihgebühren erhebt. Insgesamt kommt man zu dem Schluss, dass der Leiterin der Stadtbücherei eine sehr gute Bibliotheksarbeit bescheinigt werden kann. Gegenüber der Vergleichsstadt wird die *Bürohausener* Bücherei sehr viel mehr angenommen. Als der OB anhand der dargebotenen Kennzahlen sich selbst von der Effektivität der Bibliotheksarbeit überzeugen kann, schlägt er vor, die Arbeit – wie bisher – fortzusetzen. Auf die Erhebung von Gebühren soll vorerst verzichtet werden. Die erfolgreiche Arbeit rechtfertige den Zuschussbedarf ohne Einschränkung. Er erteilt jedoch den Auftrag, die möglichen Auswirkungen von Gebühren im Rahmen einer Studie prognostizieren zu lassen.

Funktionen von Kennzahlen

Kennzahlen erfüllen wichtige Funktionen im Bereich der Analyse sowie der Führung und Steuerung der Verwaltung. Sie ermöglichen organisationsübergreifende Vergleiche, Soll/Ist-Vergleiche und behördeninterne Vergleiche (vgl. *Schedler, K./Proeller, I.* 2006 S. 181 ff., *Vogel, A. M.* 1996 S. 164 f.). Sie können zudem im Rahmen eines Frühwarnsystems eingesetzt werden.

Inwieweit Kennzahlen *organisationsübergreifende Vergleiche* unterstützen können, zeigt das dargestellte Beispiel aus dem Bereich der Bücherei. Genauso klar sollte geworden sein, dass Kennzahlenvergleiche allein nicht ausreichen, um daraus Konsequenzen für das Management herzuleiten. Kennzahlen sind aussagekräftig, wenn ihr Zustandekommen standardisiert ist und wesentliche Randbedingungen berücksichtigt werden. Neuere Bestrebungen, die durch Vergleichsringe verlässliche Informationsgrundlagen schaffen wollen, berücksichtigen dies.

Soll/Ist-Vergleiche auf der Basis von Kennzahlen sind notwendig, wenn z. B. das Einhalten von Leistungs- und Finanzzielen überprüft werden soll. Mithilfe von Kennzahlen können Abweichungen von Zielgrößen rasch und exakt festgestellt werden.

Kennzahlen können auch *innerhalb der Behörde* zu Vergleichen herangezogen werden. So sind zum Beispiel auf der Basis von Fluktuaktions- und Fehlzeitenquoten gegebenenfalls Informationen über die unterschiedliche Ausprägung von Arbeitszufriedenheit zu erlangen. Der Vergleich von Widerspruchs- und Beschwerdequoten kann etwas über die Kunden- bzw. Bürgerzufriedenheit aussagen.

Als *Frühwarnsystem* können Kennzahlen eingesetzt werden, indem ihre Ausprägungen im Laufe eines Jahres Aufschluss darüber geben, ob die zu Beginn des Jahres vereinbarten Ziele noch erreicht werden können oder aber entsprechende Zielsetzungen inzwischen utopisch geworden sind. Wenn sich z.B. in den ersten zwei Quartalsberichten der Stadtbücherei herausstellt, dass bislang lediglich ein Kostendeckungsgrad von 20 % erreicht worden ist, kann man davon ausgehen, dass bis zum Ende des Jahres das vereinbarte Ziel von 25 % nur noch schwer zu schaffen sein dürfte.

Anforderungen

Die Möglichkeiten, Kennzahlen zu bilden, sind unerschöpflich. Über den Sinn und Unsinn vieler Kennzahlen lässt sich streiten. Dass sie unter bestimmten Voraussetzungen unerlässlich bzw. sinnvoll sein können, steht aber außer Frage. Eine outputorientierte Steuerung der Verwaltung auf der Grundlage des Kontraktmanagements dürfte nur möglich sein, wenn es gelingt, geeignete Kennzahlen zu kreieren. Aber welche Voraussetzungen müssen erfüllt werden? Kennzahlen sollten so beschaffen sein, »dass die Kennzahlenmerkmale Informationsträgerschaft, Quantifizierbarkeit und Verdichtung realisiert werden« (*Gleich, R.* 1997 S. 8). Bevor ein Kennzahlensystem formuliert werden kann, müssen die *Informationsbedürfnisse* gründlich und kritisch überprüft werden. Bei der Erarbeitung sind die Empfänger notwendigerweise mit einzubeziehen. Dabei müssen folgende Fragen geklärt werden (vgl. *Böhmer, R./Dahlmann, C.* 1994 S. 132 f.):

- Welche Stelle, welches Gremium oder welche Organisationseinheit ist der Informationsempfänger?
- Welche Kennzahlen sind für den jeweiligen Informationsempfänger relevant?
- In welchen Zeitabständen werden die Kennzahlen benötigt?
- Aus welchen Bereichen stammen die Kennzahlen?

Arten von Kennzahlen

Kennzahlen basieren entweder auf absoluten Zahlen oder auf Verhältniszahlen. Die Abbildung 3.35 gibt einen Überblick über mögliche Kennzahlenarten (vgl. *Vogel, A. M.* 1996 S. 164).

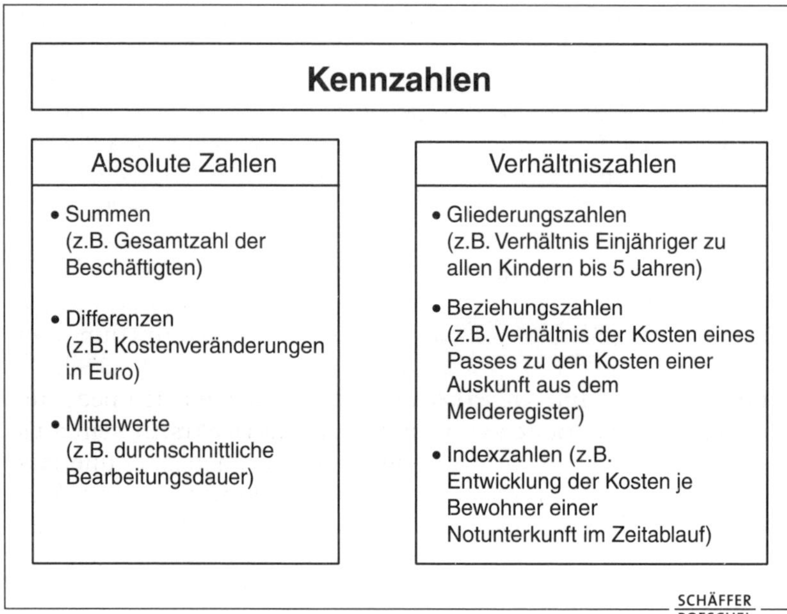

Abb. 3.35: Arten von Kennzahlen (*Vogel, A.M.* 1996 S. 164)

3.5.6 Berichtswesen

Notwendigkeit eines Berichtswesen

Die letzten beiden Abschnitte haben deutlich gemacht, dass die Kosten- und Leistungsrechnung wie auch das Kennzahlensystem Informationen erarbeiten und bereitstellen, die zur Steuerung der Verwaltung unerlässlich sind. Die genannten betriebswirtschaftlichen Instrumente wiederum sind nur funktionsfähig, wenn es den Steuerungsinstanzen gelingt, die notwendigen Informationen empfängerorientiert weiterzuleiten. Deshalb erfordert Controlling ein funktionierendes Informationsvermittlungssystem – mit anderen Worten: ein Berichtswesen. »Informationsentstehung und Informationsverwendung fallen gerade bei größeren Organisationen zeitlich und sachlich auseinander. So liegen Informationen über die wirtschaftliche Leistungsfähigkeit zunächst nur im Rechnungswesen bzw. in der Kämmerei vor. Werden diese nicht zeitnah an die Entscheidungsträger weitergeleitet, können Informationsdefizite an verschiedenen Stellen der Organisation die Handlungsfähigkeit einschränken« (*Brokemper, A./Arnaout, A. A.* 1996 S. 4).

Anforderungen an das Berichtswesen

Das Berichtswesen muss sich also der Herausforderung stellen, diese Informationsdefizite durch ein *formalisiertes Informationsvermittlungssystem* zu überwinden. Die Aufgabe des Berichtswesen besteht darin, interne Führungsberichte zu erstellen und weiterzuleiten. Diese Führungsberichte sollten vor allem bedeutsame

Informationen für relevante Entscheidungen bereitstellen und aufgrund von Soll/Ist-Vergleichen das Aufzeigen von Entwicklungstrends ermöglichen. In Bezug auf die Informationsversorgung sind folgende Anforderungen an ein *empfängerorientiertes Berichtswesens* zu stellen: Effizienz, Ganzheitlichkeit, Systematisierung und Integration (vgl. *Brokemper, A./Arnaout, A. A.* 1996 S. 4 f., *Hilbertz, H.-J.* 1996 S. 40 f.).

- *Effiziente Informationsversorgung:* Das Berichtswesen soll sich auf jene Informationen beschränken, die für die entsprechenden Adressaten der jeweiligen Handlungsebene von Bedeutung sind. So ist der Gemeinderat vor allem auf die Übermittlung von wichtigen Struktur-, Finanz- und Leistungsdaten angewiesen.
- *Ganzheitliche Informationsversorgung:* Ganzheitlich bedeutet, dass die Informationen vollständig und aussagekräftig sein müssen. Für die jeweiligen Entscheidungssituationen ist es unerlässlich, dass alle erforderlichen Informationen bereitgestellt werden. »Das Berichtswesen für den Gemeinderat entspricht dem höchsten Aggregationsniveau des verwaltungsinternen Berichtswesens. Hier müssen Spitzenkennzahlen schnell und anschaulich wichtige Sachverhalte und Veränderungen abbilden« (*Brokemper, A./Arnaout, A. A.* 1996 S. 4 ff).
- *Systematisierte Informationsversorgung:* Für ein empfängerorientiertes Berichtswesen, das verlässliche interne und verwaltungsübergreifende Vergleichsgrundlagen zu schaffen beabsichtigt, ist es unerlässlich, dass die Daten einer sorgsamen Standardisierung, Abstimmung und Aufbereitung unterzogen werden. Ansonsten sind gesicherte Rückschlüsse nicht möglich.
- *Integrative Informationsversorgung:* Im Rahmen des Verwaltungsmanagements kommt es mitunter zwangsläufig zu Zielkonflikten. Abhängigkeiten, die aus Zielkonflikten resultieren, müssen im Berichtswesen offengelegt und berücksichtigt werden. Typische Zielkonflikte liegen zum Beispiel vor, wenn eine Stadtbücherei sowohl wirtschaftlich als auch bürgerorientiert handeln will. Während der Anspruch Bürgerorientierung nahe legt, dass die Objekte kostenlos entliehen werden, würde durch Gebührenerhebung ein höherer Kostendeckungsgrad erreicht.

Instrumente des Berichtswesens

Um den strategischen und operativen Informationsbedürfnissen entsprechen zu können, empfiehlt es sich, ein differenziertes Berichtssystem zu institutionalisieren. Unterschiede in der Funktion, im Zeitbezug, im Verdichtungsgrad und in der Art der Übermittlung erfordern jeweils *spezifische Berichtsinstrumente* (vgl. *Brokemper, A./Arnaout, A. A.* 1996 S. 9 f., *Vogel, A. M.* 1996 S. 166). Folgende Formen werden unterschieden:

Standardberichte	Bei Standardberichten ist der Informationsbedarf im Vorfeld ermittelt und zwischen Sender und Empfänger abgestimmt. Die Form, der Inhalt und der Zeitpunkt der Berichterstattung sind vorgegeben. Die über eine bestimmte Zeit festgelegte Struktur der Berichte (z.B. Kennzahlenberichte) erleichtert den Empfängern die Nutzung der Informationen. Derartige Standardberichte werden im Rahmen des Kontraktmanagements eine große Bedeutung erlangen, weil sie die Gemeinderäte kontinuierlich über wichtige strukturelle und finanzwirtschaftliche Sachverhalte und Veränderungen informieren können.
Abweichungsberichte	Abweichungsberichte können eingesetzt werden, wenn in Bezug auf das Verwaltungshandeln Qualitätsstandards festgelegt werden, deren Einhaltung den entsprechenden Stellen verbindlich vorgegeben wird. So könnte eine Vereinbarung lauten, dass in einem publikumsintensiven Bereich (z.B. Bürgeramt) die Zahl der Bürgerbeschwerden bzw. -widersprüche einen bestimmten Wert nicht überschreiten darf. »Sobald die Ist-Werte eine vorab festgelegte Toleranzgrenze überschreiten, wird ein Abweichungsbericht angefertigt, d.h. umgekehrt, solange die Ist-Werte innerhalb vorgegebener Grenzen liegen, wird der Bericht nicht erstellt« (*Brokemper, A./Arnaout, A.A.* 1996 S. 9).
Individual- und Bedarfsberichte	Trotz aller in einem ausgearbeiteten Berichtssystem existierenden Standard- und Abweichungsberichte werden situativ und punktuell darüber hinausgehende Berichte notwendig sein. Sie decken jeweils spontane Informationsbedarfe ab, die durch unvorhergesehene gesellschaftliche Entwicklungen oder neue Gesetze und Rechtsverordnungen eintreten. Sofern man etwa in Erwägung zieht, diverse Stadtteilbüchereien zu schließen, könnte eine Studie über die sozialen und finanziellen Auswirkungen die Entscheidungsfindung unterstützen.

SCHÄFFER POESCHEL

Abb. 3.36: Instrumente des Berichtswesens
(in Anlehnung an *Brokemper, A./Arnaout, A. A.* 1996 S. 9 f.)

Varianten eines empfängerorientierten Berichtswesens

Während Form und Inhalt der Abweichungs- sowie Individual- und Bedarfsberichte notwendigerweise nicht vorgegeben sind, müssen Standardinformationssysteme formal und materiell in fest vereinbarte Raster gegossen werden. Standardberichte sollten zwar individuell auf die jeweils betreffende Verwaltungsorganisation zugeschnitten sein. Man kann aber oberhalb der Ebene der konkreten Ausgestaltung drei Varianten eines empfängerorientierten Berichtswesens unterscheiden (vgl. *Brokemper, A./Arnaout, A. A.* 1996 S. 13 ff.):

- Kennzahlenberichte bzw. Kennzahlensysteme,
- Balanced Scorecard,
- Cockpit-Informationssystem.

Kennzahlenberichte

Kennzahlenberichte: Kennzahlenberichte sind geeignet, um relevante Informationen in knapper und verdichteter Form zusammenzustellen. Wenn für jeden Fachbereich entsprechende Kennzahlen vorliegen und darüber hinaus inner- und interkommunale Vergleiche ermöglicht werden können, kann der Informationsgehalt solcher Berichte ein hohes Niveau erreichen.

Die Stadtverwaltung *Stuttgart* legt bereits seit 1994 kontinuierlich derartige Kennzahlenberichte vor. *Hilbertz* hat den Aufbau folgendermaßen dargestellt:
»Der Kennzahlenbericht gliedert sich in drei Teile:
1. Allgemeine Informationen
2. Daten zur Gesamtstruktur der Stadtverwaltung, überwiegend in Form von Graphiken
3. Berichtsblätter je Haushaltsunterabschnitt des Verwaltungshaushalts mit näheren Informationen zu wichtigen Leistungen:
- Kurzbeschreibung und nähere Erläuterung der Aufgabenstellung,
- Leistungsbeschreibungen, insbesondere wichtige Fallzahlen,
- Zu-/Überschuss pro Einwohner,
- durchschnittliche Anzahl der Stellen für die wesentlichsten Aufgaben des Unterabschnitts,
- Kennzahlen aus der Betriebsabrechnung kostenrechnender Einrichtungen,
- Mehreinnahmen aufgrund geplanter Gebührenerhöhungen bei den kostenrechnenden Einrichtungen (*Hilbertz, H.-J.* 1996 S. 37 ff.).«

Balanced Scorecard

Die weiter oben als strategisches Steuerungsinstrument thematisierte *Balanced Scorecard* kann auch als Grundlage für ein aussagefähiges Berichtswesen betrachtet werden. Insoweit werden den Entscheidungsgremien nur jene Kennzahlen kontinuierlich präsentiert und zur Interpretation übergeben, die unmittelbar aus den strategischen Zielsetzungen hergeleitet werden können. Sofern die Balanced Scorecard tatsächlich die strategisch wichtigen Kennzahlen enthält, können sie für wichtige politische Weichenstellungen durchaus hinreichend sein.

Cockpit-System

Cockpit-Informationssystem: Die Bezeichnung Cockpit soll hier die Ähnlichkeit mit einem Flugzeug-Cockpit kenntlich machen. Das Cockpit-Informationssystem ist eine zusammengefasste Darstellung der wichtigsten Planungs-, Steuerungs- und Kontrollgrößen. »In der Praxis bewähren sich sog. Cockpit-Systeme, die aus einem Bildschirm eine Art Armaturen-Brett eines Autos oder eben ein Cockpit eines Piloten machen. Ohne Zahlen, visualisiert und reduziert auf die sechs bis sieben wichtigsten Kennzahlen pro Bereich bieten solche Cockpits eine wertvolle Hilfe für die Verwaltungsführung. Technisch kann die Möglichkeit geschaffen werden, durch Doppelklick auf eine bestimmte grafische Darstellung auf die konkreten Zahlen oder einen Kommentar, vielleicht auch auf weitere, detailliertere Darstellungen zuzugreifen« (*Schedler, K./ Proeller, I.* 2006 S. 188). Es eignet sich besonders, um den Gemeinderatsmitgliedern auf einen Blick die wesentlichen fachbereichsspezifischen Daten zu liefern.

Informationsmanagement

Die Ausführungen über das Berichtswesen verdeutlichen, dass die Bedeutung des *Informationsmanagements* für die öffentliche Verwaltung überhaupt nicht überschätzt werden kann. Wenn es nicht gelingt, eine funktionierende Informationsvermittlung zwischen den Organisationseinheiten und zwischen den Managementebenen einzurichten, werden die Bausteine des Neuen Steuerungsmodells kaum jene Verheißungen erfüllen können, die mit ihrer Realisierung verbunden werden, u. a.: mehr Kundenorientierung, deutliche Beschleunigung der Geschäftsprozesse, höheres Niveau der Wirtschaftlichkeit und das Erreichen höchster Qualitätsstandards. Die dargestellten Berichtssysteme bedürfen der Unterstützung durch die modernen *Informations- und Kommunikationstechniken.*

3.5.7 Operatives Organisations- und Personalmanagement

Organisation und Personal gelten als maßgebliche Erfolgsfaktoren für das moderne Verwaltungsmanagement. Neben dem Wissens- und Innovationsmanagement bilden sie zentrale Funktionen auf dem Weg zu hoher Gesamtqualität einer Unternehmung. Dabei werden Organisations- und Personalkompetenz folgendermaßen definiert (vgl. *Thom, N./Zaugg, R. J.* 2001, S. 1 ff.):

D

»Mit Organisationskompetenz ist die Fähigkeit gemeint, sowohl kurzfristige Transformationen als auch den langfristigen, organisatorischen Wandel auf eine Art und Weise zu gestalten, die eine nachhaltige Unternehmensentwicklung erlaubt« (*Thom, N./Zaugg, R. J.* 2001 S. 5).

D

»Personalkompetenz umschreibt die Fähigkeit einer Unternehmung, zukunftsorientiert Personalpotenziale so zu gewinnen, zu entwickeln, zu erhalten und einzusetzen, dass sie den langfristigen Zielen aller Anspruchsgruppen bestmöglichst entsprechen« (*Thom, N./Zaugg, R. J.* 2001 S. 5).

Organisatorische Handlungsspielräume

Auch im Bereich des Organisationsmanagements müssen die strategischen Zielsetzungen operativ umgesetzt und gestaltet werden. »Jede Organisation(seinheit) muss ein spezifisches Organisations- und Informationsmanagement betreiben, das die effiziente Verwirklichung ihrer Strategien fördert und ihre Stärken ausbaut« (*Heinz, R.* 2000 S. 170). Das Neue Steuerungsmodell der *KGSt* hat zum Organisations- und Informationsmanagement grundsätzlich zwei Vorgaben formuliert. Erstens sollen organisatorische Regelungen nur dann eingeführt werden, wenn sie nachweislich notwendig sind. Zweitens gilt der Grundsatz, dass prozeduralen Regelungen gegenüber strukturellen Regelungen der Vorrang einzuräumen ist.

Das Prinzip der dezentralen Ressourcenverantwortung ermöglicht es den Fachbereichen, ihre eigene Organisation eigenständig und eigenverantwortlich zu gestalten. Der Vorteil dieser Regelung liegt darin, dass die Organisationsprobleme dort einer Lösung zugeführt werden, wo die Probleme tatsächlich entstanden sind. Der Nachteil besteht darin, dass das Know-how in Organisationsfragen noch weitgehend zentralisiert ist. Die dezentralen Fachbereiche müssen sich das Anwendungs- und Erfahrungswissen in vielen Fällen erst noch aneignen. Das Funktionieren der neuen Steuerung hängt in hohem Maße davon ab, dass die relevanten Akteure auf den verschiedenen Ebenen ihre Handlungsspielräume sachgerecht und offensiv nutzen. Deshalb sind im Rahmen von Weiterbildungsprogrammen vor allem die Führungskräfte in den Fachgebieten der Betriebswirtschaftslehre und des Managements geschult worden. Sofern in konkreten Problemlagen das eigene Know-how dennoch nicht ausreicht, müssen die Fachbereiche auf interne und/oder externe Organisationsberater zurückgreifen. Im Kapitel *Organisationsmanagement* werden die grundlegenden Regeln der Aufbauorganisation und der Prozessorganisation sowie die Vorgehensweisen bei Organisationsveränderungen (mit und ohne Berater) erörtert.

Konkrete Personalarbeit

In der gleichen Weise stellt sich die Situation im Bereich des Personalmanagements dar. »Personalmanagement ist die Gestaltung, Implementierung und Weiterentwicklung aller auf die Humanressourcen der Verwaltung gerichteten Aktivitäten und ist damit grundsätzlich Teil des normativen, strategischen und operativen Managements« (*Heinz, R.* 2000 S. 168). Wie beim Organisations- und Informationsmanagement muss jede Organisationseinheit (Fachbereich, Fachdienst) ein spezifisches Personalmanagement praktizieren, das die personalwirtschaftlichen Strategien überprüfbar in konkretes Handeln umsetzt.

Das Prinzip der dezentralen Ressourcenverantwortung sieht vor, dass die Personalverantwortung weitgehend in den Kompetenzbereich der Fachbereiche gelegt wird. Das gilt auch für die besonders wichtigen Felder der Personalauswahl und der Personalentwicklung. Damit dies funktionieren kann, müssen die relevanten Akteure das entsprechende Know-how aufbauen und weiter entwickeln. In besonders schwierigen Problemlagen werden die Führungskräfte jedoch nicht daran vorbeikommen, die Service- und Beratungsangebote der zentralen Personalabteilung in Anspruch zu nehmen. Im Kapitel 5 werden die wesentlichen Grundlagen im Personalmanagement dargestellt.

3.6 New Public Management und Good Governance

Legitimität des Staates

Um das Jahr 2000 sind das New Public Management und die Neuen Steuerungsmodelle zusehends in die Kritik geraten. Parallel zu einer damit verbundenen Reformmüdigkeit hat sich seinerzeit das so genannte *Good Governance* als neue Reformrichtung etabliert. Kurzzeitig sieht es so aus, als könne das Konzept an die Stelle der bis dahin vorherrschenden New Public Management-Bewegung treten. Während die neuen Steuerungsmodelle in erster Linie die Binnenstrukturen der öffentlichen Verwaltungen im Blick haben, bezieht sich das *Good Governance* auf globalere Strukturen, in denen dem Politik- und Verwaltungssystem eine bestimmte Rolle zukommt: »Governance hebt nicht wie NPM auf die internen administrativen Strukturen ab, sondern auf interorganisatorische Netzwerke der Leistungserstellung und Problemlösung und auf die Verflechtung zwischen verschiedenen Verwaltungsebenen oder der Kernverwaltung und dem sich darum gruppierenden Umfeld staatlicher und halbstaatlicher Organisationen, vor allem auf kommunaler Ebene« (*Walkenhaus, R.* 2006 S. 165). *Good Governance* befasst sich demzufolge mit den Rahmenbedingungen und Voraussetzungen eines Staates, der unter Berücksichtigung von Demokratie und Legitimität die Gesellschaft angemessen steuern soll.

Netzwerke

Ursprünglich hat die Weltbank den Begriff im Jahre 1989 im Zusammenhang mit der Entwicklungspolitik eingeführt. Im Rahmen der Weltbank wird Governance folgendermaßen bezeichnet: »The exercise of political power to manage a nations affair«. Organisationen wie die OECD und die GTZ haben den Begriff im Anschluss erweitert und betont normative Komponenten in die Diskussion eingebracht: gutes Regierungssystem, gute Regierungsführung und gute Politik. »So entstand mit ›Governance‹ ein inzwischen weltweit verwendeter Sammelbegriff zur Erfassung und Gestaltung teilweise recht heterogener Phänomene institutioneller und interaktiver Arrangements. Diese erstrecken sich von der einzelnen Hierarchie wie Unternehmen und öffentliche Einheiten über Märkte und Netzwerke einschließlich deren Umfeldbedingungen bis hin zur umfassenden Charakterisierung eines Staats- und Gemeinwesens« (*Budäus, D.* 2005 S. 2).

Normativ-politische Inhalte

Die Good-Governance-Bewegung beabsichtigt, die Reformschwerpunkte von reinen Managementaspekten auf weitergehende Zielsetzungen und auch auf normativ-politische Inhalte hin umzusteuern. Der Staat kann sich nicht allein auf die Schaffung einer effizienten und kundenorientierten Verwaltung beschränken. Vielmehr hat der Staat genauso gut zu garantieren, dass die Bürger angemessen in das politische und administrative Geschehen eingebunden werden, wobei auch die Stärkung des Verantwortungsbewusstseins für gesellschaftliche Angelegenheiten auf der Tagesordnung steht. Bürgergesellschaft, Gewährleistungsstaat und aktivierender Staat sind Begriffe, die in diesem Zusammenhang zumindest zeitweise Karriere gemacht haben. Tatsächlich werden wieder Stimmen laut, die von Politik und Verwaltung fordern, dass sie sich vermehrt und intensiver mit der Lösung gesellschaftlicher Probleme befassen und sich dafür verantwortlich fühlen. Gerade in Zeiten des wirtschaftlichen Aufschwungs wird vom Staat verlangt, dass er sich stärker in die Gesellschaft einmischt und positiv steuernd wirkt, um z. B. soziale Probleme durch den Einsatz nennenswerter Finanzbeträge einer Lösung näher zu bringen. Der im Jahre 2008 veröffentlichte Armuts- und Reichtumsbericht bietet sicherlich genug Ansatzpunkte für das Tätigwerden des Staates z. B. im Sozial-, Jugend- und Bildungsbereich. Angesichts dieser Diskussion stellt sich aber die Frage, ob ein Staat in einer stetig komplexer werdenden Gesellschaft überhaupt noch gezielt steuern kann.

Kritik

Eine kritische Auseinandersetzung mit dem Konzept *Good Governance* fällt schwer, weil sich die Aussagen auf die Ebene allgemein-theoretischer Aussagen beschränken, die zudem normativ so sehr positiv geprägt sind, dass man den allgemeinen Direktiven kaum widersprechen mag. Die Kraft zur Initiierung einer relevanten ordnungspolitischen Debatte, in der z. B. sozialdemokratische mit liberaldemokratischen Positionen um die Rolle des Staates streiten, hat das Konzept offensichtlich nicht. Es bleibt festzuhalten, dass eine ernst zu nehmende Alternative zum New-Public-Management-Konzept daraus nicht entstanden ist. Die Idee eines *Good Governance* hat aber immerhin das Bewusstsein dafür geschärft, dass es dem Staat nicht allein um eine effiziente und kundenorientierte Verwaltung gehen darf. Vielmehr muss der Staat auch effektiv in seinen Wirkungen sein. Aber diese Sicht kann sehr wohl in das Konzept des New Public Managements integriert werden.

Wiederholungsfragen

1. Aus welchen Managementkonzepten lässt sich das New Public Management im Wesentlichen herleiten?
2. Wie ist das Managementkonzept der *KGSt* aufgebaut?
3. Welchen Sinn hat es, dass Kommunalverwaltungen Leitbilder erarbeiten?
4. Leitbilder sollen Entwicklungspfade aufzeigen. Geben Sie bitte an, in welchen Dimensionen dies geschehen soll.
5. Was verstehen Sie unter einer outputorientierten Steuerung? Was bedeutet demgegenüber Inputorientierung?
6. Was bedeutet strategisches Management?

7. Auf welche Weise lassen sich strategische Zielsetzungen in operatives Handeln umsetzen? Beschreiben Sie das dabei einzusetzende Instrument im Detail.
8. Begründen Sie die Notwendigkeit einer outcome- bzw. wirkungsorientierten Steuerung.
9. Erläutern Sie den Begriff Qualitätsmanagement.
10. Welche Orientierungen resultieren aus einem Qualitätsmanagementkonzept?
11. Was heißt Kundenorientierung? Was heißt Bürgerorientierung?
12. Erläutern Sie das Lebenslagenkonzept anhand eines selbstgewählten Beispiels.
13. Erläutern Sie den Begriff Prozessorientierung?
14. Was sind Bürgerämter und welche Funktion erfüllen sie?
15. Welchen Qualitätsmaßstäben sollte ein Bürgeramt entsprechen?
16. Aufgrund welcher Indikatoren lässt sich die Qualität von Verwaltungsleistungen bestimmen?
17. In welcher Beziehung stehen Qualität und Wettbewerb zueinander?
18. Wie lässt sich im Rahmen von öffentlichen Verwaltungen Wettbewerb herstellen?
19. Was heißt Benchmarking?
20. Was ist ein Produkt? Warum ist die Produktbildung Voraussetzung für eine outputorientierte Steuerung?
21. Welche Informationen gehören in eine Produktbeschreibung?
22. Beschreiben Sie die Vorgehensweise beim Kontraktmanagement.
23. Welche Konsequenzen hat das Kontraktmanagement für den Gemeinderat?
24. Welche organisatorischen Konsequenzen sind mit der Einführung des Neuen Steuerungsmodells verbunden?
25. Erläutern Sie anhand von Beispielen das Prinzip der dezentralen Ressourcenverantwortung.
26. In welcher Weise ändert sich durch dezentrale Ressourcenverantwortung die Rolle der Querschnittsämter?
27. Was heißt Controlling? Erläutern Sie den Unterschied zwischen strategischem und operativem Controlling.
28. Was heißt Budgetierung?
29. Worin liegt der Unterschied zwischen inputorientierter und outputorientierter Budgetierung?
30. Wie ist eine Kosten- und Leistungsrechnung aufgebaut?
31. Was sind Kennzahlen? Welche Funktionen erfüllen sie?
32. Welche Arten von Kennzahlen kennen Sie? Nennen Sie jeweils Beispiele.
33. Erläutern Sie den Zusammenhang von Produktbildung und Kosten- und Leistungsrechnung.

34. Wie muss ein empfängerorientiertes Berichtswesen gestaltet sein?
35. Welche Aufgaben erfüllt ein zentraler Steuerungsdienst?
36. Inwieweit kann das Personalmanagement den Veränderungsprozess unterstützen?
37. Wofür steht der Begriff Good Governance?

Lösungshinweise

1. Das New Public Management lässt sich aus dem Total Quality Management und dem Lean Management herleiten. In beiden Konzepten finden sich nahezu sämtliche Bausteine, die auch im NPM relevant sind, z. B. Dezentralisierung, Verantwortung auf der operativen Ebene, Kundenorientierung und intensive Mitarbeiterentwicklung. Vergleiche S. 48 ff.
2. Das Management-Konzept der KGSt, wie es im Jahre 2000 publiziert worden ist, differenziert das Management in die Phasen normatives, strategisches und operatives Management. In diesem Zusammenhang bezieht sich die KGSt auf das Konzept von *Bleicher* (1999). Vergleiche S. 54 ff.
3. Leitbilder erfüllen unter Umständen eine Orientierungsfunktion im organisatorischen Wandel hin zu einer modernen Verwaltung. Dies können sie jedoch nur leisten, wenn sie in einem offenen Prozess unter Beteiligung möglichst vieler Mitarbeiter erarbeitet worden sind und demzufolge auch auf breiter Basis akzeptiert werden. Viele Leitbilder leiden jedoch darunter, dass sie als *Show Business* bezeichnet werden und deshalb auch nicht ernst genommen werden. Es bleibt vielfach unklar, warum bei manchen Leitbildern der Funke überspringt, bei anderen wiederum kaum nennenswerte Wirkungen erzielt werden. Vergleiche S. 60 ff.
4. Leitbilder können in verschiedenen Dimensionen ausgearbeitet sein. Viele Kommunalverwaltungen begnügen sich damit, wenn die Kultur durch Leitbilder skizziert wird. Es kann und sollte sich auch auf die Programmatik und die Konstitution bzw. Organisation beziehen. Vergleiche S. 62 ff.
5. Outputorientierte Steuerung bedeutet, dass sich die Kommunalverwaltung selbst von außen betrachtet und ihre eigenen Leistungen, die beim Bürger ankommen sollen, zum ersten Ausgangspunkt des kommunalen Managements erklärt. Demgegenüber bedeutet Inputorientierung, dass die eigenen zur Verfügung stehenden Ressourcen den Ausgangspunkt der Verwaltungssteuerung bilden. Vergleiche S. 56 f. und S. 107 ff.
6. Strategisches Management bedeutet, dass sich eine Organisation über und auf langfristige Zielsetzungen verständigt, um da-

rauf aufbauend diejenigen Mittel einzusetzen, die zur Zielerreichung erforderlich sind. So kann eine Stadtverwaltung zum Beispiel anstreben, langfristig ein attraktiver Standort für kleinere Theater zu sein. Um das Ziel zu erreichen, müssen bereits heute erste Maßnahmen geplant und durchgeführt werden. Vergleiche S. 68 ff.

7. Das wohl beste Instrument, um langfristige Zielsetzungen in operatives Handeln umzusetzen, ist die so genannte Balanced Scorecard (BSC). Durch einen besonders durchdachten und systematischen Aufbau ist sie in der Lage, mit einer überschaubaren Anzahl strategischer Zielsetzungen und Kennzahlen die Geschicke einer Kommunalverwaltung positiv zu beeinflussen. Zu den Einzelheiten vergleiche S. 75 ff.
8. Mit der ursprünglich praktizierten Outputorientierung hat das Neue Steuerungsmodell die tatsächlichen Wirkungen des kommunalen Handelns zwar nicht völlig ausgeblendet, aber ihnen nicht den Stellenwert zukommen lassen, der ihnen eigentlich gebührt. Erst, wenn sich eine Kommunalverwaltung auf die tatsächlichen bzw. angestrebten Wirkungen konzentriert, ist sie in der Lage im Hinblick auf ihre Aufgabenbewältigung wirklich strategisch zu handeln. Vergleiche S. 84 ff.
9. Qualitätsmanagement befasst sich mit all jenen Konzepten, Methoden und Instrumenten, die sich mittel- oder unmittelbar auf die Qualität der Produkte, der Prozesse und der Organisation auswirken. Insofern unterscheidet man Struktur-, Prozess- und Ergebnisqualität. Inzwischen gibt es überaus komplexe Qualitätsmanagement-Systeme (DIN ISO 9000 ff., EFQM und CAF), mit denen die Güte eines Produktions- oder Dienstleistungsunternehmens sichergestellt werden soll. In diesem Zusammenhang werden Prüfungen bzw. Audits vorgenommen, die ein solches System zertifizieren. Vergleiche S. 86 ff.
10. Qualitätsmanagementkonzepte sind darauf ausgerichtet, die Kunden-, die Prozess- und die Mitarbeiterorientierung einer Organisation zu stärken. Für öffentliche Verwaltungen kann zudem die Gemeinwohlorientierung als Zielgröße fungieren. Vergleiche S. 86 ff.
11. Vereinfacht ausgedrückt bedeutet Kundenorientierung, dass ein Anbieter von Produkten bzw. von Leistungen versucht, die jeweils spezifischen Bedürfnisse der Nutzer zu befriedigen. Insoweit ist eine Kommunalverwaltung dann kundenorientiert, wenn sie eine Leistung zielgruppenorientiert unterschiedlich ausgestaltet. Bürgerorientierung ist demgegenüber auf den Bürger in seinen unterschiedlichern Rollen als Ordnungs- und Sozialbürger, als Wahl- und Partizipationsbürger wie auch als Kunde ausgerichtet. Insofern ist Bürgerorientierung mehr als

Kundenorientierung. Zu diesem sehr komplexen Sachverhalt vergleiche S. 87 ff.

12. Das Lebenslagenkonzept bedeutet, dass sich eine Kommunalverwaltung in ganz besonderer Weise auf die Bedürfnisse ihrer Kunden einrichtet. Alle für eine bestimmte Lebenssituation notwendigen Leistungen werden integriert und damit aus einer Hand angeboten. Eine spezifische Lebenslage wäre zum Beispiel der Umzug, eine andere der Hausbau. Vergleiche S. 89 f.
13. Prozessorientierung ist eine organisatorische Perspektive, die den konkreten Prozess zur Aufgabenbewältigung höher bewertet als eine saubere funktions- und hierarchieorientierte Aufbauorganisation. Die radikale Prozesssicht stellt die bestehenden Organisationsstrukturen in Frage und läuft somit auf einen gravierenden organisatorischen Wandel hinaus. Prozessorientierung beginnt in der Regel mit der Identifizierung der wichtigsten Geschäftsprozesse einer Kommunalverwaltung, wobei es sich um jene Prozesse handelt, die den Erfolg einer Stadtverwaltung in besonderem Maße beeinflusst. Vergleiche S. 91 f., aber auch S. 206 ff.
14. Bürgerämter sind Einrichtungen einer Kommunalverwaltung, die an einem Schalter nahezu sämtliche Dienste anbieten, die eine Stadt oder eine Gemeinde ihren Bürgern gewöhnlich gewährleisten muss. Man geht heute davon aus, dass das moderne Bürgeramt etwa 80 % der Leistungen einer Lokalverwaltung in einem solchen Frontoffice integrieren kann. Eine besonders freundliche Atmosphäre und gut ausgebildete Servicekräfte runden das Konzept ab. Vergleiche S. 92 ff.
15. In diesem Zusammenhang könnten unzählige Maßstäbe kreiert und ausformuliert werden. Der Einfachheit halber sei hier auf die wichtigen Qualitätskategorien hingewiesen: Unternehmensqualität, Produktqualität und Servicequalität auf der einen Seite, Struktur-, Prozess- und Ergebnisqualität auf der anderen. Vergleiche Abbildung 3.15.
16. Auch hier gibt es eine unüberschaubare Zahl von möglichen Kriterien, die jeweils produktbezogen bestimmt werden müssen. Die Abbildung 3.17 stellt Beispiele für mögliche Qualitätskriterien dar, dazu zählen Zuverlässigkeit, prompte Reaktion, Kompetenz, offener Zugang, Freundlichkeit, Kommunikation, Sicherheit und Verständnis für den Bürger. Der kommunale Produktplan Baden-Württemberg hat versucht, jeweils produktbezogen Qualitätskriterien zu formulieren.
17. Qualität und Wettbewerb bedingen einander. Gesteigerter Wettbewerb regt Maßnahmen des Qualitätsmanagements an, und umgekehrt stärkt gute Qualität wiederum die Wettbewerbsfähigkeit. Kommunalverwaltungen sind nur in relativ wenigen Produktbereichen einem echten Wettbewerb ausge-

setzt. Dort, wo die Verwaltung quasi Monopolcharakter hat, muss Wettbewerb künstlich erzeugt werden – z. B. durch Leistungsvergleiche, durch Benchmarking oder durch Qualitätswettbewerbe. Vergleiche S. 100 ff.

18. In diesem Zusammenhang sind die bereits genannten Instrumente Leistungsvergleiche, Vergleichringe, Benchmarking und Qualitätswettbewerbe relevant. Im Universitätsbereich hat man einen Qualitätswettbewerb durch eine so genannte Exzellenz-Initiative herbeigeführt, aus der die neuen Elite-Universitäten hervorgegangen sind. Die großen Magazine SPIEGEL und FOCUS haben in der Vergangenheit auch Rankings im Hinblick auf den Wohnwert von Städten erarbeitet und veröffentlicht. Vergleiche S. 100 ff.
19. Benchmarking ist eine besondere Form des Vergleichs von Leistungen. Einerseits geht es darum, sich an den besten Problemlösungen (Best Practices) zu messen. Andererseits gehen Benchmarking-Projekte sehr in die Tiefe und vergleichen nicht nur die Leistungen, sondern auch Prozesse und Strukturen. Besonders wirkungsvoll ist bilaterales Benchmarking. In diesem Zusammenhang lernen beide Seiten jeweils voneinander. Vergleiche S. 101 ff.
20. Ein Produkt ist eine Leistung oder eine Gruppe von Leistungen, die in einer Organisationseinheit abschließend erstellt wird. Diese Leistungen werden Nutzern zur Verfügung gestellt, die außerhalb dieser Organisationseinheit zu verorten sind. Externe Produkte sind auf Personen oder Institutionen bezogen, die außerhalb der Kommunalverwaltung stehen. Interne Produkte richten sich an andere Fachbereiche innerhalb der eigenen Kommunalverwaltung bzw. an deren Mitarbeiter. Weil die Produkte einer Kommunalverwaltung mit ihren Output gleichzusetzen sind, sind sie Ausgangspunkt für die outputorientierte Steuerung. Vergleiche S. 107 ff.
21. In eine Produktbeschreibung gehören vor allem Produktdefinition, erwartete Wirkung, Zielgruppe, Leistungsumfang, Leistungsqualität, Kosten der Produkterstellung und Daten zur Quantität, Qualität und zur Zielerreichung. Vergleiche S. 114.
22. Im Kontraktmanagement werden zwischen über- und untergeordneten Ebenen auf der Basis von Produkten oder Produktgruppen Vereinbarungen getroffen über Leistungsziele und über Budgetvorgaben. Kontraktpartner können sein Gemeinderat und Verwaltungsspitze, aber auch Verwaltungsspitze und Fachbereiche. Näheres zum Vorgehen finden Sie in der Abbildung 3.26. Vergleiche S. 116 ff.
23. Der Gemeinderat muss sich im Rahmen des Kontraktmanagements auf die wesentlichen strategischen Ziele konzentrieren. Er sollte der Verwaltung das WAS vorgeben, das WIE der Zieler-

reichung aber den Fachbereichen überlassen. Eine Steuerung im Detail durch die Vertretungskörperschaft verbietet sich in einem System mit Kontraktmanagement. Mit dieser Forderung haben Gemeinderäte durchaus ihre Schwierigkeiten. Vergleiche S. 119 ff.

24. Das Neue Steuerungsmodell wirkt sich organisatorisch insbesondere folgendermaßen aus: Abbau von Hierarchiestufen durch die Bildung von Fachbereichen, die Übertragung von zusätzlichen Entscheidungskompetenzen auf dezentrale Einheiten und Prozessorientierung. Vergleiche S. 121 ff.
25. Im Rahmen der dezentralen Ressourcenverantwortung sollen die Facheinheiten über die Fachverantwortung hinaus Kompetenzen im Bereich des Ressourcenmanagements erhalten. So geht man davon aus, dass die Facheinheiten ihre eigene Organisation weitgehend selbst gestalten können sollen. Zudem erhalten sie zusätzliche Befugnisse in der Personalauswahl und in der Personalentwicklung. Vergleiche S. 122 ff.
26. Durch eine Stärkung der Fachbereiche im Bereich des Ressourcenmanagements verlieren die konventionellen Querschnittsämter an Befugnissen. Sie müssen sich von Entscheidungsinstanzen zu Service- und Beratungseinrichtungen entwickeln, deren Leistungen die Fachbereiche nur in Anspruch nehmen, wenn sie sie nachfragen. Vergleiche S. 122 ff.
27. Controlling erfüllt mindestens drei verschiedene Funktionen, die sich auch in den entsprechenden Definitionen widerspiegeln. Es geht um Controlling als Informationsversorgungssystem, um Controlling als spezielle Form der Führung und um Controlling als Koordinationsfunktion. Sofern man die zahlreichen Controlling-Definitionen auf einen Begriff bringen will, kann man sagen, dass Controlling die Rationalität der Führung sicherstellt (vgl. *Weber, J.* 2004 S. 22 ff.). Das strategische Controlling bezieht sich auf die Steuerung langfristiger Zielsetzungen (Tun wir die richtigen Dinge?). Das operative Controlling trägt dafür Sorge, dass auf der Basis von Zielsetzungen und Budgetvorgaben die konkrete aktuelle Steuerung der Fachbereiche ermöglicht wird (Tun wir die Dinge richtig?). Vergleiche S. 72 ff. und S. 138 ff.
28. Budgetierung bedeutet, dass man den relevanten Organisationseinheiten (Fachbereiche oder Ämter) zur Erreichung spezifischer Ziele entsprechende Gesamtbudgets zur Verfügung stellt, die die jeweils verantwortlichen Führungskräfte aufgrund eigener Disposition einsetzen dürfen. Durch die Höhe der Budgets wird unter Umständen die Relevanz von Politik- bzw. Verwaltungsbereichen festgelegt. Vergleiche S. 140.
29. Bei der inputorientierten Budgetierung wird die Höhe der Finanzmittel festgelegt, ohne dass damit das Erreichen

bestimmter Ziele verbunden wird. Die Höhe richtet sich dann jeweils nach Erfahrungswerten aus der Vergangenheit. Bei der outputorientierten Budgetierung verknüpfen der Gemeinderat und/oder die Verwaltungsführung die Budgetvergabe mit spezifischen Zielsetzungen, die zu erreichen sind. Outputorientierte Budgetierung setzt somit ein funktionierendes Kontraktmanagement voraus. Vergleiche S. 140.

30. Die Kosten- und Leistungsrechung sieht eine Kostenarten-, eine Kostenstellen- und eine Kostenträgerrechung vor. Kostenarten sind z. B. Personal-, Sach- und Kapitalkosten. Bei der Kostenstellenrechnung werden die Kosten sachgerecht auf die bestehenden Organisationseinheiten verteilt. Die Kostenträgerrechnung bezieht sich auf konkrete Produkte und ermöglicht eine Preis- bzw. Gebührenkalkulation. Die Kosten- und Leistungsrechnung ermöglicht die Kostentransparenz, die in konventionellen Verwaltungsorganisationen fehlt. Vergleiche S. 141 ff.
31. Mithilfe von Kennzahlen lassen sich auf der Grundlage spezifischer Messgrößen bestimmte Zusammenhänge darstellen und Vergleiche anstellen. Es geht darum, Informationen zu quantifizieren und in verdichteter Form darzustellen. Vergleiche S. 143 ff.
32. Kennzahlen lassen sich in absoluten Zahlen ausdrücken als Summen (z. B. Gesamtzahl der Fälle pro Jahr), als Differenzen (z. B. Veränderung der Fallzahlen im Zeitverlauf) und als Mittelwerte (z. B. mittlere Bearbeitungszeit). Darüber hinaus gibt es Kennzahlen, die auf verschiedene Weise Zahlenverhältnisse zum Ausdruck bringen. Vergleiche die Abbildung 3.35.
33. Produkte sind spezifische Leistungen der Verwaltung. Um diese angemessen steuern zu können, muss man neben ihrer Qualität auch die Kosten in den Blick nehmen. Eine funktionierende Kosten- und Leistungsrechnung ermöglicht es, die tatsächlichen Kosten eines Produktes exakt zu bestimmen. Vergleiche S. 107 ff. und S. 141 ff.
34. Ein funktionierendes Berichtswesen bezieht sich auf die Informationsdefizite der Führung. Es geht dabei um effiziente, ganzheitliche, systematisierte und integrative Informationsversorgung. Ein empfängerorientiertes Berichtswesen kann als Kennzahlenbericht, als Balanced Scorecard oder als Cockpit-Informationssystem ausgestaltet sein. Zu den Einzelheiten vergleiche S. 146 ff.
35. Ein zentraler Steuerungsdienst sorgt für die effektive und effiziente Beratung und Unterstützung der Verwaltungsführung. Im Einzelnen geht es um die Information in steuerungsrelevanten Angelegenheiten, um die Unterstützung bei der Entwicklung von Leitbildern, Programmen und Zielen, um die Unterstüt-

zung bei der Erarbeitung und Vereinbarung von Kontrakten und um die Beratung der Fachbereiche in allen steuerungsrelevanten Angelegenheiten. Vergleiche S. 129.

36. Ohne motivierte und qualifizierte Mitarbeiter kann eine Verwaltungsreform nicht erfolgreich umgesetzt werden. Insoweit muss ein groß angelegter Veränderungsprozess von Personalmanagement-Maßnahmen flankiert werden. Besonders wichtig sind in diesem Zusammenhang die Information, die Beteiligung und die Qualifizierung der Mitarbeiter. Vergleiche S. 130 ff.
37. Good Governance ist ein Reformkonzept, das sich im Unterschied zum New Public Management von der Modernisierung der Binnenorganisation weg bewegt, um die Außenbeziehungen des Staates und seiner Institutionen in den Vordergrund zu rücken. Dabei geht es um die Zusammenarbeit und Kooperation mit anderen relevanten gesellschaftlichen Akteuren und um die Frage, was ein Staat tun muss, um die Gesellschaft im positiven Sinne steuern zu können. Vergleiche S. 152 f.

4 Organisationsmanagement

Lernziele

In modernen Verwaltungen werden Organisationsveränderungen und damit Organisationskompetenz immer wichtiger. Veränderungen im Aufgabenspektrum, die vor allem durch Aufgabenkritik herbeigeführt werden, und die Einführung neuer Steuerungsinstrumente wirken sich unmittelbar auf die Organisationsstrukturen aus. In diesem Zusammenhang sind die Grundlagen der Organisationslehre genauso wichtig wie die Methoden und Techniken der Organisationsarbeit. Im vierten Kapitel soll der Leser

- sich mit wichtigen Grundbegriffen der Organisation auseinandersetzen,
- verstehen, warum die organisatorische Gestaltung von Aufgaben erforderlich ist,
- organisatorische Maßnahmen zielgerichtet planen und erfolgreich umsetzen lernen,
- die dafür geeigneten Techniken einsetzen können,
- die Organisation in den Gesamtzusammenhang der Verwaltungsführung einordnen und
- die Bedeutung der Ansätze für die praktische Organisationsarbeit erkennen.

4.1 Grundlagen der Organisation

Die Betrachtung der öffentlichen Verwaltung und des sich dort aktuell vollziehenden Veränderungsprozesses führt unweigerlich auch zum Themengebiet der Organisation. Organisatorische Fragestellungen sind in allen Bereichen relevant geworden, unabhängig davon, ob sie sich aus den einzelnen Bausteinen des New Public Managements, aus den Zielen der Bürgerorientierung oder der Mitarbeitermotivation herleiten lassen. Ihre sachgerechte Beantwortung stellt einen wesentlichen Erfolgsfaktor für das Gelingen des Umbauprozesses in der öffentlichen Verwaltung dar.

B

Die Organisationsabteilung der Stadt *Bürohausen* soll den Umbauprozess der Verwaltung fachlich unterstützen. Im Rahmen einer Grobanalyse trägt sie u. a. die folgenden Defizite zusammen:

- Die heutige Verwaltungsstruktur verfügt immer noch über zu viele Hierarchieebenen und ist aufgrund der historischen Entwicklung zu verschachtelt.
- Ein starres Netz aus Regelungen hindert die flexible Steuerung des Verwaltungsapparates.

- Die stark ausgeprägte Querschnittsfunktion der Organisationsabteilung gab aufgrund ihrer organisatorischen Lösungen für die Fachbereiche schon häufig Anlass für Konflikte, da man mit den zentralen Vorgaben nicht immer einverstanden war.
- Noch immer orientiert man sich bei der Vergabe von Aufgaben und Kompetenzen zu stark an einzelnen Funktionen. Hier wäre eine stärkere Gewichtung des Gesamtprozesses wünschenswert.

Bevor für diese Probleme ein Lösungskonzept ausgearbeitet werden kann, ist zu klären, welches Grundverständis von Organisation für die Stadtverwaltung gelten soll.

Die Definition des Begriffes Organisation ist so vielschichtig wie die Literatur, die sich mit Organisationsfragen beschäftigt. Unter anderem werden die folgenden Definitionsvorschläge unterbreitet (vgl. *Vahs, D.* 2007 S. 11):

- *Kosiol* definiert Organisation als die zielorientierte und dauerhafte »integrative Strukturierung von Ganzheiten oder Gefügesystemen« (*Kosiol, E.* 1976 S. 21 ff.).
- *Grochla* kennzeichnet Organisation »als Strukturierung von Systemen zur Erfüllung von Daueraufgaben« (*Grochla, E.* 1983 S. 13).
- *Büchi/Chrobok* stellen eine ganzheitliche Betrachtung in den Mittelpunkt und definieren Organisation als ein »ganzheitliches Gestalten von Beziehungen zwischen Aufgaben, Menschen, Sachmitteln und Informationen in sozialen Systemen« (*Büchi, R./Chrobok, R.* 1994 S. 41).
- *Kieser/Walgenbach* beschreiben Organisationen als »soziale Gebilde, die dauerhaft ein Ziel verfolgen und eine formale Struktur aufweisen, mit deren Hilfe Aktivitäten der Mitglieder auf das verfolgte Ziel ausgerichtet werden sollen« (*Kieser, A./Walgenbach, P.* 2007 S. 6).

Organisation und Organisieren

Die eben skizzierten Ansätze zeigen, wie vielseitig sich der Begriff der Organisation verstehen lässt: Zum einen wird Organisation als eine *Tätigkeit* verstanden, mit der man eine Gesamtaufgabe strukturiert, in Teile zerlegt und – im Anschluss daran – zielorientiert ordnet. Der Schwerpunkt liegt also im Organisieren selbst (funktionaler Organisationsbegriff). Zum anderen bedeutet Organisation gleichzeitig das *Ergebnis* der organisatorischen Tätigkeit (institutioneller Organisationsbegriff). Die dritte Sichtweise sieht Organisation als ein *Instrument* zur Zielerreichung (instrumentaler Organisationsbegriff).

Betrachtet man in einer Behörde die einzelnen organisatorischen Tätigkeiten, liegt der funktionale Begriff zugrunde.

Eine Behörde organisiert.

Daneben ist jede Behörde eine Organisation. Hier spricht man vom institutionellen Begriff.

Eine Behörde ist eine Organisation.
Wird dasjenige Instrument betrachtet, welches die Gesamtheit aller bewusst vereinbarten Regelungen umfasst, wird der instrumentale Organisationsbegriff verwendet.
Eine Behörde hat eine Organisation.

Merkmale von Organisationen

So unterschiedlich die oben zitierten Definitionen auf den ersten Blick zu sein scheinen, liegt ihnen doch ein Grundverständnis einer Organisation zugrunde, das sich mit den folgenden Merkmalen beschreiben lässt (vgl. *Vahs, D.* 2007 S. 11 ff.):

Merkmal 1: Organisationen sind zielgerichtet

Ziele haben in mehrfacher Hinsicht eine Bedeutung. Erstens können Organisationen als Instrumente der Zielerreichung eingesetzt werden. Die staatlichen und kommunalen Aufgabenträger bedienen sich der Verwaltungsorganisationen, um die gesetzlichen Aufträge und Vorgaben zu realisieren. Zweitens verfolgen die Organisationen eigene Ziele. Dabei fungieren als Organisationsziele jene Ziele, auf die sich die Organisationsmitglieder in einem formalen Verfahren geeinigt haben. Grundlage für die Organisationsziele können einerseits die persönlichen Ziele der Beschäftigten (*Individualziele*) sein, andererseits »... verfolgen viele Organisationsmitglieder auch *Ziele für die Organisation*: Sie engagieren sich für eine umweltfreundliche Fertigung oder die Steigerung des Umsatzes ihres Unternehmens« (*Vahs, D.* 2007 S. 11). Die mehr oder weniger diffusen Anforderungen an die Verwaltungsorganisationen sind zunächst zu prüfen, um daran anschließend die relevanten Anliegen zu bestimmen. Daraus resultieren die Zielsetzungen einer Organisation, an denen sich sowohl die Strukturen als auch die Aktivitäten der Mitglieder orientieren sollten.

Merkmal 2: Organisationen sind soziale Systeme

Mit der Kennzeichnung einer Organisation als soziales System werden die Menschen explizit in die Betrachtung einbezogen. Die Mitarbeiter der öffentlichen Verwaltung haben eigene Ziele, Wertvorstellungen und Verhaltensweisen, die nun aus diesem Grundverständnis heraus in die Organisation einfließen. Je besser es gelingt, die Individualziele der Mitarbeiter mit den Zielen einer Behörde als Organisation zu harmonisieren, desto erfolgreicher wird diese Organisation agieren können. Es ist aber das besondere Merkmal von Organisationen, dass eine Kongruenz von Organisationszielen und Mitarbeitermotiven nicht notwendig ist, um zu funktionieren. Die Motivation für die Mitgliedschaft und das Engagement wird anderweitig gesichert, und zwar vorrangig durch die angemessene Bezahlung und das Erreichen sozialer Anerkennung.

Merkmal 3: Organisationen weisen eine formale Struktur auf

Ein komplexes System wie die öffentliche Verwaltung braucht eine Ordnung, um die anfallenden Aufgaben sachgerecht erfüllen zu können. Die bewusste Formulierung von organisatorischen Regeln erzeugt die notwendige formale Struktur, die ein zielgerichtetes Zusammenwirken aller Mitarbeiter der betrachteten Verwaltungseinheit ermöglicht. Zu den formalen Regeln zählen u. a. Organigramme, Arbeits- und Dienstanweisungen, Stellenbeschreibungen und Organisationshandbücher.

B

Damit eine Stadtverwaltung ihre komplexen Aufgaben sachgerecht bewältigen kann, differenziert sie sich in mehrere Organisationseinheiten (Fachbereiche bzw. Ämter), die jeweils unterschiedliche Aufgaben wahrnehmen. Auf diese Weise werden die Zuständigkeiten für die einzelnen Bereiche verbindlich festgelegt.

Auf der Basis der dargestellten Überlegungen und in Anlehnung an *Vahs* wird das Organisationsverständnis dieses Buches in folgender Definition zusammengefasst (*vgl. Vahs, D.* 2007 S. 14):

D

Organisation bedeutet sowohl das zielorientierte und ganzheitliche Gestalten von Beziehungen in offenen sozialen Systemen als auch das Ergebnis dieser Tätigkeit.

4.2 Von der Gesamtaufgabe zur Organisation

Organisatorische Differenzierung und Integration

Wie lässt sich die Gesamtaufgabe einer komplexen Verwaltungseinheit mit ihren vielfältigen Zusammenhängen und Abhängigkeiten systematisch in eine Organisationsstruktur überführen? Dieses Grundproblem der organisatorischen Gestaltung ist ein Dualproblem. Das heißt, es lässt sich aus einer Gesamtperspektive nur in zwei Schritten lösen (vgl. *Vahs, D.* 2007 S. 51):

- In einem ersten Schritt gilt es, den Umfang der Gesamtaufgabe zielgerichtet in Teilaufgaben zu zerlegen (Problem der Arbeitsteilung oder organisatorische Differenzierung).
- Das so erhaltene komplexe System von Einzelaktivitäten wird in einem zweiten Schritt zu einer geschlossenen Leistungseinheit zusammengefasst (Problem der Arbeitsvereinigung oder organisatorische Integration).

Die Abbildung 4.1 veranschaulicht das beschriebene Dualproblem der Organisationsgestaltung (vgl. *Steinmann, H./Schreyögg, G.* 2005 S. 443, *Vahs, D.* 2007 S. 51).

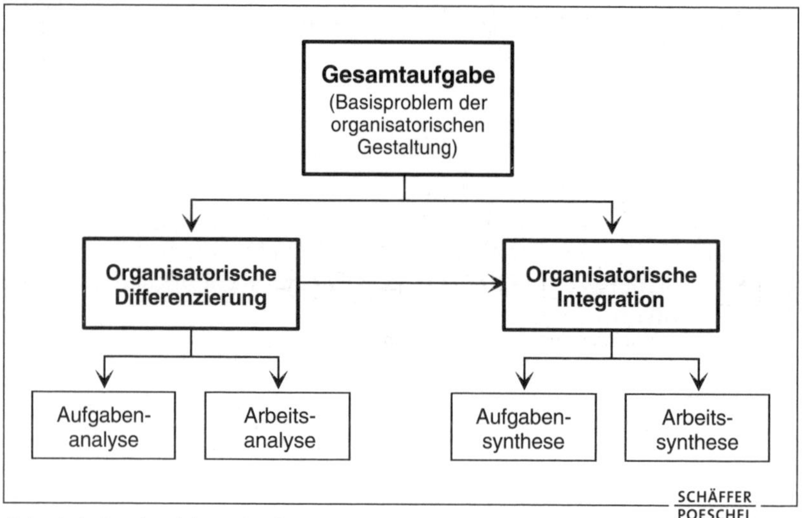

Abb. 4.1: Dualproblem der Organisationsgestaltung
(*Vahs, D.* 2007 S. 51)

Differenzierung und Integration des Aufgabenkomplexes sind untrennbar miteinander verbunden. Nur wenn diese beiden Schritte (Aufgabenzerlegung und Zusammenführung) sorgfältig und durchdacht vorgenommen werden, lassen sich die Aufgaben einer Verwaltungsorganisation in einer homogenen und schlüssigen Einheit erfolgreich bewältigen.

Die Analysephase liefert die Basisinformationen über die Gesamtaufgabe und damit auch über die daraus resultierenden Teilaufgaben und Arbeitsteile. Die Synthese der Aufgaben und Arbeitsteile wandelt die gewonnenen Informationen mit Hilfe der verschiedensten Strukturen und Prozesse zu sichtbaren Organisationsergebnissen um. Die Aufbau- und die Ablauforganisation sind somit gleichermaßen durch die organisatorische Differenzierung und Integration definiert und hängen ganz entscheidend von ihrer Gestaltung ab. »Während die Aufbauorganisation die Verteilung von Aufgaben und Kompetenzen widerspiegelt (statischer Aspekt), geht es bei der Ablauforganisation um die Wahrnehmung von Aufgaben und Kompetenzen in Raum und Zeit (dynamischer Aspekt)« (*Bea, F. X./Göbel, E.* 2002 S. 211). Die Abbildung 4.2 stellt diesen Zusammenhang in einem übersichtlichen Schaubild dar (vgl. *Bleicher, K.* 1991 S. 49).

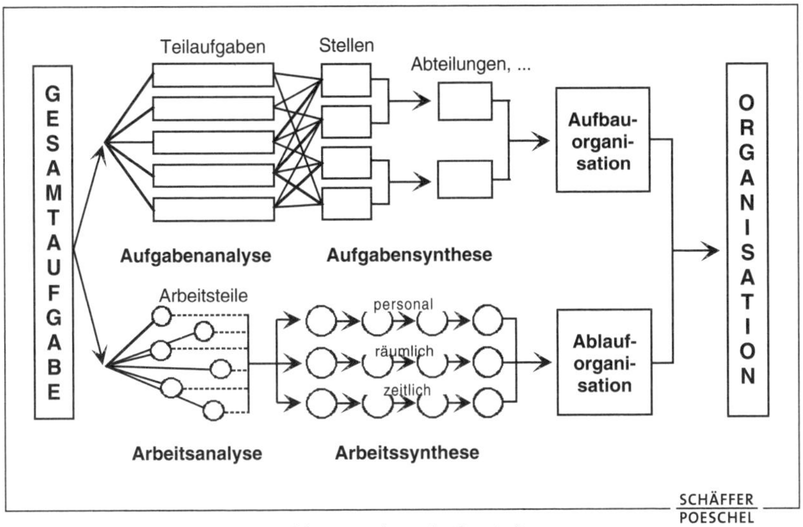

Abb. 4.2: Differenzierung und Integration als Gestaltungselemente der Organisation (*Vahs, D.* 2003 S. 56 in Anlehnung an *Bleicher, K.* 1991 S. 49)

4.2.1 Aufgabenanalyse

Die Gestaltung der *Analysephase* ist der erste Baustein einer erfolgreichen Organisation. Die Aufgabenanalyse ist der Beginn einer systematischen und vollständigen Darstellung des gesamten Aufgabenkomplexes. Die *Aufgabe*, die im Mittelpunkt dieses Analyseschrittes steht, wird folgendermaßen definiert (vgl. *Hill, W./Fehlbaum, R./Ulrich, P.* 1994 S. 122 f., *Kosiol, E.* 1976 S. 43, *Schulte-Zurhausen, M.* 2002 S. 40 f., *Vahs D.* 2007 S. 52 ff.):

> Eine Aufgabe ist die dauerhaft wirksame Verpflichtung, eine bestimmte Tätigkeit auszuüben, um ein vorher definiertes Ziel zu erreichen.

Aufgabenmerkmale

Die Abbildung 4.3 beschreibt die *Aufgabenmerkmale* Verrichtung, Objekt, Aufgabenträger, Sachmittel, Zeit und Raum, durch die jede materielle und immaterielle Aufgabe charakterisiert werden kann (vgl. *Vahs, D.* 2007 S. 53).

Verrichtung	Was ist zu tun? Art der geistigen oder körperlichen Tätigkeit z.B. Schreiben, Buchen, Beraten
Objekt	Woran ist etwas zu tun? Gegenstand der Tätigkeit z.B. Gebührenbescheid, Information
Aufgabenträger	Wer muss etwas tun? Ausführende Person z.B. Amtsleiter, Sachbearbeiter
Sachmittel	Womit ist etwas zu tun? Hilfsmittel bei der Aufgabenerfüllung z.B. Computer
Zeit	Wann ist etwas zu tun? Zeitpunkt, Zeitraum, Zeitablauf z.B. 01.01.2003, vom 01.05.2002 bis 31.07.2002, in chronologischer Reihenfolge erstens ..., zweitens ..., drittens ...
Raum	Wo ist etwas zu tun? Ort, an dem die Tätigkeit ausgeübt wird z.B. Dettenhausen, Rathaus, Zi. 9

SCHÄFFER POESCHEL

Abb. 4.3: Merkmale einer Aufgabe

In der Phase der Aufgabenanalyse wird die Gesamtaufgabe systematisch in ihre Teilaufgaben zerlegt. Dies geschieht in mehreren Etappen, d. h. die anfänglichen Teilaufgaben werden erneut in Teilaufgaben aufgeteilt, die sich ihrerseits in weitere *Teilaufgaben* zerlegen lassen. Die Grenze dieser Zerlegung wird dort gewählt, wo sich ein Aufgabenbereich für eine (gedachte) Person ergibt. Die Aufgaben der untersten Ebene nennt man Elementaraufgaben.

Gliederungsmerkmale

Kosiol hat für diese Zerlegungsschritte die folgenden Gliederungsmerkmale beschrieben (vgl. *Kosiol, E.* 1976 S. 49 ff.):

- *Verrichtung:* Das Kriterium für die Aufgabenzerlegung bezieht sich hierbei auf die Tätigkeit (z. B. Schreiben, Buchen, Beraten).
- *Objekt:* Die Gliederung richtet sich nach der Art des Gegenstandes (z. B. Gebührenbescheid, Daten).
- *Rang:* Man unterscheidet zwischen Entscheidungs- und Ausführungsaufgaben (z. B. Beschaffungsentscheidung, Beschaffungsausführung).
- *Phase:* Während der Aufgabenerfüllung werden die Phasen durchlaufen, die ebenfalls als Kriterium für die Zerlegung herangezogen können werden (z. B. Beschaffungsplanung, Beschaffungsdurchführung und Beschaffungskontrolle).
- *Zweckbeziehung:* Die Zweckanalyse trennt die Aufgaben nach ihrem Bezug zur Gesamtaufgabe. Primäre Teilaufgaben lassen sich unmittelbar aus dem Leistungsprogramm ableiten (z. B.

Ausstellen eines Strafzettels durch das Ordnungsamt). Sekundäre Teilaufgaben ergeben sich aus einer unterstützenden Funktion (z. B. interne Verwaltung).

Die Auswahl und Reihenfolge dieser fünf Gliederungsmerkmale ist freigestellt. Des Weiteren ist die Anzahl der Ordnungsstufen nicht vorgegeben – der Organisator legt sie in Abhängigkeit des zu lösenden Organisationsproblems und der Größe des Untersuchungsbereiches fest. Die Abbildung 4.4 zeigt eine in einer Stadtverwaltung häufig vorkommende Kombination von Gliederungskriterien.

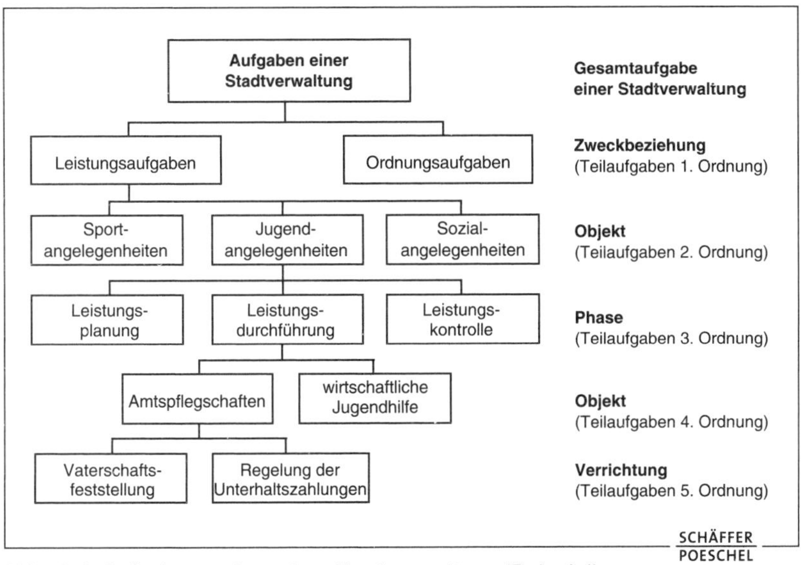

Abb. 4.4: Aufgabenanalyse einer Stadtverwaltung (Beispiel)
(in Anlehnung an *Vahs, D.* 2007 S. 54)

Um einen operationalen Aufgabengliederungsplan zu erstellen, darf pro Analyseebene nur ein Kriterium verwendet werden. Dadurch werden *überschneidungsfreie* Teilaufgaben gewonnen. Daneben muss die Summe der Teilaufgaben den Inhalt der zerlegten Aufgabe vollständig wiedergeben. Durch den Umstand, dass pro Ordnungsstufe eine Teilaufgabe in nicht mehr als fünf oder sechs weitere Teilaufgaben zerlegt wird, bleibt die Überschaubarkeit des Aufgabengliederungsplanes erhalten.

4.2.2 Arbeitsanalyse

Die aus der Aufgabenanalyse gewonnenen Elementaraufgaben enthalten noch keine Informationen über sachliche, räumliche und zeitliche Zusammenhänge. Die für die Aufgabenerfüllung notwendigen *Arbeitsschritte* werden im Rahmen der Arbeitsanalyse herausgearbeitet. Der Übergang von der Aufgaben- zur Arbeitsanalyse ist prinzipiell immer da zu sehen, wo die Frage nach dem Aufgabeninhalt (Was?) in die Frage nach der Aufgabenerfüllung (Wie?) übergeht (vgl. *Wittlage, H.* 1998 S. 179 ff., *Schulte-Zurhausen, M.* 2002 S. 42 f., *Vahs, D.* 2007 S. 56 f.).

Arbeitsgänge und Gangelemente

Die Elementaraufgaben als Teilaufgaben niedrigster Ordnung treten in der Arbeitsanalyse als Arbeitsgänge an die höchste Stelle. Diese *Arbeitsgänge* werden unter Zuhilfenahme der gleichen Gliederungskriterien, die während der Phase der Aufgabenanalyse zur Anwendung gekommen sind, schrittweise zerlegt. Die Arbeitsteile niedrigster Ordnung bezeichnet man als *Gangelemente.* Die Gliederungstiefe und die Kombination der Gliederungsmerkmale richten sich nach dem Ziel der Untersuchung, den untersuchten Aufgaben und den Detaillierungserfordernissen.

In Abbildung 4.5 ist der Übergang von der Aufgaben- zur Arbeitsanalyse beispielhaft dargestellt.

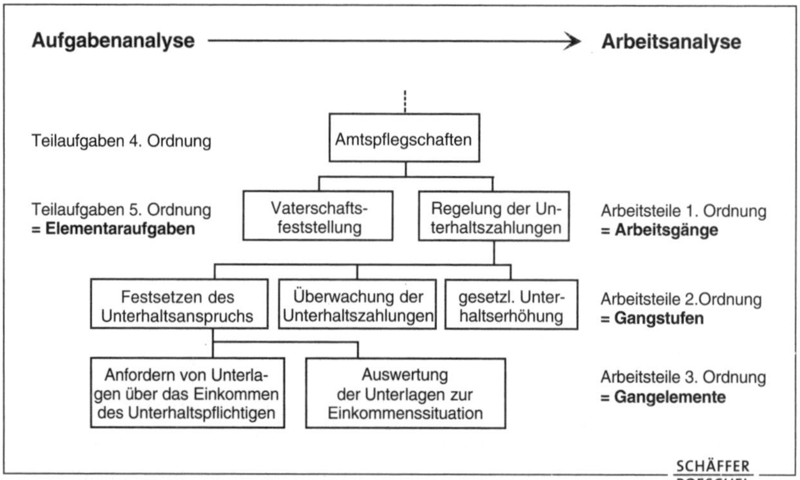

Abb. 4.5: Übergang von der Aufgaben- zur Arbeitsanalyse (Beispiel) (in Anlehnung an *Vahs, D.* 2007 S. 56)

4.2.3 Aufgabensynthese

Die in der Aufgabenanalyse gewonnenen Teilaufgaben werden in der *Aufgabensynthese* zu sinnvollen und verteilungsfähigen Aufgabenkomplexen gebündelt. Diese Aufgabenkomplexe lassen sich bestimmten Organisationseinheiten (Stellen, Abteilungen) zuordnen und können durch ein *Organisationsschaubild* dargestellt werden (vgl. *Wittlage, H.* 1998 S. 61 ff., *Schulte-Zurhausen, M.* 2002 S. 41 f., *Vahs, D.* 2007 S. 57 f).

Synthesekriterien

Als *Synthesekriterien* stehen die Gliederungsmerkmale der Aufgabenanalyse und zusätzlich die folgenden Kriterien zur Verfügung: Aufgabenträger (»Wer?«), Sachmittel (»Womit?«), Zeit (»Wann?«) und Raum (»Wo?«).

Anhand der gewählten Gliederungskriterien können gleichartige Aufgaben nach zwei allgemeinen Grundprinzipien behandelt werden:

- Werden Teilaufgaben hinsichtlich eines Merkmals zusammengefasst, spricht man von einer *Aufgabenzentralisation*. Beispielsweise kann ein Mitarbeiter mit allen Aufgaben rund um den Personalausweis (Erstausstellung, Verlängerung, Ersatz, usw.) beauftragt werden (Artteilung).
- Umfangreiche Teilaufgaben, die hinsichtlich eines Merkmals gleichartig sind, werden im Rahmen der *Aufgabendezentralisation* getrennt. Dies ist eine reine Kapazitätsfrage und im Grunde genommen keine eigentliche organisatorische Problemstellung. Zum Beispiel ist es ab einer bestimmten Größe einer Stadtverwaltung zweckmäßig, mehrere Mitarbeiter mit der Aufgabe *Personalausweis* zu betrauen, um die Wartezeiten der Bürgerinnen und Bürger zu verkürzen (Mengenteilung).

Die organisatorische Fragestellung nach der Aufgabenzentralisation bzw. -dezentralisation bedingt die Gestaltung einer Aufbauorganisation. Hier gilt es, die Balance zwischen Aufgabenteilung und Koordination zu halten.

4.2.4 Arbeitssynthese

Die Arbeitssynthese baut auf der Arbeitsanalyse auf und fasst die dort gewonnenen Arbeitsteile zu Arbeitsprozessen zusammen. Ausschlaggebend sind dabei personale (arbeitsträgerbezogene), temporale und lokale Kriterien (vgl. *Kosiol, E.* 1976 S. 212 ff., *Schulte-Zurhausen, M.* 2002 S. 43 f., *Vahs, D.* 2007 S. 58 f.):

- Die *personale* Synthese regelt zwei Tatbestände: Zunächst werden die Arbeitsteile zu einem Arbeitsprozess zusammengefasst und einer gedachten Person zur Ausführung übertragen (Arbeitsteilung). Anschließend wird die Arbeitsmenge (das Arbeitspensum) bestimmt, die pro Person bewältigt werden kann.

- Die *temporale* (zeitliche) Synthese stimmt die Leistungen der einzelnen Personen aufeinander ab, um die Durchlaufzeit der einzelnen Arbeitsobjekte zu minimieren. Die Durchlaufzeit besteht aus den Komponenten Liegezeit, Rüstzeit, Bearbeitungszeit und Transportzeit.
- Die *lokale* (räumliche) Synthese gestaltet die räumliche Anordnung, die Ausstattung und die Umwelt des Arbeitsplatzes. Dadurch sollen die innerbetrieblichen Transportwege verkürzt (»Prinzip des kürzesten Weges«) und – aufgrund der Einbeziehung von sozialen, ergonomischen, technologischen und ökonomischen Aspekten – die Bearbeitungszeiten minimiert werden.

Diese drei skizzierten Aspekte der Arbeitssynthese sind auf eine optimale Gestaltung der *Ablauforganisation* gerichtet. Sie berücksichtigen sowohl die Arbeitsmenge und das Leistungsvermögen der gedachten Arbeitskräfte als auch die verfügbaren Sachmittel. Die Arbeitssynthese stellt dabei einen ganzheitlichen Prozess dar und bezieht Arbeitsträger, Raum und Zeit *simultan* ein (und nicht etwa sukzessiv).

4.3 Elemente der Aufbauorganisation

4.3.1 Merkmale von Organisationseinheiten und ihre Bildung

Sinnvolle und verteilungsfähige Aufgabenkomplexe, die als Ergebnis der Aufgabenanalyse und der Aufgabensynthese entstanden sind, werden nun den Organisationseinheiten zugewiesen. Als Organisationseinheit wird dabei jede organisatorische Einheit verstanden, die durch die Bündelung von Teilaufgaben und deren Zuordnung zu gedachten Personen entsteht.

Merkmale einer Organisationseinheit

Eine Organisationseinheit kann anhand von vier Merkmalen charakterisiert werden (vgl. *Krüger, W.* 1993 S. 45 ff., *Schulte-Zurhausen, M.* 2002 S. 141 ff., *Vahs, D.* 2007 S. 64 ff.):

Merkmal 1: Dauerhafte Aufgabenbündelung

Bestimmte Teilaufgaben werden einer Organisationseinheit auf Dauer übertragen.

Merkmal 2: Versachlichter Personenbezug

Die Bündelung von Teilaufgaben richtet sich nach der Normaleignung und Normalleistung einer fiktiven Person. Ausschlaggebend für den Umfang und das Anspruchsniveau des Aufgabenkomplexes ist das quantitative und qualitative Leistungsvermögen dieser Person. Auf diese Weise haben künftige Personalwechsel keinen Einfluss mehr auf die gebildete Organisation.

Merkmal 3: Zuweisung von Kompetenzen

Die einer Organisationseinheit übertragenen formalen Rechte und Befugnisse werden als *Kompetenzen* bezeichnet. Es können *Umsetzungskompetenzen* – sie sind die Voraussetzung für eine ordnungsgemäße Bewältigung der Aufgaben – und *Leitungskompetenzen* – sie charakterisieren den Einfluss einer Organisationseinheit auf eine andere – unterschieden werden. Die Abbildung 4.6 stellt die Kompetenzarten dar (vgl. *Hill, W./Fehlbaum, R./Ulrich, P.* 1994 S. 125 ff., *Vahs, D.* 2007 S. 65):

Umsetzungskompetenzen	Leitungskompetenzen
• Ausführungskompetenz • Verfügungskompetenz • Antragskompetenz • Entscheidungskompetenz • Vertretungskompetenz	• Fremd-Entscheidungskompetenz • Weisungskompetenz • Richtlinienkompetenz • Kontrollkompetenz

SCHÄFFER POESCHEL

Abb. 4.6: Kompetenzarten

Merkmal 4: Verantwortung

Die Zuweisung von Aufgaben und Kompetenzen beinhaltet die Verpflichtung, sie sachgerecht wahrzunehmen und für die Folgen von Entscheidungen und Handlungen einzustehen. Die Rechenschaftspflicht über die Art und Weise der Aufgabenerfüllung wird als *Handlungsverantwortung* definiert. Bezieht sich die Rechenschaftspflicht auf die Zielerreichung, spricht man von *Ergebnisverantwortung*. Bezieht sie sich auf die wahrgenommenen Führungsaufgaben, handelt es sich um die so genannte *Führungsverantwortung*.

Organisatorisches Kongruenzprinzip

Das *organisatorische Kongruenzprinzip* verlangt die Übereinstimmung von Aufgabe, Verantwortung und Kompetenz. Nur wer für die Erfüllung seiner Aufgabe auch mit den notwendigen Kompetenzen ausgestattet ist, kann für die Ergebnisse seiner Entscheidungen und Handlungen einstehen. Ist dieses Gleichgewicht gestört, können die von *Krüger* beschriebenen Beispiele die Folge sein: der »Frühstücksdirektor« (Aufgaben ohne Kompetenzen und

Verantwortung), die »Amtsanmaßung« (Kompetenzausübung außerhalb des eigenen Aufgabengebietes) und der »Sündenbock« (Verantwortung ohne Aufgaben und Kompetenzen) (vgl. *Krüger, W.* 1993 S. 47 f., *Vahs, D.* 2007 S. 67).

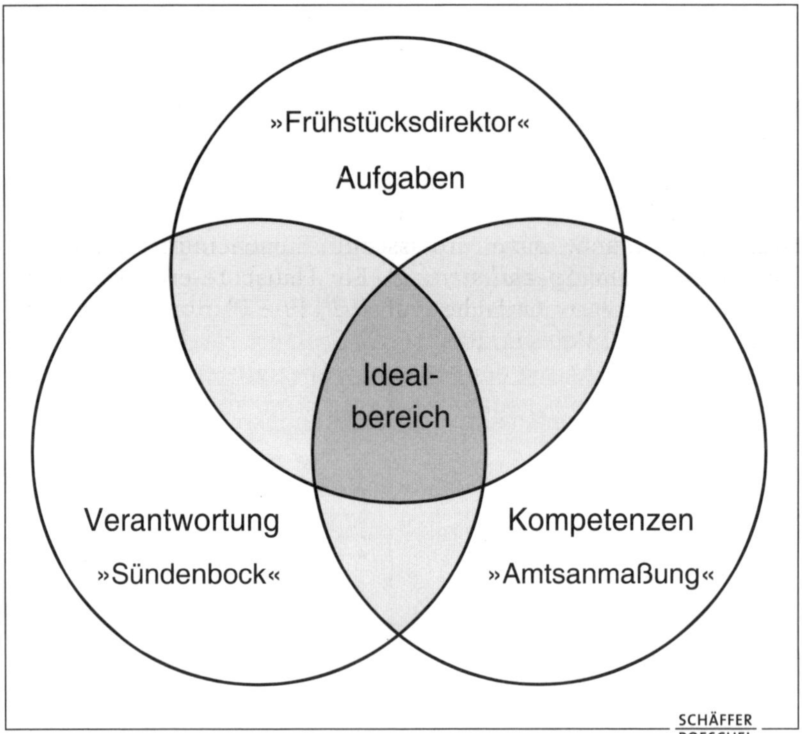

Abb. 4.7: Das organisatorische Kongruenzprinzip

Die Notwendigkeit zur Arbeitsteilung, die mit wachsender Arbeitsmenge, -vielfalt und -komplexität zunimmt, führt häufig zu einer *Spezialisierung*, die die Form der Arbeitsteilung charakterisiert. Es kann zwischen horizontaler und vertikaler Spezialisierung unterschieden werden (vgl. *Kieser, A./Walgenbach, P.* 2007 S. 78 ff., *Schulte-Zurhausen, M.* 2002 S. 131 ff., *Vahs, D.* 2007 S. 69 ff.).

Horizontale Spezialisierung

Unter der *horizontalen Spezialisierung* wird der Aufgabenumfang verstanden, der einer Person zugedacht ist. Beispielsweise bekommt ein *Generalist* eine Vielzahl von unterschiedlichen Aufgaben übertragen, während ein *Spezialist* im Extremfall nur eine einzige, hochgradig spezialisierte Aufgabe ausübt. So ist es in vielen Stadtverwaltungen üblich gewesen, dass im Bereich von Bürgerangelegenheiten für Meldeangelegenheiten und Passangelegenheiten jeweils andere Mitarbeiter zuständig sind: ein Mitarbeiter für das Meldewesen, ein anderer Mitarbeiter für das Passwesen (*hohe horizontale Spezialisierung*). In modernen Bürgerämtern besteht gemeinhin die Regelung, dass jeder Mitarbeiter für alle Angelegenheiten zuständig ist, die im Rahmen des Bürgerservices angeboten werden (*niedrige horizontale Spezialisierung*).

Vertikale Spezialisierung

Die *vertikale Spezialisierung* beschreibt die qualitative Trennung zwischen der Aufgabenplanung und -kontrolle einerseits und der Durchführung der Aufgaben andererseits. Dies hat zur Folge, dass die jeweils verantwortliche Führungskraft über die Art und Weise der Verrichtung entscheiden soll, und nicht der Ausführende selbst. Je mehr Entscheidungs- und Kontrollspielraum eine Person hat, desto weniger ist sie demnach vertikal spezialisiert. Beispielsweise hat ein Amtsleiter ein komplexes Aufgabengebiet zu bewältigen und braucht dazu umfassende Entscheidungsspielräume (*geringe vertikale Spezialisierung*). Ein Hausbote erledigt demgegenüber eine relativ einfache Aufgabe ohne Planungs- und Kontrollbefugnisse. In diesem Fall ist der Grad der *vertikalen Spezialisierung hoch*. Der Grad der vertikalen Spezialisierung hängt demnach besonders von der *Aufgabenkomplexität* ab.

4.3.2 Stellen und Gremien als Arten von Organisationseinheiten

Organisationseinheiten können Stellen und Gremien sein (vgl. *Vahs, D.* 2007 S. 71 ff.).

Die Stelle ist als kleinste organisatorische Einheit das Grundelement der Aufbauorganisation. Sie ist definiert durch die dauerhafte Übertragung von sinnvoll zusammengefassten Teilaufgaben auf eine oder mehrere gedachte Personen.

In Abhängigkeit der einer Stelle zugewiesenen *Aufgaben* und *Kompetenzen*, können Linienstellen und unterstützende Stellen unterschieden werden (vgl. *Bühner, R.* 1991 S. 69 f., *Schulte-Zurhausen, M.* 2002 S. 150 ff., *Vahs, D.* 2007 S. 73 ff.).

Linienstellen

Linienstellen sind unmittelbar in den Erfüllungsprozess der Kernaufgaben eingebunden und lassen sich in Leitungsstellen und Ausführungsstellen differenzieren.

Leitungsstellen

- Leitungsstellen (*Instanzen*) treffen für andere Stellen verbindliche Entscheidungen, weisen untergeordnete Stellen an, bestimmte Aufgaben durchzuführen, überwachen deren Ausführungen und können erforderlichenfalls steuernd eingreifen. Sie sind mit einer *Vollkompetenz* (Leitungs- und Durchführungskompetenz) ausgestattet und verfügen sowohl über *fachli-*

che als auch über *disziplinarische Weisungsbefugnisse*. Ferner sind sie verpflichtet, neben *Eigenverantwortung* (Rechenschaft über das eigene Handeln) auch *Fremdverantwortung* (Rechenschaft über das Handeln der Mitarbeiter) zu übernehmen. Dies gilt natürlich nur, sofern sie auch auf die Entscheidungssachverhalte Einfluss nehmen können. Durch die Bildung von unterschiedlichen *Instanzebenen* (obere, mittlere und untere Instanzen) kann eine hierarchische Struktur aufgebaut werden, deren unterste Ebene die ausführenden Stellen sind.

Ausführungsstellen

- *Stellen ohne Leitungskompetenzen* werden als *Ausführungsstellen* bezeichnet. Ihnen obliegt überwiegend die Ausführung der von den Instanzen getroffenen Entscheidungen. Sie sind mit einer *Teilkompetenz* ausgestattet, die sich ausschließlich auf den eigenen Verantwortungsbereich im Sinne einer Selbstentscheidung bezieht.

B

Der (Ober-)Bürgermeister stellt zusammen mit dem Gemeinderat in einer Kommune die oberste Instanzebene dar. Die Leitungsstellen der nachgeordneten Fachbereiche bzw. Ämter bilden die zweite Instanzebene. Danach folgen die Fachdienst- und die Sachbearbeiterebene (Ausführungsstelle)

Unterstützende Stellen

Die *unterstützenden Stellen* dienen nur mittelbar der Erfüllung der Kernaufgaben. Sie sind in der Regel bestimmten Leitungsstellen zugeordnet. Je nachdem, um welche Art der Unterstützung es sich dabei handelt, können Stabsstellen von Assistenzstellen und Dienstleistungsstellen unterschieden werden:

Stabsstellen

- *Stabsstellen* sind spezialisierte Leitungshilfsstellen. »Durch die Einrichtung von Stabsstellen sollen die Leitungsstellen quantitativ (bei Ausschöpfung der Arbeitskapazität) und/oder qualitativ (bei Ausschöpfung der Wissenskapazität) entlastet werden« (*Vahs, D.* 2007 S. 79). Die Aufgaben der Stäbe reichen von der *Entscheidungsvorbereitung* durch Beschaffung und Aufbereitung relevanter Informationen über die *fachliche Beratung* bis hin zur *Unterstützung und Überwachung der Umsetzung* von Entscheidungen. Die endgültige Entscheidung selbst bleibt jedoch der Instanz vorbehalten. Stabsstellen haben somit keine Fremdentscheidungs- und Weisungsrechte.

Assistenzstellen

- *Assistenzstellen* sind generalisierte Leitungshilfsstellen, die die Führungskraft rein mengenmäßig entlasten. Assistenten erfüllen wechselnde Aufgaben, »deren Spektrum von Sekretariatstätigkeiten bis zur Lösung komplexer Probleme reichen kann« (*Vahs, D.* 2007 S. 82). Auch sie haben keine Fremdentscheidungs- und Weisungskompetenzen.

Dienstleistungsstellen

- Unterstützungsaufgaben, die von mehreren Leitungsstellen benötigt werden, werden in so genannten *Dienstleistungsstellen* zentral zusammengefasst. Begriffe wie Zentralstelle, Zentralabteilung oder Servicestelle werden häufig synonym dafür gebraucht und unterstreichen ebenfalls die *Querschnitts- und Koordinationsaufgaben* einer Dienstleistungsstelle, welche dort für alle Leitungsstellen gleichermaßen wahrgenommen werden. Die Stelle kann mit einer Teil- oder Vollkompetenz ausgestattet sein und besitzt *Richtlinienkompetenz*, um eine einheitliche und wirtschaftliche Abwicklung bestimmter Aufgaben gewährleisten zu können. Typische Dienstleistungsstellen sind die EDV oder das Personalwesen.

Werden Aufgabenkomplexe nicht nur einer einzigen Person übertragen, sondern einer Mehrzahl von Mitarbeitern, spricht man von einem *Gremium* oder von einer *Gruppe* (vgl. *Rosenstiel, L. v.* 1992 S. 257 ff., *Schulte-Zurhausen, M.* 2002 S. 161 ff., *Vahs, D.* 2007 S. 88, *Weidner, W.* et al. 1992 S. 97 ff.).

Ein(e) Gremium (Gruppe) ist demnach eine Personenmehrheit, die über einen längeren Zeitraum in einer direkten Wechselbeziehung zueinander steht. Gemeinsame Normen, ein Wir-Gefühl und eine differenzierte Rollenwahrnehmung beschreiben die Verbundenheit der einzelnen Gruppenmitglieder untereinander.

Merkmale von Gremien

Die einzelnen Merkmale von Gremien lassen sich wie folgt charakterisieren (vgl. *Schulte-Zurhausen, M.* 2002 S. 161 ff., *Vahs, D.* 2007 S. 84):

- *Personenmehrheit:* Eine Anzahl von drei bis sieben Gruppenmitgliedern wird in der Organisationslehre als optimal angesehen. Diese Größe unterstützt einerseits gruppendynamische Prozesse (z. B. Bildung von Koalitionen, Treffen von Mehrheitsentscheidungen) und erlaubt andererseits eine direkte Kommunikation zwischen den einzelnen Gruppenmitgliedern.
- *Beständigkeit:* Erst das Bestehen über einen längeren Zeitraum hinweg fördert das Entstehen einer Gruppenkultur mit gemeinsamen Zielen und Normen und bedingt den Zusammenhalt dieser Gruppe. Gremien sind deshalb relativ langfristig bestehende Organisationseinheiten.
- *Direkte Interaktion:* Jedes Mitglied muss die Möglichkeit haben, mit jedem anderen Mitglied des Gremiums in direkten Kontakt treten zu können.
- *Gemeinsame Normen:* Die gemeinsamen Normen beschreiben ganz bestimmte Denkweisen und Handlungsmuster der Gruppe. Von jedem Gruppenmitglied wird erwartet, dass es diese *Spielregeln* kennt und beachtet.

- *Wir-Gefühl:* Beständigkeit, direkte Interaktion und gemeinsame Normen lassen im Laufe der Zeit in der Gruppe ein Wir-Gefühl entstehen – die Gruppenmitglieder identifizieren sich mit ihrer Gruppe.
- *Rollendifferenzierung:* Das letzte Merkmal bezieht sich auf den individuellen Status innerhalb der Gruppe, den jedes Mitglied im Laufe der Zeit gewinnt. Als Beispiele können der Gruppenführer, der Experte, der Kreative oder der Außenseiter genannt werden. Von der Gruppe wird erwartet, dass sich jeder entsprechend dieser Rolle verhält.

Vor- und Nachteile der Gruppenarbeit

In der Regel werden mit der gemeinsamen Erledigung der Aufgaben *bessere Ergebnisse* erzielt. Jedes Mitglied kann seinen persönlichen Anteil zur Lösungsfindung einbringen. Dies fördert die Motivation und steigert die Akzeptanz der Ergebnisse (vgl. hierzu und zu weiteren Einflussgrößen *Wahren, H.-K. E.* 1994 S. 20 ff.). Persönliche Egoismen, emotionale Spannungen, Kommunikationsprobleme oder andere *dysfunktionale Faktoren* können die Arbeit behindern.

Unterscheidungskriterien

Zur Unterscheidung von Gremien bieten sich folgende Merkmale an (vgl. *Schulte-Zurhausen, M.* 1995 S. 152 f.):

- *Umfang der Mitarbeit:* Arbeiten die Gremienmitglieder hauptamtlich (Vollzeit) oder nebenamtlich (Teilzeit) mit?
- *Art der Gruppenaufgabe:* Handelt es sich um eine Daueraufgabe oder um eine befristete Sonderaufgabe?
- *Zeitlicher Aspekt:* Wird die Arbeit kontinuierlich oder diskontinuierlich (z. B. wöchentlich, monatlich oder in unregelmäßigen Zeitabständen) durchgeführt?

Die Abbildung 4.8 gliedert die Arten von Gremien anhand dieser Merkmale (vgl. *Schulte-Zurhausen, M.* 2002 S. 167, *Vahs, D.* 2007 S. 85).

	Umfang der Mitarbeit	Art der Gruppenaufgabe	Zeitlicher Aspekt
Hauptamtliche Gremien			
Leitungsgruppe	vollzeitlich	Leitungsaufgaben	unbefristet/ kontinuierlich
Arbeitsgruppe	vollzeitlich	Problemlösung/ Umsetzungs-aufgaben	unbefristet/ kontinuierlich
Nebenamtliche Gremien			
Ausschuss	teilzeitlich	Problemlösung/ Koordination	befristet oder unbefristet/ diskontinuierlich
Problemlöse-gruppe	teilzeitlich	Problemlösung	befristet oder unbefristet/ diskontinuierlich
Haupt- oder nebenamtliche Gremien			
Projektgruppe	vollzeitlich/ teilzeitlich	Lösung komplexer, neuartiger Probleme	befristet/ kontinuierlich

Abb. 4.8: Arten von Gremien (*Vahs, D.* 2007 S. 86)

Hauptamtliche Gremien

Hauptamtliche Gremien nehmen vollzeitlich, unbefristet und kontinuierlich bestimmte Aufgaben wahr. Folgende Varianten werden unterschieden (vgl. *Schulte-Zurhausen, M.* 2002 S. 178 ff.):

- *Leitungsgruppen:* Wird eine Personengruppe mit Leitungsaufgaben betraut, spricht man von einer *Kollegial-* bzw. *Pluralinstanz.* Wichtig hierbei ist eine klare Regelung der Aufgaben- und Kompetenzverteilung innerhalb dieser Gruppe. Bei einer *Gesamtkollegialität* können die Mitglieder nur gemeinsam agieren. Eine Einzelperson besitzt keinerlei Weisungsbefugnisse. Anders verhält es sich bei der *Ressortkollegialität.* Sie ordnet jedem Mitglied einen eigenen Verantwortungsbereich zu, in dem das jeweilige Mitglied alleine für die Aufgabenerfüllung verantwortlich ist. Ressortübergreifende Entscheidungen werden wieder gemeinsam getroffen. Das Leitungsgremium eines städtischen Energieversorgungsunternehmens kann beispielsweise mit einer Ressortkollegialität ausgestattet sein. Die Regelung zur Verteilung von Aufgaben und Kompetenzen kann auch *Mischformen* vorsehen. Beispielsweise kann der Vorsitzende der Leitungsgruppe keine eigene Ressortverantwortung besitzen.

Dadurch ist er nur für das Gesamtergebnis verantwortlich und kann als »neutrales« Mitglied der Leitungsgruppe im Konfliktfall schlichten.

- *Integrierte Arbeitsgruppen*: Im Falle der integrierten Arbeitsgruppe wird die klassische Methode der Arbeitsteilung aufgehoben. Den Mitgliedern wird gemeinsam eine Aufgabe gestellt, die Verteilung und Durchführung der Aufgabe nehmen sie durch Selbstorganisation autonom wahr. Die Mitglieder integrierter Arbeitsgruppen können die Arbeitsinhalte, die Arbeitsbedingungen und ihre Arbeitsplätze mitgestalten, haben die Möglichkeit eines Stellenwechsels innerhalb der Gruppe (Job-Rotation) und sind weitgehend selbstständig für die Problemlösungen verantwortlich. Jedes Gruppenmitglied ist gleichberechtigt. Der Gruppensprecher hat lediglich nach innen eine Koordinations- und nach außen eine Vertretungsfunktion.

Nebenamtliche Gremien

Nebenamtliche Gremien nehmen teilzeitlich, befristet oder unbefristet und diskontinuierlich bestimmte Aufgaben wahr und können in folgende Varianten unterteilt werden (vgl. *Schulte-Zurhausen, M.* 2002 S. 168 ff.):

- *Ausschüsse:* Einem Ausschuss werden primär Problemlösungs- und Koordinationsaufgaben zugeordnet. Seine Mitglieder treffen sich zu bestimmten Terminen, um im Rahmen eines Workshops, einer Tagung oder einer Sitzung ihren Arbeitsauftrag zu erfüllen. Die Aufgabe eines Ausschusses kann dauerhaft (z. B. Planungsausschuss) oder befristet (z. B. Untersuchungsausschuss) sein.
- *Problemlösegruppen* werden eingerichtet, wenn es um besondere Frage- bzw. Problemstellungen geht (z. B. die Verbesserung der Arbeitsabläufe oder die Steigerung der Mitarbeitermotivation). In der Praxis werden unter diesen Oberbegriff eine Vielzahl von Kleingruppenkonstellationen subsumiert: Werkstattkreis, Lernstatt, Qualitätszirkel ... (vgl. *Schulte-Zurhausen, M.* 2002 S. 170 ff.).

Projektgruppe

Die Projektgruppe ist eine Gremienart, die sowohl auf haupt- als auch auf nebenamtlicher Basis funktionieren kann. Als *Projekt* wird ein zielorientiertes, neuartiges, einmaliges und zeitlich befristetes Vorhaben bezeichnet, das einen komplexen Schwierigkeitsgrad aufweist und deshalb eine Zusammenarbeit von Spezialisten der betroffenen Bereiche verlangt (vgl. *Madauss, B.J.* 1994 S. 9). Der Projektleiter trägt die Verantwortung für die Durchführung des Projektes und ist mit aufgabenbezogenen Kompetenzen ausgestattet. Die Projektgruppenmitglieder können sowohl vollzeitlich als auch teilzeitlich im Projekt mitarbeiten.

4.3.3 Zusammenfassung von Organisationseinheiten

Abteilungsbildung

Ab einer bestimmten Größe wird es notwendig, dass sich Organisationen auf einer weiteren Ebene differenzieren. In diesem Fall werden die gebildeten Stellen und Gremien nach bestimmten Kriterien geordnet und zu *Abteilungen* zusammengefasst. Die so gewonnene Struktur wird als *Konfiguration* bezeichnet. Sie wird in der Praxis in einem Organisationsschaubild bzw. *Organigramm*, übersichtlich dargestellt (vgl. *Bleicher, K.* 1991 S. 111 f., *Kieser, A./ Kubicek, H.* 1992 S. 84 ff., *Vahs, D.* 2007 S. 96 ff.).

Ziel der Abteilungsbildung ist einmal die Entlastung der obersten Leitungsstelle. Sie delegiert bestimmte Aufgaben, Kompetenzen und Verantwortungen an nachgelagerte Leitungsstellen, um die Komplexität der Gesamtaufgabe beherrschbar zu machen (*Delegationsmodell*). Des Weiteren können durch die Bildung von Abteilungen abgegrenzte Verantwortungsbereiche geschaffen werden. Innerhalb dieser Abteilungsgrenzen ist die Koordination der einzelnen Stellen dann erheblich erleichtert (*Kombinationsmodell*).

In der Regel wird der Begriff der Abteilung folgendermaßen definiert:

> Die Bündelung von Organisationseinheiten und ihre dauerhafte Unterstellung unter eine gemeinsame Leitungsstelle wird als Abteilung bezeichnet.

Hierarchie

Werden mehrere Ausführungsstellen unter einer Leitungsstelle zusammengefasst, spricht man von einer *primären Abteilungsbildung*. Eine *sekundäre Abteilungsbildung* liegt vor, wenn mehrere Abteilungen einer Instanz unterstellt werden (vgl. *Kosiol, E.* 1976 S. 175). Die Bildung mehrstufiger Abteilungsebenen führt zu einer *Hierarchie* aller betrachteten Organisationseinheiten. Deren einzelne Stufen bezeichnet man in der Regel als Abteilung, Hauptabteilung, Bereich und schließlich als Referat bzw. Dezernat. Die Abbildung 4.9 zeigt exemplarisch eine hierarchische Abteilungsstruktur einer Stadtverwaltung.

Gruppierungskriterien

Für die Bildung der Abteilungen können folgende Merkmale herangezogen werden (vgl. *Kieser, A./Walgenbach, P.* 2007 S. 93 ff., *Schulte-Zurhausen, M.* 2002 S. 187 f.):

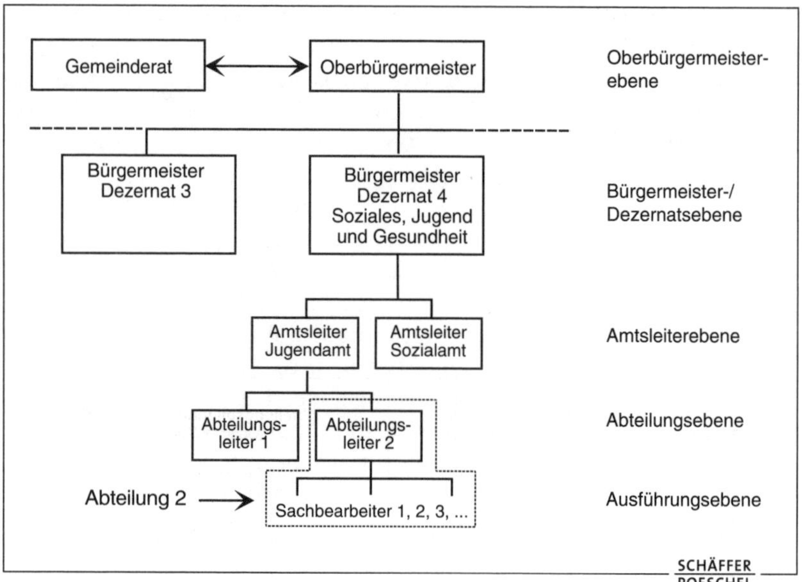

Abb. 4.9: Hierarchische Struktur einer Großen Kreisstadt (konventionelle Organisation)

- *Abteilungsbildung nach Verrichtungen:* Hierbei wird anhand gleichartiger oder verwandter Verrichtungen vorgegangen.
- *Abteilungsbildung nach Objekten:* Hier werden diejenigen Stellen gebündelt, die sich mit denselben Objekten befassen.
- *Abteilungsbildung nach Kundengruppen:* In den Bereichen, in denen bestimmte Kundengruppen gemeinsam betreut werden, ist es sinnvoll, die Abteilungen nach diesem Gesichtspunkt zu ordnen.
- *Abteilungsbildung nach Regionen:* Die Gruppierung nach Regionen ist dann zweckmäßig, wenn eine lokal spezialisierte Betreuung sinnvoll ist.

Bei der Konfiguration ist einerseits darauf zu achten, dass gleichartige oder interdependente Aufgaben zusammengefasst werden (*Homogenitätsprinzip*). Andererseits sollte gewährleistet sein, dass die Summe der Aufgaben beherrschbar bleibt (*Beherrschbarkeitsprinzip*). Zur Einschätzung der Konfiguration stehen die folgenden Kennzahlen zur Verfügung: die Leitungsspanne, die Leitungstiefe und die Leitungsintensität (vgl. *Schulte-Zurhausen, M.* 2002 S. 189 ff. und 221 ff., *Vahs, D.* 2007 S. 100 ff.)

Leitungsspanne

Unter der *Leitungsspanne* (synonym: Leitungsbreite, Kontrollspanne, span of control [wobei »control« im Englischen Leitung, Steuerung, Regelung bedeutet], Subordinationsquote) ist die Anzahl der einer Instanz direkt unterstellten Mitarbeiter zu verstehen. Tendenziell ist die Leitungsspanne bei der untersten Instanz, der nur Ausführungsstellen zugeordnet sind, am größten. Mit steigender Hierarchieebene nimmt sie zumeist ab. Die Frage nach der optimalen Leitungsspanne kann nicht allgemeingültig beantwortet werden. Sie hängt von vielen Einflussgrößen ab. Letztlich wird sie aufgrund der Forderung nach einer zufriedenstellenden Steuerung und Überwachung der Organisationseinheiten durch den dafür verantwortlichen Vorgesetzen bestimmt. Die Abbildung 4.11 stellt die unterschiedlichen Einflussgrößen und ihre Wirkung auf die Leitungsspanne detailliert dar (vgl. *Schulte-Zurhausen, M.* 2002 S. 190, *Vahs, D.* 2007 S. 102).

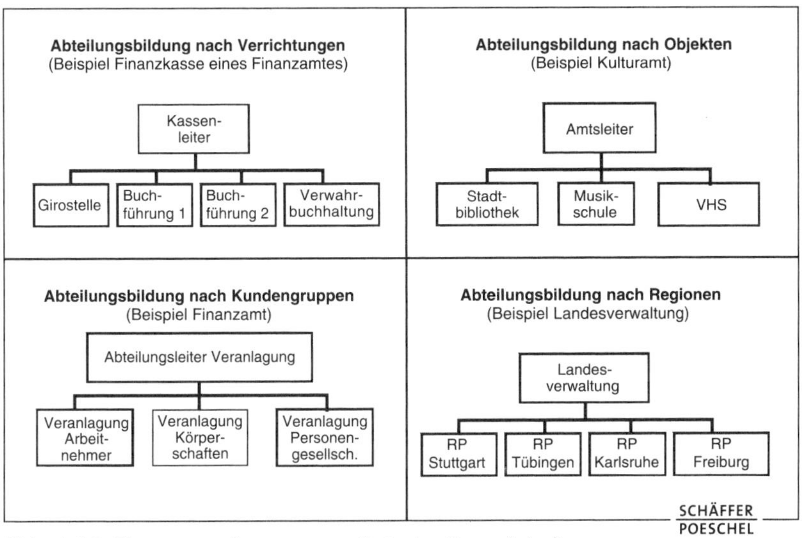

Abb. 4.10: Zusammenfassung von Organisationseinheiten nach unterschiedlichen Kriterien

Leitungstiefe

Die *Leitungstiefe* (synonym: Gliederungstiefe, vertikale Spanne) gibt die Anzahl der Hierarchieebenen unterhalb der höchsten Instanz an. Sie entsteht aufgrund der stufenweisen Abteilungsbildung und ist abhängig von der gewählten Leitungsspanne. Unabhängig von der Stellenzahl werden um so mehr Hierarchieebenen benötigt, je kleiner die Leitungsspannen sind und umgekehrt. Die äußere Form des Stellengefüges (*Konfiguration*) wird somit durch die Leitungsspanne und die Leitungstiefe charakterisiert.

Steile und flache Konfiguration

Je nachdem, wie groß die Leitungsspanne und damit auch die Leitungstiefe bestimmt wird, entsteht bei der Organisationsstruktur entweder eine *steile Konfiguration* oder eine *flache Konfiguration* (vgl. *Schulte-Zurhausen, M.* 2002 S. 222 f., *Vahs, D.* 2007 S. 104 f.). Der steilen Hierarchiepyramide in Abb. 4.12 liegt eine durchgängige Leitungsspanne von 3 zugrunde. Daraus ergibt sich eine Leitungstiefe von 4. Erhöht man die Leitungsspanne auf 9, ergibt sich bei einer Leitungstiefe von 2 eine flache Konfiguration. In beiden Pyramiden sind jeweils 81 Ausführungsstellen integriert. Während die steile Organisationsstruktur 40 Leitungsstellen benötigt, kommt die flache Konstellation mit 10 Leitungsstellen aus.

Leitungsintensität

Mit der Relation zwischen Leitungs- und Ausführungsstellen wird die *Leitungsintensität* errechnet. Demnach hat die steile Konfiguration in dem Beispiel eine Leitungsintensität von 0,49 und die flache eine Leitungsintensität von 0,12 (vgl. *Schulte-Zurhausen, M.* 2002 S. 222).

Determinanten der Leitungsspanne	Wirkung auf die Leitungsspanne
Aufgabenmerkmale	
• gute Überwachbarkeit	↑
• zunehmende Gleichartigkeit	↑
• häufige Änderung	↓
• steigende Komplexität	↓
• hohe Interdependenzen zwischen den Stellenaufgaben	↓
Führungsprinzip	
• demokratische Führung (eher Selbstkontrolle)	↑
• autoritäre Führung (eher Weisung und Kontrolle)	↓
Organisatorische und personelle Maßnahmen	
• Selbstabstimmung in Arbeitsgruppen	↑
• Einrichtung von unterstützenden Stellen	↑
• größere räumliche Nähe der Arbeitsplätze	↑
• umfassende Delegation von Aufgaben, Verantwortung und Kompetenzen	↑
• Einsatz von Management-Informationssystemen	↑
• hohe Fachkompetenz der Beschäftigten	↑
• hohe Führungskompetenz des Vorgesetzten	↑
• überwiegend mündliche Kommunikation	↓
↑ = tendenziell größere Leitungsspanne ↓= tendenziell kleinere Leitungsspanne	

SCHÄFFER POESCHEL

Abb. 4.11: Einflussgrößen und ihre Wirkung auf die Leitungsspanne (vgl. *Schulte-Zurhausen, M. 2002* S. 190)

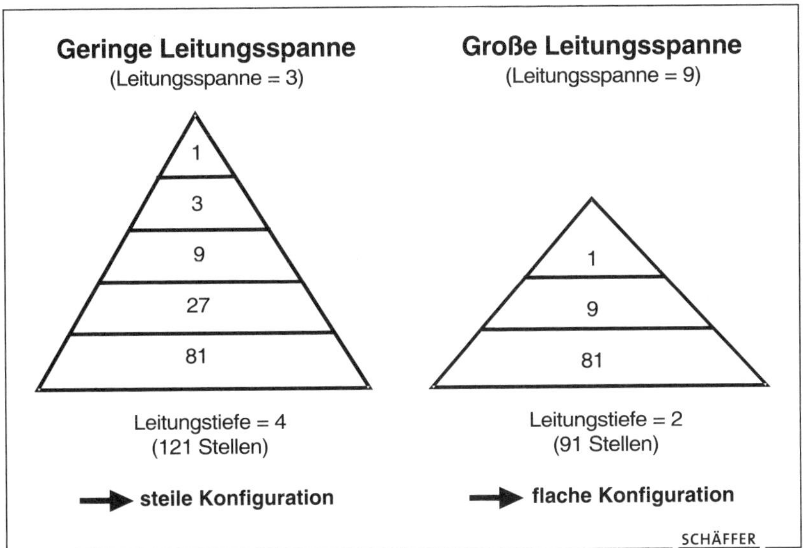

Abb. 4.12: Zusammenhang zwischen Leitungsspanne und Leitungstiefe (vgl. *Schulte-Zurhausen, M.* 2002 S. 222)

4.3.4 Gestaltung der Beziehungen zwischen Organisationseinheiten

Koordinationsbedarf

Je vielfältiger die Gesamtaufgabe einer Organisationsstruktur und je komplexer die sich daraus ergebende Konfiguration ist, desto höher ist der *Koordinationsbedarf* in dieser Organisation. Die Vielzahl von Organisationseinheiten führt zu arbeitsbezogenen Abhängigkeiten und Berührungspunkten, die es auf die gemeinsame Zielsetzung auszurichten gilt (vgl. *Kieser, A./Kubicek, H.* 1992 S. 93 f., *Brockhoff, K./Hauschildt, J.* 1993 S. 396 ff., *Schulte-Zurhausen, M.* 2002 S. 203 ff., *Vahs, D.* 2007 S. 106 ff.).

Koordination bedeutet, alle Einzelaktivitäten im Hinblick auf ein übergeordnetes Gesamtziel laufend abzustimmen.

Die formalen Beziehungen arbeitsteiliger Prozesse lassen sich zum einen durch die Festlegung der Leitungsbeziehungen und zum anderen durch den Einsatz von Koordinationsinstrumenten gezielt gestalten und koordinieren.

4.3.4.1 Gestaltung der Leitungsbeziehungen

Die erste Möglichkeit einer bewussten Gestaltung des Beziehungsgefüges bietet die dauerhafte Festlegung des *Leitungssystems*. Hier werden alle Kommunikations- und Weisungsbeziehungen innerhalb einer Organisation definiert. Diese Struktur der Leitungsbeziehungen verbindet die einzelnen Organisationseinheiten mit den jeweils übergeordneten Instanzen mittels so genannter Linien. Von oben nach unten beschreiben diese Linien den Anordnungsweg. Der Mitteilungs- oder Meldeweg findet hingegen in umgekehrter Richtung statt. Grundsätzlich können folgende *Organisationstypen* eines Leitungssystems unterschieden werden: Einlinien-, Mehrlinien-, Stablinien- oder Matrixsystem (vgl. *Gutenberg, E.* 1976 S. 186, *Schulte-Zurhausen, M.* 2002 S. 228 ff., *Vahs, D.* 2007 S. 110 ff.).

Einliniensystem

Das Einliniensystem leitet sich aus dem *Prinzip der Einheit der Auftragserteilung* ab. In diesem Fall erhält eine nachgeordnete Stelle ausschließlich von der ihr direkt vorgesetzten Instanz Anweisungen. Der Kommunikationsweg ist streng über die Linie definiert. Sind mehrere Hierarchieebenen berührt, darf keine Leitungsstelle übersprungen werden. Einzige Ausnahme ist die *Fayolsche* Brücke, die eine direkte Kontaktaufnahme zwischen Stellen der gleichen Hierarchieebene, jedoch mit anschließender Unterrichtung der jeweils übergeordneten Leitungsstelle, erlaubt.

B

Die Beziehungen im Baurechtsamt der Stadt *Bürohausen* sind beispielsweise so gestaltet, dass ein Sachbearbeiter ausschließlich vom Leiter seines Amtes Anweisungen erhält. Soll er dagegen für das Hochbauamt einen Auftrag durchführen, darf der Leiter dieses Amtes ihn nicht direkt anweisen, sondern muss den Weg über den Leiter des Baurechtsamtes gehen, der dann den Auftrag an den zuständigen Sachbearbeiter weitergibt.

Mehrliniensystem

Dem *Mehrliniensystem* liegt eine Mehrfachunterstellung zugrunde. Nachgeordnete Stellen können von mehreren vorgesetzten Instanzen Anweisungen erhalten. Weil auf diese Weise kürzere Kommunikationswege ermöglicht werden, spricht man in diesem Zusammenhang auch vom *Prinzip des kürzesten Weges*.

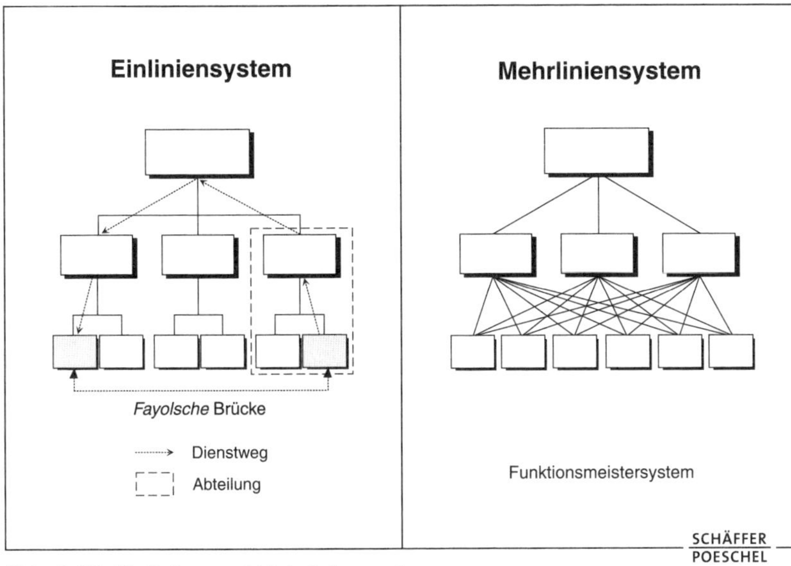

Abb. 4.13: Einlinien- und Mehrliniensystem
(*Vahs, D.* 2007 S. 110)

Einliniensystem	
Vorteile	**Nachteile**
• eindeutige Regelung der Unterstellungsverhältnisse • klare Zuordnung von Aufgaben, Verantwortung und Kompetenzen; dadurch geringes Risiko von Konflikten • überschaubares und einfaches Leitungssystem (Einheit der Leitung und der Auftragserteilung) • lückenloser Informationsfluss top-down und bottom-up über alle Hierarchieebenen • gute Kontrollmöglichkeiten	• starke quantitative und qualitative Belastung (eventuell Überlastung) der Leitungsstellen und insbesondere der Leitungsspitze • lange Kommunikations- und Weisungswege mit der Gefahr von Informationsfilterungen und Zeitverlusten • Betonung von Hierarchiedenken und Positionsmacht • ausgeprägte Abhängigkeit der nachgeordneten von den vorgesetzten Stellen • Gefahr der Überorganisation (Bürokratisierungstendenz)

SCHÄFFER POESCHEL

Abb. 4.14: Vor- und Nachteile des Einliniensystems
(*Vahs, D.* 2007 S. 111)

Mehrliniensystem	
Vorteile	**Nachteile**
• Spezialisierung der Leitung durch Verteilung einzelner Funktionen auf mehrere Instanzen • Entlastung der Leitungsspitze • Verkürzung der Informations- und Weisungswege • direkte und schnelle Kommunikation • Betonung der fachlichen Autorität der Vorgesetzten; geringere hierarchische Distanz • Mehrfachunterstellung fördert produktive Konflikte; dadurch hohe Problemlösungskapazität	• problematische Abgrenzung von Aufgaben, Verantwortung und Kompetenzen • Gefahr von widersprüchlichen Weisungen (Kompetenzkonflikten) und zu vielen Kompromissen • umfangreicher Abstimmungsbedarf mit Zeitverlusten • großer Bedarf an Führungskräften • problematische Zurechnung von Fehlern • Ressortdenken der Vorgesetzten verhindert eine ganzheitliche Sicht

SCHÄFFER POESCHEL

Abb. 4.15: Vor- und Nachteile des Mehrliniensystems (Vahs, D. 2007 S. 112)

Das Einlinien- und das Mehrliniensystem können als idealtypische *Grundmodelle der hierarchischen Koordination* angesehen werden. In Abbildung 4.13 sind die Modelle dargestellt, die Abbildungen 4.14 und 4.15 zeigen die jeweiligen Vor- und Nachteile auf (vgl. *Hill, W./Fehlbaum, R./Ulrich, P.* 1994 S. 212 f., *Vahs, D.* 2007 S. 110 f.).

Stabliniensystem

Eine Erweiterung des Einliniensystems um Leitungshilfsstellen führt zum *Stabliniensystem*. Die Stäbe sind als Unterstützung gedacht und können Leitungsstellen aller Hierarchieebenen zur Seite gestellt werden. Sie besitzen gegenüber den Linienstellen keine Weisungsbefugnis. Es besteht jedoch die Möglichkeit, die Stäbe einer höheren Instanz mit einem funktionalen Weisungsrecht gegenüber den Stäben nachgeordneter Abteilungen auszustatten. Ist dies der Fall, entsteht damit parallel zur Hierarchie der Linienstellen eine *Stabshierarchie* oder *Stabsorganisation* (vgl. *Grochla, E.* 1983 S. 182 ff., *Vahs, D.* 2007 S. 112 f.).

Matrixsystem

Beim *Matrixsystem* ist die Leitungsfunktion aufgeteilt. Hier erhält jede untergeordnete Stelle (Matrixschnittstelle) Anweisungen von zwei übergeordneten Instanzen, den Matrixstellen (vgl. *Schulte-Zurhausen, M.* 2002 S. 231). Die Matrixstellen selbst sind der obersten Leitungsstelle, der Matrixleitung, unterstellt und in der Regel nach unterschiedlichen Kriterien gebildet. Beispielsweise können die vertikalen Matrixstellen nach dem Kriterium der Verrichtung und die horizontalen Matrixstellen objektorientiert ausgerichtet sein. Eine häufige Anwendungsform ist die Projekt-Matrixorganisation (vgl. Abbildung 4.24), bei der die Primärorganisation beispielsweise durch eine objektorientierte Struktur der Abteilungen gebildet wird und die jeweiligen Projektleiter quer dazu die zweite Dimension der Matrixstruktur abbilden (vgl. *Vahs, D.* 2007 S. 113 ff.).

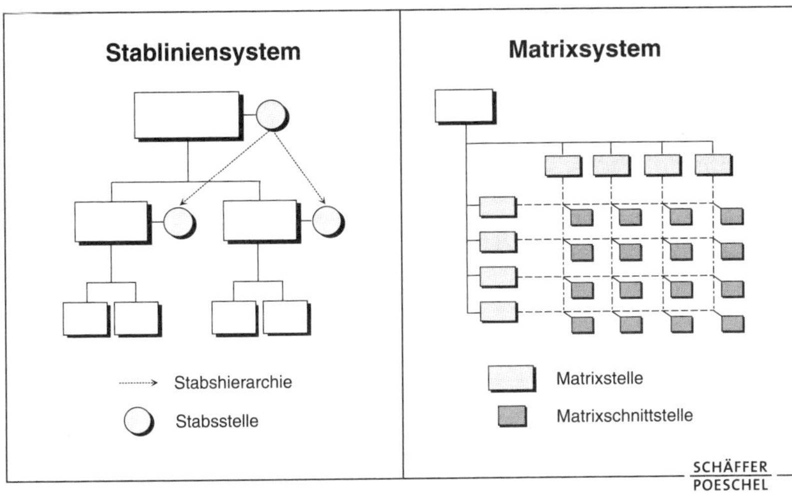

Abb. 4.16: Stablinien- und Matrixsystem
(*Vahs, D.* 2007 S. 113)

Stabliniensystem	
Vorteile	**Nachteile**
• einfaches Leitungssystem mit eindeutigen Kommunikations- und Weisungswegen • Spezialisierung der Leitung durch die Zuordnung von Stäben; dadurch fachliche und quantitative Entlastung der Instanzen und erhöhte Koordinationsfähigkeit • besserer Informationsstand der Leitungsstellen	• allgemeine Nachteile von Stabsstellen, insbesondere informationelle Macht, nicht formalisierte funktionale Autorität, fehlende Akzeptanz • allgemeine Nachteile des Einliniensystems (vgl. Abb. 4.14) • problematische Unterstellung von Stäben unter die Linie und von nachgeordneten Stabsstellen unter vorgesetzte Stabsstellen im Falle einer Stabshierarchie

SCHÄFFER POESCHEL

Abb. 4.17: Vor- und Nachteile des Stabliniensystems
(*Vahs, D.* 2007 S. 114)

Matrixsystem	
Vorteile	**Nachteile**
• Entlastung der Leitungsspitze • direkte Kommunikations- und Weisungswege mit der Möglichkeit der mehrdimensionalen Koordination • Nutzung von Spezialisierungsvorteilen • produktive Konflikte fördern die Problembewältigung; ständiger Anreiz der Leitungsstellen zur Teamarbeit • kaum ausgeprägtes Hierarchiedenken	• keine einheitliche Leitung • großer Bedarf an Führungskräften • umfangreicher Kommunikations- und Abstimmungsbedarf; dadurch Zeitverlust • Gefahr von Kompetenzkonflikten und zu vieler Kompromisse • Zwang zur Kompetenzregelung an den Schnittstellen der Matrix; Gefahr der Überorganisation und Bürokratisierung • hohe Anforderungen an die Kooperations- und Teamfähigkeit der Dimensionsleiter

SCHÄFFER POESCHEL

Abb. 4.18: Vor- und Nachteile des Matrixsystems (*Vahs, D.* 2007 S. 115)

4.3.4.2 Formale Koordinationsinstrumente

Die *formalen Koordinationsinstrumente* bauen auf dem Leitungssystem auf und helfen, die Abstimmung zwischen den einzelnen Organisationseinheiten effektiv und effizient zu gestalten. Man unterscheidet drei Arten formaler Koordinationsinstrumente (vgl. *Kieser, A./Walgenbach, P.* 2007 S. 108 ff., *Schanz, G.* 1994 S. 71 ff., *Schulte-Zurhausen, M.* 2002 S. 210 ff., *Vahs, D.* 2007 S. 116 ff.).

Persönliche Weisungen

Die *Koordination durch persönliche Weisungen* orientiert sich an dem festgelegten Leitungssystem und ist durch einen *vertikalen Kommunikationsfluss* geprägt. Die Entscheidungen einer Instanz werden durch Weisung an die jeweils folgende weitergegeben, bis sie schließlich die Ausführungsebene erreichen.

Selbstabstimmung

Die *Selbstabstimmung* ist durch einen *horizontalen, nichthierarchischen Kommunikationsfluss* gekennzeichnet. Die Abstimmungsprozesse erfolgen ohne Einschalten einer übergeordneten Leitungsstelle.

Beide Koordinationsinstrumente werden in der betrieblichen Realität selten ausschließlich eingesetzt. Die Koordination durch persönliche Weisung ist zwar einfach zu gestalten, beansprucht jedoch die Instanzen und den *Dienstweg* sehr stark. Die Selbstabstimmung entlastet die Leitungsstellen, überfordert aber unter

Umständen die Organisationsmitglieder mit einer Fülle von Entscheidungsaufgaben, was die Erfüllung der Ausführungsaufgaben beeinträchtigen kann.

Standardisierung

Mit dem dritten Instrument, der *Koordination durch Standardisierung*, werden bestimmte Verhaltensvorschriften und Handlungsmuster verbindlich festgelegt. Die Standardisierung regelt allgemein die Art und Weise, in der Aktivitäten auszuführen sind. Dazu zählen Programme (z. B. Verfahrensrichtlinien, Handbücher), Pläne (z. B. Investitionsplan, Jahresplan), Organigramme, Stellenbeschreibungen, Regeln über das Ausmaß von Protokollen, Dienstanweisungen und Aktennotizen. Hinzu kommen Vorschriften über die Dokumentation von Leistungen, wie z. B. Personalbeurteilungsbögen, Zeiterfassungsbögen oder Fragebögen zu Mitarbeitergesprächen. Durch den Einsatz dieser standardisierten und – sofern die Regeln und Anweisungen schriftlich festgehalten werden – formalisierten Instrumente wird der Koordinationsbedarf durch persönliche Weisungen oder durch Selbstabstimmung deutlich reduziert. Gleichzeitig kann das Verhalten der Organisationsmitglieder besser gesteuert und kontrolliert werden. Der Nachteil solcher Standardisierungen liegt in der Gefahr der Überorganisation (Bürokratisierung).

4.3.4.3 Informale Beziehungen

Neben den bisher beschriebenen formalen Beziehungen existieren auch noch eine ganze Reihe *informaler* Beziehungen, die für das Funktionieren der Organisationsstruktur ebenso wichtig sind. Der *Beziehungs-Eisberg* bildet in anschaulicher Art die formalen und informalen Aspekte eines Beziehungsgefüges ab (vgl. *Vahs, D.* 2007 S. 108 f.).

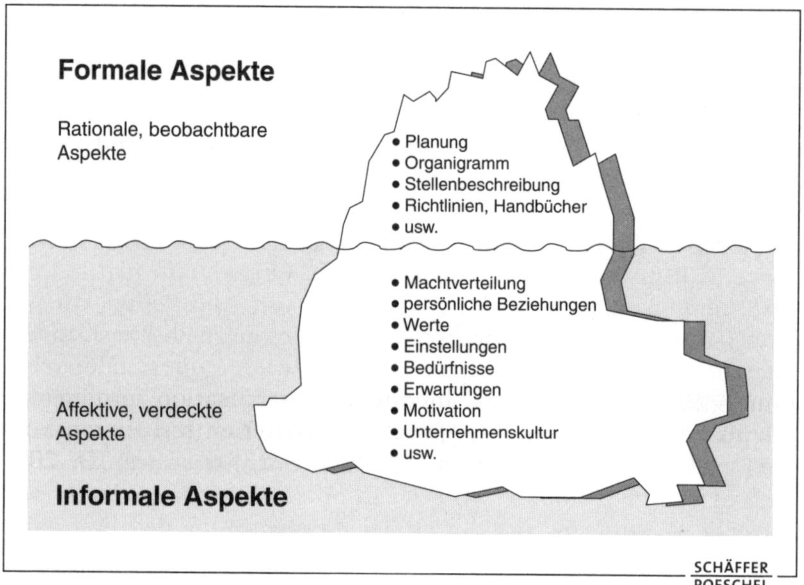

Abb. 4.19: Der *Beziehungs-Eisberg* (*Vahs, D.* 2007 S. 109)

Einstellungen und Verhaltensweisen

Informale Beziehungen sind oft nicht sofort oder gar nicht sichtbar. Sie beruhen auf den persönlichen Zielen, Wünschen, Einstellungen und Verhaltensmustern der Organisationsmitglieder und entziehen sich damit häufig einer zielgerichteten Gestaltung durch die Führungsebene (vgl. *Grochla, E.* 1983 S. 103 f., *Schanz, G.* 1994 S. 36 ff., *Staehle, W. H.* 1991 S. 244 f., *Vahs, D.* 2007 S. 122 ff.). Informale Kontakte können sich positiv auf die Organisationskultur auswirken und damit das Erreichen der Organisationsziele unterstützen. In vielen Fällen stören die informalen Strukturen jedoch die notwendige Koordination zwischen den Akteuren, was sich schließlich sehr negativ auf das Erreichen der Organisationsziele auswirken kann. Im letzteren Fall besteht auf Seiten der Führung Handlungsbedarf. In diesem Zusammenhang kommen dann unter Umständen Supervisoren oder Mediatoren zum Einsatz, die die sozialen Probleme aufdecken und gemeinsam mit den Beteiligten Lösungsmöglichkeiten entwickeln sollen. Eine weitere Möglichkeit besteht darin, die Organisationskultur gezielt zu beeinflussen, indem im Rahmen des normativen Managements über partizipative Leitbildprozesse bestimmte Wertvorstellungen, Einstellungen und Verhaltensmuster verbindlich vereinbart werden (vgl. *Sackmann, S.* 1983 S. 394 ff., *Schanz, G.* 1994 S. 270 ff., *Wunderer, R.* 1993 S. 131 ff., *Heinz, R.* 2000 S. 28 ff.). In Abschnitt 3.3 ist die Leitbildthematik bereits erörtert worden. Neben programmatischen und konstitutionellen Zielsetzungen werden in Leitbildern auch die kulturellen Sollzustände thematisiert.

4.3.5 Primär- und Sekundärorganisation

Primärorganisation

Die in einer Behörde dauerhaft gebildeten Stellen und Gremien stehen in einem definierten Ordnungsverhältnis zueinander. Verbindet man diese Organisationseinheiten miteinander, entsteht eine vertikale Struktur der Organisation – die so genannte *Primärorganisation*. Als Basis der Aufbauorganisation ist sie in erster Linie für die effiziente und effektive Durchführung der Kernaufgaben einer Behörde verantwortlich. Die Primärorganisation kann sich an unterschiedlichen Kriterien orientieren. Gebräuchliche Kriterien sind Verrichtungen bzw. Funktionen, Objekte (Produkte, Kunden, Regionen) und rechtlich selbstständige Unternehmen. Die Abbildung 4.20 stellt die unterschiedlichen Organisationsformen dar, die aus der Anwendung der jeweiligen Kriterien resultieren können. (vgl. *Schulte-Zurhausen, M.* 2002 S. 237 ff., *Vahs, D.* 2007 S. 146 ff.).

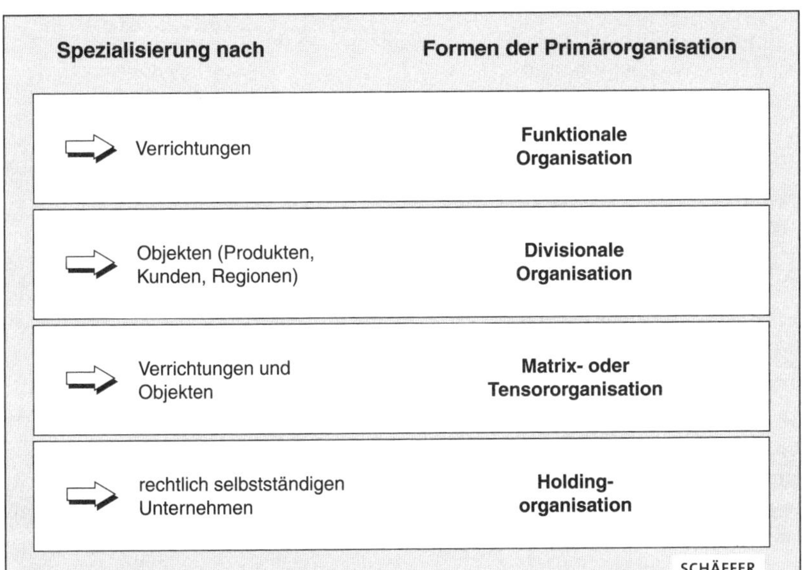

Abb. 4.20: Formen der Primärorganisation
(*Vahs, D.* 2007 S. 147)

Sekundärorganisation

Die *Sekundärorganisation* kann die Primärorganisation unter Umständen sinnvoll ergänzen. »Die Sekundärorganisation umfasst alle hierarchieergänzenden und hierarchieübergreifenden Organisationsstrukturen« (*Schulte-Zurhausen, M.* 2002 S. 279). In der Praxis findet die Sekundärorganisation Anwendung, wenn es um bestimmte Aufgabenstellungen geht, die entweder nicht auf Dauer angelegt sind oder abteilungsübergreifende Themen betreffen. In diesen Fällen sind flexible Strukturen gefordert, die durch derartige zweidimensionale Organisationen erreicht werden können (vgl. *Schulte-Zurhausen, M.* 2003 S. 279 ff., *Staehle, W. H.* 1991 S. 714 f., *Vahs, D.* 2007 S. 146 ff.).

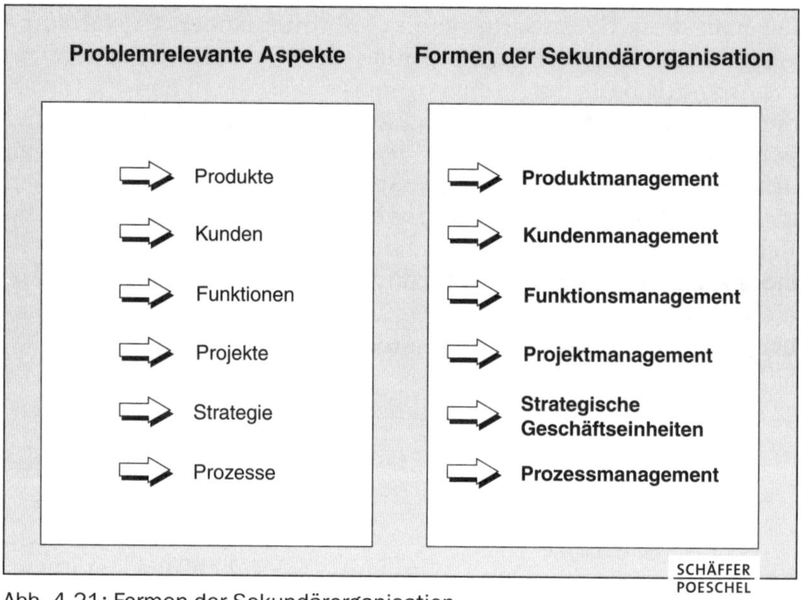

Abb. 4.21: Formen der Sekundärorganisation (*Vahs, D.* 2007 S. 148)

Produktmanagement

Kundenmanagement

Funktionsmanagement

Der Einsatz eines Produktmanagements, dessen Kernaufgabe eine ständige Entwicklung von Produktneuerungen ist, ist in der öffentlichen Verwaltung erst am Anfang. Die Weiterentwicklung der einzelnen Produkte obliegt in der Regel den einzelnen Ämtern und Bereichen, die für die Produkte zuständig sind. Ähnliches gilt für das Kundenmanagement, dessen Zielsetzung es ist, die Wünsche und Anforderungen einzelner Kunden bestmöglich zu erfüllen. Auch diese Aufgaben werden in der öffentlichen Verwaltung seltener von einer Sekundärorganisation wahrgenommen. Die dritte Form einer Sekundärorganisation – das Funktionsmanagement – ist in vielen öffentlichen Verwaltungen inzwischen gelebte Praxis. Aufgabe eines Funktionsmanagements ist es, für bestimmte Funktionen eine bereichsübergreifende Koordination sicherzustellen. Als Beispiele können der Umweltschutz, die Qualitätssicherung und das Controlling genannt werden. Ein Funktionsmanagement kommt jedoch erst dann zum Einsatz, wenn solche Funktionen in mehreren Ämtern bzw. Fachbereichen vorhanden sind und somit ein Koordinationsbedarf besteht. Oft werden diese Funktionen in der öffentlichen Verwaltung von einer Zentralabteilung für alle anderen Bereiche wahrgenommen, die in die Primärorganisation eingegliedert ist.

Eine in der öffentlichen Verwaltung häufig anzutreffende Form einer Sekundärorganisation ist das Projektmanagement, welches sich für die Planung, Steuerung und Kontrolle von Projekten verantwortlich zeigt. Das Prozessmanagement stellt eine weitere Form dar, die zukünftig in der öffentlichen Verwaltung immer mehr an Bedeutung gewinnen wird, weil sie die Prozesse in ihrer Gesamtheit in den Mittelpunkt der Betrachtung stellt. Das Projektmanagement und das Prozessmanagement werden in den folgenden Abschnitten detaillierter dargestellt.

4.4 Projektmanagement

4.4.1 Kennzeichnung eines Projektes

In der öffentlichen Verwaltung kommt es vor allem bei Veränderungsvorhaben (Organisationsstrukturen, neue Steuerungsinstrumente, Leitbildentwicklung...) zur Einrichtung von Projektstrukturen. Projekte haben aber auch in der Stadtplanung, im Baubereich, im Kulturmanagement, bei der Sozial- und Jugendplanung und im Bereich der IuK-Techniken eine zunehmend stärkere Bedeutung. Was sind die wesentlichen Einsetzungsgründe für Projekte? Um diese Frage erörtern zu können, ist zunächst zu klären, durch welche Eigenschaften ein Projekt vor allem gekennzeichnet ist.

Merkmale eines Projektes

Charakteristisch für ein *Projekt* sind die folgenden Merkmale (vgl. DIN 699011980, *Litke, H.-D.* 1995 S. 16ff., *Madauss, B.J.* 1994 S. 9, *Vahs, D.* 2007 S. 94f.):

- *Zielorientierung:* Projekte haben ein vorgegebenes Ziel, das es durch die Projektarbeit zu erreichen gilt. Die Einführung einer Kosten- und Leistungsrechnung als ein weiteres Steuerungsinstrument der Verwaltung kann solch ein Projektziel darstellen.
- *Neuartigkeit:* Die Aufgabe des Projektes ist für den betrachteten Verwaltungsbereich neu.
- *Einmaligkeit:* Der Inhalt eines Projektes birgt eine einmalige und nicht wiederkehrende Aufgabenstellung. Auch wenn beispielsweise die Stadtverwaltung die Kosten- und Leistungsrechnung sukzessive in allen Ämtern einführt, hat die Einführung dieses Instrumentes für jedes Amt einen einmaligen Charakter.
- *Begrenzung:* Projekte haben einen definierten Anfang, ein definiertes Ende und verfügen für diesen begrenzten Zeitraum über vorher festgelegte finanzielle, sachliche und personelle Ressourcen.

- *Komplexität:* Die Aufgabenstellung eines Projektes weist in der Regel einen hohen Schwierigkeitsgrad auf und erfordert häufig eine Unterteilung in besser überschaubare Arbeitseinheiten. Die dadurch entstehenden Wechselbeziehungen sind wegen ihrer Einmaligkeit nicht standardisierbar und verursachen deshalb einen permanenten Abstimmungsprozess.
- *Interdisziplinäre Zusammenarbeit:* Das Projektthema berührt häufig mehrere Abteilungen. Aus diesem Grund ist es erforderlich, das Fachwissen aller betroffenen Bereiche für die Projektarbeit zu bündeln und einzubeziehen.

D

Als Projekt wird somit ein zielorientiertes, neuartiges, einmaliges und zeitlich befristetes Vorhaben bezeichnet, das einen komplexen Schwierigkeitsgrad aufweist und deshalb eine Zusammenarbeit von Spezialisten der betroffenen Bereiche verlangt (vgl. *Vahs, D.* 2007 S. 95).

4.4.2 Grundprobleme des Projektmanagements

Gründe für Projektstrukturen

Warum sind Projekte und das Projektmanagement im modernen Verwaltungsmanagement inzwischen so wichtig geworden? Die Notwendigkeit von Projekten und Projektstrukturen lässt sich folgendermaßen begründen (vgl. *Mayerhofer, H./Meyer, M.* 1999 S. 357 f.):

- Primärstrukturen sind notwendig und sehr gut in der Lage, die mehr oder weniger routinemäßige Bewältigung von Daueraufgaben durch Rahmenvorgaben zu steuern. Durchdachte Formalstrukturen sorgen für Verlässlichkeit und Effizienz. Im Falle von Aufgaben, die zeitlich begrenzt, komplex und einmalig zu bewältigen sind, sind die *formalen Primärstrukturen* eher hinderlich als förderlich. Insoweit sollten für derartige Vorhaben passgenaue neue Strukturen (Projektstrukturen) eingerichtet werden.
- Primärstrukturen weisen in der Regel eine *Hierarchie* auf. Komplexe und schwierige Aufgaben lassen sich im Rahmen einer festgefügten Hierarchie nur unzureichend bewältigen, weil die notwendige Sachkompetenz nicht immer mit der hierarchischen Position in der Primärorganisation kongruent ist. In der Funktion des Projektleiters soll die Kongruenz von Sachkompetenz und Leitung sozusagen einmalig hergestellt werden.
- In modernen Organisationen nimmt die Zahl der einmalig zu bewältigenden und komplexen Aufgaben stetig zu. Der turbulente *Wandel im Umfeld der Verwaltungsorganisationen* stellt

diese kontinuierlich vor neue Herausforderungen, indem mehrere komplexe Problemlagen gleichzeitig und möglichst sachgerecht bearbeitet werden müssen. Die Primärorganisationen allein können dies nicht mehr adäquat auffangen. Durch den flexiblen Einsatz des Instrumentes Projektmanagement werden die Organisationen offener und anpassungsfähiger. Insoweit sind sie in der Lage, ein höheres Maß an Umweltkomplexität zu absorbieren. Das Konzept des Lean Managements hat nicht zuletzt deshalb einen Verzicht auf Stabsstellen verordnet, um an deren Stelle den flexiblen Einsatz von Projektgruppen vorzusehen.

Projektkomplexität

Komplexe Aufgaben, die von einer interdisziplinären Zusammenarbeit abhängig sind, können nur sachgerecht und erfolgreich bearbeitet und umgesetzt werden, wenn man die damit verbundenen Grundprobleme ernst nimmt und entsprechende Lösungen dafür bereithält. Im Grunde müssen im Rahmen des Projektmanagements drei Problemdimensionen in den Blick genommen werden (vgl. *Mayerhofer, H./Meyer, M.* 1999 S. 362 ff., *Schulte-Zurhausen, M.* 2002 S. 410 ff.):

- *Komplexität und Zeitdruck*: Diese Probleme können nur durch den Einsatz von spezifischen Planungstechniken einer Lösung näher gebracht werden.
- *Problem der passenden Struktur (Organisation):* In diesem Zusammenhang stehen organisatorische Möglichkeiten zur Verfügung, die eine Integration der Projektstrukturen sicherstellen können.
- *Personalauswahl und -einsatz*: Der Erfolg von Projekten kann nur gewährleistet werden, wenn es gelingt, die Anforderungen der verschiedenen Rollen im Projekt exakt zu bestimmen, um darauf aufbauend qualifiziertes Personal einsetzen zu können.

4.4.3 Sachliche Projektplanung

Sach- und Formalziele

Die sachliche Projektplanung beginnt mit der eindeutigen und exakten Definition des Projektes und seinen Zielen. Projekte sollen unmittelbar Ziele der Verwaltung erreichen: Verbesserung der Kundenorientierung, Erhöhung der Effizienz, Optimierung der Geschäftsprozesse ... Neben den Sachzielen müssen auch die Formalziele festgelegt werden. Dazu zählen Zeit- und Verfahrensziele sowie Kosten- und Budgetziele. Viele Projekte scheitern, weil es zu Beginn versäumt wurde, Ziele exakt zu bestimmen, indem man beispielsweise eine klare Zielhierarchie mit entsprechenden Gewichtungen festlegt. Insofern sollte für die Zielplanung genügend Zeit vorgesehen werden. Durch eine tiefgründige Auseinandersetzung mit den Zielen kann zudem die Projektwürdigkeit eines Vorhabens besser eingeschätzt werden (vgl. *Mayerhofer, H./ Meyer, M.* 1999 S. 363 f., *Diethelm, G.* 2000 S. 219 ff.).

Sorgfältige Planung

Die sachliche und zeitliche Strukturierung erfolgt durch Projektstrukturpläne, projektbezogene Risikoanalysen, Kosten- und Kapazitätsplanungen sowie mittels Termin- und Ablaufplanungen (vgl. *Mayerhofer, H./Meyer, M.* 1999 S. 363 ff., *Diethelm, G.* 2000 S. 219 ff. und 315 ff.):

- *Projektstrukturpläne* stellen systematisch und übersichtlich dar, welche Aufgaben und Teilaufgaben im Rahmen des Projektes zu bewältigen sind. Derartige Aufstellungen ermöglichen die Aufgabenverteilung auf Projekt- bzw. Arbeitsgruppen sowie eine verlässliche Schätzung der notwendigen Kapazitäten und Kosten.
- Projektbezogene *Risikoanalysen* versuchen die Identifizierung von Risiken und deren jeweilige Tragweite. Je nachdem, wie hoch die Wahrscheinlichkeit des Eintretens und der mögliche Schaden eingeschätzt werden, sind entsprechende Vorkehrungen bzw. Absicherungen vorzusehen. Wird beispielsweise die Wahrscheinlichkeit des Eintretens hoch eingeschätzt und wäre der damit einhergehende Schaden gravierend, ist in Bezug auf die Eliminierung bzw. Absicherung dieses Risikos unbedingter Handlungsbedarf gegeben.
- Die *Termin- und Ablaufplanung* geschieht auf der Basis des Projektstrukturplanes und sieht im Resultat einen Termin für den Abschluss des Projektes vor. Die Einteilung in Phasen, die jeweils für sich strukturiert werden können, erleichtert die zeitliche Gesamtplanung. Meistens werden mit den Phasen bestimmte Meilensteine verbunden, die das Ende einer Phase verbindlich markieren und das bis dahin zu erreichende Teilergebnis bestimmen. Aufgrund der Meilensteinstruktur wird es ermöglicht, etwaige Verzögerungen des Gesamtprojektes frühzeitig zu erkennen, um eventuell Gegenmaßnahmen zu veranlassen oder das geplante Ende des Projektes nach hinten zu verschieben. Verzögerungen des Gesamtprojektes werden vom Management dann eher akzeptiert, wenn es rechtzeitig darauf hingewiesen wird. Um die zeitliche Struktur übersichtlich darstellen zu können, werden in der Praxis Balkendiagramme oder Netzpläne eingesetzt (vgl. *Schulte-Zurhausen, M.* 2002 S. 433 f.).
- Projekte binden *Kapazitäten* und erzeugen *Kosten*. Die personellen Kapazitäten wie auch die Kosten für Räume und Sachmittel können auf der Basis der Ablaufpläne ermittelt werden.

4.4.4 Projektorganisation

Die Stadtverwaltung *Bürohausen* steht vor dem Problem, dass innerhalb eines Jahres drei Projekte zeitlich parallel realisiert werden sollen. Im ersten Projekt geht es um die Erarbeitung eines verwaltungsweiten Berichtswesens, das die Arbeit der zentralen Steuerungsinstanz unterstützen soll. Darüber hinaus hat der Gemeinderat die Verwaltung beauftragt, die Verfahren zur Bearbeitung von Baugesuchen kundenorientierter und effizienter zu gestalten. Das dritte Projektvorhaben betrifft die Erarbeitung einer Personalentwicklungskonzeption für die gesamte Stadtverwaltung. In diesem Zusammenhang stellt sich die Frage, wie die drei Projekte im Rahmen der Gesamtorganisation so eingepasst werden können, dass einerseits die wichtigen Projektziele erfolgreich realisiert werden können und dass andererseits der *normale* Betrieb störungsfrei weiterlaufen kann. Dem gemäß stellt sich hier ein Problem der Projektorganisation.

Abstimmung mit der Primärorganisation

Projekte müssen trotz ihrer strukturellen und personellen Eigenständigkeit in die Primärorganisation integriert werden. Dies erfordert eine funktionierende Abstimmung der Projektarbeit mit den relativ dauerhaften Aufbau- und Ablaufstrukturen. »Das Grundproblem besteht also in der Komplexität, die durch die notwendige Differenzierung zur Basisorganisation entsteht« (*Mayerhofer, H./Meyer, M.* 1999 S. 371). Um die Projektarbeit organisatorisch abzusichern, sind folgende Voraussetzungen herzustellen (vgl. *Mayerhofer, H./Meyer, M.* 1999 S. 371, *Diethelm, G.* 2000 S. 189 ff.):

- *Ressourcenautonomie:* Die Verfügungsgewalt über personelle und sachliche Ressourcen kann unterschiedlich geregelt sein. Problematisch ist es, wenn personelle Ressourcen vom Projekt und von der Primärorganisation gleichzeitig in Anspruch genommen werden sollen. In diesem Zusammenhang wird deutlich, dass zur erfolgreichen Realisierung eines Projektes auch die Kooperation der Verantwortlichen in der Primärorganisation notwendig ist. In der Praxis dürfte es eher unwahrscheinlich sein, dass Projektleiter die volle Verfügungsgewalt über die personellen Kapazitäten erhalten.
- *Verselbstständigung des Projektes:* Die Projektorganisation sollte gewährleisten, dass eine Struktur des Projektes im Gesamtzusammenhang erkennbar ist. Sofern die Grenzen verschwimmen, wird es schwierig sein, das Projekt erfolgreich zu gestalten. Die Verselbstständigung ist dann am größten, wenn eine rechtliche Auslagerung praktiziert wird. »... sie ist gering, wenn die Projektleitung nicht formal festgelegt ist« (*Mayerhofer, H./Meyer, M.* 1999 S. 371.).
- *Projektinterne Strukturierung:* Für die Projektdurchführung ist zudem eine interne Struktur des Projekts unerlässlich. In diesem Zusammenhang kommen die Regeln der Organisation zum Tragen, die im Rahmen dieses Kapitels bereits erörtert worden sind: Aufgaben- bzw. Arbeitsteilung, Konfigurationen und Koor-

dinationen. Besonders wichtig ist die Einhaltung des Kongruenzprinzips auf der Ebene der Projektleitung.

Drei Organisationsformen

Um ein Projekt organisatorisch in der Gesamtstruktur zu verankern, stehen verschiedene Möglichkeiten zur Verfügung. Bei der *reinen Projektorganisation* wird die Primärorganisation zeitlich befristet um entsprechende neue Organisationseinheiten ergänzt (z. B. Abteilung Projekt A). In diesem Fall wird die Projektleitung – wie eine Linieninstanz – formal festgelegt und mit entsprechenden Befugnissen und Ressourcen betraut. »Die Projektmitglieder werden aus ihren bisherigen Aufgabenbereichen abgezogen und zur Umsetzung des Projektes im Projektteam zusammengefasst« (*Mayerhofer, H./Meyer, M.* 1999 S. 372). Das Organisationsmodell eignet sich vor allem für sehr umfangreiche Vorhaben, die kaum etwas mit den Daueraufgaben in der Primärorganisation zu tun haben (vgl. *Vahs, D.* 2007 S. 198 f.).

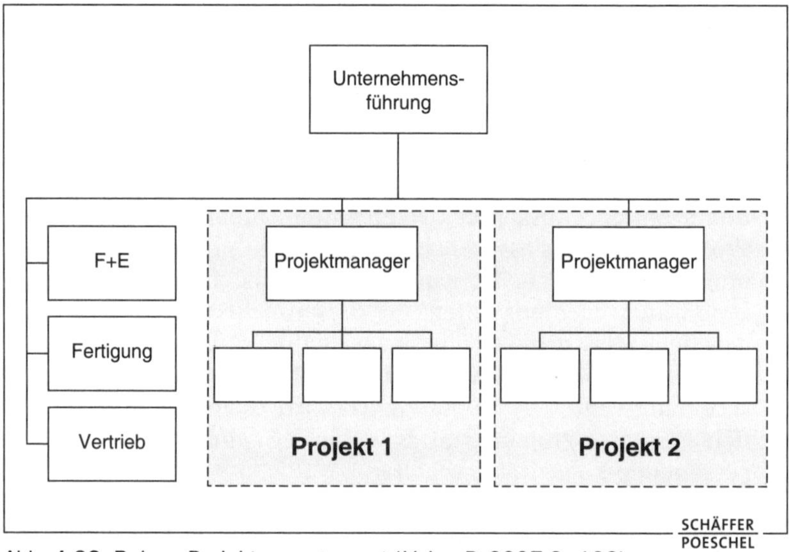

Abb. 4.22: Reines Projektmanagement (*Vahs, D.* 2007 S. 199)

Im Fall der *Stabs-Projektorganisation* ist die Stelle der Projektleitung als Stabsstelle ausgewiesen. Damit verfügt der Projektleiter nicht über Entscheidungs- und Weisungsbefugnisse. Die Rechte der Stabsstelle beschränken sich auf Informations- und Beratungsrechte, während die Projektverantwortung eigentlich bei der Behördenleitung liegt. Der Erfolg eines Projekts, das als Stabsstelle eingerichtet ist, hängt weitgehend von der Persönlichkeit und der Überzeugungskraft des Projektleiters ab. »Trotz der möglichen Schwierigkeiten wird das Stabs-Projektmanagement in der Praxis recht häufig eingesetzt. Der Grund für den hohen Verbreitungsgrad ist der vergleichsweise einfache Einsatz, der ohne größere organisatorische Veränderungen möglich ist« (*Vahs, D.* 2007 S. 197).

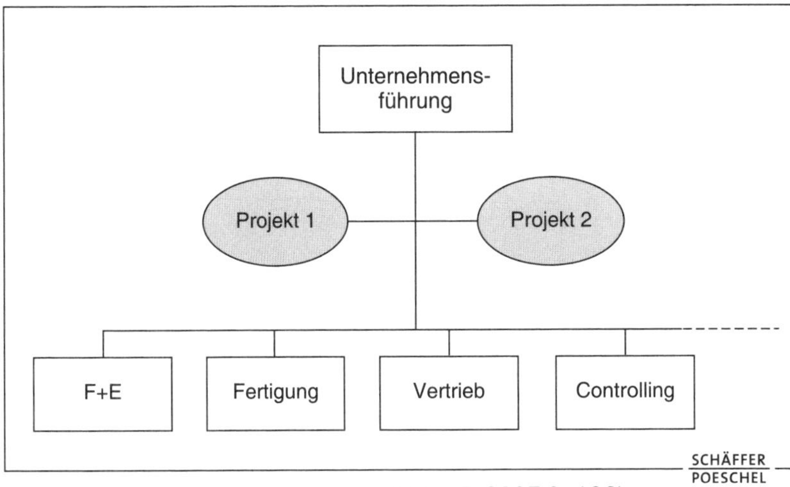

Abb. 4.23: Stabs-Projektmanagement (*Vahs, D.* 2007 S. 196)

Schließlich sieht die *Matrix-Projektorganisation* eine Struktur vor, in der die funktionale bzw. objektbezogene Primärorganisation durch ein zweites Gliederungsprinzip – der Projektorganisation – überlagert wird. Durch das gleichberechtigte Nebeneinander von Linien- und Projektverantwortlichen entsteht eine Organisationsstruktur, die einer Matrix gleicht (vgl. Abbildung 4.16). Damit sind die betroffenen Mitarbeiter sowohl dem Linienvorgesetzten als auch dem jeweiligen Projektleiter unterstellt. Der Vorteil dieser Struktur wird folgendermaßen gesehen: »Die Projektmitarbeiter sind zwar dem Projekt zugeordnet, werden jedoch nicht vollständig aus ihrer Organisationseinheit herausgelöst. Sie können sowohl in ihrer ›normalen‹ Funktion eingesetzt werden als auch ihr Spezialwissen und ihre Erfahrung bei Bedarf in eines oder in mehrere Projekte einbringen. Dadurch ist der Personaleinsatz flexibler zu gestalten als bei einem reinen Projektmanagement« (*Vahs, D.* 2007 S. 198). Nachteilig wirkt sich aus, dass in dieser Struktur ein gutes Maß an Konfliktpotenzial steckt. Linien- und Projektverantwortliche müssen sich im Hinblick auf den Personaleinsatz einigen. Das Modell fordert von den Beteiligten ein überaus hohes Maß an Kommunikationsfähigkeit. In privaten und öffentlichen Wirtschaftsunternehmen wird die Matrixorganisation sehr oft im Bereich von FuE-Projekten eingesetzt.

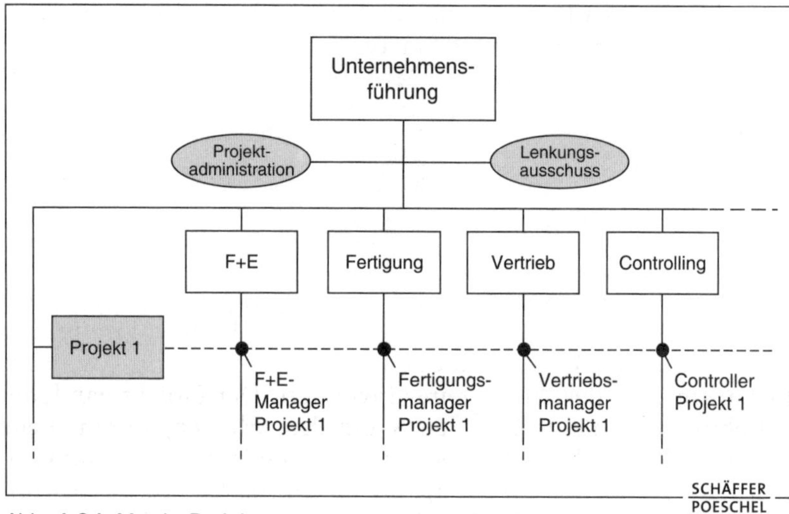

Abb. 4.24: Matrix- Projektmanagement (*Vahs, D.* 2007 S. 197)

Die projektinterne Struktur sieht in der Regel einen dreistufigen Aufbau vor: Lenkungsausschuss, Projektkernteam und Projektteams (vgl. *Vahs, D.* 2007 S. 368 ff.).

Lenkungsausschuss

Als oberstes Gremium empfiehlt es sich, einen *Lenkungsausschuss* zu bilden, der vom Auftraggeber mit der Durchführung des Projektes beauftragt wird und über Inhalte und Ergebnisse der Projektarbeit entscheidungsbefugt ist. Der Lenkungsausschuss legt in der ersten Phase des Projektes die Eckdaten der Projektkoordination und einen genauen Zeit- und Einsatzplan fest. Während der Projektlaufzeit überwacht er die Einhaltung des Arbeits- und Terminplanes, entscheidet gegebenenfalls über erforderliche Veränderungen im Projektverlauf und nimmt die erarbeiteten Ergebnisse entgegen. Die Mitglieder des Lenkungsausschusses sollten aus dem letztgenannten Grund entscheidungsbefugte Mitarbeiter der Behörde sein, um die Gesamtverantwortung für das Projekt wahrnehmen zu können. Dazu zählen im Bereich von Kommunalverwaltungen der Oberbürgermeister, die Bürgermeister und die Fachbereichsleiter. Des Weiteren sollte im Lenkungsausschuss auch die Arbeitnehmervertretung beteiligt sein.

Projektkernteam

Das *Projektkernteam* ist für die operative Umsetzung des Projektplanes verantwortlich und erarbeitet die wesentlichen Projektgrundlagen. Die personelle Zusammensetzung eines Projektkernteams hängt sehr stark von der Art und dem Umfang der Projektaufgabe ab. Die Mitgliederstruktur der Projektgruppe sollte so gestaltet sein, dass die Mitglieder jeweils die Leitung einer oder mehrerer Projektteams übernehmen. Die Projektteamleiter berichten dem Kernteam in regelmäßigen Abständen über den Stand der in der Arbeitsgruppe geleisteten Arbeit und bereitet die Entscheidungsfindung des Projektkernteams vor. Dadurch ist der notwendige Kommunikationsaustausch zwischen den Projektteams und dem Kernteam gewährleistet. Der Projektleiter, der auch das Projektkernteam leitet, trägt die Verantwortung für die Durchführung des Projektes und ist mit aufgabenbezogenen Kompetenzen ausgestattet. Er setzt den Lenkungsausschuss regelmäßig über die Projektfortschritte in Kenntnis.

Projektteam

Die *Projektteams* setzen die im Projektkernteam beschlossenen Arbeitsaufträge um. Sie arbeiten weitgehend selbstständig und eigenverantwortlich. Im Falle einer strittigen Entscheidung – beispielsweise bezüglich einer vorgeschlagenen Problemlösung oder bezüglich der Diskussion eines entstandenen Problems – wird das Kernteam bzw. der Projektleiter involviert. Der Projektteamleiter berichtet regelmäßig über den Stand der Arbeiten, nimmt neue oder geänderte Arbeitsaufträge entgegen und ist für die Kommunikation zwischen dem Arbeitsteam und dem Kernteam verantwortlich.

4.4.5 Personal und Projekte

Projektrollen und ihre Anforderungen

Die Projektarbeit verändert nicht nur die Organisationsstrukturen. Sie hat zudem gravierende Konsequenzen für die beteiligten Mitarbeiter. Von der Projektarbeit betroffen sind neben den Projektmanagern und Projektmitarbeitern vor allem auch die Behördenleitung und die Linienvorgesetzten. Die genannten Personengruppen haben jeweils bestimmte Aufgaben zu erfüllen und spezifische Rollen zu spielen. Damit sind wiederum spezifische Anforderungen verknüpft (vgl. *Mayerhofer, H./Meyer, M.* 1999 S. 378 ff.):

- *Behördenleitung:* Die Behördenleitung ist im Rahmen ihrer Gesamtverantwortung letztlich auch für die in der Behörde stattfindenden Projekte zuständig. Damit kann sie den Erfolg von Projekten sehr stark beeinflussen. Projekte bedürfen der aktiven Unterstützung der obersten Hierarchieebene. Die Projektmanager sind zudem darauf angewiesen, dass der Verwaltungschef die notwendigen Handlungsspielräume schafft und akzeptiert. Erfolgreiche Projektarbeit setzt voraus, dass das Top-Management Delegationsbereitschaft mitbringt und die relevanten Entscheidungen unter Beteiligung der betroffenen Projektmanager und -mitarbeiter trifft.
- *Projektmanager:* Die Projektleiter sind für die sachgerechte Durchführung der Aktivitäten verantwortlich. Gerade in Matrix-Projektkonstellationen müssen sie Überzeugungs- und Durchsetzungsqualitäten sowie Kommunikationsfähigkeit und Verhandlungsgeschick aufweisen. Zudem kommt es darauf an,

dass die Personen über unternehmerische und methodische Fähigkeiten verfügen. Die genannten persönlichen und methodischen Fähigkeiten sind fast höher einzustufen als die angemessene Fachkompetenz, die selbstverständlich auch vorhanden sein muss.

- *Linienvorgesetzte:* Die Linienvorgesetzten werden in der Regel darauf achten, dass die Routine- und Daueraufgaben, für die sie jeweils die Verantwortung tragen, nicht zu sehr unter den Projektaktivitäten leiden. Es ist in den wenigsten Fällen zu vermeiden, dass es zwischen Projektleitern und Linienvorgesetzten zu Spannungen und Konflikten kommt. Der Erfolg der Projekte hängt davon ab, dass die Beteiligten in der Lage sind, trotz widerstreitender Interessen angemessen zu kooperieren. Deshalb wird von den Führungskräften der Linie vor allem Kooperationsbereitschaft und Flexibilität erwartet. Zudem sollten sie in der Lage sein, ihr eigenes Verhalten angemessen zu reflektieren.
- *Teammitglieder:* In den Projektteams spielt sich die eigentliche Projektarbeit ab. Sie sind für die notwendigen Datenerhebungen, Analysen und die Ideeentwicklung zuständig. Die Teammitglieder benötigen deshalb vor allem fachliche Kompetenzen. Damit die Zusammenarbeit im Team auch tatsächlich gelingt, sind vor allem Schlüsselqualifikationen wie Kommunikations- und Kooperationsbereitschaft, Teamfähigkeit und Einfühlungsvermögen unerlässlich.

Sorgfältige Personalauswahl

Aus den Anforderungsprofilen wird ersichtlich, dass im Falle der Projektleiter und der Teammitglieder eine sehr sorgfältige Personalauswahl erforderlich ist. In diesem Zusammenhang kommt es auch darauf an, dass die Potenziale bei den Mitarbeitern erkannt und im Rahmen der Aktivitäten weiter ausgebaut werden. Nicht zu Unrecht hat die Projektarbeit eine hohe Relevanz in der modernen Personalentwicklung. Sie ist sehr eng mit Qualifikationserwerb allgemein und der Aneignung von Schlüsselqualifikationen im Besonderen verknüpft. Schließlich ist darauf zu achten, dass zur Motivation der Projektmitarbeiter materielle und immaterielle Anreize eingesetzt werden (vgl. *Mayerhofer, H./Meyer, M.* 1999 S. 380 f.).

Die Abbildung 4.25 stellt das Projektmanagement im Gesamtzusammenhang dar.

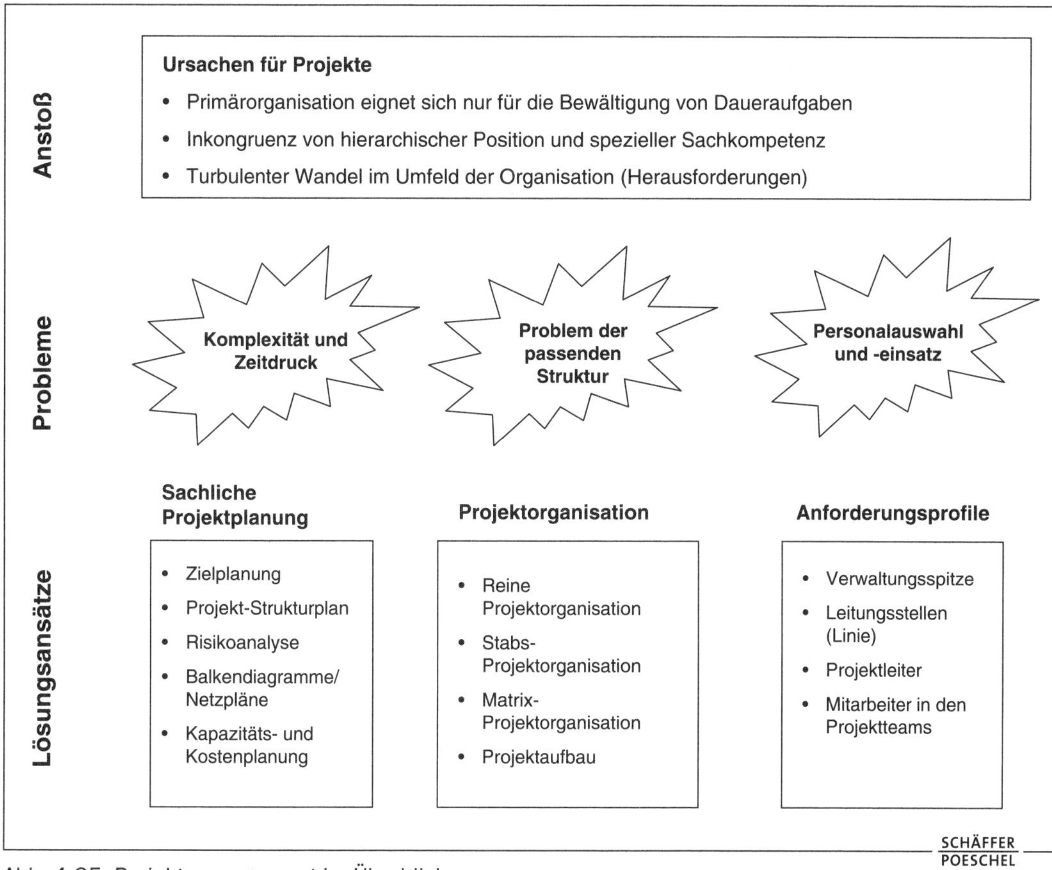

Abb. 4.25: Projektmanagement im Überblick

4.4.6 Voraussetzungen für erfolgreich durchgeführte Projekte

Erfolgsfaktoren

Projekten ist das Risiko des Scheiterns immanent. Allgemeingültige Erfolgsgarantien gibt es in aller Regel nicht. Jedes Projekt ist individuell und verfügt über eine eigene Projektgeschichte. Durch die Schaffung projektgünstiger Rahmenbedingungen kann die Erfolgswahrscheinlichkeit jedoch beeinflusst werden. Im Allgemeinen können die nachstehenden Erfolgsfaktoren genannt werden:

- *Eindeutiger Auftraggeber:* Jedes Projekt braucht einen eindeutigen Auftraggeber. In der Kommunalverwaltung ist dies in der Regel der Gemeinderat, der der Verwaltung den Auftrag erteilt und auch in letzter Instanz die Ergebnisse entgegennimmt. Der Rat ist damit der so genannte politische Bauherr.

- *Klare und realistische Auftragsformulierung:* Ein vage formulierter Projektauftrag birgt Interpretationsspielräume. Ein klarer Projektauftrag mit realistischen Zielen, Aufgaben und Bedingungen trägt entscheidend zum Projekterfolg bei.
- *Schulung der Projektbeteiligten:* Die Projektmitarbeiter müssen ausreichende Informationen über den Projektgegenstand erhalten, genügend Vorbereitungszeit bekommen und durch geeignete Schulungen in die Lage versetzt werden, den Projektauftrag zu erfüllen.
- *Aufgaben, Kompetenz und Verantwortung:* Die Aufgaben aller Projektgremien, ihre Kompetenzen und ihre Verantwortung müssen eindeutig geregelt und gegenüber der Primärorganisation klar abgegrenzt sein.
- *Unterstützung durch den Auftraggeber:* Die politische Unterstützung durch den Gemeinderat bzw. durch den Auftraggeber ist für den Projekterfolg ausschlaggebend.
- *Projektende, und nun?:* Nach Erfüllung des Projektauftrages werden alle Projektgremien aufgelöst. Die Sorge der Projektmitarbeiter über ihre Tätigkeit nach Beendigung des Projektes kann den Erfolg beeinträchtigen. Eine rechtzeitige Klärung dieser Punkte beseitigt diese Unsicherheiten.

4.5 Prozessmanagement

4.5.1 Grundlagen

Das klassische Analyse-Synthese-Konzept stellt die Gestaltung der Aufbauorganisation in den Mittelpunkt. Die Ablauforganisation spielt dagegen eine nachgelagerte Rolle. In der Folge werden stellenübergreifende Abläufe nicht ausreichend berücksichtigt. Die funktions- und hierarchiebezogene Unterteilung des Gesamtaufgabenkomplexes führt zu unnötigen Reibungen zwischen den Abteilungen sowie zu Doppelarbeiten und Redundanzen, die wiederum zu einer verringerten Effizienz der Organisation beitragen. Eine ganzheitliche Betrachtung der Prozesse findet nicht statt (vgl. *Gaitanides, M./Scholz, R./Vrohlings, A.* 1994 S. 2, *Vahs, D.* 2007 S. 221 ff., *Hopp, H.* 2001 S. 220 ff.). Die Abbildung 4.26 stellt diese Problemlage am Beispiel einer Stadtverwaltung dar.

Die moderne öffentliche Verwaltung ist bestrebt, schnell und kostengünstig auf die Wünsche und Bedürfnisse der Bürger einzugehen. Damit gewinnt die Prozessorientierung immer mehr an Bedeutung. Stehen die Prozesse bei der organisatorischen Gestaltung einer Behörde im Vordergrund, spricht man von *Prozessmanagement* (Begriffe wie Process Redesign, Business Process Reengineering, Process Innovation, Geschäftsprozessmanagement oder Wertkettenansatz werden häufig synonym gebraucht). Zu diesem Zweck ist zunächst die Identifizierung der erfolgsrelevanten Prozesse notwendig. Im Anschluss daran werden sie analysiert und neu gestaltet. Erst danach soll sich die eigentliche Stellenbildung anschließen. Der Fokus des Prozessmanagements liegt demnach auf den wertschöpfenden Aktivitäten der betrachteten Behörde.

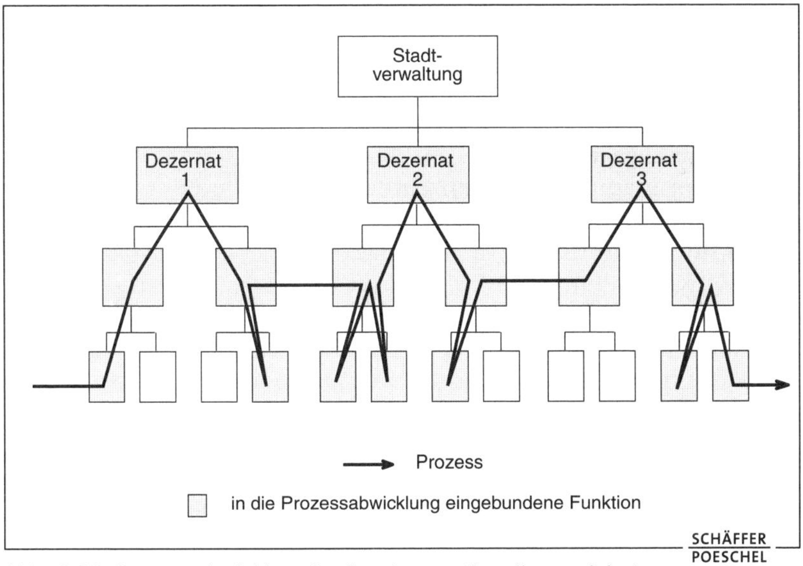

Abb. 4.26: Prozessabwicklung in einer konventionell organisierten Stadtverwaltung (vgl. *Vahs, D. 2007* S. 216)

D

Prozessmanagement bedeutet somit, die Wertschöpfungskette einer Behörde durch planerische, organisatorische und kontrollierende Maßnahmen zielgerichtet zu steuern (vgl. *Gaitanides, M./Scholz, R./Vrohlings, A.* 1994 S. 3).

Vorteile der Prozessorientierung

Diese prozessorientierte Steuerung verringert gegenseitige Abhängigkeiten einzelner Abläufe und reduziert die Schnittstellenproblematik erheblich. Gleichzeitig bedeutet eine ganzheitliche Betrachtung der Abläufe auch die Übernahme von Verantwortung und von Kompetenzen für den gesamten Prozess. Die dadurch entstehenden Freiräume werden für eine vermehrte Selbstorganisation und Selbstkontrolle genutzt und verringern den Koordinationsaufwand erheblich. Die Konzentration auf die wertschöpfenden Aktivitäten fördert nicht zuletzt eine permanente Optimierung der Abläufe und rückt die Bürger- bzw. Kundenorientierung in den Vordergrund.

Ziele der Prozessorientierung

Die Ziele des Prozessmanagements lassen sich wie folgt charakterisieren (vgl. *Vahs, D.* 2007 S. 230 ff.):

- *Verkürzung der Durchlaufzeiten*:
  Die Durchlaufzeit – sie setzt sich aus der Durchführungszeit, der Transferzeit und der Liegezeit zusammen – ist ein wesentliches Kriterium zur Beurteilung eines Prozesses. Besonders die Verringerung der Transfer- und Liegezeiten, die als nicht wertschöpfende Tätigkeiten bezeichnet werden können, trägt zu einer erheblichen Verkürzung des Gesamtprozesses bei. Die Abstimmung der einzelnen Teilprozesse trägt zudem zu einer deutlichen Reduzierung der Schnittstellenproblematik bei. Die Abbildung 4.27 veranschaulicht die Durchlaufzeitverkürzung aufgrund einer Prozessoptimierung.
- *Erhöhung der Prozessqualität*:
  Das angestrebte Ziel ist hierbei, eine möglichst große Übereinstimmung zwischen den Anforderungen der Bürger und Kunden und den tatsächlichen Produkten und Leistungen zu erreichen. Dies birgt qualitativ bereits hochwertige Teilprozesse, die sich nicht zuletzt in einer hohen *Produktqualität* niederschlagen. Reibungslose Abläufe, kurze Durchlaufzeiten und eine geringe Fehlerquote sind beispielhafte Kriterien zur Beurteilung der Qualität. Ihre Erfüllung führt darüber hinaus zu einer Senkung der Kosten. Dieser ganzheitliche Qualitätsansatz, der auch als *Total Quality Management* (TQM) bezeichnet wird, folgt der Maxime des maximalen Bürger- und Kundennutzens und führt zu einem *kontinuierlichen Verbesserungsprozess* (KVP) in allen Bereichen der öffentlichen Verwaltung (vgl. *Ruter, R. X.* 1998).
- *Verbesserung der Innovationsfähigkeit*:
  Die aktive Einbindung der Mitarbeiter bei der Gestaltung und Durchführung von Prozessen nutzt gezielt deren kreative Potenziale zur Ideenfindung und Problemlösung. Dadurch sollten die Wertschöpfungsketten schneller, flexibler und effizienter werden.
- *Senkung der Prozesskosten*:
  Mit der ganzheitlichen Betrachtung eines Prozesses ist auch das Ziel einer Kostensenkung verbunden. Jeder einzelne Teilprozess verursacht Kosten, die zum einen transparent und somit steuerbar gemacht werden, und zum anderen natürlich so gering wie möglich zu halten sind. Dazu gehören beispielsweise die Eliminierung nicht wertschöpfender Aktivitäten (z. B. langer Transport- und Liegezeiten), geringere Fehlerquoten und niedrige Kosten für die Koordination der Abläufe sowie eine hohe Prozessqualität.

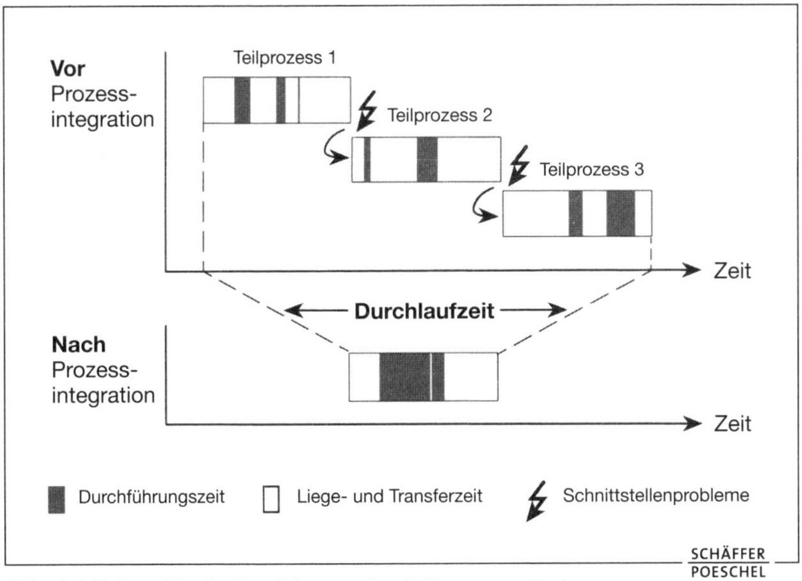

Abb. 4.27: Durchlaufzeitverkürzung durch Prozessoptimierung (*Vahs, D.* 2007 S. 232)

4.5.2 Kennzeichnung eines Prozesses

Das Prozessmanagement stellt die Wertschöpfungsketten einer Organisation in den Mittelpunkt der Betrachtung. Diese zielgerichtete Verkettung von Aktivitäten wird als Prozess bezeichnet und kann wie folgt definiert werden (vgl. *Vahs, D.* 2007 S. 222):

Ein Prozess ist durch die zielgerichtete Verknüpfung von Aktivitäten, die innerhalb eines festgelegten Zeitraumes zu einem definierten Ergebnis führen, charakterisiert. Die Erstellung dieser Leistung erfolgt dabei nach bestimmten Regeln.

Merkmale von Prozessen

Prozesse sind demnach inhaltlich abgeschlossene Vorgänge, die durch die folgenden Merkmale näher beschrieben werden können (*Schulte-Zurhausen, M.* 2002 S. 50 f., *Vahs, D.* 2007 S. 224 ff.):

- Für jeden Prozess wurde bereits im Vorfeld ein *Ziel* definiert, das es zu erreichen gilt. Die *Aufgabe* lässt sich daraus ableiten und umschreibt die erforderlichen Tätigkeiten. Erklärtes Ziel eines Prozesses kann es beispielsweise sein, über den von einem Bürger gestellten Bauantrag zu entscheiden. Die Aufgabe dazu lautet: Erstellen der dafür entscheidungsrelevanten Unterlagen.

- Ein äußerer Anstoß markiert den Beginn des Prozesses. Der eingereichte Bauantrag stellt in diesem Beispiel das *Ereignis* dar, welches den Prozess beginnen lässt.
- Ein Prozess beschreibt die *Transformation* eines *Inputs* (Einsatzgut) in einen *Output* (Ausbringungsgut). Dabei erfährt der Input einen definierten Wertezuwachs. Sowohl der Input als auch der Output können materieller oder immaterieller Natur sein. Der bereits oben erwähnte Bauantrag stellt hier gleichzeitig den Input dar. Die Bearbeitung dieses Antrages verkörpert den Wertezuwachs. Output dieses Prozesses kann die Genehmigung bzw. die Ablehnung des Baugesuchs sein.
- Der Input eines Prozesses stammt von mindestens einer *Quelle* (Sender, Lieferant), der Output wird mindestens an eine *Senke* (Empfänger, Kunde) weitergereicht. Es können interne und externe Prozessquellen und -senken unterschieden werden, je nachdem, ob die Kunden und Lieferanten innerhalb oder außerhalb der betrachteten Organisation zu verorten sind. Der Bauantragsteller ist in dem gewählten Beispiel sowohl Quelle als auch Senke.
- Die Prozessabwicklung selbst erfolgt durch die Verknüpfung zweckgerichteter *Aktivitäten*. Für den Prozess *Bauantrag* können sie wie folgt lauten: Antrag entgegennehmen, entscheidungsrelevante Informationen beschaffen, Antrag prüfen, relevante Stellen beteiligen, Entscheidungsvorlage erstellen, eine Genehmigung oder Ablehnung aussprechen und begründen, Bescheid zustellen.
- Zur Leistungserstellung sind folgende *Ressourcen* notwendig: *Menschen* (in Abhängigkeit ihrer Leistungsfähigkeit und ihrer Leistungsbereitschaft) und/oder *Sachmittel* (materielle Hilfsmittel aller Art), *Informationen* und *Methoden* (sie regeln die Art und Weise der Durchführung).
- Die Zeitspanne zwischen dem Beginn und der Beendigung eines Prozesses bestimmt die *Durchlaufzeit*.

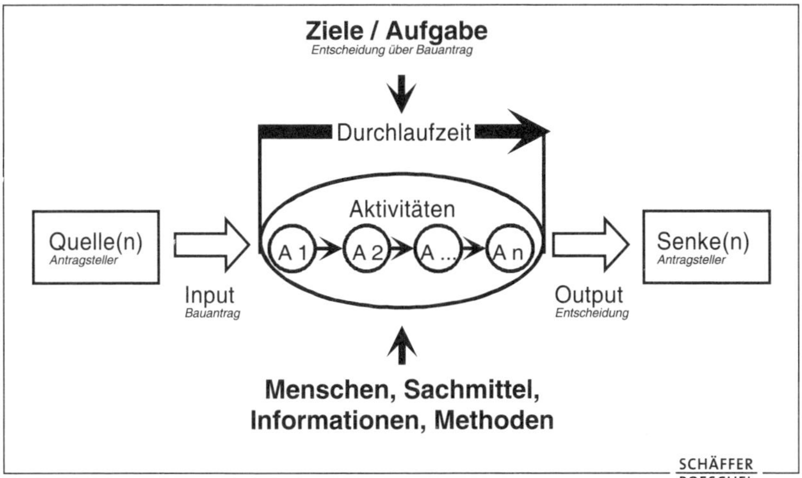

Abb. 4.28: Merkmale eines Prozesses
(vgl. *Schulte-Zurhausen, M.* 2002 S. 50)

Prozessarten

Die Prozesse in der öffentlichen Verwaltung können anhand ihres Marktbezuges in folgende Arten unterteilt werden (vgl. *Hill, W./ Fehlbaum, R./Ulrich, P.* 1994 S. 26, *Schulte-Zurhausen, M.* 2002 S. 53 ff.):

Primärprozesse (auch als direkte oder externe Prozesse bezeichnet) sind auf den externen Kunden gerichtet, während *Sekundärprozesse* (indirekte oder interne Prozesse) eine Unterstützungsfunktion wahrnehmen und keinen unmittelbaren Marktbezug besitzen (z. B. Leistungen der Personalabteilung).

4.5.3 Vorgehensmodell zur Prozessgestaltung

Bei der primären Gestaltung der einzelnen Prozesse und ihrer kontinuierlichen Verbesserung können vier Phasen unterschieden werden: *Definition, Strukturierung, Realisation und Optimierung.* Sie sind in der Abbildung 4.29 in einem Ablaufschema dargestellt und werden im Folgenden kurz beschrieben (vgl. *Vahs, D.* 2007 S. 239 ff., *Scholz, R./Vrohlings, A.* 1994 S. 117).

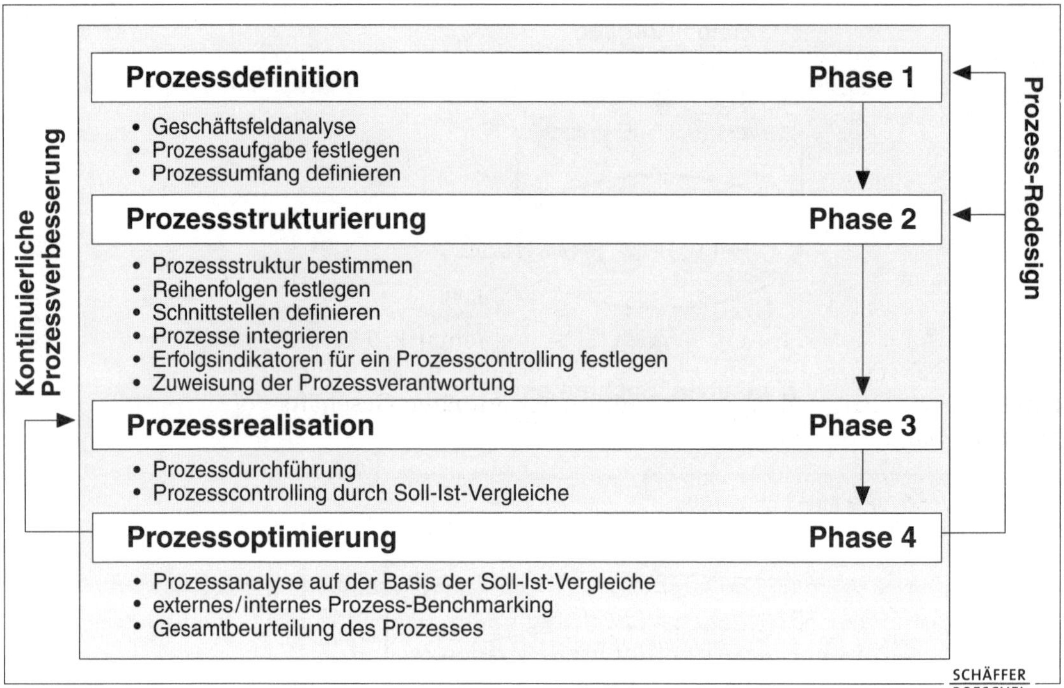

Abb. 4.29: Vier-Phasen-Konzept der Prozessgestaltung
(vgl. *Scholz, R./Vrohlings, A.* 1994 S. 117)

Prozessdefinition

Geschäftsfeldanalyse

Die prozessorientierte Gestaltung einer Organisationseinheit in der öffentlichen Verwaltung stellt den Bürger, seine Wünsche und Anforderungen in den Vordergrund. Aus diesem Grund steht zu Beginn die *strategische Geschäftsfeldanalyse.* Dies bedeutet eine Definition der Prozesse, die die Kernaufgaben der öffentlichen Verwaltung betreffen. Ein strategisches Geschäftsfeld beschreibt somit den eigenständigen Beitrag eines Bereiches oder eines Amtes zum Gesamtbeitrag der öffentlichen Verwaltung. Die strategische Geschäftsfeldanalyse kann losgelöst von bestehenden Strukturen durchgeführt werden, um Raum für neue Gestaltungsmöglichkeiten zu schaffen. In der Realität wird dieser Ansatz jedoch nicht ausschließlich verfolgt, weil die jeweils bestehende Situation nicht außer Acht gelassen werden kann. Durch die Kombination mit einer *Ist-Analyse* bekommt man einen detaillierten Überblick über die vorhandene Zielsetzung, über die bestehende Aufgabenverteilung und -wahrnehmung und über die Rahmenbedingungen.

Prozessaufgabe festlegen und Prozessumfang definieren

Auf dieser Basis werden nun die Primär- und Sekundärprozesse identifiziert sowie die Prozessaufgaben *inhaltlich* fixiert. In der Abbildung 4.30 sind beispielhaft Primär- und Sekundärprozesse einer Stadtverwaltung aufgeführt. Die Summe der Teilprozesse und Aktivitäten kennzeichnet den *Prozessumfang*. Bei der Festlegung des Umfanges ist darauf zu achten, dass der Prozess in sich abgeschlossen ist. Des Weiteren ist der Umfang so zu wählen, dass er zunächst nicht zu groß gerät, weil dies die Planung und Steuerung des Prozesses erschwert. Entstehen jedoch andererseits zu viele kleine Prozesse, führt dies zu einer aufwändigen Koordination und zu einer verstärkten Schnittstellenproblematik. Hier gilt es, einen angemessenen Mittelweg zu finden. In der Abbildung 4.31 wird beispielhaft die Definition des primären Geschäftsprozesses *Bauantrag* dargestellt.

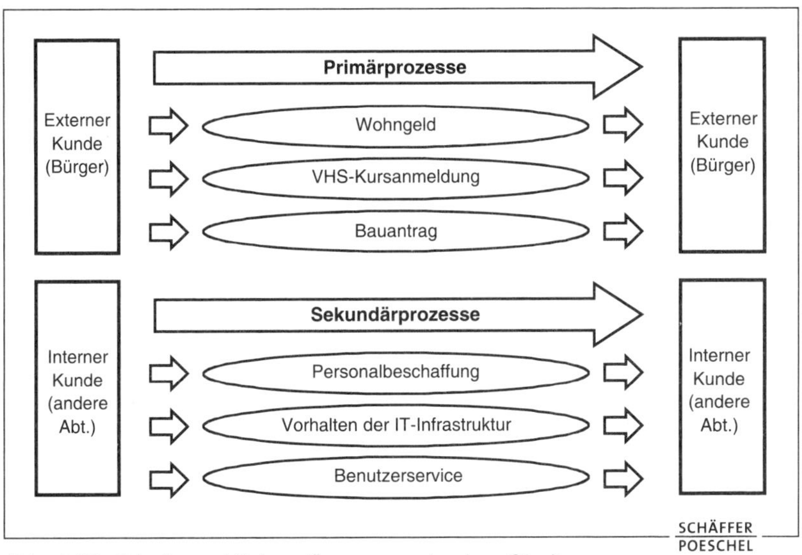

Abb. 4.30: Primär- und Sekundärprozesse in einer Stadtverwaltung (in Anlehnung an *Vahs, D.* 2007 S. 243)

Geschäftsprozess Bauantrag	
Prozessaufgabe	Antrag prüfen und darüber entscheiden
Anstoß	eingereichter Bauantrag
Quelle	Bauantragsteller
Anfangsaktivität	Entgegennahme (mit Eingangsbestätigung) des Antrages
Endaktivität	Bescheid zustellen
Senke	Bauantragsteller
Hauptaktivitäten	• Antrag entgegennehmen • entscheidungsrelevante Informationen beschaffen • Antrag prüfen • Entscheidungsvorlage erstellen • über Genehmigung oder Ablehnung entscheiden • Entscheidung begründen • Bescheid zustellen
Prozessziele	• Kundenzufriedenheit • Termineinhaltung (kurze Durchlaufzeit) • Wirtschaftlichkeit (geringe Prozesskosten) • Rechtmäßigkeit
Leistungsmenge	nicht spezifiziert

SCHÄFFER POESCHEL

Abb. 4.31: Spezifikation des Geschäftsprozesses Bauantrag (in Anlehnung an *Vahs, D.* 2007 S. 244)

Prozessstrukturierung

Die Phase 2 der Prozessgestaltung befasst sich mit der Strukturierung der einzelnen Prozesse. Besonders bei sehr umfangreichen Prozessen ist eine Prozessstrukturierung unerlässlich. Auf diese Weise kann auch bei komplexen Gesamtprozessen die Übersichtlichkeit gewahrt bleiben (vgl. *Vahs, D.* 2007 S. 244 ff.)

Prozessstruktur bestimmen

Der Gesamtprozess wird anhand der Analysekriterien *Verrichtung* und *Objekt* in seine *Teilprozesse* zerlegt, die erneut in Teilprozesse differenziert werden, bis die unterste Ebene der *Elementarprozesse* erreicht ist. Zusätzlich zu den oben beschriebenen Prozessmerkmalen kann ein Elementarprozess ohne Unterbrechung an einem Arbeitsplatz ausgeführt werden. Diese Zerlegung des Gesamtprozesses bis hin zu seinen Elementarprozessen führt zu einer *hierarchischen Struktur*, deren Auflösungstiefe von der Aufgabenstellung des Prozesses und von seinem Umfang abhängt.

Reihenfolgen festlegen

Der nächste Schritt legt die *zeitliche Reihenfolge* der einzelnen Teilprozesse und ihrer Aktivitäten fest. Die Reihenfolge ergibt sich entweder aus dem sachlogischen Zusammenhang oder aufgrund von technologischen Rahmenbedingungen.

Schnittstellen definieren

In diesem Schritt richtet sich der Fokus auf die *Schnittstellen* zwischen den einzelnen Teilprozessen. Hier wird der Output des vorgelagerten Prozesses zum Input für den nachfolgenden. Deshalb ist es besonders wichtig, festzulegen, von wem in welchem Umfang und mit welchen Inhalten die Leistungen zum fraglichen Zeitpunkt zu erbringen sind.

Prozesse integrieren

Eventuell entstandene Überschneidungen oder Doppelarbeiten in ähnlich gelagerten Prozessen können in diesem Schritt identifiziert werden. Es wird geprüft, ob weitgehend identische Abläufe auf der übergeordneten Prozessebene integriert werden können. An dem so genannten Konfigurationspunkt gehen die Abläufe wieder in die ursprünglichen Prozesse über (vgl. *Schulte-Zurhausen, M.* 1995 S. 81 f.).

Erfolgsindikatoren festlegen

Im Sinne eines *Prozesscontrollings* sind *Erfolgsindikatoren* festzulegen. Sie erlauben die Überwachung der einzelnen Aktivitäten im Hinblick auf ihre ordnungsgemäße und zielgerichtete Durchführung und die *Beurteilung der Gesamtprozessleistung*. Beispiele für solche Erfolgsindikatoren können die Prozesskosten, die Durchlaufzeit, die Wartezeit des Bürgers oder seine Zufriedenheit sein.

Prozessverantwortung zuweisen

Im letzten Schritt wird die *Prozessverantwortung* auf einen oder mehrere *Aktionsträger* (z. B. den Prozesseigner oder den Prozessmanager; vgl. Abschnitt 4.5.4) verteilt und im Rahmen einer ausführlichen *Prozessdokumentation*, die alle Prozesse detailliert und nachvollziehbar beschreibt, festgehalten. Mit Hilfe der Dokumentation werden somit die Prozessstrukturen transparent dargestellt und ein einheitliches Prozessverständnis aller Beteiligten erreicht.

Prozessrealisation

Prozessdurchführung und Prozesscontrolling

Die *Prozessfreigabe* signalisiert den Start der Einführung der Prozesse. Ein festgelegter Stufenplan und eventuell begleitende Schulungsmaßnahmen für die Mitarbeiter erleichtern die Einführung der Prozesse in die *Realität*. Mit einem regelmäßigen *Prozesscontrolling* auf Basis der eindeutig definierten Erfolgsindikatoren werden Abweichungen von den Leistungsanforderungen und den gesetzten Zielen rechtzeitig erkannt. Die Überwachung insbesondere von kritischen Teilprozessen liefert die entscheidungsrelevanten Informationen, die in Phase 4 für eine kontinuierliche Prozessverbesserung benötigt werden (vgl. *Vahs, D.* 2007 S. 247 f.).

Prozessoptimierung

Einmal installierte Prozesse bedürfen einer kontinuierlichen kritischen Würdigung und Weiterentwicklung. Dies geschieht vor allem durch Prozessanalysen und Prozess-Benchmarking (vgl. *Vahs, D.* 2007 S. 249 ff.).

Prozessanalyse und Prozess-Benchmarking

Unter Zuhilfenahme der Soll-Ist-Analyse des Controllings werden die einzelnen Prozesse analysiert und eventuelle *Schwachstellen* identifiziert. Die Ursachen der Schwachstellen, ihr Umfang und ihre Auswirkungen werden festgestellt, um daraus Handlungsempfehlungen für die Optimierung zu erarbeiten. In diesem Zusammenhang bietet sich unter anderem das Prozess-Benchmarking an, bei dem die eigene Praxis mit besonders herausragenden Lösungen anderer Betriebe verglichen werden kann, die ähnliche Aufgabenstellungen aufweisen.

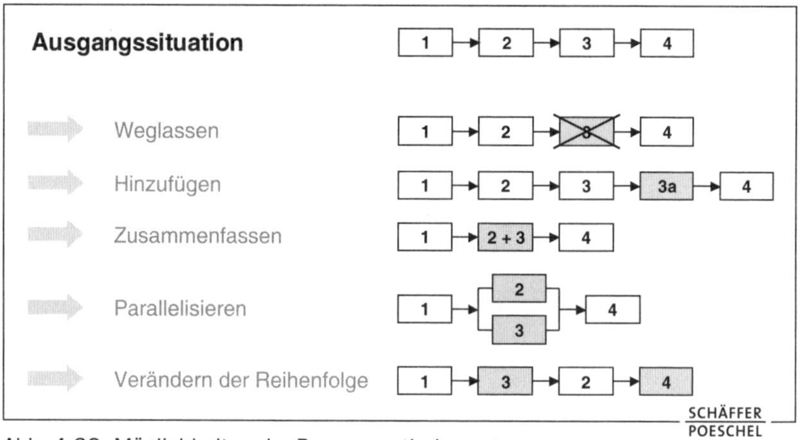

Abb. 4.32: Möglichkeiten der Prozessoptimierung (*Vahs, D.* 2007 S. 254)

Gesamtbeurteilung des Prozesses

Die regelmäßigen Analysen lassen eine Gesamtbeurteilung aller Prozesse zu. Sie machen eigene Defizite sichtbar und verdeutlichen Soll-Ist-Abweichungen von den gesetzten Zielen. Ihre Beseitigung führt zu einer *kontinuierlichen Prozessverbesserung* oder – wenn die gefundenen Mängel gravierend sind – zu einem Prozess-Redesign. Die Abbildung 4.32 stellt dar, durch welche Aktivitäten die Prozesse optimiert werden können. Anstöße für eine optimierte Prozessverbesserung können auch von außen kommen, sei es durch eine geänderte politische Situation, durch eine neue Gesetzgebung oder durch veränderte Bürgeranforderungen. Bei allen Prozessgestaltungen und -optimierungen auf Ebene der Primärprozesse sollten die Bürger bzw. die Kunden mit einbezogen werden. *Meyer/Blümelhuber/Pfeiffer* weisen darauf hin, dass die

Kunden als Co-Designer fungieren können, wenn es gelingt, die Einschätzungen und Bewertungen der Kunden in der Prozessphase zu ermitteln. »Die Rolle der Kunden als Co-Designer steht und fällt (...) grundsätzlich mit der Qualität seiner informationsgeleiteten Integration, d. h. mit der Fülle und Spezifität der v. a. im Rahmen der Prozessphase erhobenen Informationen« (*Meyer, A./Blümelhuber, Ch./Pfeiffer, M.* 2000 S. 63). Diese Verfahrensweise lässt sich gegebenenfalls systematisieren, indem man ein Beschwerdemanagementsystem einführt und kontinuierlich weiterentwickelt.

4.5.4 Aktionsträger im Prozessmanagement

Personal im Prozessmanagement

Die erfolgreiche Durchführung des Prozessmanagements obliegt letztendlich den Personen, die klar definierte Aufgaben in einem Prozess übernommen haben und mit entsprechenden Leitungs- und Umsetzungskompetenzen ausgestattet sind. Im Vokabular des Prozessmanagements werden die entsprechenden Personen als *Aktionsträger* bezeichnet. Die Abbildung 4.33 stellt den Prozess »P1« mit seinen zwei Teilprozessen (TP1 und TP 2) und den dazugehörenden Aktionsträgern beispielhaft dar (vgl. *Vahs, D.* 2007 S. 256 ff.).

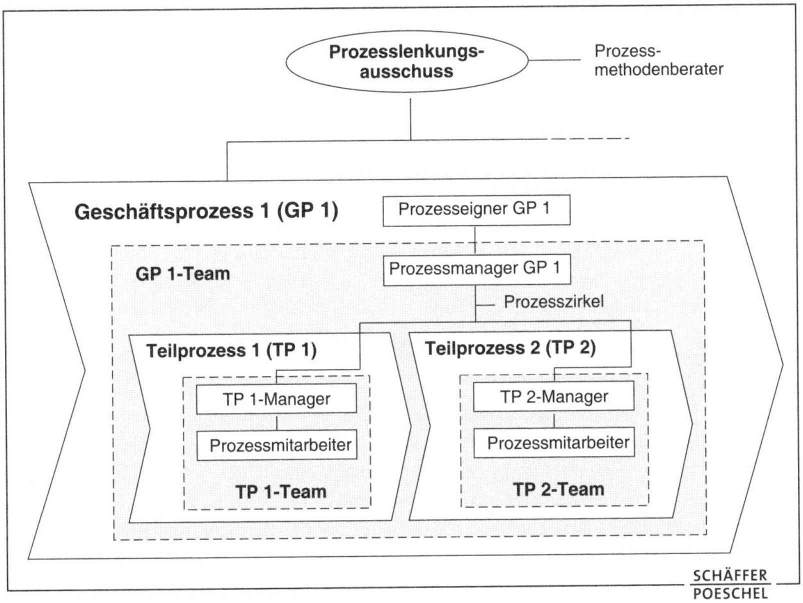

Abb. 4.33: Aktionsträger im Prozessmanagement
(*Vahs, D.* 2007 S. 257)

Aktionsträger im Prozessmanagement

Die *Prozessmitarbeiter*, von denen die einzelnen Aktivitäten umgesetzt werden, bilden gemeinsam mit dem *Teilprozessmanager* das *Prozessteam*, das mit der Durchführung aller Aufgaben eines Teilprozesses beauftragt worden ist. Jeder Teilprozessmanager berichtet dem *Prozessmanager* und ist ihm gegenüber für die Einhaltung der Teilziele verantwortlich. Der Prozessmanager wiederum ist vom Prozesseigner mit der operativen Umsetzung des gesamten Prozesses betraut worden. Er plant, steuert und kontrolliert den Prozessablauf und sorgt mit einer zielgerichteten Koordination der ihm zugeordneten Mitarbeiter für die Erreichung der Prozessziele.

Die Gesamtverantwortung und die daraus resultierende strategische Ausrichtung des Prozesses obliegen dem *Prozesseigner*. Die politischen Rahmenbedingungen, die strategische Ausrichtung der betrachteten Verwaltungseinheit, die obersten Verwaltungsziele und das daraus entstandene Leitbild bilden die Basis, auf der er die Gesamtprozesszielsetzung aufbauen kann. Relevante politische Veränderungen muss er zeitnah erkennen und für ihre Umsetzung im Prozess sorgen. Die Prozesseigner bilden zusammen den *Prozesslenkungsausschuss*. Dieser Ausschuss ist das höchste Entscheidungsgremium im Prozessmanagement. Er ist für eine optimale Integration aller Prozesse innerhalb der gesamten Verwaltungseinheit verantwortlich und wird in der Regel vom ranghöchsten Verwaltungsmitarbeiter (z. B. Amtsleiter, erster Beigeordneter, erster Landesbeamter) geleitet.

Um Schnittstellen- und Zielkonflikte zu minimieren, bietet sich die Einrichtung eines *Prozesszirkels* an. Hier werden fachübergreifend Erfahrungen ausgetauscht, was zu einer ständigen Verbesserung des Prozesses führen kann. Als letzter Aktionsträger ist der *Prozessmethodenberater* zu nennen, der quasi als *externer* Dienstleister dem gesamten Prozessmanagement unterstützend zur Seite steht. Er sorgt für eine einheitliche Vorgehensweise, ist für eine durchgängige Prozessdokumentation verantwortlich, hilft bei fachlichen, methodischen und sozialen Problemen und stellt letztendlich eine prozessübergreifende Kommunikation und Koordination sicher.

B

Die Stadtverwaltung *Bürohausen* hat im Rahmen einer Problemanalyse festgestellt, dass die Verwaltung der städtischen Liegenschaften durch verschiedene Bereiche gewährleistet wird. Neben dem Liegenschaftsamt sind auch das Hochbauamt, die Finanzverwaltung und das Schul- und Sportamt für bestimmte Teilaufgaben zuständig. Für die Nutzer und Betreuer der Liegenschaften ist der Zustand unbefriedigend, weil je nach Problemlage andere Stellen für die Bearbeitung zuständig sind. Es ist deshalb nicht selten vorgekommen, dass man von einer Stelle zur nächsten verwiesen worden ist. Eine Prozessanalyse konnte in diesem Zusammenhang ergeben, dass die mit den Liegenschaften verbundenen Teilprozesse kundenorientierter und effizienter bewältigt werden können, wenn die Zuständigkeiten in einer Organisationseinheit gebündelt werden. Aus diesem Grund ist der Vorschlag unterbreitet worden, sämtliche Aufgaben in einer Organisationseinheit Gebäudemanagement zusammenzuführen.

Würdigung

Die prozessorientierte Gestaltung der Abläufe in der öffentlichen Verwaltung optimiert die Faktoren Zeit, Qualität und Kosten. Die damit erzielten Effektivitäts- und Effizienzsteigerungen entlasten nicht nur die angespannte Haushaltssituation, sondern führen auch zu einer höheren Bürger- und Kundenzufriedenheit. Für die Prozessoptimierung gelten grundsätzlich die folgenden Regeln (vgl. *Hammer, M./Champy, J.* 1994):

- Mehrere Positionen werden so zusammengefasst, dass der maßgebliche Prozess möglichst wenige beteiligte Mitarbeiter aufweist. Insoweit reduzieren sich die Abstimmungsarbeiten.
- Die Arbeit wird dort erledigt, wo sie in der Regel auch anfällt.
- Diejenigen Mitarbeiter, die auf der operativen Ebene mit der jeweiligen Aufgabe befasst sind, fällen die Entscheidungen (Kongruenzprinzip).
- Die einzelnen Prozessschritte werden in eine natürliche Reihenfolge gebracht.
- Es gibt mehrere Prozessvarianten (für komplizierte und einfache Fälle).
- Der Überwachungs- und Kontrollaufwand wird minimiert.

4.6 Management des organisatorischen Wandels

4.6.1 Vorbemerkungen

Verwaltung im Wandel

Die Gründe für Organisationsveränderungen sind vielfältig und können von internen und externen Faktoren ausgelöst werden. Im Bereich der öffentlichen Verwaltung kann beispielsweise eine geänderte Gesetzgebung als externer Faktor zu Veränderungen in der Organisation Anlass geben. Zudem geben veränderte Bürger- bzw. Kundenanforderungen, neue Strategien in der Politik und Vorgaben zur Haushaltskonsolidierung Anstöße für einschneidende Veränderungen. Zu den internen Faktoren, die Veränderungsprozesse auslösen können, zählen beispielsweise Fehlentscheidungen in der Vergangenheit, Neuformulierungen der Betriebsstrategien, neue Managementkonzepte oder die Organisationsmitglieder selbst (vgl. *Vahs, D.* 2007 S. 266 ff.). In der gegenwärtigen öffentliche Verwaltung ist der Wandel inzwischen zur Normalität geworden. Sowohl die staatlichen Verwaltungen wie auch die Kommunalverwaltungen müssen sich – insbesondere seit Beginn der 90er-Jahre – kontinuierlich mit durchaus tiefgreifenden Veränderungen auseinander setzen.

B

Eine größere Stadtverwaltung ist seit Ende der 90er-Jahre damit befasst, in einem umfassenden Projekt, neue Steuerungsinstrumente in der Stadtverwaltung zu etablieren. Schwerpunkte der Veränderungen sind die Einführung einer dezentralen Budgetverantwortung, eines neuen Haushaltsmanagements und einer Kosten- und Leistungsrechnung. In diesem Zusammenhang spielt die Informations- und Kommunikationstechnik eine herausragende Rolle. Die neuen Steuerungsinstrumente sollen durch die Etablierung eines komplexen Softwaresystems umgesetzt werden. Das Projekt ist durch die Führung der Stadtverwaltung initiiert (Top-down-Ansatz) und mit Hilfe externer Beratungsunternehmen geplant und durchgeführt worden. Bis heute hat es immer wieder Störungen im Projektablauf gegeben, die den Fortschritt der Projektaktivitäten bisweilen empfindlich beeinträchtigt haben. Die Bediensteten sind von den fortschreitenden Veränderungen nicht immer begeistert gewesen. Zum Teil haben die Mitarbeiter offen Widerstände geltend gemacht. Im politischen Raum ist das Projekt der Stadtverwaltung deshalb einige Male vehement kritisiert worden. So hat es auch die Auffassung gegeben, dass das Projekt gescheitert sei und unmittelbar beendet werden sollte. Wie sind diese Probleme einzuschätzen?

Ganzheitlicher Wandel

Die Schwierigkeiten im vorstehenden Beispiel sind im Wesentlichen darauf zurückzuführen, dass sich das Projekt schwerpunktmäßig auf die Einführung einer neuen Technologie (neues Rechnungswesen) und auf die daraus resultierenden Effizienzgewinne konzentriert hat. Man hat besonders am Anfang unterschätzt, dass ein derartig weitgehendes Reformvorhaben nur funktionieren kann, wenn sich auch die Einstellungen, Wertvorstellungen und Verhaltensweisen der Bediensteten entsprechend wandeln. Man hat es offensichtlich versäumt, einen offensiven Kulturwandel herbeizuführen. Eine weitere Schwäche des Vorhabens liegt darin, dass organisatorische Veränderungen im hierarchischen und horizontalen Aufbau der Stadtverwaltung im Rahmen des Projektes kaum eine Rolle gespielt haben. So sollten die herkömmliche Ämterstruktur und die Befugnisse der Amtsleiter unverändert bleiben. In aktuellen Change Management-Ansätzen geht man davon aus, dass insbesondere große Veränderungsprojekte einen ganzheitlichen Wandel erfordern. »Nach der hier vertretenen Auffassung beschränkt sich das Change Management nicht auf einzelne, akute Problembereiche, sondern bezieht gleichermaßen die Strategie, die Organisation, die Kultur und die Technologie des Unternehmens mit ein und berücksichtigt auch die Wechselwirkungen, die durch die Veränderungsmaßnahmen entstehen« (*Vahs, D.* 2007 S. 281). Genau dies ist im dargestellten Beispiel offensichtlich nicht ausreichend berücksichtigt worden. Für größere Reformvorhaben ist es notwendig, die geplanten Veränderungen in einem Gesamtzusammenhang der vier Handlungsfelder zu sehen und entsprechend zu handeln (vgl. *Vahs, D.* 2007 S. 319 ff.). Die Abbildung 4.34 und die nachstehenden Ausführungen stellen die vier Handlungsfelder des Change Managements im Gesamtzusammenhang dar.

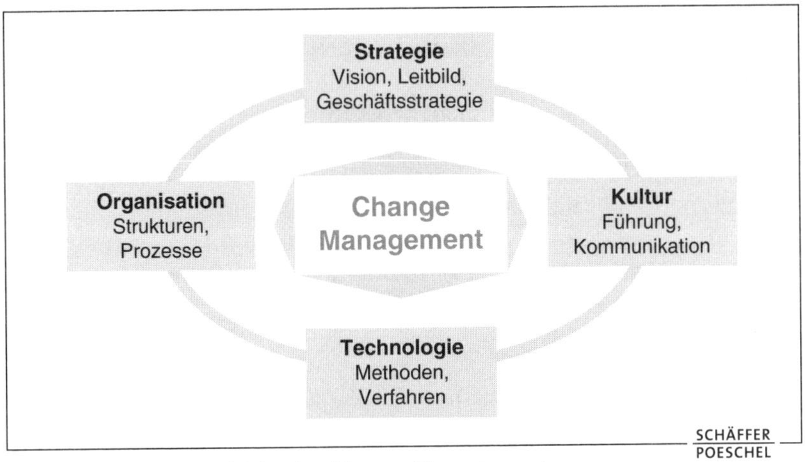

Abb. 4.34: Handlungsfelder des Change Managements
(*Vahs, D.* 2007 S. 321)

- **Strategie** Die *Strategie* des betrachteten Verwaltungsbereiches berücksichtigt die vorhandenen politischen, sozialen und wirtschaftlichen Rahmenbedingungen und die zu erwartenden Umweltveränderungen. Sie formuliert auf dieser Basis die strategische Zielausrichtung der gesamten Verwaltungseinheit. Die Ziele der nachfolgenden Fachbereiche werden daraus abgeleitet und in konkrete Aktivitäten überführt. Die Festlegung einer Strategie bildet damit eine wichtige Säule des Veränderungsmanagements und ist für eine erfolgreiche und zukunftsorientierte Ausrichtung der Verwaltung verantwortlich.
- **Kultur** Die *Kultur einer Organisation* umfasst alle Werte, Normen und Einstellungen, die das Verhaltensmuster der Organisationsmitglieder untereinander und zwischen der Organisation und ihrer Umwelt charakterisieren. Diese *weichen* Faktoren, die besonders durch den gesellschaftlichen Wertewandel und seine Folgen geprägt worden sind, sind mittlerweile zu einem festen Bestandteil des Veränderungsmanagements geworden.
- **Technologie** Die dritte Säule eines erfolgreichen Veränderungsmanagements ist in der *Technologie* zu sehen. Darunter sind Verfahren, Methoden, Maschinen, die eingesetzte Software und alles andere zu verstehen, was die organisatorischen Abläufe unterstützt. Im Verwaltungsbereich spielt besonders die Informations- und Kommunikationstechnologie eine entscheidende Rolle, da sie Prozesse schneller und effizienter machen hilft und eine Chance zur Gestaltung neuer Arbeitsabläufe und Strukturen bietet.

Organisation

- Die *Organisation* als das vierte Handlungsfeld eines Veränderungsmanagements beinhaltet sämtliche Maßnahmen, die die Aufbau- und Prozessstrukturen in der öffentlichen Verwaltung zielorientiert und ganzheitlich gestalten.

Optimaler Fit

Entscheidend für den Erfolg oder den Misserfolg des Veränderungsmanagements ist die gleichzeitige und ganzheitliche Berücksichtigung aller vier Säulen. Die einzelnen Maßnahmen müssen im Sinne eines *optimalen Fit* aufeinander abgestimmt und ihre gegenseitige Beeinflussung berücksichtigt werden.

4.6.2 Vorgehensmodelle des organisatorischen Wandels

Zwei Ansätze

Die Vorgehensmodelle des organisatorischen Wandels lassen sich trotz weiterer Differenzierungen und Verfeinerungen grundsätzlich auf zwei deutlich zu unterscheidende Konzepte reduzieren: einerseits das Vorgehensmodell der Organisationsgestaltung, die in ihrer gesteigerten Form zum Business Reengineering weiter entwickelt worden ist, andererseits die Organisationsentwicklung, die sich in den aktuellen Ausprägungen kaum von jenem Konzept unterscheidet, das der Psychologe *Lewin* bereits in den 40er-Jahren des 20. Jahrhunderts grundsätzlich dargelegt hatte (vgl. *Vahs, D.* 2007 S. 343 ff.). Die Abbildung 4.35 stellt die beiden Vorgehenskonzepte in ihren wichtigsten Merkmalen dar.

Organisationsgestaltung	Organisationsentwicklung
Ziel: effiziente Organisation (Programmatik und Konstitution)	**Ziel:** Steigerung der Problemlösungs- und Lernfähigkeit
Gegenstand: primär Strukturen und Prozesse (Konzept)	**Gegenstand:** primär die Organisationsmitglieder mit ihren Einstellungen und Werten (Kontext)
Ansatz: technologisch orientiert, betriebswirtschaftlich	**Ansatz:** verhaltensorientiert, sozialwissenschaftlich
Varianten: Systems Engineering, Business Reengineering, Organisationsanalyse	**Varianten:** Organisationsentwicklung, lernende Organisation

SCHÄFFER POESCHEL

Abb. 4.35: Konzepte des organisatorischen Wandels

4.6.2.1 Organisationsgestaltung

Das *Konzept der Organisationsgestaltung* stellt die Organisationsstruktur, ihre Funktionalität und ihre Effizienz in den Mittelpunkt der Betrachtung. Durch systematische Planung, Einführung und Kontrolle organisatorischer Regelungen werden zu erwartende oder bereits vorhandene strukturelle Probleme auf effiziente Weise gelöst (vgl. *Hill, W./Fehlbaum, R./Ulrich, P.* 1992 S. 468 ff., *Vahs, D.* 2007 S. 344 ff.). Die Organisationsgestaltung orientiert sich am *Konzept des Systems Engineering*, das auf den folgenden vier Grundgedanken aufbaut (vgl. *Daenzer, W. F./Huber, F.* 1994 S. 29 ff., *Krüger, W.* 1983):

Konzept des Systems Engineering

1. Grundgedanke: »Vom Groben zum Detail«

Die Idee dieser Vorgehensweise basiert auf einer stufenweisen Einschränkung des Betrachtungsfeldes. Der komplexe Sachverhalt eines Problems wird zunächst weit gefasst und dann schrittweise reduziert. Dadurch wird der Blick für eine Vielzahl von Lösungsmöglichkeiten offen gehalten und eine zu schnelle Konzentration auf Detailprobleme verhindert.

2. Grundgedanke: Stufenweise Alternativenbildung und -auswahl

Auf dem Weg vom Groben zum Detail sollten möglichst alle Lösungsvarianten Schritt für Schritt erläutert werden. Damit die Anzahl der Lösungen nicht mit jedem weiteren Detaillierungsschritt zu groß wird, wird auf jeder Stufe eine Zwischenentscheidung getroffen. Nur die Lösungsvariante, die die höchste Zielwirksamkeit aufweist, wird weiter untergliedert.

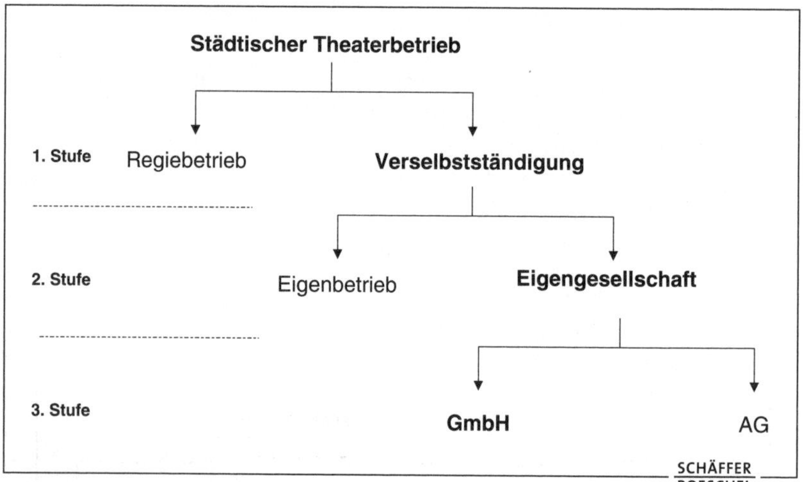

Abb. 4.36: Stufenweise Alternativenbildung am Beispiel eines Theaterbetriebes

3. Grundgedanke: Stufenweise Gliederung der Systemgestaltung

Der dritte Grundgedanke des Systems-Engineering-Konzeptes gliedert den Prozess der Systemgestaltung in Einzelschritte, die logisch und zeitlich voneinander getrennt sind. Dadurch entsteht ein überschaubares Vorgehen mit festgelegten Entscheidungspunkten. Dem ersten Schritt des Anstoßes folgen systematisch weitere Schritte: Planung, Realisation, Implementation sowie die Kontrolle und Weiterentwicklung. Die Abbildung 4.37 stellt die einzelnen Schritte der Vorgehensweise der Organisationsgestaltung transparent dar (vgl. *Büchi, R./Chrobok, R.* 1994 S. 69 ff., *Krüger, W.* 1983 S. 26 ff.).

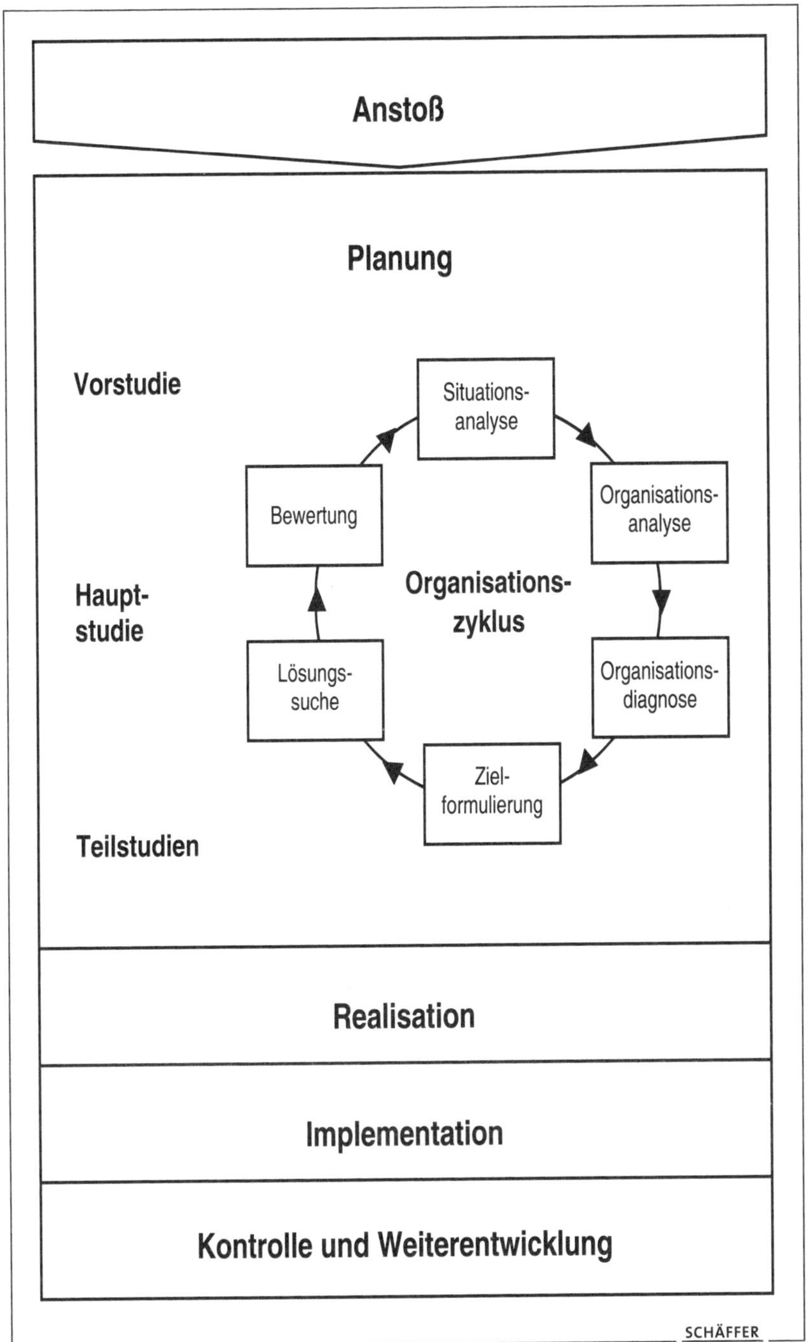

Abb. 4.37: Vorgehensweise der Organisationsgestaltung
(*Vahs, D.* 2007 S. 349)

- *Anstoß*: Die Zeitspanne zwischen dem Erkennen eines aktuellen oder zu erwartenden Problems und der Entscheidung, das Problem konkret anzugehen, ist Gegenstand des ersten Schrittes der Systemgestaltung. Veränderungen von internen oder externen Rahmenbedingungen können der Auslöser für den Anstoß sein, vorhandene Strukturen und Prozesse der neu entstandenen Situation anzupassen. Dies wird jedoch erst dann geschehen, wenn dem erkannten Problem eine gewisse Bedeutung beigemessen wird. Andernfalls kann kein Anstoß von organisatorischen Gestaltungsmaßnahmen erfolgen.
- *Planung*: Ziel der Planungsphase ist es, die optimale Organisationsalternative zu finden. Getreu dem Motto »vom Groben zum Detail« besteht sie aus der Vorstudie, der Hauptstudie und den Teilstudien. In jeder dieser Stufen nimmt der Konkretisierungs- und Detaillierungsgrad der Problemstellung zu (vgl. *Vahs, D.* 2007 S. 350). Am Ende jeder Stufe wird in Abhängigkeit der erzielten Ergebnisse entschieden, ob die Lösungssuche fortgeführt wird oder nicht.

B

Die Stadt *Bürohausen* beabsichtigt, das Dezernat *Bürgerdienste, Kultur, Ordnung, Verkehr* organisatorisch neu gliedern, da in den vergangenen Jahren laufend neue Aufgaben hinzukamen, und der zuständige Dezernent sich von einer Neugliederung Einsparungen und Leistungssteigerungen verspricht. Mittels einer Vorstudie wird in relativ kurzer Zeit untersucht, inwiefern bei den einzelnen Ämtern überhaupt Handlungsbedarf besteht und ob bestimmte Prozesse im Ordnungsamt etwa wegen der flächendeckenden Einführung von Parkuhren ineffizient geworden sind. Nachdem diese Fragen geklärt werden konnten, werden in einer Hauptstudie die verfolgten Ziele operationalisiert und das nun eingegrenzte Problemfeld gründlich analysiert. Berücksichtigung findet in diesem Zusammenhang das Dezernat selbst wie auch das gesamte Umfeld der Stadtverwaltung. Ergebnis der Hauptstudie ist das Gesamtkonzept, das anschließend noch in konkreten Teilstudien präzisiert wird. Diese Teilstudien werden so angelegt, dass sie innerhalb eines klar abgegrenzten Bereiches vorbereitet und durchgeführt werden können. So schlägt das Gesamtkonzept unter anderem vor, dem Bereich *Bibliothekswesen* auch die Betreuung der neu eingerichteten Bibliotheken der Volkshochschule und der Musikschule zu übertragen. In einer entsprechenden Teilstudie wird dieser Vorschlag zunächst im Hinblick auf Nutzen und Umsetzbarkeit überprüft und dann im Detail ausgearbeitet.

- *Realisation*: In dieser Phase geht es um die personellen, materiellen und strukturellen Voraussetzungen für die Einführung der in der Planungsphase gefundenen organisatorischen Lösung. So beinhaltet sie beispielsweise die Formulierung neuer Regeln (z. B. über Abläufe), die Erstellung von Dokumenten (z. B. Organigramme, Stellenbeschreibungen) und die Beschaffung der erforderlichen Sachmittel (z. B. Hard- und Software).
- *Implementation*: Nach Abschluss aller Planungs- und Vorbereitungsarbeiten kann nun die organisatorische Lösung umgesetzt werden. Ihre offizielle Bekanntgabe kennzeichnet den Beginn

dieser Phase. Je nach Umfang und Komplexität der Maßnahmen ist ein Schulungs- und Einführungsplan erforderlich, der die Umsetzung schrittweise vollzieht und den Mitarbeitern die Möglichkeit gibt, sich mit den zukünftigen Neuerungen vertraut zu machen und sie zu akzeptieren.
- *Kontrolle und Weiterentwicklung*: Hier wird überprüft, ob die jeweiligen Zielsetzungen auch tatsächlich erreicht worden sind. Als quantitative Kriterien können beispielsweise Kosten oder Durchlaufzeiten gewählt werden. Ein qualitativer Soll-Ist-Vergleich kann anhand von Befragungen oder Abwesenheitsstatistiken durchgeführt werden. Werden gravierende Abweichungen vom geplanten Sollzustand aufgedeckt, sind entsprechende Korrekturmaßnahmen einzuleiten.

Darüber hinaus sollte die Weiterentwicklung der Organisation fester Bestandteil der organisatorischen Tätigkeit werden. Dies wird durch eine regelmäßige Überprüfung ihrer Effizienz und den daraus abgeleiteten erneuten Reorganisationsmaßnahmen nach dem oben beschriebenen Vorgehen erreicht.

4. Grundgedanke: Gliederung des Planungsprozesses in Phasen

Organisationszyklus

Die drei Planungsstufen werden nun ihrerseits in einzelne Planungsphasen unterteilt, die dem Leitgedanken der Situationsanalyse, der Organisationsanalyse, der Organisationsdiagnose, der Zielformulierung, der Suche nach Lösungen und der abschließenden Bewertung folgen. Dieser *Problemlösungs-* oder *Organisationszyklus* erlaubt ein systematisiertes Vorgehen innerhalb der einzelnen Planungsstufen und wird in jeder der drei Planungsstufen durchlaufen. Die Reihenfolge der einzelnen Planungsphasen kann dabei variiert und an die konkrete Fragestellung angepasst werden. Auch ein Überspringen einzelner Phasen oder ein Mehrfachdurchlauf ist möglich. Der Organisationszyklus ist mit der Auswahl der besten Lösungsalternative abgeschlossen. Die Abbildung 4.39 beschreibt die möglichen Aktivitäten der einzelnen Phasen (*Vahs, D.* 2007 S. 352).

Planungsstufen	Ziele, Aktivitäten und Ergebnisse
Vorstudie	**Ziel**: In relativ kurzer Zeit und mit einem relativ geringen Aufwand klären, ob, in welchem Umfang und in welcher Form organisatorische Veränderungen durchgeführt werden sollen. **Inhalte**: • Untersuchung des gesamten Problemfelds und seiner relevanten Umwelt (Wird das richtige Problem angegangen?) • Problemeingrenzung und -beurteilung (Wo ist es zweckmäßig, nach Problemlösungen zu suchen?) • Erarbeitung eines Zielsystems mit Zielgewichtung (Welche Ziele sollen vorrangig erreicht werden?) • Erarbeitung alternativer Lösungsprinzipien (Welche Lösungsvarianten sind denkbar und können in technischer, wirtschaftlicher, sozialer und zeitlicher Hinsicht realisiert werden?) • Bewertung der Lösungsprinzipien (Welche Lösung ist optimal?) • Entscheidung über das Rahmenkonzept (Fortführung des Organisationsprojekts?) **Ergebnis**: Grobstudie mit generellen Zielsetzungen, alternativen Lösungsprinzipien und Rahmenvorgaben für das weitere Vorgehen als Basis für die Hauptstudie
Hauptstudie	**Ziel**: Präzisierung des ausgewählten Lösungsprinzips in einem Gesamtkonzept (Masterplan) **Inhalte**: • Detaillierte Analyse des eingegrenzten Problemfelds (v. a. Problemstruktur, Ursache-Wirkungs-Zusammenhänge, Beeinflussbarkeit und Auswirkungen der Probleme) • Formulierung und Operationalisierung detaillierter Ziele durch die Betroffenen und Festlegung der Kriterien zur Messung der Zielerreichung • Erarbeitung alternativer Gesamtkonzepte • Bewertung der Gesamtkonzepte (u. a. Erfüllung der Anforderungen, Aufwand-Nutzen-Relation) • Entscheidung über ein weiter zu verfolgendes Gesamtkonzept (Fortführung des Organisationsprojekts?) **Ergebnis**: Gesamtkonzept, aus dem abgegrenzte Bereiche getrennt in Teilstudien weiterbearbeitet werden können
Teilstudien	**Ziel**: Präzisierung des Gesamtkonzepts in detaillierten und realisierungsfähigen Feinkonzepten **Inhalte**: • Überprüfung des Lösungsbereichs hinsichtlich Rahmenbedingungen, Zielsetzungen und Zweckmäßigkeit • Überprüfung und ggf. Anpassung des Zielsystems • Erarbeitung alternativer Feinkonzepte (Teillösungen) für jeden der abgegrenzten Bereiche • Sicherstellung der Integration der Feinkonzepte • Erforderlichenfalls Anpassung des Gesamtkonzepts • Entscheidung über das weitere Vorgehen im Rahmen der Realisationsphase (Fortführung des Organisationsprojekts?) **Ergebnis**: Teillösungen, die realisiert und eingeführt werden können

SCHÄFFER POESCHEL

Abb. 4.38: Kennzeichnung der Planungsstufen
(*Vahs, D.* 2007 S. 351)

Phase	Aktivitäten
Situations-analyse	• Systematische Untersuchung und Beschreibung des als problematisch empfundenen Ist-Zustands (Lagebeurteilung, verbesserte Problemsicht) • Identifikation allgemeiner Problemursachen, Einflussgrößen und Zusammenhänge • Ausgrenzung nicht problemrelevanter Bereiche • Sammlung relevanter Informationen für die Zielformulierung und die Lösungssuche
Organisations-analyse	• Systematische Analyse der internen Strukturen und Abläufe zur Identifikation organisationsspezifischer Problemursachen, Einflussgrößen und Zusammenhänge • Sammlung relevanter Informationen über die interne Situation der Organisation
Organisations-diagnose	• Identifikation von Stärken und Schwächen der vorhandenen Organisation • Ermittlung kritischer Erfolgsfaktoren • Bewertung des Ist-Zustands der Organisation
Zielformulierung	• Suche nach lösungsneutralen Zielideen sowie Präzisierung der Vorstellungen über den Soll-Zustand in qualitativer und quantitativer Hinsicht • Strukturierung und Operationalisierung der Ziele • Zielgewichtung • Aufstellen eines operationalen, realistischen und widerspruchsfreien Zielsystems (Zielentscheidung)
Lösungssuche	• Festlegung einer Suchstrategie (Rückgriff auf eigene Erfahrungen, Einbindung von externem Know-how, Einsatz von Kreativitätstechniken zur Entdeckung innovativer Lösungen) • Suche nach Lösungsmöglichkeiten • Konkretisierung der als geeignet erscheinenden Problemlösungen • Prüfung der Lösungsvorschläge auf ihre Eignung zur Problemlösung und Erstellung eines Katalogs mit Problemlösungen
Bewertung	• Festlegung einer Bewertungsmethode • Darstellung und Bewertung der Auswirkungen einzelner Lösungsalternativen auf die verfolgten Zielsetzungen • Auswahl der optimalen Lösungsalternative (des am besten geeigneten Organisationskonzeptes)

SCHÄFFER POESCHEL

Abb. 4.39: Organisationszyklus (*Vahs, D.* 2007 S. 352)

Business Reengineering

Im Jahre 1993 haben die Amerikaner *Hammer* und *Champy* eine neue Organisationsstrategie für marktorientierte Unternehmen veröffentlicht und das *Systems Engineering* weiterentwickelt. Unter dem Titel »Business Reengineering, die Radikalkur für das Unternehmen« plädieren sie für eine radikale Modifikation der Organisations- und Prozessstrukturen. Die Autoren haben damit das ursprünglich konzipierte *Systems Engineering*, dessen Veränderungsstrategie technologisch an den Strukturen ansetzt, in seinen Eigenschaften gesteigert und zudem die Prozesse in den Vordergrund gerückt. Die Merkmale dieses Ansatzes lassen sich im einzelnen folgendermaßen skizzieren. Die Zielsetzung ist eindeutig auf die erhebliche und nachhaltige Erhöhung der Wirtschaftlichkeit (ökonomische Effizienz) ausgerichtet. Das Business Reengineering wird meistens durch erhebliche Krisen im Hinblick auf Liquidität und Erfolg ausgelöst. Die Veränderung ist insofern als Top-down-Strategie angelegt, als das Top-Management sie initiiert und steuert sowie externe Berater das Projekt fachlich-konzeptionell gestalten (vgl. *Hammer, M./Champy, J.* 1994). Die Stärken dieses Ansatzes liegen vor allem in der Chance zur deutlichen Steigerung der Wirtschaftlichkeit und in der Möglichkeit zum Neuanfang. Überdies spricht für diesen Ansatz, dass er konzeptionell geradlinig ist, sowie einen überaus schnellen Wandel herbeiführen kann. Als Nachteil wird vor allem gewertet, dass der Ansatz auf Widerstände kaum Rücksicht nimmt und eine Beteiligung der Mitarbeiter nicht vorgesehen ist.

B

Im Jahre 2003 hat die Landesregierung Baden-Württemberg eine Verwaltungsreform konzipiert, die bereits am 30. Juni 2004 als *Verwaltungsstruktur-Reformgesetz* im Landtag verabschiedet werden konnte. Im Rahmen dieser Verwaltungsmodernisierung sind ca. 400 bis dahin selbstständige Landesbehörden der mittleren und unteren Ebene in größere Organisationseinheiten integriert worden. Die Ämter der mittleren Ebene konnten in die jeweiligen Regierungspräsidien, die Ämter der mittleren Ebene in die zur Verfügung stehenden Landratsämter eingegliedert werden. Mit dieser Organisationsänderung soll einerseits die Kundenorientierung gestärkt werden. So heißt es auf den Internetseiten des Innenministeriums: »Durch die Verwaltungsreform wird die fortschrittlichste und effektivste Verwaltung im Bundesvergleich geschaffen. Sie schließt alle Verwaltungsbehörden und Verwaltungsebenen ein und ist maßgeschneidert für die Bedürfnisse von Wirtschaft und Bürgern« (*Innenministerium Baden-Württemberg,* www.innenministerium.baden-wuerttemberg.de/de/Verwaltungsstrukturreform/80036.html). Zudem hat man die Erwartung, dass im Zuge der Reform bis 2011 ca. 20 % der Personal- und Sachkosten eingespart werden können. Die Reform ist am 01. Januar 2005 nahezu konzepttreu umgesetzt worden.

Ohne diese Reform inhaltlich zu bewerten, ist die Veränderungsleistung doch beachtlich gewesen. Dass man in so kurzer Zeit (2003 bis 2004) eine Organisationsveränderung dieser Größenordnung umsetzen konnte, verdient Respekt. Möglich ist dies aber nur gewesen, weil man das Konzept von Seiten der Landesregierung schnell und ohne groß angelegte Beteiligungsprozesse der betroffenen Landesämter geplant und umgesetzt hat. Insoweit handelt es sich hier um einen gelungenen Top-down-Prozess, wenngleich der Planungsprozess nicht ohne Proteste und die Umsetzung nicht ohne Schwierigkeiten realisiert werden konnte.

4.6.2.2 Organisationsentwicklung

Im Mittelpunkt des *Konzeptes der Organisationsentwicklung* stehen die Mitarbeiter, die vom Wandel betroffen sind. Dieses Konzept berücksichtigt ihre Einstellungen, ihre Verhaltensweisen und ihre Beziehungen untereinander und versucht aus den Betroffenen Beteiligte zu machen, indem es die Organisationsmitglieder aktiv in die Gestaltung des Veränderungsprozesses einbezieht. Ziel des Konzeptes ist es, Lernprozesse in Gang zu setzen, die die Problemlösungsfähigkeit der Organisation langfristig verbessern (vgl. *Becker, M.* 2002 S. 411 ff.). Dabei zielt die Organisationsentwicklung primär auf »einen planmäßigen Wandel

- der individuellen Verhaltensmuster, Einstellungen und Fähigkeiten der Organisationsmitglieder,
- der Organisationskultur und
- der Organisations- und Kommunikationsstrukturen sowie der strukturellen Regelungen im weitesten Sinne (z. B. Arbeitszeit, Lohnform) (*Vahs, D.* 2007 S. 354 f.).«

Merkmale der Organisationsentwicklung

Als *Merkmale* des Konzeptes der Organisationsentwicklung lassen sich folgende Punkte aufzählen (vgl. *Klimecki, R. G.* 1995 Sp. 1653, *Schanz, G.* 1994 S. 398 ff., *Staehle, W. H.* 1991 S. 849):

- »Organisationsentwicklung ist ein geplanter Wandel und kein zufälliger Wandel.
- Es werden umfassende Veränderungen vorgenommen, und es bleibt nicht bei der Änderung von Details.
- Der Schwerpunkt liegt auf dem Wandel von Gruppen und weniger von Individuen.
- Der Wandel erfolgt durch die individuelle Veränderung des menschlichen Verhaltens sowie von Werten und Normen und nicht mittels vorgefertigter Musterlösungen von Experten.
- Die Intervention wird durch partizipative Prozesse und erfahrungsgeleitetes Lernen unterstützt und nicht mittels Anordnung »von oben« durchgeführt.
- Es wird ein langfristiger und möglichst antizipativer Wandel angestrebt und kein kurzfristiges organisatorisches Krisenmanagement.
- Das Konzept der OE ist offen gegenüber den verschiedenen Methoden zur Gestaltung von ›maßgeschneiderten‹ Veränderungsprozessen« (*Vahs, D.* 2007 S. 357 f.).

Vorgehensmodell

Der *Drei-Phasen-Ansatz* von *Lewin* gilt als das klassische Vorgehensmodell für ein verhaltensorientiertes Veränderungskonzept. Es besteht aus den Phasen Auftauen, Verändern und Wiedereinfrieren (vgl. *Lewin, K.* 1947 S. 34 ff., *Schanz, G.* 1994 S. 404 ff., *Schein, E. H.* 1975 S. 128 ff., *Steinmann, H./Schreyögg, G.* 1993 S. 432 ff., *Vahs, D.* 2007 S. 359 ff.).

Phase 1: »Auftauen (unfreezing)«
Ziel der ersten Phase ist es, die bisherigen Vorstellungen und Verhaltensweisen der Individuen und Gruppen in Frage zu stellen (»aufzutauen«) und Letztere auf eine zukünftige Veränderung vorzubereiten. Besonders eine offene Kommunikation trägt dazu bei, die negativen Konsequenzen an einem Festhalten des Ist-Zustandes und die Vorteile der organisatorischen Veränderungsmaßnahmen zu verdeutlichen und somit eine *Bereitschaft zur Veränderung* zu erzeugen.

Phase 2: »Verändern (moving)«
Die zweite Phase beschäftigt sich mit der *Neugestaltung* des Problembereiches. Hier gilt es, ein Organisationskonzept zu entwickeln und umzusetzen. Die vom Wandel betroffenen Individuen und Gruppen sollten dabei soweit als möglich in die Konzeption und in die Ergebnisfindung eingebunden werden (Partizipationsstrategie).

Phase 3: »Wiedereinfrieren (refreezing)«
Die dritte Phase beschäftigt sich mit der *langfristigen Stabilisierung* der umgesetzten Veränderungsmaßnahmen. Die erfolgreiche Durchführung der ersten beiden Phasen und die subjektive Wahrnehmung des Veränderungserfolges durch die Beteiligten sind der beste Garant dafür, dass die Organisation nach einer Weile nicht wieder in den alten Zustand zurückfällt. Mit Stabilisierung ist aber auch gemeint, dass sich die Lernfähigkeit fest etabliert und damit als Grundlage für die kontinuierliche Weiterentwicklung der Organisation fungieren kann. Insoweit darf das *Wiedereinfrieren* nicht zum starren Festhalten an dem erreichten Zustand führen.

Organisationsentwicklung versus Business Reengineering

In der herrschenden Diskussion wird das Konzept der Organisationsentwicklung zumeist unabhängig von den Gegenständen der Veränderung favorisiert. Sie scheint aus Sicht vieler Vertreter die wohl richtigere und Erfolg versprechendere Alternative zu sein. Dabei wird betont, dass der überwiegende Teil der Reengineeringprojekte als gescheitert gelten kann. Ob die Organisationsentwicklung tatsächlich eine alternative Vorgehensweise sein kann, wenn es um die Veränderung von Strukturen und Prozessen geht, ist zunächst eine offene Frage. Der Abschnitt 4.6.2.3 wird sich mit dieser Frage auseinandersetzen. Zuvor geht es in einem Exkurs jedoch um die verschiedenen Formen der Mitarbeiterbeteiligung.

Business Reengineering	Organisationsentwicklung
• **Gegenstand:** Strukturen, Prozesse und Techniken	• **Gegenstand:** Einstellungen, Verhalten, Kultur
• **Auslöser:** handfeste Krisen	• **Auslöser:** kulturelle Dissonanzen, Unzufriedenheit
• **Ziele:** ökonomische Effizienz, Qualität	• **Ziele:** soziale Effizienz, Qualität
• **Ansatz:** radikal, revolutionär, »ganzheitlich umkrempeln«, Top Down	• **Ansatz:** behutsam, evolutionär, »ganzheitlich, aber schrittweise verändern«, Bottom Up...
• **Vorgehen:** strenge Prinzipien einschl. Zeitdisziplin	• **Vorgehen:** inkrementales Vorgehen, lange zeitliche Optik
• **Externe Berater:** fachlich-konzeptionelle Beratung einschl. Projektmanagement	• **Externe Berater:** Prozessberater, Moderator, Vermittler, Coach...
• **Mitarbeiter:** Informationslieferant und Dispositionsmasse	• **Mitarbeiter:** Mitgestalter als Betroffene

Abb. 4.40: Business Reengineering und Organisationsentwicklung im Vergleich

Exkurs: Die Beteiligung von Mitarbeitern in Veränderungsprojekten

Im Rahmen der Organisationsentwicklung kommt der Beteiligung von Mitarbeitern eine sehr große Bedeutung zu. Meistens wird von verschiedenen Seiten lapidar gefordert, dass die Beschäftigten in hohem Umfang zu beteiligen sind. Die Frage, was Beteiligung in der Konsequenz konkret bedeutet und welche Varianten der Beteiligung vorstellbar sind, bleibt meistens unbeantwortet. Dies verdeutlicht das nachstehende Zitat von *Ahlers*: »Führungskräfte sowie Mitarbeiterinnen und Mitarbeiter haben oft ganz unterschiedliche Ziele, wenn sie von Mitarbeiterbeteiligung sprechen. Während die Führung Kostenreduzierungen und eine verbesserte Wettbewerbsfähigkeit anstrebt, erhoffen sich Mitarbeiterinnen und Mitarbeiter häufig eine Verbesserung ihrer Arbeitsbedingungen und ihrer Arbeitszufriedenheit« (*Ahlers, A.* 2002 S. 49). In Bezug auf konkrete Veränderungsprojekte hat die Autorin folgende Formen der Mitarbeiterbeteiligung unterschieden (vgl. *Ahlers, A.* S. 49 ff.):

Mitarbeiter als Informanten

Mitarbeiter als Informanten: Kaum ein Organisationsprojekt kann ohne angemessene Ermittlung des Ist-Zustandes schlüssige Vorschläge für Neukonzeptionen unterbreiten. Die Datenerhebung erfolgt in diesem Zusammenhang durch schriftliche Befragungen, Interviews, Selbstaufschriebe und Beobachtungen. Als ausgewählte Interviewpartner kommt den Mitarbeitern weder eine Prozess- noch eine Ergebnis- bzw. Entscheidungskompetenz zu. Werden in diesem Zusammenhang externe Berater relevant, geben *diese* die relevanten fachlich-inhaltlichen Inputs in den Veränderungsprozess. Beschränkt sich die Partizipation der Mitarbeiter auf die Rolle des Informanten, können die Lösungen bei hoher Qualität der Experten einen beachtlichen Innovationsgrad erreichen, der jedoch bisweilen durch eine unter Umständen sehr niedrige Akzeptanz der neuen Konzepte erkauft wird.

Mitarbeiter als Projektmitglied

Mitarbeiter als Projektmitglied: In diesem Zusammenhang kommt den Mitarbeitern eine aktivere Rolle und in gewissem Umfang eine gestalterische Funktion zu. Aus den Reihen der Belegschaft werden bestimmte Personen als ausgewählte Experten zur Mitarbeit in Projektgruppen motiviert, die auf der Grundlage von Datenerhebungen Probleme und Schwachstellen analysieren und entsprechende Lösungsvorschläge erarbeiten. Je größer die Organisationen sind, desto geringer muss zwangsläufig der Anteil der Bediensteten sein, der in solchen Zusammenhängen mitwirken kann. Als ausgewählte Experten in Projekten haben die Mitarbeiter weder eine Prozess- noch eine Ergebnis- bzw. Entscheidungskompetenz. Diese obliegen der Projektleitung und der Führung. Sofern ausgewählte Mitarbeiter in Projektteams mitwirken, kann das die Qualität der Vorschläge durchaus erhöhen, innovative und besonders neuartige Lösungen sind möglich. Weil letztlich jedoch nur wenige beteiligt werden können, kann die Veränderungsakzeptanz aller Betroffenen nicht wesentlich beeinflusst werden.

Mitarbeiter als Sparrings-Partner

Mitarbeiter als Sparrings-Partner: Wird den betroffenen Mitarbeitern die Rolle eines Sparrings-Partners zugewiesen, erfahren die im Projekt erarbeiteten Vorschläge eine breite Kommentierung mit zum Teil vehementer Kritik. Dies kann in Diskussionsforen und Großveranstaltungen stattfinden. Als fachkundige Experten und Sparringspartner haben die Mitarbeiter dann die Möglichkeit, konzeptionelle Veränderungen zu erwirken. In diesem Zusammenhang hat es sich bewährt, dass die Moderation der Veranstaltung nicht durch jene (externen) Experten übernommen wird, die die inhaltliche Konzeption erarbeitet haben. Sofern diese Form der Beteiligung gewählt wird, bleibt die Ergebnis- und die Entscheidungsverantwortung bei der Projektleitung bzw. der Führung, die Prozessverantwortung wird jedoch durch den bzw. die Moderatoren wahrgenommen. Bei derartigen Konstellationen ist es wahrscheinlich, dass die ursprünglichen vielleicht sehr weitgehenden neuen Lösungen etwas zurückgenommen werden müssen. Damit wird die erreichte höhere Akzeptanz der Betroffenen durch eine weniger innovative Lösung erkauft.

Mitarbeiter als Gestalter

Mitarbeiter als Gestalter: Wird diese Form gewählt, kommt es zu einer gravierenden Veränderung der Verantwortlichkeiten. Jetzt geht die Ergebnisverantwortung an die Mitarbeiter, die Prozessverantwortung übernimmt ein Moderator, die Entscheidungskompetenz liegt zunächst bei den Mitarbeitern und anschließend bei der Führung. »Entscheidend für die Rolle der/des Gestalterin/Gestalters ist, dass sich die Mitarbeiterinnen und Mitarbeiter darüber im Klaren sind, dass Beteiligung auch Übernahme von Verantwortung bedeutet, nämlich Verantwortung dafür, dass ein von der Führung getragenes Konzept entsteht« (*Ahlers, A.* 2002 S. 52). Bei dieser sehr weitgehenden und umfassenden Mitwirkung ist die Akzeptanz der Betroffenen antizipatorisch sicherlich sehr hoch. Aufgrund der Notwendigkeit von Kompromissen bei der Konzepterstellung kann jedoch ein hoher Innovationsgrad kaum erreicht werden.

	Informanten	Projektmitglied	Sparringspartner	Gestalter
Beteiligte Mitarbeitende	Ausgewählte Interviewpartner	Ausgewählte Experten	Vom Konzept Betroffene	Von der Aufgabenstellung Betroffene
Prozessverantwortung	Führung/ Projektleitung	Führung/ Projektleitung	Projektleitung/ Moderatoren	Moderatoren
Entscheidung	Führung/ Projektleitung	Führung/ Projektleitung	Führung/ Projektleitung	Führung/ Mitarbeitende
Neuartigkeit der Lösung	Eher hoch	Eher hoch	Mittel	Eher niedrig, da Kompromisse nötig
Akzeptenz der Lösung	Eher niedrig	Eher niedrig	Mittel	Eher hoch

SCHÄFFER POESCHEL

Abb. 4.41: Mögliche Rollen der Mitarbeiter in Veränderungsprojekten (vgl. *Ahlers, A.* 2002, S. 55)

Damit ist die Bandbreite der Beteiligungsmöglichkeiten, die in Projekten zum organisatorischen Wandel möglich sind, abgesteckt. Sofern man sehr weitgehende und innovative Lösungen anstrebt, ist die Beteiligung der Mitarbeiter keine Frage der allgemeinen Weltanschauung. Stattdessen muss die Beteiligung im Hinblick auf innovative Lösungen wohl überlegt werden. Eine Veränderung von Strukturen und Prozessen, die über Kompromisslösungen und den *kleinsten gemeinsamen Nenner* hinausgehen sollen, schließt eigentlich eine umfassende gestalterische

Partizipation aller Mitarbeiter aus. Beteiligungsmöglichkeiten finden hier eine fast *natürliche* Grenze. Insoweit können die Mitarbeiter bei gravierenden Veränderungen lediglich die Rolle des *Informanten*, des *Projektmitglieds* und die Rolle des *Sparrings-Partners* spielen.

4.6.2.3 Organisationsentwicklung als konzeptorientierter Ansatz

Konzept und Kontext

Bei der Organisationsgestaltung bzw. beim Business Reengineering handelt es sich eindeutig um einen *konzept*orientierten Veränderungsansatz. Konzeptorientiert heißt, dass es um den Wandel der formalen Strukturen und Prozesse geht, zum Beispiel die Einführung eines Controllingsystems oder die Umsetzung einer Fachbereichsstruktur. Die Organisationsentwicklung ist demgegenüber primär darauf ausgerichtet, *Kontexte* zu verändern. Dabei stehen die weichen Rahmenbedingungen der Strukturen im Vordergrund. Ziel der Organisationsentwicklung ist das Erreichen eines höheren Maßes an Veränderungspotenzial. Sie eignet sich demnach vor allem dann, wenn es um die folgenden Veränderungen geht: Organisationskultur, Lernbereitschaft, Verhalten und Einstellungen. Das heißt, dass sich die beiden konkurrierenden Ansätze nicht nur hinsichtlich ihrer spezifischen Vorgehensweisen unterscheiden, sondern überdies auf gänzlich andere Veränderungsgegenstände ausgerichtet sind. Die Organisationsentwicklung ist danach prinzipiell nicht dazu geeignet, die Strukturen einer Kommunalverwaltung im Sinne des New Public Managements zu verändern. Die Vertreter der Organisationsentwicklung haben diese Problematik kaum hinreichend berücksichtigt. Es ist davon auszugehen, dass die Organisationsentwicklung für konzeptorientierte Vorhaben nur eingesetzt werden kann, wenn sie in ihren Ausprägungen gezielt modifiziert bzw. ergänzt wird. Derartige Modifikationen sind sowohl in sachlicher als auch in sozialer und zeitlicher Hinsicht notwendig (vgl. *Hopp, H.* 2004 S. 19 ff.).

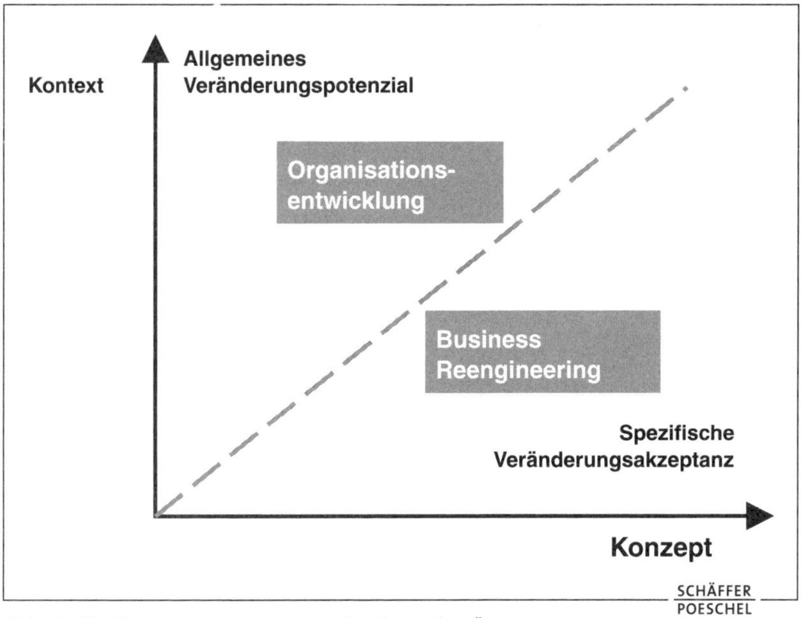

Abb. 4.42: Konzept- und kontextorientierte Ansätze
(in Anlehnung an *Reiß, M.* 1997 S. 23)

Fachliche Kompetenz

Sachdimension: Organisationsentwicklungsprozesse gehen davon aus, dass die Beschäftigten einer Organisation in Workshops ihr internes Wissen zusammentragen, um darauf aufbauend auch planerisch tätig werden zu können. Es ist aber unstrittig, dass zur gezielten Organisationsveränderung neben Detailkenntnissen über ablauforganisatorische, soziale und technische Probleme organisationsfachliche und -methodische Kenntnisse notwendig sind. Dies kann jedoch nicht bei allen Mitarbeitern vorausgesetzt werden. Weil die Organisationsberater in OE-Prozessen auf ihre Rollen als Moderatoren und Vermittler weitgehend festgelegt sind, kann das Know-how auch über diesen Weg nicht unmittelbar eingebracht werden. Um dieses Problem der fehlenden Fachkenntnisse abzuschwächen, besteht zunächst einmal die Möglichkeit, dass die beteiligten Mitarbeiter durch Kurzschulungen befähigt werden, Organisationsregeln und -methoden anzuwenden. Eine weitere Möglichkeit besteht darin, dass ausgewählte Organisationsexperten für das anstehende Problem alternative Lösungsmöglichkeiten präsentieren, zwischen denen die Teilnehmer des Workshops nach gründlicher Abwägung der jeweiligen Vor- und Nachteile entscheiden können. Diese Vorgehensweise hat sich bei politischen Planungsprozessen, bei denen eine breite Bürgerbeteiligung vorgesehen war, durchaus bewährt (vgl. *Dienel, P. C.* 2002). Schließlich können auch die Aufgaben der Organisationsberater insoweit ausgeweitet werden, als sie in den Arbeits- bzw. Projektteams auch fachlich-inhaltlich mitwirken, um entsprechende fachlich begründete Inputs einzubringen.

Betroffenheit und Interesse

Sozialdimension: Organisationsentwicklung ist grundsätzlich eine sozialwissenschaftliche Vorgehensweise, die die Beteiligung der Mitarbeiter sehr stark betont. Nach dieser Vorstellung können Organisationsveränderungen nur erfolgreich realisiert werden, wenn die Mitarbeiter diese Veränderungen selbst planen und herbeiführen. Es gilt in diesem Zusammenhang der einfache Satz: »Seinen eigenen Ideen widersetzt man sich nicht!« Dieser einfache Zusammenhang kann bei kontextorientierten Ansätzen noch relativ gut funktionieren. Auf abstrakte und ausnahmslos positiv gefärbte Wertungen, Normen und Verhaltensregeln können sich die Beteiligten weitgehend konfliktfrei einigen. Je konkreter und instruktiver und damit konzeptähnlicher die Veränderungsbestrebungen angelegt sind, desto konfliktreicher können die Verständigungsprozesse dann ablaufen. Hier gilt der folgende Zusammenhang: »Seinen jeweils eigenen Ideen widersetzt man sich nicht – wohl aber denen der anderen!« Das heißt, jeder konzeptorientierte und instruktive Vorschlag erzeugt Widerspruch und Ablehnung. Hinzu kommt, dass die betroffenen Mitarbeiter kaum von ihren eigenen Interessen absehen können. Das wird auf der Ebene des mittleren Managements besonders deutlich, wenn sich die Leitungsstrukturen zu Ungunsten der mittleren Hierarchieebene verändern. Das trifft auch auf viele Sachbearbeiter zu, die im Zuge organisatorischer Veränderungen von ihrem angestammten Aufgabenspektrum Abschied nehmen müssen. Schließlich ist die Partizipationsbereitschaft vor allem in großen Organisationen bei konzeptorientierten Veränderungen eher gering. Wie kann im Rahmen des Organisationsentwicklungskonzeptes auf diese soziale Problematik reagiert werden? Zunächst sollte man sich auf jene Mitarbeiter stützen, die bereit und motiviert sind, in den Analyse- und Planungsprozessen mitzuwirken. Es ist weitgehend sinnlos, Mitarbeiter zur Partizipation zu zwingen. Dann ist es notwendig, sachgerechte Entscheidungsregeln einzuführen, die im Falle von Dissens dafür sorgen, dass das Vorhaben erfolgreich weitergeführt werden kann. Dabei ist zu klären, inwieweit Mehrheitsentscheidungen gelten sollen und inwieweit Vetorechte bestehen. Damit sich die konflikthaften Diskussionen in den Workshops im Rahmen halten, sind professionelle und neutrale Moderatoren notwendig. Es sollte sich im Idealfalle um externe Prozessberater handeln, die sich fachlich und inhaltlich nicht einmischen. Es darf sich also nicht um jene Berater handeln, die in den Workshops mit der fachlichen Arbeit befasst sind.

Zeitdimension: Voraussetzung für die erfolgreiche Organisationsentwicklung ist die lange zeitliche Optik. Mit einer stringenten Zeitstruktur ist die prozedurale Ausrichtung der Organisationsentwicklung nicht vereinbar. Unter diesen Bedingungen können weder der Ressourceneinsatz noch die Kosten des Vorhabens verlässlich kalkuliert werden. Bei konzeptorientierten Veränderungen ist die lange zeitliche Optik und die unklare Kostenprognose kaum durchsetzbar. In der Regel sind die Zeitpunkte für die Einführung neuer Konzepte – zum Beispiel die Einführung einer Kosten- und Leistungsrechnung oder die Umsetzung eines organisatorischen Zusammenschlusses (Fusion) – vorab exakt festgelegt. Dies gilt mit besonderer Brisanz für Vorhaben, die zum Zeitpunkt x bestimmte Einsparziele realisieren sollen. Somit gilt auch in der Zeitdimension, dass die Strukturen der Organisationsentwicklung sich nicht unmittelbar für konzeptorientierte Veränderungen eignen. Eine konzeptorientierte Organisationsentwicklung ist deshalb auf eine klare Zeit- und Ressourcenplanung angewiesen. In diesem Zusammenhang muss auch die Organisationsentwicklung auf die Methoden und Instrumente des Projektmanagements zurückgreifen (vgl. Abschnitt 4.4).

Verlässliche Planung

4.6.2.4 Externe Berater

Beratungsbedarf

Für die Durchführung einer Organisationsveränderung bietet sich in vielen Fällen der Einbezug von externem Sachverstand an. Bei einer neuartigen Themenstellung dauert die interne Erarbeitung des benötigten Wissens oft sehr lange und ist unwirtschaftlich. Hier können die Projektverantwortlichen und das Projektteam von den Qualifikationen und den Erfahrungen der externen Beratungsunternehmen profitieren. Der Nutzwert externer Berater kann sich dabei auf die folgenden Beratungsbedürfnisse beziehen (vgl. *Jarmai, H.* 1997 S. 172 f.)

- *Fachwissen:* Wird der externe Berater in die Arbeitsgruppe integriert, findet gleichzeitig auch ein Know-how-Transfer statt. Die Mitarbeiter des Projektes lernen im Projektverlauf und können dieses erarbeitete Wissen später in ähnlichen Projekten anwenden.
- *Prozesswissen:* Viele Projekte erfordern die Integration unterschiedlicher Ebenen: Mitarbeiter aus verschiedenen Bereichen, Führungskräfte und die politische Ebene müssen oftmals in einem Projekt zusammenfinden. Der externe Berater als Moderator und Coach kann hier für ein möglichst reibungsloses und harmonisches Miteinander sorgen. Besonders bei sensiblen Themenstellungen kann dies von großem Vorteil sein.

- *Neue Sichtweisen:* Auch wenn innerhalb der Organisation genügend Fachwissen vorhanden ist, kann es sinnvoll sein, externen Sachverstand hinzuzuziehen. Oft ist den eigenen Fachleuten der Blick auf unkonventionelle und besonders innovative Lösungen durch interne Barrieren versperrt. In diesen Fällen hat der externe Berater die Funktion, durch die Öffnung neuer Sichtweisen weitergehende Organisationsveränderungen zu ermöglichen. In diesem Zusammenhang kann es durchaus sinnvoll sein, Berater zu beauftragen, die ansonsten fast ausschließlich private Unternehmen zu ihren Kunden zählen. Leider suchen die Verwaltungsorganisationen auch bei diesen Problemlagen oftmals nur solche Beratungsunternehmen, die in der eigenen Branche bereits Erfahrungen gesammelt haben.
- *Erfahrung:* Sofern Verwaltungsorganisationen noch wenig Veränderungserfahrungen aufzuweisen haben, kann es sehr sinnvoll sein, Experten einzusetzen, die diese Erfahrung vermitteln und einbringen können. Erfahrungswissen ist auch dann notwendig, wenn intern insgesamt zuwenig Organisationssachverstand vorhanden ist. In solchen Konstellationen ist es meistens notwendig, dass der beauftragte Unternehmensberater Beratungserfahrung in der gleichen Branche hat.
- *Unabhängigkeit/Neutralität:* Sofern die Veränderungsmaßnahmen deutliche Konflikte zwischen den relevanten Gruppen (zwischen Führungskräften bzw. zwischen Führungskräften und Mitarbeitern) erwarten lassen, braucht man vor allem einen Berater, der Neutralität und Unabhängigkeit glaubhaft machen kann und in diesem Zusammenhang von allen Seiten als Vermittler akzeptiert wird.
- *Personalkapazität:* Die Komplexität eines Projektes erfordert es mitunter, dass mehrere Mitarbeiter permanent mit Projektaufgaben befasst sind. Sofern diese Kapazitäten durch das eigene Personal nicht gewährleistet werden können, besteht die Möglichkeit, über einen bestimmten Zeitraum externe Berater zu engagieren.

Auf der Grundlage dieser Beratungsbedürfnisse haben sich auf Seiten der professionellen Unternehmensberater spezifische Beratungsangebote herauskristallisiert. Die Abbildung 4.43 gibt eine Typologie wieder, die *Exner/Königswieser/Titscher* bereits 1987 erarbeitet haben (vgl. *Jarmai, H.* 1997 S. 173).

	Leistungsversprechen
Gutachten	Situationsdiagnose und Lösungskonzept(e) **Verantwortung:** Stimmigkeit und Richtigkeit
Fachberatung	Aufgabenlösung durch Berater **Verantwortung:** Qualität der Lösung
Prozessorientierte Beratung	Gestaltung des Lösungsprozesses durch Berater **Verantwortung:** Qualität des Prozesses
Organisations-entwicklung	Steigerung des Entwicklungspotenzials der Organisation: **Verantwortung:** Etablierung des Wandels
Systemische Beratung	Überwindung von Entwicklungsblockaden und Erweiterung der Optionen **Verantwortung:** Steigerung der Lebensfähigkeit

SCHÄFFER POESCHEL

Abb. 4.43: Unterschiedliche Leistungsversprechen der Unternehmensberater (*Jarmai, H.* 1997 S. 173)

Umsetzungsorientierte Fachberatung

Für die Verwaltungsorganisationen ist es von besonderer Bedeutung, das eigene spezifische Beratungsbedürfnis genau zu beschreiben, um darauf aufbauend die passende Beratungsleistung und den dafür qualifizierten Unternehmensberater auswählen zu können. In der ersten Hälfte der 90er-Jahre haben die Kommunalverwaltungen von externen Beratern noch häufig Gutachten erstellen lassen, die teilweise umsetzungsuntauglich gewesen sind. In manchen Fällen fehlte den Entscheidungsträgern auch der Mut, die zum Teil tief greifenden Veränderungsvorschläge externer Experten tatsächlich umzusetzen. Insofern sind etliche umfangreiche Organisationsanalysen »in der Schublade verschwunden«.

Seit einigen Jahren hat sich die Zusammenarbeit mit den externen Beratern verändert. Tendenziell wird heute von den Fachleuten erwartet, dass sie ihre Vorschläge anschlussfähig und damit umsetzungsfähig gestalten. Nicht selten werden die Berater aktiv mit in die Umsetzung eingebunden. Es geht also um die *umsetzungsorientierte Fachberatung*. Insoweit müssten die aufgelisteten Leistungsversprechen noch um diese Variante ergänzt werden.

Die prozessorientierte Beratung und die Organisationsentwicklung sind geeignete Strategien, wenn es primär um die *weichen Organisationsformen* geht: Einstellungen, Verhaltensweisen und soziale Beziehungen. Die prozessorientierte Beratung wird zum Beispiel bei der Leitbildentwicklung praktiziert. Wie in Abschnitt 4.6.2.3 gezeigt, eignet sich diese Variante zunächst nicht, wenn es um die Herbeiführung eines konzeptionellen Struktur- und Prozesswandels geht. Leider agieren viele Verwaltungsorganisationen und Berater auch in konzeptorientierten Projekten mit dem Begriff der Organisationsentwicklung und versprechen eine insgesamt prozedurale Vorgehensweise. Die damit einhergehenden Erwartungen müssen dann zwangsläufig enttäuscht werden, was gerade zum Ende der Veränderungsprozesse zu Widerständen führt, die die Umsetzung gefährden oder gar unmöglich machen. Die oben dargestellte Variante der konzeptorientierten Organisationsentwicklung sieht vor, dass man die betroffenen Mitarbeiter von Beginn an über die Strategie des Vorhabens detailliert informiert und in diesem Zusammenhang klarstellt, inwieweit die Beschäftigten an der Konzeptentwicklung mitwirken können.

B

Die Stadtverwaltung Bürohausen plant für ein Organisationsprojekt, ein externes Beratungsunternehmen einzusetzen. Das vordringliche Ziel der Organisationsuntersuchung ist die Umgestaltung der Organisationsstruktur im Sinne des New Public Managements, zudem sollen begleitende Maßnahmen des Personalmanagements konzipiert werden. In der Amtsleiterbesprechung wird gefordert, dass die Berater kooperativ mit der eigenen Organisationsabteilung zusammenarbeiten. Um die Kosten in Grenzen zu halten, sollen zudem die eigenen verfügbaren Kräfte aktiv in das Projekt eingebunden werden. Der Hauptamtsleiter gibt zu Bedenken, dass gravierende strukturelle Veränderungen den Widerstand der Belegschaft motivieren. Man brauche deshalb ein Beratungsunternehmen, das auch in der Lage ist, die Mitarbeiter für die Veränderung zu gewinnen. Der Oberbürgermeister beauftragt den Hauptamtsleiter, alles in die Wege zu leiten, um einen externen Berater auswählen zu können.

Angemessener Einsatz

Externe Beratung ist mit hohen Kosten verbunden. Gerade renommierte und hoch qualifizierte Beratungsunternehmen arbeiten mit sehr hohen Beratungshonoraren. Insofern ist es aus Effizienzgründen unerlässlich, die Berater gezielt und begrenzt einzusetzen. Bei Organisationsprojekten sollte deshalb exakt überprüft werden, inwieweit die Projektarbeit durch eigene Mitarbeiter geleistet werden kann. Wenn es beispielsweise darum geht, neue Sichtweisen in die Verwaltung einzubringen, empfiehlt es sich nicht, ein komplettes Beraterteam über mehrere Monate mit der Bewältigung aller Projektaufgaben zu beauftragen. Es sind vor allem die folgenden drei Aufgabenbereiche, die sich in besonderem Maße für den Einsatz eines externen Beraters eignen:

Projektmanagement

- Externe Berater zeichnen sich in der Regel durch ein profundes Wissen über die Planung und die Steuerung von Projekten aus. Insofern können sie gut mit der Aufgabe eines professionellen Projektmanagements betraut werden. In diesem Zusammenhang stellen sie den Projektplan auf, koordinieren die einzelnen Arbeitsgruppen und sorgen für die Einhaltung der Termine.

- Als Organisationsexperten können die Berater das fachlich notwendige Wissen einbringen, indem sie im Kernteam und in den Projektteams an der Entwicklung von Lösungen aktiv mitwirken.

Fachliche Unterstützung

- Die Beherrschung der Methoden und Techniken der Organisationsarbeit erleichtert die Durchführung von Projekten und erlaubt eine schnellere und effizientere Erreichung der Ergebnisse. Das methodische Know-how eines externen Beraters kann für die Mitarbeiter in einem Projekt eine wertvolle Hilfe sein.

Methodische Unterstützung

Um die Bandbreite des Einsatzes externer Berater systematisch abzustecken, können vier mögliche Rollen externer Berater differenziert werden: Fachexperte, Prozessbegleiter, Trainer und Coach/Mentor (vgl. *Fieguth, G./Kegelmann, J./Stock, A. T.* 2008 S. 10). Die Abbildung 4.44 gibt einen systematischen und detaillierten Überblick über die genannten Rollen:

	Erwartung/Bedarf des Auftraggebers	**Ziel des Beratereinsatzes**	**Funktionen und Rollen des Beraters**	**Notwendige Kompetenzen und Methoden des Beraters**
Fachexperte	• Fachliche Unterstützung • Benchmarks anderer Institutionen	• Optimales Fachkonzept	• Beratungsfunktion • Tipps und Infos • Diagnose, Analyse und Umsetzungsvorschläge	• Fachwissen • Diagnostische und analytische Fähigkeiten und Methoden, Überzeugungskraft
Prozessbegleiter	• Prozessunterstützung, Beschaffung von Legitimation, Sicherstellung eines guten Ablaufs • (Wie?)	• Optimaler Ablauf	• Moderator, Kanalisierung von Information, Kommunikation und Abarbeitung	• Prozesskompetenz, psychosoziale Kompetenzen, Moderationsfähigkeiten • Methodenkompetenz, Kommunikation
Trainer	• Unterstützung von Mitarbeitern und Enabling, Fortbildung, Schulung	• Optimale Vorbereitung der für Organisationsaufgaben ausgebildeten Mitarbeiter	• Trainer, Lehrer, Vermittler von Inhalten	• Didaktische Fähigkeiten, Motivationsfähigkeit • Kommunikationsfähigkeit
Coach/ Mentor	• Entwicklung der Persönlichkeit und Identität von Mitarbeitern	• Optimale Persönlichkeitsentwicklung und Integration in die Organisation	• Persönlicher Begleiter, »Seelsorger« • Türöffner	• Authentizität, Empathie, Weisheit, psychosoziale Kompetenzen, Menschenkenntnis

SCHÄFFER POESCHEL

Abb. 4.44: Mögliche Rollen von Beratern
(*Fieguth, G./Kegelmann, J./Stock, A. T.* 2008 S. 10)

Bevor man sich für einen externen Berater entscheidet, ist exakt zu klären, welche Erwartungen man an diese Position richtet. Erst dann kann eine gezielte Ausschreibung erfolgen, aus der dann in der Regel eine Reihe von Angeboten hervorgeht. Diese sind anhand eines Kriterienkatalogs genau zu prüfen. Die in die engere Auswahl genommenen Berater bzw. Unternehmen sollten zu persönlichen Gesprächen und Angebotspräsentationen eingeladen werden. Am Ende stehen die Auswahlentscheidung und der schriftliche Vertragsabschluss.

Insgesamt kann festgehalten werden, dass es bei der Frage des Einsatzes externer Berater kein Entweder-Oder geben kann. Vielmehr ist darauf hinzuwirken, dass es bei Veränderungsvorhaben um eine sinnvolle Kombination von externer und interner Zuständigkeit gehen muss. Eine gut durchdachte Projektstruktur kann gewährleisten, dass die Vorteile beider Alternativen genutzt werden. Beide Perspektiven sind für den Veränderungsprozess wichtig. Die Abbildung 4.45 stellt dar, was jeweils für externe und interne Berater spricht.

Was spricht für ...

... externe Berater?

- Unbefangene, von Betriebsblindheit freie Problemsicht
- Breiter Erfahrungsschatz aus verschiedenen Organisationen
- Bessere Akzeptanz durch das Top-Management
- Mut zu einschneidenden Maßnahmen

... interne Berater?

- Bessere Vertrautheit mit der eigenen Organisation
- Weitgehende Identität der Wertvorstellungen
- Leichtere Anerkennung auf unteren Ebenen
- Eher evolutionäres Vorgehen

Abb. 4.45: Externe versus interne Berater
(vgl. *Staehle, W. H.* 1994 S. 918)

4.6.2.5 Erfolgs- und Misserfolgsfaktoren von Veränderungsprozessen

Ein organisatorischer Wandel ist in der Umsetzungsphase stets von Instabilität und Ungewissheit begleitet. Die Mitarbeiter einer Behörde, die sich mit solch einem tiefgreifenden Transformationsprozess auseinandersetzen, sind in dieser Phase in Bezug auf Veränderungen besonders sensibilisiert. Jede Maßnahme wird kritisch durchleuchtet und verfolgt. Jetzt ist es von besonderer Bedeutung, die Erfolgs- und Misserfolgsfaktoren eines solchen Prozesses zu kennen und sie bereits bei der Konzeption und bei der Durchführung zu berücksichtigen. Sie helfen, Fehler zu vermeiden und tragen zu einer erhöhten Akzeptanz der anstehenden Veränderungen bei (vgl. *Vahs, D.* 2007 S. 401 ff.).

Erfolgsfaktoren

Der erste zu nennende Erfolgsfaktor ist eine klare *Vision*, die von den Mitarbeitern nachvollzogen werden kann und die in konkrete *Zielvorgaben* und Maßnahmen münden muss. Ein zweiter wichtiger Punkt ist eine gemeinsame Auseinandersetzung mit dem Vorhaben. Nur wenn die Mitarbeiter von Anfang an in den Prozess des organisatorischen Wandels einbezogen sind, werden sie die Veränderungen akzeptieren und mittragen. Gleiches gilt für den *Personalrat* und für die *Beauftragten* (z. B. Frauenbeauftragte, Schwerbehindertenbeauftragter, Umweltbeauftragter ...), die ebenfalls aktiv in den Prozess einzubinden sind. Ein *integrativer Ansatz*, der »die Handlungsfelder des Veränderungsmanagements als sich gegenseitig beeinflussende Elemente eines dynamischen und komplexen Systems begreift« (*Vahs, D.* 2007 S. 401), trägt ebenfalls zu dem Erfolg des Vorhabens bei. Schließlich ist die uneingeschränkte Unterstützung der obersten *Verwaltungsleitung* und der *politischen Ebene* unverzichtbar. Nur wenn die Identifikation der obersten Leitungsgremien mit dem organisatorischen Wandel vorhanden ist, wird er von Erfolg gekrönt sein.

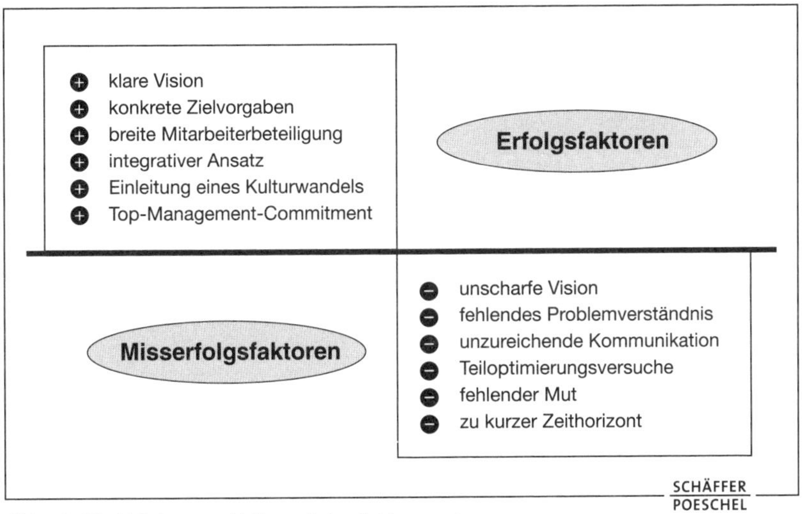

Abb. 4.46: Erfolgs- und Misserfolgsfaktoren des organisatorischen Wandels (*Vahs, D.* 2003 S. 361)

Misserfolgsfaktoren

Bleiben die eben aufgeführten Erfolgsfaktoren unberücksichtigt, kann dies zu erheblichen, negativen Konsequenzen führen. Eine *unverständlich formulierte Vision* verunsichert die Mitarbeiter eher, als dass sie ihnen eine klare Orientierungshilfe anbietet. Ein *fehlendes Problemverständnis*, das häufig auf eine *unvollständige Kommunikation* der Ursachen und Ziele des organisatorischen Wandels zurückzuführen ist, tut noch ein übriges dazu, um eine breite Akzeptanz der angestrebten Veränderung zu verhindern. Als ein weiterer Baustein der Misserfolgsfaktoren ist der *fehlende Mut* zu nennen, im personellen Bereich konsequent zu agieren. Promotoren des Transformationsprozesses müssen offen unterstützt werden, sonst schwindet die Bereitschaft zu den angestrebten Veränderungen schnell. Ein hinzukommender Aspekt ist ein zu *knappes Zeitbudget*. Veränderungsprozesse in dieser Größenordnung geschehen nicht von heute auf morgen. Den Mitarbeitern muss zum Erlernen des Neuen und zum Verlernen des Alten genügend Zeit gewährt werden, um den erforderlichen kulturellen Wandel für die Zukunft zu festigen. Schließlich wird ein ausreichendes *Schulungsbudget* oft vergessen. Dieses ist jedoch notwendig, um die Mitarbeiter in die Lage zu versetzen, die Änderungen zu verstehen und zu begreifen. Die Abbildung 4.46 stellt die wichtigsten Erfolgs- und Misserfolgsfaktoren von Veränderungsprozessen einander gegenüber.

Forschung

Das *Institut Change Management und Innovation* der Hochschule Esslingen hat in den Jahren 2001 und 2002 ein umfangreiches Forschungsprojekt zum Thema *Voraussetzungen erfolgreichen Wandels* durchgeführt (vgl. *Vahs, D./Leiser, W.* 2007; *Vahs, D.* 2007 S. 407 ff.). Auf der Basis von ca. 200 Fragebogen von Wirtschaftsunternehmen und Non-Profit-Organisationen ist empirisch ermittelt worden, welche Variablen für den Veränderungserfolg besonders verantwortlich sind. Anhand der drei Dimensionen *Prozessqualität*, *Managementqualität* und *Mikropolitik* sind insgesamt 15 Variablen untersucht worden. Die Abbildung 4.47 gibt das Modell von *Vahs/Leiser* wieder:

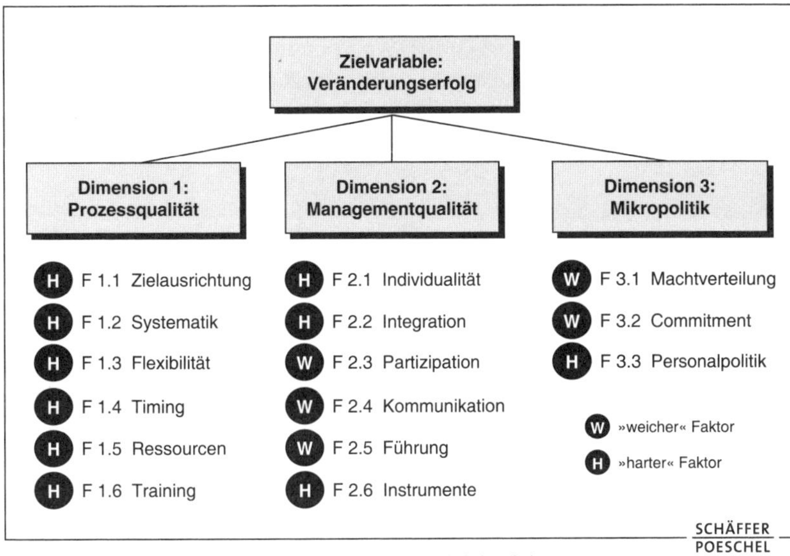

Abb. 4.47: Dimensionen und Variablen des Erfolgsfaktorenmodells (*Vahs, D./Leiser, W.* 2007 S. 16)

Kausalmodell

Die Untersuchung liefert im Ergebnis Aussagen zu allen genannten Variablen. Die nachhaltigsten Größen, die sich auf den Veränderungserfolg auswirken, konnten zum Abschluss in einem Kausalmodell in ihren Zusammenhängen dargestellt werden. Dazu zählen (vgl. *Vahs, D./Leiser, W.* 2007 S. 69 ff.):

- Training und Partizipation,
- Informations- und Kommunikationspolitik,
- Commitment (Selbstverpflichtung) und Ziel-/Zeitvorgaben,
- intrinsische und extrinsische Motivation,
- Auftreten von Opponenten und Konflikten.

Training und Partizipation wirken sich sehr stark auf die Informations- und Kommunikationspolitik aus. Diese wiederum verursacht ein hohes Maß an intrinsischer und extrinsischer Motivation. Daneben haben auch die Variablen Commitment und Ziel-/Zeitvorgaben einen hohen Effekt auf das Merkmal Motivation. Die Motivation schließlich wirkt sich dann direkt sehr positiv auf den Veränderungserfolg aus. Das Merkmal Auftreten von Opponenten und Konflikten wirkt sich demgegenüber direkt negativ auf den Veränderungserfolg aus.

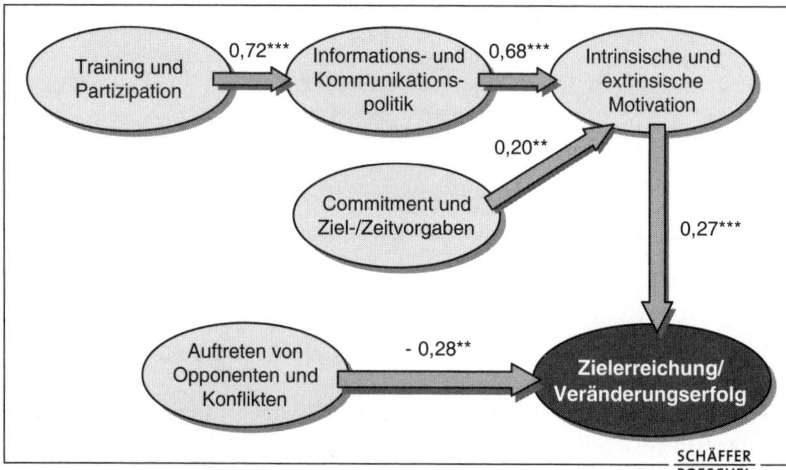

Abb. 4.48: Kausalmodell des Unternehmenswandels
(*Vahs, D./Leiser, W.* 2007 S. 69)

Auf dieser Basis ergeben sich folgende Handlungsempfehlungen: In Veränderungsprojekten kommt es im Wesentlichen darauf an, dass man möglichst viele Mitarbeiter schult und aktiv an der Planung der Veränderungen beteiligt. Zudem lohnt sich eine offene Informations- und Kommunikationspolitik. Schließlich begünstigen Commitment sowie klare Ziel- und Zeitvorgaben die Motivation der Mitarbeiter. Auf der anderen Seite sollte man dafür sorgen, dass Widerständen und Konflikten entschieden begegnet wird.

Würdigung

Dem Analyse-Modell von *Vahs/Leiser* gebührt das Verdienst, nahezu vollständig jene Variablen in eine systematische Darstellung gebracht zu haben, die für den Erfolg eines Veränderungsprojektes von großer Bedeutung sind. Zudem wird sehr deutlich gemacht, dass sowohl *harte* als auch *weiche* Faktoren für das Gelingen von Veränderungsvorhaben relevant sind, wobei man im Ergebnis wohl sehen kann, dass die weichen Faktoren offensichtlich eine herausragende Bedeutung haben. Bei der Einschätzung der empirischen Forschungsergebnisse ist aber zu beachten, dass sich die Ergebnisse auf *Aussagen* der befragten Unternehmen stützen, direkte Beobachtungen konnten verständlicherweise nicht vorgenommen werden. Insoweit weichen manche Aussagen unter Umständen von den tatsächlichen Gegebenheiten ab. Die Ergebnisse der Untersuchung gelten also mit einer gewissen Einschränkung. Zudem konnte das Beispiel der Verwaltungsstrukturreform zeigen, dass Veränderungserfolg unter Umständen auch ohne breite Partizipation der betroffenen Führungskräfte und Mitarbeiter sowie trotz breiter Widerstände möglich scheint. Alles in allem wird deutlich, dass Veränderungserfolg einerseits sehr voraussetzungsreich ist, andererseits aber auch sehr unberechenbar scheint.

Wer sich als Aktionsträger mit Veränderungsprozessen auseinandersetzen muss, weiß in der Konsequenz eigentlich nicht, worauf er sich einlässt. Aktionsträger im Veränderungsmanagement brauchen Mut und Visionen, gleichzeitig aber auch einen klaren und kühlen Kopf.

4.7 Organisationscontrolling

B

Die Stadtverwaltung Bürohausen hat in der Vergangenheit in größeren zeitlichen Abständen mehrere aufwändige Organisationsuntersuchungen durchführen müssen, um unerlässliche Strukturveränderungen realisieren zu können. Dabei hat der Oberbürgermeister jeweils feststellen müssen, dass bei umfassenden Modifikationen erhebliche Widerstände auf Seiten der Mitarbeiter auftreten, die die Durch- und Umsetzung deutlich erschwert haben. In einer Sitzung mit den Fachbereichsleitern hat man deshalb die Frage diskutiert, ob es nicht Möglichkeiten gibt, organisatorische Probleme bereits zeitnäher und unmittelbarer festzustellen, um direkter und nachhaltiger durch kleinere Umstrukturierungen Lösungen herbeizuführen. Außerdem würde man sich wünschen, dass man in Zukunft pro-aktiver auf Veränderungen des Umfeldes reagieren kann, um zu vermeiden, dass man auf gravierende Veränderungen des Umfeldes erst im Nachhinein (ex post) und dann mit aller Gewalt reagiert, um weitgehende Veränderungen der Organisation herbeiführen zu können. In diesem Zusammenhang wird von Seiten eines Fachbereichsleiters der Vorschlag gemacht, die Strukturen und Prozesse kontinuierlich auf Probleme hin zu beobachten. Erst kürzlich habe er in einer Fachzeitschrift für Organisation etwas über Organisationscontrolling gelesen, wobei es tatsächlich um die Realisierung einer kontinuierlichen Beobachtung der organisatorischen Regelungen auf Struktur- und Prozessebene geht. Das wäre genau das Instrument, mit dem man auf das soeben diskutierte Problem reagieren könne. Dabei gehe er davon aus, dass diese Aufgabe einer der Organisationsmitarbeiter im Fachbereich 1 übernehmen könne bzw. müsse. Der zuständige Fachbereichsleiter wendet direkt ein, dass man in diesem Bereich vollkommen ausgelastet sei, so dass man bei einer Umsetzung dieser Idee über die Schaffung einer neuen Stelle reden müsse. Der Oberbürgermeister beschwichtigt den Konflikt und erteilt dem Fachbereichsleiter 1 den Auftrag, diese Idee zu prüfen und in der nächsten Fachbereichsleiterbesprechung darüber zu berichten.

Relevanz der Organisation

Dass Organisationsstrukturen und -prozesse eine große Bedeutung für den Unternehmenserfolg haben, das steht außer Zweifel. Insofern sind die Organisationen gut beraten, wenn sie sich kontinuierlich und sorgfältig mit ihrer eigenen Organisationsstruktur befassen. *Krüger/von Werder/Grundei* weisen eindringlich auf das Erfordernis eines Controllings der Organisationsgestaltung hin und stellen in der Praxis durchaus ein Defizit fest: »Das Controlling der Organisationsgestaltung wird bislang in Theorie und Praxis kaum behandelt. Dies steht in deutlichem Gegensatz zur unstrittigen Bedeutung der Organisation als einem strategischen Erfolgsfaktor«

(*Krüger, W./von Werder, A./Grundei, J.* 2008 S. 4). In der Theorie liegen inzwischen Definitionen des Begriffes vor:

D

»Das Organisationscontrolling ist den Aktivitäten der Organisationsabteilung übergelagert und auf organisatorische Effizienz ausgerichtet. Es stellt den Koordinationsprozess der Planung, Kontrolle und Steuerung betrieblicher Organisationsstrukturen dar. Außerdem versorgt das Organisationscontrolling die an der Organisationsarbeit beteiligten Personen bzw. Gremien mit den benötigten Informationen« (*Olfert, K.* 2006 S. 57). Weiter heißt es an anderer Stelle: »In Übertragung des allgemeinen Controllinggedankens lässt sich OC in funktionaler Hinsicht als die Gesamtheit der Aufgaben, Methoden und Techniken zur Planung, Steuerung, Überwachung und Kontrolle organisatorischer Veränderungen beschreiben« (*Krüger, W./von Werder, A./Grundei, J.* 2008 S. 4).

Kontinuität in der Beobachtung

Angesichts der Problematik macht es Sinn, in Anlehnung an das allgemeine Controlling eine Unterscheidung in strategisches und operatives Organisationscontrolling vorzunehmen. Strategisches Organisationscontrolling ist danach langfristig ausgerichtet und analysiert die zukünftigen Umfeldbedingungen im Hinblick auf neue und innovative Organisationskonzepte, wie z. B. virtuelle und/oder fraktale Organisationsstrukturen, sowie im Hinblick auf neue methodische Ansätze in der Organisationsgestaltung bzw. -entwicklung. Dabei müssten in diesem Zusammenhang auch die wissenschaftlichen Entwicklungen auf diesem Gebiet beobachtet werden. Insoweit bietet sich eine enge Zusammenarbeit mit der Forschung an Universitäten und Hochschulen an. Das operative Organisationscontrolling bezieht sich demgegenüber auf die Lösung unmittelbarer Probleme der Organisation, die schnell und unmittelbar umgesetzt werden können bzw. müssen. Ein Beispiel wäre etwa die unmittelbare Umstellung der Kundenkontakte auf einen einheitlichen Ansprechpartner, weil es in diesem Zusammenhang Beschwerden gegeben hat.

Auch in der öffentlichen Verwaltung wird mehr und mehr akzeptiert, dass organisatorische Maßnahmen und Veränderungen kontinuierlich notwendig sind, um den sich ständig und turbulent verändernden Umfeldbedingungen gerecht werden zu können. So müssen z. B. Hochschulen, die ihre Studiengänge im Rahmen des Bologna-Prozesses auf das Bachelor/Master-System umstellen bzw. umgestellt haben, auch ihre Strukturen und Prozesse entsprechend anpassen. Die aufwändigen Akkreditierungsverfahren nehmen nicht nur die Studiengänge im engeren Sinne in den Blick, sondern auch die Aufbau- und Ablaufstrukturen auf Ebene der gesamten

Organisation und auf Fakultäts- bzw. Fachbereichsebene. Jede Hochschule muss inzwischen nachweisen, dass sie über ein Qualitätsmanagementsystem verfügt, dass diese organisatorischen Anpassungen voraussieht und entsprechend umsetzt. Im Rahmen der Einführung und Umsetzung von E-Government-Strukturen in der öffentlichen Verwaltung wird mit zunehmender Tendenz wahrgenommen, dass sich das Projekt einer elektronischen Verwaltung nicht ohne Veränderung der organisatorischen Strukturen und Prozesse bewerkstelligen lässt. In der öffentlichen Verwaltung stellt man fast ausnahmslos fest, dass gravierende Strukturveränderungen erst in Angriff genommen werden, wenn es sich nicht mehr vermeiden lässt. Dass die EU-Dienstleistungsrichtlinie kommt, weiß man, seit sie in den politischen Gremien der Europäischen Union diskutiert werden. Dennoch hat man erst seit etwa Mitte 2007 versucht, jene infrastrukturellen Voraussetzungen zu schaffen, die für elektronische Durchführungsverfahren in den entsprechenden Genehmigungsverfahren notwendig sind. Um eine Organisationsstruktur auf Dauer zu optimieren, ist es aber notwendig, dass die Strukturen und Prozesse permanent auf Probleme, Schwierigkeiten und Verbesserungsmöglichkeiten hin untersucht werden. *Krüger/von Werder/Grundei* sehen vier Kernaufgaben, die im Rahmen des Organisationscontrollings zu gewährleisten sind (vgl. *Krüger, W./von Werder, A./Grundei, J.* 2008 S. 5 ff.):

- Bestimmung des Controlling-Gegenstands,
- Bestimmung der Bewertungsmaßstäbe,
- Bestimmung des Ist-Zustandes sowie
- Bestimmung von Soll-Ist-Differenzen.

Bestimmung des Controlling-Gegenstandes

Bestimmung des Controlling-Gegenstandes: Zunächst bezieht sich das Controlling auf die Komponenten der Aufbauorganisation und der Prozessorganisation. In jenen Organisationen, die bereits ein ausgeklügeltes Prozessmanagement eingerichtet haben, ist oft bereits ein damit verbundenes Prozesscontrolling obligatorisch. In diesem Zusammenhang geht es u. a. um folgende Fragen: Sind die Prozesse so gestaltet, dass die mit ihrer Einrichtung verbundenen Ziele auch tatsächlich erreicht werden? Pro-aktiv kann man zudem fragen, in welcher Weise neue Entwicklungen in der Informations- und Kommunikationstechnik künftig für eine Verbesserung der eigenen Prozesse genutzt werden können. Im Bereich der Aufbauorganisation hat das Controlling die Aufgabe zu überprüfen, inwieweit getroffene Strukturentscheidungen – zum Beispiel für mehr und stärkere Dezentralisierung – zur Optimierung der Organisation beigetragen haben. Konkret könnte es sich dabei um eine Reduzierung der Kosten oder um die Motivation der Mitarbeiter handeln. Pro-aktiv könnte es darum gehen, neue Organisationskonzepte der Betriebswirtschaftslehre zukünftig für die eigene

Organisation nutzbar zu machen. Ein weiterer Gegenstand für das Organisationscontrolling ist der Prozess der Organisationsgestaltung oder -entwicklung selbst. Wie erfolgreich sind die bisherigen Projekte verlaufen? Was sind die Schwächen, was die Stärken der praktizierten Vorgehensweisen? Speziell könnte es um die Frage gehen, ob die Beteiligung der Mitarbeiter in ausreichendem Maße gewährleistet ist. Welche Möglichkeiten der Verbesserung von Beteiligungsstrukturen sind denkbar? Auch hier bietet sich eine enge Zusammenarbeit mit Wissenschaft und Forschung an.

Bestimmung der Bewertungsmaßstäbe

Bestimmung der Bewertungsmaßstäbe: Für ein funktionierendes Organisationscontrolling ist es unerlässlich, die exakten Bewertungsmaßstäbe zu bestimmen. Dabei müssen die Kriterien definiert und entsprechende Sollgrößen bestimmt bzw. vereinbart werden. »Zur Systematisierung dieser komplexen Aufgabe kann an die unterschiedlichen Ziele des Organisationscontrolling angeknüpft werden. Demnach sind grundsätzlich Conformance- und Performance-Maßstäbe zu unterscheiden« (*Krüger, W./von Werder, A./ Grundei, J.* 2008 S. 6). Beim *Conformance-Controlling* geht es um die Frage, ob die relevanten Rechtsnormen zur Regelung der Organisation eingehalten sind. Handelt es sich um Rechtsnormen, die von außen auf die Organisation angewendet werden, spricht man von der *Compliance-Funktion*. Gerade öffentliche Verwaltungen müssen eine Vielzahl von Bestimmungen einhalten, die in Gesetzen bzw. Rechtsverordnungen niedergelegt sind. So müssen Hochschulen z. B. bestimmte Gremien (Hochschulrat, Senat) in ganz bestimmter Weise einrichten und ausgestalten. Handelt es sich um durch die Organisation selbst gesetzte Regelungen, spricht man von der *Observance-Funktion*. Demgegenüber befasst sich das *Performance-Controlling* auf der Grundlage von Kosten/Nutzen-Abschätzungen mit der Wirtschaftlichkeit der organisatorischen Regelungen. In diesem Zusammenhang werden an die Bereiche Aufbauorganisation, Prozessorganisation und Organisationsprozess jeweils spezifische Kriterien angelegt. Die Abbildung 4.49 gibt einen Überblick über die unterschiedlichen Bewertungsmaßstäbe im Organisationscontrolling:

Conformance-Controlling	Performance-Controlling		
	Aufbauorganisation	Prozessorganisation	Organisationsprozess
• Compliance-Funktion • Observance-Funktion	• Zentralisierung • Dezentralisierung • Arbeitsteilung • Kongruenzprinzip • Prinzip des organisatorischen Minimums • etc.	• Durchlaufzeiten • Bearbeitungszeiten • Technikunterstützung • Kundenorientierung • Schnittstellen-management • Verantwortungsniveau auf der operativen Ebene • etc.	• Planung • Beratereinsatz • Unterstützung durch Organisations-techniken • Beteiligung der Mitarbeiter etc. • etc.

SCHÄFFER POESCHEL

Abb. 4.49: Bewertungsmaßstäbe im Organisationscontrolling (in Anlehnung an *Krüger, W./von Werder, A./Grundei, J.* 2008 S. 6 f.).

Bestimmung des Ist-Zustandes

Bestimmung des Ist-Zustandes: Um die Organisation in ihren verschiedenen Dimensionen verbessern zu können, ist die Analyse des Ist-Zustandes unerlässlich. Im Unterschied zu größeren geplanten organisatorischen Umgestaltungen z. B. in Form eines Business-Reengineering geht es beim Organisationscontrolling um eine kontinuierliche Beobachtung des Ist-Zustandes, aus der heraus jeweils zeit- und problemnah Lösungen entwickelt werden können. So betonen *Krüger/von Werder/Grundei:* »Das Ziel der Ist-Analyse besteht darin, sich ein möglichst genaues Bild vom tatsächlichen Zustand des Controlling-Gegenstands zu machen. Dabei ist grundsätzlich die faktisch ›gelebte‹ Aufbau- bzw. Ablauforganisation zu bestimmen (…) Innovatives Ziel eines (›proaktiven‹) Performance-Controllings sollte es zukünftig sein, Verbesserungsmöglichkeiten der organisationsbezogenen Effizienz aufzudecken (Check-up)« *(Krüger, W./von Werder, A./Grundei, J.* 2008 S. 7). Um den Ist-Zustand jeweils zu erheben, können all jene Methoden und Instrumente zum Einsatz kommen, die auch bei normalen Organisationsuntersuchungen angewandt werden können (vgl. Abschnitt 4.8). Des Weiteren sollte in diesem Zusammenhang berücksichtigt werden, dass ein vielleicht ohnehin existierendes Qualitätsmanagement als exzellente Informationsquelle dienen kann. Besonders geeignet erscheint in dieser Hinsicht die Methode eines systematischen Beschwerdemanagements. Beschwerden von Kunden bzw. Bürgern haben nicht selten Ursachen, die organisatorischer Natur sind.

Bestimmung von Soll-Ist-Differenzen und Ableitung von Maßnahmen

Bestimmung von Soll-Ist-Differenzen und Ableitung von Maßnahmen: Den letzten Schritt bei der Umsetzung des Organisationscontrollings bilden das Feststellen von Soll-Ist-Unterschieden und die Suche nach den dafür verantwortlichen Ursachen. Es dürfte nachvollziehbar sein, dass ohne exakte Ursachenforschung keine geeigneten Maßnahmen abgeleitet werden können. Dabei sollte das Organisationscontrolling vorsehen, dass bei Soll-Ist-Abweichungen gegebenenfalls auch über die vielleicht zu hoch angesetzten Zielsetzungen nachgedacht wird. *Krüger/von Werder/Grundei* betonen, dass auf diese Weise ein kontinuierlicher Verbesserungsprozess angestoßen werden kann, der dafür sorgt, dass die Verbesserung der Organisationsstruktur im positiven Sinne ein Dauerthema wird.

Für die organisatorische Ansiedlung dieser Aufgabe in einer Verwaltungsorganisation gibt es verschiedene Möglichkeiten. Erstens könnte man die Aufgabe in jener Abteilung ansiedeln, die für das allgemeine Controlling zuständig ist. Zweitens bestünde die Möglichkeit, das Organisationscontrolling im Bereich der Organisationsabteilung zu verorten. Schließlich ist die Schaffung einer eigens dafür zuständigen Einrichtung denkbar. Um diese Frage sachgerecht zu beantworten, müssen auch Wirtschaftlichkeitsüberlegungen angestellt werden. Insofern wäre die Schaffung einer neuen Organisationseinheit mit den damit verbundenen Kosten nicht der richtige Weg. Eine Lösung, die das Organisationscontrolling in den Bereich des allgemeinen (Finanz-)Controllings integriert, würde bedeuten, dass es keine unmittelbare Verknüpfung zu den originären Aufgaben der Organisationsabteilung gibt. Aus diesen Gründen wäre die Integration dieser Aufgabe in der Organisationsabteilung die wohl sachgerechteste Lösung, zumal dieser Weg in meisten Fällen wohl auch im Falle des Personalcontrollings realisiert worden ist.

Wichtiger als die organisatorische Verortung ist ohnehin die Schaffung eines funktionierenden Innovationsnetzwerkes. In diesem Zusammenhang ist es notwendig, dass die verschiedenen Controllingbereiche kontinuierlich zusammenwirken, um möglichst integrierte Lösungen zu entwickeln. Dies würde bedeuten, dass das Organisationscontrolling sehr eng mit dem Finanz- wie auch mit dem Personalcontrolling zusammenwirkt.

4.8 Techniken der Organisation

4.8.1 Vorbemerkungen

Analysen und Lösungsvorschläge

Die vielfältigen Techniken der Organisation werden zur Unterstützung des Prozesses des organisatorischen Wandels eingesetzt. Der Einsatz dieser Techniken und deren Beherrschung ist selten ausreichend, um komplexe Fragestellungen zufriedenstellend zu lösen. Sie sind aber zwingend, um die Komplexität der Organisationsaufgabe auf ein überschaubares Maß zu reduzieren. »Die Organisationstechniken dienen dazu, relevante Informationen für die Unternehmensführung und andere Entscheidungsträger zu gewinnen (Informationsgewinnung), den aktuellen und den zukünftigen Zustand einer Organisation und ihres Umfeldes zu durchleuchten (Situationsanalyse), die Zielsetzungen der organisatorischen Gestaltung zu identifizieren, zu gewichten und zu systematisieren (Zielbildung), nach möglichen Lösungsalternativen zu suchen und diese Alternativen nachvollziehbar zu bewerten (Alternativensuche und Bewertung) sowie die Ergebnisse der Organisationsarbeit in einer aussagefähigen Art und Weise festzuhalten (Dokumentation)« (*Vahs, D.* 2007 S. 453).

4.8.2 Erhebungstechniken

Der Organisator nutzt die Techniken der Erhebung, um Kenntnisse über den Ist-Zustand, über mögliche Entwicklungen, beeinflussende Faktoren und Restriktionen sowie Chancen und Risiken zu erlangen und daneben weitere Informationen für Lösungskonzepte zu sammeln. Informationen werden in jeder Stufe eines Organisationsprozesses benötigt – in den Analyseschritten sind sie dabei eher problemorientiert, im weiteren Verlauf des Prozesses vorwiegend lösungsorientiert (vgl. *Büchi, R./Chrobok, R.* 1994 S. 163 ff., *Schmidt, G.* 1997 S. 153 ff., *Doppler, K./Lauterburg, Ch.* 2002 S. 233 ff.).

Inhalte der Erhebungen

Die Inhalte der Erhebung können sich sowohl auf die Elemente Aufgabe (Was ist zu tun?), Mensch (Wer tut es?), Sachmittel (Welche Sachmittel werden gebraucht?) und Information (Welche Informationen werden benötigt?) als auch auf die Dimensionen Zeit (Wann?), Raum (Wo?) und Menge (Wie viel?) beziehen.

Technik	Erläuterungen	Vorteile	Nachteile
Dokumenten-analyse	Die Dokumentenanalyse stellt in der Regel den Beginn einer Untersuchung dar und wird eingesetzt, um allgemeine Informationen über die zu bearbeitende Fragestellung zu bekommen und um sich in das Thema einzuarbeiten. Berichte, Gutachten, Stellenbeschreibungen, Arbeitsanweisungen, Protokolle, Aktennotizen usw. werden dabei anhand von Analysekriterien systematisch erfasst und ausgewertet.	• Geringer Vorbereitungsaufwand • Breite Informationsbasis • Keine Beeinträchtigung der Mitarbeiter • Keine Verfälschung durch verändertes Mitarbeiterverhalten. • Erste Schwachstellen werden ohne großen Erhebungsaufwand sichtbar.	• Aktualität der Dokumente ist nicht unbedingt gegeben. • Vollständigkeit ist nicht gewährleistet. • Verwertbare Ergebnisse sind nur in Kombination mit anderen Erhebungsinstrumenten zu erzielen. • Interpretationsspielraum ist gegeben.
Fragebogen	Die schriftliche Befragung anhand standardisierter Fragen dient besonders der Ermittlung quantitativer Sachverhalte (zählen, messen) und sensitiver Inhalte, d.h., wenn aufgrund der Anonymität eher ehrliche Antworten zu erwarten sind. Die Fragebogenaktion muss sehr gut vorbereitet sein. Der Fragebogen darf keine erklärungsbedürftigen Fragen enthalten (da es keine Möglichkeit für Rückfragen gibt), und sollte mit einer gut verständlichen Ausfüllanleitung ausgestattet sein.	• Viele Informationen können schnell und zeitnah abgefragt werden (zeitpunktbezogene Erhebung). • Gleichzeitige Befragung vieler Mitarbeiter ist möglich. • Weniger personalintensiv als Interview • Mitarbeiter partizipieren an der Organisationsuntersuchung. • Anonyme Befragung ist möglich.	• Intensive Vorbereitung • Zusätzliche Wahrnehmungen sind nicht möglich. • Fragen können missverstanden werden. • Keine Möglichkeit für Rückfragen • Gefahr der »Gruppenarbeit« • Rücklauf ist ungewiss.

SCHÄFFER POESCHEL

Abb. 4.50: Erhebungstechniken

Technik	Erläuterungen	Vorteile	Nachteile
Interview	Mit einer mündlichen Befragung können Ansichten, Meinungen, Ziel- und Wertvorstellungen von Personen in Erfahrung gebracht werden. Die getroffenen Aussagen sind überwiegend qualitativer Natur. Die Interviews stellen an den Interviewer hohe Anforderungen (Fragetechnik, Lenkung, Schaffen einer für den Befragten angenehmen Atmosphäre).	• Viele Informationen • Missverständnisse können im Gespräch sofort aufgeklärt werden. • Einbeziehung der Mitarbeiter • Reaktion der Mitarbeiter ist möglich.	• Großer Zeitaufwand • Aus diesem Grund kann nur eine begrenzte Anzahl von Interviews durchgeführt werden. • Gefahr von unehrlichen und manipulierten Antworten ist groß. • Ergebnisse sind interviewerabhängig (soziale Beziehungen zwischen Frager und Befragtem wirken sich immer qualitativ auf die Ergebnisse aus). • Ergänzungen durch weitere Erhebungen sind notwendig.
Multimomentstudie	Ziel dieses Verfahrens ist es, den zu untersuchenden Sachverhalt in vielen Augenblicken (Multi-Moment) zu beobachten. Die Zeitabstände werden so bestimmt, dass die Stichprobe statistisch gesicherte Informationen über die Grundgesamtheit liefert.	• Keine Verfälschungsmöglichkeit; die Ergebnisse sind ein Spiegelbild des Ist-Zustandes. • Einfache und schnelle Durchführung • Geringe Störung des Arbeitsablaufes der Mitarbeiter • Mehrere Arbeitsplätze können gleichzeitig oder hintereinander beobachtet werden.	• Nur visuell beobachtbare Tätigkeiten sind erfassbar. • Keine Aussage über Leistungsgrade • Nicht geeignet für mobile Arbeitsplätze • Es dürfen nicht viele unterschiedliche Ablaufarten vorkommen.

Abb. 4.50: Erhebungstechniken (Fortsetzung)

Die Dokumentenanalyse, die schriftliche Befragung und das Interview werden in der öffentlichen Verwaltung am häufigsten eingesetzt. Der Organisator findet zu fast allen organisatorischen Fragestellungen für einen ersten Informationsüberblick entsprechende Dokumente vor: Stellenbeschreibungen, Organigramme, Haushaltspläne usw. Auf dieser Basis können dann schriftliche Fragebogen eingesetzt werden, die schließlich durch eine Interviewreihe ergänzt werden. Auf diese Weise können Informationen strukturiert, zeitnah und kostengünstig erhoben werden. Die Multimomentstudie kommt eher selten zum Einsatz. Gegen das Multimomentverfahren spricht, dass es sehr aufwändig ist und die Widerstände von Mitarbeitern erzeugt.

B

Der Leiter der Abteilung Organisation der Stadt *Bürohausen* soll im Auftrag des Oberbürgermeisters herausfinden, wie zufrieden die Bürger mit ihrer Verwaltung sind. Die in letzter Zeit häufig eingegangenen Beschwerdebriefe dienen ihm in einem ersten Schritt als Ausgangsbasis. Daraufhin entwirft er einen Interviewleitfaden, um die Sachbearbeiter mit direktem *Kundenkontakt* nach ihrer Einschätzung zu befragen. Erst jetzt gestaltet er einen Fragebogen, den er in den nächsten Tagen an alle Besucher des Rathauses verteilt, mit der Bitte, die Fragen in den nächsten Tagen zu beantworten und den Fragebogen anonym an ihn zurückzuschicken. Die daraus gewonnenen Informationen fließen nun in ein Konzept zur Steigerung der Zufriedenheit der Bürger ein.

Wenn die Ermittlung von Zeiten und Mengen im Vordergrund steht, kann die Selbstaufschreibung als eine weitere Erhebungstechnik eingesetzt werden. Grundsätzlich werden zwei Arten unterschieden: die tägliche Arbeitsaufzeichnung und der Laufzettel.

Tägliche Arbeitsaufzeichnung

Mit der täglichen Arbeitsaufzeichnung sollen Tätigkeiten, Zeiten und Mengen erhoben werden. In diesem Zusammenhang kommen leicht verständliche Vordrucke zum Einsatz, die die Mitarbeiter während ihrer Arbeit ausfüllen sollen. Auf diese Weise wird über einen Erhebungszeitraum von zwei bis fünf Wochen exakt festgehalten, womit und wie lange die Mitarbeiter jeweils beschäftigt sind. Im Ergebnis erhält der Organisator Informationen über angefallene Aufgaben, über den Zeitaufwand sowie den Zeitanteil der einzelnen Aufgaben und über die Häufigkeit des Auftretens. Zudem ermöglicht die Auswertung der Arbeitsaufzeichnungen die rechnerische Ermittlung von mittleren Bearbeitungszeiten. Wichtig ist, dass die Zeiträume für derartige Erhebungen repräsentativ sind und eine Hochrechnung auf die Gesamtsituation eines Jahres ermöglichen. Zudem ist es unerlässlich, dass die betroffenen Mitarbeiter über die Ziele und die Vorgehensweise sorgfältig informiert werden.

Formular: Tägliche Arbeitsaufzeichnung			
Datum:		Blatt-Nr.	
Name: Vorname:		Stelle:	Arbeitszeit:
Lfd. Nr.	Art der Tätigkeit	Einzelfälle (in Min.)	Gesamtdauer (in Min.)

SCHÄFFER POESCHEL

Abb. 4.51: Formular für eine tägliche Arbeitsaufzeichnung

Laufzettel

Der Laufzettel ist eine prozessbezogene Untersuchungstechnik. Es geht dabei um die detaillierte Erfassung von Geschäftsprozessen, an denen mehrere Mitarbeiter beteiligt sind (Prozessanalyse). Der Laufzettel ist ein leicht handhabbares Formular, das an einen Informationsträger geheftet wird. Dies kann eine Akte, ein Vorgang oder ein Antrag sein. Jeder der an dem Prozess beteiligten Mitarbeiter hat auf dem Formblatt folgende Angaben exakt zu dokumentieren:

- den Zeitpunkt, an dem er den Vorgang erhalten hat,
- den Beitrag, den er geleistet hat,
- die genaue Zeitdauer, die er für seinen Beitrag benötigt hat,
- den Zeitpunkt, an dem er den Vorgang weitergeleitet hat.

Auf diese Weise erhält der Organisator Informationen über die Zahl der beteiligten Stellen bzw. Abteilungen und über die gesamte Durchlaufzeit, die sich aus der Gesamtbearbeitungszeit sowie den jeweils angefallenen Liege- und Transferzeiten zusammensetzt. Zudem erhält er genaue Kenntnisse über die exakten Bearbeitungszeiten an den beteiligten Arbeitsplätzen. Insofern bietet das Laufzettelverfahren eine ausgezeichnete Grundlage für die Analyse komplexer Arbeitsprozesse, die wiederum Ausgangspunkt sein kann für die Maßnahmen zur Prozessoptimierung.

Formular: Laufzettel							
Arbeitsvorgang/Geschäftsprozess:							
Geschäftszeichen des Vorgangs:							
Erläuterung/Bearbeitungshinweise:							
	Dauer der Tätigkeit				Datum		
Art der Tätigkeit	Leitung/ Referent	SB 1	SB 2	Schreib- dienst	Ein- gang	Bear- beitung	Aus- gang

SCHÄFFER POESCHEL

Abb. 4.52: Formular für einen Laufzettel

4.8.3 Analysetechniken

Aufgabenanalyse

Die mit Techniken der Erhebung gewonnenen Informationen werden analysiert und geordnet, um sie systematisch interpretieren zu können. Die Techniken der Analyse können in jeder Stufe eines Organisationsprozesses eingesetzt und sowohl auf die Elemente Mensch, Aufgabe, Information und Sachmittel, auf die Dimensionen Zeit, Raum und Menge und auf ablauforganisatorische und aufbauorganisatorische Fragestellungen bezogen werden (vgl. *Büchi, R./Chrobok, R.* 1994 S. 179 ff., *Schmidt, G.* 1997 S. 205 ff.).

Die wichtigste Analysetechnik ist die Aufgabenanalyse. Inhaltlich ist darauf bereits im Abschnitt 4.2.1 eingegangen worden. Darstellungsmöglichkeiten sind in den Abbildungen dieses Abschnittes enthalten.

Technik	Erläuterungen	Vorteile	Nachteile
Aufgaben-analyse	Ziel dieser Technik ist es, die erhobenen Aufgaben des zu untersuchenden Verwaltungsbereiches nach organisatorisch bedeutsamen Kriterien zu ordnen und zu gliedern. Die Aufgabenanalyse ist eines der wichtigsten Instrumente des Organisators.	• Zuverlässige Erhebung • Aufgaben werden vollständig und systematisch geordnet und übersichtlich dargestellt.	• Es werden nicht alle Informationen, die für organisatorische Gestaltungsmaßnahmen notwendig sind (z.B. Personalkapazität, Sachmittel, Häufigkeit und Dauer der Aufgabenerfüllung usw.), bereitgestellt. • Zeitpunktbezogene Betrachtung, d.h., keine Auskunft über Aufgabenentwicklung

Abb. 4.53: Analysetechniken

Die Aufgaben einer Verwaltung bilden die Basis aller aufbau- und ablauforganisatorischen Lösungen. Wie bereits oben dargestellt, bedeutet Organisieren das Zerlegen der Gesamtaufgabe in Teilaufgaben, um sie anschließend zu sinnvollen und zielorientierten Einheiten wieder zusammenzufügen. Die Aufgabenanalyse stellt somit ein Kernelement der organisatorischen Tätigkeit dar. Sie wird häufig durch eine Informationsanalyse und durch eine Analyse der Dimensionen Zeit, Raum und Menge ergänzt.

4.8.4 Techniken der Würdigung

Soll/Ist-Vergleiche

Die Würdigung beurteilt bereits erfasste Informationen. Ihr Ziel ist es, Stärken und Schwächen sowie Chancen und Risiken des Ist-Zustandes zu erkennen. Auf diese Weise sollen die Schwachstellen und deren Ursachen möglichst lückenlos ermittelt werden. Schwachstellen sind Soll/Ist-Abweichungen, die im Rahmen der Untersuchungen systematisch zu ermitteln sind. Eine alleinige Konzentration auf vorhandene oder zu erwartende Abweichungen ist jedoch nicht ausreichend. Auch die Übereinstimmungen zwischen dem Soll- und dem Ist-Zustand müssen untersucht werden. Die Letzteren stehen für die Stärken der Organisation, die in Zukunft stabilisiert und weiter entwickelt werden sollten (vgl. *Büchi, R./Chrobok, R.* 1994 S. 195 ff., *Schmidt, G.* 1997 S. 247 ff.).

Geläufige Techniken der Würdigung sind der Prüffragenkatalog, die Prüfmatrix, die Wertanalyse und das Benchmarking.

Technik	Erläuterungen	Vorteile	Nachteile
Prüffragen	Ein Prüffragenkatalog listet jene Schwachstellen auf, die bereits aus Erfahrung bekannt sind und die nun für den konkreten Fall vermieden werden sollen. Die Prüffragen können auch potenzielle Lösungsmöglichkeiten beinhalten, die auf ihre Anwendbarkeit im interessierenden Problembereich untersucht werden.	• Ausgereifte und problembezogene Prüffragenkataloge sind ein wirksames Instrument. • Solche Kataloge reichen in den Lösungsentwurf hinein. • Prüffragenkataloge können auch zur Beurteilung konzipierter Lösungen verwendet werden.	• Prüffragenkataloge bilden kein allgemeines Gerüst für alle Probleme. • Für jede neue Problemstellung muss ein neuer Katalog entworfen werden. • Es ist keine allgemeine Aufbausystematik für Prüffragenkataloge verfügbar: unsystematisches Herangehen an die Fragestellung.
Prüfmatrix	Mängel und mögliche Ursachenkategorien werden in einer Matrix gegenübergestellt. Kategorien können sein: Umweltbedingungen, Aufgabenträger, Aufgaben, Sachmittel, Informationen, aufbau- und ablauforganisatorische Beziehungen. Im Schnittpunkt von Mangel und denkbarer Ursache werden durch gezielte Fragen die tatsächlichen Ursachen gesucht.	• Systematisches Abfragen aller Ursachenkategorien • Prüfmotiv erleichtert das Aufzeigen von Ursachenketten.	• Vereinfachte Verfahren
Wertanalyse	Die Wertanalyse ermittelt und bewertet den Beitrag einzelner Aktivitäten zur Wertschöpfungskette. In einem zweiten Schritt zeigt sie Möglichkeiten zur Beseitigung unnötiger Teile auf, mit dem Ziel, die Wirtschaftlichkeit in der betrachteten Organisationseinheit zu erhöhen.	• Komplexe Fragestellungen können bearbeitet werden. • Ganzheitliche Betrachtung • Mitarbeiter werden in diesen Prozess explizit eingebunden. • Zielorientiertes Vorgehen	• Für einfache Sachverhalte ungeeignet • Eine Methode der Gruppenarbeit – einzelne Personen können diese Technik nicht einsetzen.

SCHÄFFER POESCHEL

Abb. 4.54: Techniken der Würdigung

Technik	Erläuterungen	Vorteile	Nachteile
Benchmarking	Benchmarking ist die Technik des Vergleichs mit Dritten. Dieser Vergleich kann sowohl mit ähnlich strukturierten Abteilungen innerhalb einer Verwaltungsorganisation als auch außerhalb angewendet werden. Es können sowohl Produkte (z.B. Ausstellen eines Personalausweises) als auch Prozesse (z.B. der Prozess, der für die Bearbeitung eines Bauantrages durch laufen werden muss) verglichen werden. Als Messkriterien können die verursachten Kosten, das angebotene Leistungsspektrum, die Qualität, die Zeit oder eine Kombination dieser Kriterien verwendet werden.	• Dadurch werden geeignete Vergleichsmaßstäbe gefunden, um eigene Lösungen und Ergebnisse als gut oder schlecht bewerten zu können. • Verbesserungsmöglichkeiten werden aufgezeigt. • Durch einen kontinuierlichen Vergleich wird der größte Nutzen erzielt, da die Entwicklung der eigenen Verwaltung im Verhältnis zu den Vergleichspartnern aufgezeigt wird.	• Keine Erkenntnisse über die Ursachen der aufgedeckten Differenzen: eine Ursachenanalyse sollte sich dem Benchmarking anschließen. • Wenn die Vergleichskriterien nicht eindeutig definiert sind, besteht die Gefahr, dass Äpfel mit Birnen verglichen werden.

SCHÄFFER POESCHEL

Abb. 4.54: Techniken der Würdigung (Fortsetzung)

Prüfmatrix

Während der Prüffragenkatalog eine Technik darstellt, mit der lediglich Schwachstellen entdeckt werden können, ist die Prüfmatrix darauf ausgerichtet, Ursachen für die aufgetretenen Schwachstellen zu ermitteln. Der Aufbau einer Prüfmatrix ist in der Abbildung 4.55 dargestellt.

Mängel \ Mängelursachen	Aufbaustruktur	Prozessstruktur	IuK-Technik	...	...	...
Zu lange Durchlaufzeiten						
Unzufriedenheit bei den Mitarbeitern						
...						
...						

Abb. 4.55: Aufbau einer Prüfmatrix

4.8.5 Techniken der Zielfindung

Keine Veränderung ohne Ziele

Ein Ziel beschreibt einen angestrebten Zustand, der als Ergebnis bestimmter Maßnahmen oder Lösungen eintreten soll. Da in der Regel ein ganzes Bündel von Zielen angestrebt wird, hilft die Technik der Zielfindung die relevanten Ziele rechtzeitig zu erkennen, die Ziele in ein Zielsystem zu ordnen, sie zu operationalisieren, sie zu gewichten und die Zielformulierung als einen Prozess zu betrachten.

Zur Zielbildung stehen eine Reihe von Techniken zur Verfügung, die nachstehend kurz erläutert werden (vgl. *Vahs, D.* 2007 S. 486 ff.):

- *Zielsuche:* Die Zielsuche findet in Verbindung mit den Problemen statt, die im Rahmen der Situationsanalyse entdeckt werden. Dabei handelt es sich um einen sozialen Prozess, an dem mehrere Akteure beteiligt ein sollten. »Die Zielsuche selbst ist ein *kreativer Prozess*, bei dem sowohl die Erfahrungen der beteiligten Personen und ihre Vorstellungen über den anzustrebenden zukünftigen Zustand als auch die konkreten Gegebenheiten der Ist-Situation eine entscheidende Rolle spielen« (*Vahs, D.* 2007 S. 487). Die Zielideen können im Rahmen eines Brainstormings zusammengetragen werden.

- *Zielsystem:* In Organisationsprojekten wird in aller Regel eine Vielzahl von Zielen relevant. Das Zielsystem bringt die Ziele in eine handhabbare Ordnung. Komplementäre Ziele und Zielkonflikte sind dabei aufzudecken und zu bereinigen bzw. zu lösen. Im Resultat ergibt sich eine hierarchische Zielstruktur über mehrere Ebenen.
- *Stufenweise Zielgewichtung:* Eine weitere Möglichkeit, Zielrelationen herzustellen, ist die Gewichtung. Ziel der Gewichtung ist es, wichtige von unwichtigen Zielen zu unterscheiden. In diesem Zusammenhang kommt es bei den Kann-Zielen zur Bildung von Haupt- und Nebenzielen. Muss-Ziele werden keiner Gewichtung unterzogen, weil sie zwangsläufig erreicht werden müssen.
- *Präferenzmatrix:* Schließlich kann eine Zielordnung mit Hilfe einer Präferenzmatrix erreicht werden. Dabei werden alle Ziele systematisch über Paarvergleiche miteinander verglichen. Die Ergebnisse der Paarvergleiche werden anschließend in eine Matrix übertragen und ausgewertet. Das wichtigste Ziel ist dasjenige, das bei den Paarvergleichen am häufigsten höher bewertet worden ist.

Die Durchführung eines Zielfindungsprozesses ist unerlässlich. Nachteile bzw. Probleme entstehen dann, wenn man diesen Schritt überspringt. Organisationsprojekte in der öffentlichen Verwaltung werden leider immer noch sehr häufig ohne einen expliziten Zielfindungsprozess durchgeführt. Dies lässt sich zum einen darauf zurückführen, dass bereits im Vorfeld eine bestimmte Lösung favorisiert wird. Zum anderen geht man davon aus, dass das eigene Zielsystem mit dem der anderen übereinstimmt. Man hält es für überflüssig, diese Zielsysteme abzugleichen und für alle verbindlich zu dokumentieren. Das Letztere ist jedoch notwendig, um Irrwege und unnötige Schleifen zu vermeiden.

4.8.6 Bewertungstechniken

Zielerreichungsgrade der Alternativen

In der Regel werden in Planungsprozessen des organisatorischen Wandels im Ergebnis mehrere grundsätzlich brauchbare Alternativen herausgearbeitet. Jetzt gilt es, jene Lösung zu dokumentieren, die letztlich umgesetzt werden soll. In diesen Fällen können spezifische Techniken der Bewertung zum Einsatz kommen. Dabei kommt es darauf an, anhand möglichst objektiver Kriterien, die Vorzugswürdigkeit der zur Debatte stehenden Lösungsmöglichkeiten zu bestimmen, um die Varianten in eine Rangfolge bringen zu können. Entscheidungsrelevante Merkmale können z. B. sein: die

Kosten, der Gewinn, die Rentabilität oder der Nutzen (vgl. *Büchi, R./Chrobok, R.* 1994 S. 275 ff.; *Schmidt, G.* 1997 S. 295 ff.). Die sachgerechte Entscheidung über eine Alternative »... setzt möglichst *objektive Bewertungsmaßstäbe* und *konkrete Erfahrungswerte* voraus, die bei vergleichbaren früheren Strukturentscheidungen gewonnen werden konnten. Dringend erforderlich ist zudem eine systematisch-methodische Vorgehensweise, durch die sichergestellt wird, dass alle relevanten Beurteilungskriterien vollständig und umfassend berücksichtigt werden« (*Vahs, D.* 2007 S. 501). In der Abbildung 4.56 werden drei Techniken kurz dargestellt: die Wirtschaftlichkeitsberechnung, die Nutzwertanalyse und die Kosten-Wirksamkeitsanalyse. In Organisationsprojekten ist die Nutzwertanalyse von besonderer Bedeutung. Sie wird deshalb im nachstehenden Beispiel näher erläutert.

B

Im Rahmen eines Organisationsprojektes stehen drei unterschiedliche Möglichkeiten der Projektorganisation zur Verfügung: die reine Projektorganisation, die Stabs-Projektorganisation und die Matrix-Projektorganisation. Für die Bewertung der Alternativen sind folgende Kriterien relevant:

- Einfluss des Projektleiters,
- notwendiger Grad der Organisationsveränderung,
- Vereinbarkeit mit der Primärorganisation,
- Personalbedarf,
- Zahl der Schnittstellen sowie
- Partizipationsmöglichkeiten.

Im nächsten Schritt werden die Kriterien so gewichtig, dass sich in der Summe nicht mehr als der Wert 1,0 ergibt. Anschließend besteht die Aufgabe darin, bei jeder Lösungsalternative den Erfüllungsgrad der jeweiligen Kriterien auf einer Skala von 0 bis 10 zu bewerten. Sofern alle Alternativen konsequent und vollständig bewertet werden, ergibt sich am Ende für jede Alternative ein Punktwert. Auf dieser Grundlage kann dann ein Ranking erstellt werden. Bei der Bewertung ist es unerlässlich, dass eine Kommission, bestehend aus mehreren unterschiedlichen Experten, die Bewertungen diskutiert, um jeweils zu einvernehmlichen Lösungen zu kommen.

Technik	Erläuterungen	Vorteile	Nachteile
Investitions-rechnungen	Mit Hilfe dieser Rechnungen wird die Vorteilhaftigkeit von Investitionen analysiert. Man unterscheidet zwischen statischen Investitionsrechnungen (Kostenvergleichsrechnungen, Gewinnvergleichsrechnungen, Rentabilitätsrechnungen und Amortisationsrechnungen) und dynamischen Investitionsrechnungen (Kapitalwertmethode, interne Zinsfußmethode und Annuitätenmethode). Ihre Gemeinsamkeit ist die monetäre Messbarkeit aller Merkmale.	• Einfache Anwendung • Die Bewertung ist transparent und nachvollziehbar. • Können die organisatorischen Lösungsmöglichkeiten in Geldeinheiten quantifiziert werden, fördern die Investitionsrechnungen eine objektive Beurteilung.	• Keine Betrachtung des Nutzens und der Leistung der einzelnen Varianten • Statische Investitionsrechnungen beziehen den Faktor Zeit nicht mit ein. • Dynamische Investitionsrechnungen sind häufig sehr komplex.
Nutzwertanalyse	Sie wird vorwiegend dann eingesetzt, wenn viele Teilziele zu berücksichtigen und die einzelnen Kriterien schwer zu quantifizieren sind (z.B. bei der Auswahl eines Druckers die Qualität des Schriftguts).	• Umfangreiche Liste von Teilzielen kann berücksichtigt werden. • Transparente und nachvollziehbare Bewertung • Fördert die Objektivität, wenn mehrere Beteiligte in den Bewertungsvorgang integriert werden.	• Genauigkeit bzw. Objektivität kann im Zweifelsfalle vorgetäuscht werden. • Monetäre und nicht-monetäre Größen werden zu Punktwerten verdichtet.
Kosten-Wirksamkeits-Analyse	Sie verbindet die beiden oben genannten Techniken und setzt die Kosten in Relation zu dem Nutzen.	• Nur die nicht-monetären Größen werden in Punktwerten ausgedrückt. • Es wird ein Preis-Leistungs-Verhältnis ermittelt.	• Komplexe Vorgehensweise • Ergebnisse sind in der Regel erklärungsbedürftig.

Abb. 4.56: Bewertungstechniken

Zielkriterien	Zielgewichte	Lösungsalternativen					
		Reine PO		Stabs-PO		Matrix-PO	
		x_1	g_1	x_2	g_2	x_3	g_1
Einfluss des Projektleiters	0,2						
Grad der Organisationsveränderung	0,2						
Vereinbarkeit mit der Primärorganisation	0,2						
Personalbedarf	0,2						
Schnittstellen	0,1						
Partizipation	0,1						
Σ	**1,0**						

X = Erfüllungsgrad
g = Gewichtung

Abb. 4.57: Beispiel für eine Nutzwertanalyse

4.8.7 Entscheidungstechniken

Stehen mehrere Lösungsmöglichkeiten zur Verfügung, stellt die Entscheidung einen Auswahlakt dar, der bewusst und in der Regel rational begründet abläuft und auf einem Vergleich der Attraktivität oder des Nutzens der einzelnen Alternativen basiert. Die Techniken der Entscheidung sind Hilfsmittel zur Strukturierung von Entscheidungssituationen. Sie treffen nicht die endgültige Entscheidung (vgl. *Büchi, R./Chrobok, R.* 1994 S. 283 ff., *Schmidt, G.* 1997 S. 381 ff.).

Technik	Erläuterungen	Vorteile	Nachteile
Entscheidungs-matrix	Die Entscheidungs-matrix unterstützt die Entscheidung, wenn in den Entscheidungs-prozess Eintrittswahr-scheinlichkeiten mit-einfließen.	• Allen möglichen Situationen werden Eintrittswahrschein-lichkeiten zuge-ordnet.	• Die Zuordnung von Wahrscheinlichkeiten ist subjektiv. • Das »Ausrechnen« der besten Lösung ist eine Schein-genauigkeit.
Entscheidungs-tabelle	Entscheidungstabellen werden als Hilfsmittel zur Beschreibung von Entscheidungssituatio-nen eingesetzt, wenn die Aktionen an Bedin-gungen geknüpft sind (wenn ..., dann ...). Sie zeigen alle Bedin-gungen und die daraus resultierenden Maß-nahmen transparent und vollständig auf.	• Komplexe Abhängig-keiten in Entschei-dungssituationen lassen sich trans-parent darstellen. • Entscheidungstabel-len erleichtern die Prüfung des logischen Aufbaus, der Voll-ständigkeit, der Re-dundanzfreiheit und der Widerspruchs-freiheit organisatori-scher Lösungen. • Die Zusammenarbeit zwischen Organisa-tor und Fachbereich wird erleichtert.	• Bei Vorliegen von vielen Bedingungen und Aktionen wird die Entscheidungstabelle unübersichtlich.
Sensitivitäts-analyse	In der Sensitivitäts-analyse wird durch Veränderung einzelner Variablen aufgezeigt, in welchem Ausmaß abhängige Variablen variieren.	• Die Stabilität einzel-ner Lösungsmöglich-keiten wird überprüft. • Die wirksamsten Parameter werden aufgezeigt. • Die Analyse stellt die Scheingenauig-keit quantifizierter Entscheidungsvor-schläge erneut auf den Prüfstand.	• Subjektive Änderung der Eingangsparameter

SCHÄFFER POESCHEL

Abb. 4.58: Entscheidungstechniken

Auf die Durchführung der Sensitivitätsanalyse sollte nicht verzichtet werden, da sie die Relevanz einzelner Entscheidungskriterien verdeutlicht. Sofern sich im Beispiel der dargestellten Nutzwertanalyse (vgl. Abbildung 4.57) die Matrix-Projekt-Organisation nur knapp gegenüber der reinen Projektorganisation durchgesetzt hat, wird das Ergebnis im Rahmen der Sensitivitätsanalyse nochmals überprüft und ggf. revidiert.

4.8.8 Kreativitätstechniken

Mit Hilfe der Kreativitätstechniken sollen gewohnte Verhaltensmuster bewusst umgangen und vorhandene Denkschablonen beiseite gelegt werden, um vorhandenes Wissen und Erfahrungen auf eine neue Art und Weise zu verknüpfen (vgl. *Büchi, R./Chrobok, R.* 1994 S. 293 ff., *Schmidt, G.* 1997 S. 274 ff.).

Technik	Erläuterungen	Vorteile	Nachteile
Brainstorming	Brainstorming ist eine Technik, um gemeinsam Ideen zu einer Fragestellung zu erarbeiten.	• Die Assoziationsfähigkeit der Teilnehmer wird unterstützt. • »Spinnen« ist erlaubt; dadurch wird der Ideenfluss gefördert.	• Ideen werden offen geäußert: die geforderte Disziplin, auch über ungewöhnliche Ideen anderer nicht zu lachen und diese weder zu kritisieren noch zu kommentieren, ist nicht immer durchgängig vorhanden.
Methode 635	6 Teilnehmer schreiben zu einer vorgegebenen Fragestellung 3 Ideen nieder. Die Blätter werden fünf mal weitergereicht, wobei jeder Teilnehmer aufbauend auf den bereits genannten Ideen 3 neue Ideen dazuschreibt. Diese intuitiv ausgeprägte Technik unterstützt die spontanen Assoziationen der Teilnehmer bezüglich der bereits vorhandenen Ideen.	• Die Ideen werden schriftlich festgehalten und dadurch systematisch vertieft. • Teilnehmer müssen nicht unbedingt zusammenkommen. • Kann auf dem Brainstorming aufbauen und diese Vorschläge vertiefen.	
Morphologische Analyse	Die morphologische Analyse stellt eine Technik dar, die auf systematischem Wege nach Lösungsmöglichkeiten sucht. Die einzelnen Parameter, die den Problembereich und die dafür denkbaren Lösungsvarianten beschreiben, können mit Hilfe des Brainstorming gefunden werden.	• Systematisch unterstützte Technik zur Kreativitätsfreisetzung • Vollständige Erfassung einer komplexen Themenstellung • Es können alle möglichen Lösungsvarianten daraus abgeleitet werden.	

SCHÄFFER POESCHEL

Abb. 4.59: Kreativitätstechniken

4.8.9 Großgruppenveranstaltungen als Bühne für Kreativität

Netzwerke

Inzwischen haben sich in der Organisationslehre Sichtweisen etabliert, die die umfassende Partizipation der Mitarbeiter propagiert. Dabei ist es sogar vorstellbar, dass die gesamte Belegschaft eines

Unternehmens über einen oder mehrere Tage in einen kreativen Prozess mit einbezogen wird. Dabei spielt das Stichwort Netzwerk eine herausragende Rolle. »In allen gesellschaftlichen Handlungsfeldern spricht man Netzwerken ein hohes Maß an Steuerungsintelligenz zu. Man nimmt an, dass mit Vernetzung das Durchsetzungspotenzial und die Strategiefähigkeit von Akteuren wächst« (*Weber, S.* 2002 S. 61). Es stellt sich in diesem Zusammenhang die Frage, wie man in komplexen Systemen produktive Lernprozesse effektiv organisieren und gestalten kann. *Weber* ist der Auffassung, dass gerade Großgruppenveranstaltungen dazu in der Lage sind. Dabei sollen sie die Partizipation und direkte Begegnung vieler Menschen ermöglichen. Man kann davon ausgehen, dass derartige methodische Vorgehensweisen seit Mitte der 90er-Jahre in privaten Unternehmen, in Non-Profit-Organisationen und in der öffentlichen Verwaltung vermehrt auf den Plan treten. Dabei haben sich im Laufe der Entwicklung verschiedene Varianten etabliert (vgl. *Weber, S.* 2002 64 ff.):

Varianten

- *Open Space Technology:* Hierbei geht es darum, das freie Spiel der Kräfte zu ermöglichen, indem man im Rahmen einer großen Zahl von Teilnehmern aus Chaos selbstorganisierte Ordnung entstehen lässt. Das Plenum fungiert in diesem Zusammenhang als Rahmen für selbst organisierte Themen und Arbeitsgruppen.
- *Appreciative Inquiry Summit:* Es herrscht die folgende Philosophie: »Jede Organisation konstruiert ihre Kultur über die Geschichten, die sie erzählt.« Das wesentliche Prozesselement ist das wertschätzende Interview, in dem jedem die Möglichkeit eröffnet wird, sich zu äußern und einzubringen.
- *Zukunftskonferenz*: In der Zukunftskonferenz sind komplexe Lösungen nur durch »die Orchestrierung vielfältiger Perspektiven möglich«. Das wesentliche Prozesselement ist das Durchschreiten der Phasen Vergangenheit, Gegenwart und Zukunft. Ziel ist vor allem die gemeinsame Planung und Gestaltung der Zukunft einer Organisation. Wo wollen wir in fünf Jahren sein?
- *Real Time Strategic Change:* Hier geht man davon aus, dass durch die Mobilisierung aller Kräfte eine Aufbruchstimmung erzeugt wird, die die notwendige Veränderung letztlich erzwingt. In einer durch externe Moderatoren geführten Diskussion von Führungskräften und Mitarbeitern werden gemeinsam sowie konsensuell neue Lösungen entwickelt.

Die Abbildung 4.60 stellt die vier genannten Methoden in einer Synopse dar.

B

Im Jahre 2003 hat die Hochschule für öffentliche Verwaltung und Finanzen eine Zukunftskonferenz durchgeführt, um einerseits die Zukunftsentwicklung der Institution auf breiter Basis diskutieren zu können, und um andererseits ein neues Leitbild zu erarbeiten. In einer moderierten Großveranstaltung konnten alle relevanten Gruppen (Studierende, Professoren, Verwaltungsmitarbeiter, Absolventen und Abnehmerinstitutionen) in einem Raum integriert werden. Im ersten Schritt diskutierten acht homogene Gruppen über wesentliche Problemstellungen der Hochschule. Daraus hat das Plenum gemeinsam mit einem externen Moderator acht Themenschwerpunkte herauskristallisiert, die im zweiten Schritt in acht heterogenen Gruppen zu Zielsetzungen und Zukunftsperspektiven weiter entwickelt werden konnten. Im Resultat sind einerseits zahlreiche Projekte definiert worden, die in den Folgejahren bewältigt werden sollten. Zudem ist aus den Themenschwerpunkten letztlich ein neues Leitbild der Hochschule entstanden.

	Open Space Technologie	Appreciative Inquiry Summit	Zukunftskonferenz	Real Time Strategic Change
Prinzipien und Kernelemente	Energetisches Prinzip, Selbstorganisation	Beste Erfahrungen als Hebel für Veränderungen	System in einen Raum bringen, Fokus auf Gemeinsamkeiten und Konsens	Problemorientierung als Antriebsmoment
Zielsetzung	Informationen sammeln, Energetisieren des Systems	Kulturarbeit an den Basismetaphern	Gemeinsame konsensuell geteilte Handlungsbasis schaffen	Strategien top-down und bottom-up vernetzen
Teilnehmer	Unbegrenzt	Unbegrenzt	Idealerweise 64 TN	Unbegrenzt
Zeitbedarf zur Vorbereitung	Schnell einsetzbar	Je nach Design	2 – 3 Monate Vorbereitungszeit	2 – 3 Monate Vorbereitungszeit
Dauer	1 – 3 Tage	1 – 3 Tage	2 – 3 Tage	2 – 3 Tage

SCHÄFFER POESCHEL

Abb. 4.60: Varianten von Großgruppenverfahren
(vgl. *Weber, S.* 2002 S. 66)

4.8.10 Qualitätszirkel als Methode der Kommunikation

Der Qualitätszirkel steht für eine Gruppe von Mitarbeitern, die Problem- und Fragestellungen aus dem eigenen Arbeitsbereich bearbeitet. Zumeist geht es bei der betont kommunikativen Methode um die Lösung ablauforganisatorischer Probleme (vgl.

Doppler, K. /Lauterburg, Ch. 2002 S. 223). Im Idealfall besteht die Gruppe aus fünf bis zehn Personen. Es handelt sich um eine Dauereinrichtung, die beteiligten Mitarbeiter treffen sich in regelmäßigen Abständen. Die Arbeit des Gremiums kann durch einen externen Moderator geleitet und gefördert werden. Zudem weisen Qualitätszirkel die folgenden Merkmale bzw. Effekte auf (vgl. *Büchi, R./Chrobok, R.* 1994 S. 318 ff.):

- Die Mitarbeiter schließen sich freiwillig zu Qualitätszirkeln zusammen.
- Im Mittelpunkt der Qualitätszirkelarbeit stehen die Effektivität und die Effizienz einer Organisationseinheit oder eines Arbeitsprozesses.
- Die Gruppe wählt die zu bearbeitenden Fragestellungen selbst aus und erarbeitet die Lösungen mit Hilfe unterschiedlicher Techniken (vor allem Problemlösungs- und Kreativitätstechniken).
- Qualitätszirkel erlauben den Mitarbeitern der öffentlichen Verwaltung, aktiv an der Gestaltung der eigenen Aufgabenerledigung mitzuwirken. Die Organisation nutzt den Sachverstand und die Kreativität der Teilnehmer für eine Verbesserung der Leistungsprozesse.
- Die Arbeit in Qualitätszirkeln fördert das soziale Klima und steigert die Motivation der Mitarbeiter.
- Die Methode des Qualitätszirkels eignet sich auch als Instrument der Personalenwicklung. Durch ihre aktive Beteiligung eignen sich die Mitarbeiter neue Qualifikationen und Fähigkeiten an.

Trotz dieser vielen positiven Effekte werden Qualitätszirkel in der öffentlichen Verwaltung immer noch eher selten angewendet.

Wiederholungsfragen

1. Wie unterscheiden sich der funktionale, der instrumentale und der institutionelle Organisationsbegriff?
2. Wie kann eine Aufgabe definiert werden?
3. Anhand welcher Gliederungsmerkmale lassen sich aus einer Gesamtaufgabe Teilaufgaben ableiten?
4. Welche Ziele verfolgt die Aufgabensynthese und welche die Arbeitssynthese?
5. Was ist unter einer Organisationseinheit zu verstehen?
6. Welche Arten von Kompetenzen kennen Sie?
7. Erläutern Sie die wesentlichen Aussagen des organisatorischen Kongruenzprinzips.

8. Was ist unter einem Gremium bzw. einer Gruppe zu verstehen?
9. Was ist unter einer Kollegialinstanz zu verstehen?
10. Wie kann eine Abteilung definiert werden?
11. Welche Gruppierungskriterien können für die Abteilungsbildung herangezogen werden? Erläutern Sie die einzelnen Kriterien jeweils anhand eines konkreten Beispiels.
12. Was ist unter den Begriffen Leitungsspanne, Leitungstiefe und Leitungsintensität zu verstehen?
13. Was ist unter Koordination zu verstehen?
14. Vergleichen Sie das Einliniensystem mit dem Mehrliniensystem anhand der jeweiligen Vor- und Nachteile.
15. Wodurch ist das Matrixsystem charakterisiert?
16. Welche grundsätzlichen Unterschiede bestehen zwischen der Primär- und der Sekundärorganisation?
17. Anhand welcher Merkmale kann ein Projekt charakterisiert werden?
18. Was ist unter Prozessmanagement zu verstehen?
19. Welche Vorteile bietet die Prozessorientierung gegenüber einem klassischen Organisationskonzept?
20. Anhand welcher Merkmale kann ein Prozess beschrieben werden?
21. Erläutern Sie die einzelnen Schritte bei einer Prozessgestaltung.
22. Welche Aktionsträger kennen Sie im Prozessmanagement?
23. Welche Aufgaben hat der Prozesseigner?
24. Welche Besonderheiten charakterisieren einen geplanten organisatorischen Wandel?
25. Erläutern Sie die vier Handlungsfelder des Veränderungsmanagements.
26. Nennen Sie mögliche Konzepte des organisatorischen Wandels.
27. Wie lauten die Grundgedanken der Organisationsgestaltung?
28. Welche Planungsstufen kennen Sie? Gehen Sie auf die Unterschiede ein.
29. Erläutern Sie die Aktivitäten in der Situationsanalyse.
30. Welche Ziele verfolgt das Konzept der Organisationsentwicklung?
31. Erörtern Sie den Ansatz von *Lewin*.
32. Bei welchen Beteiligungsformen von Mitarbeitern in Veränderungsprojekten lassen sich die größten Innovationen erwarten?
33. Ist die Organisationsentwicklung geeignet, um einen konzeptorientierten Ansatz zu realisieren?
34. Welche verschiedenen Leistungsversprechen sind von externen Beratern zu erwarten?
35. Nennen Sie die wesentlichen Erfolgsfaktoren von Veränderungsprozessen.

36. Woran scheitern viele Veränderungsvorhaben?
37. Worin besteht der Unterschied zwischen Conformance-Controlling und Performance-Controlling?
38. Welche Techniken können bei der Datenerhebung eingesetzt werden?
39. Was ist eine Prüfmatrix?

Lösungshinweise

1. Beim funktionalen Organisationsbegriff geht es um Organisation als Tätigkeit: Eine Behörde organisiert. Der institutionelle Begriff thematisiert die Organisation als ein verfestigtes System: Eine Behörde ist eine Organisation. Schließlich meint der instrumentale Begriff, dass eine Behörde eine Organisation aufweist. Vergleiche S. 163 f.
2. Eine Aufgabe bedeutet die dauerhaft wirksame Verpflichtung, eine bestimmte Tätigkeit auszuüben, um dadurch ein zuvor formuliertes Ziel zu erreichen. Vergleiche S. 167.
3. Zur Differenzierung von Aufgaben können die folgenden Gliederungsmerkmale herangezogen werden: Verrichtung, Objekt, Aufgabenträger, Sachmittel, Zeit und Raum. In Abbildung 4.3 werden die Merkmale erläutert und mit Beispielen versehen.
4. Im Rahmen der Aufgabensynthese werden Teilaufgaben, die zuvor aufgrund einer Aufgabenanalyse entstanden sind, zu sinnvollen Aufgabenkomplexen zusammengefügt, die man z. B. einer Stelle als Stellenaufgabe übertragen kann. Die Arbeitssynthese integriert demgegenüber konkrete Tätigkeiten bzw. Arbeitsteile zu sinnvollen Abläufen bzw. Prozessen. Dabei ist sowohl die personale als auch die lokale und zeitliche Synthese gleichzeitig zu realisieren. Vergleiche S. 170 ff.
5. Eine Organisationseinheit ist ein Element der Aufbauorganisation, das durch die Bündelung von Teilaufgaben im Hinblick auf die Zuordnung zu einer gedachten Person entsteht. Die kleinste Organisationseinheit der Aufbaustruktur ist die Stelle. Vergleiche S. 172 ff.
6. In der Organisationslehre werden Umsetzungs- und Leitungskompetenzen unterschieden. Die einzelnen Ausprägungen sind in Abbildung 4.6 dargestellt.
7. Das organisatorische Kongruenzprinzip ist eines der wichtigsten Prinzipien der Organisationslehre. Es besagt, dass bei der Stellenbildung Aufgaben, Kompetenzen und Verantwortung deckungsgleich sein müssen. Abweichungen von diesem Prinzip führen zu Organisationsproblemen. Vergleiche S. 173 ff.
8. Ein Gruppe (bzw. ein Gremium) wird durch eine Zusammenführung von mehreren Personen gebildet, die über einen länge-

ren Zeitraum in einer direkten Wechselbeziehung stehen. Prägende Merkmale sind gemeinsame Normen, ein Wir-Gefühl und eine differenzierte Rollenwahrnehmung. Zudem sind organisatorische Gruppen durch Beständigkeit und durch direkte Interaktion gekennzeichnet. Vergleiche S. 177 f.

9. Mit Instanz wird in der Organisationslehre eine Leitungsstelle bezeichnet. In der Regel handelt es sich um *eine* Leitungsstelle. Es gibt aber auch Instanzen, die aus zwei oder mehreren Personen bestehen. In diesem Fall spricht man von einer Kollegialinstanz. Vergleiche S. 175 f. und S. 179 f.
10. Eine Abteilung entsteht durch die Bündelung von Organisationseinheiten (Stellen) zu einer größeren Organisationseinheit, die einer Leitungsstelle unterstellt wird. Vergleiche S. 181.
11. Abteilungen können auf verschiedene Weise gebildet werden. Man unterscheidet Abteilungsbildung nach Verrichtungen, nach Objekten, nach Kundengruppen und nach Regionen. Die Abbildung 4.10 stellt jeweils ein Beispiel dar.
12. Mit Leitungsspanne meint man die Zahl der einer Instanz direkt unterstellten Stellen. Die Leitungstiefe ist eine Messzahl für den Grad der Hierarchie in einer Organisation, sie misst die Zahl der vertikalen organisatorischen Ebenen unterhalb der obersten Leitungsebene. Schließlich stellt die Leitungsintensität das Verhältnis zwischen Leitungs- und Ausführungsstellen in Gestalt einer Dezimalzahl dar. Vergleiche S. 182 ff.
13. Organisationen verfügen in der Regel über eine Mehrzahl an Organisationseinheiten, die jeweils spezifische Aufgaben zu erfüllen haben. Damit die Teile einer Organisation in der Zielerreichung nicht auseinander laufen, müssen die Einzelaktivitäten im Hinblick auf ein übergeordnetes Gesamtziel kontinuierlich aufeinander abgestimmt werden. Dies nennt man in der Organisationslehre Koordination. Vergleiche S. 185.
14. Das Einliniensystem leitet sich aus dem *Prinzip der Einheit der Leitung* her. Jede Stelle erhält lediglich und ausschließlich von jener Instanz Aufträge und Weisungen, der sie direkt zugeordnet ist. Der Kommunikationsweg richtet sich strikt an die Linie. Im Mehrliniensystem ist eine Mehrfachunterstellung vorgesehen. Das heißt, dass Stellen von mehr als einer Instanz Aufträge und Weisungen erhalten. Es gilt das *Prinzip des kürzesten Weges*. Zu den jeweiligen Vor- und Nachteilen vergleiche die Abbildungen 4.14 und 4.15.
15. Das Matrixsystem sieht eine Konstellation vor, in der jede untergeordnete Stelle (Matrixschnittstelle) Anweisungen von zwei übergeordneten Instanzen, den Matrixstellen erhält. Eine häufige Anwendung ist die Projekt-Matrix-Organisation. Vergleiche Abbildung 4.16 und S. 188 ff.

16. Die Primärorganisation basiert auf den in einer Behörde dauerhaft gebildeten Stellen und Gremien. Als Basis der Aufbauorganisation ist sie vor allem für die wirtschaftliche und wirkungsvolle Aufgabenbewältigung zuständig. Die Sekundärorganisation umfasst alle Hierarchie ergänzenden und Hierarchie übergreifenden Organisationsstrukturen. In der Praxis kommt es zu Sekundärorganisationen, wenn Aufgaben zeitlich begrenzt oder abteilungsübergreifend sind. Beispiele für typische Sekundärorganisationen sind das Prozess- und das Projektmanagement. Vergleiche S. 193 ff.
17. Ein Projekt ist durch die folgenden Merkmale geprägt: Zielorientierung, Neuartigkeit, einmalige Aufgabenstellung, zeitliche Begrenzung, Komplexität und interdisziplinäre Zusammenarbeit. Zu den einzelnen Kriterien vergleiche S. 195 f.
18. Allgemein bedeutet Prozessmanagement, dass die Wertschöpfungskette einer Behörde (z. B. ein komplexes Genehmigungsverfahren) durch planerische, organisatorische und kontrollierende Maßnahmen zielgerichtet gesteuert und kontrolliert wird. Vergleiche S. 207 ff.
19. Durch ein gezielt eingesetztes Prozessmanagement können Durchlaufzeiten verringert und die Qualität der Aufgabenbewältigung verbessert werden. Zudem besteht die Möglichkeit der Kostensenkung. Schließlich können beim aktiven Gestaltungsprozess unter Beteiligung der Mitarbeiter Innovationen wahrscheinlicher werden. Vergleiche S. 208 f.
20. Eine vollständige Prozessbeschreibung enthält die folgenden Angaben: eine Zielsetzung bzw. eine Aufgabe, ein Ereignis als Anstoß für einen Prozess, einen Input (z. B. Genehmigungsantrag) und einen Output (z. B. Bescheid), eine Quelle (z. B. der Antragsteller) und eine Senke (z. B. der Empfänger eines Bescheides), die Auflistung der für den Prozess notwendigen Aktivitäten, die erforderlichen Ressourcen (Mitarbeiter, Sachmittel, Methoden, Technik und Informationen) und die Durchlaufzeit (= Bearbeitungszeit plus Transfer- und Liegezeiten). Vergleiche S. 209 ff.
21. Man kann bei der Prozessgestaltung grob die folgenden Phasen unterscheiden: Prozessdefinition, Prozessstrukturierung, Prozessrealisation und Prozessoptimierung. Zu den einzelnen Phasen vergleiche S. 211 ff. und die Abbildung 4.29.
22. Aktionsträger im Prozessmanagement sind die Prozessmitarbeiter und die Prozessmanager. Sofern sich ein Gesamtprozess aus verschiedenen Teilprozessen zusammensetzt, gibt es zudem die Teilprozessmanager. Für den gesamten Prozess verantwortlich ist der so genannte Prozesseigner. Bei sehr komplizierten und aufwändigen Prozessen kann es zudem sinnvoll sein, einen Prozesslenkungsausschuss zu bilden, der sich auch

noch des Sachverstandes eines externen Beraters bedienen kann. Vergleiche dazu die Abbildung 4.33 und S. 217 ff.

23. Der Prozesseigner ist für den Gesamtprozess verantwortlich. Auf Basis der politischen Rahmenbedingungen, der strategischen Ausrichtung, der obersten Verwaltungsziele und des daraus resultierenden Leitbildes muss er dafür sorgen, dass die Zielsetzung des Prozesses erreicht wird. Gegebenenfalls muss er auf Veränderungen des Umfeldes reagieren und den Prozess gemeinsam mit den Teilprozessteams anpassen bzw. pro-aktiv modifizieren. Vergleiche S. 218.
24. Ein geplanter organisatorischer Wandel ist absichtlich initiiert, sorgfältig gesteuert und organisiert sowie in seinem Ablauf kontrolliert. Ziel eines solchen Wandels ist die Steigerung der Effektivität und der Effizienz der Organisation. Zu unterscheiden ist der geplante vom ungeplanten Wandel, der quasi automatisch vonstatten geht. Vergleiche S. 219 ff.
25. Die vier Handlungsfelder des organisatorischen Wandels sind: Strategie, Kultur, Organisation und Technologie. Zu den einzelnen Handlungsfeldern vergleiche S. 220 ff. Sämtliche Handlungsfelder müssen berücksichtigt werden.
26. Mögliche Vorgehensmodelle des organisatorischen Wandels sind einerseits die Organisationsgestaltung und andererseits die Organisationsentwicklung. Näheres dazu vermittelt die Abbildung 4.35.
27. Die vier Grundgedanken der Organisationsgestaltung sind: Vom Groben zum Detail, stufenweise Alternativenbildung und -auswahl, stufenweise Gliederung des Gesamtprozesses bzw. der Systemgestaltung, Gliederung des Planungsprozesses in Phasen. Vergleiche S. 223 ff. und die Abbildungen 4.36 und 4.37.
28. Die Planung wird zunächst grob in die Stufen Vorstudie, Hauptstudie und Teilstudien gegliedert. In jeder Stufe wiederum werden die folgenden Arbeitsschritte durchlaufen: Situationsanalyse, Organisationsanalyse, Organisationsdiagnose, Zielformulierung, Lösungssuche und Bewertung. Vergleiche S. 227 ff. und die Abbildungen 4.38 und 4.39.
29. Im Rahmen der Situationsanalyse wird der als problematisch empfundene Ist-Zustand in Gestalt einer Lagebeurteilung systematisch untersucht und beschrieben. Dabei werden allgemeine Problemursachen, Einflussgrößen und erste Zusammenhänge identifiziert. Schließlich werden sämtliche relevanten Informationen gesammelt. Vergleiche die Abbildung 4.39.
30. Die Organisationsentwicklung zielt primär darauf ab, die individuellen Verhaltensmuster, Einstellungen und Fähigkeiten der Organisationsmitglieder zu verändern. Zudem geht es um einen notwendigen Kulturwandel und um den Wandel der

Organisations- und Kommunikationsstrukturen. Vergleiche S. 231 ff.

31. *Lewin* ist der Begründer der Organisationsentwicklung. Er hat die Methode zunächst angewandt, um kleinere Gruppen im Zuge der Selbstorganisation zu verändern. Er hat den dabei zu etablierenden Prozess in drei rudimentäre Phasen gegliedert: Unfreezing (Auftauen), Moving (Verändern) und Refreezing (Wiedereinfrieren). Vergleiche S. 231 f.
32. Die Chancen einen hohen Innovationsgrad zu erreichen, sind am größten, wenn man die Mitarbeiter insgesamt als Informationslieferanten und ausgewählte Bedienstete als Projektmitarbeiter in Projektgruppen mitwirken lässt. Eine umfassende Beteiligung der Mitarbeiter als Mitgestalter lässt nur einen eher niedrigen Innovationsgrad erwarten. Man wird sich in diesem Fall wahrscheinlich auf den kleinsten gemeinsamen Nenner einigen. Vergleiche S. 233 ff.
33. Von der grundsätzlichen Idee her geht es bei der Organisationsentwicklung um den Wandel der Einstellungen und Verhaltensweisen der Mitarbeiter. Konzeptorientierte Strukturveränderungen werden über diesen Weg nur mittelbar angestrebt bzw. erreicht. Sofern man mit einem OE-Prozess gravierende Strukturmodifikationen herbeiführen will, muss man die Vorgehensweise entsprechend verändern. Vergleiche S. 236 ff.
34. Leistungsversprechen von externen Beratern können sein: Gutachten, Fachberatung, prozessorientierte Beratung, Organisationsentwicklung und systemische Beratung. Vergleiche S. 240 ff.
35. Erfolgsfaktoren des organisatorischen Wandels sind u. a. eine klare Vision, konkrete Zielvorgaben, eine offene Kommunikation, angemessene Mitarbeiterbeteiligung, Berücksichtigung eines Kulturwandels und das Commitment des Top-Managements. Vergleiche S. 245.
36. Veränderungsprozesse scheitern u. a., weil die Ziele im Vorfeld nicht sorgfältig genug formuliert und die Mitarbeiter nicht authentisch über Ziele und Konsequenzen informiert werden. Des Weiteren sind methodische Unzulänglichkeiten und die mangelnde Qualifikation der internen und externen Akteure für das Scheitern verantwortlich. Schließlich werden oft der fehlende Mut und der zu kurze Zeithorizont als Gründe genannt. Vergleiche S. 246.
37. Im Rahmen des Organisationscontrollings bedeutet Conformance-Controlling, dass man überprüft, ob die relevanten Rechtsnormen zu den Regeln der Organisation eingehalten sind. Dabei kann es sich um Regeln von außen, aber auch um eigene Organisationsregeln handeln. Demgegenüber wird beim Performance-Controlling überprüft, inwieweit die Wirtschaft-

lichkeit der geltenden organisatorischen Regelungen gegeben ist. Vergleiche S. 252 f.

38. Techniken der Datenerhebung sind: Dokumentenanalyse, Befragung, Interview, tägliche Arbeitsaufzeichnungen, Laufzettel und Beobachtungen. Zu den Einzelheiten siehe S. 255 ff.
39. Die Prüfmatrix ist eine Technik zur Erhebung von Organisationsmängeln und der Zuordnung von Ursachen für diese Mängel. Dabei werden in einer zweidimensionalen Darstellung einerseits die erhobenen Mängel aufgelistet. In der anderen Dimension geht es darum, möglichst viele mögliche Ursachen aufzulisten. Innerhalb der Matrix werden dann auf der Grundlage von gedanklichen Leistungen die Probleme den tatsächlichen Ursachen zugeordnet. Vergleiche S. 262 ff.

5 Personalmanagement

Lernziele

Die Strukturen und Prozesse, die im Rahmen der Verwaltungsmodernisierung eingerichtet werden, können nur in die Praxis umgesetzt werden, wenn die Mitarbeiter die dafür notwendigen Qualifikationen (Können) und Motivationen (Wollen) mitbringen. Auf der anderen Seite benötigen die Mitarbeiter Handlungsspielräume (Dürfen), um ihr Können und ihre Bereitschaft auch tatsächlich umsetzen zu können. In diesem Zusammenhang sind sowohl die Führungskräfte als auch die Mitarbeiter vielen Herausforderungen ausgesetzt. Das moderne Personalmanagement stellt Methoden und Techniken zur Verfügung, die die Akteure bei der Bewältigung dieser Herausforderungen unterstützen können. Das Kapitel 5 vermittelt dem Leser Theorien, Konzepte und praktische Umsetzungen des Personalmanagements, die in der öffentlichen Verwaltung Anwendung finden. Im Einzelnen geht es um

- jene Gründe und Voraussetzungen, die ein strategisch ausgerichtetes Personalmanagement notwendig machen,
- die problemadäquate Ausgestaltung der Personalführung,
- die Maßnahmen und Vorgehensweisen der Personalplanung einschließlich der quantitativen und qualitativen Personalbedarfsermittlung,
- die konkreten Vorgehensweisen bei der Personalbeschaffung, -auswahl und -einführung und
- die Voraussetzungen, Arten und Instrumente der Personalentwicklung.

5.1 Grundlagen des Personalmanagements

5.1.1 Begriffe

Der Oberbürgermeister der Stadt *Bürohausen* stellt im Rahmen der Modernisierungsbestrebungen fest, dass die Mitarbeiter der Stadtverwaltung durch die kontinuierlichen Veränderungen der Organisationsstruktur offenbar überfordert sind. Er stellt weiterhin fest, dass in seiner Verwaltung trotz vieler Anstrengungen der Führungskräfte und der Personalsachbearbeiter es immer noch an einem systematischen und strategisch ausgerichteten Personalmanagement fehlt. Im Rahmen einer Dienstbesprechung mit den Fachbereichsleitern entscheidet man sich für die Einrichtung einer Projektgruppe, die das Personalmanagement neu konzipieren soll.

Im Zusammenhang mit dem Thema Personal werden eine Reihe von Begriffen verwandt, die zunächst einer Klärung bedürfen: Personalwirtschaft, Personalwesen, Personalpolitik und Personalmanagement.

Personalwirtschaft

Personalwirtschaft ist darauf ausgerichtet, die Ressource Personal wirtschaftlich einzusetzen, um die selbst- oder fremdgesteckten Unternehmensziele erreichen zu können. Als betriebswirtschaftliche Mitarbeiterversorgung bezieht sich die Personalwirtschaft auf zwei Zielsetzungen, die teils miteinander korrespondierenden, teils aber auch gegeneinander laufen können: wirtschaftliche und soziale Ziele. In Bezug auf die wirtschaftlichen Ziele sind die zum Vollzug der betrieblichen Leistungserstellung notwendigen Arbeitskräfte bereitzustellen. Zudem ist die Personalwirtschaft darauf ausgerichtet, die menschliche Arbeitsleistung zu steigern. Um die sozialen Ziele zu erreichen, muss eine Unternehmung die Erwartungen, Bedürfnisse und Interessen der Mitarbeiter berücksichtigen. Dies geschieht durch die Verbesserung der materiellen und immateriellen Verhältnisse (vgl. *Stopp, U.* 1989 S. 15 f., *Olfert, K.* 2006 S. 24 f.).

Personalwesen

Mit dem Begriff Personalwesen wird die *Organisationseinheit für Personalwirtschaft* bezeichnet. In diesem Organisationsbereich werden die personalwirtschaftlichen Aufgabenfelder federführend geplant und durchgeführt. Dabei kann es sich um eine Stelle, eine Personalabteilung oder um eine Hauptabteilung Personal handeln (vgl. *Bröckermann, R.* 2007 S. 7).

Personalpolitik

Personalpolitik gibt vor, welche Ziele und Grundsätze im Rahmen der Personalarbeit verfolgt werden sollen. Es handelt sich dabei um normative Vorgaben, nach denen sich alle Bereiche des Personalwesens richten sollen. Derartige Zielbestimmungen werden beispielsweise in *Verwaltungsleitbildern* thematisiert. Personalpolitische Festlegungen können sich auf folgende Inhalte beziehen:

- Allgemeine Grundsätze (Beispiel: »Wir orientieren uns an einer partnerschaftlichen Führung und Zusammenarbeit.«)
- Grundsätze für Vorgesetzte (Beispiel: »Die Mitarbeiterinnen und Mitarbeiter wirken bei der Entscheidungsfindung mit.«)
- Grundsätze für die Personalentwicklung (Beispiel: »Die Qualifikation und Motivation unserer Mitarbeiterinnen und Mitarbeiter wird systematisch gefördert.«)

Personalmanagement

Personalmanagement thematisiert Führung, Leitung und Steuerung des Personals. »Der Begriff Management (oder Unternehmensführung) steht für die Allokation aller Ressourcen einer Organisation und ihren konzertierten Einsatz zur Erreichung gesetzter Ziele« (*Klimecki, R. G./Gmür, M.* 2005 S. 105). Personalmanagement thematisiert die Größe Personal mithin aus funktionaler Perspektive, wobei die zielgerichtete Gestaltung der Unternehmens- und Personalstruktur im Mittelpunkt steht. Gleichzeitig wird betont, dass das Personal eine überaus wichtige Ressource darstellt. Die spezifischen Bedürfnisse und Interessen der Mitarbeiter sind demgemäß angemessen zu berücksichtigen.

Bei aller begrifflichen Vielfalt und Uneinheitlichkeit hat sich eine konzeptionelle Sichtweise herauskristallisiert, die den Begriff des Personalmanagements in den Vordergrund rückt und als Oberbegriff für alle das Personal betreffenden Instrumente und Maßnahmen verwendet. Im Unterschied zu der erfolgten kurzen Begriffsbestimmung kommt dem *Personalmanagement* in der öffentlichen Verwaltung eine weitaus größere Bedeutung zu. *Thom/Ritz* betonen in diesem Zusammenhang als Zielsetzung für das Personalmanagement in der öffentlichen Verwaltung: »Das Personal als wichtigste Ressource, aber auch kritischer Faktor öffentlicher Institutionen soll zeitgemäß, vorbildlich und mittels neuester Erkenntnisse der Personalmanagementlehre geführt werden« (*Thom, N./Ritz, A.* 2006 S. 308).

Systemgestaltung und Verhaltenssteuerung

Die allgemeine Lehre des Personalmanagements unterscheidet die beiden Komponenten Systemgestaltung und Verhaltenssteuerung (vgl. *Berthel, J./Becker, F. G.* 2007 S. 9 f.).

- Als *Systemgestaltung* bezieht sich das Personalmanagement auf die Mitarbeiter selbst, indem es u. a. die Beschaffung, die Auswahl und die Personalentwicklung regelt. In diesem Zusammenhang geht es um die Führungstätigkeiten *für* das Personal. Das »Führen für das Personal« ist lange vor Eintritt des betreffenden Mitarbeiters notwendig, während »das Führen des Personals« die Existenz eines Geführten voraussetzt (vgl. *Grimm, H. G./Vollmer, G. R.* 2007 S. 14).
- *Verhaltenssteuerung* umfasst die Aspekte Mitarbeiterführung und Systemhandhabung. Dabei geht es einerseits um die Vorgesetztenfunktion in der persönlichen Interaktion und andererseits um die Planung, Entscheidung und Kontrolle jener Systeme, die im Rahmen der Systemgestaltung die Verhaltenssteuerung lenken: u. a. Personalbeschaffung und Personalentwicklung. »Personal-Management im Sinne von Tätigkeiten der Verhaltenssteuerung ist gleichbedeutend mit Führung *des* Personals, mit »Mitarbeiterführung« durch die unmittelbaren Vorgesetzten und mit Führungsaktivitäten durch andere Führungskräfte, wenn diese im Rahmen der Systemgestaltung geschaffene Systeme handhaben« (*Berthel, J. /Becker, F. G.* 2007 S. 9).

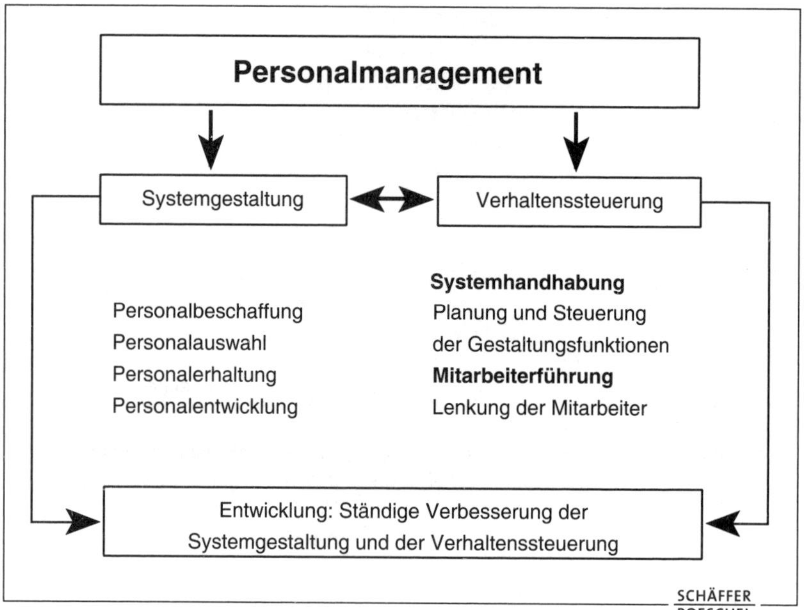

Abb. 5.1: Personalmanagement im Überblick
(in Anlehnung an *Berthel, J./Becker, F. G.* 2007 S. 9,
Korintenberg, W. 1997 S. 85)

D

Personalmanagement umfasst die Gesamtheit aller Ziele, Strategien und Instrumente, die das Leistungsvermögen, die Leistungsbereitschaft und das Verhalten der Führungskräfte und der Mitarbeiter prägen.

5.1.2 Entwicklungsstand des Personalmanagements

Human Resource Management

In den 80er- und in den 90er-Jahren gewinnen das *Human Resource Management* und das *Intrapreneurship* eine große Bedeutung. Diese Ansätze rücken die ökonomische Perspektive in den Vordergrund, indem sie das Leistungsvermögen des Mitarbeiters als wesentlichen aktiven Kosten- und Leistungsfaktor betonen. *Wunderer/Kuhn* stellen klar, dass der Mitarbeiter insbesondere im Dienstleistungssektor als herausragende Produktivkraft sich tendenziell zum gleichrangigen Partner und Mit-Unternehmer (»Intrapreneur«) entwickelt (vgl. *Wunderer, R./Kuhn, T.* 1995 S. 3 ff.), der selbst die Verantwortung für seine langfristige Beschäftigungsfähigkeit (»Employability«) trägt (vgl. *Honegger, J.* 2001 S. 50 ff.). Die diskontinuierliche Berufslaufbahn wird zur Normalität. Somit spielt die überbetriebliche Weiterbildung, die sich nach der individuellen Lebens- und Karriereplanung richtet, eine immer größere Bedeutung.

Fünf Phasen

Die Entwicklung des Personalmanagements bis heute lässt sich idealtypisch in fünf Phasen darstellen:

Phase I: bis ca. 1960
Bürokratisierung: Kaufmännische Bestandspflege der »Personalkonten«

Die Personalfunktion wird vorwiegend administrativ wahrgenommen. Als Hauptfunktionen gelten die Verwaltung der Personalakten und die Durchführung personalpolitischer Entscheidungen des Top-Managements.

Phase II: ab ca. 1960
Institutionalisierung: Anpassung des Personals an organisatorische Anforderungen

Die Personalfunktion wird professionalisiert, das Personalwesen insgesamt zentralisiert. Hauptfunktionen sind die Personalverwaltung, die Einstellung und der Einsatz des Personals sowie die Entgeltfindung. Zusätzlich geht es um den Ausbau der qualitativen Sozialpolitik (Bildung, Freizeit, Arbeitsplätze).

Phase III: ab ca. 1970
Humanisierung: Anpassung der Organisation an die Mitarbeiter

Die Personalfunktion wird tendenziell stärker spezialisiert, gleichzeitig kommt es zu einer Etablierung der Mitarbeiterorientierung. Humanisierung und Partizipation spielen eine herausragende Rolle. Die Hauptfunktionen sind u.a. die Aus- und Weiterbildung, die kooperative Mitarbeiterführung, die Personalbetreuung sowie die Organisations- und Personalentwicklung.

Phase IV: ab ca. 1980
Ökonomisierung: Anpassung von Organisation und Personal an veränderte Rahmenbedingungen nach Wirtschaftlichkeitsaspekten

Für diese Entwicklungsstufe stehen vor allem Dezentralisierung, Generalisierung und Entbürokratisierung. Ökonomisierung bedeutet selbstverständlich auch, dass die Personalfunktionen als Kostenfaktor thematisiert und somit einer Rationalisierung zugeführt werden. Als Hauptfunktionen lassen sich vor allem die Flexibilisierung der Arbeit und der Arbeitskräfte, die Rationalisierung des Entwicklungspotenzials und die Orientierung auf Freistellungspolitik nennen.

Phase V: ab ca. 1990
Unternehmerische Orientierung: Mitarbeiter als wichtigste, wertvollste und sensitivste Unternehmensressource; Mitarbeiter soll Mit-Unternehmer werden

Das strategische und konzeptionelle Personalmanagement wird wieder stärker zentralisiert. In seinen Hauptfunktionen konzentriert sich das Personalmanagement auf das unternehmerische Mitwissen, Mitdenken, Mithandeln und Mitverantworten. Die Mitarbeiter sollen auch bei der Entwicklung der Unternehmenspolitik und -strategie aktiv mitwirken. Die Unternehmensentscheidungen werden mithilfe des Personalcontrollings einer systematischen Evaluierung zugeführt.

SCHÄFFER POESCHEL

Abb. 5.2: Entwicklung des Personalmanagements
(vgl. *Wunderer, R. / Kuhn, T.* 1995 S. 16)

Strategische Ausrichtung

Das Personalmanagement in den öffentlichen Verwaltungen lässt sich zur Zeit allenfalls der Phase IV zuordnen. Im Zuge der Verwaltungsmodernisierung stehen vor allem die Dezentralisierung und damit verbunden die Entbürokratisierung im Vordergrund. Gleichzeitig sorgen die Finanzprobleme des öffentlichen Sektors dafür, dass das Personal primär als Kostenfaktor thematisiert wird. Die Schwächen liegen gegenwärtig insbesondere in der strategischen und konzeptionellen Arbeit. Insoweit ist das Personalmanagement in den meisten Fällen immer noch kurzfristig und reaktiv angelegt. Je mehr das Finanz- und das Organisationsmanagement durch neue Steuerungsinstrumente geprägt wird, desto mehr ist eine Personalarbeit gefordert, die zukunftsweisende strategische Ziele formuliert und alles daran setzt, diese Ziele zu realisieren.

5.2 Aufgaben und Organisation des Personalbereichs

Aufgaben

Aus dem Vorstehenden lässt sich bereits herleiten, dass das Personalmanagement ein überaus vielfältiges Aufgabengebiet darstellt. Bezogen auf die Organisation einer Kommunalverwaltung handelt es sich insofern um ein *verwaltungsweites Aufgabengebiet*, als alle Organisationseinheiten und -instanzen involviert sind. Folgende Teilaufgaben müssen gewährleistet werden:

- Personalführung (Motivation, Führungsstile, situative Führung, Führen durch Zielvereinbarungen, Führungsinstrumente),
- Personalplanung (Personalbedarfsermittlung, Personalbemessung, Stellenbewertung),
- Personalbedarfsdeckung (Personalbeschaffung, -auswahl, -einführung),
- Personalentwicklung (Arten, Methoden),
- Personalverwaltung.

Querschnittsaufgabe

In der Kommunalverwaltung ist das Personalmanagement eine typische *Gewähr leistende Aufgabe*, die in der Regel in einem Querschnittsbereich wahrgenommen wird. Konventionell organisierte Kommunalverwaltungen haben die Personalarbeit weitgehend zentralisiert. Folgende Personalaufgaben werden in der Regel in Querschnittseinheiten wahrgenommen:

- *Personalverwaltung:* Stellenwirtschaft, Entgeltabrechnung, Personalkostenrechnung, Personalaktenführung, Personalstatistik usw.
- *Einzelaufgaben mit Servicecharakter:* Dazu zählen beispielsweise Personalbeschaffung, -auswahl, und -entwicklung. Diese Aufgaben werden jedoch in enger Abstimmung mit den jeweiligen Fachämtern bzw. Fachbereichen erarbeitet.

- *Sonstige Aufgaben:* Die Personalabteilung wird je nach Bedarf im Auftrag der Verwaltungsleitung in Bezug auf konzeptionelle und verwaltungsweit relevante Konzeptionen tätig – zum Beispiel bei der Entwicklung von personalpolitischen Grundsätzen und Zielsetzungen (strategisches Personalmanagement), bei ämterübergreifenden Qualifizierungsoffensiven oder bei der Konzeption und Einrichtung eines Personalinformationssystems.

Personalarbeit kann jedoch nicht vollständig zentralisiert werden. Die Mitarbeiterführung und der Personaleinsatz sind originäre Aufgaben der Führungskräfte in den Fachabteilungen bzw. Fachbereichen. Bei den Einzelaufgaben mit Servicecharakter ist eine *Kooperation* zwischen Personalabteilung und Fachbereich notwendig (zum Beispiel bei der Personalauswahl). Schließlich muss bei fachbereichsübergreifenden Personalkonzepten die Verwaltungsführung eine herausragende Rolle übernehmen. Die Abbildung 5.3 stellt die Zusammenhänge im Überblick dar.

Die Organisation und die Aufgabenverteilung im Personalbereich kann in zweierlei Hinsicht kritisch hinterfragt werden:

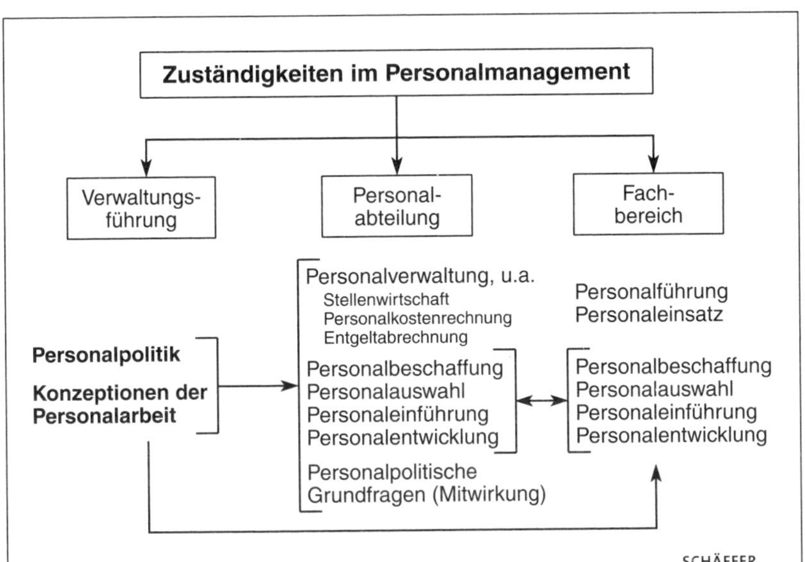

Abb. 5.3: Aufgabenverteilung im Personalmanagement

Wie ist die Kompetenzverteilung zwischen Verwaltungsführung, Personalabteilung und den Fachbereichen zu regeln?

Die konventionelle Organisation der Kommunalverwaltung sah in der Regel eine Konstellation vor, die in der Abbildung 5.3 dargestellt ist. Danach ist die Verwaltungsführung für grundlegende Strategien und Konzepte zuständig, der überwiegende Teil der zu bewältigenden Personalarbeit steht dem Personalbereich zu, die Mitarbeiterführung ist überwiegend in den jeweiligen Fachbereichen zu realisieren. Charakteristisch für diese Konstellationen ist, dass die zentrale Organisationseinheit für Personalangelegenheiten alle wichtigen personalwirtschaftlichen Funktionen innehat. »Die zentralisierten Funktionen werden von der Personalabteilung gegenüber dem gesamten Personal wahrgenommen. Zusätzliche Aufgabe einer zentralisierten Personalabteilung ist die Koordination der personalwirtschaftlichen Aufgaben von Vorgesetzten« (*Drumm, H. J.* 2000 S. 65).

Dezentralisierung

Würde man also – wie im Neuen Steuerungsmodell gefordert – die *Ressourcenverantwortung* in Personalangelegenheiten dezentralisieren, müsste zumindest ein Teil der Kompetenzen in die Fachbereiche verlagert werden (vgl. *Drumm, H. J.* 2000 S. 69). Dezentrale Ressourcenverantwortung heißt aber nicht, dass sämtliche damit verbundenen Aufgaben und Tätigkeiten in den jeweiligen Fachbereich verlagert werden. Entscheidend ist vielmehr, dass die *Verantwortung* für die Personalentscheidungen dezentralisiert wird. Die Organisation des Personalmanagements sollte demgemäß vorsehen, dass die dezentrale Facheinheit zum Beispiel im Bereich der Personalbeschaffung und der Personalentwicklung die Entscheidungskompetenzen erhält, während die zentrale Personalabteilung Service- und Beratungsleistungen anbietet, die von den Fachbereichen je nach Bedarf wahrgenommen werden können.

Zur *äußeren* Organisation der Personalarbeit kann überdies angemerkt werden, dass in den Kommunalverwaltungen die Personalarbeit gerade gegenüber dem Finanzmanagement noch eine eher untergeordnete Rolle spielt. Wenn das Personalmanagement zukünftig offensiv, strategisch und pro-aktiv wirksam werden soll, müssen auch die Bedeutung und die Einflussmöglichkeiten der Funktion des Personalverantwortlichen spürbar wachsen.

Welche Art der Arbeitsteilung ist im Bereich der Personalabteilung zu bevorzugen?

Innere Aufgabenverteilung

In größeren Verwaltungen, die im Personalbereich eine Vielzahl von Mitarbeitern beschäftigen, stellt sich überdies das Problem der inneren Aufgabenverteilung. Dabei sind zwei Alternativen denkbar:

- Aufgabengliederung nach funktionalen Kriterien,
- Aufgabengliederung nach dem Referentenmodell.

Bei einer *funktionalen Gliederung* werden gleichartige personalwirtschaftliche Teilaufgaben einem Sachgebiet oder einer Stelle zugeordnet. Ein Bereich wäre dann für Personalbeschaffung, ein anderer für Entgeltabrechnungen und Sozialleistungen und wieder ein anderer für Personalentwicklungsmaßnahmen zuständig. Bei dieser Organisationsform können die entsprechenden Mitarbeiter Routinen ausbilden, die unter Umständen eine schnelle und sachgerechte Bearbeitung fördern. Nachteilig wirkt sich aus, dass in stark abgegrenzten Aufgabenbereichen monotone Abläufe die Motivation der Mitarbeiter beeinträchtigen können. Zudem kann die Vertretung bei Personalausfällen insofern problematisch werden, als die Vertreter mit den Aufgaben ihrer Kollegen nicht vertraut sind und sich zunächst einarbeiten müssen.

Referentenmodell

Während die funktionale Gliederung nach Einzelfunktionen der Personalarbeit (Einstellungen, Personalverwaltung, Entsendungen, Entgelt und Sozialleistungen etc.) vorgenommen wird, praktiziert das Referentenmodell eine Aufteilung des Unternehmens in Betreuungsbereiche, für die jeweils sämtliche Personalaufgaben aus einer Hand erledigt werden (vgl. *Krieg, H.-J./Ehrlich, H.* 1998 S. 38). *Becker* beschreibt die Position des Personalreferenten folgendermaßen:

»Ein Personalreferent übernimmt im Rahmen der Personalorganisation die weitgehende Betreuung von Mitarbeitergruppen in personalwirtschaftlicher Hinsicht und ist Ansprechpartner für alle Fragen des Personalmanagements. Damit soll den Problemen einer funktionalen Untergliederung der Personalabteilung v. a. Spezialisierung und Bürokratisierung, entgegengewirkt werden. Eine komplette Betreuung durch nur einen Referenten ist jedoch mit sehr unterschiedlichen Aufgaben verbunden, so dass in der Praxis einzelne Referenten für bestimmte Mitarbeitergruppen und Fachgebiete eingesetzt werden« (*Becker, F. G.* 2002 S. 445).

In einer Kommunalverwaltung könnte die Struktur einer Personalabteilung wie in Abbildung 5.4 dargestellt, aussehen:

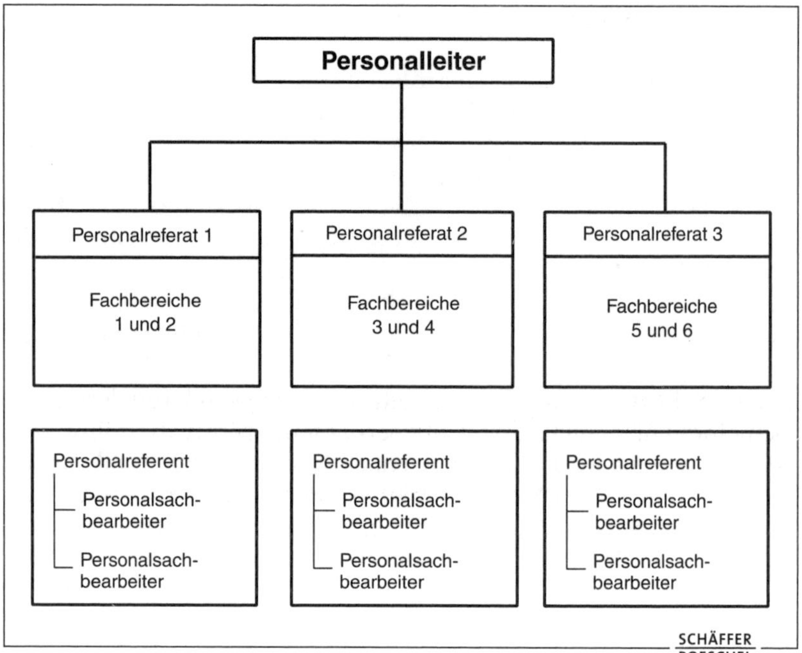

Abb. 5.4: Referentenmodell in der Personalabteilung
(vgl. *Krieg, H.-J./Ehrlich, H.* 1998 S. 39)

In privaten Unternehmungen hat sich das Referentenmodell inzwischen durchgesetzt. Es hat vor allem folgende Vorteile (vgl. *Krieg, H.-J./Ehrlich, H.* 1998 S. 38 f.):

- Die Personalangelegenheiten werden ganzheitlich bearbeitet.
- Die *Kunden* des Personalwesens haben nur einen bzw. wenige Ansprechpartner.
- Im Rahmen des Referentenmodells können Mehrfachqualifikationen aufgebaut werden.

In der Praxis ist das reine Referentenmodell jedoch kaum vorzufinden. Vielmehr findet man Mischformen, in denen man versucht, die Vorteile beider Varianten zu nutzen. So ist oft eine Konstellation zu beobachten, in der zwar grundsätzlich das Referentenmodell umgesetzt ist, gleichzeitig aber die Funktionen der Personalverwaltung und der Personalentwicklung zentralisiert sind. Dies hat folgende Gründe: Die Personalverwaltung im engeren Sinne ist nahezu vollständig routinisierbar. Deshalb ist es wirtschaftlicher, diese Aufgaben gebündelt und in einer Hand wahrzunehmen. Die Personalentwicklung ist wiederum derart komplex und von so hoher strategischer Bedeutung, dass sich eine Wahrnehmung dieser Aufgabe in Verbindung mit anderen Dienstleistungen des Personalwesens in der Praxis jedenfalls nicht durchgesetzt hat.

5.3 Personalführung

Direktivität vs. Kooperativität

In einer ersten Annäherung an den überaus komplexen und in der Literatur wenig einheitlich definierten Begriff kann Personalführung als ein *wichtiger Bestandteil des Managements* betrachtet werden. Es geht dabei um das Problem, das menschliche Verhalten im Sinne der geltenden Zielsetzungen und Programme nachhaltig zu beeinflussen. Nachdem in den letzten Jahren vor allem die positive Motivation der Mitarbeiter und der hochgradig kooperativ geprägte Umgang mit ihnen im Vordergrund stand, gibt es inzwischen wieder Appelle, die die Rückkehr zu traditionellen Führungsinstrumenten einfordern. So schreibt *Judith Mair* in ihrem Buch »Schluss mit lustig«: »Es gehört schlicht nicht zu den Aufgaben einer Führungskraft, für die permanente Motivation ihrer Mitarbeiter zu sorgen, auch wenn es nach wie vor in den Katalogen der Führungsqualitäten aufgelistet ist. An Stelle dessen müssen endlich wieder verbindliche Forderungen und klare Anweisungen treten, die genau sagen, was zu tun ist. Es ist der Job jedes Vorgesetzten, die erforderlichen Arbeitsbedingungen bereitzustellen. indem er Forderungen klar formuliert, feste Absprachen ermöglicht und Anweisungen erteilt« (*Mair, J.* 2002 S. 64). Die diametrale Gegenposition nimmt beispielsweise *R. K. Sprenger* ein, indem er davon ausgeht, dass Führung kooperativ sein und über Vertrauen Kreativität und Engagement fördern sollte (vgl. *Sprenger, R. K.* 2000). Diese Extrempositionen verdeutlichen, in welchem prekären Spannungsfeld sich die Führungskräfte gegenwärtig bewegen müssen. Führung ist somit eine äußerst schwierige Aufgabe, die kaum perfekt gelingen kann. Einerseits geht man davon aus, dass man zu einer guten Führungskraft geboren sein muss. Andererseits gibt es unzählige Angebote zu Trainingsseminaren, was darauf hindeutet, dass Führung erlernbar ist.

Personalführung ist darauf ausgerichtet, das Verhalten von Mitarbeitern zielorientiert zu beeinflussen. *Neuberger* definiert Führung folgendermaßen:

> »Führung ist Einwirkung auf Geführte, damit diese etwas tun: eine Aufgabe ausführen, ein Produkt erstellen, ein Ziel erreichen« (*Neuberger, O.* 2002 S. 43).

Führungsaufgaben

Eine vollständige Auflistung der Führungsaufgaben ist nahezu unmöglich. Sofern man es versuchen wollte, kommen die folgenden Punkte in Betracht:

- Visionen erarbeiten und darstellen,
- Ziele definieren und kommunizieren,
- Ziele und Aufgaben vorgeben,

- Situationen strukturieren,
- Konflikte regeln,
- Ressourcen gewinnen und verteilen,
- Mitarbeiter informieren und motivieren,
- Unternehmen nach außen repräsentieren,
- Qualitätssicherung,
- Führungsnachwuchs auswählen und weiter entwickeln (Coach, Mentor) etc.

Nicht routinisierbare Aufgaben

Eine umfassende Würdigung des Phänomens ist dadurch nicht zu erreichen. Dazu bedarf es eines höheren Abstraktionsniveaus. *Neuberger* schlägt vor, Führungsaufgaben dadurch zu charakterisieren, dass diese nicht routinisiert wahrgenommen werden können. »Standardisierte Aufgaben werden normalerweise technisiert oder organisiert, sodass sie nach einem festgelegten Algorithmus (Lösungsweg) bearbeitet werden (können). (…) Weil solche Aufgaben [Führungsaufgaben] oftmals nicht oder nur mit unvertretbarem Aufwand zu routinisieren sind, lohnt der Einsatz der Einrichtung (interaktioneller) Führung« (*Neuberger, O.* 2002 S. 43). Führung ist damit eine kontinuierliche Aufgabe, die besondere Ansprüche an die Qualifikation der Stelleninhaber richtet. *Luhmann* betont, dass Führungspositionen nicht immer gut besetzt werden. Viele Auswahlentscheidungen werden nämlich auf der Grundlage von Leistungsbeurteilungen gefällt, die noch nicht viel mit Führungsaufgaben zu tun haben. Auf der anderen Seite bedeuten die gegenwärtig praktizierten Auswahlprozesse, dass eine Förderung von Personen, die sich nur und ausschließlich für Führungspositionen eignen, kaum möglich erscheint (vgl. *Luhmann, N.* 2000 S. 292).

Managementfunktionen

Eine schlüssige und erschöpfende Bestimmung der Führungsaufgaben ist unter Umständen möglich, wenn man sich an den typischen Managementfunktionen Planung, Organisation, Personaleinsatz, Führung und Kontrolle orientiert (vgl. *Steinmann, H./ Schreyögg, G.* 2007 S. 10 ff.). Die Liste verdeutlicht, dass das Management über die Personalführung im engeren Sinne hinaus noch weitere Aufgaben umfasst. Dabei scheinen die Funktionen Planung und Organisation zunächst nicht viel mit Personalführung zu tun zu haben. Andererseits sind die genannten Aufgaben nur zu erfüllen, wenn damit verbunden auch das Personal geführt wird. Eine weitere Frage lautet: Bilden die genannten fünf Funktionen tatsächlich die Aufgaben ab, mit denen sich eine Führungskraft kontinuierlich befasst?. Der amerikanische Managementforscher *Mintzberg* hat diese Frage empirisch untersucht und ist zu folgendem Ergebnis gekommen: »Frage einen Manager, was er tut, so wird er mit großer Wahrscheinlichkeit sagen, dass er plant, organisiert, koordiniert und kontrolliert. Dann beobachte, was er wirklich tut. Sei nicht überrascht, wenn du das, was du siehst, in keinen Bezug zu diesen vier Wörtern bringen kannst« (*Mintzberg, H.* 1975 zitiert in *Steinmann, H./Schreyögg, G.* 2007 S. 14). Stattdessen hat man bei den Untersuchungen herausgefunden, dass Manager überwiegend verbal kommunizieren. Zu den Hauptaktivitäten zählt in besonderem Maße das Fragen und Zuhören. Des Weiteren konnte festgestellt werden, dass die Arbeit von Führungskräften durch offene Zyklen geprägt ist (kein klarer Anfang, kein eindeutiges Ende). Der Arbeitstag ist hochgradig fragmentiert, es dominiert die so genannte 9-Minuten-Regel. Es gibt kaum Aktivitäten, die länger als 9 Minuten lang zusammenhängend ausgeführt werden. Nur für 10 % der zu erledigenden Aufgaben kann zusammenhängend mehr als eine Stunde verwandt werden. Schließlich ist die Tätigkeit eines Managers durch ein hohes Maß an Komplexität und Ungewissheit geprägt. »In der Regel muss eine Entscheidung fallen, lange bevor alle nötigen Informationen gesammelt sind« (*Steinmann, H./Schreyögg, G.* 2007 S. 16). Als Resümee lässt sich festhalten, dass eine detaillierte und gleichzeitig erschöpfende Darstellung der Führungs- bzw. Managementaufgaben gar nicht möglich ist. In der Tat scheint diese Erkenntnis das Charakteristische der Führungsaufgaben zu sein. Wer eine Führungsfunktion ausübt, weiß in der Regel nicht, worauf er sich einlässt.

Neue Anforderungen

Auf dem Weg zu einer modernen Verwaltungsorganisation hat die öffentliche Verwaltung auch im Bereich der Personalführung neue Voraussetzungen schaffen müssen. Kundenorientierung, Qualitätssicherung, effiziente Aufbau- und Ablaufstrukturen, Verantwortungsbewusstsein, Informationsbereitschaft und Teamgeist sind nur realisierbar, wenn der Führungsstil sowie die Maßnahmen und Instrumente der Mitarbeiterführung diese Ausrichtungen und Zielsetzungen unterstützen. Damit wird in Bezug auf die Personalführung ein ganzer *Katalog von Zielsetzungen* relevant. Personalführung muss

- das Erreichen der betrieblichen Ziele unterstützen (Produkte, Qualitätsstandards, Bürger- und Kundenzufriedenheit ...),
- die Arbeitszufriedenheit und die Leistungsbereitschaft der Mitarbeiter fördern,
- das selbstständige und eigenverantwortliche Handeln der Mitarbeiter ermöglichen und fördern,
- kooperative Einstellungen und Verhaltensweisen begünstigen,
- die soziale Integration der Mitarbeiter ermöglichen,
- die Identifikation mit der Organisation und den Aufgaben der Verwaltung verstärken sowie
- Lernprozesse und die Entwicklung von Lernpotenzial initiieren.

Die für die gegenwärtige Führungslehre relevanten Führungsstilmodelle basieren auf spezifischen Menschenbildern und Motivationstheorien.

5.3.1 Menschenbilder als Basis für Personalführung

D

»Menschenbilder sind vereinfachte und standardisierte Muster von menschlichen Verhaltensweisen, die Personen im Laufe der Zeit glauben lokalisieren zu können« (*Scholz, C.* 2000 S. 117).

Theorien X und Y

Für die Personalführung relevante Menschenbilder sind u. a. von *McGregor, Schein* und *Maccoby* formuliert worden.

McGregor unterscheidet zwei diametral entgegengesetzte Menschenbilder: die Theorie X und die Theorie Y, wobei er klar dafür plädiert, ausschließlich von der Theorie Y auszugehen (vgl. Abbildung 5.5).

Vier Grundtypen des Menschen

Ein komplexeres Modell hat *Schein* entwickelt. Er unterscheidet insgesamt vier Grundtypen: den rational-ökonomischen Menschen, den sozialen Menschen, den sich-selbst-verwirklichenden Menschen und schließlich den komplexen Menschen (vgl. *Scholz, C.* 2000 S. 120 ff., *Staehle, W.-H.* 1994 S. 179 ff.):

- Der Typus des *rational-ökonomischen Menschen* geht auf den Scientific-Management-Ansatz von *Taylor* zurück. Danach ist der Mensch vor allem durch monetäre Anreize zu motivieren. Er ist demgemäß manipulierbar und passiv. Auf der Grundlage dieses Ansatzes bedient sich die Personalführung klassischer Führungs- und Kontrollfunktionen.
- Der verhaltenstheoretische Ansatz der Human-Relations-Bewegung hat den *sozialen Menschen* hervorgebracht, der im Wesentlichen durch seine sozialen Bedürfnisse bestimmt ist. Um positive Beiträge zur Erreichung der Organisationsziele beisteuern zu können, sind Interaktionen mit anderen Personen notwendig. So heißt es u. a.: »Die sozialen Kräfte innerhalb der Gruppe wirken stärker als Maßnahmen des Vorgesetzten.« Führungskräfte müssen deshalb Vorkehrungen treffen, die dem Einzelnen Anerkennung und Integration in der Gruppe ermöglichen.
- Der Typus des *sich-selbst-verwirklichenden Menschen* geht davon aus, dass das Bedürfnis nach Selbstverwirklichung eine große Rolle spielt. Der Mensch ist in der Lage, sich selbst zu motivieren und eine Selbstkontrolle zu praktizieren. Führung hat hier im Wesentlichen die Aufgabe, die individuelle Entwicklung der Mitarbeiter zu fördern.

»Theorie X«:
- Der »normale« Mensch hat eine angeborene Abneigung gegen Arbeit und wird sie deshalb – soweit wie möglich – vermeiden.
- Aufgrund der Abneigung gegen Arbeit müssen Untergebene gezwungen, kontrolliert, geführt und mit Strafandrohung bedroht werden. Erst dann leisten sie positive Beiträge zur Erfüllung der Organisationsziele.
- Der »normale« Mensch zieht es vor, geführt zu werden und Verantwortung zu vermeiden. Er verzichtet auf ehrgeizige Ambitionen und strebt nach Sicherheit.

»Theorie Y«:
- Physische und geistige Anstrengungen bei der Arbeit sind natürlich wie Spielen oder Schlafen. Daher lehnt der »normale« Mensch Arbeit nicht prinzipiell ab.
- Überwachung und Strafe stellen nicht die einzigen Möglichkeiten dar, die Realisation von Organisationszielen zu erreichen. Der »normale« Mensch wird vielmehr Eigeninitiative und Selbstkontrolle zugunsten von Zielen praktizieren, denen er sich verpflichtet fühlt.
- Die Identifikation des Individuums mit den Zielen der Organisation ist eine Funktion der damit erreichbaren Belohnungen. Die wichtigste Belohnung ist die Befriedigung der Ich-Bedürfnisse und des Bedürfnisses nach Selbstverwirklichung.
- Der »normale« Mensch sucht – unter speziellen Bedingungen und nach entsprechender Unterrichtung – Verantwortung.
- Das Kreativitätspotenzial ist weit gestreut in Organisationen.
- Im Normalfall ist in der gegenwärtigen Situation das intellektuelle Potenzial des »normalen« Menschen nur teilweise genutzt.

SCHÄFFER POESCHEL

Abb. 5.5: Theorien X und Y nach *McGregor* (*Scholz, C.* 2000 S. 120)

- Die Grundtheorie des *komplexen Menschen* führt aus, dass sich der Mensch situationsbedingt unterschiedlich verhält. Der Mensch ist grundsätzlich lernfähig, er ist deshalb auch in der Lage, situationsspezifisch neue Motive zu entwickeln. Die Konsequenz für das Führungsverhalten ist dann, dass es keine allgemeingültige Führungsstrategie geben kann.

Managertypen

Maccoby hat spezifische Menschenbilder für Führungskräfte entwickelt. Auf der Basis einer Befragung von 250 Managern hat er folgende vier Typen kreiert (vgl. *Scholz, C.* 1994 S. 407 ff., *Staehle, W. H.* 1994 S. 820 f.):

Fachleute (»Craftsmen«): Fachwissen und Disziplin spielen eine herausragende Rolle. Es geht ihnen vor allem um die Lösung von Problemen, die ihrem eigenen Arbeitsbereich zuzuordnen sind. Sie engagieren sich vor allem im Forschungs- und Entwicklungsbereich.

Dschungelkämpfer (»Jungle fighters«): Dschungelkämpfer sind darauf aus, alle Bereiche ihres Unternehmens zu dominieren. Sie streben eine Vorrangstellung an, schätzen Traditionen mitunter gering ein und halten sich nicht immer an die Spielregeln.

Firmenmenschen (»Company men«): Für sie hat die Entwicklung ihres Unternehmens die gleiche Bedeutung wie die eigene Karriere. Sie sind eine überaus verlässliche Größe und gelten als Stützen des Unternehmens. »Aufgrund der fehlenden Energie und Risikobereitschaft für eine Führungsposition an der Spitze sind sie besonders für bürokratische Funktionen im mittleren Management geeignet« (*Scholz, C.* 1994 S. 408).

Spielmacher (»Games men«): Dieser Managertyp ist stark wettbewerbsorientiert. Auch ihre eigene Position sehen sie in einer Wettbewerbssituation. Sie gehen kalkulierte Risiken ein und sind sehr neuerungsorientiert.

Wenn man die genannten Managertypen, die ja zunächst auf private Unternehmen zugeschnitten und von ihnen abgeleitet sind, auf Manager in Verwaltungsorganisationen überträgt, lässt sich sagen: In konventionellen Kommunalverwaltungen sind in der Mehrzahl vor allem die ersten drei Managertypen vertreten. Im gegenwärtigen Veränderungsprozess kommt es aber auch darauf an, dass Manager zum Zuge kommen, die *wettbewerbs- und neuerungsorientiert* sind.

Komplexes Phänomen

Die dargestellten Menschenbilder und Managertypen verdeutlichen, wie vielgestaltig und komplex die Voraussetzungen sein können, mit denen sich Führungsansätze und Führungsstilmodelle auseinander setzen müssen. Sehr eindeutige Konsequenzen lassen sich lediglich aus der Theorie *McGregors* herleiten. Der Ansatz hat eine betont normative Ausrichtung, indem behauptet wird, dass für die Führungspraxis allein die Theorie Y maßgeblich sein soll. Ein *breites Spektrum an Führungsalternativen* eröffnet das Modell von *Schein*, der die Grundtheorie des komplexen Menschen präferiert und damit zum Ausdruck bringt, dass sich die anzuwendenden Führungsstrategien nach den jeweiligen Situationen richten. *Maccoby* schließlich bestärkt den situativen Führungsansatz, indem er das Verhalten und den Charakter der Führungskräfte als weitere zu berücksichtigende Variable ins Kalkül zieht.

5.3.2 Motivationstheorien

Bedürfnishierarchie

Die wohl bekannteste Theorie der Motivation ist die Theorie von *Maslow*. »Ihr inzwischen hinlänglich bekannter *Kern* ist die Betonung von fünf hierarchisch geschichteten Motiven« (*Scholz, C.* 2000 S. 878). Von unten nach oben sind die einzelnen Bedürfnisklassen folgendermaßen aufgebaut:

- *Physiologische Bedürfnisse*: Nahrung, Schlaf, Sexualität, Ruhe, Bewegung ...
- *Sicherheitsbedürfnisse:* Schutz vor Gefahren wie Verlust des Arbeitsplatzes und Krankheit, wirtschaftliche Sicherheit, geordnete Lebensverhältnisse ...
- *Zugehörigkeitsbedürfnisse:* Gruppenzugehörigkeit und -anerkennung, Freundschaft, Zuneigung ...
- *Wertschätzungsbedürfnisse:* Anerkennung durch andere Personen, Status, Selbstvertrauen, Unabhängigkeit ...
- *Selbstverwirklichungsbedürfnisse:* Entfaltung der eigenen Persönlichkeit, anspruchsvolle Betätigung ...

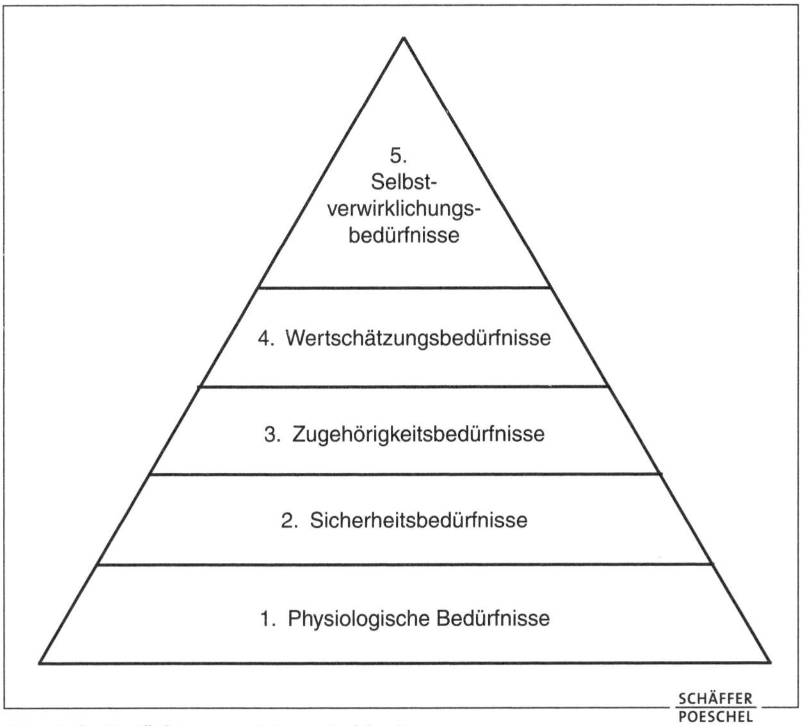

Abb. 5.6: Bedürfnispyramide nach *Maslow*

Maslow geht davon aus, dass die Bedürfnisse aufeinander aufbauen: Erste Priorität haben die physiologischen und die Sicherheitsbedürfnisse. Wenn diese Bedürfnisse befriedigt sind, kommen Bedürfnisse nach Zugehörigkeit, Wertschätzung und Selbstverwirklichung ins Spiel. Zu jedem beliebigen Zeitpunkt wird der Mensch danach durch ein genau spezifiziertes Bedürfnis in seinen

Motiven beeinflusst (vgl. *Berthel, J. Becker, F. G.* 2007 S. 21 f., *Scholz, C.* 1994 S. 419). *Scholz* stellt einen Zusammenhang zwischen *Maslow* und *McGregor* her, indem er schreibt: »Das Menschenbild der ›Theorie X‹ von *McGregor* trifft überwiegend auf Personen zu, bei denen die unteren Hierarchieebenen der Bedürfnispyramide noch befriedigt werden müssen, während ›Theorie Y‹ vor allem auf solche Personen zutrifft, die bereits höhere Bedürfnisebenen erreicht haben« (*Scholz, C.* 1994 S. 419).

Die Theorie ist von der empirischen Forschung häufig in Zweifel gezogen worden. Die *Rangfolgethese* konnte durch empirische Untersuchungen widerlegt werden. »So ist es vor dem Hintergrund alltäglicher Erfahrungen durchaus vorstellbar, dass gleichzeitig mehrere Bedürfnisse motivierend und handlungsleitend sein können« (*Berthel, J./Becker, F. G.* 2007 S. 24). Darüber hinaus ist dem Ansatz von *Maslow* vorgeworfen worden, dass er die Einflüsse schichtspezifischer Sozialisationsprozesse nicht berücksichtigt hat (vgl. *Scholz, C.* 1994 S. 419). Die grundsätzlichen Kritikpunkte konnten auch durch Modifikationen des Ansatzes nicht ausgeräumt werden.

Zwei-Faktoren-Theorie

Im Unterschied zu *Maslow* hat *Herzberg* eine differenziertere Motivationstheorie – eine so genannte Zwei-Faktoren-Theorie – erarbeitet. Der Ansatz zur Arbeitszufriedenheit und Arbeitsmotivation differenziert zwischen zwei Gruppen von Faktoren, den *Motivatoren* (oder Satisfaktoren) und den *Hygienefaktoren* (oder Dissatisfaktoren). Allein die Motivatoren können die Arbeitszufriedenheit erhöhen, die Hygienefaktoren sind lediglich in der Lage, Unzufriedenheit zu vermeiden. Während die Motivatoren in direktem Zusammenhang mit der Arbeit stehen, haben die Hygienefaktoren keinen unmittelbaren Bezug zur Arbeit und stellen insofern nur Rahmenbedingungen dar (vgl. *Scholz, C.* 2000 S. 872 ff.).

Motivatoren	**Hygienefaktoren**
• Leistungserfolg • Anerkennung der Leistung • Arbeitsinhalt • Verantwortung • Aufstieg • Möglichkeit zur Selbstverwirklichung	• Bezahlung • Interpersonelle Beziehungen mit Untergebenen, Vorgesetzten und Kollegen • Status und Ansehen • Unternehmenspolitik und -verwaltung • Physische Arbeitsbedingungen • Arbeitsplatzsicherheit

SCHÄFFER POESCHEL

Abb. 5.7: Motivatoren und Hygienefaktoren nach *Herzberg*

Auch die Theorie von *Herzberg* hat Kritik provoziert. So wird ihr u. a. vorgeworfen, dass der Erklärungsansatz zu vage formuliert ist, eine empirische Widerlegung der Aussagen somit gar nicht möglich sei. Es fehlt vor allem eine hinreichende Operationalisierung des Begriffs der Arbeitszufriedenheit. Außerdem werden situative Bedingungen zur Bedeutung der Faktoren außer Acht gelassen (vgl. *Berthel, J./Becker, F. G.* 2003 S. 26, *Neuberger, O.* 1985 S. 201, *Schäfer, N.* 1997 S. 39). Trotz aller Kritikpunkte haben die Ansätze von *Maslow* und *Herzberg* die Motivationsforschung und die Führungslehre stark beeinflusst.

5.3.3 Führungsstilmodelle

Während die skizzierten Menschenbilder wie auch die Motivationstheorien das tatsächliche Führungsverhalten noch relativ offen lassen, versuchen so genannte Führungsstilmodelle das kontinuierlich praktizierte Führungsverhalten durch Verhaltenshinweise zu gestalten.

Dabei wird ein Führungsstil in der Regel wie folgt definiert: »Es handelt sich dabei um ein zeitlich überdauerndes und in Bezug auf bestimmte Situationen konsistentes (Führungs-)Verhaltensmuster von Vorgesetzten gegenüber Mitarbeitern« (*Berthel, J./Becker, F. G.* 2007 S. 113).

Bipolares Kontinuum

Das einfachste Modell stammt von *Tannenbaum/Schmidt*. Dabei werden im Bereich der Pole *autoritär* und *partizipativ* insgesamt sieben Führungsstile unterschieden. Das bipolare Kontinuum gilt als Musterbeispiel für ein Modell, das allein auf die Verteilung von Entscheidungsaufgaben abstellt. Von oben nach unten betrachtet, nimmt der Freiheitsspielraum und die Entscheidungspartizipation der Mitarbeiter kontinuierlich zu.

1. Der Vorgesetzte entscheidet und gibt die Entscheidung bekannt.	**»autoritär«**
2. Der Vorgesetzte entscheidet, »verkauft« seine Entscheidung sehr diplomatisch.	
3. Der Vorgesetzte präsentiert seine Ideen und bittet um weitere Vorschläge.	
4. Der Vorgesetzte präsentiert vage Vorschläge und ermuntert zu Änderungsvorschlägen.	
5. Der Vorgesetzte präsentiert Probleme, sucht Vorschläge, trifft dann aber trotzdem die Entscheidung.	
6. Der Vorgesetzte setzt Rahmenbedingungen, die Gruppe löst das (vorgegebene) Problem.	
7. Der Vorgesetzte fungiert als Koordinator für Problemdefinition, Alternativensuche und Entscheidung.	**»partizipativ«**

SCHÄFFER POESCHEL

Abb. 5.8: Führungsstilgrundformen im Kontinuum nach *Tannenbaum/Schmidt* (1958) (*Scholz, C.* 2000, S. 923)

Idealtypische Führungsstile

Die auf der Basis von *Tannenbaum/Schmidt* entwickelten Führungsstile werden auch als eindimensionale Führungsstile bezeichnet. In Wissenschaft und Praxis sind etliche eindimensionale und idealtypische Führungsstile entwickelt und beschrieben worden. Meistens wird strikt zwischen einem autoritären und einem kooperativen Führungsstil unterschieden. Daneben gibt es jedoch noch den bürokratischen und den patriarchalischen Führungsstil.

Autoritärer Führungsstil: Alle Entscheidungen werden allein durch den Vorgesetzten gefällt. Eine Beteiligung der Mitarbeiter kommt nur in Ausnahmefällen vor. »Der Vorgesetzte leitet seine Weisungsbefugnis stark aus seiner hierarchischen Stellung ab (formale Autorität). Mitarbeiter haben seine Weisungen möglichst kritiklos zu befolgen. Im Wesentlichen werden die Aufgaben vom Mitarbeiter nicht aus Motivation oder Leistungswillen heraus erfüllt, sondern eher aus Furcht vor Sanktionen durch den Vorgesetzten« (*Wald, A.* 1996 S. 238).

Kooperativer Führungsstil: Die Entscheidungsfindung basiert auf einer bestmöglichen Beteiligung der Mitarbeiter. Das Wissen, die Kreativität und der Ideenreichtum der Mitarbeiter sollen für die Ziele und die Aufgabenbewältigung der Organisation nutzbringend eingesetzt werden. Der Vorgesetzte schätzt seine Mitarbeiter als Ratgeber und fällt seine Entscheidungen unter Berücksichtigung ihrer Überlegungen und Vorschläge. Zudem gewährt er durch *Delegation* einen *großen Handlungs- und Freiheitsspielraum* (vgl. *Wald, A.* 1996 S. 238).

Bürokratischer Führungsstil: Bereits in Kapitel 2 ist die überzogene Regelungsdichte der öffentlichen Verwaltung kritisiert worden. Sie wird zum Teil durch einen bürokratischen Führungsstil verursacht, wobei die fachbezogene Kompetenz dominiert. Überdies herrscht ein *hoher Organisations- und Formalisierungsgrad.* »Das Instanzensystem ist verfeinert, die Befugnisse präzise definiert und abgegrenzt, die Arbeitsabläufe sind nach Möglichkeit streng reglementiert« (*Berthel, J./Becker, F. G.* 2007 S. 115). Die Motivation der Mitarbeiter wird vor allem durch schriftliche Anordnungen und Vorschriften bewirkt (Standardisierung).

Patriarchalischer Führungsstil: Führungskräfte koppeln ihren Führungsanspruch mit einer Treue- und Versorgungspflicht gegenüber den Geführten. Die Mitarbeiter wiederum sind zu Treue und Unterordnung verpflichtet. Motivation wird im Wesentlichen durch Abhängigkeiten erzeugt (vgl. *Berthel, J./Becker, F. G.* 2007 S. 114).

Die vergleichende Bewertung der eindimensionalen Führungsstile führt in der Regel zu dem eindeutigen Ergebnis, dass der kooperative Führungsstil der einzig richtige sei und damit auch unbedingt praktiziert werden solle. Zwei berechtigte Einwendungen sind jedoch zu beachten:

- Die Orientierungsmöglichkeiten in einer modernen Verwaltungsorganisation sind derart komplex, dass eine eindimensionale Bestimmung von Führungsstilen kaum angemessen ist.
- Der direkte Hinweis, dass stets ein kooperativer Führungsstil zu praktizieren sei, lässt außer Acht, dass im Hinblick auf situative Bedingungen die Anwendung eines reinen kooperativen Führungsstils nicht anzuraten ist.

Komplexere Modelle

Gefragt sind demnach Führungsmodelle, die auch unter komplexen Bedingungen Orientierungshilfen geben können. Zu den *komplexeren Führungsstilansätzen* gehören das Verhaltensgitter von *Blake/Mouton*, der 3-D-Ansatz von *Reddin* und die Situationstheorie von *Hersey/Blanchard*. Die Ansätze basieren auf den Forschungen der Ohio-State-University, die von 1945 bis 1960 den Versuch unternommen hatten, einen Zusammenhang zwischen Führungsverhalten und Gruppencharakteristika herzustellen, um daraus gute Führungsqualitäten entwickeln zu können.

Das Verhaltensgitter

Zweidimensionale Theorien

Das Verhaltensgitter (»managerial grid«) von *Blake/Mouton* wurde zu Beginn der 60er-Jahre erarbeitet. Es handelt sich um eine zweidimensionale Darstellung, die auf folgenden voneinander unabhängigen Hauptfaktoren basiert: die Beziehungsorientierung und die Aufgabenorientierung. »Ihrer Meinung nach beherrscht die Dichotomie, entweder personen- oder aufgabenorientiert, fälschlicherweise das Denken der Manager und sollte abgelöst werden von einer integrativen Betrachtungsweise der beiden Dimensionen (Mensch und Arbeit)« (*Staehle, W. H.* 1994, S. 792). *Blake/Mouton* haben auf dieser Grundlage ein Verhaltensgitter konstruiert, das auf der X-Achse eine Skala für die Aufgabenorientierung und auf der Y-Achse eine Skala für die Beziehungsorientierung vorsieht. Beide Skalen reichen von 1 (sehr geringe Ausprägung) bis 9 (sehr starke Ausprägung).

Aufgabenorientierung heißt, dass sich die Führungskraft an den spezifischen Aufgaben und den damit verbundenen Zielen orientiert. Die verfügbaren Ressourcen (Mensch, Sachmittel, Finanzen) müssen so eingesetzt werden, dass eine Zielerreichung ermöglicht wird (Lokomotionsfunktion).

Beziehungsorientierung heißt, dass sich die Führungskraft an den Interessen und Bedürfnissen der Mitarbeiter orientiert. Es wird u. a. dafür gesorgt, dass auf Seiten der Mitarbeiter Selbstbestätigung und Selbstentfaltung bei der jeweiligen Aufgabenbewältigung Platz greifen können. Zudem setzt sich die Führungskraft für die Entwicklung der Mitarbeiter ein (Kohäsionsfunktion).

Theoretische Kombinationen

Das Verhaltensgitter ermöglicht theoretisch 81 (9 x 9) Kombinationen. Tatsächlich haben die beiden Forscher lediglich fünf Führungsstile beschrieben (vgl. *Scholz, C.* 2000 S. 939 f., *Staehle, W. H.* 1994 S. 791 f., *Wald, A.* 1996 S. 241 f.):

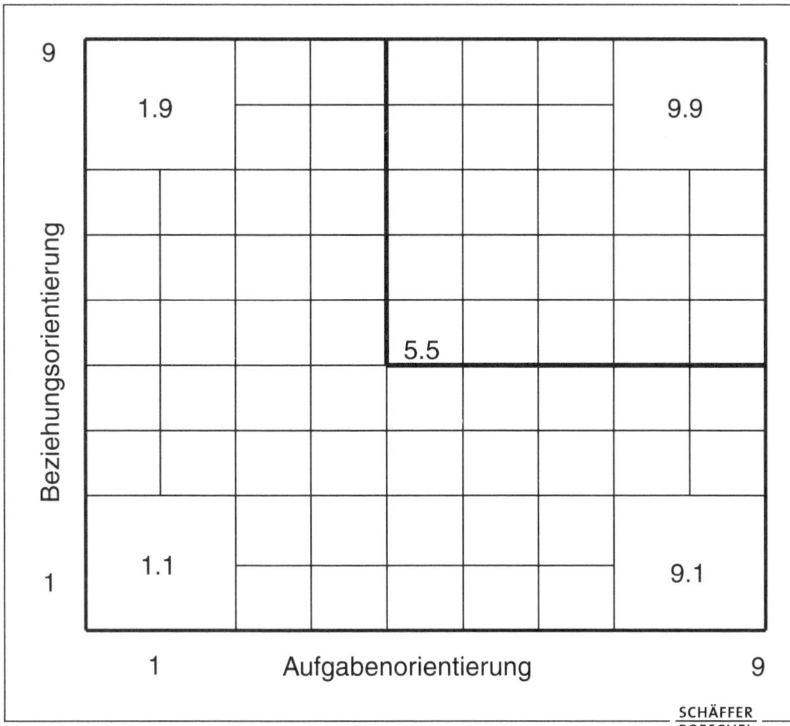

Abb. 5.9: Verhaltensgitter von *Blake/Mouton*
(vgl. *Staehle, W. H.* 1994 S. 792)

Führungsstil 1.1: Geringe Aufgaben- und geringe Beziehungsorientierung

Die Führungskraft lässt nahezu alle Wünsche offen. *Blake/Mouton* bezeichnen das Führungsverhalten als *Überlebensmanagement.* »Minimale Anstrengung zur Erledigung der geforderten Arbeit genügt gerade noch, um sich im Unternehmen zu halten.«

Führungsstil 1.9: Geringe Aufgaben- und hohe Beziehungsorientierung

Im Führungsverhalten erfolgt eine weitreichende Rücksichtnahme auf die Bedürfnisse und Interessen der Mitarbeiter *(Glacéhandschuh-Management)*. Es wird beabsichtigt, durch zufriedene Mitarbeiter hohes Engagement und damit gute Arbeitsleistungen zu erreichen.

Führungsstil 5.5: Durchschnittliche Aufgaben- und Beziehungsorientierung
Beim Führungsverhalten wird ein Ausgleich zwischen notwendiger Aufgabenorientierung und der Gewährleistung eines guten Betriebsklimas versucht. *Blake/Mouton* bezeichnen dies als *Organisationsmanagement* und prognostizieren, dass auf dieser Basis lediglich eine mittlere Leistung erreicht werden kann.

Führungsstil 9.1: Hohe Aufgaben- und geringe Beziehungsorientierung
Das Führungsverhalten wird als *Befehl-Gehorsam-Management* bezeichnet. Die Bedürfnisse und Interessen der Arbeitskräfte spielen kaum eine Rolle. Das Erreichen des kurzfristigen Betriebserfolges steht im Vordergrund, die Mitarbeiter sind lediglich Mittel zum Zweck.

Führungsstil 9.9: Hohe Aufgaben- und hohe Beziehungsorientierung
Der Führungsstil 9.9 wird als *Teammanagement* bezeichnet und verbindet hohe Aufgabenorientierung und hohe Beziehungsorientierung. »Hohe Arbeitsleistung vom engagierten Mitarbeiter, Interdependenz im gemeinschaftlichen Einsatz für das Unternehmensziel verbindet die Menschen in Vertrauen und gegenseitiger Achtung« (*Scholz, C.* 2000 S. 939 nach *Blake/Mouton* 1980 S. 27, 15, 317). In der Konsequenz erwarten *Blake/Mouton* ein hohes Leistungsniveau des Unternehmens und hohe Renditen.

Allgemeingültige Verhaltensregel

Blake/Mouton ergreifen eindeutig Partei für den Führungsstil 9.9. Sie legen ihn als allgemeingültige Verhaltensregel fest. Damit wird das Konzept, das auf durchaus komplexen Rahmenbedingungen aufbaut, in den Konsequenzen zu einfach und damit angreifbar. Das Modell ist vor allem kritisiert worden, weil es situative Variablen in seinen Grundannahmen nicht berücksichtigt.

Der 3-D-Ansatz von *Reddin*

Situative Variablen

Der Ansatz von *Reddin* knüpft an die Überlegungen von *Blake/Mouton* an. Ähnlich wie im Verhaltensgitter werden die beiden Grunddimensionen Aufgabenorientierung und Beziehungsorientierung unterschieden. Die Skalen reduzieren sich hier jedoch auf jeweils zwei Ausprägungen, sodass sich im Resultat vier verschiedene Grundstile ergeben: Verfahrensstil, Beziehungsstil, Aufgabenstil und Integrationsstil. *Reddins* Ansatz ist aber nicht normativ. Nach seiner Auffassung kann jeder der vier Grundstile effektiv und richtig sein. Welcher Stil nun anzuwenden ist, hängt von den *Rahmenbedingungen* – also der jeweiligen Situation – ab (vgl. *Scholz, C.* 2000 S. 940 ff., *Staehle, W. H.* 1994 S. 794 ff.). Zu den situativen Variablen zählen:

- Organisation,
- Arbeitsweise,
- Vorgesetzte,
- Arbeitskollegen,
- Untergebene.

Die Verhaltensstile, die in Abhängigkeit der situativen Variablen einzusetzen sind, werden folgendermaßen beschrieben (vgl. *Staehle, W. H.* 1994 S. 796 f., *Scholz, C.* 2000 S. 941 f.):

Bürokrat oder Kneifer

- *Verfahrensstil:* In Bezug auf das Führungsverhalten dominieren Regeln und Vorschriften. Positiv und effektiv wirkt sich der Verfahrensstil in Situationen aus, in denen es auf das reibungslose Funktionieren des Betriebes und auf die Einhaltung der Spielregeln ankommt. Ein Vorgesetzter, der in dieser Situation nach dem Verfahrensstil agiert, wird als *Bürokrat* bezeichnet (Im Amerikanischen ist die Bezeichnung wertneutraler als im Deutschen). Negativ und ineffektiv ist der Verfahrensstil dann, wenn die Situation durch einen hohen Grad an Dynamik gekennzeichnet ist und damit Flexibilität und Anpassungsfähigkeit von der Führungskraft fordert. Wendet eine Führungskraft in solchen Situationen den Verfahrensstil an, bezeichnet man ihn als *Kneifer*.

Förderer oder Gefälligkeitsapostel

- *Beziehungsstil:* Die Führungskraft geht in hohem Maße auf die Bedürfnisse und Interessen der Mitarbeiter ein. Auch dieser Stil kann je nach Situation effektiv oder ineffektiv sein. Als einen *Gefälligkeitsapostel* bezeichnet *Reddin* jene Manager, die jeglichen Konflikten und Unstimmigkeiten aus dem Wege gehen und damit ihre Funktion als Führungskraft faktisch aufgeben. Effektiv ist der Beziehungsstil dann, wenn es der Führungskraft gelingt, durch Zuwendung und Motivation eine vertrauensvolle Atmosphäre zu schaffen, in denen sich die Mitarbeiter selbst verwirklichen können. In diesem Fall wird er als *Förderer* bezeichnet.

Macher oder Autokrat

- *Aufgabenstil:* Beim Aufgabenstil unterscheidet *Reddin* zwischen dem ineffektiven *Autokraten* und dem effektiven *Macher*. Der *Autokrat* ist auf seine Aufgaben und die Unternehmensziele fixiert, nimmt wenig Rücksicht auf die Interessen seiner Mitarbeiter, entwickelt kaum Vertrauen und setzt seine Untergebenen ohne Not unter Druck. Der effektive *Macher* überzeugt seine Mitarbeiter durch Erfahrung, Kompetenz, Fleiß und Engagement. »Er diskutiert zwar einzelne Probleme mit seinen Mitarbeitern, behält sich aber dennoch das Entscheidungsrecht vor. Aufgrund seines Fachwissens akzeptieren seine Untergebenen ihn« (*Scholz, C.* 2000 S. 942).

Integrierer oder Kompromissler

- *Integrationsstil:* Bei *Blake/Mouton* war dieser Verhaltensstil der in allen Situationen richtige. *Reddin* relativiert ihn insofern, als für ihn auch hier eine ineffektive Variante zu akzeptieren ist. In bestimmten Situationen ist es nicht angeraten, den Integrationsstil zu praktizieren. Die Führungskraft erscheint dann als *Kompromissler*, der zu sehr die Mitsprache der Mitarbeiter sucht und letztlich auch dort einem Zwang zu Kompromissen unterliegt, wo diese eben nicht angeraten sind. Dagegen wendet der so genannte *Integrierer* den Integrationsstil situationsangemessen an, indem er den Mitarbeitern zwar Entfaltungsspielräume lässt, aber sein Team auch im Sinne der Zielerreichung koordiniert.

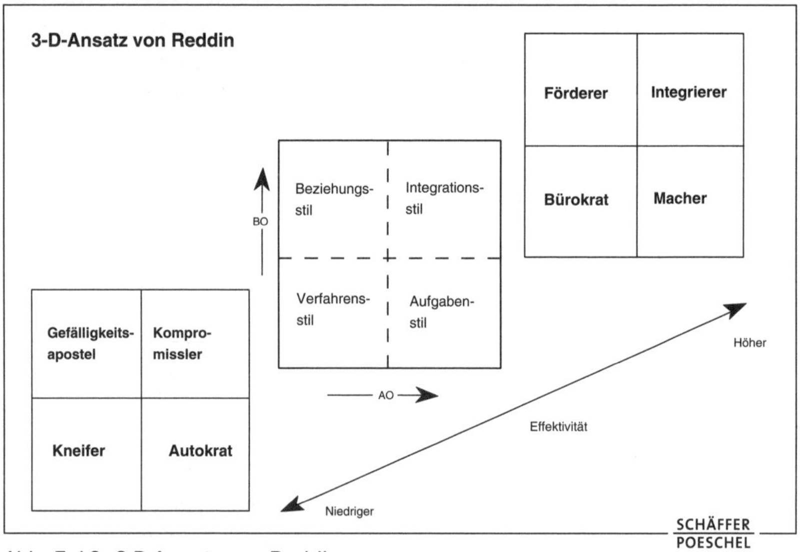

Abb. 5.10: 3-D-Ansatz von *Reddin* (*Staehle, W. H.* 1994 S. 795)

Wie das Verhaltensgitter wird das 3-D-Konzept von *Reddin* in Führungskräftetrainings sehr häufig angewandt. Im Unterschied zum ersteren geht es in *Reddin*-Managementseminaren vor allem darum, angemessene Situationsanalysen zu trainieren. Für jede Führungskraft stellt sich das Problem, dass Situationen komplex sind und das Führungsverhalten somit ständig zu variieren ist.

Situative Führungstheorie von *Hersey/Blanchard*

Vier effektive Führungsstile

Ein weiterer Ansatz, der die Situationsvariablen in den Vordergrund rückt, stammt von *Hersey/Blanchard* (1982). Die Autoren beziehen sich unmittelbar auf das Konzept von *Reddin*, beschränken sich aber auf die Darstellung von vier effektiven Führungsstilen (vgl. *Scholz, C.* 2000 S. 942 ff., *Staehle, W.-H.* 1994 S. 797 ff., *Wald, A.* 1996 S. 242 ff., *Drumm. H. J.* 2000 S. 485 ff.). Dazu zählen:

- *Unterweisen (S 1):* Die Führungskraft entscheidet allein und weist seine Mitarbeiter in Form einer Ein-Weg-Kommunikation an.
- *Verkaufen (S 2):* Führen heißt hier, die Mitarbeiter durch rationale Argumentation und sozio-emotionale Unterstützung von den eigenen Auffassungen und Entscheidungen zu überzeugen.
- *Beteiligen (S 3):* Die Mitarbeiter werden bei der Entscheidungsfindung aktiv eingebunden. Kreativität und Ideenreichtum der Mitarbeiter sollen die Qualität der Entscheidungen verbessern.
- *Delegieren (S 4):* Auf der Grundlage einer orientierenden Startinformation entscheiden die Mitarbeiter selbst über die Mittel und Wege der Zielerreichung.

Reifegrad der Mitarbeiter

Die vier genannten Führungsstile sind effektiv, wenn sie situationsadäquat angewandt werden. Dabei werden jene Situationsvariablen berücksichtigt, die bereits *Reddin* betont hat. Das Hauptinteresse der Autoren liegt aber bei einer Situationsvariablen, und zwar dem Reifegrad der jeweils unterstellten Mitarbeiter. »Reifegrad wird dabei nicht absolut gesehen, sondern stets in Relation zur gestellten Aufgabe. Ein und dieselbe Person kann also zum gleichen Zeitpunkt geringe Reife im Hinblick auf eine Aufgabe und hohe Reife im Hinblick auf eine andere Aufgabe zeigen« (*Staehle, W. H.* 1994 S. 797). Dabei werden vier verschiedene Reifegrade unterschieden:

M 1 = geringe Reife: Es fehlt an Motivation, Wissen und Fähigkeiten. Diesem Reifegrad entspricht ein autoritärer Führungsstil, der sich im Wesentlichen auf das *Unterweisen* beschränkt.

M 2 = geringe bis mäßige Reife: Die Motivation ist zwar vorhanden, es fehlt aber an Wissen und Fähigkeiten. Auf dieser Grundlage ist der Führungsstil *Verkaufen* effektiv.

M 3 = mäßige bis hohe Reife: Wissen und Fähigkeiten sind gut ausgebildet, es fehlt jedoch an der entsprechenden Motivation. In diesem Fall ist der Stil *Beteiligen* am effektivsten.

M 4 = hohe Reife: Sowohl das Wissen und die Fähigkeiten als auch die Motivation sind vorhanden. Bei einem hoch entwickelten Reifegrad kann die Führungskraft einen *delegierenden* Führungsstil anwenden.

Delegieren

Obgleich *Hersey/Blanchard* allen vier Führungsstilen Effektivität zurechnen, tendieren sie doch dazu, den Führungsstil *Delegie-*

ren zu bevorzugen. Damit verbinden sie die Forderung, die Mitarbeiter durch entsprechende *Trainingsprogramme* zu einer hohen Reife weiter zu entwickeln.

Die beschriebenen Führungsansätze, die allesamt aus den Ohio-State-Studien hervorgehen, sind zum Teil scharf kritisiert worden. So werden den Autoren vor allem mangelhafte Operationalisierungen der beiden Dimensionen und jeweils fehlende empirische Grundlagen nachgesagt (vgl. *Neuberger, O.* 1980 S. 625; *Neuberger, O.* 1985 S. 111 f., 164). Demgegenüber hat *Scholz* die Stärken der drei Ansätze herausgearbeitet und betont. Danach eignet sich der normative Ansatz von *Blake/Mouton* besonders für *innovative und kreative Tätigkeiten*. Es ist gut nachvollziehbar, dass derartige Aufgaben sowohl eine hohe Aufgaben- als auch eine hohe Beziehungsorientierung notwendig machen. Das Reifegradmodell *(Hersey/Blanchard)*, das primär den Delegationsstil favorisiert, lässt sich sehr gut bei der Bewältigung von Routinetätigkeiten einsetzen. *Reddins* Ansatz ist am besten einsetzbar, wenn es um Aufgaben geht, die weder besonders innovativ und kreativ, noch reine *Routinetätigkeiten* sind. *Scholz* gibt zudem eine gelungene Gesamteinschätzung, der man ohne Einschränkung zustimmen kann: »Insgesamt dienen die Ohio-State-Forschungen dazu, die Vielfalt der Einflussvariablen auf den Führungserfolg aufzuzeigen. Zudem sind sie insofern vermittelbar, als sie mit umfassenden Trainingsinstrumentarien ausgestattet sind. Ihre wesentliche Konsequenz besteht in der Forderung nach Diagnosefähigkeiten bei der Führungskraft. Zur eigentlichen Wahl des Führungsstils geben sie zumindest tendenziell Auskunft« (*Scholz, C.* 2000 S. 947).

Direktivität und Kooperativität

Dass die geschilderten Ansätze auch für das moderne Verwaltungsmanagement noch Bedeutung haben, zeigt eine Untersuchung zum Führungsverhalten, die die *Hochschule für Verwaltungswissenschaften* in Speyer 1996 durchgeführt hat (vgl. *Klages, H/Gensicke, T.* 1996 S. 34 ff.). Es geht dabei um das Führungsverhalten, das in Zeiten des Wandels angemessen ist. Anhand der Dimensionen *Direktivität* und *Kooperativität* wurden vier Führungsstile hergeleitet. Das Kriterium Direktivität steht dabei für Führungsstärke, weil die Eigenschaften Durchsetzungsvermögen, Autorität und Fachkompetenz besonders gut ausgebildet sind. Kooperativität liegt vor, wenn Führungskräfte das selbstständige Handeln ihrer Mitarbeiter fördern, offen mit ihnen kommunizieren und sich bei Entscheidungen beraten lassen. Die Kreativität und der Ideenreichtum der Mitarbeiter werden somit weitgehend genutzt und bei der Entscheidungsfindung berücksichtigt. Je nach dem wie diese Bestimmungsfaktoren ausgebildet sind, können vier verschiedene Führungsstile daraus hergeleitet werden. Die Abbildung 5.11 stellt das Modell dar.

Die Untersuchung ergab im Ergebnis, dass der aktivierende Führungsstil besonders gut geeignet ist, wenn es darum geht, den Wandel einer Organisation gemeinsam mit den Mitarbeitern zu gestalten. Direktivität wie auch Kooperativität müssen gleichermaßen gut ausgebildet sein. Dies entspricht in etwa dem 9.9-Führungsstil von *Blake/Mouton*.

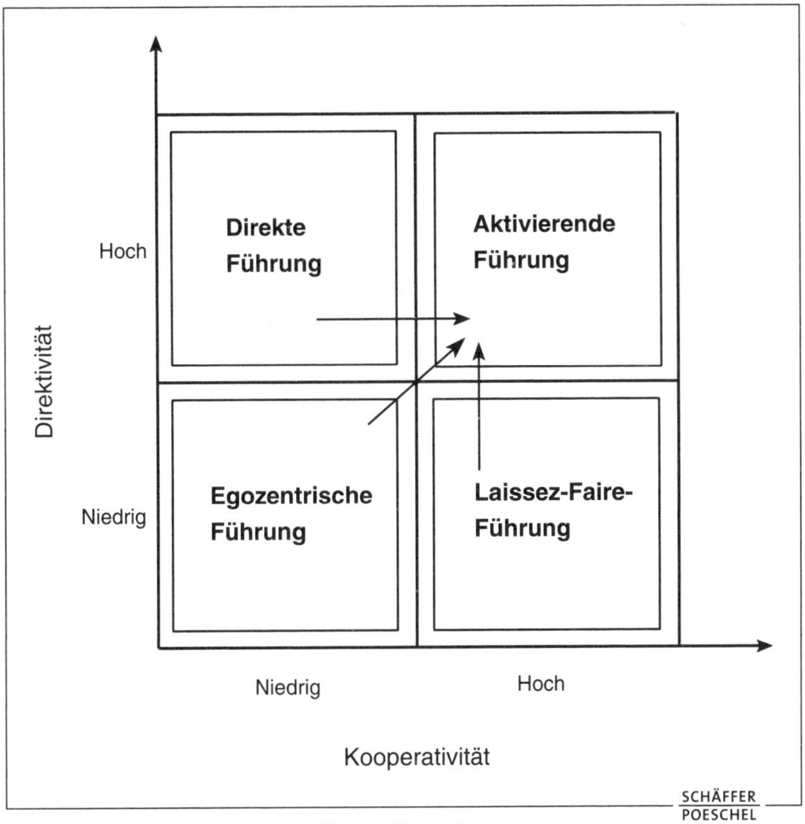

Abb. 5.11: Führungsstile nach *Klages/Gensike*
(vgl. *Klages, H./Gensike, T.* 1996 S. 39)

Weiterqualifizierung der Führungskräfte

Klages/Gensike haben in den 90er-Jahren im Zusammenhang mit den Maßnahmen zur Verwaltungsmodernisierung konsequenterweise darauf hingewiesen, dass der Erfolg der Anstrengungen wesentlich von den Führungskräften abhängt. Eine systematische Führungskräftefortbildung hat bis zum Jahr 2000 im öffentlichen Dienst quasi gefehlt. *Damkowski/Precht* haben in der Weiterqualifizierung der Führungskräfte eine wesentliche *Herausforderung* für das Personalmanagement gesehen. Drei notwendige Maßnahmen sind dabei besonders eingefordert worden (vgl. *Damkowski, W./Precht, C.* 1995 S. 222):

- Die öffentliche Verwaltung muss ein aufgabenbezogenes und sequentielles Trainingsprogramm für Führungskräfte entwickeln und umsetzen.
- Führungsfunktionen auf Zeit sollten mit dem Ziel eingerichtet werden, »die klassisch hierarchischen Barrieren zu überwinden und zusätzliche Leistungsanreize zu geben.«
- Das deutsche Beamtentum mit seiner einseitigen Ausrichtung auf Treue und Loyalität sollte in allen Aufgabenbereichen auf den Prüfstand gestellt werden.

Aus heutiger Sicht lässt sich ausführen, dass die Führungskräfteentwicklung inzwischen einen höheren Stellenwert aufweist als Mitte der 90er-Jahre. Bei der Einführung neuer Steuerungsinstrumente bezieht die Landesverwaltung *Baden-Württemberg* die Weiterqualifizierung von Führungskräften im Bereich der Personalführung explizit mit ein. Die Justizverwaltung hat darüber hinaus eine spezielle ergänzende Weiterbildung ihrer Führungskräfte veranlasst. Auch auf kommunaler Ebene hat die Qualifizierung von Führungskräften eine größere Bedeutung erlangt. Im Bereich der Führungsfunktionen auf Zeit sind kaum Fortschritte erzielt worden. Die zurzeit stattfindende Reform des öffentlichen Dienstrechts könnte hier jedoch Änderungen herbeiführen.

5.3.4 Führen durch Zielvereinbarung

Management-techniken

Für die Einführung des Neuen Steuerungsmodells in die Kommunalverwaltung konnten inzwischen spezifische *Techniken der allgemeinen Managementlehre* genutzt werden. In der Managementlehre sind im Laufe der Entwicklung Management-Konzepte entstanden, die unter der Bezeichnung Management by Konzepte firmieren. Besonders häufig wird auf die Konzepte Managament by Exception (MBE), Management by Delegation (MBD) und Management by Objectives (MBO) zurückgegriffen (vgl. *Holzbaur, U.* 2000 S. 159 ff., *Gleich, R.* 1996 S. 16). *Management by Exception* heißt, dass die Führungskraft nur in Ausnahmefällen in den Aufgabenvollzug eingreift. Die Führung beschränkt sich auf die Durchführung von Abweichungskontrollen. *Management by Delegation* bedeutet, dass die Führungskraft Entscheidungskompetenzen auf nachgeordnete Mitarbeiter überträgt. Die Gesamtverantwortung bleibt aber weiterhin bei der höheren Instanz (vgl. *Holzbaur, U.* 2000 S. 160 f., *Gleich, R.* 1996 S. 16 f). *Management by Objectives* ist gleichzusetzen mit Führen durch Zielvereinbarungen. Die Führungskraft vereinbart mit den Mitarbeitern der nachgeordneten Ebene Ziele, für deren Erreichen die Mitarbeiter Mittel und Wege einsetzen können, die sie nach rationaler Abwägung selbst als richtig einstufen. Aufgabe der Führungskraft ist es, die Mitarbeiter zur Wahrnehmung von Aufgaben und Verantwortung zu befähigen. Die wesentlichen Vorteile sind die Entlastung des Top-Managements und die Förderung von Eigeninitiative und Motivation. MBO ist das beste Managementkonzept, wenn es darum geht, nach der Einführung neuer Steuerungsinstrumente in den neuen Strukturen zu agieren (vgl. *Holzbaur, U.* 2000 S. 160, *Macharzina, K.* 1999 S. 421 ff., *Gleich, R.* 1996 S. 16 f., *Staehle, W. H.* 1994 S. 805 ff.).

Zielvereinbarungen

Da es sich um ein Management-Konzept handelt, das für die Verwaltung von besonderer Bedeutung sein kann, wird das MBO-Konzept nachstehend etwas näher erörtert. Obwohl es ein individualistisches Konzept ist, können auch ganze Gruppen von Mitarbeitern durch *Zielvereinbarungen* geführt werden. Als Grundlage für ein auf Zielvereinbarungen basierendes Verhältnis zwischen Vorgesetzten und Mitarbeitern kann sowohl auf die Y-Theorie von *McGregor* als auch auf die Annahmen des Human-Resource-Modells hingewiesen werden. »Mitarbeiter verfügen über nicht ausgenutzte, aber (durch Motivation) aktivierungsfähige Potenziale. Wenn Aufgabenziele an die individuellen Fähigkeiten und Anspruchsniveaus angepasst werden, ist ein hohes motivationales Potenzial aktivierbar« (*Staehle, W.-H.* 1994 S. 805). Das MBO-Konzept erfüllt folgende Funktionen:

- Entlastung der Führungskraft,
- Begünstigung dezentraler Strukturen,
- Verstärkung des eigenverantwortlichen Handelns der Mitarbeiter,
- größere Transparenz der Mitarbeiterbeurteilung.

Unterstützung des Neuen Steuerungsmodells

Führen durch Zielvereinbarungen ist ein Konzept, das eine moderne, am Neuen Steuerungsmodell ausgerichtete Kommunalverwaltung flächendeckend praktizieren kann. Genau genommen ist das bereits beschriebene Kontraktmanagement (vgl. Abschnitt 3.4.4.3) eine spezifische Ausprägung des MBO-Konzeptes. Soll sich das neue Denken bis in die operativen Ebenen hinein auswirken, müssen auch zwischen Sachbearbeitern und Abteilungs- bzw. Amtsleitern entsprechende Vereinbarungen formuliert werden, die durch ständige Ziel- und Ergebnisanalysen begleitet werden. Dies geschieht im Wesentlichen durch die Etablierung von Mitarbeitergesprächen. »Mitarbeitergespräche haben im Rahmen der Personalentwicklung drei Funktionen: Zum Ersten geben sie dem Mitarbeiter Rückmeldung über die Einschätzung seiner Vorgesetzten über das gezeigte Leistungsverhalten. Zum Zweiten dienen sie dazu, Entwicklungserfordernisse und -möglichkeiten aufzuzeigen und zum Dritten können verbindliche Zielsetzungen für den nächsten Beurteilungszeitraum vereinbart werden« (*Berthel, J./ Becker, F. G.* 2007 S. 322).

Anforderungen für die Zielsetzungen

Eine wirksame Verhaltenssteuerung kann das MBO aber nur gewährleisten, wenn die vereinbarten Ziele den folgenden Anforderungen entsprechen (vgl. *Wald, A.* 1996 S. 246):

- Spezifikation der Ziele durch Mengen- und Qualitätsangaben (Was ist zu tun?)
- Definition des Ausmaßes der Ziele (Wie viel ist zu tun?)
- Festlegen von Zeitpunkten (Wann ist es zu tun?)
- Festlegen der Verantwortlichkeiten (Wer ist für die Zielerreichung verantwortlich?)
- Erreichbarkeit der Ziele (Ist das Ziel überhaupt erreichbar?)

Außerdem erfordert die Führungstechnik eine exakte *Erfolgskontrolle*, aus der dann Konsequenzen gezogen werden sollten. Dies kann nur erreicht werden, wenn auf der Grundlage eines Controllingsystems systematische Soll-Ist-Vergleiche ermöglicht werden.

B

Im Fachbereich 1 der Stadt *Bürohausen* ist ein Mitarbeiter für die Erstellung der Gemeinderatsprotokolle zuständig. In der Vergangenheit hat sich jedoch gezeigt, dass die Protokolle fast nie zeitgerecht vorgelegt und nur mit vielen Schwächen und Fehlern erstellt worden sind. Für den Fachbereichsleiter bedeutete dies, dass er ständig mit umfangreichen Nacharbeiten beschäftigt war und zudem noch auf zahlreiche Beschwerden der Ratsmitglieder reagieren musste. Insgesamt hatte sich eine Situation eingestellt, die für alle Beteiligten unangenehm war. Im Rahmen eines Mitarbeitergesprächs wurde die Lage mit dem betreffenden Mitarbeiter umfassend erörtert. Sowohl der Vorgesetzte als auch der Mitarbeiter konnten ihre Auffassungen darlegen und diskutieren. In der Konsequenz ist zwischen beiden eine Zielvereinbarung für das folgende halbe Jahr formuliert worden: Das Gemeinderatsprotokoll ist in Zukunft spätestens eine Woche nach der jeweiligen Ratssitzung dem Fachbereichsleiter vorzulegen. Dieser wird das Arbeitsergebnis jedes Mal mit dem Mitarbeiter erörtern und Nachbesserungen veranlassen, die wiederum zeitnah zu erledigen sind. Nach einem halben Jahr soll erreicht werden, dass die Protokolle ohne großen Nachbesserungsaufwand von dem Mitarbeiter fertiggestellt werden. Überdies wird vereinbart, dass der Mitarbeiter eine einschlägige Fortbildung erhält, die ihn bei der Zielerreichung unterstützt. Sofern während des Zeitraumes Probleme auftreten, soll sich der Protokollführer vertrauensvoll an seinen Vorgesetzten wenden. Nach Ablauf des halben Jahres wird ein weiteres Mitarbeitergespräch geführt, in dem vor allem der Grad der Zielerreichung und das weitere Vorgehen thematisiert werden sollen.

5.3.5 Anforderungsprofil und Beurteilung des Führungsverhaltens

Führungskultur

Trotz aller Theorien und Verhaltensrichtlinien, die es inzwischen zum Thema Personalführung gibt, muss jede Führungskraft für sich einen eigenen gangbaren Weg finden, um die Mitarbeiter des eigenen Verantwortungsbereichs zu Engagement und Leistungsbereitschaft zu veranlassen. Gerade in Zeiten des organisatorischen Wandels, dem die Kommunalverwaltungen ja heute nahezu flächendeckend ausgesetzt sind, ist Führung eine herausragende, aber auch eine besonders schwierige Aufgabe. Dabei kommt der *Information* und *Kommunikation* eine entscheidende Rolle zu: »Führen bedeutet in erster Linie miteinander sprechen, z. B. zur Lösung von Sachproblemen, zur Entscheidungsfindung, zur Gestaltung der Zusammenarbeit, zur Anerkennung und Kritik. Mit steigender Hierarchie erhöht sich der Kommunikationsanteil an der Arbeitszeit. Die erfolgreiche Führungskraft wird zum Kommunikationsmanager…« (*Regnet, E.* 2003 S. 244).

Dass die gegenseitige Informationsbereitschaft eine unerlässliche Voraussetzung für die Führung darstellt, zeigt eine Studie, die *Mintzberg* bereits 1973 erarbeitet hat. Dabei wird davon ausgegangen, dass ein Manager insgesamt mindestens zehn verschiedene Rollen spielen muss, die den Bereichen Beziehungspflege, Information und Entscheidung zugeordnet werden können. In Bezug auf die Informationsvermittlung ist die Führungskraft vor allem Informationssammler, Informationsverteiler und Informant externer Gruppen.

Beziehungspflege	**Information**	**Entscheidung**
• Repräsentant • Führer • Koordinator	• Informationssammler • Informationsverteiler • Informant von externen Gruppen	• Unternehmer • Krisenmanager • Ressourcenzuteiler • Verhandlungsführer

SCHÄFFER POESCHEL

Abb. 5.12: Rollen einer Führungskraft nach *Mintzberg* (1973) (vgl. *Staehle, W.-H.* 1994 S. 82)

Informations- und Kommunikationsbereitschaft

Kolb hat Empfehlungen zur Mitarbeiterführung dargestellt, die allesamt eine hohe *Informations- und Kommunikationsbereitschaft* zwischen Führungskraft und Mitarbeiter notwendig machen. Seine Empfehlungen sind:

- Vertrauen haben.
- Demotivation vermeiden und Eigenmotivation fördern.
- Bedeutung klarmachen und Sinn vermitteln.
- Voraussetzungen für den Erfolg der Mitarbeiter schaffen.
- Vorbild sein.
- Delegieren und umfassend informieren.
- Herausfordernde Ziele vereinbaren.
- Gesprächsintensiv führen.
- Feedback geben und Leistung anerkennen.
- Mitarbeiter fördern und unterstützen.

SCHÄFFER POESCHEL

Abb. 5.13: Empfehlungen zur Mitarbeiterführung
(*Kolb, M.* 2002 S. 57)

Anforderungsprofil für Führungskräfte

Führung ist besonders problematisch, wenn die Verantwortungsbereiche groß sind und damit eine Vielzahl von Mitarbeitern geführt werden muss. Während die konventionelle Kommunalverwaltung durch kleine Organisationseinheiten und viele hierarchische Ebenen geprägt ist, wird eine modernisierte Verwaltung wenige große Organisationseinheiten haben und auf Zwischenebenen (z. B. Sachgebiete) verzichten. Damit steigen die *Anforderungen*, die an die Führungskräfte zu richten sind. Die überkommende Strategie, nach der besonders herausragende Sachbearbeiter ohne weitere Prüfung auf Führungspositionen gehievt worden sind, ist zu überdenken. Wer hervorragende fachliche Leistungen zeigt, ist nicht automatisch auch eine gute Führungskraft. Um erfolgreich zu sein, bedarf es weitaus mehr als *nur* Fachkompetenz. Neben der Fachkompetenz kommt es auf unternehmerische Kompetenzen, methodische Fähigkeiten und Persönlichkeit an. Ein Anforderungsprofil muss mindestens diese vier Kategorien umfassen. Was im Einzelnen darunter zu verstehen ist, zeigt die Abbildung 5.14.

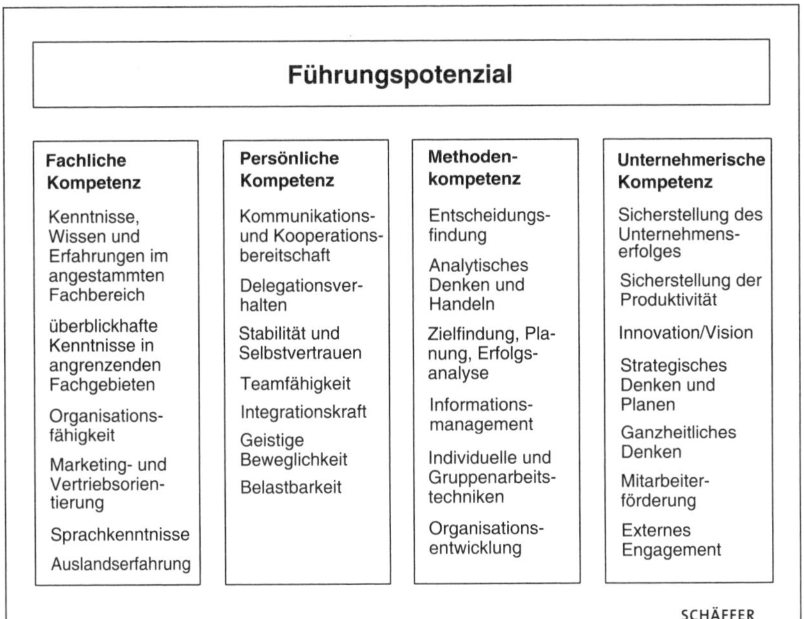

SCHÄFFER POESCHEL

Abb. 5.14: Anforderungsrahmenprofil für eine Führungskraft (*Fauth, W.* 1992 S. 154)

Sofern es darum geht, Führungskräfte auszuwählen oder durch *Trainingsprogramme* zu qualifizieren, ist die Berücksichtigung der genannten Anforderungen notwendig. Erfahrungen zeigen, dass selbst fachlich ungenügend qualifizierte Führungskräfte erfolgreich sein können, wenn sie die entsprechenden persönlichen und unternehmerischen Kompetenzen sowie die genannten Methodenkenntnisse mitbringen.

Gegenseitiges Vertrauen

Führung ist in zweierlei Hinsicht Vertrauenssache. Erstens sollten Führungskräfte ihren Mitarbeitern Vertrauen entgegenbringen. Ohne dieses Vertrauen zu entwickeln, werden sie kaum in der Lage sein, den vielfach geforderten kooperativen oder aktivierenden Führungsstil zu entwickeln. Zweitens kommt es darauf an, dass auch die Mitarbeiter den Führungskräften vertrauen. Man muss sich wechselseitig darauf verlassen können, dass bei Problemen kommuniziert wird. Haben die Mitarbeiter Schwierigkeiten mit der Zielerreichung, sollten sie die Gewissheit haben, dass sie nach der Unterrichtung des Vorgesetzten Unterstützung und Förderung erfahren. Wie wichtig Vertrauen sein kann, hat *Sprenger* in seinem Buch »Vertrauen führt« eindrucksvoll demonstriert. »Vertrauen ist die Basis von Führung. Sich führen lassen heißt, sich jemandem anvertrauen. Nicht umsonst wird dies auf Führungsseminaren gerne erlebbar gemacht, indem eine Teilnehmerin den anderen

Teilnehmer, dessen Augen verbunden sind, aufs offene Gelände führt« (*Sprenger, R. K.* 2002 S. 49).

Vorgesetztenbeurteilung

Kooperative Führung erfordert auf beiden Seiten *Kritikfähigkeit*. Neben der Anerkennung guter Leistungen gehört auch die berechtigte sachliche Kritik zum Repertoire einer angemessenen Führung. Auf Seiten der Mitarbeiter ist die Akzeptanz von Kritik dann sehr groß, wenn auch die Führungskraft Kritikfähigkeit mitbringt. Die Kritik der Vorgesetzten durch die Mitarbeiter sollte genauso zur Normalität zählen wie der umgekehrte Fall. Deshalb ist neben der *Mitarbeiterbeurteilung* auch eine regelmäßige Beurteilung der Führungskräfte anzustreben. In der jüngeren Vergangenheit ist im deutschen Sprachraum das so genannte 360^0-Beurteilungs- und Entwicklungssystem zum Einsatz gekommen (vgl. *Möllhoff, D.* 2001 S. 234, *Simon, W.* 2002 S. 391 ff.). Im Mittelpunkt stehen konkrete Verhaltensweisen der Führungskräfte, deren Schwächen lückenlos aufgedeckt werden sollen. »Beim 360-Grad-Feedback handelt es sich um ein Verfahren bei dem die Führungskräfte eines Unternehmens im Sinne einer ›Rundumschau‹ von ihren Mitarbeitern, Vorgesetzten, Kollegen und häufig auch von Kunden und Lieferanten strukturierte, schriftliche Beurteilungen erhalten, und zwar meist anonym« (*Simon, W.* 2002 S. 392). Auf dieser Grundlage findet eine systematische Gegenüberstellung von Selbst- und Fremdeinschätzungen statt. Der Fragebogen deckt insgesamt drei Themenkomplexe ab (vgl. *Schäfer, N.* 2005 S. 58 f.):

- Arbeitserledigung als solche,
- Führen der Arbeitsgruppe und
- Selbstorganisation und Beziehung zu anderen.

Individuelle Führung

Im Resultat ergeben sich zahlreiche Anhaltspunkte für Führungsprobleme, die anschließend in spezifisch darauf ausgerichteten Führungskräftetrainings bearbeitet werden können. Das 360°-Feedback wird inzwischen sehr positiv eingeschätzt. So betont *Schäfer*: »Die Vorteile dieses Vorgehens liegen auf der Hand: Der Erfolg von Personalentwicklungsmaßnahmen wird kontrollierbar. Darüber hinaus wird der Vielfältigkeit der Menschen Rechnung getragen und akzeptiert, dass es viele individuelle Wege des Führens gibt, die zum Ziel führen können« (*Schäfer, N.* 2005 S. 59).

5.3.6 Praxisrelevante Führungsinstrumente

Das praktische Führungsverhalten kann durch so genannte Führungsinstrumente unterstützt werden. Da Führen im Wesentlichen mit Information und Kommunikation gleichzusetzen ist, handelt es sich um Hilfsmittel, mit denen Kommunikationsprozesse zielorientiert gesteuert werden können. Die nachstehend skizzierten Instrumente sind zwar nicht unmittelbar mit spezifischen Führungsstilen und -techniken verknüpft, sie unterstützen dennoch vor allem einen kooperativen Führungsstil und das Führen durch Zielvereinbarungen. Es handelt sich um das Mitarbeitergespräch, die Mitarbeiterbesprechung, das Konfliktgespräch und das Coaching.

Mitarbeiter- bzw. Jahresgespräch

Das Mitarbeitergespräch – auch Jahresgespräch genannt – ist ein teilstrukturiertes Einzelgespräch zwischen einem Mitarbeiter und seinem Vorgesetzten. Dabei werden einerseits die bisherigen Leistungen und das bisherige Verhalten thematisiert, andererseits geht es um künftige Ziele und Erwartungen. Es eignet sich in besonderem Maße zur praktischen Umsetzung eines Führens durch Zielvereinbarungen. *Möllhoff* schlägt für das Jahresgespräch Folgendes vor: »In diesem Jahresgespräch sollen folgende Themenbereiche angesprochen werden:

- Zusammenarbeit im Team, in der Abteilung, im Unternehmen,
- Arbeitsumfeld, günstige und ungünstige Rahmenbedingungen,
- Bewertung der Zielerreichung (wenn bereits ein Jahr zuvor Ziele vereinbart wurden) sowie
- Zielvereinbarung für das nächste Jahr« (*Möllhoff, D.* 2001 S. 226).

Das Jahresgespräch sollte in einer partnerschaftlichen Atmosphäre stattfinden und von gegenseitigem Respekt geprägt sein. Zudem ist davon auszugehen, dass es mindestens 60 Minuten dauert und von beiden Seiten gut und ernsthaft vor- und nachbereitet wird.

> Mitarbeitergespräche sind regelmäßig stattfindende *teilstrukturierte Einzelgespräche* zwischen Mitarbeitern und Vorgesetzten, in denen die bisherigen Leistungen und das Verhalten sowie die zukünftigen Ziele und Erwartungen in einer betont kommunikativen Atmosphäre thematisiert werden.

Aspekte des Einsatzes

Ziel des Einsatzes ist die *Steigerung der Motivation* und die Verbesserung der Zusammenarbeit. Wichtig dabei ist, dass sich die Gesprächspartner aufeinander einstellen und vor allem die folgenden Aspekte beachten:

- Die wechselseitigen Erwartungen, die man an die Aufgabenerfüllung und die Zusammenarbeit richtet, müssen offen gelegt werden.

- Die Beurteilung des Mitarbeiters sollte sich auf Kriterien gründen, auf die sich beide Partner verständigt haben. Der Mitarbeiter benötigt Klarheit über die Erwartungen, die an ihn gerichtet werden.
- Mitarbeiter brauchen eindeutig formulierte Rahmenbedingungen. Die Handlungs- und Verantwortungsspielräume müssen deshalb klar abgesteckt werden.
- Die Führungskraft muss kritikfähig sein, damit der Mitarbeiter deutlich machen kann, inwieweit das konkrete Führungsverhalten fördernd oder hinderlich wirkt.
- Nützliche Mitarbeitergespräche schließen mit konkreten Zielvereinbarungen ab, deren Einhaltung im Laufe eines Zeitraums überprüft werden kann.
- Die vereinbarten Ziele stellen für den Mitarbeiter eine Herausforderung dar. Sie sollten deshalb mit konkreten Förderungsmaßnahmen verknüpft werden.

Ablauf des Mitarbeitergesprächs

Mitarbeitergespräche sind in der Regel teilstrukturiert. Das heißt, der Ablauf wird in Form von Phasen grob vorgegeben, wobei allerdings noch genügend Spielräume für unvorhersehbare Themen und Fragen bleiben. *Wald* (1996 S. 256 f.) schlägt folgenden Ablauf vor:

- *Erste Phase – Auflockerung und Einleitung des Gesprächs:* Es geht zu Beginn darum, ein betont kommunikatives Klima zu schaffen. So kann der Vorgesetzte beginnen, indem er ein besonders positives Ereignis schildert.
- *Zweite Phase – Selbstbild des Mitarbeiters:* Der Mitarbeiter erhält die Gelegenheit, sich selbst einzuschätzen. Im Mittelpunkt stehen eigene Stärken und Schwächen sowie eigene Vorschläge für Verbesserungen. Der Vorgesetzte erhält zudem Informationen über die Arbeitszufriedenheit und die Motivationslage.
- *Dritte Phase – Feedback durch den Vorgesetzten:* Der Vorgesetzte geht auf die Selbsteinschätzung ein und stellt dar, welche Stärken und Schwächen aus seiner Sicht zu betonen sind. »Das Feedback wird ergänzt um Wahrnehmungen des Vorgesetzten, die im Selbstbild des Mitarbeiters nicht genannt wurden. (...) Das Feedback muss so erfolgen, dass der Mitarbeiter trotz negativer Kritik den Raum motiviert verlässt« (*Wald, A.* 1996 S. 256).
- *Vierte Phase – Gemeinsame Zielvereinbarung:* In dieser Phase steht die Zukunftsorientierung im Vordergrund. Wie beim *Führen durch Zielvereinbarung* bereits dargestellt, werden auf der Grundlage der jeweiligen Zielvorstellungen der Gesprächspartner gemeinsame Ziele vereinbart, die im Zeitraum bis zum

nächsten Mitarbeitergespräch erreicht werden sollen. Die Zielvereinbarung ist schriftlich niederzulegen und beiden Partnern auszuhändigen.

Die Vorteile von regelmäßigen Mitarbeitergesprächen sind offensichtlich:
- Bei richtiger Handhabung wird das Verhältnis zwischen Vorgesetzten und Mitarbeitern verbessert.
- Auf Seiten der Mitarbeiter herrscht Klarheit in Bezug auf Leistungs- und Verhaltenserwartungen.
- Die herausfordernden Zielvereinbarungen leisten einen Beitrag zur Motivation der Mitarbeiter.
- Die Führungskräfte erhalten hinsichtlich ihres Führungsverhaltens ein Feedback.
- Das Instrument Mitarbeitergespräch unterstützt einen *kooperativen Führungsstil* und das Konzept *Führen durch Zielvereinbarungen*.

Wie wichtig das Instrument Mitarbeitergespräch ist, wurde auf einem Führungskräfteseminar einer Stadtverwaltung deutlich. Ziel war es, geeignete Instrumente zu entwickeln, um ergebnisorientierte, leistungsorientierte, motivierte, selbstständige und eigenverantwortliche Mitarbeiter zu erhalten. Dabei wurden verschiedene Führungsstile analysiert und vorhandene Kommunikationssperren identifiziert. Ergebnis war, dass sowohl die amtsübergreifende als auch die amtsinterne Kommunikation ausgebaut werden muss. Als Kernstück wurde das Mitarbeitergespräch genannt, das im Gegensatz zu herkömmlichen Beurteilungsgesprächen zukunftsorientiert und vertraulich ist und über das kein Protokoll angefertigt wird. Dadurch werden die Amtsleiter in die Lage versetzt, die ehrliche Meinung ihrer Mitarbeiter zu erfahren, Entscheidungen transparent zu machen, Probleme und Spannungen frühzeitig zu erkennen und somit angemessen agieren zu können. Zusätzlich zum Mitarbeitergespräch – so wurde deutlich – sollten auch Teamgespräche installiert und ein kontinuierlicher Informationsfluss innerhalb der Stadtverwaltung sichergestellt werden.

Mitarbeiterbesprechung

Die Mitarbeiterbesprechung ist ein Führungsinstrument, mit dem die Führungskraft alle Mitarbeiter ihres Verantwortungsbereichs über wesentliche Entwicklungen, Geschehnisse und Probleme in Kenntnis setzt. Regelmäßige Mitarbeiterbesprechungen verhindern, dass Mitarbeiter das in der Praxis oft auftretende ungenügende *Informationsverhalten* ihrer Vorgesetzten kritisieren. Mitarbeiterbesprechungen sollten regelmäßig (einmal im Monat, alle zwei Wochen ...) stattfinden. Wichtig ist auch, dass Fragen und Wortbeiträge der Mitarbeiter ermöglicht werden (vgl. *Wald, A.* 1996 S. 259). Führungskräfte müssen sich aber auch darauf einstellen, dass Besprechungen mit Mitarbeitern ungeplant erfolgen. »Eine genauere Aufschlüsselung der Besprechungen zeigt, dass ungeplante Besprechungen am häufigsten vorkommen, gefolgt von Bürobesprechungen und Arbeitsgruppen (z. B. Qualitätszirkel)« (*Grimm, H. G./Vollmer, G. R.* 2007 S. 207). Durch Mitarbeiterbesprechungen kann das Personal aktiv einbezogen werden, wenn es um Problemlösungen geht. Und wer seine Mitarbeiter beteiligt, kann sowohl die Akzeptanz von Entscheidungen wie auch die Mitarbeitermotivation positiv beeinflussen (vgl. *Grimm, H. G./Vollmer,G. R.* 2007 S. 207 ff.).

Konfliktgespräch

Konflikte gehören zum Arbeitsalltag. Führungskräfte sind gut beraten, wenn sie mit Konflikten rechnen und mit ihnen umzugehen lernen. »Ein Konflikt liegt vor, wenn eine oder mehrere Personen versuchen, scheinbar oder tatsächlich unvereinbare Absichten zu verwirklichen« (*Wald, A.* 1996 S. 260). Derartige Konflikte können die Leistungsbereitschaft und -fähigkeit dermaßen beeinträchtigen, dass das Erreichen der Organisationsziele in Gefahr gerät. Deshalb müssen Führungskräfte Konflikte frühzeitig erkennen und gegensteuern. In Konfliktgesprächen werden im Beisein der Beteiligten die Konfliktursachen aufgearbeitet, Lösungsalternativen sowohl entwickelt als auch bewertet und Entscheidungen über die zu realisierende Konfliktlösung getroffen. Konfliktgespräche und Konfliktmanagement stellen sehr hohe Anforderungen an die Führungskraft. In Führungskräftetrainings sollten Konfliktlösungsstrategien ein fester Bestandteil sein (vgl. *Wald, A.* 1996 S. 260 ff.).

Coaching

D

»Coaching ist ein Gesprächs-, Betreuungs-, Beratungs- und Entwicklungsangebot in beruflichen und auch persönlichen Fragen für Beschäftigte auf allen Ebenen in Form einer *Prozessberatung*. Mittels Coaching will man Beschäftigten helfen, sich selbst besser zu organisieren, ihre individuellen Potenziale zu entwickeln und neue Kraft zu schöpfen« (*Bröckermann, R.* 2007 S. 456).

Beratung und Betreuung

Doppler/Lauterburg gehen davon aus, dass hinter dem zu neuen Ehren gelangten alten Begriff *Coaching* durchaus mehr steckt als lediglich eine Modeerscheinung. »Das generelle Führungsverständnis hat sich grundlegend gewandelt. Beratung und Betreuung wird zunehmend als zentrale Funktion der Führung verstanden: der Vorgesetzte als ›Coach‹ seiner Mitarbeiter« (*Doppler, K./Lauter-*

burg, C. 2002 S. 489). Eine Führungskraft, die sich als Coach begreift, fordert zwar die *konsequente Leistungsorientierung*, sie hat aber die besondere Motivation, andere stark zu machen, ohne sich selbst in den Vordergrund zu stellen (vgl. *Doppler, K./Lauterburg, C.* 2002 S. 113). Coaching ist damit eine spezielle Form helfender bzw. unterstützender Beziehung zwischen Vorgesetztem und Mitarbeiter, es geht dabei um Hilfestellung bei längerfristig angelegten Aufgaben wie auch um Unterstützung in kritischen Situationen (vgl. *Krieg, H.-J./Ehrlich, H.* 1998 S. 205). Coaching steht für eine Grundphilosophie der *Hilfe zur Selbsthilfe* (vgl. *Nagel, G.* 1999 S. 277 ff.). Demzufolge schlägt der Coach keine konkreten Verhaltensweisen vor. Vielmehr geht es ihm darum, den Klienten durch Fragen zu eigener Erkenntnis zu bringen, die ihn letztlich in die Lage versetzt, selbst zu entscheiden und die Entscheidung auch umzusetzen. Nach *Nagel* verhält sich der *ideale* Coach folgendermaßen:

- »...führt über Fragen,
- arbeitet mit Zielen des Klienten,
- gibt keine eigenen Handlungsempfehlungen,
- kann auch Menschen annehmen, die ihm persönlich nicht liegen,
- reflektiert seine Arbeit und Interventionen,
- sucht neue zielführende Perspektiven,
- denkt und handelt systematisch,
- provoziert und verstört« (*Nagel, G.* 1999 S. 279).

Coaching als Führungsunterstützung

Das Führungsgeschäft ist zunehmend problematischer geworden, sodass selbst erfahrene und qualifizierte Führungskräfte nicht mehr alles beherrschen können. Wo es an der Qualifikation fehlt, sind Führungskräfte gänzlich überfordert. In problematischen Führungssituationen besteht ein Bedarf an Unterstützung, der durch Coaching gedeckt werden kann. Coaching wird eingesetzt, wenn es um konkrete Fragen und aktuelle Probleme der Führung im eigenen Verantwortungsbereich geht. Zudem ist es sinnvoll, wenn *Nachwuchskräfte* auf Führungsaufgaben oder andere neue anspruchsvolle Aufgaben bzw. innovative Projekte vorbereitet werden sollen. Im Unterschied zur Fachberatung, wo es vor allem um das Aneignen des methodischen Know-hows geht, zielt Coaching darauf ab, optimales Verhalten und Führungshandeln in *komplexen sozialen Situationen* zu erreichen (vgl. *Doppler, K./Lauterburg, C.* 2002 S. 489).

5.4 Personalbedarfsplanung

B

In der Stadtverwaltung *Bürohausen* hat eine Unternehmensberatung eine Organisationsuntersuchung durchgeführt. Im vorläufigen Ergebnisbericht, den die Berater der Lenkungsgruppe vorstellen, werden neben aufbau- und ablauforganisatorischen Vorschlägen auch Empfehlungen zur notwendigen Personalausstattung formuliert. Bei genauerem Hinsehen stellt der Auftraggeber jedoch fest, dass der jeweils dargestellte Personalbedarf lediglich auf groben Schätzungen beruht. Es wird deshalb folgender Beschluss gefasst: »Der Auftragnehmer wird aufgefordert, bei der Personalbemessung fundiertere Planungsgrößen zu erarbeiten.« Welche Möglichkeiten hat das Unternehmen, um der Forderung nachzukommen?

Das Fallbeispiel verweist auf das Thema der Personalbedarfsplanung. Das Personal ist die *wichtigste*, aber auch die *kostspieligste Ressource*. Ihr wirtschaftlicher Einsatz ist nur zu gewährleisten, wenn die Verwaltungsorganisationen möglichst exakt ermitteln, wie groß der gegenwärtige und zukünftige Personalbedarf ist. Darüber hinaus ist zu berücksichtigen, welchen Qualitätsanforderungen gegenwärtige und künftige Mitarbeiter genügen müssen. Mithilfe einer fundierten Personalplanung kann sichergestellt werden, dass weder Personalengpässe noch Personalüberhänge in Kauf genommen werden müssen. Deshalb ist jede Kommunalverwaltung gefordert, eine sorgfältige Planung ihres Personalbedarfes vorzunehmen (vgl. *Berthel, J./ Becker, F. G.* 2007 S. 231).

Dabei muss der Personal-Sollbestand in quantitativer, qualitativer und zeitlicher Hinsicht spezifiziert werden:

Zahl der Stellen

- *Quantität:* Die Quantität des Personalbedarfs bezieht sich auf zwei Bestimmungsgrößen: den *Brutto-Personalbedarf* und den *Netto-Personalbedarf*. Der Brutto-Personalbedarf ergibt sich durch die Gegenüberstellung von Arbeitsaufwand auf der einen Seite und der zur Verfügung stehenden Normalarbeitszeit einer Arbeitskraft auf der anderen. Sofern sich diese erforderliche Summe an Arbeitskräften exakt bestimmen lässt, kann sie dem jeweils ermittelten Personal-Istbestand gegenübergestellt werden. Im Resultat ergibt sich der Netto-Personalbedarf, der je nach Situation eine Personalüberdeckung oder eine Personalunterdeckung ergeben kann.

Qualifikationen

- *Qualität:* Grundlage für die qualitative Planung sind die *Anforderungsprofile* der Stellen. Der qualitative Netto-Personalbedarf ist aus der Gegenüberstellung von Anforderungsprofilen und *Qualifikationsprofilen* der vorhandenen Arbeitskräfte zu ermitteln. »Die Güte, die ›Treffsicherheit‹ betrieblicher Personalpolitik, die dafür sorgen soll, dass der ›richtige Mann am richtigen Platz‹ sitzt, ist abhängig von einer sorgfältigen und zutreffenden Planung der Personalbedarfs-Qualität« (*Berthel, J./Becker, F. G.* 2007 S. 232).

Planungshorizont

- *Zeitliche Komponente:* Bei der Personalplanung unterscheidet man drei zeitliche Perspektiven:

- *kurzfristige Planung:* bis zu 2 Jahren (operative Planung),
- *mittelfristige Planung:* von 3 bis 5 Jahren (taktische Planung),
- *langfristige Planung:* von 5 bis 10 Jahren (strategische Planung).

Kommunalverwaltungen sind gehalten, für alle drei Zeithorizonte möglichst zuverlässige Voraussagen und Planungen vorzunehmen – eine Forderung, der in der *Praxis* kaum entsprochen wird. Im Rahmen einer verlässlichen Personalbedarfsplanung geht es um die Ermittlung

- des Brutto-Personalbedarfs und
- des Netto-Personalbedarfs.

5.4.1 Ermittlung des Brutto-Personalbedarfs (Personalbemessung)

Personalbemessung

Eine unerlässliche Voraussetzung für die kurz-, mittel- und langfristige Personalbedarfsplanung ist die Bestimmung des Brutto-Personalbedarfs. »Es gibt eine Reihe von Modellen und methodischen Ansätzen, mit denen versucht wird, funktionale Beziehungen zwischen Einflussfaktoren und dem Personalbedarf abzubilden, um daraus Berechnungsmodi für die Ermittlung des Personalbedarfs herzuleiten« (*Berthel, J./Becker, F. G.* 2007 S. 234). Darauf abzielende Verfahren werden unter dem Stichwort *Personalbemessung* gehandelt und diskutiert. Dabei wird auf der Grundlage bestimmter Variablen bzw. Richtwerte die zu einem bestimmten Zeitpunkt erforderliche Zahl an Mitarbeitern festgestellt. Methoden der Personalbemessung ermitteln den Arbeitsaufwand, der zur Erfüllung bestimmter Aufgaben durchschnittlich notwendig ist und stellen ihn der verfügbaren Arbeitszeit eines Mitarbeiters gegenüber (vgl. *Bröckermann, R.* 2007 S. 44 ff.).

Die öffentliche Verwaltung muss kontinuierlich Personalbemessungen durchführen, um der Verpflichtung zu wirtschaftlichem Handeln gerecht zu werden. Trotzdem wird der Personalbedarf in vielen Verwaltungen nicht ausreichend geplant und gesteuert. Dies lässt sich u. a. auf folgende Ursachen zurückführen (vgl. *Becker, R./Kaufmann, L.* 1997 S. 5):

- Exakte Personalbemessungen sind mit einem zu hohen Aufwand verbunden.
- In Bereichen, in denen die Verwaltung vorwiegend geistig-schöpferische Arbeit leistet, wird jede Zeitplanung mit Skepsis betrachtet.
- Widerstände der Mitarbeiter und der Personalvertretungen werden überschätzt.

- Demgegenüber werden die durch Personalbemessungen erreichbaren Effizienz- und Qualitätsverbesserungen eher zu gering eingeschätzt.

Dabei sind die positiven Effekte systematischer Personalbemessungen offensichtlich. Durch exakte Personalbemessungen kann der Bedarf an Personal plausibel begründet werden. Personalmangel oder -überhang wird unmittelbar deutlich. Durch Berechnungen werden zudem die vorliegenden Arbeitsmengen genau bestimmt, sodass eine annähernd gleiche Belastung der Mitarbeiter gewährleistet werden kann. Schließlich können aufgrund systematischer Personalbemessungen Rationalisierungsmöglichkeiten erkannt und ausgeschöpft werden (vgl. *Joerger, G./Geppert, M.* 1983 S. 177, *Reichard, C.* 1987 S. 247).

Verfahren der Personalbemessung

Für Personalbemessungen stehen eine Reihe von Verfahren zur Verfügung. Grundsätzlich können *analytische* und *summarisch-empirische* Verfahren unterschieden werden:

Analytische Verfahren versuchen, den Personalbedarf möglichst exakt durch detaillierte Analysen zu ermitteln. Zu diesem Zweck wird auf der Grundlage von Organisationsanalysen das zu bewältigende Arbeitsvolumen erhoben und der Jahresarbeitszeit einer Normalarbeitskraft gegenübergestellt.

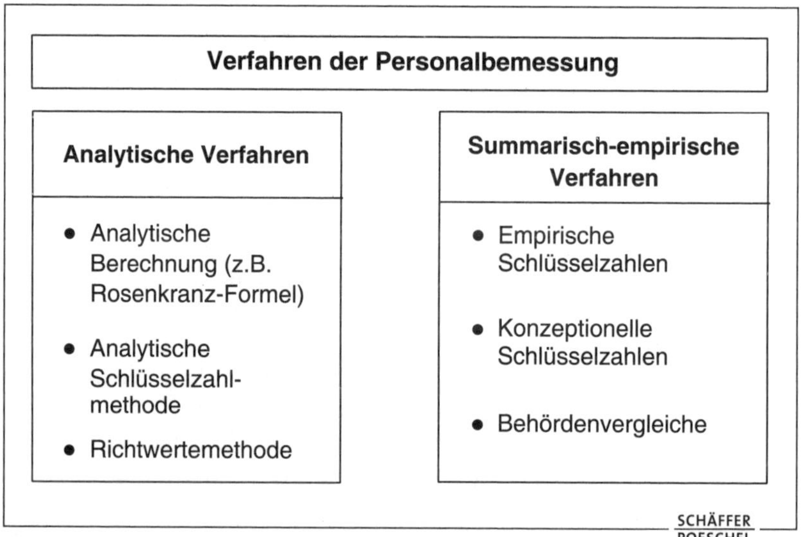

Abb. 5.15: Verfahren der Personalbemessung
(in Anlehnung an *Joerger, G./Geppert, M.* 1983 S. 182)

Summarisch-empirische Verfahren sehen davon ab, das zu bewältigende Arbeitsvolumen exakt zu ermitteln. In vielen Verwaltungsbereichen unterliegen die Aufgaben starken Schwankungen, sodass detaillierte Analysen kaum möglich sind oder sich nicht lohnen. Man vertraut dann zumeist auf Erfahrungswerte oder Behördenvergleiche. In etlichen Verwaltungsbereichen wird der Personalbedarf konzeptionell aufgrund bestimmter politischer Zielvorstellungen festgesetzt.

5.4.1.1 Analytische Verfahren

Rosenkranz-Formel

Dort, wo es möglich ist, wendet die öffentliche Verwaltung das Verfahren der analytischen Personalbemessung an. Dabei werden gleichartige Tätigkeiten bestimmt, die jeweilige Häufigkeit und Zeitdauer ermittelt und der Normalleistung eines Mitarbeiters gegenübergestellt. Berechnungsgrundlage ist eine einfache mathematische Formel, in der das Produkt aus

- Fallzahlen,
- mittleren Bearbeitungszeiten und
- einem Zuschlagsfaktor für untypische – nicht-fallbezogene – Tätigkeiten

durch die Normalarbeitszeit eines Mitarbeiters, bei der durchschnittliche Ausfallzeiten (Urlaub, Krankheit) berücksichtigt werden, dividiert wird (vgl. *Joerger, G./Geppert, M.* 1983 S. 178, *Reichard, C.* 1987 S. 244). Im Bereich der öffentlichen Verwaltung kann zudem die so genannte *Rosenkranz-Formel* zum Einsatz gelangen. Sie ist nach *R. Rosenkranz* benannt, der die Formel 1966 speziell für Bürotätigkeiten entwickelt hat.

Die Formel funktioniert folgendermaßen: Die Fallzahlen der typischen Tätigkeiten (m_i) werden mit den jeweiligen mittleren Bearbeitungszeiten (t_i) multipliziert. Die Summe der dabei errechneten Produkte wird durch die Bruttoarbeitszeit einer Normalarbeitskraft (T) dividiert, was den Personalbedarf für typische Tätigkeiten ohne Berücksichtigung untypischer Tätigkeiten und der Verteilzeiten ergibt. Danach erfolgt eine Multiplikation des Ergebnisses mit dem notwendigen Verteilzeitfaktor (f_{NV}), der sich aus den drei Zuschlagsfaktoren für untypische Tätigkeiten, für Erholungszeiten und für Ausfallzeiten errechnet. Hinzugerechnet wird jetzt noch der Personalbedarf, der durch die tatsächlich gemessene Ist-Bearbeitungszeit für verschiedene zusätzliche Tätigkeiten (t_v) und den tatsächlichen Verteilzeitfaktor (f_{TV}) entsteht. *Scholz* beschreibt die Funktionsweise der Rosenkranz-Formel folgendermaßen:

Rosenkranz-Formel

$$PB = \frac{\sum(m_i \cdot t_i)}{T} \cdot f_{NV} + \frac{t_V}{T} \cdot \frac{f_{NV}}{f_{TV}}$$

PB = Personalbedarf: Zahl der erforderlichen Stellen.

m_i = Fallzahl: Zahl der typischen Arbeitsvorgänge.

t_i = Mittlere Bearbeitungszeit je Fall.

T = Bruttoarbeitszeit pro Person und Monat.

t_v = Ist-Bearbeitungszeit für verschiedene untypische Tätigkeiten.

f_{NV} = Notwendiger Verteilzeitfaktor (Produkt aus Zuschlag für Nebenarbeiten, für Erholungszeiten und für Ausfallzeiten).

f_{TV} = Tatsächlicher Verteilzeitfaktor (Quotient aus Bruttoarbeitszeit aller Mitarbeiter und Netto-Sollbearbeitungszeit aller Fälle).

SCHÄFFER POESCHEL

Abb. 5.16: Personalbemessung nach der *Rosenkranz*-Formel (vgl. *Scholz, C.* 2000 S. 293 f.)

B

»Diese Formel verbindet zwei Möglichkeiten zur Personalbedarfsermittlung: Auf der einen Seite wird *analytisch* bestimmt, wie hoch der Personalbedarf aufgrund des angestrebten Arbeitsanfalles sein müsste (linker Term in der Addition). Auf der anderen Seite wird *summarisch* versucht, ausgehend von der im tatsächlichen Verteilzeitfaktor enthaltenen Produktivität der Mitarbeiter eine Korrekturgröße einzuführen (rechter Term). Dies bedeutet aber, dass sich der tatsächliche Verteilzeitfaktor immer aus dem aktuellen Personalbestand bestimmt. Aus diesem Grunde dient die Rosenkranz-Formel auch überwiegend dazu, den aktuellen Personalbestand auf seine Angemessenheit hin zu prüfen« (*Scholz, C.* 2000 S. 294).

Vorgehensweise

Um die *Rosenkranz*-Formel anwenden zu können, sind folgende *Voraussetzungen* zu schaffen:

- Zunächst müssen in den betroffenen Facheinheiten jene Arbeitsvorgänge bestimmt werden, die als typische und gleichartige Tätigkeiten stets zu bewältigen sind (z. B. Anmeldungen im Bereich des Einwohnermeldeamtes).
- In einem zweiten Schritt werden auf Basis der typischen Arbeitsvorgänge die jeweiligen Arbeitsmengen – d. h. die Fallzahlen – ermittelt: – m_i –

- Danach sind die jeweiligen Bearbeitungszeiten zu bestimmen. Es handelt sich dabei um den durchschnittlichen Zeitaufwand, den ein Arbeitsvorgang oder ein Prozess benötigt, wobei das Leistungsvermögen einer durchschnittlichen Arbeitskraft zugrunde gelegt wird: – t_i –
- In allen Organisationseinheiten sind neben den typischen Arbeitsvorgängen noch so genannte untypische Tätigkeiten (Nebenarbeiten) sowie Ermüdungs- und Erholungszeiten zu berücksichtigen. Zudem gibt es in Bezug auf die Bruttoarbeitszeit eines Mitarbeiters noch Ausfallzeiten bedingt durch Urlaub und Krankheit. Diese Zuschläge insgesamt ergeben den notwendigen *Verteilzeitfaktor*, der in die Berechnung des Personalbedarfs eingehen muss: – f_{NV} –
- Zur Anwendung der *Rosenkranz*-Formel muss zudem noch der tatsächlich ermittelte Zeitaufwand für untypische Tätigkeiten bzw. Nebenarbeiten in Erfahrung gebracht werden: – t_V –
- Um aus dem ermittelten Arbeits- und Zeitaufwand eine Stellenzahl errechnen zu können, muss dann noch die Bruttoarbeitszeit eines Mitarbeiters gegeben sein: – T –
- Der tatsächliche Verteilzeitfaktor (f_{TV}), der zur Berechnung des zweiten Terms in der Formel benötigt wird, ergibt sich aus dem Quotienten aus Bruttoarbeitszeit aller Mitarbeiter und Nettoarbeitszeit aller Fälle.

Das nachstehende Fallbeispiel verdeutlicht die Funktionsweise:

Im Sozialamt einer großstädtischen Verwaltung ist eine Abteilung für Zuwendungen an Sozialhilfeempfänger zuständig. In diesem Zusammenhang sind die folgenden typischen Arbeitsvorgänge zu erledigen:

- Erstanträge (100 Fälle pro Monat; Bearbeitungszeit je Fall: 60 Minuten).
- Wiederholungsanträge (100 Fälle pro Monat; Bearbeitungszeit je Fall: 30 Minuten).
- Kontrollen der Mittelverwendung (130 Fälle pro Monat; Bearbeitungszeit je Fall: 100 Minuten).
- Die monatliche Arbeitszeit eines Mitarbeiters beträgt 160 Arbeitsstunden (= 9 600 Arbeitsminuten).
- Für verschiedene untypische Tätigkeiten werden insgesamt 6 000 Arbeitsminuten errechnet.

Die Personalcontrolling-Abteilung legt den Zuschlag für Nebenarbeiten aufgrund von Statistiken auf 1,15 fest. Der Erholungszeitzuschlag beträgt 1,12. Für Ausfallzeiten wird ein Zuschlagsfaktor von 1,20 zugrunde gelegt. Gegenwärtig arbeiten 5 Mitarbeiterinnen (jeweils auf Vollstellen) in der Abteilung. Ist die Abteilung unter- oder überbesetzt?

Lösung

Personalbedarf auf Grundlage der typischen Arbeitsvorgänge:

$(100 \times 60 + 100 \times 30 + 130 \times 100) \div 9\,600 = 22\,000 \div 9\,600 = 2{,}29$

Verteilzeitfaktor $\mathbf{f_{NV}}$:

1,15 × 1,12 × 1,20 = 1,54
Tatsächlicher Verteilzeitfaktor f_{TV}:
48 000 ÷ 22 000 = 2,18
Zuschlag für tatsächliche Verteilzeiten:
6 000 ÷ 9 600 × 1,54 ÷ 2,18 = 0,625 × 0,70 = 0,44
Gesamtpersonalbedarf nach der Rosenkranz-Formel
= 2,29 × 1,54 + 0,44 = *3,96 Stellen*
Die Berechnung ergibt einen Personalbedarf von 4 Voll-Stellen. Somit kann die Abteilung eine Stelle abbauen.

Schlüsselzahlmethode und Richtwerte

Die analytische Personalbemessung ist personal- und zeitaufwändig, zumal dann, wenn die mittleren Bearbeitungszeiten aktuell ermittelt werden müssen. Zwei von der reinen analytischen Personalbemessung parziell abweichende Verfahren versuchen die Personalbemessung insofern zu vereinfachen, als sie auf die empirische Ermittlung der mittleren Bearbeitungszeiten (t_i) verzichten und auf bereits vorhandene mittlere Bearbeitungszeiten zurückgreifen (vgl. *Joerger, G./Geppert, M.* 1983 S. 182 ff.).

- Wenn eine Organisationseinheit auf bereits früher ermittelte mittlere Bearbeitungszeiten zurückgreift, spricht man von der so genannten *analytischen Schlüsselzahlmethode*.
- Werden im Rahmen der analytischen Personalbemessung Richtwerte als Bearbeitungszeiten zugrunde gelegt, bezeichnet man dies als *Richtwertemethode*. Für einen Großteil der typischen Arbeitsvorgänge haben u. a. die Städte- und Gemeindetage, die *KGSt* und die Gemeindeprüfungsanstalten Richtwertesammlungen angelegt, auf die sich die Kommunalverwaltungen bei Personalbemessungen beziehen können.

Würdigung

Die beschriebenen Verfahren der analytischen Personalbemessung sind nur für Organisationseinheiten geeignet, die einen relativ hohen Anteil an Routineaufgaben aufweisen. Eine weitere Voraussetzung sind wenige, sich häufig wiederholende Tätigkeitsarten, bei denen klar voneinander abgegrenzte Einzelfälle mit überschaubaren Ablaufstrukturen zu verzeichnen sind. Bei übermäßigen saisonalen Schwankungen sind analytische Verfahren problematisch. Da analytische Bemessungen oft auf den Widerstand der betroffenen Mitarbeiter stoßen, sind vor und während der Untersuchung *vertrauensbildende Maßnahmen* unerlässlich.

5.4.1.2 Summarisch-empirische Verfahren

Komplexe Aufgaben

Sofern die genannten Voraussetzungen für formelmäßige analytische Bemessungen nicht vorliegen, muss der Personalbedarf auf andere Art und Weise bestimmt werden. Bei den folgenden Aufgaben können analytische Bemessungsverfahren nicht eingesetzt werden (vgl. *Reichard, C.* 1987 S. 247):

- geistig-schöpferische Arbeiten, die sich nicht in Fallzahlen und mittleren Bearbeitungszeiten darstellen lassen (z. B. Aufgaben im Bereich der Stadtplanung),
- neue oder ständig wechselnde Aufgaben, bei denen über Ablauf und Verfahrensmöglichkeiten keine Erfahrungen bzw. verlässliche Daten vorliegen.

Bemessung durch Kennzahlen

Bei derartigen Aufgaben ist man im Fall der Personalbemessung auf summarisch-empirische Verfahren angewiesen, die den Personalbedarf auf der Grundlage von Kennzahlen ermitteln. Dazu zählen: empirische Schlüsselzahlen, konzeptionelle Schlüsselzahlen und Behördenvergleiche (vgl. *Joerger, G./Geppert, M.* 1983 S. 184 ff.).

Empirische Schlüsselzahlen sind einerseits auf Erfahrungen zurückzuführen, die aufgrund langjähriger Praxis vorliegen. Andererseits können Vergleiche und Beobachtungen in der eigenen oder in anderen Behörden, die eine Beziehung zwischen Arbeitsbelastung und Personalbedarf ausdrücken können, als Grundlage dienen. So weiß man aus Erfahrung, dass ein Sachbearbeiter eines spezifischen Verwaltungsbereichs ca. 500 Fälle pro Jahr bearbeiten kann.

Konzeptionelle Schlüsselzahlen: Bei der konzeptionellen Bemessung wird der Personalbedarf aus den Zielvorstellungen der Entscheidungsträger hergeleitet. Das Verfahren eignet sich z. B. für personenbezogene Dienstleistungen, bei denen eine bestimmte Betreuungsintensität angestrebt wird und analytische Bemessungen nicht möglich sind. Insofern legen die Entscheidungsträger fest, wie gut oder wie umfangreich Aufgaben wahrgenommen werden. Oft geht es dann um die Frage: Was ist finanzierbar? Beispiele für konzeptionelle Schlüsselzahlen sind:

- Verhältnisse zwischen Bewährungshelfern und Probanden (1 Bewährungshelfer für x Probanden),
- Verhältnisse zwischen Lehrern und Schülern (1 Lehrer für x Schüler).

Problematisch bei diesen Verfahren ist, dass tatsächliche Belastungen nicht berücksichtigt werden, sodass die Gefahr besteht, das Personal aufgrund von konzeptionellen Schlüsselzahlen zu über- bzw. zu unterfordern.

Behördenvergleiche: Bei Behördenvergleichen werden die Verhältnisse zweier oder mehrerer Behörden mit Hilfe von Kennzahlen miteinander verglichen. Übliche Kennzahlen für Kommunalverwaltungen sind

- das Verhältnis von Personalzahlen zu Einwohnerzahlen,

- das Verhältnis von Personalkosten zu Einwohnerzahlen und
- das Verhältnis von Personalkosten zu Personalzahlen.

Sofern derartige Kennzahlen zur Personalbemessung herangezogen werden sollen, sind die ortsspezifischen Bedingungen zu berücksichtigen: Art und Umfang der Aufgaben, Einsatz von Arbeitsmitteln, Arbeitsbedingungen, Arbeitsmethoden und -techniken und die Qualifikation der Beschäftigten. Üblicherweise sind aufgrund von Behördenvergleichen nur Grobhinweise möglich (vgl. *Joerger, G./Geppert, M.* 1983 S. 185).

Ziel der Personalbemessung

Ziel aller Verfahren der Personalbemessung ist der möglichst wirtschaftliche Einsatz des Produktionsfaktors Arbeit. Dabei soll der objektiv notwendige Personalbedarf unter Berücksichtigung der *örtlichen Verhältnisse* und nach Ausschöpfen der Rationalisierungsmöglichkeiten ermittelt werden. Die eigentlich notwendige Exaktheit und Verlässlichkeit ist aber nur schwer zu gewährleisten. Gerade in Bereichen, in denen der Personalbedarf nicht auf der Grundlage von Fallzahlen und mittleren Bearbeitungszeiten errechnet werden kann, sind mehr oder weniger *verlässliche Schätzungen* oft die einzige Möglichkeit, den Brutto-Personalbedarf zu bestimmen. Ist eine analytische Bemessung möglich, hängt die Verlässlichkeit der Ergebnisse von der Sorgfalt ab, mit der diese Personalbedarfsanalysen vorgenommen werden. Der dazu notwendige Aufwand ist aber enorm.

5.4.2 Ermittlung des Netto-Personalbedarfs

Personalbedarfsplanung endet nicht mit der Ermittlung des Brutto-Personalbedarfs. Genauso wichtig ist es zu erfahren, inwieweit der ermittelte Personalbedarf einer Kommunalverwaltung mittel- bis langfristig gedeckt werden kann. Welche Vorkehrungen sind zu treffen, um die Deckung des Personalbedarfs auch längerfristig zu gewährleisten? Sofern mittel- und langfristige Personalplanungen angestellt werden sollen, müssen der *Ersatzbedarf* und der *Zusatz- bzw. Neubedarf* an Personal prognostiziert werden (Netto-Personalbedarf).

Ersatzbedarf

Der Ersatzbedarf ergibt sich durch eine Abschätzung des zukünftig ausscheidenden und des zukünftig hinzukommenden Personals. Die Abbildung 5.17 stellt Gründe für Personalabgänge und -zugänge dar.

Ermittlung der Personalabgänge	Ermittlung der Personalzugänge
• Erreichen der Altersgrenze • Dienstunfähigkeit • Sterbefälle • Beurlaubung (einschl. Wechsel zur Teilzeit) • Kündigung durch Verwaltung bzw. Bediensteten • Versetzung in andere Verwaltungsbereiche • Aufstieg in eine höhere Laufbahn	• Abgeschlossene Ausbildung • Neueinstellungen • Aufstieg (aus niedrigeren Laufbahnen bzw. Entgeltgruppen) • Versetzung aus anderen Verwaltungen • Ende der Beurlaubung

SCHÄFFER POESCHEL

Abb. 5.17: Gründe für Personalabgänge und -zugänge
(vgl. *Reichard, C.* 1987 S. 241)

Wie viele Mitarbeiter die Altersgrenze erreichen werden, ergibt sich aus der Personalkartei. Alle weiteren Personalabgänge können unter Berücksichtigung einer gewissen Streubreite gut vorausbestimmt werden. Zur Ermittlung der Personalzugänge bemerkt *Reichard*: »Abgesehen von den bestehenden Einstellungs- bzw. Ausbildungsverträgen sind die Zugänge ein variabler *Entscheidungstatbestand*: Je nach künftig angestrebtem/erforderlichem Personalbestand können die Zugangszahlen entsprechend festgelegt werden« (*Reichard, C.* 1987 S. 241). Die Bestimmung des Ersatzbedarfes an Personal ist somit einigermaßen problemlos realisierbar. Für kurzfristige Personalplanungen sind gesicherte Informationen über den Ersatzbedarf ausreichend. Dabei geht man folgendermaßen vor (vgl. *Berthel, J./Becker, F. G.* 2007 S. 240).

	1)	Brutto-Personalbedarf
./.	2)	Personalbestand zum Zeitpunkt t_0
+	3)	Personalabgänge • sichere Abgänge: Erreichen der Altersgrenze • statistisch erfassbare Abgänge: Fluktuation, Dienstunfähigkeit, Sterbefälle • Abgänge aufgrund getroffener Dispositionen: Beförderungen, Versetzungen
./.	4)	gesicherte Personalzugänge: durch vertragliche Verpflichtungen, Übernahmen aus Ausbildungsverhältnissen
=	5)	Netto-Personalbedarf ⇒ Ersatzbedarf bei Unterdeckung ⇒ Freistellungsbedarf bei Überdeckung

SCHÄFFER POESCHEL

Abb. 5.18: Kurzfristige Personalplanung
(vgl. *Berthel, J./Becker, F. G.* 2007 S. 240)

Zusatzbedarf

Anders verhält es sich bei mittel- und langfristigen Personalplanungen. Hier muss darüber hinaus der *Zusatz-* oder *Neubedarf* an Personal ermittelt werden. Dazu ist es notwendig, Prognosen über die gesellschaftlichen, politischen und wirtschaftlichen Entwicklungen anzustellen. Es sind vor allem die folgenden Einflussgrößen in ihrer Entwicklung abzuschätzen: Aufgabenentwicklung, Entwicklung der Organisation und der Sachmittel sowie Entwicklungen im Personalsystem selbst.

Aufgabenentwicklung: Die Aufgaben der öffentlichen Verwaltung verändern sich einerseits aufgrund der demographischen Entwicklung. Für die öffentlichen Aufgaben wird es Konsequenzen haben, wenn die Wohnbevölkerung zurückgeht oder die Bevölkerungsstruktur sich deutlich zugunsten der über 60-Jährigen verändert. Andererseits sind perspektivische Ziel- und Programmplanungen der Regierungen einzubeziehen. Politische Entscheidungen der Bundes- und Landesebene sowie tendenziell immer stärker die europäische Ebene können die Kommunalverwaltungen vor neue Herausforderungen stellen (z. B. bei den Kindergartenplätzen oder der Umweltgesetzgebung).

Organisations- und Sachmittel: Die in der öffentlichen Verwaltung einzusetzenden Organisations- und Sachmittel verändern sich kontinuierlich. Gegenwärtig beeinflussen vor allem die stärkere Prozessorientierung und die Möglichkeiten der Informations- und Kommunikationstechniken den Personalbedarf. Mittel- und langfristige Prognosen über die Entwicklung dieser Techniken sind zwar schwierig, aber unerlässlich.

Personalsystem: Ebenso wie die Organisations- und Sachmittel kann sich auch das Personal selbst verändern bzw. entwickeln. Insofern hängt der zukünftige Personalbedarf auch von der Personalproduktivität (Leistungsfähigkeit, Qualifikation und Leistungsbereitschaft) ab. In den 70er- und 80er-Jahren hat sich beispielsweise der Wertewandel auf die Leistungsbereitschaft ausgewirkt. Folglich gibt es heute mehr Menschen, die ihren Arbeitsplatz zur Selbstverwirklichung nutzen wollen und damit auch ein hohes Maß an Engagement einzubringen bereit sind. Außerdem hat die Qualifikation der Mitarbeiter Einfluss auf die Produktivität. Investitionen in die Personalentwicklung wirken sich somit auf die Personalplanung aus.

Vorgehen bei langfristiger Planung

Bei langfristiger Planung geht man folgendermaßen vor (vgl. *Berthel, J./Becker, F. G.* 2007 S. 240 f.):

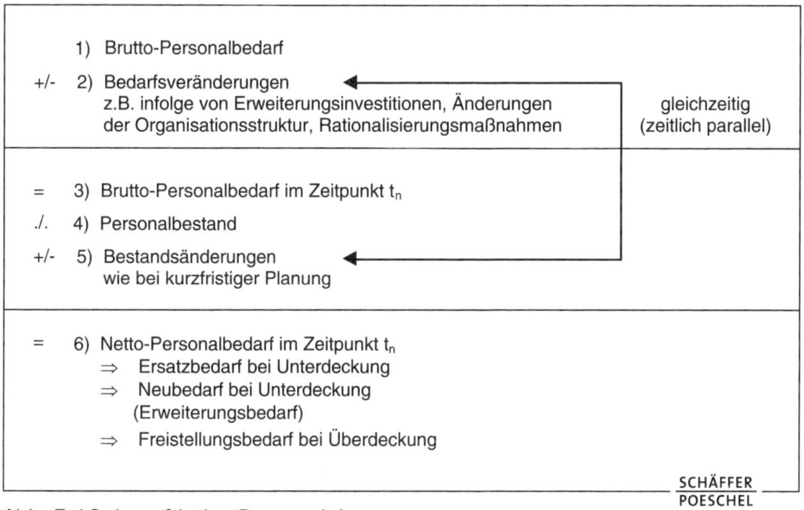

Abb. 5.19: Langfristige Personalplanung
(vgl. *Berthel, J./Becker, F. G.* 2007 S. 240 f.)

Zusammenfassend bleibt festzuhalten: Bei einer kurzfristigen Zeitperspektive wird der Netto-Personalbedarf nur durch Veränderungen im Personalbestand beeinflusst. Im Resultat ergibt sich dann lediglich ein Ersatz- bzw. Freistellungsbedarf. Bei einer *langfristigen Perspektive* sind sowohl Veränderungen im Personalbestand als auch Veränderungen beim Brutto-Personalbedarf, die durch die beschriebenen Faktoren (Aufgabenentwicklung, Organisations- und Sachmittel, Personalsystem) bestimmt werden, zu berücksichtigen. Im Ergebnis kann sich damit Ersatz- und/oder Neubedarf bzw. Freistellungsbedarf ergeben.

Qualitativer Personalbedarf

Eine weitere wichtige Planungsgröße ist der qualitative Personalbedarf. Die qualitative Personalplanung »... hat das Ziel festzustellen,

- welche Qualifikationen in der Planungsperiode erforderlich sind,
- ob die vorhandene Qualifikationsstruktur ausreichend ist,
- welche Maßnahmen zur Bedarfsdeckung getroffen werden müssen« (*Krieg, H.-J./Ehrlich, H.* 1998 S. 58).

Die Vorgehensweise sieht zunächst eine Analyse der Ist-Qualifikation vor. Anschließend stellt sich die Frage nach absehbaren Veränderungen der Qualifikationsstruktur, die sich beispielsweise durch Fluktuation, Fortbildungsmaßnahmen oder durch Job-Rotation ergeben. In einem dritten Schritt wird ermittelt, welcher Bedarf an Qualifikationen mittel- und langfristig notwendig ist. In der Verwaltung müssen dabei vor allem Veränderungen der Aufgabenstruktur, technische Neuerungen und der Wandel im Verwaltungsmanagement berücksichtigt werden. Schließlich führt eine Gegenüberstellung von Soll und Ist zu einem Qualifikationsbedarf, der einerseits durch Personalbeschaffung (vgl. Abschnitt 5.5.1) und andererseits durch Maßnahmen der Personalentwicklung (vgl. Abschnitt 5.6) gedeckt werden muss (vgl. *Krieg, H.-J./Ehrlich, H.* 1998 S. 60 ff., *Bröckermann, R.* 2007 S. 49 ff.).

5.5 Personalbedarfsdeckung

Aufgabenerfüllung durch qualifiziertes Personal

Um die Aufgabenerfüllung jederzeit gewährleisten zu können, hat sich die öffentliche Verwaltung kontinuierlich mit dem entsprechend qualifizierten Personal zu versorgen. Demzufolge sind Maßnahmen zur Deckung des Personalbedarfs notwendig, wenn Abgänge oder Ausfälle zu ersetzen sind (Ersatzbedarf) oder neugeschaffene Stellen zu besetzen sind (Zusatzbedarf) (vgl. *Bröckermann, R.* 2007 S. 38 ff.). Verwaltungsorganisationen, die eine sorgfältige Personalbedarfsplanung realisieren, können das *Beschaffungsproblem* besser lösen als Verwaltungen, die in dieser Hinsicht keine Vorkehrungen getroffen haben. Sofern ein Personalüberhang zu verzeichnen ist, entsteht ein Personaldeckungsproblem mit negativem Vorzeichen. Dann ist Personal von freiwerdenden Stellen abzuziehen (Minder- bzw. Freistellungsbedarf).

D

Personalbedarfsdeckung umfasst alle Aktivitäten, die der Beschaffung und Auswahl des Personals und dem Einsatz von personellen Kapazitäten dienen (vgl. *Berthel, J./Becker, F. G.* 2007 S. 245).

Teilaufgaben

Im Rahmen der Personalbedarfsdeckung sind insgesamt vier Teilaufgaben bzw. -prozesse zu planen und zu gestalten (vgl. *Berthel, J./Becker, F.* 2007 S. 245 f.):

Die *Personalbeschaffung* ist auf die Suche der geeigneten Mitarbeiter ausgerichtet. Ausgangspunkt ist der im Rahmen der Personalplanung ermittelte quantitative und qualitative Personalbedarf. Überdies ist die zeitliche (Zeitpunkt und Dauer der Stellenbesetzung) und die örtliche Komponente (künftiger Einsatzort) zu berücksichtigen. Neuerdings nutzen Kommunalverwaltungen in diesem Zusammenhang das Konzept des *Personalmarketings.* Die Personalbeschaffung erfüllt die Funktion der Schaffung von Auswahlmöglichkeiten auf der Grundlage eines breiten Bewerberpotenzials (Variation).

Die *Personalauswahl* befasst sich mit Entscheidungsverfahren, die darauf abzielen, die jeweils bestgeeigneten Bewerber herauszufinden. Geeignete Auswahlverfahren erfüllen die Funktion der Selektion.

Personaleinführung: Die Personalbedarfsdeckung ist erst abgeschlossen, wenn der ausgewählte Mitarbeiter durch Maßnahmen der Personaleinführung in den betrieblichen Leistungsprozess eingegliedert ist. Durch Maßnahmen der Integration wird die Funktion der Stabilisierung erfüllt.

Sofern man innerhalb der Personalbedarfsdeckung auch qualitative Aspekte berücksichtigt, gehört überdies die *Personalentwicklung* in diesen Zusammenhang. Dabei werden Qualifikationslücken dadurch geschlossen, dass man eigene Mitarbeiter bedarfsgerecht weiterbildet.

5.5.1 Personalbeschaffung und Personalmarketing

In der Stadtverwaltung *Bürohausen* ist die Stelle eines Organisators neu zu besetzen. Nachdem im Rahmen der dezentralen Ressourcenverantwortung die Organisationsaufgaben zu einem Gutteil in die Fachbereiche verlagert worden sind, soll in der neu geschaffenen zentralen Steuerungsinstanz ein ausgewiesener Organisationsexperte vor allem folgende Aufgaben bewältigen:

- Bearbeitung verwaltungsweiter Organisationsfragen,
- Stellenplan und Stellenbewertung in Zusammenarbeit mit den Fachbereichen,
- Beratung der Fachbereiche bei fachbereichsinternen Organisationsproblemen,
- Koordination der Informations- und Kommunikationstechnik.

Bei der Gewinnung des neuen Mitarbeiters, der in einem strategisch sehr wichtigen Bereich tätig werden soll, soll möglichst – so die Auffassung der Teilnehmer der Fachbereichsleiterbesprechung – ein breites Bewerberpotenzial angesprochen werden. Es steht zwar ein Mitarbeiter aus den Reihen des bisherigen Hauptamtes als möglicher Kandidat zur Verfügung, man weiß allerdings nicht genau, ob der Betreffende tatsächlich ein Interesse an neuen anspruchsvolleren Aufgaben hat. Der Oberbürgermeister argumentiert gegen eine interne Besetzung und tritt vehement für eine externe Lösung ein. Nach seiner Auffassung braucht der Organisationsbereich gerade bei der Umsetzung von neuen organisatorischen Lösungen frischen Wind und neue Ideen. Dies kann nur ein Bewerber von außen gewährleisten. In der weiteren Diskussion wird sogar der Einsatz einer Personalberatungsgesellschaft vorgeschlagen.

Notwendigkeit des Personalmarketings

Durch Maßnahmen der Personalbeschaffung wird eine bestmögliche Stellenbesetzung in quantitativer und qualitativer Hinsicht angestrebt und vorbereitet. Dies gelingt der Verwaltung nur dann, wenn der interne und externe Personalmarkt systematisch und vollständig erschlossen wird. Bei der Personalbeschaffung muss auf Seiten der potenziellen Bewerber die Bereitschaft und die Motivation gefördert werden, einen Arbeitsplatz in der öffentlichen Verwaltung anzustreben. Dies kann durch Verbesserung der *Attraktivität der Arbeitsplätze* in der Verwaltung sowie durch die offensive

Kommunikation dieser Attraktivität erreicht werden. Die bloße Information über freie Stellen reicht nicht mehr aus, um mit den Stellenangeboten der privaten Wirtschaft konkurrieren zu können. Die öffentliche Verwaltung ist mehr und mehr gezwungen, ihre Arbeitsplätze »verkaufsgerecht« anzubieten. Bei allen Maßnahmen ist sowohl die Angebotsseite (Konkurrenz am Arbeitsmarkt) als auch die Nachfrageseite (potenzielle Bewerber) zu berücksichtigen (vgl. *Kolb, M.* 2002 S. 89). Der Marketinggedanke kam in der Vergangenheit zunächst im Bereich des Absatzes zum Tragen. Die bereits seit den 60er-Jahren zu beobachtende Entwicklung von Verkäufer- zu Käufermärkten erzeugt bei den Unternehmen einen verstärkten Druck, sich in höherem Maße um die Kunden zu kümmern. In diesem Zusammenhang kam es zunächst zu verstärkten Anstrengungen in der Werbung, die sich in der Folgezeit zum umfassenderen Marketing entwickelt hatte. Grundsätzlich bedeutet Marketing »Denken vom Markt her« oder »sich in die Lage des Kunden zu versetzen« (vgl. *Kolb, M.* 2002 S. 89). Insofern steht das Personalmarketing für das verstärkte Bemühen um qualifizierte Arbeitskräfte. Beim Personalmarketing ist das angebotene Produkt die zu besetzende Stelle, die Kunden sind die eigenen Mitarbeiter sowie die (potenziellen) Bewerber.

Umfassender und ganzheitlicher Ansatz

Marketing ist mehr als nur Werbung. Marketing heißt, dass *alle Bereiche* und *alle Aktivitäten* eines Unternehmens auf den Verkauf der eigenen Produkte ausgerichtet sein müssen. Insofern hat *jedes Verwaltungshandeln*, das nach außen wirksam wird, eine Bedeutung für das Personalmarketing. Wer als potenzieller Bewerber schlechte Erfahrungen mit der öffentlichen Verwaltung macht, wird sich im Falle attraktiver Alternativen nicht um eine Stelle im öffentlichen Dienst bemühen. Die Marketingperspektive steht für einen umfassenden und ganzheitlichen Ansatz, der ein Denken und Vorgehen in Einzelmaßnahmen verbietet. Es geht um eine *Unternehmensphilosophie*, die sich in der Verwaltungsorganisation verfestigen muss (vgl. *KGSt-Bericht* 12/1992 S. 22). Personalmarketing ist ein langfristig angelegtes Konzept, »welches das Denken vom Markt her betont, das die externe und die interne Situation berücksichtigt und alle Maßnahmen auf einer vernünftigen Informationsbasis aufbaut« (*Kolb, M.* 2002 S. 89). *Kolb* hat die Bandbreite des Personalmarketings in der Abbildung 5.20 rekonstruiert.

Personalmarketing		
	Intern	Extern
Information	**Personalforschung**, z.B. • Personalplanung • Arbeitszufriedenheit/ Betriebsklima • Karrierewünsche der Mitarbeiter	**Arbeitsmarktforschung**, z.B. • Situation der Teilarbeitsmärkte • Image der Verwaltung • Anreizgestaltung
Aktion	**Interne Veränderungen**, z.B. • Verwaltungsinterne Information • Materielle u. immaterielle Anreize • Interne Stellenausschreibung	**Personalwerbung**, z.B. • Stellenanzeigen • Kontakte zu Hochschulen

SCHÄFFER POESCHEL

Abb. 5.20: Aufgabenbereiche des Personalmarketings (vgl. *Kolb, M.* 2002 S. 90)

Inwieweit könnte Personalmarketing das geschilderte Personalbeschaffungsproblem der Stadtverwaltung *Bürohausen* lösen helfen? Wenn die in der Abbildung 5.20 dargestellten Maßnahmen gängige Praxis wären, hätte man bereits wichtige Informationen, die das vorliegende Entscheidungsproblem erleichtert hätten. Erstens wäre man aufgrund der Personalforschung ausreichend über die Karriere- und Aufstiegswünsche der eigenen Mitarbeiter informiert. Durch ein funktionierendes Personalinformationssystem stünden zudem die Befähigungsprofile interner Kandidaten zur Verfügung. Es könnte ja sein, dass noch weitere eigene Mitarbeiter für die Stelle qualifiziert wären, sodass man sie gezielt auffordern könnte, sich zu bewerben. Schließlich lägen systematische Informationen über den externen Arbeitsmarkt vor, sodass die Aussichten einer externen Ausschreibung realistisch abgeschätzt werden könnten. Kurzum, ein systematisches Personalmarketing unterstützt die Lösung aktueller Personalbeschaffungsprobleme durch das Bereitstellen relevanter Informationen.

Die konkreten Maßnahmen des Personalmarketings nutzen die zur Verfügung stehenden Medien. Darüber hinaus realisiert ein proaktiv ausgerichtetes Marketing spezifische Events und weitere betriebliche Maßnahmen (on the job-Maßnahmen). Die nachstehende Abbildung zeigt eine Übersicht heute gebräuchlicher Maßnahmen, die auch von Verwaltungsorganisationen aufgegriffen werden können:

Medien

- Broschüren
- Zeitungs- und Zeitschriftenannoncen
- Faltblätter/Folder
- Plakate
- Aufkleber/Sticker
- Disketten/CD-ROM
- Filme/Videos
- Multimedia-Präsentationen
- Foliensätze
- Werbematerial
- Mailbox/Internet

Events

- Messestände
- Beteiligung an Veranstaltungen von Studenteninitiativen
- Firmenbesichtigungen
- Hochschulvorträge zu betriebswirtschaftlichen oder verwaltungspolitischen Themen
- Einladungen zur Vorstellung von Innovationen

On the job-Maßnahmen

- Praktika, praktische Studiensemester
- Werkstudententätigkeiten
- Angebot von Themen zur Bearbeitung von Diplom-, Bachelor- oder Masterarbeiten
- Themen für studentische Übungen bereitstellen
- Projektarbeit

SCHÄFFER POESCHEL

Abb. 5.21: Konkrete Maßnahmen und Instrumente des Personalmarketings (vgl. *Krieg, H.-J./Ehrlich, H.* 1998 S. 83)

Wege der Personalbeschaffung

Konkrete Personalbeschaffung ist auf vielerlei Weise möglich. Die öffentliche Verwaltung wählt üblicherweise die folgenden Möglichkeiten:

- Stellenanzeigen in regionalen bzw. überregionalen Tages- und Wochenzeitungen oder in spezifischen Verwaltungszeitschriften,
- Stellenanzeigen im Internet,
- Stellenvermittlung durch das Arbeitsamt,
- verwaltungsinterne Stellenausschreibungen und Versetzungen.

In der betrieblichen Praxis stehen jedoch weitaus mehr Beschaffungswege zur Verfügung (vgl. *Bröckermann, R.* 2007 S. 65 ff.). Grundsätzlich lassen sich interne und externe Beschaffungsmöglichkeiten unterscheiden:

Wege der Personalbeschaffung	
Intern	**Extern**
Arbeitszeitregelungen • Mehrarbeit • Erhöhung der Normalarbeitszeit **Personalentwicklung** • Innerbetriebliche Stellenausschreibung • Ausbildung von Nachwuchskräften • Fort- und Weiterbildung • Job enlargement • Job enrichment	**Arbeitsvermittlung** • Vermittlung durch das Arbeitsamt • Vermittlung durch private Vermittler • Einsatz von Personalberatern **Anwerbung** • Stellenanzeigen • Personalbörsen/Absolventenmessen • Reaktion auf Stellengesuche **Personalleasing** • Temporäre externe Personalbeschaffung

Abb. 5.22: Wege der Personalbeschaffung

Inzwischen wird ein Großteil der freien Stellen besetzt, ohne dass die jeweilige Stelle vorher formal ausgeschrieben gewesen ist. Stellensuchende nutzen heute mehr als noch vor einigen Jahren Netzwerke und Initiativbewerbungen, um eine geeignete Stelle zu finden. Die Unternehmen ihrerseits nutzen diese Beschaffungswege, um die Durchführung aufwändiger Bewerbungsverfahren zu vermeiden (vgl. *FOCUS* vom 22.09.2003). Darüber hinaus sind die Unternehmen zusehends dazu übergegangen, im Rahmen eines E-Recruitments das Internet für die Stellensuche einzusetzen (vgl. *Möllhoff, D.* 2001 S. 127 ff., *Bröckermann, R.* 2007 S. 77 ff.)

5.5.1.1 Interne Personalbeschaffung

Arbeitszeitregelungen

Interne Personalbeschaffung kann durch Arbeitszeitregelungen und durch Personalentwicklung realisiert werden. In Zeiten angestrengter öffentlicher Haushalte sind veränderte *Arbeitszeitregelungen* eine kostenneutrale bzw. -günstige Möglichkeit, um ein Personalunterdeckungsproblem zu lösen. So können beispielsweise über einen begrenzten Zeitraum Überstunden zur Kapazitätsanpassung angeordnet werden. Eine andere Möglichkeit besteht darin, die Bruttoarbeitszeit zu verlängern. So ist für die Beamten des Landes Baden-Württemberg 1997 per Regierungsbeschluss die 40-Stunden-Woche wieder eingeführt worden. Im Jahre 2003 hat man die Arbeitszeit für die Beamten um eine weitere Stunde auf 41 erhöht. Insgesamt betrachtet sind derartige Maßnahmen jedoch keine Dauerlösung und kein Patentrezept, zumal sie sich in der

Regel sehr negativ auf die Motivationen der Beschäftigen auswirken.

Personalentwicklung

Problemadäquater sind Maßnahmen der Personalentwicklung. Hier geht es vor allem darum, den Beschäftigten Möglichkeiten der Weiterentwicklung zu geben (vgl. *Bröckermann, R.* 2007 S. 69 f.). Indem Stellen intern ausgeschrieben werden, erkennen die eigenen Mitarbeiter, dass man ihnen die Chance einräumt, innerhalb der eigenen Verwaltungsorganisation aufzusteigen – eine nicht zu unterschätzende Motivation. Interne Beschaffung bedeutet zudem, dass das Potenzial der Mitarbeiter durch *Fort- und Weiterbildung* genutzt wird. Beschäftigte werden gezielt gefördert, um höherwertige Tätigkeiten auszuführen. Eine interne Personalbeschaffung kann zudem durch Formen der Arbeitsstrukturierung erfolgen. Dazu zählen *Job-Enlargement* und *Job-Enrichment*. Beim Job-Enlargement wird das Aufgabenspektrum einer Stelle erweitert, indem Aufgaben hinzukommen, die von den Anforderungen her mit den bisherigen vergleichbar sind. Job-Enrichment lässt sich demgegenüber mit Aufgabenbereicherung gleichsetzen. »Die bisherigen Aufgaben werden mit Selbstständigkeit und Verantwortung in Planung, Durchführung und Kontrolle der eigenen Arbeit angereichert. Die Relation von Entscheidungs- und Ausführungsaufgaben verändert sich zugunsten der dispositiven Elemente« (*Kolb, M.* 2002 S. 168). Personalentwicklung erfüllt zwei Funktionen: Sie ermöglicht dem Unternehmen eine Personalbeschaffung aus den eigenen Reihen, sie kann überdies die Arbeitszufriedenheit und die Motivation des eigenen Personals steigern (vgl. Abschnitt 5.6).

5.5.1.2 Externe Personalbeschaffung

Personalleasing

Externe Personalbeschaffung kann durch die Vermittlung Dritter, durch eigene Maßnahmen der Anwerbung und durch Personalleasing vorgenommen werden. Während die Privatwirtschaft inzwischen sehr häufig das Personalleasing einsetzt, ist es in der öffentlichen Verwaltung noch eher die Ausnahme. Personalleasing ist eine Methode der temporären Personalbeschaffung. Im Rahmen der Unternehmung werden Mitarbeiter beschäftigt, die aufgrund von Arbeitnehmer-Überlassungsverträgen von einer Leasingfirma für einen bestimmten Zeitraum zur Verfügung gestellt werden (vgl. *Berthel, J./Becker, F. G.* 2007 S. 249 ff., *Bröckermann, R.* 2007 S. 89 ff.). Den Vertragnehmern entstehen pro Arbeitsstunde erhebliche Kosten, sodass Personalleasing nur sinnvoll eingesetzt werden kann, wenn kurzfristige Personalengpässe zu überstehen sind.

Als langfristiges, verlässliches und effizientes Instrument der Personalwirtschaft kommt es kaum in Betracht.

Vermittlung durch Dritte

Zur Unterstützung der externen Personalbeschaffung kann die öffentliche Verwaltung zudem auf Institutionen zurückgreifen, die ihrerseits den externen Personalmarkt systematisch erforschen: die öffentliche Arbeitsvermittlung, private Arbeitsvermittler und Personalberatungsunternehmen. Die *staatliche Arbeitsverwaltung* hatte in der Vergangenheit zwar nicht den besten Ruf, sie ist aber aus Sicht der Verwaltungsorganisationen durchaus eine gute und realistische Alternative, wenn es um Personalbedarfsdeckungen geht. Inwieweit sich die Umstrukturierung der *Bundesanstalt für Arbeit* zu einer *Bundesagentur für Arbeit* auf die Vermittlungsarbeit ausgewirkt hat, ist weitgehend unklar. Der Einsatz von Personalberatungsunternehmen ist bei öffentlichen Verwaltungen noch eher selten. Aufgrund der hohen Kosten werden sie vor allem bei Stellenbesetzungen im oberen Führungskräftebereich oder bei der Suche nach herausragenden Spezialisten eingesetzt. »Der *Vorteil* für den Arbeitgeber liegt in der hohen fachlichen Kompetenz und Erfahrung der meisten Gesellschaften. Diese garantieren eine fundierte Auswahlentscheidung und minimieren das Risiko einer Fehleinstellung. Personalberatungsgesellschaften führen im Gegensatz zum ›normalen‹ Arbeitgeber regelmäßig Stellenbesetzungen hochdotierter Positionen durch. Die daraus erwachsende Routine und Sicherheit bei der Entscheidungsfindung kommen dem Arbeitgeber zugute« (*Wald, A.* 1996 S. 85).

Unaufgeforderte Bewerbungen und Hochschulkontakte

Im Rahmen der Anwerbung sind neben der Stellenanzeige (siehe 5.5.1.3) vor allem Reaktionen auf unaufgeforderte Bewerbungen und Kontakte zu Berufs-, Fach- und Hochschulen zu nennen (vgl. *Bröckermann, R.* 2007 S. 87 ff.). Sofern der Beschaffungsaufwand gering gehalten werden soll, sind *Reaktionen auf unaufgeforderte Bewerbungen* eine gute Beschaffungsquelle. *Kolb* weist darauf hin, dass die Zahl von unaufgeforderten Bewerbungen etwas über das Image des Unternehmens als Arbeitgeber aussagen kann (vgl. *Kolb, M.* 2002 S. 98). Sie kann aber auch deutlich machen, dass die Arbeitsmarktsituation für Bewerber gerade besonders ungünstig ist. Es ist zudem zu beachten, dass auf diesem Wege eine wichtige Funktion der Personalbeschaffung nicht erfüllt wird: die Schaffung von Auswahlmöglichkeiten durch ein breites Bewerberfeld. Insbesondere für Großverwaltungen, die ständig eine Vielzahl von Nachwuchskräften benötigen, sind bestehende oder herzustellende *Kontakte zu Ausbildungseinrichtungen und Hochschulen* unerlässlich. Auch wenn ein Großteil des Verwaltungskräftenachwuchses im gehobenen Dienst durch verwaltungsinterne Hochschulen bereitgestellt wird, sind Kontakte zu externen Hochschulen und Universitäten nicht zu vernachlässigen. Das gilt vor allem für Zeiten, in denen ein umfassender Modernisierungsprozess zu realisieren ist. In solchen Phasen können Mitarbeiter aus externen Studiengängen durchaus dazu beitragen, das Innovationspotenzial der Verwaltungen zu erhöhen.

5.5.1.3 Stellenanzeige

Breites Bewerberpotenzial

Das Zeitungsinserat ist das am häufigsten eingesetzte Beschaffungsinstrument der Betriebe und Unternehmen (vgl. *Scholz, C.* 2000 S. 459). Die öffentliche Verwaltung ist in dieser Hinsicht keine Ausnahme. Die Stellenanzeige ist jedoch keineswegs allein auf das Medium des Zeitungsinserates angewiesen. Seit einigen Jahren scheint sich das Internet als eine weitere Plattform durchzusetzen. Der Funktion der Schaffung von Auswahlmöglichkeiten durch ein *breites Bewerberpotenzial* wird mit der Stellenanzeige am ehesten entsprochen. Die Grundabsicht eines Inserates ist es, Aufmerksamkeit zu schaffen. Außerdem erfüllen öffentliche Anzeigen eine Informationsfunktion, indem sie über die ausschreibende Behörde und die zu besetzende Stelle informieren. Bei der Stellenanzeige sind deshalb die Inhalte und die Gestaltung gleichermaßen zu beachten (vgl. *Kolb, M.* 2002 S. 99). Untersuchungen haben ergeben, dass sich die Anzeigengröße und eine auffällige formale Gestaltung positiv auf die Zahl der qualifizierten Bewerbungen auswirken, während die genaue Spezifizierung der Anforderungen qualifizierte Kandidaten eher abschreckt (vgl. *Klimecki, R. G./ Gmür, M.* 2005 S. 168 f.).

Äußere Gestaltung

Eine Checkliste für die äußere Gestaltung von Stellenanzeigen enthält die in der Abbildung 5.23 aufgeführten Punkte.

Checkliste für die Gestaltung von Stellenanzeigen

- **Überschrift**: Schlagzeile, Positionszeile ...
- **Abbildungen**: Signet der Verwaltung, Personen, Gebäude, graphische Elemente ...
- **Textgliederung**: Absätze, Spalten, Schrifttypen, Schriftgröße, Fett-Kursiv-Schrift ...
- **Layout**: weißer Raum, Umrandung, Format/Größe, Farben ...

SCHÄFFER POESCHEL

Abb. 5.23: Gestaltung von Stellenanzeigen (vgl. *Kolb, M.* 2002 S. 101)

Inhaltliche Gestaltung

Bei der inhaltlichen Seite kommt es vor allem darauf an, die Informationsbedürfnisse der Interessenten zu befriedigen. Es sind deshalb detaillierte Aussagen notwendig, die in ihrer Gesamtheit als Entscheidungsgrundlage für den Bewerber fungieren können. Die

Mindestinhalte einer Stellenanzeige sind Aussagen zur Verwaltung und zur Stelle, aussagekräftige Hinweise zu den Aufgaben und den Anforderungen sowie Informationen über die Leistungen, die vom Arbeitgeber erbracht werden, und die Art der Kontaktaufnahme. In Bezug auf die Inhalte von Stellenanzeigen, die Bewerber für ein privates Wirtschaftsunternehmen ansprechen, schreibt *Kolb*: »Zur inhaltlichen Seite gehören im weiteren Sinne auch die Art der Formulierung, einschließlich der richtigen Sprache. Eine Anzeige, mit der man Auszubildende für das Unternehmen sucht, muss anders abgefasst sein als eine Anzeige für eine Buchhalterstelle oder einen Mitarbeiter im Verkaufsaußendienst« (*Kolb, M.* 2002 S. 100). Ein besonders zu beachtender Aspekt der Formulierung von Stellenanzeigen ist die vorgeschriebene *geschlechtsneutrale Ausschreibung*. *Möllhoff* weist zudem darauf hin, dass in keiner Stellenanzeige eine *Unique Selling Proposition* (USP) fehlen sollte. »Sie sollte das benennen, was diese Stelle einzigartig macht« (*Möllhoff, D.* 2001, S. 61). Das Allgemeine Gleichbehandlungsgesetz (AGG) hat die Formulierungen in Stellenanzeigen noch prekärer und komplizierter gemacht. So dürfen u. U. auch keine Formulierungen enthalten sein, die im Hinblick auf Alter, Weltanschauung und Religionszugehörigkeit, Rasse und ethnische Herkunft, Behinderung oder sexuelle Identität diskriminierend wirken könnten.

Inhalte einer Stellenanzeige

- Aussagen über die betreffende Verwaltung (Bezeichnung, Standort, Zahl der Mitarbeiter ...)
- Aussagen über die freie Stelle (Ausschreibungsgrund, Aufgabenbeschreibung, Verantwortungsumfang, Entwicklungschancen, Unique Selling Proposition [USP]...)
- Aussagen über Anforderungsmerkmale (Vorbildung, Ausbildung, Kenntnisse, Fähigkeiten, Berufserfahrung ...)
- Aussagen über Leistungen (Gehalt, soziale Leistungen ...)
- Ende der Bewerbungsfrist
- Erforderliche Bewerbungsunterlagen (Lebenslauf, Zeugnisse, Lichtbild ...)
- Persönlicher Ansprechpartner

SCHÄFFER POESCHEL

Abb. 5.24: Inhalte von Stellenanzeigen

Externe oder interne Ausschreibung

Die öffentlichen Verwaltungsorganisationen können nicht in jedem Fall selbst entscheiden, ob sie eine Stelle öffentlich ausschreiben oder ohne Ausschreibung intern besetzen. Die Beamtengesetze sehen in vielen Fällen eine *Ausschreibungspflicht* vor. Ausnahmen werden in den Gesetzen genannt. Fest steht jedenfalls, dass die Wahl der Ausschreibungsform (gar nicht, hausintern oder extern) die Auswahlentscheidung beeinflusst. »Jede ernsthaft ausgeschriebene Stelle trägt tendenziell zur Weiterentwicklung der Vertrauenskultur bei« (*KGSt-Bericht* 19/2003 S. 48). Die externe

Stellenausschreibung hat überdies die folgenden Vorteile (vgl. *KGSt-Bericht* 12/1992 S. 57):

- Eine öffentliche platzierte Stellenanzeige stellt ein hohes Maß an Öffentlichkeit und Transparenz her.
- Alle Interessierten erhalten Zugang und damit eine Bewerbungschance.
- Bei klarer Formulierung der Anforderungen (insbesondere Schlüsselqualifikationen) findet unter den Bewerbern eine Selbstauslese statt.

Printmedien

Sofern sich eine Verwaltung entschlossen hat, eine Stellenanzeige extern zu platzieren, stellt sich die Frage: Wo sollen Stellen ausgeschrieben werden? Folgende Alternativen stehen zur Verfügung:

- *Regionale Tageszeitungen* sind geeignet für Verwaltungskräfte der unteren bis mittleren Hierarchieebene.
- Bei Führungskräften des gehobenen und höheren Dienstes sind *überregionale Tageszeitungen* und gegebenenfalls überregionale Wochenzeitungen die passenden Medien.
- Inserate in *Fachzeitschriften* können bei der Suche nach Arbeitskräften mit Spezialkenntnissen hilfreich sein.

Auf die Frage, ob man eher intern oder eher extern Personal beschaffen sollte, gibt es keine eindeutige Antwort. Die Personalbeschaffung sollte auf jeden Fall objektiv und wirtschaftlich erfolgen. Wenn es sich um Stellen von strategischer Bedeutung handelt, ist die externe Ausschreibung in Betracht zu ziehen. Stellen der mittleren und unteren Hierarchieebenen können oftmals besser und effizienter besetzt werden, wenn man auf die eigenen Beschäftigten setzt. Vor jeder Entscheidung sind die Stärken und Schwächen gegeneinander abzuwägen.

Was spricht für ...	
... eine interne Beschaffung?	**... eine externe Beschaffung?**
• Motivation der Mitarbeiter, weil ihnen Aufstiegschancen geboten werden • Der Mitarbeiter ist bekannt • Der Einarbeitungsaufwand ist gering • Die Beschaffungskosten sind gering • Die rasche Durchführung	• Ausgewiesene Fachleute können gewonnen werden • Externe Bewerber sind nicht betriebsblind • Eine breitere Auswahl wird ermöglicht • Neue Ideen finden Eingang in die Verwaltung

SCHÄFFER POESCHEL

Abb. 5.25: Interne versus externe Beschaffung

Die Stadtverwaltung *Bürohausen* hat sich hinsichtlich der vakanten Stelle eines Organisators nach Einschätzung der Vor- und Nachteile für die externe Beschaffung entschieden. Darüber hinaus ist verabredet worden, dass man die Personalbeschaffung selbst in die Hand nehmen wolle, ein Personalberatungsunternehmen wird nicht engagiert.

5.5.2 Personalauswahl

Die Personalauswahl befasst sich mit Verfahren, die unter einer mehr oder weniger großen Zahl von Bewerbern den *Bestgeeigneten* herauszufinden versuchen.

Anforderungen an das Auswahlverfahren

Im Rahmen der Personalauswahl geht es nicht darum, den am höchsten qualifizierten Bewerber auszuwählen. Vielmehr sind jene Kandidaten für eine Stelle zu berücksichtigen, die angesichts der *Anforderungsmerkmale* am besten auf die vakante Stelle passen. Die Auswahl von überqualifizierten Bewerbern ist zu vermeiden, weil es sich dabei oft um potenzielle Fluktuationskandidaten handelt (vgl. *Kolb, M.* 2002 S. 104). Personalauswahlverfahren sollen darüber hinaus gewährleisten, dass

- das Innovationspotenzial der Verwaltungsorganisation gefördert wird,
- Ämterpatronage und Nepotismus vermieden werden,
- ein faires Verfahren für alle Bewerber gesichert ist.

In Bezug auf das *Neue Steuerungsmodell* ist zu beachten, dass bei Personalentscheidungen die Anforderungen einer modernen Verwaltung berücksichtigt werden. Weiter oben haben wir bereits betont, dass die Verwaltungsreform Mitarbeiter benötigt, »die in der neuen Steuerungslogik denken und handeln können« *(Reichard)*. Personalauswahlverfahren können dies gewährleisten, indem sie die neuen Anforderungen bei der Personalentscheidung mit ins Kalkül ziehen.

Problem: mangelnde Sorgfalt

In der öffentlichen Verwaltung werden viele Auswahlentscheidungen ohne die eigentlich notwendige Sorgfalt getroffen. Wenn den Verantwortlichen stärker bewusst wäre, dass mit Personalentscheidungen gravierende Investitionen getätigt werden – ein Lebenszeitbeamter, der mit 25 Jahren in den öffentlichen Dienst eintritt, erzeugt Personalkosten, die in die Millionenhöhe gehen –, würden sie wahrscheinlich oft anders und besser verfahren. Übliche Fehler, die bei Personalauswahlverfahren gemacht werden, sind:

- Die Anforderungen einer Stelle werden nicht exakt genug ermittelt. Damit fehlt die wesentliche Voraussetzung für eine sachgerechte Entscheidung.

- Die tatsächliche Befähigung der Bewerber wird nur unzureichend festgestellt, weil die zur Verfügung stehenden Methoden kaum genutzt werden.
- Die Auswählenden verfügen in vielen Fällen nicht über die erforderlichen Qualifikationen.

5.5.2.1 Anforderungsprofil

Ausgangspunkt für die Erstellung eines Anforderungsprofils sind die Stelle und die Stellenbeschreibung, aus der hervorgeht, welche Aufgaben zu bewältigen sind. Auf dieser Grundlage können dann die Anforderungen in einem Übersetzungsprozess herausgearbeitet werden (vgl. *Bröckermann, R.* 2007 S. 56 ff.).

> Das Anforderungsprofil stellt möglichst exakt dar, welche formalen Voraussetzungen, Kenntnisse und Fähigkeiten Bewerber mitbringen sollten, um für die Stellenbesetzung in Frage zu kommen.

Bei der Festlegung des *Anforderungsprofils* sind in der Regel die in der Abbildung 5.26 aufgeführten Elemente zu berücksichtigen:

- **Formale Voraussetzungen** (Vor- u. Ausbildung, Laufbahnbefähigung, Berufserfahrung, Lebensalter ...)
- **Kenntnisse/Wissen** (z.B. Kenntnisse des BSHG)
- **Fertigkeiten** (z.B. Erfahrungen im Umgang mit Informationstechnik)
- **Fähigkeiten** (z.B. Belastbarkeit, mündliche u. schriftliche Ausdrucksfähigkeit, Verhandlungsgeschick)
- **Schlüsselqualifikationen** (z.B. Teamfähigkeit, Fähigkeit und Bereitschaft, an der Verwaltungsmodernisierung mitzuwirken)

Abb. 5.26: Elemente des Anforderungsprofils
(vgl. *KGSt-Bericht* 15/1992 S. 16)

Elemente des Anforderungsprofils

Die *formalen Voraussetzungen* geben wieder, welche Ausbildung und welche Erfahrungen notwendig sind, um als potenzieller Stelleninhaber in Frage zu kommen. In der öffentlichen Verwaltung werden aufgrund des öffentlichen Dienstrechts insbesondere die spezifischen Laufbahnvoraussetzungen berücksichtigt. Die bei den formalen Anforderungen genannten Kriterien Berufserfahrung und Lebensalter könnten aufgrund des Allgemeinen Gleichbehandlungsgesetzes (AGG) durchaus prekär sein. So heißt es in § 1 AGG: »Ziel des Gesetzes ist, Benachteiligungen aus Gründen der Rasse oder wegen der ethnischen Herkunft, des Geschlechts, der Religion oder Weltanschauung, einer Behinderung, des Alters oder der sexuellen Identität zu verhindern oder zu beseitigen.« Das Kriterium Alter könnte also aufgrund des Gesetzes ein unzulässiges Kriterium sein. Insofern ist jeweils zu prüfen, ob die Aufnahme des Kriteriums Alter nach AGG zulässig ist oder nicht. Dazu steht in § 8 AGG Absatz 1: »Eine unterschiedliche Behandlung wegen eines in § 1 genannten Grundes ist zulässig, wenn dieser Grund wegen der Art der auszuübenden Tätigkeit oder der Bedingungen ihrer Ausübung eine wesentliche und entscheidende berufliche Anforderung darstellt, sofern der Zweck rechtmäßig und die Anforderung angemessen ist.« Zusätzlich sieht der § 10 AGG weitere zulässige Tatbestände zur Berücksichtigung des Lebensalters vor.

Die Darstellung der spezifischen *Kenntnisse* bezieht sich auf das erforderliche Fachkönnen, das vorliegen muss, um die Aufgaben sachgerecht wahrnehmen zu können. So benötigt ein Organisator, der in Kommunalverwaltungen eingesetzt wird, z. B. eingehende Kenntnisse der Verwaltungsstrukturen und -abläufe.

Die geforderten *Fertigkeiten* beziehen sich auf die Handhabung von spezifischen Techniken und Arbeitsmitteln, die bei der Organisationsarbeit relevant sind. Ein Organisator sollte z. B. mit Moderations- und Problemlösungstechniken vertraut sein.

In ein Anforderungsprofil gehören weiterhin spezifische persönlichkeitsbedingte *Fähigkeiten* wie beispielsweise analytisches und konzeptionelles Denken, Kreativität, Verhandlungsgeschick, Durchsetzungsvermögen, mündliches und schriftliches Ausdrucksvermögen.

Schlüsselqualifikationen

In Reaktion auf Entwicklungen in der Industrie haben in der öffentlichen Verwaltung so genannte *Schlüsselqualifikationen* an Bedeutung gewonnen. Gemeint sind stellenungebundene Fähigkeiten, die für das Arbeiten in einer modernen öffentlichen Verwaltung von besonderer Wichtigkeit sind. Auf die Erfordernisse der öffentlichen Verwaltung bezogen, handelt es sich um Fähigkeiten, die im Hinblick auf die Schaffung moderner Dienstleistungsunternehmen notwendig sind. Dazu gehört auf jeden Fall die Fähigkeit und Bereitschaft, an den Modernisierungsbestrebungen der Kommunalverwaltungen mitzuwirken. Darüber hinaus zählen jene Fähigkeiten zu den Schlüsselqualifikationen, die in modernen Organisations- und Führungszusammenhängen unerlässlich sind, u. a. Kommunikationsfähigkeit, Teamfähigkeit, strukturiertes Arbeiten, soziale Kompetenz, Lernfähigkeit.

Im Rahmen einer Diplomarbeit an der Hochschule Ludwigsburg sind die Stellenanzeigen des *Staatsanzeigers*, die für Positionen im gehobenen Dienst platziert waren, systematisch im Hinblick auf die Relevanz von Schlüsselqualifikationen ausgewertet worden. Die Auswertungen sind differenziert nach Sozialkompetenzen, Methodenkompetenzen und persönlichen Kompetenzen vorgenommen worden. Bei den Sozialkompetenzen ist die *Teamfähigkeit* als wichtigste Qualifikation genannt worden, gefolgt von *Verhandlungsgeschick* und *Durchsetzungsvermögen*. *Organisationsgeschick* sowie *Zielorientierung/Zielstrebigkeit* gelten offensichtlich als die relevantesten Methodenkompetenzen. Bei den persönlichen Kompetenzen sind die folgenden Fähigkeiten am häufigsten genannt worden: *Selbstständigkeit*, *Engagement* und *Verantwortungsbereitschaft* (vgl. *Lettieri, A.* 2003 S. 40 ff.).

B

Eine Auswahlkommission der Stadtverwaltung *Bürohausen* hat für die Stelle eines Organisators das folgende Anforderungsprofil erarbeitet:

Formale Voraussetzungen	• Diplom-Betriebswirt (FH) oder Diplom-Verwaltungswirt (FH); alternativ Bachelor of Arts in Betriebswirtschaft oder Public Management
Kenntnisse/Wissen	• gründliche und umfassende Kenntnisse im Organisations- und Personalwesen, • gründliche und umfassende Kenntnisse der Verwaltungsstrukturen und -abläufe, • Grundkenntnisse im Prozessmanagement.
Fertigkeiten	Erfahrungen im Umgang mit • den Techniken der Organisationsarbeit, • den Moderations- und Problemlösungstechniken, • den Informations- und Kommunikationstechniken.
Fähigkeiten (sehr wichtig)	• analytisches und konzeptionelles Denken, • rasche Auffassungsgabe, • Kreativität, • mündliches und schriftliches Ausdrucksvermögen, • Initiativkraft.
Fähigkeiten (wichtig)	• Durchsetzungsvermögen, • ausgeprägte Verantwortungsbereitschaft, • Entschlusskraft, • psychische Belastbarkeit, • planmäßiges Handeln.
Schlüsselqualifikationen	• Bereitschaft und Fähigkeit, in neuen Verwaltungsstrukturen zu denken und zu handeln, • Teamfähigkeit, • Kommunikations- und Kooperationsfähigkeit, • Lernfähigkeit, • soziale Kompetenz.

Abb. 5.27: Anforderungsprofil für einen Organisator

5.5.2.2 Instrumente der Personalauswahl

Bewerberdiagnose

Man wird auf der Grundlage eines Ausleseverfahrens kaum einen Bewerber finden, der den Anforderungen bis ins kleinste Detail genau entspricht. In der Praxis wird man zwischen einigen guten Alternativen entscheiden müssen. Die größten Schwierigkeiten liegen in der eigentlichen *Bewerberdiagnose*. Wie kann man exakt feststellen, welches Befähigungsprofil bei einem Bewerber vorliegt? »Die Idealvorstellung über ein ›richtiges‹ Vorgehen bei der Feststellung der Bewerberqualifikationen ist die, mit der Summe aller Beurteilungsverfahren ein Prüfergebnis zu erzielen, aus dem hervorgeht, in welchen Graden die Arbeitsplatz-Anforderungen von den einzelnen Bewerbern erfüllt werden. Ohne exakte Anforderungsprofile sind zweckgerichtete Qualifikationsüberprüfungen nicht möglich« (*Berthel, J./Becker, F. G.* 2007 S. 264).

Das Deutsche Institut für Normung hat inzwischen die DIN 33 430 »Anforderungen an Verfahren und deren Einsatz bei berufsbezogenen Eignungsbeurteilungen« erarbeitet und publiziert. Mit der Norm soll erreicht werden, dass wissenschaftliche Erkenntnisse und fachlich fundierte Informationen bei der praktischen Eignungsfeststellung berücksichtigt werden können. Zudem geht es darum, die personalverantwortlichen Akteure zur kontinuierlichen Verbesserung ihrer Verfahren anzuhalten. Schließlich dient die DIN 33 430 dem Schutz der Bewerber. »Die DIN ist eine Prozessnorm. Ihr Innovationswert für das Personalmanagement liegt nicht darin, Standards inhaltlich zu beschreiben, sondern darin, Wege aufzuzeigen, wie Standards definiert werden. Sie

- macht Aussagen zur *Arbeits- und Anforderungsanalyse* als Grundlage jeglichen Verfahrens,
- gibt konkrete Hinweise zur Auswahl diagnostischer Verfahren,
- fixiert vorab *Regeln* zur Durchführung, Auswertung und Interpretation,
- weist auf die Notwendigkeit der *Qualitätssicherung und Evaluation* hin, zu denen auch eine vollständige Dokumentation gehört,
- beschreibt Qualifikationsanforderungem an Verfahrensbeteiligte (Auftragnehmer und Auftraggeber) und
- schließt die Perspektive der Kandidaten/-innen mit ein, indem deren Feedbackerwartungen berücksichtigt werden« (*KGSt-Bericht* 10/2003 S. 23).

Es handelt sich bei der DIN nicht um eine Rechtsnorm, sondern um die Empfehlung eines privatrechtlich konstituierten Vereins. Trotzdem besteht die Möglichkeit, dass sie als *Stand des Wissens* zukünftig Rechtsentscheidungen beeinflusst. Die *KGSt* empfiehlt deshalb den Kommunen, ihre Auswahlverfahren an die Richtlinien der Norm anzupassen. Dazu zählen vor allem die schlüssige Ableitung des Verfahrens aus einem Anforderungsprofil, die vorab festzulegende Durchführung und Auswertung der Ergebnisse, die lückenlose Dokumentation des gesamten Prozesses und die Gewährleistung einer angemessenen Qualifikation der Beobachter und Entscheider (vgl. *KGSt-Bericht* 10/2003 S. 25).

Zur Personalauswahl stehen folgende Instrumente zur Verfügung:
- Analyse und Bewertung der Bewerbungsunterlagen,
- Vorstellungs- bzw. Auswahlgespräch,
- Arbeitsproben und Situationstests,
- Psychologische Testverfahren,
- Biografischer Fragebogen,
- Assessment-Center.

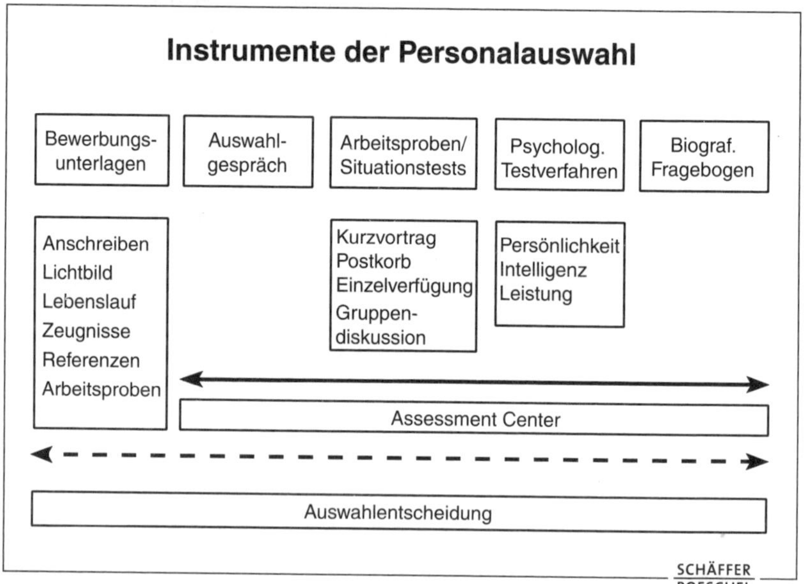

Abb. 5.28: Instrumente der Personalauswahl

Analyse und Bewertung der Bewerbungsunterlagen

Wenn in Stellenanzeigen die üblichen Bewerbungsunterlagen verlangt werden, können die Bewerbungsschreiben, die Lebensläufe, die Schul- und Arbeitszeugnisse, die Referenzen und eventuell Arbeitsproben eingesehen und analysiert werden.

Bewerbungsschreiben

Das *Bewerbungsschreiben* gibt u. a. Hinweise auf Ausdrucksgewandtheit und Wortschatz. Außerdem lässt eine Analyse des Bewerbungsschreibens Rückschlüsse auf Beweggründe, Motivationen und die Selbsteinschätzung des Bewerbers zu (vgl. *Berthel, J./*

Becker, F. G. 2007 S. 268). Das Anschreiben sollte sich zwar konkret auf die Stellenanzeige beziehen, den Wortlaut des Inserates aber nicht kopieren (vgl. *Becker, M.* 2005 S. 324 f.).

Lebenslauf

Der *Lebenslauf* soll die Gesamtentwicklung der Kandidaten wiedergeben. Relevante Kriterien sind die Zeitenfolge und die Positionsfolge. Folgende Fragen lassen sich je nach Fall mehr oder weniger gut beantworten: Wie häufig ist der Arbeitsplatz gewechselt worden? Gibt es größere Lücken zwischen den Beschäftigungszeiten? Wie gestaltet sich die bisherige Karriere (Aufstieg, Abstieg, Berufswechsel)? *Kolb* geht davon aus, dass sich eine genaue Analyse des Lebenslaufes lohnt, weil dadurch Lücken in der beruflichen Karriere, Zeitabstände zwischen zwei Arbeitsverhältnissen sowie die Dauer von Schulbesuchen und Betriebszugehörigkeitszeiten deutlich werden (vgl. *Kolb, M.* 2002 S. 107 f.). »Der Lebenslauf muss systematisch und chronologisch aufgebaut sein. Besonderer Wert ist auf Vollständigkeit und datumsmäßige Angaben zu legen« (*Becker, M.* 2005 S. 326). Die Analyse der Lebensläufe gibt darüber hinaus wichtige Anhaltspunkte für Fragen, die in anschließenden Auswahlgesprächen gestellt werden können.

Zeugnisse

Insbesondere bei Berufsanfängern wird den *Schul- und Hochschulzeugnissen* eine große Bedeutung beigemessen. Sie geben Aufschluss über die Allgemeinbildung sowie über besondere Kenntnisse, Fähigkeiten und Neigungen. Es liegen damit wichtige Informationen vor, die bei einer Vorauswahl herangezogen werden können. Aufgrund der relativen Ferne zur betrieblichen Praxis und des großen zeitlichen Abstands bei älteren Bewerbern ist ihre Aussagefähigkeit jedoch beschränkt (vgl. *Berthel, J./Becker, F. G.* 2007 S. 268). *Arbeitszeugnisse* können im Vergleich dazu aussagekräftiger sein. Aus rechtlicher Sicht sollen Arbeitszeugnisse jedoch »vom verständigen Wohlwollen für den Arbeitnehmer getragen sein und ihm sein weiteres Fortkommen nicht erschweren« (*Grundsatzurteil des BAG zitiert in: Berthel, J./Becker, F. G.* 2007 S. 269). Deshalb hat sich eine Zeugnissprache entwickelt, des es ermöglicht, schlechte Bewertungen in noch gut klingenden Formulierungen zu transportieren. So bescheinigt die Formulierung »... zu unserer Zufriedenheit ...« allenfalls eine ausreichende Leistung. Erst die Zuschreibung »... stets zu unserer vollsten Zufriedenheit ...« steht für eine sehr gute Leistung. Fehlt das Wort »stets« handelt es sich lediglich um die Note »gut«.

Referenzen werden oft unaufgefordert der Bewerbung beigefügt. Es handelt sich dann um Referenzgeber, die sich uneingeschränkt positiv äußern. In diesem Fall ist die Aussagefähigkeit sehr beschränkt. Einen besseren und adäquateren Informationsgehalt hat die so genannte *Referenzbefragung*, bei der bei früheren Arbeitgebern und Vorgesetzten konkret nachgefragt wird, inwieweit die Zeugnisaussagen zu interpretieren sind.

Vorauswahl

Die Ergebnisse der Auswertung der Bewerbungsunterlagen führen zu einer *Vorauswahl*, die darüber entscheidet, welche Bewerber zu weiteren Eignungsfeststellungen eingeladen werden. Die Vorauswahl sollte auf der Grundlage eines vor der Sichtung erstellten Kriterienkatalogs erfolgen.

Auswahlgespräch

Varianten

Neben der Analyse der Bewerbungsunterlagen ist das Vorstellungs- bzw. Auswahlgespräch (Einstellungsgespräch, Bewerberinterview) obligatorisch. Das Gespräch dient in erster Linie dazu, zusätzliche Informationen zur Qualifikation, Eignung und Motivation der Kandidaten zu erhalten. Auswahlgespräche können unterschiedlich konzipiert sein. Kommt es im Wesentlichen darauf an, eine Vergleichbarkeit zwischen den Probanden herzustellen, müssen Gesprächsinhalt und -ablauf genau festgelegt werden. Will man möglichst viele Informationen von den Bewerbern erhalten, sind die Inhalte und der Ablauf möglichst offen zu halten. Auf dieser Grundlage lassen sich drei Varianten des Auswahlgesprächs unterscheiden (vgl. *Kolb, M.* 2002 S. 114 f., *Berthel, J./Becker, F. G.* 2007 S. 271):

- *Freies Auswahlgespräch:* Es gibt keine Vorgaben in Bezug auf Inhalte und Ablauf. Vorteil dieser Variante ist die Flexibilität und Anpassungsfähigkeit. Als wesentlicher Nachteil ist die besonders schwierige Auswertung der Gespräche zu nennen.
- Im *extrem strukturierten Auswahlgespräch* werden der Gesprächsinhalt, die zeitliche Dauer und der Ablauf genau geplant und festgelegt. Jedem Kandidaten sind exakt die gleichen Fragen zu stellen. Die Standardisierung ermöglicht aufgrund einer guten Vergleichbarkeit eine optimale Auswertung der Gespräche. Ein gravierender Nachteil ist jedoch die Starrheit und Inflexibilität.
- Das *teilstrukturierte Auswahlgespräch* gibt einen Rahmen vor, der eine Reihe von Fragen umfasst, die unbedingt gestellt werden sollten. Darüber hinaus kann der Gesprächsverlauf offen gestaltet werden. Trotz seiner hohen Flexibilität und Anpassungsfähigkeit ist das Gespräch noch relativ gut auszuwerten.

Gesprächsphasen

Obwohl Auswahlgespräche sehr unterschiedlich verlaufen können, folgen sie in der Regel einem Ablauf, der folgende Phasen umfasst (vgl. *Krieg, H.-J./Ehrlich, H.* 1998 S. 92):

Gesprächseröffnung Begrüßung und Einstieg	Vorstellung der Gesprächspartner, Bewerber wird auf die Situation eingestimmt, die Verwaltung wird kurz vorgestellt.
Bisheriger Werdegang	Der Bewerber gibt Informationen zu: Aus- und Weiterbildung, Berufserfahrung und berufliche Entwicklung, letzte Tätigkeit.
Gründe für die Bewerbung	Interesse des Bewerbers, Informiertheit über die Stelle.
Qualifikation und Wissen	Kann der Kandidat seine Eignung begründen und seine Qualifikationen darstellen?
Verschiedene Situationen	Der Bewerber wird durch Fragen mit stellenspezifischen Situationen konfrontiert.
Informationen der Verwaltung	Was kann der Bewerber vom Arbeitgeber erwarten? Informationen zum Betrieb, zum Arbeitsplatz, zur Vergütung, zu den Sozialleistungen und zu den Entwicklungsmöglichkeiten.
Gesprächsabschluss	Die Verwaltung gibt u.a. Informationen über den weiteren Ablauf des Verfahrens: Wann und wie wird der Bewerber informiert?

SCHÄFFER POESCHEL

Abb. 5.29: Ablauf eines Auswahlgesprächs
(vgl. *Krieg, H.-J./Ehrlich, H.* 1998 S. 92)

Die *prognostische Validität* (Gültigkeit) von Auswahlentscheidungen, die allein auf der Basis von Auswahlgesprächen gefällt worden sind, ist nach herrschender Auffassung geringer als bei Auswahlentscheidungen, die psychologische Testverfahren und weitere Arbeitsproben und Situationstests einsetzen. Faktoren wie Kleidung, Sprachstil und Körpersprache können die Einschätzung der Bewerber verzerren (vgl. *Berthel, J./Becker, F. G.* 2007 S. 272). Derartige Effekte sind aber zu kompensieren, indem man die Interviewer und die Auswählenden eingehend schult und kontinuierlich weiterqualifiziert. *Jetter* geht davon aus, dass ein gut vorbereitetes und systematisch durchgeführtes Auswahlgespräch eine gleichhohe Validität aufweisen kann wie ein Assessment-Center. In diesem Zusammenhang wird auf das so genannte *multimodale Interview* (*Schuler*) hingewiesen, das vor allem auf die situativen Fragen abhebt. Diese Fragen werden systematisch aus der Arbeitsrealität hergeleitet, die Antworten der Bewerber sollen auf der Grundlage einer fünfstufigen verhaltensverankerten Skala bewertet werden (vgl. *Jetter, W.* 2003 S. 90ff.).

Arbeitsproben und Situationstests

Bezug zur Arbeitswirklichkeit

In bestimmten Fällen kann es notwendig sein, über die Analyse der Bewerbungsunterlagen und das Auswahlgespräch hinaus weitere Auswahlinstrumente einzusetzen. Merkmale wie Organisationsvermögen, schriftliche Ausdrucksfähigkeit, Kreativität und Entschlusskraft können sachgerecht nur überprüft werden, indem man die Bewerber mit entsprechenden Situationen konfrontiert. In diesem Zusammenhang sind Arbeitsproben und Situationstests hilfreich, weil sie einen direkten Bezug zur *Arbeitswirklichkeit* herstellen. Gebräuchliche Instrumente sind der Kurzvortrag, das Postkorbverfahren, die Einzelverfügung und die Gruppendiskussion.

Kurzvortrag	Hier wird der Bewerber aufgefordert, ein kurzes Referat zu einem bestimmten Thema zu halten. Anhand solcher Vorträge lässt sich relativ gut beurteilen, inwieweit die mündliche Ausdrucksfähigkeit, die Informationsverarbeitungskapazität und die Überzeugungskraft ausgebildet sind.
Postkorbverfahren	Beim Postkorbverfahren erhält der Kandidat eine Sammlung von Briefen und Aktennotizen, die er in einer bestimmten Zeit einzusehen hat. Dabei wird der Auftrag erteilt, die Informationen zu verarbeiten, zu strukturieren und schließlich sachgerechte Entscheidungen daraus abzuleiten. Das Verfahren bietet sich an, wenn die Organisationsfähigkeit, die Fähigkeit, Entscheidungen zu treffen, oder die Fähigkeit, unter Zeitdruck zu arbeiten, beurteilt werden sollen.
Einzelverfügung	Die Einzelverfügung konfrontiert den Kandidaten mit einer typischen der Arbeitsrealität entnommenen Aufgabenstellung. So könnte man einem Bewerber, der für eine Stelle als Organisator vorgesehen ist, eine mangelhafte Arbeitsablaufdarstellung vorlegen und ihn bitten, die Schwächen und Mängel herauszuarbeiten.
Gruppendiskussion	Eine Gruppendiskussion kann angewandt werden, wenn das gruppensoziale Verhalten eingeschätzt werden soll. In der Regel diskutieren drei bis fünf Personen spontan über ein vorgegebenes Thema. Neben dem gruppensozialen Verhalten lassen sich auf dieser Basis Fähigkeiten wie Kooperationsbereitschaft und Durchsetzungsvermögen beurteilen.

SCHÄFFER POESCHEL

Abb. 5.30: Arbeitsproben und Situationstests (in Anlehnung an *KGSt-Bericht* 15/1992 S. 24 ff., *KGSt-Bericht* 10/2003 S. 36 ff.)

Psychologische Testverfahren

Leistung, Intelligenz und Charakter

Psychologische Testverfahren haben vor allem bei der Auswahl von Nachwuchskräften eine große Bedeutung (vgl. *Berthel, J./Becker, F. G.* 2007 S. 222 ff.; *Kolb, M.* 2002 S. 120 ff.). Folgende Testverfahren werden gewöhnlich unterschieden:

- Leistungstests (Geschicklichkeit, Reaktion, Rechengewandtheit ...),
- Intelligenztests (Intelligenzstruktur der Bewerber),
- Charakter- und Persönlichkeitstests (Verantwortungsbereitschaft, Durchsetzungsfähigkeit, Integrationsfähigkeit ...).

Bei psychologischen Testverfahren werden die erforderlichen Daten unter standardisierten Bedingungen ermittelt. Werden sie durch Experten sorgfältig geplant und eingesetzt, halten sie einer wissenschaftlichen Überprüfung meistens stand. »Der sachkundige Einsatz muss dafür ausgebildeten Personen vorbehalten bleiben. Exzellentes theoretisches und methodisches Fachwissen sind zu fordern. (...) Ein Mangel an Wissen kann zu erheblichen Unschärfen im diagnostischen Urteil führen und dient somit weder dem anwendenden Unternehmen noch den Beurteilten« (*Becker, M.* 2005 S. 337). Insbesondere bei Intelligenz- und Persönlichkeitstests ist die Gültigkeit der Verfahren umstritten.

Biografischer Fragebogen

Biografie

In einem biografischen Fragebogen werden die Bewerber nach detaillierten Aspekten ihres Lebenslaufes befragt. Gefragt wird üblicherweise nach dem Familienstand, dem Wohnort, der Berufswahl, dem beruflichen Werdegang, den Erwartungen an die zukünftige berufliche Entwicklung, den Freizeitinteressen und bestimmten Einstellungen. »Die dabei gewonnenen Informationen werden anschließend mit einem Normenprofil verglichen. Dieses Normenprofil wird auf der Basis von einfachen Korrelationsuntersuchungen zwischen Einzelmerkmalen und Berufserfolg bei bisherigen Mitarbeitern ermittelt« (*Klimecki, R. G./Gmür, M.* 2005 S. 239). Stellt man beispielsweise fest, dass besonders erfolgreiche Mitarbeiter des Unternehmens sich während und nach ihrer Studienzeit aktiv in gesellschaftlichen Institutionen (z. B. Wohlfahrtsverbänden) engagiert haben, wird die Frage danach in den biografischen Fragebogen aufgenommen. Die Antworten können dann systematisch auf der Basis eines Punkteverfahrens ausgewertet werden. Um in die engere Auswahl zu gelangen, müssen die Bewerber eine bestimmte Mindestpunktzahl erreichen. Biografische Fragebogen kommen zum Einsatz, weil man davon ausgeht, dass auf ihrer Grundlage das *zukünftige Verhalten der Bewerber* sehr gut prognostiziert werden kann (vgl. *Berthel, J./Becker, F. G. 2007* S. 230). Im deutschsprachigen Raum werden sie inzwischen häufiger eingesetzt. In der öffentlichen Verwaltung spielen sie bislang jedoch kaum eine Rolle.

Assessment-Center

D

Das Assessment-Center ist eine *besondere Methode* der Eignungsfeststellung. Es handelt sich um »ein systematisches Verfahren zur qualifizierten Feststellung von Verhaltensleistungen bzw. Verhaltensdefiziten, das von mehreren Beobachtern gleichzeitig für mehrere Teilnehmer in Bezug auf vorher definierte Anforderungen angewandt wird« (*Jeserich, W.* 1981 S. 33).

Umfassende Eignungsdiagnose

Das Assessment-Center (AC) fasst verschiedene Auswahlinstrumente zusammen und fügt weitere *eignungsdiagnostische Elemente* hinzu. Je nach Anforderungsprofil der zu besetzenden Stellen kommen spezifische Aufgabenstellungen zum Einsatz. Zumeist werden jene typischen Arbeitsproben und Situationstests eingesetzt, die weiter oben bereits dargestellt wurden: Postkorbmethode, Gruppendiskussion, Kurzvortrag, Einzelverfügung. Zudem sind noch Planspiele, Rollenspiele, Präsentationen, Fallstudien und Konzentrationsübungen gebräuchliche Instrumente (vgl. *Klimecki, R. G./ Gmür, M.* 2005 S. 242 f.). In einem Assessment-Center werden mehrere Bewerber gleichzeitig von einer Gruppe von Beobachtern interviewt, getestet und schließlich bewertet. Die Zuverlässigkeit und Gültigkeit eines Assessment-Centers hängt von der Einhaltung bestimmter Qualitätskriterien ab (vgl. Abbildung 5.32).

In der Regel dauern Assessment-Center mindestens einen Tag, sie können in seltenen Fällen aber auch bis zu drei Tage umfassen. Sie folgen einem stringenten Ablauf, der im Vorfeld sehr gut geplant werden muss. Die Abbildung 5.31 stellt exemplarisch einen Ablauf dar:

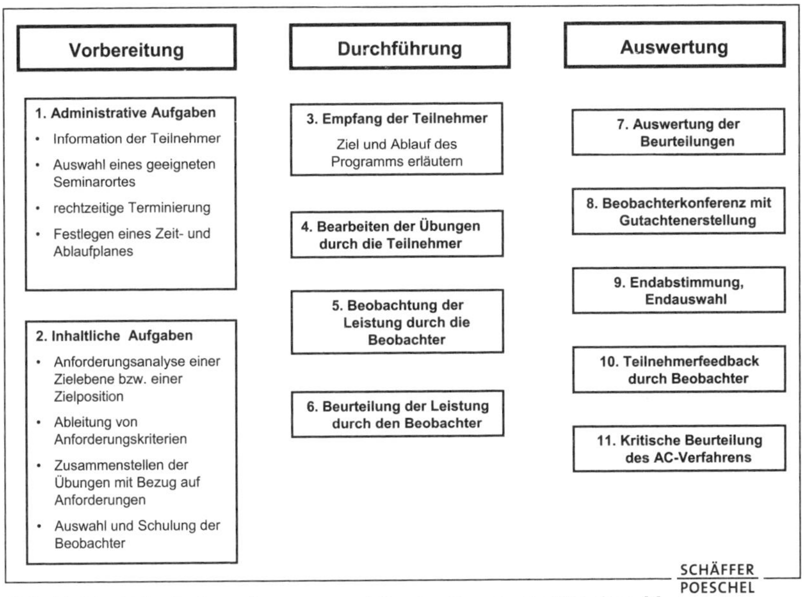

Abb. 5.31: Ablauf eines Assessment-Center-Seminars (*Becker, M.* 2005 S. 338 in Anlehnung an *Jeserich, W.* 1991 S. 35)

Aufwändiges Verfahren

In der wissenschaftlichen Forschung wird die prognostische Qualität der Assessment Center kontrovers beurteilt. Einerseits gilt es als ein hervorragendes eignungsdiagnostisches Instrument. »Ein Assessment Center (AC) soll feststellen, welche Fähigkeiten, Fertigkeiten und Einstellungen ein Proband besitzt. In relativer Bewertung einer Gruppe von Probanden zueinander (z. B. Bewerber um eine Stelle) soll der am besten geeignete Kandidat ausgewählt werden. Das AC wird in Wirtschaft und öffentlicher Verwaltung zur Auswahl von Bewerbern (Einstellungs- bzw. Auswahl-AC) und zur Auswahl von Führungskräften (Förder-AC) eingesetzt« (*Becker, M.* 2005 S. 337). Die *KGSt* hat in entsprechenden Berichten zur Personalauswahl und zur *Führungskräfteentwicklung* (vgl. *KGSt-Berichte* 7/1990 und 15/1992) den Einsatz von Assessment Centern in der Kommunalverwaltung eher skeptisch beurteilt. Einerseits wird die diagnostische Qualität angezweifelt, andererseits kritisiert die *KGSt*, dass die Auswahlverantwortung auf Externe abgeschoben wird. Überdies gibt es Probleme mit der *Akzeptanz* auf Seiten der Teilnehmer. Es wird deshalb vorgeschlagen, aus Akzeptanzgründen nur stellen- und verwaltungsspezifisch entwickelte Assessment-Center-Verfahren einzusetzen (vgl. *KGSt-Bericht.* 15/1992 S. 28). Es muss aber auch berücksichtigt werden, dass die Verwaltungsmodernisierung neue und besondere Anforderungen an das Personal der Verwaltung stellt. Auswahlentscheidungen sind dann mit besonderer Sorgfalt zu fällen. Dabei kann das Assessment

Center in einigen Fällen durchaus hilfreich sein. Die Kosten könnten verringert werden, indem man bei der Entwicklung und Durchführung der Veranstaltungen mit anderen Kommunalverwaltungen kooperiert.

Einsatz in der Praxis

Die vorstehenden Erörterungen haben gezeigt, dass die Personalauswahl auf ein vielfältiges Instrumentarium zurückgreifen kann. Die Güte der Auswahlentscheidung hängt einerseits von der jeweiligen Validität (Gültigkeit) eines einzelnen Instrumentes ab. Andererseits kommt es auf die richtige *Zusammenstellung* und *Kombination* an. Letztlich entscheidet die Stelle und das zugrunde gelegte Anforderungsprofil, welche und wie viele Instrumente einzusetzen sind. In jedem Fall sind die Analyse der Bewerbungsunterlagen und das Auswahlgespräch mindestens einzusetzen. Darüber hinaus ist zu prüfen, welche anderen Instrumente unter Berücksichtigung von Kosten-Nutzen-Erwägungen noch eingebracht werden sollten. Im Rahmen einer empirischen Untersuchung haben *Weber/Kabst* festgestellt, dass das Einzelinterview in mittleren und größeren deutschen Unternehmen mit 94 % am häufigsten angewandt wird. Es folgen die Referenzen mit 87 %, das Gruppeninterview mit 68 %, die Bewerbungsunterlagen mit 58 % und das Assessment Center mit 38 % (vgl. *Weber, W./Kabst, R.* 2000).

Die Abbildung 5.33 gibt einen Gesamtüberblick über das Instrumentarium der Personalauswahl und den jeweiligen Informationsgehalt.

Beobachtbares Verhalten	AC sollen Auswahlentscheidungen auf der Basis des aktuellen Leistungsvermögens ermöglichen. Das Verhalten der Teilnehmer ist somit in sorgsam ausgewählten Situationen zu beobachten. »Die Urteilsdimensionen sollten daher ... verhaltensnah definiert und kommuniziert werden« (*Kaesler, C. / Sonenberg, H.-G.* 1993 S. 32).
Unabhängige Beobachter	Um ein hohes Maß an Objektivität zu gewährleisten, ist der Einsatz von unabhängigen Beobachtern notwendig, die auf der Basis einer Vielzahl von Beobachtungen und Eindrücken ihre Entscheidungen fällen.
Training der Beobachter	Damit die Beobachter sachgerecht und objektiv entscheiden können, müssen sie entsprechend qualifiziert und geschult sein. Sie müssen sich im Vorfeld mit den Aufgabenstellungen und Übungen vertraut machen, um entsprechende Erwartungen an das Verhalten der Teilnehmer entwickeln können. Zudem ist ein Sensibilisieren für typische Beobachtungsfehler anzustreben.
Anforderungsnahe Konzeption	Es ist gefordert, dass die ausgewählten Übungen reale Situationen aus dem jeweiligen Anwenderbetrieb simulieren. »Das heißt nicht, dass im AC in jedem Fall völlig realitätsgetreue Aufgaben gestellt werden müssen, sondern, dass die durch eine Übung beobachtbaren Verhaltensweisen relevant für eine Arbeitsrolle sein sollten« (*Kaesler, C. / Sonnenberg, H.-G.* 1993 S. 33 f.).
Kombination verschiedener Übungen	Der Einsatz verschiedener Übungen ist einerseits notwendig, um möglichst alle Anforderungsmerkmale des zugrundegelegten Profils zu überprüfen. Andererseits geht es darum, die Komplexität der Arbeitsrealität möglichst umfassend abzubilden.
Information der Teilnehmer	Eine Grundvoraussetzung für AC ist die rechtzeitige und vollständige Information der Beteiligten. Sie sollten sowohl über Ziele und Absichten als auch über die Konsequenzen ihres Abschneidens in Kenntnis gesetzt werden.
Offene Rückmeldung	Schließlich zählt die offene Rückmeldung – das Feedback – zu den Qualitätsstandards eines Assessment Centers. Jeder Teilnehmer wird über seine Stärken und Schwächen in einem Rückmeldegespräch aufgeklärt. Wichtig dabei sind sowohl Offenheit als auch Einfühlungsvermögen. Es kommt nicht zuletzt darauf an, den Teilnehmern realistische Entwicklungsmöglichkeiten aufzuzeigen.

Abb. 5.32: Qualitätsstandards für Assessment Center
(in Anlehnung an *Kaesler, C./Sonnenberg, H.-G.* 1993 S. 32 ff.)

Instrumente der Personalauswahl	
Instrument/Informationsquelle	**Informationsgehalt**
Bewerbungsunterlagen	
• Anschreiben	• Motivation, Beweggründe, Selbsteinschätzung ...
• Lebenslauf	• Beruflicher und persönlicher Werdegang, Interessen, Hobbys ...
• Schulzeugnisse	• Allgemeinbildung, Qualifikation, Neigungen ...
• Arbeitszeugnisse	• Berufliche Qualifikation, berufliche Erfahrung, u.U. Leistungsfähigkeit, Leistungsbereitschaft ...
• Referenzen	• Keine Aussagekraft
Auswahlgespräch	Persönlichkeit, berufliche Erfahrungen, Wissen, Motivationen, Einstellungen, berufliche Erwartungen, besondere Kenntnisse und Fähigkeiten ...
Arbeitsproben/Situationstests	Je nach Aufgabenstellung können besondere Fähigkeiten beurteilt werden, z.B.: • Organisationsvermögen • Ausdrucksfähigkeit • Sozialverhalten • Teamfähigkeit • Führungsqualitäten • Durchsetzungskraft • ...
Psychologische Testverfahren	• Persönlichkeit • Intelligenz • Leistungsfähigkeit
Biografischer Fragebogen	Detaillierte Informationen über vergangene und gegenwärtige Aktivitäten, Interessen, Hobbys, besondere Kenntnisse und Fähigkeiten ...
Assessment Center	... bündelt den Informationsgehalt der bereits genannten Quellen (Auswahlgespräch, Arbeitsproben und Situationstests, psychologische Testverfahren).

SCHÄFFER POESCHEL

Abb. 5.33: Informationsgehalt der Auswahlinstrumente

5.5.2.3 Auswahlentscheidung

Eignungsfeststellung und Einstellungsentscheidung

Nachdem auf der Grundlage der Informationsquellen die Befähigungsprofile der Bewerber vorliegen, ist die Auswahlentscheidung zu treffen. Dabei wird in einem ersten Schritt bestimmt, welche der Bewerber geeignet sind. In einem zweiten Schritt wird auf Basis der geeigneten Kandidaten eine Rangfolge gebildet. Drittens erfolgt die Entscheidung, mit welcher geeigneten Person die vakante Stelle besetzt wird. Eine Unterscheidung von Eignungsfeststellung und Einstellungsentscheidung ist immer dann von besonderer Bedeutung, wenn eine beauftragte Auswahlkommission über die Einstellung nicht abschließend entscheidet, sondern sich der *Per-*

sonal- oder Hauptausschuss formal die letzte Entscheidung vorbehält. Von Bedeutung ist sie zudem, wenn bei Personalentscheidungen besondere Faktoren zu berücksichtigen sind, wie zum Beispiel die Personalentwicklung, die Gleichstellungspolitik oder die Verwaltungsreform. Ausgewählt wird die Person, die »zusätzlich zu den Anforderungen auch den verwaltungspolitischen Zielsetzungen entspricht« (*KGSt-Bericht* 15/1992 S. 29, vgl. *KGSt-Bericht* 10/ 2003 S. 55 ff.).

Erfolgskriterien

Der Einsatz von Personalauswahlverfahren soll *personelle Fehlentscheidungen* vermeiden und den Kandidaten ein faires Verfahren gewährleisten. Überdies ist bei Auswahlentscheidungen zu berücksichtigen, dass den Erfordernissen des Neuen Steuerungsmodells entsprochen wird. Um diesen Zielen gerecht werden zu können, müssen Vorkehrungen getroffen werden. Dazu zählen die Erarbeitung eines systematischen *Kriterienkatalogs* unter Berücksichtigung von Schlüsselqualifikationen, die Erstellung eines konkreten Anforderungsprofils und die Schulung der am Auswahlverfahren Beteiligten. Sodann ist das Auswahlverfahren verbindlich festzulegen, wobei auch über die einzusetzenden Instrumente entschieden wird, die gegebenenfalls noch zu entwickeln sind. Es empfiehlt sich, Verfahrensregelungen und Checklisten zu erarbeiten, an denen sich die am Auswahlverfahren Beteiligten orientieren können.

5.5.3 Personaleinführung

Frühfluktuation

Mit der Auswahl des geeigneten Bewerbers ist der Erfolg auf der Stelle aber noch nicht garantiert. Vieles hängt davon ab, wie die ersten Wochen und Monate für den neuen Mitarbeiter verlaufen. Werden keine geeigneten Vorkehrungen getroffen, kann es zu Enttäuschungen und Frustrationen kommen. »Untersuchungen bestätigen immer wieder die hohe Fluktuationsrate während dieser Zeit (...). Die für solche *Frühfluktuationen* geschätzten Kosten bewegen sich zwischen 17.500 € (für einen qualifizierten Facharbeiter) und 130.000 € (für eine Führungskraft). Die Kosten entstehen u. a. aus folgenden Gründen: Minderleistung des Mitarbeiters vor, während und nach der Entscheidung, wieder zu kündigen, seine Entlassung, die Anwerbung, Auswahl und Einstellung eines neuen Mitarbeiters, dessen Anlernen und Einarbeiten« (*Berthel, J./Becker, F. G.* 2007 S. 276). Die Personaleinführung ist deshalb eine wichtige, aber leider oftmals *vernachlässigte Aufgabe* im Rahmen des Personalmanagements. Es geht dabei vor allem darum, die neuen Mitarbeiter zu leistungsfähigen und leistungsbereiten Mitgliedern der Verwaltungsorganisation zu machen.

Probleme neuer Mitarbeiter

Die Situation von neuen Mitarbeitern ist oft durch Orientierungslosigkeit und Verunsicherung geprägt. Sie erfahren in den ersten Tagen sehr viel Neues, Ungewohntes und auch Unangenehmes. Mitunter kommt es zu einem *Praxisschock*, weil die Lücke zwischen Erwartungen und Realität als große Enttäuschung wahrgenommen wird. Oft trägt das Verhalten der Vorgesetzten und Kollegen nicht zur Entschärfung der Situation bei. In diesem Zusammenhang werden drei Strategien genannt, die sich negativ auf die Integration der neuen Mitarbeiter auswirken können (vgl. *Joerger, G.* 1991 S. 6 f., Becker, M. 2005 S. 351 ff., *Berthel, J. /Becker, F. G.* 2007 S. 280):

- *Simplifizierungsstrategie (Schon-Strategie):* Den neuen Mitarbeitern werden betont einfache Aufgaben zugewiesen, die sie bewusst weit unterfordern. Man zeigt auf diese Weise, dass der Arbeitsalltag nicht immer nur wichtige und interessante Aufgaben bereithält und eine Profilierung zu Lasten der »Altgedienten« nicht erwünscht ist.
- *Überstrapazierungsstrategie (Entwurzelungsstrategie):* Hier werden dem Neuen besonders schwierige und kaum lösbare Aufgaben zugeteilt, wobei man aber suggeriert, es handele sich um einfache Routineaufgaben. Man versucht dadurch zu verdeutlichen, dass beispielsweise das angelernte Hochschulwissen in der Praxis kaum ausreichend sei.
- *Wasserwurfstrategie:* Vorgesetzte und Kollegen verzichten bewusst auf eine Einführung des Neuen, um zu sehen, wie er mit der Situation fertig wird. Dahinter steht die Auffassung, dass ein guter neuer Mitarbeiter in der Lage sein muss, diese neue und ungewohnte Situation zu bewältigen.

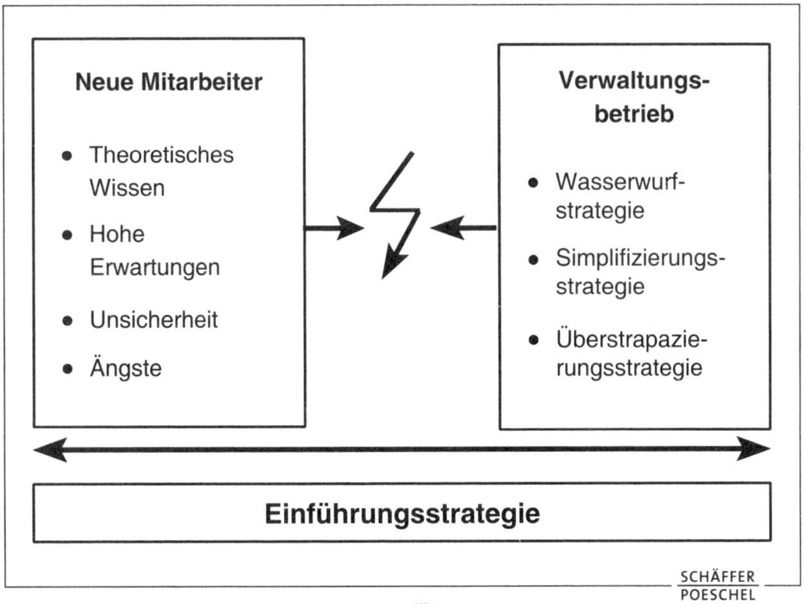

Abb. 5.34: Probleme bei der Personaleinführung

Fünf Phasen

Das Problem der Personaleinführung beginnt früher und reicht weiter, als dass normalerweise angenommen wird. Betrachtet man den Prozess als Ganzes, sollten insgesamt fünf Phasen berücksichtigt werden (vgl. *Berthel, J./Becker, F. G.* 2007 S. 281 ff.):

- *Vor-Eintrittsphase:* Die anstehende Personaleinführung sollte bereits bei der Personalauswahlentscheidung antizipiert werden, indem man bereits zu diesem Zeitpunkt Konsequenzen für die individuelle Einführung mitdenkt und vorausplant.
- *Vorbereitungs- und Entscheidungsphase:* Um gute Bewerber für bestimmte Stellen zu interessieren, werden in Bezug auf den Aufgabenbereich und die Bedingungen der Aufgabenbewältigung nicht selten Versprechungen formuliert, die nachher in der Verwaltungsrealität nicht eingehalten werden können. Sieht die Arbeitsrealität dann anders aus, führt das zu negativen Konsequenzen auf Seiten des Mitarbeiters. Deshalb wird in der Literatur eine *realistische Personalrekrutierung* vorgeschlagen: »Realistische Vorinformationen senken die Erwartungen auf ein Maß, das den tatsächlichen Gegebenheiten entspricht. Treffende und vollständige Informationen über Arbeitsplatz und Arbeitgeber – auch über für die neuen Mitarbeiter ggf. unangenehmen Seiten der Organisation –, persönliches In-Augenschein-Nehmen vom Tätigkeitsplatz und Interaktionspartner nivellieren somit ggf. unrealistische Annahmen...« (*Berthel, J./ Becker, F. G.* 2007 S. 282 f.). Erwartungsenttäuschungen könnten dadurch vermieden werden. Zur Vorbereitungsphase zählt

zudem der Zeitabschnitt zwischen Vertragsunterzeichnung und erstem Arbeitstag. Werden die neuen Mitarbeiter in dieser Zeit bereits gut betreut, erhöht dies die Wahrscheinlichkeit einer späteren erfolgreichen Integration.

- *Konfrontationsphase:* Der erste Arbeitstag ist besonders entscheidend. Der neue Mitarbeiter wird zum ersten Mal mit seinem neuen Arbeitsplatz und der Organisation direkt konfrontiert. In diesem Zusammenhang dürfte es von besonderer Relevanz sein, dass der neue Mitarbeiter von den Kollegen ansprechend begrüßt wird (»Welcome Package«). Zudem sollte sich der Vorgesetzte Zeit für ein Einführungsgespräch nehmen. Schließlich ist zu gewährleisten, dass der vorgesehene Arbeitsplatz vorbereitet ist.
- *Einarbeitungsphase:* Gerade in dieser Phase gilt es, die oben beschriebenen Extremstrategien zu vermeiden. Die neuen Mitarbeiter müssen spätestens jetzt ihre Rolle in der Organisation finden. »Die Arbeitsaufgabe gilt es mithilfe der Organisation (u. a. Stellenbeschreibungen) bestmöglich und rasch zu bewältigen, um die fachlichen Anforderungen zu erfüllen. Hier findet auch die sachliche Anpassung der Arbeitsvorstellungen der neuen Mitarbeiter mit den Bedingungen der Organisation (bspw. Karriere-/Entwicklungschancen, Vergütungspraktiken, Kultur) statt« (*Berthel, J./Becker, F. G.* 2007 S. 283).
- *Integrationsphase:* Die soziale Eingliederung des Mitarbeiters vollzieht sich parallel zur organisatorisch-fachlichen Einführung. Können die Probleme der Konfrontation und der Einarbeitung angemessen bewältigt werden, verläuft die Integration mit hoher Wahrscheinlichkeit erfolgreich. Die Integration wird dann besonders schwierig, wenn sich in der Organisation Routinen, Einstellungen und Verhaltensweisen verfestigt haben, die nicht leicht zu durchschauen sind. Diesen informellen Aspekten der Organisation ist im Rahmen der Personaleinführung besondere Aufmerksamkeit zu widmen.

Maßnahmen zur Personaleinführung

Inzwischen stehen Maßnahmen der Personleinführung zur Verfügung, die auch in der Verwaltung sinnvoll eingesetzt werden können. *Berthel/Becker* empfehlen den Einsatz von speziellen Einarbeitungsprogrammen, die die Besonderheiten der Unternehmung und der einzugliedernden Mitarbeiter berücksichtigen. Standardlösungen sind damit weitgehend ausgeschlossen (vgl. *Berthel, J./Becker, F. G.* 2007 S. 284). Folgende Maßnahmen können Bestandteil eines speziellen Programms – auch *Induktionsprogramm* genannt – sein:

- *Einführungsschriften*: Broschüren, die neue Mitarbeiter über die wesentlichen Aspekte der Verwaltungsorganisation informieren, können vor allem in größeren Verwaltungen sinnvoll eingesetzt werden. Sie enthalten u. a. Informationen über das Aufgabenspektrum, den Aufbau der Organisation, die Führungsgrundsätze, die Personalpolitik, das Vorschlagswesen, die Sozialleistungen, das Weiterbildungsangebot und die Kantinen- und Cafeteria-Versorgung. Einführungsschriften sollten grundsätzlich aktualisierbar und benutzerfreundlich gestaltet sein (vgl. *Berthel, J./Becker, F. G.* 2007 S. 284 f.).

- *Checklisten:* Eine nützliche Hilfe für alle an Einführungsmaßnahmen Beteiligten sind Checklisten, die alle zu ergreifenden Maßnahmen enthalten (vgl. *Krieg, H.-J./Ehrlich, H.* 1998 S. 203 f.). *Joerger* empfiehlt eine Checkliste für Vorgesetzte. »Die unmittelbaren Vorgesetzten sind Schlüsselfiguren der guten Einführung und deshalb besonders verpflichtet, sich um die Einführung neuer Mitarbeiterinnen und Mitarbeiter zu kümmern« (*Joerger, G.* 1991 S. 13).
- *Einführungsseminare*: Die Seminare finden in den ersten Wochen der Zugehörigkeit für eine Gruppe von neuen Mitarbeitern mehrmals statt. Die neuen Mitarbeiter können auf diese Weise die Ziele, Strukturen und Aufgaben der Verwaltung kennen lernen. Zudem können ihnen die geltenden Verwaltungsleitbilder nahegebracht werden. Schließlich bietet sich die Möglichkeit, andere neue Mitarbeiter und die wichtigsten Amtsinhaber kennen zu lernen (vgl. *Joerger, G.* 1991 S. 15).
- *Patenkonzept*: In den ersten Wochen wird eine Betreuung durch einen *gleichgestellten* Kollegen gewährleistet. Die Aufgaben des Paten umfassen sowohl die fachliche Einführung als auch die Einführung in die Gemeinschaft. Der Pate soll dem Neuen die betrieblichen Einrichtungen sowie die geschriebenen und ungeschriebenen Gesetze nahe bringen. Darüber hinaus hat er die Aufgabe, den neuen Mitarbeiter mit allen wichtigen Kontaktpersonen bekannt zu machen. Paten eignen sich besonders gut, um in die informelle Organisation einzuführen und die Reserviertheit der Belegschaft abzubauen.
- *Mentorenkonzept*: Im Unterschied zum Paten ist der Mentor ein hierarchisch höher gestellter Mitarbeiter. Er hat neben der beratenden dann noch eine Führungs- und Schutzfunktion inne. In diesem Zusammenhang werden die folgenden Mentorfunktionen genannt: Lehrer, Coach, Trainer, positives Rollenmodell, Talentförderer, Türöffner (vgl. *Berthel, J./Becker, F. G.* 2007 S. 286).

Effekte guter Personaleinführungen

Es empfiehlt sich auf der Grundlage der dargestellten Möglichkeiten und Maßnahmen eine auf die Verwaltungsorganisation zugeschnittene Einführungsstrategie zu entwickeln. In jedem Fall kommt es darauf an, die fachliche und soziale Integration der neuen Mitarbeiter zu gewährleisten, damit eine optimale Grundlage für das Engagement und die Leistungsfähigkeit des Mitarbeiters geschaffen werden kann. »Alle Instrumente zusammen, die koordinierte und abgestimmte Anstrengung aller Beteiligten und nicht zuletzt eine systematische Einführungskonzeption sichern das gewünschte Ziel, einen leistungsfähigen, kreativen, integrierten und sich mit dem Unternehmen identifizierenden Mitarbeiter zu bekommen. (...) Leider ist die Einführung neuer Mitarbeiter in der betrieblichen Praxis noch zu wenig als wichtiges Thema erkannt. Die Konsequenzen daraus sind teuer! « (*Kolb, M.* 2002 S. 136). Für *Joerger* ist die praktizierte Personaleinführung gar ein *Prüfstein für die Personalentwicklung.* Dass die Kommunalverwaltungen die Bedeutung der Personaleinführung heute höher einschätzen als noch vor einigen Jahren, zeigt sich an den Verwaltungsleitbildern, in denen eine bedürfnisgerechte Einführung neuer Mitarbeiter immer wieder als wichtige Zielsetzung genannt wird.

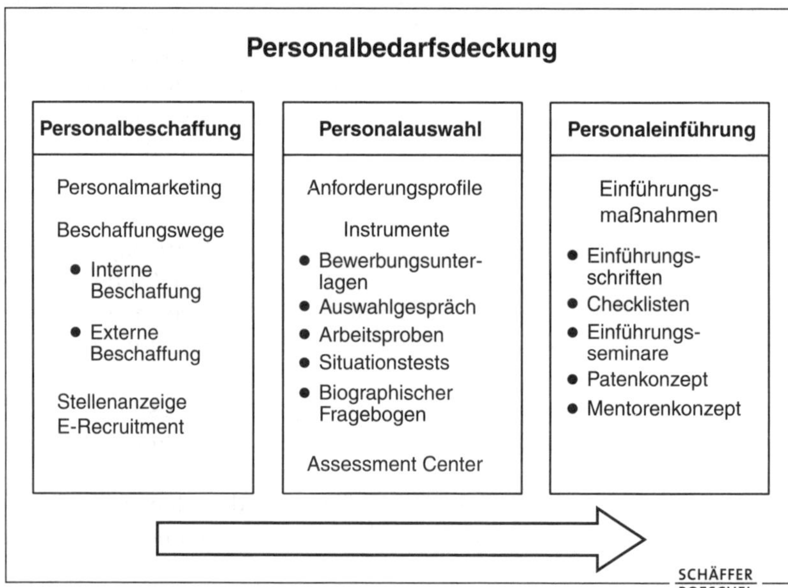

Abb. 5.35: Überblick über die Maßnahmen der Personalbedarfsdeckung

5.6 Personalentwicklung

In der Stadtverwaltung *Bürohausen* hat man sich dazu entschlossen, die für einen erfolgreichen Umgestaltungsprozess notwendige fachliche, methodische und soziale (Weiter)-Entwicklung des Personals offensiv zu gestalten. Die bislang durchgeführten Fortbildungsmaßnahmen waren weder ausreichend, noch hatten sie einen nachvollziehbaren Bezug zu spezifischen Qualifikationslücken des Personals. In der Fachbereichsleiter-Besprechung wird deshalb einstimmig vereinbart, den Fortbildungs- und Personalentwicklungsetat deutlich aufzustocken, um im Zuge der

Modernisierung der Verwaltung eine systematischere Personalentwicklung zu realisieren. Der für Personalarbeit zuständige Fachbereichsleiter wird beauftragt, ein für die Stadtverwaltung Bürohausen passendes Personalentwicklungskonzept zu erarbeiten, das den eingeschlagenen Modernisierungsprozess tatkräftig unterstützt. Die Konzeptentwicklung soll im Rahmen eines Projektes erfolgen, an dem weitere Mitarbeiter des Personalbereichs und Vertreter aus den Fachbereichen beteiligt werden. Das Projekt beginnt mit einer umfassenden Rekonstruktion der zur Verfügung stehenden Maßnahmen und Instrumente der Personalentwicklung.

Herausforderung Personalentwicklung

Die gegenwärtige *Umgestaltung der Kommunalverwaltungen* ist eine Herausforderung für das Personalmanagement, und hier in besonderem Maße für die Personalentwicklung. Wenn die Kommunalverwaltungen *kundenorientierte Dienstleistungsunternehmen* mit modernen Strukturen und Abläufen sein sollen, müssen sie ihr Personal in die Lage versetzen, den damit verbundenen Anforderungen zu entsprechen. *Damkowski/Precht* haben bereits 1995 zu Recht gefordert, dass die öffentliche Verwaltung akzeptieren muss, dass die Mitarbeiter das wichtigste Leistungspotenzial sind. Und deshalb gilt es, eine betont innovative Personalentwicklung zu institutionalisieren, die den Faktor *Mensch* in den Mittelpunkt rückt (vgl. *Damkowski, W./Precht, C.* 1995 S. 220).

Die Notwendigkeit einer systematischen Personalentwicklung sollte bereits im Abschnitt *Personalbedarfsplanung* deutlich geworden sein. Personalbedarfsplanung hat eine quantitative und eine qualitative Seite. Während die quantitative Seite der Personalplanung auf die Bestimmung des zahlenmäßigen Stellenbedarfs und die damit verbundene Personalbedarfsdeckung bzw. -freisetzung hinausläuft, zieht die *qualitative Personalplanung* vor allem Maßnahmen der Personalentwicklung nach sich.

Was ist Personalentwicklung? Der Begriff bezieht sich auf sämtliche Aktivitäten eines Unternehmens bzw. einer Verwaltungsorganisation, die darauf abzielen, die Leistungen und Qualifikationen ihrer Mitarbeiter den sich ständig verändernden Anforderungen anzupassen. *Becker* schlägt deshalb die folgende Definition vor:

»Personalentwicklung umfasst alle Maßnahmen der Bildung, Förderung und der Organisationsentwicklung, die zielgerichtet, systematisch und methodisch geplant, realisiert und evaluiert werden« (*Becker, M.* 2005 S. 3).

Personalentwicklung bezieht sich primär auf die Qualifikation und Motivation derjenigen Mitarbeiter, die bereits in der betreffenden Unternehmung bzw. Verwaltungsorganisation tätig sind. In ihrer modernen Ausprägung umfasst sie insgesamt vier Komponenten (vgl. *Drumm, H. J.* 2000 S. 325 ff.):

- *Abbau von Kenntnis- und Fähigkeitslücken*: Eine moderne Verwaltungsorganisation kann nur erfolgreich agieren, wenn die Mitarbeiter den Anforderungen gemäß qualifiziert sind.
- *Erfüllung von persönlichen Entwicklungszielen der Mitarbeiter*: Personalentwicklung hat selbstverständlich auch die Funktion die persönlichen Karriereziele der Mitarbeiter gezielt zu fördern. So werden im Rahmen der Führungskräftenachwuchsentwicklung bestimmte Mitarbeiter systematisch durch spezifische Weiterbildungsmaßnahmen auf ihre Rolle als künftige Führungskraft vorbereitet.
- *Unterstützung von lebenslangem Lernen*: Gegenwärtig und zukünftig ist das individuelle Berufsleben in der Verwaltung nicht mehr durch Kontinuität geprägt. Vielmehr muss man sich auch hier darauf einstellen, dass im Laufe einer Biographie mehrere verschiedene Berufe bzw. Tätigkeitsbereiche ausgeübt werden müssen. Zumindest werden sich die mit einer bestimmten Tätigkeit verbundenen Anforderungen kontinuierlich wandeln.
- *Gestaltung der Verwaltungskultur*: Die Verwaltungskultur ist im Wesentlichen geprägt durch die Werte, Einstellungen und Verhaltensweisen der Mitarbeiter. Der kulturelle Soll-Zustand einer Behörde ist heute in spezifischen Leitbildern beschrieben. Proaktive Leitbilder führen bei den Mitarbeitern zu Motivation und Identifikation mit den Aufgaben. Personalentwicklung hat in diesem Zusammenhang die Aufgabe, die Funktion von Leitbildern zu unterstützen. »Eine offene Kommunikations- und Feedbackkultur sowie die Schaffung einer ungezwungenen Arbeitsatmosphäre spielen eine immer bedeutendere Rolle für die Personalentwicklung, um die Mitarbeiter zu motivieren und die Fluktuation zu verringern« (*Haenel, S.* 2002 S. 127).

Interessenausgleich

Personalentwicklung geschieht somit einerseits im Interesse der Verwaltungsorganisation, andererseits nutzt die Personalentwicklung unmittelbar auch den Interessen der Mitarbeiter, indem sie persönliche Karrieren eröffnet bzw. fördert. Kritische Stimmen haben den Unternehmen und Verwaltungsorganisationen bisweilen vorgeworfen, dass die beruflichen Ziele der Mitarbeiter nur insoweit ins Kalkül gezogen werden, als es den Interessen des Arbeitgebers entgegenkommt. Probleme ergäben sich beispielsweise dann, wenn auf die Weiterentwicklung des eigenen Personals verzichtet wird, weil aus dem Arbeitsmarkt entsprechend qualifiziertes Personal leicht und problemlos zu haben ist (vgl. *Conradi, P.* 1983 S. 4 ff., *Kettgen, G.* 1989 S. 68 ff.). Ein Interessenausgleich wird auch dann verhindert, wenn ein Teil des Personals als nicht förderungswürdig eingestuft wird oder tatsächlich nicht förderungswillig ist – eine Situation, die in der öffentlichen Verwaltung durchaus vorkommt (vgl. *Flohr, B./Niederfeichtner, F.* 1982 S. 41 f.). Insoweit geht man davon aus, dass Personalentwicklungsmaßnahmen für die Arbeitgeber hochgradig disponibel sind.

Die Diskussion darüber, wem die Personalentwicklung letztlich mehr nutzt – der Verwaltungsorganisation oder dem Mitarbeiter – ist müßig und bringt kaum weiter. Fest steht auf jeden Fall, dass die Organisationen Personalentwicklung nicht für ihre Zwecke einsetzen können, ohne gleichzeitig den betreffenden Mitarbeitern zu nutzen. Auf der anderen Seite können die Mitarbeiter ihre persönlichen Karrieren durch Personalentwicklung nur fördern, wenn sie gleichzeitig – zumindest zeitweise – ihrer Organisation Vorteile bringen. Eine systematische Personalentwicklung zielt ohnehin darauf ab, beide strategischen Ausrichtungen in Einklang zu bringen. Man will also durch geeignete Maßnahmen sowohl den Bedürfnissen der Mitarbeiter nach beruflichem Fortkommen entsprechen als auch die optimale Aufgabenbewältigung und damit das Erreichen der betrieblichen Ziele sicherstellen.

5.6.1 Ziele der Personalentwicklung

Die Zielsetzungen, die gemeinhin mit der Personalentwicklung in Verbindung gebracht werden, sind vielfältig. Man unterscheidet zwischen den Zielen der Unternehmung (hier: der Verwaltungsorganisation) und den Zielen der Mitarbeiter (siehe Abbildung 5.36).

Planung der Personalentwicklung

Personalentwicklung ist aus strategischen Gründen notwendig. Die Kommunalverwaltungen sind gut beraten, wenn sie gegenwärtig und zukünftig ihre Personalentwicklung verstärken. Das bedeutet für viele Verwaltungsorganisationen, dass sie ihre bisherige Praxis verändern müssen. Es ist in der Vergangenheit sehr oft betont worden, dass die öffentliche Verwaltung im Hinblick auf die Erfordernis einer strategischen Personalentwicklung noch zu wenig tut. So schreibt *Barthel*: »Personalentwicklung ist also zugleich Fachbegriff, Kampfbegriff und Legitimationsfassade, mithin ein umkämpftes Terrain, das gerade in der öffentlichen Verwaltung noch nicht zum etablierten Routinegeschäft mit einem entsprechenden Professionalisierungsgrad abgekühlt ist« (*Barthel, C.* 2007 S. 3). Vielfach fehlt es in der öffentlichen Verwaltung an tragfähigen Fortbildungskonzepten, an einer systematischen Bedarfsermittlung und an der notwendigen Realisierung dienstlicher Fort- und Weiterbildung. In den letzten Jahren sind hier zwar Fortschritte erzielt worden, grundsätzlich hat sich jedoch nicht viel verbessert. Die öffentliche Verwaltung kann hinsichtlich ihrer Personalentwicklung auf Konzeptionen und Erfahrungen zurückgreifen, die sich im Bereich privater Wirtschaftsunternehmen inzwischen etabliert haben.

Ziele der Personalentwicklung	
Ziele aus der Sicht der Unternehmung	
• Sicherung des notwendigen Bestands an Führungskräften und Spezialisten, • Entwicklung von Nachwuchsführungskräften und jüngeren Fachexperten, • Erzielen einer größeren Unabhängigkeit von den externen Arbeitsmärkten, • Entdeckung von Fehlbesetzungen innerhalb des Unternehmens, • Verbesserung des Leistungsverhaltens bei den Beschäftigten, • Steigerung der bei den Mitarbeitern vorhandenen Sozialfähigkeiten, • Erhöhung der innerbetrieblichen Kooperation und Kommunikation.	• Erhaltung und Verbesserung der Wettbewerbsfähigkeit • Erhöhung der fachlichen Qualifikation, • Anpassung an die Erfordernisse der Technologie und der Marktverhältnisse, • Verminderung der Kosten durch Schulung des Kostenbewusstseins und –verständnisses, • Verbesserung der innerbetrieblichen Kooperation, • Erhöhung der Arbeitszufriedenheit und ggf. auch die • Senkung der Fluktuation.
Ziele aus der Sicht der Mitarbeiter	
• Aktivierung bisher nicht genutzter persönlicher Kenntnisse und Fähigkeiten, • Verbesserung der Selbstverwirklichungs-chancen durch Übernahme qualifizierterer Aufgaben, • Schaffung karrierebezogener Voraussetzungen für den beruflichen Aufstieg, • Minderung wirtschaftlicher Risiken/Erhöhung des Einkommens, • Steigerung der individuellen Mobilität auf den Arbeitsmärkten.	• Verbesserte Verwendungs- und Laufbahnmöglichkeiten, • Übertragung neuer, erweiterter Aufgaben, • Aufrechterhaltung und Verbesserung der fachlichen Qualifikation, • Einkommensverbesserung, • Erhöhung des persönlichen Prestiges.

SCHÄFFER POESCHEL

Abb. 5.36: Ziele der Personalentwicklung
(*Staehle, W. H.* 1994 S. 825)

5.6.2 System der Personalentwicklung

Arten der Personalentwicklung

Personalentwicklung wird noch oft ausschließlich mit Maßnahmen der *Aus-, Fort- und Weiterbildung* gleichgesetzt. Insofern wäre Personalentwicklung mit Maßnahmen gleichzusetzen, die außerhalb des Arbeitsplatzes in Seminarräumen stattfinden, wobei qualifizierte Trainer komplexe Inhalte, Methoden und Techniken vermitteln. Mit Hilfe des Bildungscontrollings hat man jedoch festgestellt, dass solche off the job-Maßnahmen nur effektiv sind, wenn die Teilnehmer die gelernten Inhalte bzw. Methoden direkt anschließend in der Praxis auch anwenden. Weil dieses in der Praxis aber kaum immer gelingt, wird ein großer Teil des angelernten Wissens in der Regel alsbald wieder vergessen. Demzufolge sollten die Maßnahmen der Personalentwicklung verstärkt direkt am Arbeitsplatz mit den zu erfüllenden Aufgaben verknüpft werden. Insofern kommt es zu einer zumindest parziellen Verlagerung der Personalentwicklung von off the job-Maßnahmen zu on the job Maßnahmen. »Die zunehmende Variabilität der Arbeitsinhalte verlangt vom Mitarbeiter einen über das Tagesgeschäft hinausgehenden Einsatz in verschiedenen Funktionen, Projekten und Sonderaufgaben mit gesteigerter Verantwortung und steigendem Handeln in Eigeninitiative. Dieses Wachstum der Aufgaben zu steuern, ist Teil moderner Personalentwicklung« (*Haenel, S.* 2002 S. 127).

Zu dem Begriff der Personalentwicklung zählen *Berthel/Becker* die Bildung, die Arbeitsstrukturierung und die Karriereplanung (vgl. *Berthel, J./Becker, F. G.* 2007 S. 339 ff.). Personalentwicklung reicht mithin über die klassischen Bildungsmethoden hinaus. Arbeitsstrukturierung ermöglicht Entwicklungsmethoden, die direkt am Arbeitsplatz (on the job) zu verorten sind, und somit eine direkte Verknüpfung mit der praktischen Arbeit ermöglichen. Dabei wird das Aufgabenspektrum teilweise modifiziert, wobei man davon ausgeht, dass sich die Mitarbeiter dadurch quasi automatisch neue Qualifikationen aneignen. Der Bereich Karriereplanung stellt die Förderung der individuellen Mitarbeiter in den Vordergrund. In diesem Zusammenhang geht es darum, auf der Grundlage von Potenzialanalysen, die künftige individuelle Positionsfolge zu planen. *Becker* (2005) differenziert demgegenüber die Bereiche Bildung, Förderung und Organisationsentwicklung. Der Förderungsbegriff wird weiter gefasst und schließt die Methoden des on the job-Trainings (Job-Enlargement, Job-Enrichement, Job-Rotation) mit ein. Die Abbildungen 5.37 und 5.38 geben einen Überblick über die Formen und Methoden der Personalentwicklung:

Abb. 5.37: Bandbreite der Personalentwicklung (in Anlehnung an *Becker, M.* 2005)

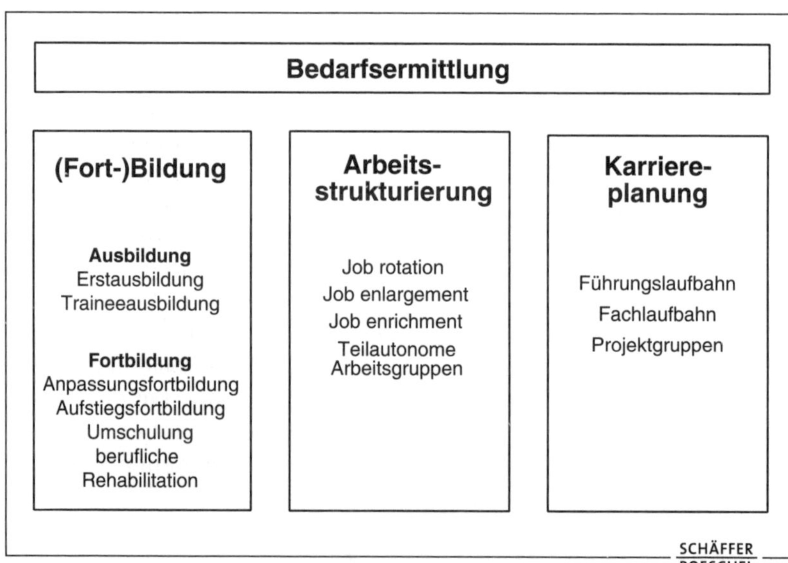

Abb. 5.38: System der Personalentwicklung (in Anlehnung an *Berthel, J./Becker, F. G.* 2003)

Die nachstehenden Erörterungen orientieren sich im Wesentlichen an der Systematisierung von *Berthel/Becker*. Die Organisationsentwicklung, die *Becker* als wichtige Säule der Personalentwicklung einordnet, ist im Kapitel 4 (Organisationsmanagement) bereits als Vorgehensmodell zur Organisationsveränderung behandelt worden.

5.6.2.1 Bedarfsermittlung

Die Maßnahmen der Personalentwicklung stehen in engem Zusammenhang mit der qualitativen Personalplanung, die sich wiederum auf die spezifischen qualifikatorischen Anforderungen einer Stelle beziehen. Personalentwicklung beginnt somit mit einer organisatorischen Entscheidung, die eine spezifische Stellenbildung zur Folge hat. In der Regel resultiert die Stellenbildung aus organisatorischen Überlegungen (sachbezogene Stellenbildung). Nach dem Prinzip der sachbezogenen Stellenbildung wird auf der Grundlage der Stellenbeschreibung ein Anforderungsprofil erstellt. Die dann folgende Maßnahme kann die Suche nach einem passenden Qualifikationsprofil auf dem externen Arbeitsmarkt (Personalbeschaffung und Personalauswahl) sein. Es besteht alternativ aber auch die Möglichkeit, das Qualifikationsprofil zu schaffen, indem bereits in der Organisation tätige Mitarbeiter weitergebildet werden, die das Potenzial dafür aufweisen.

Ausgangspunkt: Anforderungsprofil

Bei der Bedarfsanalyse werden Soll- und Ist-Werte einander gegenübergestellt. Die Soll-Werte ergeben sich aus den Anforderungen, denen Mitarbeiter genügen müssen, um im Rahmen der Organisation einen möglichst großen Beitrag zur Zielerreichung leisten zu können. Dabei kann sich eine Verwaltung zunächst auf die langfristigen Ziele stützen, die sich aus den gesellschaftlichen, wirtschaftlichen und politischen Entwicklungen erschließen lassen. Gegenwärtig spielen dabei die Modernisierungsbestrebungen eine herausragende Rolle. Sofern eine Kommunalverwaltung beabsichtigt, in den Bereichen Finanz- und Organisationsmanagement neue Strukturen zu realisieren, wirkt sich das unmittelbar auf die Personalentwicklung aus. Über welche Qualifikationen und Kenntnisse müssen die Mitarbeiter verfügen, die in und mit den neuen Strukturen agieren sollen? Auf dieser Grundlage werden entsprechende *Stellen- bzw. Anforderungsprofile* entwickelt. Die Ist-Werte ergeben sich aufgrund der Ermittlung des vorhandenen Qualifikations- und Kenntnisstandes der Mitarbeiter. Zu diesem Zweck können etliche Informationsgrundlagen genutzt werden. Dazu gehören u. a. Leistungs- und Potenzialbeurteilungen, Mitarbeitergespräche, Verhaltensbeobachtungen, Statistiken, Expertenbefragungen und spezifische Workshops.

Leistungs- und Potenzialbeurteilungen

Eignungsprüfung

Die Personalbeurteilung ist ein entscheidender Aspekt der Eignungsprüfung: Es handelt sich um einen institutionalisierten Prozess, »... in dem planmäßig und formalisiert Informationen über die Leistungen und/oder Potenziale von Mitarbeitern durch dazu beauftragte Mitarbeiter hinsichtlich arbeitsplatzbezogener, entweder vergangenheits-, gegenwarts- oder zukunftsorientierter Kriterien gewonnen, verarbeitet und ausgewertet werden. Sie bezieht sich auf unterschiedliche Objekte (Leistungsergebnis-, Leistungsverhalten- und/oder Potenzialkriterien) und lässt sich durch verschiedene Mitarbeiter durchführen« (*Berthel, J./Becker, F. G.* 2007 S. 200).

Funktionen

Personalbeurteilungen haben manifeste und latente Funktionen. Bei den manifesten Funktionen unterscheidet man zwischen führungspolitischen und personalpolitischen Funktionen. Latente Funktionen beziehen sich einerseits auf die Rolle der Beurteiler, andererseits auf die Rolle der Beurteilten (vgl. *Berthel, J./Becker, F. G.* 2007 S. 201 ff.). Die Abbildung 5.39 stellt die Funktionen im Überblick dar:

Manifeste Funktionen		Latente Funktionen	
Führungspolitische Funktionen	**Personalpolitische Funktionen**	**...gegenüber Beurteilern**	**...gegenüber Beurteilten**
• Individuelle Personalförderung • Leistungsstimulierung • Individuelle Potenzialermittlung • Koordinationsfunktion	• Organisationale Leistungsinventur • Evaluierung von Personalinstrumenten • Analyse von Qualifizierungsbedarf • Begründung von Karriereentscheidungen • Begründung von Entgeltdifferenzierung	• Steuerungsfunktion zur Mitarbeiterführung • Steuerungsfunktion zum Arbeitsverhalten	• Disziplinierungsinstrument • Sozialisationsfunktion • Nachträgliche Legitimation von Entscheidungen • Steuerungsfunktion zum Arbeitsverhalten

SCHÄFFER POESCHEL

Abb. 5.39: Funktionen einer Personalbeurteilung
(*Becker, F. G.* 2003 S. 268)

Die Personalbeurteilung kann sich sowohl auf Nachgeordnete als auch auf Gleichgestellte oder Vorgesetzte beziehen. Zudem kann sie als Selbstbeurteilung ausgeprägt sein. In der Regel geht man jedoch bei einer Personalbeurteilung davon aus, dass es sich um eine Bewertung bzw. Einschätzung von Untergebenen bzw. Nachgeordneten handelt. Dabei werden die Mitarbeiter als beschäftigte Entscheidungs- und/oder Aufgabenträger aufgrund ihres jeweiligen Beitrags zur betrieblichen Zielerreichung betrachtet und beurteilt. Man unterscheidet in der Regel zwischen Leistungs- und Potenzialbeurteilung, wobei sich die Leistungsbeurteilung auf die vergangenheits- und gegenwartsorientierten Leistungen bezieht (Was leistet ein Mitarbeiter und was hat er geleistet?). Demgegenüber befasst sich die Potenzialbeurteilung mit den zukünftigen qualifikatorischen Potenzialen der Mitarbeiter (Für welche höherwertigen Aufgaben ist der Mitarbeiter zukünftig geeignet? Wie kann der Mitarbeiter in den nächsten Jahren eingesetzt werden?) (vgl. *Berthel, J./Becker F. G.* 2007 S. 203).

• Leistungsbeurteilung

Im Rahmen der Leistungsbeurteilung geht es vor allem um das Sammeln, das Verarbeiten und das Auswerten von Informationen, die Aussagen über die von einer Person in einer bestimmten Zeitperiode erbrachten Leistungen zulassen. Im Idealfall können tatsächlich erbrachte Leistungen eines Mitarbeiters den Soll-Leistungen gegenübergestellt werden. Sofern eine solche Gegenüberstellung aus bestimmten Gründen nicht möglich erscheint, beruht die Beurteilung auf der Annahme, dass aufgrund eines guten Leistungsverhaltens tatsächlich auch gute Ergebnisse erzielt werden (vgl. *Berthel, J./Becker F. G.* 2007 S. 204). Um zu entsprechenden Beurteilungen kommen zu können, sind mehr oder weniger systematisierte Verfahren notwendig. Die Abbildung 5.40 gibt einen Überblick über die verschiedenen Leistungsbeurteilungsverfahren:

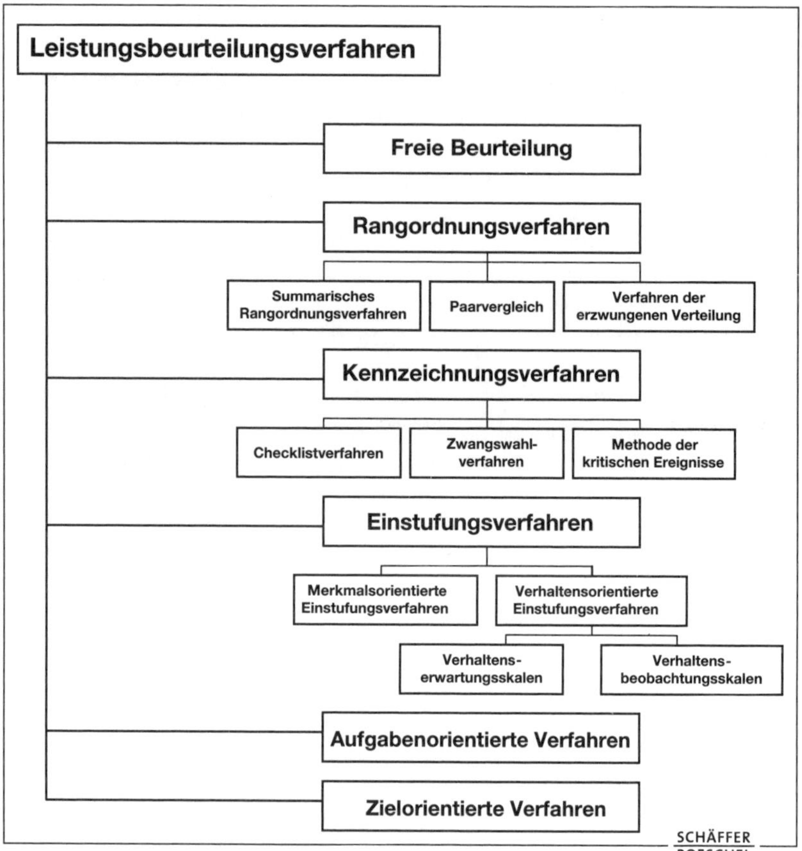

Abb. 5.40: Leistungsbeurteilungsverfahren
(*Becker, F. G.* 2002 S. 325)

Nachfolgend werden die genannten Verfahren kurz beschrieben (vgl. *Berthel, J./Becker, F. G.* 2007 S. 204 ff.):

Freie Beurteilung

Freie Beurteilung: Im Rahmen einer freien Beurteilung basiert die Einschätzung auf den Erfahrungen und das Fachwissen des Beurteilers. Die dabei praktizierte Unstrukturiertheit ermöglicht es, dass man auf spezifische Art auf die Anforderungen des Arbeitsplatzes und den entsprechenden Mitarbeiter eingehen kann. Kritisch ist dabei, dass dem Verfahren eine gewisse Willkür nicht abgesprochen werden kann.

Rangordnungsverfahren

Rangordnungsverfahren: Diese Verfahren bringen die zu beurteilenden Mitarbeiter aufgrund bestimmter Kriterien in eine bestimmte Reihenfolge (Ordinalskala). Dieses Verfahren kann analytisch durch die Bewertung verschiedener Kriterien oder summarisch anhand eines Gesamtkriteriums erfolgen. Beim Paarvergleich werden alle Kandidaten mit jeweils allen anderen Kandidaten verglichen und auf dieser Grundlage in ein Ranking gebracht.

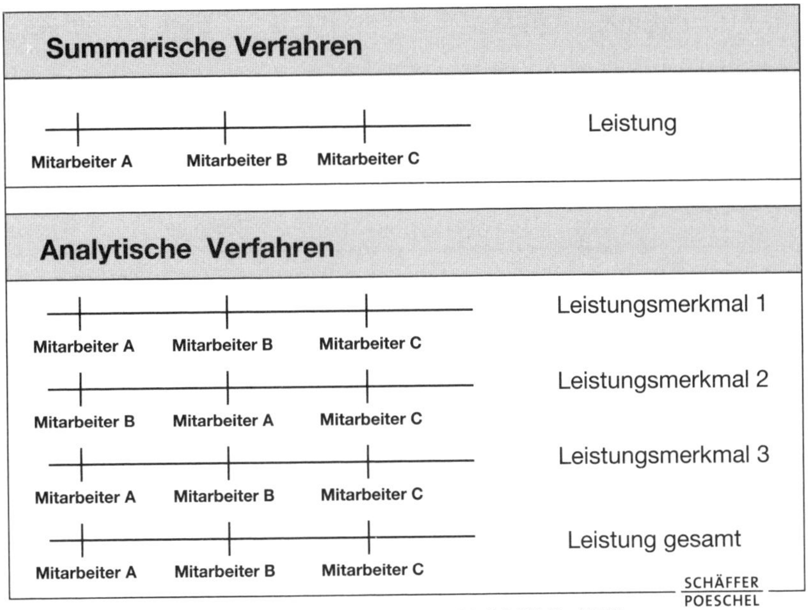

Abb. 5.41: Rangordnungsverfahren (*Becker, M.* 2005 S. 376)

Kennzeichnungsverfahren

Kennzeichnungsverfahren: In diesem Zusammenhang werden im Vorfeld spezifische Kriterien festgelegt, die als besonders wichtig erachtet werden. Danach wird bei den zu Beurteilenden dichotom entschieden, ob diese Forderung erfüllt wird oder nicht. Man unterscheidet mehrere Varianten, die aber ihre Bedeutung inzwischen verloren haben, weil sie es kaum ermöglichen, in Bezug auf ein Kriterium differenziertere Aussagen zu treffen.

Merkmalsorientierte Einstufungsverfahren

Merkmalsorientierte Einstufungsverfahren: Hierbei werden verschiedene Beurteilungskriterien festgelegt, die jeweils auf einer differenzierten Skala (mit z. B. fünf Ausprägungen) eingeschätzt und bewertet werden. Mögliche Kriterien sind Leistungsmenge, Leistungsgüte, Organisation und Zusammenarbeit. Diese Form der Leistungsbeurteilung ist auch in der Verwaltung sehr verbreitet. So werden die Beamten des Landes Baden-Württemberg anhand eines solchen Einstufungsverfahrens bewertet. Die Abbildung 5.42 gibt einen Auszug aus dem Beurteilungsbogen wieder:

Leistungsmerkmal	Punkte	Ggfls. Begründung
Arbeitsmenge		
Arbeitsweise		
Arbeitsgüte		
Führungserfolg		
Bewertungsmaßstab: Entspricht nicht den Leistungserwartungen Entspricht nur eingeschränkt den Leistungserwartungen Entspricht den Leistungserwartungen Übertrifft die Leistungserwartungen	1 Punkt 2 Punkte 3-5 Punkte 6-8 Punkte	

SCHÄFFER POESCHEL

Abb. 5.42: Auszug aus einem Beurteilungsbogen für Beamte

Verhaltensorientierte Einstufungsverfahren

Verhaltensorientierte Einstufungsverfahren: »Verhaltensorientierte Einstufungsverfahren stellen Einstufungsskalen dar, die auf empirisch-systematisch ermittelten, stellentypischen Verhaltensbeschreibungen basieren. (…) Ziel der Verfahren ist es – neben der Gewinnung der Verhaltensaussagen für jeden Stellentyp – unterscheidbare Leistungsdimensionen für die Arbeitsplätze zu identifizieren« (*Berthel, J./Becker F. G.* 2007 S. 209). Für eine umfassende Beurteilung ist es dabei erforderlich, dass eine Position in verschiedene Arbeitsbereiche bzw. Dimensionen differenziert wird, die jeweils für sich und mit jeweils spezifischen Skalen bewertet werden. Die jeweiligen Skalenwerte sind durch exakte Verhaltensbeschreibungen gekennzeichnet. Die Beurteiler haben darauf aufbauend die Aufgabe zu entscheiden, welche Verhaltensbeschreibung auf einen zu beurteilenden Mitarbeiter am ehesten zutreffen. Das Verfahren ist in der Ausgestaltung äußerst aufwändig. Während es in den USA häufig Anwendung findet, ist es im deutschsprachigen Raum kaum gebräuchlich. Die Abbildung 5.43 gibt einen Auszug aus einer verhaltensorientierten Leistungsbeurteilung wieder.

...

Die Führungskraft führt kontinuierlich Mitarbeiterbesprechungen durch.

Fast nie 1 2 3 4 5 **Fast immer**

...

SCHÄFFER POESCHEL

Abb. 5.43: Beispiel für die verhaltensorientierte Leistungsbeurteilung einer Führungskraft (Auszug)

Aufgabenorientierte Verfahren

Aufgabenorientierte Verfahren: Das Verfahren dokumentiert auf der Grundlage einer sorgfältigen Untersuchung zunächst die wichtigsten Aufgaben einer Position. »Die Beurteilung des Arbeitsverhaltens wird anhand der speziellen Aufgabenliste mithilfe von vier Stufen (ausgezeichnet, gut, befriedigend, unbefriedigend) sowie der Beschreibung des Sozialverhaltens vorgenommen. Jede Bewertung ist jeweils mit Angabe von Beobachtungen und belegbaren Tatsachen verbal zu begründen« (*Berthel, J./Becker F. G.* 2007 S. 211). In einem weiteren Schritt sind die Ursachen für das gezeigte Leistungsverhalten zu ermitteln, um darauf aufbauend im letzten Schritt Maßnahmen für Verbesserungen vorzuschlagen. Zur Einschätzung des Verfahrens ist zu sagen, dass es ebenfalls überaus aufwändig ist. Zudem kann durch aufgabenorientierte Verfahren keine interindividuelle Vergleichbarkeit hergestellt werden, so dass seine Ergebnisse kaum für Lohn- und Gehaltsdifferenzierungen herangezogen werden kann.

Zielorientierte Verfahren

Zielorientierte Verfahren: Zielorientierte Beurteilungsverfahren haben in den letzten Jahren sehr an Bedeutung gewonnen. Das Konzept einer Führung durch Zielvereinbarungen spielt ja auch im New Public Management eine sehr große Rolle (vgl. Abschnitt 3.4.5.3). Das zielorientierte Verfahren lässt sich demgemäß aus dem Management by Objectives (MbO) ableiten. Zur Beurteilung der Mitarbeiter werden in der Regel vereinbarte erwartete Leistungsergebnisse herangezogen. »Die Zieldefinition dient insofern als Basis der Leistungsbeurteilung, wobei die jeweiligen Leistungsziele vorab hinsichtlich ihrer Kriterien und Standards festzulegen sind. Die Beurteilung erfolgt durch einen Soll-Ist-Vergleich am Ende der Beurteilungsperiode« (*Berthel, J./Becker F. G.* 2007 S. 214). Diese Form der Beurteilung findet im Bereich der öffentlichen Verwaltung bereits in den so genannten Mitarbeitergesprächen Anwendung, in denen Leistungsziele zwischen Vorgesetzten und Mitarbeitern einvernehmlich vereinbart und nach einer Zeitperiode von etwa einem Jahr auf der Grundlage eines Soll-Ist-Vergleiches *überprüft* werden. *Berthel/Becker* gehen davon aus, dass das zielorientierte Beurteilungsverfahren nur bei Führungspositionen zum Einsatz kommen soll. Im Rahmen des TVöD geht man davon aus, dass leistungsorientierte Gehaltsbestandteile auf der Grundlage von Zielvereinbarungen vergeben werden können.

Zusammenfassend kann gesagt werden, dass die Funktion von Leistungsbeurteilungen darin besteht, erbrachte Leistungen anzuerkennen und Leistungsmängel festzustellen, um darauf aufbauend Maßnahmen zu entwickeln, die Abhilfe schaffen können. Zudem liegt ihre Funktion darin, eventuell verfehlte Leistungsvorgaben zu korrigieren. Leistungsbeurteilungen erhalten eine tragfähige Basis, wenn im Rahmen von Mitarbeitergesprächen Ziele vereinbart werden, die von beiden Seiten akzeptiert werden und im Ergebnis überprüfbar sind. Sie können schließlich als Basis für leistungsorientierte Bezahlung verwandt werden.

• Potenzialbeurteilungen

Zukünftige Potenziale

In der Personalbeurteilung wird als zweite wichtige Komponente die Potenzialbeurteilung beschrieben. Hierbei geht es um das *zukünftige* Qualifikationspotenzial eines Mitarbeiters. Für eine Organisation ist es wichtig zu wissen, welche Mitarbeiter über die bislang bewältigten Aufgaben hinaus für andere, in der Regel höherqualifizierte, Tätigkeiten geeignet sind. Um solche Informationen zu gewinnen, reicht die bereits beschriebene Leistungsbeurteilung nicht aus. Es handelt sich im Falle der Potenzialbeurteilung im eigentlichen Sinne um eine Qualifikationsprognose.

D

»Unter Potenzialbeurteilung (oft synonym: Entwicklungs-, Eignungs-, Karrierebeurteilung) ist letztendlich der planmäßige Versuch zu verstehen, für einzelne Mitarbeiter durch die Erfassung a) der einzelnen realisierten und b) der aktuell vorhandenen, aber noch nicht realisierten Qualifikationsmerkmale sowie c) deren jeweilige Entwicklungschancen systematisch und regelmäßig die Frage zu beantworten, inwieweit sie – unter Berücksichtigung von bestimmten Qualifizierungsmaßnahmen – in der Lage sein werden, prognostizierten (Arbeits-)Anforderungen in der Zukunft zu genügen« (*Berthel, J./Becker, F. G.* 2007 S. 219).

Die Reichweite von Qualifikationsprognosen kann sich ausschließlich auf die nächste hierarchische Ebene beziehen. In diesem Fall spricht man von der *sequenziellen Potenzialbeurteilung*. Sofern sich die Prognose auf sämtliche Einsatzmöglichkeiten der nächsten Jahre bezieht, spricht man von der *absoluten Potenzialbeurteilung.*

In der Praxis werden unterschiedliche Verfahren zur Potenzialbeurteilung beschrieben (vgl. *Berthel, J./Becker, F. G.* 2007 S. 220 ff):

Diagnoseorientierte Verfahren

Diagnoseorientierte Verfahren: Hierbei handelt es sich um Verfahren, in denen die auf der Grundlage der Leistungsbeurteilung gewonnenen Daten entweder fortgeschrieben, interpretiert oder ergänzt werden. Die auf diese Weise erlangten Diagnosedaten sind vergangenheitsorientiert. Sie unterstellen, dass sich die Qualifikationen über eine Zeitspanne nicht wesentlich verändern. *Berthel/Becker* gehen davon aus, dass diese Vorgehensweise aus den folgenden Gründen durchaus prekär ist:

- Die Qualifikationen eines Mitarbeiters können sich auch in relativ kurzen Zeitabständen ändern.

- Die Beurteiler müssen ihre Prognosen aufgrund von relativ freien Einschätzungen aufstellen. Insofern ist die Gültigkeit und Zuverlässigkeit der Aussagen nicht sehr hoch.
- Es besteht die Gefahr, dass bei der Potenzialeinschätzung das Peter-Prinzip (*vgl. Peter, L. J./Hull, R.* 1970) greift. Es besagt, dass Mitarbeiter in höhere Ämter befördert werden, ohne dass die dafür notwendigen Qualifikationen vorliegen. Dieser Effekt tritt insbesondere dann ein, wenn allein aufgrund von Leistungsbeurteilungen eine Beförderungsentscheidung getroffen wird.

Auf der anderen Seite besteht durchaus ein nachgewiesener Zusammenhang zwischen vergangenen, gegenwärtigen und zukünftigen Leistungen, sodass diagnoseorientierte Verfahren für die Potenzialanalyse mit Einschränkung verwendbar sind.

Biografische Verfahren

Biografische Verfahren: Biografische Verfahren sind standardisierte Instrumente, mit denen man versucht, aussagekräftige und qualifikationsrelevante Vergangenheits- und Hintergrundinformationen von Mitarbeitern zu gewinnen. So basieren so genannte biografische Fragebogen (siehe Abschnitt 5.5.2.2) auf Kriterien, denen man aufgrund einer Untersuchung besonders erfolgreicher Mitarbeiter, eine besondere Bedeutung zuschreibt. So weiß man z. B., dass besonders gute Unternehmensberater bereits vor ihrer Einstellung in das Unternehmen, längere Auslandsaufenthalte (z. B. ein Auslandssemester während des Studiums) erfolgreich absolviert haben. Des Weiteren spielen offensichtlich vorberufliche EDV-Kenntnisse und das Engagement in gesellschaftlichen Gruppen eine herausragende Rolle für die Position des Beraters. Sofern man über diese relevanten Informationen verfügt, kann man bei der Beurteilung gezielt diese Kriterien abfragen. Der biografische Fragebogen eignet sich sowohl für die Personalbeurteilung als auch für die Personal(vor)auswahl.

Assessment Center

Assessment Center: Auch das Assessment Center ist bereits als Instrument der Personalauswahl beschrieben worden (siehe Abschnitt 5.5.2.2). Es wird aber genauso als Instrument der Personalentwicklung und damit als Instrument der Personalbeurteilung eingesetzt. Es kommt in der öffentlichen Verwaltung zum Einsatz, wenn es darum geht, aus einer Vielzahl von potenziellen Führungsnachwuchskräften diejenigen auszuwählen, die mittel- bzw. langfristig gefördert werden sollen. »Die Befürworter von Assessment Centern belegen deren Gültigkeit i.d.R. durch den Voraussageerfolg (Prognosevalidität). Nach der klassischen AT&T-Studie korrelieren die Erfolgsprognosen für durch Assessment Center ausgelesene Kandidaten hoch signifikant mit deren späteren Erfolg (operationalisiert durch Aufstieg und Einkommenszuwachs)« (*Berthel, J./Becker, F. G.* 2007 S. 228).

Mitarbeitergespräch

Das Mitarbeitergespräch ist im Kapitel Personalführung dargestellt worden (vgl. Abschnitt 5.3.6). Dort konnte verdeutlicht werden, dass es sich nicht nur um ein Führungsinstrument, sondern überdies um ein Instrument der Personalentwicklung handelt. Insoweit wird es auch als Beratungs- und Förderungsgespräch bezeichnet. Hier besteht die Chance, dass man im direkten persönlichen Gespräch über die Karriereplanung und den damit verbundenen Entwicklungsbedarf spricht. Auf diese Weise können die Interessen und die Vorstellungen der Mitarbeiter mit in die Bedarfsermittlung einbezogen werden. Dies geschieht einerseits im standardisierten jährlichen oder halbjährlichen Gespräch, andererseits aber in Gesprächen, die zwischen den Jahresgesprächen liegen. Das Mitarbeitergespräch ist zudem das Instrument, mit dem am ehesten eine zielorientierte Personalbeurteilung vorgenommen werden kann bzw. könnte.

Verhaltensbeobachtungen, Statistiken, Expertenbefragungen und Workshops

Über diese standardisierten Instrumente hinaus gibt es weitere u. U. sehr wichtige Ansatzpunkte für die Potenzialeinschätzung der Mitarbeiter (vgl. *Kolb, M.* 2002 S. 223 ff.):

- *Verhaltensbeobachtungen:* Wer als Führungskraft kontinuierlich mit Mitarbeitern zusammenarbeitet, hat alle Möglichkeiten, durch permanente Verhaltensbeobachtungen etwas über die Leistungsfähigkeit und das Leistungspotenzial seiner Beschäftigung zu erfahren. Insoweit ist die Verhaltensbeobachtung das originärste Mittel, um die Mitarbeiter einzuschätzen. Die Führungskräfte sollten sich jedoch bewusst sein, dass diese Einschätzungen sehr subjektiv und damit sehr anfällig für Beurteilungsfehler sind. Deshalb ist es notwendig, die eigene Einschätzung durch weitere Meinungen und Beobachtungen anderer zu ergänzen bzw. zu relativieren.
- *Statistiken:* Der Bedarf an Personalentwicklung kann sich aus vielfältigen, auch indirekten Zusammenhängen ergeben. Aufschlüsse können z. B. hohe Fluktuationsraten und/oder hohe durch Krankheit bedingte Ausfallzeiten geben. Sofern eine Verwaltungsorganisation über ein systematisches Beschwerdemanagement verfügt oder regelmäßige Kundenbefragungen durchführt, können unerfreuliche Ergebnisse auch Hinweise für Qualifikationsdefizite geben. Durch eine Auswertung derartiger Statistiken lassen sich möglicherweise Über- oder Unterforderungen auf Seiten der Mitarbeiter erkennen.

- *Expertenbefragungen:* Bei der Bedarfsermittlung darf nicht verkannt werden, dass sich auch das Qualifikations-Soll in Form von Anforderungsprofilen stetig verändert. So ist es eine unumstößliche Tatsache, dass sich die Anforderungen an die Qualifikation der Mitarbeiter in den letzten Jahren deutlich verändert haben. Aus heutiger Perspektive muss man im Blick haben, wie sich die Anforderungen in Zukunft wandeln werden. Die eigene Personalentwicklung sollte sich auch darauf einstellen. In diesem Zusammenhang ist es sinnvoll, intensiv mit der wissenschaftlichen Forschung zu kooperieren. Die einfachste Möglichkeit besteht darin, dass man jene einschlägigen Experten befragt, die Prognosen über Entwicklungen in der Verwaltung und in ihrem Umfeld anstellen bzw. anstellen können.
- *Workshops:* Zur Ermittlung des Weiterbildungsbedarfs können gezielt Workshops eingesetzt werden. Dabei kommen Mitarbeiter verschiedener Hierarchieebenen zusammen, um die gegenwärtigen und zukünftigen Qualifikationsanforderungen sowie die dazu geeigneten Entwicklungsmaßnahmen zu erörtern. In diese Workshops können auch Experten eingebunden werden, die aus verschiedenen Perspektiven argumentieren und damit einen Input für Diskussionen geben. Derartige Workshops bedürfen einer sorgfältigen Vorbereitung sowie einer professionellen Moderation (vgl. *Doppler, K./Lauterburg, Ch.* 2002 S. 273 ff.)

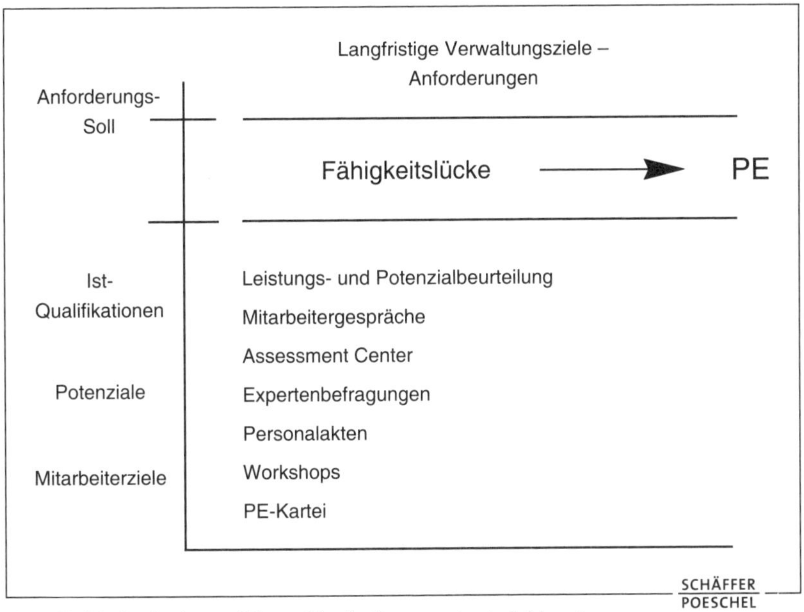

Abb. 5.44: Bedarfsermittlung für die Personalentwicklung

Die vorhandenen Kenntnisse und Fähigkeiten wie auch das Potenzial der Mitarbeiter sollten durch regelmäßige und systematische Bestandsaufnahmen festgehalten und dokumentiert werden. Für die beschäftigten Mitarbeiter erschließen sich auf dieser Basis mögliche neue Aufgabenfelder und Neuorientierungen, die in der Konsequenz auf individuelle Personalentwicklungsmaßnahmen hinauslaufen können. Inzwischen können Unternehmen und Verwaltungsorganisationen auf so genannte *Personalentwicklungskarteien* bzw. *-dateien* zurückgreifen. »In der betrieblichen Praxis werden alle Angaben, die für die Entwicklung und Förderung eines Mitarbeiters wichtig sind, in einer manuell oder elektronisch geführten Kartei festgehalten. Die Personalentwicklungskartei ist somit die zentrale Informationsgrundlage der Personalentwicklung« (*Kolb, M.* 2002 S. 239). Ein Beispiel für den Aufbau einer solchen Kartei zeigt die Abbildung 5.45.

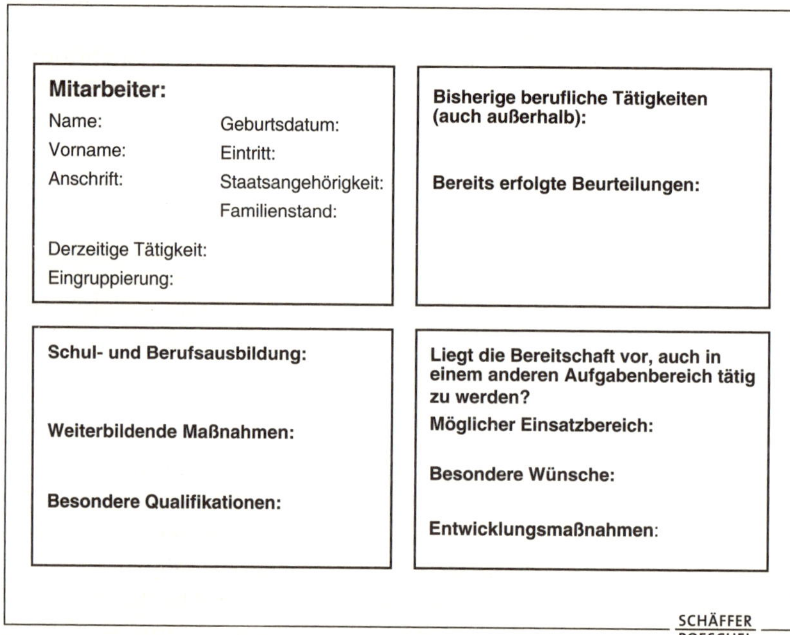

Abb. 5.45: Aufbau einer Personalentwicklungskartei (vgl. *Kolb, M.* 2002 S. 239)

5.6.2.2 Arten der Personalentwicklung

Personalentwicklung kann durch eine Vielzahl konkreter Maßnahmen realisiert werden. Werden diese Maßnahmen ohne weitere Untergliederung unmittelbar aufgelistet, erscheint der Bereich überaus komplex und unübersichtlich zu sein. In der einschlägigen

Literatur sind deshalb entsprechende Systematisierungen vorgenommen worden. So unterscheiden *Berthel/Becker* (2007 S. 339 f.) drei verschiedene Arten der Personalentwicklung: Bildung (Aus- und Fortbildung), Arbeitsstrukturierung und Karriereplanung. Den jeweiligen Arten lassen sich wiederum spezifische Teilaspekte zuordnen.

Bildung

Unter den Begriff Bildung werden alle Maßnahmen zusammengefasst, die dem Zweck dienen, berufliche Kenntnisse und Fertigkeiten festzustellen, zu erhalten und der technischen Entwicklung anzupassen. Bildung schließt außerdem Maßnahmen mit ein, die dem beruflichen Aufstieg dienen. Unterschieden wird zwischen der beruflichen Ausbildung und der beruflichen Fortbildung (vgl. *Berthel, J. /Becker, F.* 2007 S. 339).

Ausbildung

Zur beruflichen Ausbildung zählen die Berufs(erst)ausbildung, die Traineeausbildung und die Anlernausbildung. In der *Erstausbildung* werden erstmalig und systematisch berufliche Kenntnisse und Fähigkeiten vermittelt. Für die öffentliche Verwaltung sind je nach Laufbahngruppe (einfacher, mittlerer, gehobener und höherer Dienst) spezifische Ausbildungen vorgesehen. So sind beispielsweise für Beamte des gehobenen Dienstes in allen Bundesländern spezifische (Fach-)Hochschulen bzw. Studiengänge eingerichtet worden, in denen die Nachwuchskräfte ausgebildet werden. Mit der so genannten *Traineeausbildung* sind spezielle betriebliche Einarbeitungsprogramme gemeint, »in denen Hochschulabsolventen systematisch mit dem gesamtbetrieblichen Geschehen (Unternehmensphilosophie und -politik), den strukturellen Zusammenhängen und konkreten Arbeitsanforderungen der Unternehmung vertraut gemacht werden, indem sie nach ihrem Hochschulabschluss ihre berufliche Laufbahn beginnen« (*Berthel, J./Becker, F.* 2007 S. 343 ff.). Für die Laufbahn des höheren Dienstes in der öffentlichen Verwaltung (A 13 aufwärts) werden Absolventen wissenschaftlicher Hochschulen (Rechts-, Wirtschafts- und Sozialwissenschaftler) in einem so genannten Vorbereitungsdienst an ihre zukünftigen Aufgaben herangeführt. Die *Anlernausbildung* eignet sich für Betriebe, die neue Mitarbeiter möglichst schnell – ohne langwierige Ausbildung – zur Einsatzfähigkeit bringen wollen.

Fortbildung

Die Begriffe *Fort- und Weiterbildung* stehen gemeinhin für den gleichen Sachverhalt. Nachstehend wird der Begriff Fortbildung verwendet.

D

Fortbildung bezieht sich auf die Vermittlung von Kenntnissen, Fähigkeiten und Verhaltensweisen, die die Qualifikation eines Mitarbeiters über Zeit gewährleisten oder eine Ergänzung und/oder Vertiefung der Qualifikation beinhalten (vgl. *Berthel, J./Becker, F. G.* 2007 S. 46).

Anpassung und Aufstieg

Fortbildung baut gezielt auf eine berufliche Erstausbildung oder auf eine längere berufliche Tätigkeit auf und kann einerseits auf die Erhaltung der horizontalen Mobilität (*Anpassungsfortbildung*) und andererseits auf die Erhaltung der vertikalen Mobilität (*Aufstiegsfortbildung*) ausgerichtet sein. Adressaten der Fortbildung sind grundsätzlich alle Mitarbeiter, nicht ausschließlich die Führungskräfte. In den letzten Jahrzehnten hat eine Umorientierung in den Fortbildungskonzepten der Unternehmen stattgefunden. Bis Ende der 70er-Jahre war das so genannte *Lückenkonzept* vorherrschend. Fortbildung hatte demgemäß allein die Funktion, Qualifikationsdefizite der einzelnen Mitarbeiter festzustellen und abzubauen. Seit Anfang der 80er-Jahre setzt sich die so genannte *katalytische Fortbildung (Bronner/Schröder)* mehr und mehr durch. Damit ist gemeint, dass die Fortbildung in stärkerem Maße gefordert ist, um die interpersonellen Beziehungen in Gruppen sowie die Interaktionen in und zwischen Gruppen zu verbessern. Zudem stellt sich in Bezug auf Fortbildungsmaßnahmen die Frage: »Welche Phänomene sind es aus der Makro-Sicht der Unternehmung, die Anlässe für Fortbildungsaktivitäten begründen können, die aber ihrerseits nicht (direkt) auf individuelle oder gruppenbezogene Defizite zurückgeführt werden können?« (*Berthel, J./Becker, F. G.* 2007 S. 348).

Diese strategische Ausrichtung der Fortbildung hat spätestens seit Beginn der 90er-Jahre auch für die Kommunalverwaltungen eine besondere Bedeutung. Wenn es darum geht, die Kommunalverwaltungen zu modernen Dienstleistungsbetrieben zu entwickeln, werden dadurch nicht nur individuelle Qualifikationslücken relevant, sondern überdies Defizite in den interpersonellen Beziehungen und in der zunehmend wichtiger werdenden Zusammenarbeit zwischen den Organisationseinheiten. Eine moderne Verwaltungsorganisation soll beispielsweise sowohl in den Außenkontakten als auch in der internen Zusammenarbeit künftig Kundenorientierung obwalten lassen. Dies ist eine Herausforderung für die Fortbildung, die nicht nur an individuellen Qualifikationsdefiziten festzumachen ist, sondern sich an einer übergreifenden Veränderung der Organisationskultur orientieren muss.

Arbeitsstrukturierung

Bei der Arbeitsstrukturierung geht es um die Gestaltung von Inhalt, Umfeld und Bedingungen der Arbeit auf der Ebene eines Arbeitssystems (vgl. *Staehle, W. H.* 1994 S. 845). Als PE-Instrument setzt Arbeitsstrukturierung an den Arbeitsinhalten und an den Handlungsspielräumen an. Hierunter können alle Strategien subsumiert werden, die auf eine Veränderung des Arbeitsfeldes hinauslaufen. Veränderungen des Arbeitsfeldes können sich als Arbeitsfeldvergrößerung wie auch als Arbeitsfeldverkleinerung auswirken (vgl. *Berthel, J./Becker, F. G.* 2007 S. 356 f.).

Geht man dann noch davon aus, dass es für beide Ausprägungen jeweils eine quantitative und eine qualitative Alternative gibt, lassen sich vier Varianten unterscheiden.

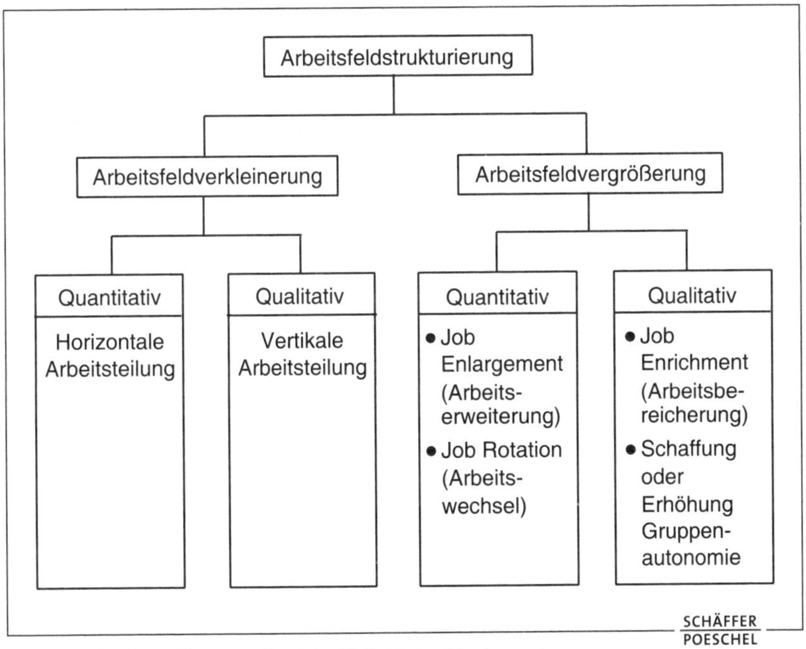

Abb. 5.46: Grundformen der Arbeitsfeldstrukturierung
(*Berthel, J./Becker, F. G.* 2007 S. 357)

Arbeitsfeldverkleinerung

Die *Arbeitsfeldverkleinerung* ist keine Form der Personalentwicklung. Bei den Formen der horizontalen und vertikalen Arbeitsteilung handelt es sich eher um Ursachen für die Personalentwicklung. Arbeitsfeldverkleinerungen sind Errungenschaften der Industrialisierung und folgen weitgehend dem technisch-ökonomischen Organisationsverständnis von *Taylor*. Die horizontale Arbeitsteilung verringert unter Beibehaltung der Arbeitsqualität die Zahl der zu verrichtenden Arbeiten, indem beispielsweise in einem Amt für Ausbildungsförderung ein Mitarbeiter ständig alle Anträge annimmt, ein anderer ausschließlich damit beschäftigt ist, die Anträge zu bearbeiten und ein dritter lediglich die Ausfertigung der Bescheide übernimmt. Vertikale Arbeitsteilung liegt demgegenüber vor, wenn Durchführungs- und Entscheidungsaufgaben voneinander abgekoppelt sind, indem der Sachbearbeiter zwar die Höhe der Ausbildungsförderung berechnet, der Sachgebietsleiter das Ergebnis jedoch überprüft und die Entscheidung über einen Bescheid letztlich in seinen Kompetenzbereich fällt. Derartige Konstellationen beeinträchtigen die Arbeitszufriedenheit und -motivation. Bekannte Resultate sind u. a. einfache und eintönige Tätigkeiten, autoritäre Sozialbeziehungen sowie autokratische und bürokratische Entscheidungsverfahren (vgl. *Staehle, W. H.* 1994 S. 864).

Arbeitsfeldvergrößerung

Arbeitsfeldvergrößerungen zählen zu den Maßnahmen, die die negativen Effekte der beschriebenen Arbeitsteilung beseitigen können. Insofern sind sie als Personalentwicklungsmaßnahmen zu identifizieren. Es geht dabei um die Gestaltung der *Arbeitsinhalte* und *Handlungsspielräume* von Tätigkeiten durch Arbeitsfeldvergrößerung (vgl. *Berthel, J./Becker, F. G.* 2007 S. 357 f.; *Klimecki, R. G./Gmür, M.* 2005 S. 184 f.). Arbeitsfeldvergrößerungen führen in der Tendenz zu Tätigkeiten, die u. a. folgende Merkmale aufweisen (vgl. *Staehle, W. H.* 1994 S. 864):

- komplexe und abwechslungsreiche Tätigkeiten,
- Experimentierchancen,
- kollegiale Kommunikations- und Interaktionsformen,
- demokratische Entscheidungsverfahren und
- Erfahrungen und realistische Erwartungen individuellen Weiterkommens und gesellschaftlichen Fortschritts.

Job-Enlargement

Arbeitsfeldvergrößerungen können durch Job-Enlargement, Job-Rotation, Job-Enrichement und teilautonome Arbeitsgruppen erreicht werden. »Mit Job-Enlargement (Aufgabenerweiterung, Horizontal Job Loading) wird das Arbeitsfeld einer Stelle dadurch vergrößert, dass neue, *qualitativ* etwa *gleichartige* Aufgaben hinzugefügt werden« (*Berthel, J./Becker, F. G.* 2007 S. 364).

Von *Job-Enlargement* spricht man also dann, wenn die bislang bewältigten Aufgaben und die neu hinzukommenden Aufgaben qualitativ-strukturelle Ähnlichkeiten aufweisen, das Anforderungsniveau demgemäß unverändert bleibt. Im Bereich der Kommunalverwaltung kommt es zum Beispiel dann zu einer Arbeitsfelderweiterung, wenn Sachbearbeiter des Einwohnermeldeamtes Aufgaben im Bereich von Bürgerämtern übernehmen und damit neben den üblichen Meldeangelegenheiten u. a. noch Aufgaben im Sozialhilfewesen, im Personenstandswesen und im Bereich des Wohnungswesens erfüllen. Dadurch wird ein Aufgabenspektrum erreicht, das zu komplexeren und abwechslungsreicheren Tätigkeiten führt. Die Mitarbeiter eignen sich durch Job-Enlargement neue Kenntnisse und Fähigkeiten an und erhalten individuell erwartungsadäquate Aufgabeninhalte und Anforderungshöhen.

Job-Rotation

Das *Job-Rotation* sieht einen planmäßigen Wechsel von Arbeitsplätzen vor. Ziel ist die individuelle Qualifizierung durch neu hinzugewonnene Fach- und Führungserfahrungen. Darüber hinaus hat Job-Rotation in sozialer Hinsicht positive Auswirkungen, weil es die Mitarbeiter mit jeweils anderen Kollegen und Vorgesetzten zu tun haben und sich neue soziale Kompetenzen aneignen (vgl. *Berthel, J./Becker, F. G.* 2007 S. 361 f., *Krieg, H.-J./Ehrlich, H.* 1998 S. 250).

Im Job-Rotation treten vor allem die folgenden positiven Effekte auf (vgl. *Berthel, J./Becker, F. G.* 2007 S. 363):

- Job-Rotation unterstützt die Entwicklung der Mitarbeiter zu Generalisten.
- Die Zunahme des Generalistentums fördert die Kooperations- und Delegationsbereitschaft.
- Die betroffenen Mitarbeiter werden zur Bewältigung neuer Problemstellungen veranlasst.
- Die entsprechenden Organisationseinheiten profitieren von Rotationsprogrammen, indem neue Ideen und somit ein frischer Wind eingebracht wird.
- Indem die Mitarbeiter ihre Qualifikationen in unterschiedlichen Bereichen nachweisen können, befördern sie ihre eigenen Karrierechancen.
- Die Unternehmung kann ihre vielseitig qualifizierten Mitarbeiter je nach Bedarf flexibel einsetzen.

Negativ fällt u. a. ins Gewicht, dass es während der Einarbeitungszeit bisweilen zu Reibungsverlusten und Störungen im Betriebs- bzw. Verwaltungsablauf kommen kann. Des Weiteren kann die fehlende Erfahrung an den Arbeitsplätzen dazu führen, dass langsam entstehende Problemlagen erst zu spät oder gar nicht erkannt werden. Schließlich kann Job-Rotation als PE-Maßnahme unter Umständen die *unternehmerischen Erfolgsinteressen* beeinträchtigen. Einerseits verzichten Führungskräfte in ihrem eigenen Verantwortungsbereich nur ungern auf qualifizierte Mitarbeiter, andererseits kommt es in den unvermeidlichen Einarbeitungsphasen zu Störungen im Arbeitsprozess. Es besteht deshalb die Gefahr, dass die eigenen Führungskräfte Rotationsprogramme quasi unterlaufen (vgl. *Berthel, J./Becker, F. G.* 2007 S. 363 f.). »Die Bereitschaft der Führungskräfte, Potenzialkandidaten für ein Rotationsprogramm zu melden, hängt davon ab, ob sie erwarten können, ebenfalls im Rotationsverfahren gleichwertige Mitarbeiterinnen und Mitarbeiter zu erhalten« (*Becker, M.* 2005 S. 423 f.).

Für moderne Kommunalverwaltungen, die sich im Hinblick auf das Neue Steuerungsmodell umgestaltet haben, drängt sich das Job-Rotation als Instrument der Personalentwicklung aber geradezu auf. Wie im Abschnitt 3.4.6.2 gezeigt, werden an die Stelle der bisherigen Ämterstruktur Fachbereiche treten, die unter Umständen ein sehr heterogenes Produkt- und Aufgabenspektrum aufweisen. Durch Rotationsprogramme können die Mitarbeiter nach und nach in die Lage versetzt werden, das gesamte Aufgabenspektrum ihres Fachbereiches abzudecken. Überdies können die internen Beziehungen zwischen *Zulieferern* und *Kunden* verbessert werden, indem die betroffenen Mitarbeiter wechselseitig die Position des jeweils anderen einnehmen und mithin die Folgen ihres eigenen Handelns besser einschätzen lernen. Inzwischen ziehen die Kommunalverwaltungen Rotation als Instrument der Personalentwicklung durchaus, aber auch mit Einschränkung in Erwägung – wie das Beispiel der Landeshauptstadt Stuttgart zeigt: »Unter genau definierten Voraussetzungen ist Rotation bei der Landeshauptstadt Stuttgart grundsätzlich umsetzbar. (...) Der Erfolg des Instrumentes Rotation kann in seiner positiven Beschreibung nur unter den Prämissen von konsequenter und langfristiger Unterstützung durch die Verwaltungsspitze und den Gemeinderat sowie durch die Einbindung in ein Gesamtkonzept gewährleistet werden« (*Flendt, M./Wurst, C.* 2003 S. 23). Gleichzeitig wird aber betont, dass die zur Zeit herrschende angespannte Haushaltslage eher kurzfristig angelegte Maßnahmen erfordert, wie Stellenstreichung, Reorganisation und Aufgabenkritik. Die Ziele der Rotation sollen in einem Gesamtkonzept eines ganzheitlichen Personalmanagements aber trotzdem berücksichtigt werden (vgl. *Flendt, M./Wurst, C.* 2003 S. 23).

Job-Enrichment

Job-Enrichment verfolgt das Ziel, einer Stelle neue qualitativ höherwertige Aufgaben zu übertragen. Im Unterschied zum Job-Enlargement geht es beim Job-Enrichment darum, die Autonomie und die Verantwortung einer Stelle anzuheben, indem Planungs- und Kontrollaktivitäten hinzugefügt werden. Gemäß der Motivationstheorie von *Herzberg* hat die Übertragung von Entscheidungskompetenzen und Verantwortung eine höhere motivationale Wirkung als die bloße quantitative Arbeitsfeldvergrößerung (vgl. *Berthel, J./Becker, F. G.* 2007 S. 365 ff.). Im Bereich der Kommunalverwaltung kann Aufgabenbereicherung beispielsweise dadurch erreicht werden, dass man den Sachbearbeitern auch die Verantwortung über das Ergebnis ihrer Tätigkeiten überträgt, mithin darauf verzichtet, dass ein Amts- oder Sachgebietsleiter die letzte Entscheidung fällt.

Teilautonome Arbeitsgruppen

Eine weitere Maßnahme der Arbeitsstrukturierung ist die Einrichtung *teilautonomer Arbeitsgruppen,* »in denen Aufgaben gemeinsam, meist teamartig, erledigt werden unter gleichzeitiger

Übertragung von Befugnissen für Planungs-, Regelungs- und Kontrollfunktionen« (*Berthel, J./Becker, F. G.* 2007 S. 368 ff.). Teilautonome Arbeitsgruppen sind beispielsweise in der Autoproduktion eingesetzt worden und haben dort auch (zumindest zeitweise) zum Erfolg geführt. So wurde festgestellt, dass durch die Einrichtung derartiger Arbeitsgruppen geringere Abwesenheits- und Fluktuationsraten erreicht werden konnten. Auf Seiten der Mitarbeiter haben teilautonome Arbeitsgruppen u. a. folgende Vorteile:

- Steigerung der Arbeitszufriedenheit und der Motivation,
- Abbau von Stress durch gegenseitige Unterstützung,
- Erhöhung der Flexibilität,
- Abbau einseitiger Belastungen.

Anwendung im Bürgeramt

Als PE-Strategie sind *teilautonome Arbeitsgruppen* relevant, weil sie eine Verbesserung der Qualifikation und Kompetenz bewirken können. In derartigen Arbeitszusammenhängen werden die Mitarbeiter mit neuen Anforderungen konfrontiert, die sie dazu veranlassen, sich fachlich und sozial weiterzuentwickeln. In Kommunalverwaltungen gibt es auch bereits Tendenzen zu teilautonomen Arbeitsgruppen, indem die Mitarbeiter beispielsweise im Bereich von Bürgerämtern ihre Arbeitsorganisation als Team selbst in die Hand nehmen.

Karriereplanung

Nachdem in der Stadtverwaltung *Bürohausen* die Organisationsstrukturen zu einer flacheren Konfiguration umgestaltet worden sind, werden neben den positiven Effekten auch die Nachteile diskutiert. Die neuen Fachbereichsleiter geben zu Bedenken, dass durch den Wegfall mittlerer Leitungsebenen viele Aufstiegsmöglichkeiten nicht mehr zur Verfügung stehen. Einige Leitungskräfte befürchten, dass dadurch eine wichtige Grundlage der Arbeitsmotivation fehlt. In der Fachbereichsleiterbesprechung werden deshalb Überlegungen angestellt, was denn nun an die Stelle der bisherigen Aufstiegsmöglichkeiten treten kann.

Neue Karrierewege

Der Begriff *Karriere* wird üblicherweise mit beruflichem Aufstieg gleichgesetzt. Demgegenüber wird betont, dass jede beliebige Stellenfolge einer Person im Stellengefüge als Karriere zu bezeichnen ist. Positionswechsel sind demnach nicht immer Beförderungen (vgl. *Berthel, J./Becker, F. G.* 2007 S. 372). Und gerade die in Zukunft auch für den öffentlichen Dienst zu erwartende Entwicklung hin zu schlanken mit wenigen Hierarchieebenen versehenen Strukturen erfordert eine *Umorientierung* der Karriereerwartungen der Bediensteten. Es müssen mehr Möglichkeiten für Karrieren geschaffen werden, die nicht unmittelbar mit einem hierarchischen Aufstieg verknüpft sind.

D

Karriereplanung ist ein wesentlicher Bestandteil umfassender Personalentwicklung, sie prognostiziert die zu erwartende tatsächliche Stellenfolge eines Mitarbeiters und stellt die notwendigen Fördermaßnahmen bereit (vgl. *Berthel, J./Becker, F. G.* 2007 S. 372).

Eine *systematische Karriereplanung* ist unerlässlich, wenn eine Unternehmung bestrebt ist, vakante Positionen möglichst mit qualifizierten eigenen Mitarbeitern zu besetzen. Eine systematische Karriereplanung orientiert sich sowohl an betrieblichen als auch an individuellen Zielen.

Betriebliche Ziele	Individuelle Motive
• Sicherstellung von Kontinuität in der Personalbereitstellung. • Bessere Nutzung des Leistungspotenzials der Mitarbeiter. • Steigerung des betrieblichen Erfolges. • Sicherstellung der Motivation und der persönlichen Entwicklung der Mitarbeiter.	• Höheres Einkommen. • Mehr Kompetenz und Einfluss. • Größere Selbstständigkeit. • Bessere Entwicklungsmöglichkeiten. • Größere Sicherheit am Arbeitsplatz.

SCHÄFFER POESCHEL

Abb. 5.47: Betriebliche und individuelle Ziele der Karriereplanung (in Anlehnung an *Berthel, J./Becker, F. G.* 2007 S. 376 f.)

Für die Karriereplanung stehen grundsätzlich drei verschiedene Laufbahnformen zur Verfügung: die Führungslaufbahn, die Fachlaufbahn und die Projektlaufbahn (vgl. *Berthel, J./Becker, F. G.* 2007 S. 377 ff., *Krieg. H.-J./Ehrlich, H.* 1998 S. 230 f.).

Führungslaufbahn

Führungslaufbahn: Die traditionelle und von den meisten Mitarbeitern angestrebte Karriereform ist der Aufstieg in der Linienorganisation. Mit der vertikalen Versetzung kommt es zur Steigerung von Kompetenz, Einfluss, Ansehen und Einkommen. Die entgegengesetzte Richtung wird vermieden. Bevor es zum innerbetrieblichen Abstieg kommt, verlässt der Betroffene eher die Unternehmung. Die Karriereform Führungslaufbahn dominiert auch in der öffentlichen Verwaltung – allein schon aufgrund des restriktiven Besoldungs- und Vergütungssystems. Beamte können höhere Besoldungsgruppen in der Regel nur erreichen, wenn sie in der Hierarchie aufsteigen. Die vielfach zu beobachtende übertriebene Hierarchie mit geringen Leitungsspannen ist nicht zuletzt auf Bemühungen der Behörden zurückzuführen, ihren Mitarbeitern höhere Besoldungsgruppen und damit Aufstiegsmöglichkeiten zu gewährleisten. In dem Maße, in dem sich die Kommunalverwaltung organisatorisch modernisiert, wird es einen Mangel an Aufstiegsmöglichkeiten geben, andere Karrieremöglichkeiten müssen demgemäß verstärkt bereit gestellt werden.

Fachlaufbahn

Fachlaufbahn: Die Fachlaufbahn ist eine Karriereform, die Karriereplanung auch dann noch ermöglicht, wenn nur wenige hierarchische Aufstiegsmöglichkeiten zur Verfügung stehen. Die Schaffung einer Spezialistenlaufbahn oder einer so genannten Parallelhierarchie war bislang eine Strategie, die man für jene Mitarbeiter vorsah, die für die Führungslaufbahnen entweder nicht geeignet oder nicht bereit waren (vgl. *Berthel, J./ Becker, F. G.* 2007 S. 378). In Zeiten des Lean Managements muss die *Parallelkarriere* mehr und mehr an die Stelle der herkömmlichen Aufstiegskarriere treten. Ansonsten wird eine Motivationslücke entstehen, die dazu führt, dass das bereitliegende Potenzial ungenutzt bleibt (vgl. *Thom, N./Ritz, A.* 2006 S. 369 f.). »Die sich öffnende Motivationslücke kann wieder geschlossen werden, sobald Hierarchie und Karriere voneinander losgekoppelt werden. Die Merkmale von Karriere bestehen dann nicht mehr im Erwerb eines wohlklingenden Titels oder einer ranghöheren Position samt größerem Büro, Schreibtisch oder Auto. Zum entscheidenden Merkmal wird die wachsende Fähigkeit, immer komplexere Aufgaben zu bewältigen« (*Fuchs, J.* 1998 S. 83). In der öffentlichen Verwaltung müssen Strukturen geschaffen werden, die es beispielsweise *hervorragenden Fachexperten* ermöglichen, in Besoldungsgruppen vorzudringen, die sonst nur im Rahmen von Führungslaufbahnen erreichbar sind. Ein Anwendungsbereich für eine derartige Spezialistenlaufbahn ist die zentrale Steuerungsunterstützung in modern strukturierten Verwaltungen, in der betriebswirtschaftliches Know-how und vor allem methodische Kompetenzen benötigt werden. Die gegenwärtige Personalentwicklung kommt nicht daran vorbei, Spezialistenlaufbahnen und Parallelkarrieren zu ermöglichen und zu fördern. Profitieren kann die gesamte Verwaltungsorganisation. »Früher hieß Karriere: Groß werden durch Aufstieg auf der Karriereleiter und das zu Lasten anderer. Künftig heißt Karriere: Groß werden durch wachsende persönliche Kompetenz zum Nutzen aller« (*Fuchs, J.* 1998 S. 91).

Projektgruppen

Projektgruppen: In modernen Organisationsstrukturen gewinnt die Projektorganisation an Bedeutung. Es werden Projektgruppen eingerichtet, die nur so lange existieren wie die konkrete Aufgabe an Zeit in Anspruch nimmt. In Projektgruppen übernehmen die Mitarbeiter neue Aufgaben und unter Umständen besondere Verantwortung neben ihrer normalen ständigen Aufgabe. Auch dadurch können neue Kenntnisse und Fähigkeiten eingeübt werden. Insofern kann die Projektgruppe als Strategie in PE-Konzepten als Alternative für die Führungslaufbahn integriert werden.

5.6.2.3 Personalentwicklungsmethoden

Praktische Personalentwicklung

Die genannten Arten der Personalentwicklung (Bildung, Arbeitsstrukturierung und Karriereplanung) werden in der Praxis oft miteinander verzahnt. Die praktische Personalarbeit realisiert zumeist eine sinnvolle Kombination von PE-Maßnahmen, die aus allen drei Bereichen stammen (vgl. *Berthel, J./Becker, F. G.* 2007 S. 387). Für eine erfolgversprechende Personalentwicklung müssen die einzelnen Maßnahmen aufeinander abgestimmt werden. Bei der Gestaltung eines durchdachten Personalentwicklungskonzeptes können *drei Zielsetzungen* eine grobe Richtschnur bilden. Erstens geht es um den maximalen Abbau der Deckungslücken, zweitens um die Erfüllung der Entwicklungsziele der Mitarbeiter und drittens um die Tragfähigkeit des Entwicklungsaufwands durch die Unternehmung (vgl. *Drumm, H. J.* 2000 S. 395). Die Entscheidung für die einzelnen PE-Maßnahmen hängt vor allem davon ab,

- inwieweit bezüglich der potenziellen Maßnahmen Informationen über Entwicklungsziele und Vermittlungserfolg vorliegen,
- wie hoch der Zeitbedarf und die Kosten sind und
- inwieweit Informationen über die Träger von Entwicklungsmaßnahmen vorliegen (vgl. *Drumm, H. J.* 2000 S. 400 f.).

Räumliche und zeitliche Nähe zum Arbeitsplatz

Einen guten Überblick über die Personalentwicklungsmaßnahmen gibt *Conradi*, der die konkreten Maßnahmen ordnet, indem er die *räumliche und zeitliche Nähe zum Arbeitsplatz* als Unterscheidungskriterium heranzieht. Insofern werden im Folgenden fünf Kategorien unterschieden (vgl. *Conradi, P.* 1983 S. 22 ff.; *Klimecki, R. G./Gmür, M.* 2005 S. 207 ff.).

Personalentwicklung into the job

Es handelt sich um Maßnahmen, die die Mitarbeiter zwar in räumlicher und zeitlicher Entfernung vom Arbeitsplatz auf neue Positionen vorbereiten, aber inhaltlich durchaus mit der eigentlichen Aufgabenwahrnehmung eng verknüpft sind. Beispiele: Einführung neuer Mitarbeiter, Traineeprogramme, Berufsausbildung, Juniorfirma.

Personalentwicklung on the job

Die individuelle Qualifizierung der Mitarbeiter erfolgt in unmittelbarem Zusammenhang mit der betrieblichen Aufgabenerfüllung. Dabei wird die Arbeitssituation so gestaltet, dass eine zielorientierte Qualifizierung der Mitarbeiter ermöglicht wird (vgl. *Berthel, J./Becker, F. G.* 2007 S. 390 ff.). Dazu zählen:

- on the job-Maßnahmen im engeren Sinne wie gelenkte Erfahrungsvermittlung, Stellvertretung und Projektarbeit,
- qualifikationsfördernde Arbeitsgestaltung: Job-Enlargement, Job-Enrichment und Job-Rotation,
- Lernpartnerschaft: Mentoring, Coaching, Mitarbeitergespräch (vgl. *Klimecki, R. G./Gmür, M.* 2005 S. 210).

On the job-Maßnahmen gelten heute als effizienteste Varianten der Personalenwicklung, weil die Phasen Lernen und Umsetzen unmittelbar miteinander verknüpft werden. Am unmittelbarsten geschieht dies durch Anweisung am Arbeitsplatz, durch die Funktion der Stellvertretung sowie durch qualitätsfördernde Arbeitsgestaltung. Formen der Lernpartnerschaft (Coaching und Mentoring) unterstützen die genannten Maßnahmen, indem sie die betreffenden Mitarbeiter gezielt beraten und ihnen darüber hinaus Hilfen zur Selbsthilfe anbieten. Während das Coaching meistens drei bis sechs Monate dauert und sich vor allem auf Problemstellungen in der konkreten Arbeitsaufgabe bezieht, steht das Mentoring »... für die langjährige Begleitung einer Nachwuchskraft durch eine erfahrene ältere Führungskraft« (*Klimecki, R. G./Gmür, M.* 2005 S. 212).

Personalentwicklung near the job

»Konzepte der *Personalentwicklung near-the-job* stellen den Versuch dar, Entwicklungsschritte durch die vorübergehende Ausgliederung der zu entwickelnden Person aus dem Tagesgeschäft zu ermöglichen, und dabei den Problemlösungsbezug zur Arbeitsaufgabe dennoch so weit als möglich zu erhalten« (*Klimecki, R. G./Gmür, M.* 2005 S. 213). Beispiele für derartige Maßnahmen sind der Qualitätszirkel und die Lernstatt. Der *Qualitätszirkel* ist eine Technik der Organisationsarbeit, die unmittelbar auch der Personalentwicklung dient. Es handelt sich um eine Gruppe von Mitarbeitern, die Lösungen für Organisationsprobleme gemeinsam erarbeiten, die im eigenen Arbeitsbereich beobachtet werden können (vgl. Abschnitt 4.8.10). Das entwicklungsbezogene Potenzial der Qualitätszirkel besteht vor allem darin, dass die individuellen und kollektiven Fähigkeiten zur Problemlösung einerseits ausgebaut und andererseits direkt umgesetzt werden können. Die *Lernstatt* zielt demgegenüber vor allem darauf ab, die Kommunikation der beteiligten Mitarbeiter zu verbessern, um darauf aufbauend zur Persönlichkeitsentfaltung beizutragen. Im Vergleich zum Qualitätszirkel wird im Rahmen der Lernstatt der Personalentwicklungsaspekt stärker betont als die Lösung der zugrunde gelegten organisatorischen Problemlagen.

Personalentwicklung off the job

PE außerhalb des Arbeitsplatzes

In diesem Zusammenhang sollen Qualifikationen und Motivationspotenziale vermittelt werden, »... die unternehmensexterne Fachkompetenz erfordern oder auf der Distanz zum gewohnten Arbeitsumfeld beruhen« (*Klimecki, R. G./Gmür, M.* 2005 S. 214). Es handelt sich demgemäß um PE-Maßnahmen, die vom eigentlichen Arbeitsplatz räumlich und zeitlich abgekoppelt sind. Es werden individuelle und kollektive Methoden differenziert. Zu den individuellen Methoden zählen das *Selbststudium,* die programmierte Unterweisung und die *In-Basket-Methode.* Das Selbststudium ist dann geeignet, wenn es um die systematische Erschließung neuer Wissensgebiete geht. Bei der programmierten Unterweisung wird das Selbststudium nach lerntheoretischen Gesichtspunkten gestaltet. Dabei richtet sich der Lernprozess nach einem Regelkreis, der folgendermaßen aufgebaut ist: Information – Frage – Antwort – Kontrolle. Mit dem Begriff In-Basket-Methode ist das Postkorbverfahren angesprochen, das bereits als Personalauswahlinstrument thematisiert werden konnte (vgl. *Berthel, J./Becker, F. G.* 2007 S. 404 ff.). Die kollektiven Methoden sind in der Abbildung 5.48 dargestellt.

Vortrag	Durch Vorträge kann ein umfassendes Stoffgebiet in relativ kurzer Zeit vermittelt werden. »Anwendung findet der Vortrag bei der Vermittlung von Wissen, speziell nicht-tätigkeits-spezifischem Wissen« (*Berthel, J. / Becker, F. G.* 2007 S. 406).
Lehrgespräch	Im Lehrgespräch werden die Teilnehmer durch Fragen aktiv in die Wissensvermittlung einbezogen. Dem Dozent obliegt dabei die Verantwortung für den Gesprächsverlauf. Diese Form der Wissensvermittlung eignet sich insbesondere dann, wenn es um die Festigung und Vertiefung bereits vorhandener Kenntnisse geht.
Fallstudie	Im Rahmen einer Fallstudie werden die Teilnehmer mit einer typischen Entscheidungssituation aus der Praxis konfrontiert. Die Gruppe erhält dann die Aufgabe, unter Nutzung des gesamten Wissens der Gruppe Lösungsvorschläge zu erarbeiten. Die Methode findet Anwendung, wenn es um die Umsetzung von theoretischem Wissen in praktisches Handeln geht.
Planspiel	Das Planspiel ist eine Variante der Fallstudie. Auch hier wird eine Entscheidungssituation simuliert. Es werden jedoch interaktive Problemlösungsaspekte mit einbezogen. So folgen auf Aktionen der Teilnehmer Entscheidungswirkungen als Modellreaktionen, sodass man direkt mit den Folgen der eigenen Entscheidung konfrontiert wird. »Planspiele eignen sich vorwiegend zur Schulung interpersonaler Qualifikationen, wie z. B. Einstellungen und kommunikative Fähigkeiten, Fähigkeiten bei der Durchführung interaktiver Problem-lösungsprozesse, Umsetzung von Wissen und das Beurteilungsvermögen über komplexe Probleme, weniger dagegen zur Vermittlung von Wissen« (*Berthel, J. / Becker, F. G.* 2007 S. 408).
Rollenspiel	Das Rollenspiel dient der Verhaltensschulung zur Bewältigung konkreter Problemsituationen. Die Teilnehmer übernehmen komplexe Rollen in einer Spielsituation.
Sensitivity Training	Es handelt sich um eine gruppendynamische Trainingsform, in der die Teilnehmer für jene Wirkungen in der Gruppe sensibilisiert werden, die sie durch ihr eigenes Verhalten verursachen. Der Trainer steuert die Konfliktkapazität der Teilnehmer an und provoziert Verhaltensweisen, die danach in einem inhaltlichen Feedback aufgearbeitet werden. »Fortschritt bedeutet, dass man in eine Lage versetzt wird, seine Verhaltensweisen so zu verändern, dass man beim Umgang mit Konfliktsituationen eine *grundsätzliche Sicherheit* erlangt, die einem auch die Bewältigung von einer Situation erlaubt, die man vorher nicht kannte« (*Berthel, J. / Becker, F. G.* 2007 S. 409). Geeignet ist diese Methode, wenn die Fähigkeit zur Selbsterkenntnis und das Verständnis für menschliche Beziehungen in Gruppen vermittelt werden soll.

SCHÄFFER POESCHEL

Abb. 5.48: Personalentwicklung off the job: kollektive Maßnahmen (in Anlehnung an *Berthel, J./Becker, F. G.* 2007 S. 406 ff., *Kolb, M.* 2002 S. 229)

Personalentwicklung out of the job

In diesen Zusammenhang gehören Maßnahmen, die eine Entwicklung in neue Tätigkeitsfelder innerhalb oder außerhalb der Verwaltung praktizieren. Sie eignen sich auch, um auf den Ruhestand vorzubereiten (vgl. *Krieg, H-J./Ehrlich, H.* 1998 S. 229).

5.6.3 Anforderungen an die Personalentwicklung in einer modernisierten Verwaltung

Anforderungen des Neuen Steuerungsmodells

Die erfolgreiche Umgestaltung der Verwaltungsstrukturen im Sinne des New Public Managements ist nur möglich, wenn die aufgabenbezogenen und die organisatorischen Veränderungen durch eine gezielte Personalentwicklung flankiert werden. »Das Ausblenden dieses Zusammenhangs scheint mit ein Grund für die Schwierigkeiten zu sein, denen sich manche Verwaltungen bei der Einführung der neuen Steuerung ausgesetzt sehen und die dazu führen, die bisher vernachlässigte ›Personalkomponente‹ nachträglich zu integrieren« (*KGSt-Bericht* 6/1996 S. 7). Die wesentlichen *neuen Anforderungen*, die das Neue Steuerungsmodell an die Mitarbeiter richtet, resultieren aus der Einführung von

- Ergebnis- und Produktorientierung,
- Zielvereinbarungen/Kontraktmanagement,
- dezentraler Ressourcenverantwortung und
- Qualitäts- und Kundenorientierung.

Vorrangige Zielgruppen

Als vorrangige Zielgruppen für eine Personalentwicklung im New Public Management werden u. a. benannt: Mitarbeiter mit Führungsverantwortung, Mitarbeiter in der Steuerungsunterstützung, Mitarbeiter im Servicebereich und Mitarbeiter in Projekten (vgl. *KGSt-Bericht* 6/1996 S. 8 ff.). Exemplarisch sind hier die Konsequenzen für die Mitarbeiter in der zentralen Steuerungsunterstützung dargestellt.

B

Der zentrale Steuerungsdienst hat vor allem die Aufgabe, die Verwaltungsführung und die Fachbereiche bei allen steuerungsrelevanten Fragen zu unterstützen und zu beraten, wobei dem zentralen, operativen Controlling eine besondere Bedeutung zukommt. Aus den Aufgaben wiederum resultieren spezifische Anforderungen, die im nachstehenden Anforderungsprofil dargestellt sind. Die Kernkompetenzen sind durch Fettdruck hervorgehoben, alle anderen Anforderungen stehen für Grundkompetenzen, die in der neuen Steuerung relevant sind (vgl. *KGSt-Bericht* 6/1996 S. 16 ff.).

Sozialkompetenz	Methodenkompetenz
• Fähigkeit zu neuen Formen der Zusammenarbeit, • Fähigkeit, Vertrauen aufzubauen, • Konfliktfähigkeit, • Offenheit, • Einfühlungsvermögen, • Kommunikationsfähigkeit.	• **Projektmanagement,** • Präsentations- und Moderationstechniken, • Organisationsfähigkeit,
Persönliche Kompetenz	**Fachkompetenz**
• **Vernetzt denken können,** • **konzeptionelle und analytische Fähigkeiten,** • Veränderungsbereitschaft /Flexibilität, • Anpassungsfähigkeit, • Lernfähigkeit/-bereitschaft.	• **Gründliche und umfassende Fachkenntnisse zu allen Fragen des Neuen Steuerungsmodells,** • betriebswirtschaftliche Grundkenntnisse, • Spezialkenntnisse im jeweiligen Fachgebiet.

SCHÄFFER POESCHEL

Abb. 5.49: Anforderungsprofil für einen Mitarbeiter in der zentralen Steuerungsunterstützung (*KGSt-Bericht* 6/1996 S. 17).

Damit ist der Entwicklungsbedarf für diese Zielgruppe umrissen. Da die Aufgaben der zentralen Steuerungsunterstützung zumindest teilweise von Mitarbeitern wahrgenommen werden müssen, die in den bisherigen Querschnittsämtern tätig waren, müssen diese entsprechend den oben stehenden Anforderungen qualifiziert werden. Die *KGSt* schlägt für diese Zielgruppe den folgenden Qualifizierungsansatz vor: »Durch Mitwirkung an den konzeptionellen Überlegungen, welche Aufgaben im Bereich der Steuerungsunterstützung erledigt werden sollen (...), werden die Mitarbeiter dieses Bereichs im Sinne des Lernens am Arbeitsplatz gleichzeitig hierfür qualifiziert, sich in die Rolle der Steuerungsunterstützung hineinzudenken« (*KGSt-Bericht* 6/1996 S. 18). Darüber hinaus sollen folgende PE-Maßnahmen zum Einsatz gelangen: Planspiele, Rotation, Leitung von Projekten und Mitarbeiterzirkel.

Notwendige Maßnahmen

Der Zusammenhang zwischen Personalentwicklung und New Public Management lässt sich anhand der Arten der Personalentwicklung im Überblick folgendermaßen verdeutlichen:

Fortbildung: Die Fortbildung muss sich an den spezifischen Anforderungen der neuen Verwaltungsstrukturen ausrichten. Betriebswirtschaftliche Grundkenntnisse sind dabei genauso zu berücksichtigen wie methodische und soziale Fähigkeiten. Dazu zählen u. a. die Vermittlung von Kommunikations- und Konfliktfähigkeit, das Erlernen neuer Formen der Zusammenarbeit (z. B. Führen durch Zielvereinbarungen, Teamarbeit) und das Vertrautmachen mit Organisations- und Moderationstechniken. *Damkowski/Precht* heben hervor, dass Fortbildungsmaßnahmen nicht mehr ausschließlich an einzelne Mitarbeiter, sondern verstärkt an ganze Leistungs- und Arbeitsgruppen adressiert werden sollen. Überdies sind gezielte Angebote für bestimmte Mitarbeitergruppen

(z. B. Führungskräftetrainings, Mitarbeiter im Steuerungsdienst) notwendig (vgl. *Damkowski, W./Precht, C.* 1995 S. 225).

Arbeitsstrukturierung: Die genannten PE-Methoden, die eine Entwicklung der Mitarbeiter direkt am Arbeitsplatz (on the job oder near the job) ermöglichen, müssen offensiver genutzt werden. Dadurch wird einerseits stark praxisbezogenes Lernen ermöglicht, andererseits können durch gezielte Anreicherung des Aufgabenfeldes, durch Projekt- und Gremienarbeit und durch teilautonome Arbeitsgruppen direkt und unmittelbar neue Formen der Arbeitsorganisation trainiert werden. Der immer wichtiger werdende Zusammenhang zwischen Organisations- und Personalentwicklung wird hier besonders deutlich.

Karriereplanung: Im Rahmen einer schlanken Verwaltung wird es zunehmend schwieriger, Perspektiven zu schaffen. Moderne Verwaltungen benötigen eine Pluralität an neuen Karrieremöglichkeiten. Es ist deshalb notwendig, ein stärkeres Bewusstsein für Parallelkarrieren zu schaffen. Materielle und immaterielle Anreize sind so auszugestalten, dass sie sich zur Motivation für Fachlaufbahnen eignen.

Systematische Personalentwicklung

Im Rahmen einer modernen Kommunalverwaltung muss die Personalentwicklung problemorientiert (wie soeben gezeigt) aber auch systematisch ablaufen. Der Ablauf einer systematischen Personalentwicklung kann folgendermaßen aussehen (vgl. *Becker, F. G.* 2002 S. 419 f.):

- In einem ersten Schritt werden Analysen und Prognosen angestellt im Hinblick auf die gegenwärtigen und zukünftigen Arbeitsplatzanforderungen wie auch im Hinblick auf die aktuellen Qualifikationen, Qualifikationspotenziale und Entwicklungswünsche der Mitarbeiter. So muss – wie gezeigt – z. B. ermittelt werden, welche Anforderungen mit der Stelle eines Mitarbeiters in der zentralen Steuerungsunterstützung verbunden sind. Parallel dazu ist in Erfahrung zu bringen, welche Qualifikationen, welche Potenziale und Entwicklungswünsche Mitarbeiter aufweisen, die gegebenenfalls für die Position in Frage kommen.
- In einem zweiten Schritt kommt es darauf an, auf der Grundlage eines Vergleichs der Anforderungen der Stelle mit den Qualifikationen der Mitarbeiter die spezifischen Entwicklungsbedarfe zu erarbeiten.
- Drittens sind die dazu geeigneten Personalentwicklungsmaßnahmen auszuwählen und zu planen. Dies können spezifische Fortbildungen bzw. Schulungen, aber auch spezifisch dafür geeignete On-the-job-Maßnahmen sein.
- In einem weiteren Schritt werden die Maßnahmen wie geplant durchgeführt.

- Zum Abschluss ist eine Evaluierung der Personalentwicklung vorzunehmen, die sich wiederum auf alle geschilderte Ablaufschritte auswirken kann.

Die Abbildung 5.50 zeigt, wie man sich den Ablauf der Personalentwicklung vorstellen kann:

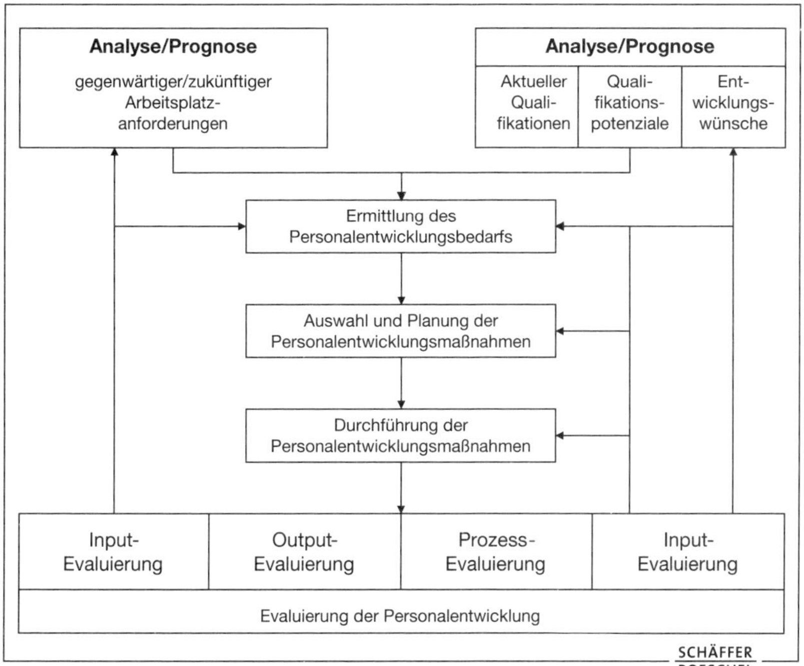

Abb. 5.50: Ablauf der Personalentwicklung
(vgl. *Becker, F. G.* 2002 S. 420)

5.7 Ausgewählte Instrumente des Personalmanagements

Zum Abschluss des Kapitels Personalmanagement gehen wir auf vier spezifische Instrumente ein, die für die gegenwärtige Praxis von besonderer Bedeutung sind:

- Die Stellenbeschreibung ist ein universelles Organisations- und Führungsinstrument. Nahezu alle Maßnahmen des Organisations- und Personalmanagements werden durch *Stellenbeschreibungen* unterstützt.
- Aus Stellenbeschreibungen gehen *Stellenbewertungen* hervor, die wiederum darüber entscheiden, in welche Besoldungs- bzw. Vergütungsgruppen die Stellen einzuordnen sind.

- Das moderne Personalmanagement erfordert – wie gezeigt – zielgerichtete Maßnahmen, die weit über das hinausgehen, was die herkömmliche Personalverwaltung vorgesehen hat. Der dadurch notwendige Ressourceneinsatz muss sich aber auszahlen. Deshalb sind Informationen unerlässlich, die über Effektivität und Effizienz des Einsatzes personalwirtschaftlicher Maßnahmen Auskunft geben. Diese können durch ein *Personalcontrolling* bereitgestellt werden.
- Der Übergang von der bloßen Personalverwaltung zum proaktiven Personalmanagement wird zudem am Instrument des *Personalinformationssystems* deutlich. Herkömmliche Personalverwaltung begnügt sich mit der EDV-gestützten Verarbeitung administrativer Aufgabenbereiche (vor allem Stammdatenverwaltung, Lohn- und Gehaltsabrechnungen, Stellenverwaltung). »Erfolgt die Rechnerunterstützung für ein umfassenderes Aufgabengebiet, d. h. werden auch dispositive Prozesse unterstützt, spricht man von einem Personalinformationssystem (PERSIS)« (*Schwarzer, B./Krcmar, H.* 1999 S. 170).

5.7.1 Stellenbeschreibung

D

In der Stellenbeschreibung sind wichtige – für das Management relevante – stellenbezogene Informationen schriftlich, formularmäßig und behördeneinheitlich zusammengestellt. Sie werden kontinuierlich aktualisiert und fortgeschrieben (vgl. *Geppert, M.* 1991 S. 1 f., *Bröckermann, R.* 2007 S. 54 ff.).

Zentrales Organisations- und Führungsmittel

Knebel/Schneider heben hervor, dass Stellenbeschreibungen bei richtiger Konzeption und Durchführung zu einem der wichtigsten *Organisations- und Führungsmittel* werden können. Welche Inhalte die Stellenbeschreibung umfasst, hängt von den Zielsetzungen ab, die zu erfüllen sind. Übliche Inhalte sind die Einordnung in den Gesamtaufbau einer Verwaltung und die Beiträge des Stelleninhabers zur Aufgabenerfüllung (vgl. *Geppert, M.* 1991 S. 3.). Im Allgemeinen sind die folgenden konkreten Mindestinhalte vorzusehen (vgl. *Knebel, H./Schneider, H.* 1993 S. 28, *Bröckermann, R.* 2007 S. 55):

- Stellenbezeichnung,
- Stellenbezeichnung des unmittelbaren Vorgesetzten,
- Stellenbezeichnung der direkt unterstellten Mitarbeiter,
- Stellenbezeichnung des Vertreters und der zu vertretenden Stelle,

- Beschreibung der Tätigkeiten, die der Stelleninhaber auszuführen hat,
- Wiedergabe der Kompetenzen, die damit verbunden sind.

Darüber hinaus können u. a. noch Ziele der Stelle, Weisungsbefugnisse, Sonderaufgaben, Informationspflichten und die Mitarbeit in Gremien oder Projektgruppen hinzugefügt werden. *Geppert* hat für den Aufbau von Stellenbeschreibungen ein Muster vorgeschlagen, an dem man sich bei ihrer Neuformulierung orientieren kann.

Angaben zur **Position** des Stelleninhabers, d.h. • zu den **Zuordnungsbeziehungen** (Behörde, Amt, Abteilung, Sachgebiete, Stellennummer, Name des Stelleninhabers, Funktionsbezeichnung, Wertigkeit der Stelle, aktive und passive Stellvertretung) • zu den **Arbeitsbeziehungen** (fachliche Weisungs- und Aufsichtsbefugnisse, fachliche und aufsichtsrechtliche Unterstellung)	Angaben zu den **Aufgaben** des Stelleninhabers, d.h. • zum **Aufgabenbild** (Art und Charakter der Aufgaben und Tätigkeiten, Kompetenzen des Stelleninhabers, d.h. Zeichnungsbefugnisse und Bearbeitungsgrad, Verantwortung und sonstige Befugnisse, wie z.B. Anordnungs- und Bewirtschaftungsbefugnisse) • zum **Besetzungsbild** (Anforderungen an Vor- und Ausbildung sowie an die berufliche Erfahrung des Stelleninhabers) • zum **Ausstattungsbild** (Hinweise darauf, welche technischen und sonstigen Mittel zur Aufgabenerfüllung nötig sind)

Abb. 5.51: Aufbau von Stellenbeschreibungen
(*Geppert, M.* 1991 S. 10)

Bezug zur Produktbildung

Bei der Beschreibung der Aufgaben und Tätigkeiten ist zu beachten, dass ein Bezug zu den Produkten hergestellt wird, mit deren Erstellung die Stelle in Verbindung steht. Sofern eine Stelle Produktverantwortung hat, ist dies in der Stellenbeschreibung deutlich kenntlich zu machen.

Beim Konzipieren von Stellenbeschreibungen konkurrieren zwei Zielsetzungen. Einerseits besteht der Wunsch, möglichst alle relevanten Informationen in eine Beschreibung aufzunehmen. Derartig ausführliche und detaillierte Dokumente erfordern aber einen beträchtlichen Aufwand. Andererseits existiert die Zielsetzung, möglichst global und kompakt gefasste Stellenbeschreibungen zu institutionalisieren, um nicht schon bei kleinsten organisatorischen Änderungen einen *Modifizierungsaufwand* leisten zu müssen. In der Praxis ist es deshalb notwendig, zwischen diesen beiden Zielen einen Kompromiss zu finden. Stellenbeschreibungen sollten sowohl gut handhabbar und unkompliziert sein als auch alle wichtigen stellenbezogenen Informationen enthalten (vgl. *Knebel, H./Schneider, H.* 1993 S. 28).

Nutzen der Stellenbeschreibung

Gute Stellenbeschreibungen unterstützen zahlreiche Maßnahmen des Organisations- und Personalmanagements (vgl. *Geppert, M.* 1991 S. 5 ff., *Knebel, H./Schneider, H.* 1993 S. 13). Unter anderem sind folgende Funktionen hervorzuheben:

- *Personalbedarfsdeckung*: Erstellen von Anforderungsprofilen und Stellenausschreibungen, die Personalauswahl, die Personaleinführung.
- *Personalführung:* Förderung größerer Selbstständigkeit der Mitarbeiter, Motivation zu engagiertem und motiviertem Handeln, Hilfe bei Beurteilungen, Basis für Mitarbeitergespräche.
- *Personalentwicklung*: Information über Stellenanforderungen, Erleichterung des geplanten Stellenwechsels (Job-Rotation).
- *Organisationsmanagement*: Hilfreiches Dokument bei der Durchführung von Organisationsuntersuchungen, wichtige Bestandteile bei Arbeitsverteilungsplänen, Informationsgrundlage für Stelleninhaber und Stellvertreter.

5.7.2 Stellenbewertungen

Stellenbeschreibungen sind zudem eine wichtige Voraussetzung *für Stellenbewertungen*. Die zugeordneten Aufgaben und Kompetenzen entscheiden darüber, in welche Entgelt- bzw. Besoldungsgruppe eine Stelle einzuordnen ist.

D

Die Stellenbewertung prüft die fachlichen und sonstigen Anforderungen einer Stelle und nimmt auf dieser Grundlage eine Eingruppierung vor. Es geht dabei zunächst nicht darum, die tatsächlich erbrachten Leistungen eines Stelleninhabers zu beurteilen.

Transparenz und Gerechtigkeit

Stellenbewertungen sollen zur Transparenz und Gerechtigkeit beitragen und Über- bzw. Unterbezahlung verhindern. Um Stellenbewertungen durchführen zu können, bedient man sich spezifischer Methoden. Dabei werden summarisch-empirische von analytischen Verfahren unterschieden. Die Ersteren nehmen eine pauschale Schätzung der Anforderungen vor und ordnen die Stelle daraufhin einer Vergütungsgruppe zu. Analytische Methoden praktizieren demgegenüber eine detaillierte Untersuchung und Bewertung der Anforderungen. »Ihre Ergebnisse sind folglich einer kritischen Überprüfung zugänglicher als summarische Verfahren« (*Stargardt, H.-J.* 1992 S. 173).

Bewertung der Beamtenstellen

KGSt-Verfahren

Maßgebend für die Stellenbewertung sind derzeit noch die §§ 20 ff. BBesG in Verbindung mit den landesrechtlichen Vorschriften über Stellenobergrenzen (Verordnung der Landesregierung über die Festsetzung der Stellenobergrenzen für den staatlichen und außerstaatlichen Bereich – Stellenobergrenzenverordnung – StOGVO vom 22. 06. 2004, zuletzt geändert am 01. 12. 2005). Die Regelungen des BBesG können und werden wohl künftig durch Landesrecht ersetzt werden (vgl. Art. 125 a GG). In den größeren Kommunalverwaltungen werden die Stellen der Beamten überwiegend mit Hilfe analytischer Verfahren einer Besoldungsgruppe zugeordnet. Grundlage ist das *KGSt*-Gutachten *Stellenplan-Stellenbewertung*. Dabei werden sechs Anforderungsarten unterschieden, deren Ausprägungen durch die verbale Beschreibung unterschiedlicher Intensitätsstufen definiert werden. Die entsprechenden Ausprägungen wiederum führen zu Punktwertzuordnungen. Durch das Summieren der Teilwerte wird letztlich der Gesamtwert des Arbeitsplatzes bestimmt (vgl. *Stargardt, H.-J.* 1992 S. 173). Folgende Anforderungsarten werden geprüft und bewertet:

Anforderungsarten	**Wertzahlskala**
1. Schwierigkeitsgrad der Informationsverarbeitung	25–250
2. Schwierigkeit der dienstlichen Beziehungen	10–100
3. Grad der Selbstständigkeit	10–100
4. Grad der Verantwortung	20–200
5. Grad des Kraftaufwandes	–
6. Grad der Vor- und Ausbildung	22–220
7. Grad der Erfahrung	8–80

SCHÄFFER POESCHEL

Abb. 5.52: Anforderungsarten im *KGSt*-Bewertungsmodell (vgl. *KGSt* 1982)

Für die Anforderungsart »Grad der Selbstständigkeit« sieht die *KGSt* folgende Ausprägungen und Wertzahlen vor:

	Grad der Selbstständigkeit	
Stufe	**Beschreibung**	**Wertzahl**
1	Die Aufgabenerfüllung ist bis ins einzelne durch Vorgaben bestimmt; es besteht allenfalls die Möglichkeit der zeitlichen Einteilung.	10
2	Die Aufgabenerfüllung ist im Einzelnen durch Vorgaben bestimmt; es besteht jedoch ein Handlungsspielraum hinsichtlich der Gestaltung des Arbeitsablaufs.	22
3	Die Aufgabenerfüllung ist noch überwiegend durch Vorgaben bestimmt; es besteht jedoch ein Handlungsspielraum hinsichtlich des Ergebnisses der Arbeit.	37
4	Die Aufgabenerfüllung ist noch durch Vorgaben bestimmt; jedoch ist über den Handlungsspielraum nach Stufe 3 hinaus das Ergebnis der Arbeit häufig nicht festgelegt.	55
5	Die Aufgabenerfüllung ist zu einem erheblichen Teil nur durch allgemeine Vorgaben (Arbeitsziele) bestimmt, die durch eigene Entscheidungen auszufüllen sind. Teilweise sind die Aufgaben aus eigenem Antrieb aufzugreifen.	76
6	Im Rahmen der in Stufe 5 beschriebenen Selbstständigkeit ist vieles aus eigenem Antrieb aufzugreifen und es sind Entwicklungen in Gang zu setzen.	100

SCHÄFFER POESCHEL

Abb. 5.53: Anforderungsart »Grad der Selbstständigkeit«
(vgl. *KGSt-Bericht* 2/1998 S. 87)

Nachdem für alle relevanten Anforderungsarten entsprechende Wertzahlen ermittelt sind, werden in einem weiteren Schritt die Teilergebnisse zu einer Gesamtpunktzahl hochgerechnet, die wiederum im Rahmen einer Dienstpostentabelle in eine bestimmte Besoldungsgruppe führt.

Dienstpostentabelle	
Wertzahl	**Besoldungsgruppe**
77 – 86 Punkte	A 1
87 – 101 Punkte	A 2
102 – 121 Punkte	A 3
122 – 146 Punkte	A 4
147 – 176 Punkte	A 5
177 – 211 Punkte	A 6
212 – 251 Punkte	A 7
252 – 296 Punkte	A 8
297 – 346 Punkte	A 9
347 – 401 Punkte	A 10
402 – 461 Punkte	A 11
462 – 526 Punkte	A 12
527 – 596 Punkte	A 13
597 – 671 Punkte	A 14
672 – 751 Punkte	A 15
752 – 831 Punkte	A 16
ab 832	B 2/3

SCHÄFFER POESCHEL

Abb. 5.54: Dienstpostentabelle für die Eingruppierung von Beamtenstellen (vgl. *KGSt* 1982 S. 238)

Anforderungen des Neuen Steuerungsmodells

Inwiefern ist das *KGSt*-Bewertungsmodell aus dem Jahre 1982 in der Lage, Beamtenstellen im Rahmen des Neuen Steuerungsmodell zu bewerten? Im *KGSt-Bericht* 2/1998 geht man davon aus, dass die Bewertungsmerkmale und ihre Gewichtung nicht auf ein spezifisches Steuerungsmodell ausgerichtet sind. »Probebewertungen haben gezeigt, dass mit dem Bewertungssystem auch Anforderungen nach dem Neuen Steuerungsmodell sachgerecht bewertet werden können« (*KGSt-Bericht* 2/1998 S. 9). Im genannten Bericht sind die Bewertungstafeln geringfügig ergänzt worden.

Eine grundlegende Modifizierung hat lediglich die Anforderungsart »Grad der Verantwortung« erfahren. Das Bewertungsmodell aus dem Jahre 1982 hat zwischen Ausführungs- und Leitungsverantwortung unterschieden. Wird einer Stelle lediglich Ausführungsverantwortung zuerkannt, kann je nach Schwierigkeitsgrad eine Punktzahl von 20 bis 146 erreicht werden. Wird einer Stelle aber Leitungsverantwortung zuerkannt, kommt eine alternative Bewertungstafel zum Tragen, die Punktzahlen von 80 bis 200 vorsieht. Im Modell aus dem Jahre 1998 werden diese Bewertungstafeln folgendermaßen modifiziert: Im Bereich der Ausführungsverantwortung sind die jeweiligen Ausprägungen erweitert worden, indem jetzt auch die Verantwortung für das *Erreichen von Leistungs- und Finanzzielen* bewertet werden kann. Zudem ist eine neue Bewertungstafel konzipiert worden, die für Stellen geeignet ist, die im Rahmen des Neuen Steuerungsmodells *Ressourcenverantwortung* haben. Insoweit liegt ein Bewertungsmodell für Beamtenstellen vor, das – so die *KGSt* – den Anforderungen des Neuen Steuerungsmodells gerecht wird.

Vor- und Nachteile

Die *KGSt* geht davon aus, dass die analytische Bewertung der Beamtenstellen u. a. folgende Vorteile hat:

- Der Bewertungsvorgang ist durchschaubar und begründbar.
- Sachwidrige Einflüsse sind weitgehend ausgeschlossen.
- Auf Seiten der betroffenen Beamten werden die Ergebnisse insgesamt gut akzeptiert.

Kritiker wenden vor allem ein, dass die analytische Bewertung zu aufwändig sei. Man benötigt vor allem Zeit und qualifizierte Bewerter. Zudem wird hervorgehoben, dass die Bewertung der einzelnen Kriterien subjektiv sei und damit Konflikte herbeiführen kann. Das Verfahren vermittelt zwar den Anschein wissenschaftlicher Exaktheit, es beruht jedoch weitgehend auf Schätzungen. Schließlich wird kritisiert, dass das Stellenobergrenzenrecht viele Ergebnisse analytischer Bewertungen zur Makulatur werden lässt. Die gesetzlich festgelegten Stellenobergrenzen sollen verhindern, dass die Behörden im Rahmen der Laufbahngruppen übermäßig viele Beförderungsstellen ausbringen. Die Konsequenz ist: »Die sachgerechte Stellenbewertung könnte an den gesetzlichen Stellenobergrenzen scheitern ...« (*Stargardt, H.-J.* 1992 S. 193).

Bewertung der Angestellten- und Arbeiterstellen

TVöD

Inzwischen existiert für die Angestellten und Arbeiter der Kommunalverwaltungen der Tarifvertrag für den öffentlichen Dienst (TVöD). Für die Stellenbewertung im Tarifbereich der Angestellten und Arbeiter gelten nach § 17 Abs. 1 TVÜ-VKA auch nach der Tarifreform bis zum Inkrafttreten von Eingruppierungsvorschriften des TVöD einschließlich einer neuen Entgeltordnung weiterhin die §§ 22, 23, 25 BAT sowie die Lohngruppenverzeichnisse der Landesbezirke gemäß Rahmentarifvertrag zu § 20 BMT-G.

Für den Bereich des Bundes und der Länder enthalten die jeweiligen Überleitungstarifverträge (TVÜ-Bund und TVÜ-Länder) entsprechende Regelungen. Damit kann zumindest bis auf weiteres auf die diesbezügliche einschlägige Rechtsprechung zurückgegriffen werden.

Tätigkeitsmerkmale

Die Vergütungsordnung (für die Angestellten – Anlage 1a und Anlage 1b) enthält die jeweiligen Vergütungs- und Fallgruppen, das Lohngruppenverzeichnis (für die Arbeiter) die jeweiligen Lohngruppen. Die Eingruppierung und damit auch die Vergütung richten sich dann nach der Wertigkeit der auszuübenden Tätigkeit (§ 22 Abs. 2 UA 1 BAT). Für die Feststellung der Wertigkeit sieht der BAT in § 22 Abs. 2 UA 2 bis UA 5 ein eigenes Bewertungsverfahren vor, das im Ergebnis die Zuordnung einer Tätigkeit zu einer bestimmten Vergütungsgruppe im System der Vergütungsordnung feststellt.

Im Unterschied zu Beamten ergibt sich die Eingruppierung der Angestellten aus der unmittelbaren Wirkung der Tarifnorm selbst als deren zwingende rechtliche Folge (Tarifautomatik) und gibt ihnen damit einen rechtlichen Anspruch auf eine ihrer Eingruppierung entsprechenden Vergütung. Bei Erfüllung der Tätigkeitsmerkmale erfolgt automatisch die Eingruppierung, ohne dass es eines förmlichen Aktes des Arbeitsgebers bedarf. (In § 22 Abs. 2 UA 1 BAT heißt es »ist« eingruppiert.) Voraussetzung ist allerdings, dass zeitlich mindestens zur Hälfte nicht nur vorübergehend Arbeitsvorgänge anfallen, die den Tätigkeitsmerkmalen der betreffenden Vergütungsordnung entsprechen (§ 22 Abs. 2 UA 1 BAT). Arbeitsvorgänge sind Leistungen innerhalb eines Aufgabenkreises, die zu einem abgrenzbaren Ergebnis führen (zum Beispiel die abschließende Bearbeitung eines Antrages auf eine Aufenthaltsgenehmigung – weitere Beispiele sind in Protokollnotiz Nr. 2 zu § 22 Abs. 2 BAT zu finden). Folglich sind zunächst die im Aufgabenbereich eines Angestellten vorhandenen Arbeitsvorgänge festzustellen. Bei der Stellenbewertung ist dann jeder Arbeitsvorgang separat zu bewerten. Im nächsten Schritt ist zu prüfen, ob durch eine zusammenfassende Gesamtbetrachtung der verschiedenen Arbeitsvorgänge bestimmte Tätigkeitsmerkmale gegeben sind, die bei der Einzelbewertung der Vorgänge noch nicht bejaht werden konnten. In der Regel sind folgende *Tätigkeitsmerkmale* relevant und in Bezug auf die Arbeitsvorgänge zu bewerten (vgl. *Stargardt, H.-J.* 1992 S. 214):

- gründliche Fachkenntnisse,
- gründliche und vielseitige Fachkenntnisse,
- gründliche, umfassende Fachkenntnisse,
- selbstständige Leistungen,
- besonders verantwortungsvolle Tätigkeit,
- besondere Schwierigkeit und Bedeutung der Tätigkeit,
- Maß der Verantwortung.

Anforderungen bzw. Tätigkeit	Vergütungsgruppe und Mindestanteil tätigkeitsbezogener Arbeitsvorgänge										
	X	IX	VIII	VII	Vib	Vc	Vb	IVb	IVa	III	II
vorwiegend mechanisch	50%										
einfachere Arbeiten		50%									
schwierigere Tätigkeit			50%								
gründliche Fachkenntnisse				50%							
gründliche und vielseitige Fachkenntnisse					50%	50%					
selbstständige Leistungen					20%	33,3%	50%	50%	50%	50%	
gründliche und umfassende Fachkenntnisse							50%	50%	50%	50%	
besonders verantwortungsvoll								50%	50%	50%	
besonders schwierig u. bedeutsam									33,3 %	50%	
herausgehobene Verantwortung										50%	
wissenschaftliche Hochschulbildung ...											50%
...											
...											

Abb. 5.55: Vergütungsordnung für Angestellte: Auszug (vgl. *Stargardt, H.-J.* 1992 S. 217)

Wenn einer Angestelltenstelle zu mindestens 50 % der Arbeitszeit Arbeitsvorgänge zuerkannt werden können, die den Tätigkeitsmerkmalen *gründliche und umfassende Fachkenntnisse* sowie *selbstständige Leistungen* entsprechen, ist die Stelle in die Vergütungsgruppe BAT V b einzugruppieren. Kann einer Angestelltenstelle über die oben genannten Tätigkeitsmerkmale hinaus zudem mit einem zeitlichen Anteil von 50 % auch noch eine *besonders verantwortungsvolle Tätigkeit* zugeschrieben werden, ist eine Eingruppierung in die Vergütungsgruppe IV b vorzunehmen.

Besondere Tätigkeitsmerkmale

Die Bewertung der Angestelltenstellen nach der Allgemeinen Vergütungsordnung mit den genannten abstrakten Tätigkeitsmerkmalen wird bei allen Angestelltenstellen angewandt, für die es keine Sonderregelungen mit eigenen Anforderungsmerkmalen gibt. *Besondere Tätigkeitsmerkmale* gibt es beispielsweise für Angestellte in technischen Berufen und für Angestellte im Sozialdienst. Die Sonderregelungen haben Vorrang gegenüber einer Bewertung nach der Allgemeinen Vergütungsordnung.

Wie bereits ausgeführt, richtet sich die Eingruppierung bei Neueinstellungen und Umgruppierungen – bis zur Erarbeitung eines neuen Eingruppierungssystems – noch nach den Bestimmungen des BAT/BMT-G. Ein Arbeitnehmer ist folglich in einem ersten Schritt nach dem bisherigen Bewertungsverfahren in das System der Vergütungsordnung bzw. des Lohngruppenverzeichnisses einzureihen. In einem anschließenden zweiten Schritt ist er in den

TVöD/TV-2 überzuleiten. Dies bedeutet, dass die festgestellte Vergütungs- bzw. Lohngruppe einer Entgeltgruppe nach dem TVöD zuzuordnen ist, da sich das Tabellenentgelt eines Arbeitnehmers nach der Entgeltgruppe, in die er eingruppiert ist, und nach der für ihn geltenden Stufe (§ 15 Abs. 1 TVöD) richtet. Die Zuordnung der Vergütungs- bzw. Lohngruppen erfolgt gemäß § 17 Abs. 7 TVÜ-VKA nach Anlage 3 zum TVÜ:

Entgeltgruppe	Vergütungsgruppe	Lohngruppe
15	I a I b mit Aufstieg nach I a (zwingend Stufe 1, keine Stufe 6)	– –
14	I b ohne Aufstieg nach I a	
13	Beschäftigte mit Tätigkeiten, die eine abgeschlossene wissenschaftliche Hochschulausbildung voraussetzen (II mit und ohne Aufstieg nach I b) [ggf. nach Zulagenregelung nach § 17 Abs. 8 TVÜ-VKA] und weitere Beschäftigte, die nach der Vergütungsordnung zum BAT/BAT-O/BAT-Ostdeutsche Sparkassen unmittelbar in Vergütungsgruppe II eingruppiert sind	– –
12	III mit Aufstieg nach II	–
11	III ohne Aufstieg nach II IV a mit Aufstieg nach III	–
10	IV a ohne Aufstieg nach III IV b mit Aufstieg nach IV a V b in den ersten sechs Monaten der Berufsausübung, wenn danach IV b mit Aufstieg nach IV a	–
9	IV b ohne Aufstieg nach IV a V b mit Aufstieg nach IV b V b ohne Aufstieg nach IV b (Stufe 5 nach 9 Jahren in Stufe 4, keine Stufe 6)	9 (zwingend Stufe 1, Stufe 4 nach 7 Jahren in Stufe 3, keine Stufen 5 und 6)
8	V c mit Aufstieg nach V b V c ohne Aufstieg nach V b	7 mit Aufstieg nach 8 und 8 a
7	Keine	7 mit Aufstieg nach 7 a 6 mit Aufstieg nach 7 und 7 a
6	VI b mit Aufstieg nach V c VI b ohne Aufstieg nach V c	6 mit Aufstieg nach 6 a 5 mit Aufstieg nach 6 und 6 a
5	VII mit Aufstieg nach VI b VII ohne Aufstieg nach VI b	5 mit Aufstieg nach 5 a 4 mit Aufstieg nach 5 und 5 a
4	Keine	4 mit Aufstieg nach 4 a 3 mit Aufstieg nach 4 und 4 a
3	VIII mit Aufstieg nach VII VIII ohne Aufstieg nach VII	3 mit Aufstieg nach 3 a 2 mit Aufstieg nach 3 und 3 a
2 Ü	Keine	2 mit Aufstieg nach 2 a 1 mit Aufstieg nach 2 und 2 a
2	IX a mit Aufstieg nach VIII IX mit Aufstieg nach IX a oder VIII X (keine Stufe 6)	1 mit Aufstieg nach 1 a (keine Stufe 6)
1	Beschäftigte mit einfachsten Tätigkeiten, zum Beispiel • Essens- und Getränkeausgeber/innen • Garderobenpersonal • Spülen und Gemüseputzen und sonstige Tätigkeiten im Haus- und Küchenbereich • Reiniger/innen in Außenbereichen wie Höfe, Wege, Grünanlagen, Parks • Wärter/innen von Bedürfnisanstalten • Hausarbeiter/innen • Hausgehilfe/Hausgehilfin • Bote/Botin (ohne Aufsichtsfunktion) Ergänzungen können durch landesbezirklichen Tarifvertrag geregelt werden. *Hinweis:* Diese Zuordnung gilt unabhängig von bisherigen tariflichen Zuordnungen zu Vergütungs-/Lohngruppen.	

SCHÄFFER POESCHEL

Abb. 5.56: Vorläufige Zuordnung der Vergütungs- und Lohngruppen zu den Entgeltgruppen für zwischen dem 1. Oktober 2005 und dem Inkrafttreten der neuen Entgeltordnung stattfindende Eingruppierungs- und Einreihungsvorgänge (VKA)

Den jeweiligen Entgeltgruppen wiederum sind Stufen zugeordnet. Die Stufenzuordnung in der jeweiligen Entgeltgruppe richtet sich dann nach § 17 Abs. 2 TVöD. Je nach Leistung des Beschäftigten können die vorgesehenen Stufenlaufzeiten (§ 16 Abs. 2 und 3 TVöD-VKA) verkürzt oder verlängert werden. Auf die Bezahlung eines Leistungsentgelts nach § 18 TVöD (VKA) wird hingewiesen. Das jeweilige Tabellenentgelt ergibt sich aus den Anlagen A (§ 15 Abs. 2 TVöD). Für den Bereich des Bundes und der Länder gelten entsprechende Regelungen.

5.7.3 Personalcontrolling

Management der Personalarbeit

Für viele ist die Personalarbeit im Unternehmen ein Kostenfaktor, der möglichst gering gehalten werden muss. Auch in der öffentlichen Verwaltung herrscht eine Auffassung vor, nach der das Personalwesen zwar wichtig ist, um die unerlässliche Personalverwaltung (Lohn- und Gehaltsabrechnungen, Sozialversicherung, Feststellung der Personalkosten) zu gewährleisten. Eine darüber hinausgehende Managementfunktion der Personalarbeit wird jedoch nicht immer gesehen. Erklären lässt sich dies zum Teil dadurch, dass es in der Vergangenheit kaum Instrumente gegeben hat, die eine exakte *ökonomische Bewertung* der personalwirtschaftlichen Maßnahmen (z.B. Personalbeschaffung, Personalauswahl, Personaleinführung) und der so genannten »weichen« Faktoren (Motivation, Wissen, Werthaltungen) erlaubt hätte. Welchen genauen Nutzen eine systematische und bedarfsgerechte Fort- und Weiterbildung oder ein angemessener sozialverträglicher Führungsstil letztlich haben, blieb weitgehend diffus und konnte demnach auch nicht nachgewiesen werden. In der Privatwirtschaft hat sich in den 80er-Jahren ein Personalcontrolling als *eigenständiges Fachcontrolling* entwickeln können (vgl. *Krieg, H.-J./Ehrlich, H.* 1998 S. 62). *Bröckermann* beschreibt die Funktion eines Personalcontrolling folgendermaßen: »Mithin ist das Personalcontrolling der Sachverwalter der personalpolitischen Ziele...« Dabei »...werden die personalpolitischen Ziele für die praktische Umsetzung in personalpolitische Prinzipien übersetzt, also

- das ökonomische und
- das soziale Prinzip,
- das Rechtsstaatprinzip,
- das Organisationsprinzip und
- das Arbeitsmarktprinzip,

die in jedem Unternehmen ihre eigene Ausprägung haben« (*Bröckermann, R.* 2007 S. 527).

Seit die Diskussionen um ein New Public Management geführt werden, wird das Personalcontrolling zusehends auch für die öffentliche Verwaltung interessant.

D

Personalcontrolling ist ein wichtiger Baustein im modernen Personalmanagement. Aufgabe des Personalcontrollings ist es, die personalwirtschaftlichen Aktivitäten und Maßnahmen zu planen, zu steuern und weiterzuentwickeln. »Personalcontrolling heißt, verantwortlich zu sein für das optimale Verhältnis von Personalaufwand (im Sinn von Preis, Menge, Zeit und Qualität) zu Personalleistungen (im Sinn von Preis, Menge, Zeit und Qualität) unter Berücksichtigung derzeitiger und künftiger wirtschaftlicher Entwicklungen im Unternehmen« (*DGFP* 2001, S. 19).

Rationalität der Personalarbeit

Das allgemeine Controlling soll die Rationalität der Verwaltungsführung verbessern. In diesem Zusammenhang haben die Controller die Aufgabe, die Verwaltungsführung mit jenen Informationen zu versorgen, die notwendig sind, um »richtige« Entscheidungen zu fällen. Bezogen auf die Personalarbeit hat die Controllingstelle demzufolge die Aufgabe, die Personalverantwortlichen durch adäquate Informationsvermittlung bei der Planung und Steuerung der Personalfunktionen zu unterstützen. »Personalcontrolling kann bei allen personalwirtschaftlichen Aufgabenfeldern ansetzen, und zwar als Controlling des Personalbestands und der Personalkosten, der Arbeitsproduktivität, der Personalbeschaffung, der Personalentwicklung, des Personaleinsatzes und der Fehlzeiten, der Personalfreisetzung, der Personalführung, der Zusammenarbeit, des materiellen Anreizsystems und als Controlling der gesamten Personalarbeit« (*Kolb, M.* 2002 S. 253). Personalcontrolling hat demzufolge die Funktion, dafür zu sorgen,

- dass das Personal gemäß den strategischen Zielsetzungen der Gesamtverwaltung eingesetzt wird,
- dass die Arbeitsfelder des Personalmanagements einer ständigen kritischen Überprüfung unterzogen werden, um darauf aufbauend Verbesserungsvorschläge zu erarbeiten und umzusetzen.

Wie im Allgemeinen Controlling lässt sich auch beim Personalcontrolling das strategische vom operativen Controlling unterscheiden. Beim strategischen Controlling geht es um die Frage, wie sich das Personalmanagement langfristig verändern muss, um den gesellschaftlichen, wirtschaftlichen und politischen Entwicklungen entsprechen zu können (*Sicherstellen der Potenziale*). Relevante Entwicklungen beziehen sich zum Beispiel auf die Globalisierung und Internationalisierung, auf die Informations- und Kommunikationstechniken, auf den Wertewandel und die Interessen und Bedürfnisse der Mitarbeiter. Das operative Controlling ist für die Planung, Kontrolle und Anpassung kurz- bis mittelfristiger Maßnahmen im Personalbereich zuständig (*konkrete Realisierung der Potenziale*). Hierbei kann es sich beispielsweise um Maßnahmen handeln, die sich auf die folgenden Betrachtungsfelder bzw. Gegenstände beziehen (vgl. *Krieg, H.-J./Ehrlich, H.* 1998 S. 62 f.):

- das Personalwesen selbst als Produktionsstätte,
- die Instrumente und Verfahren der Personalarbeit (z. B. ein System zur Leistungs- und Potenzialbeurteilung),
- die Beziehungen zum – internen – Kunden (z. B. die Fachbereiche),
- die Qualität der Produkte (z. B. externe Personalbeschaffung),
- die Kosten-Nutzen-Erwägungen (z. B. um interne Leistungsverrechnungen zu ermöglichen).

Welche konkreten Aufgaben können im Rahmen eines Personalcontrollings bewältigt werden?

Organisation des Personalwesens optimieren

Organisation

Krieg/Ehrlich sehen eine Aufgabe des Personalcontrollings darin festzustellen, inwieweit die Organisation und die personelle Ausstattung der Personalabteilung geeignet sind, um die Aufgaben effizient und wirkungsvoll zu erfüllen. »Dabei geht es um Fragen der effizienten Leistungserbringung ebenso, wie um die Kundenorientierung« (*Krieg, H.-J./Ehrlich, H.* 1998 S. 64). Das Personalcontrolling kann in diesem Zusammenhang u. a. auf die Methode des Vergleichs zurückgreifen (Benchmarking). Ein systematischer Vergleich mit den Strukturen und Abläufen besonders erfolgreicher Unternehmen kann dann zur Verbesserung der eigenen Aufbau- und Prozessorganisation genutzt werden (vgl. *Lisges, G./Schübbe, F.* 2005 S. 340 ff.).

Personalauswahlverfahren kontinuierlich verbessern

Verfahren

Eine wichtige Aufgabe des Personalmanagements im New Public Management ist die Auswahl von geeigneten neuen Mitarbeitern. Es muss sich dabei um Personal handeln, das in den neuen Strukturen denken und handeln kann. Personalcontrolling hat in diesem Zusammenhang die Aufgabe herauszuarbeiten, ob die bislang genutzten *Instrumente der Personalbedarfsdeckung* taugen, um die bestgeeigneten Mitarbeiter mit einem vertretbaren Aufwand an Zeit, Personal und Sachmitteln auszuwählen. Ein Personalcontroller hat in diesem Zusammenhang den gesamten Prozess der Personalbedarfsdeckung zu analysieren:

- Wurde der Personalbedarf in quantitativer und qualitativer Hinsicht exakt genug festgestellt?
- War die Rekrutierungsstrategie geeignet, um ein genügend breites Bewerberpotenzial anzusprechen?
- Haben die eingesetzten Selektionsinstrumente (Analyse der Bewerbungsunterlagen, Testverfahren, Vorstellungsgespräch und sonstige Auswahlverfahren) eine rationale Personalentscheidung ermöglicht?
- Hat die erfolgte Personaleinführung zur Motivation und Identifikation des Mitarbeiters beigetragen?

Die Ergebnisse der Analyse können dann zur Verbesserung und Optimierung der Verfahren der Personalbedarfsdeckung herangezogen werden.

Grundlagen für interne Leistungsverrechnungen schaffen

Interne Leistungsverrechnung

Im Rahmen des New Public Managements sollen die internen Servicestellen ihre für die Fachbereiche erbrachten Leistungen in Rechnung stellen. So wird auch die Personalabteilung Preise für ihre Dienstleistungen berechnen und den Fachbereichen Angebote unterbreiten müssen. Die Fachbereiche wiederum haben die Chance, die Preise des *internen Dienstleisters* mit denen externer privater Anbieter zu vergleichen. Die Aufgabe des Personalcontrollings besteht dann einerseits in der Berechnung des jeweiligen Preises und andererseits darin, die Dienstleistung so zu gestalten, dass sie mit alternativen Angeboten konkurrieren kann (vgl. *Krieg, H.-J./Ehrlich, H.* 1998 S. 64 f.).

Kennzahlen für die Bewertung »weicher« Faktoren ermitteln

Bewertung weicher Faktoren

»Weiche« Faktoren sind beispielsweise die Arbeitszufriedenheit, die Motivation der Mitarbeiter und die Qualität der Führung. »Das Personal-Controlling hat zum Ziel, Kennziffern und Messskalen für die Bewertung solcher ›weicher‹ Faktoren aufzustellen. Damit soll erreicht werden, dass auch im Bereich der ›weichen Faktoren‹ eine Steuerung unter wirtschaftlichen Gesichtspunkten möglich ist« (*Krieg, H.-J./Ehrlich, H.* 1998 S. 66). So könnte es beispielsweise von Interesse sein, die Qualität der Führung im Bereich eines neu eingerichteten Bürgeramtes zu beurteilen. Dazu müsste man zunächst Indikatoren herausarbeiten, die die *Qualität der Führung* anzeigen können. Indikatoren könnten sein: hohe Arbeitszufriedenheit, geringe Zahl an Bürgerbeschwerden, geringe Fehlzeitquote, geringe Fluktuation. Die in diesem Zusammenhang ermittelten Kennzahlen können aber nur dann zur Steuerung des Führungsverhaltens herangezogen werden, wenn Vergleichswerte vorliegen. Hier kann man entweder auf früher im gleichen Amt ermittelte Werte oder auf Werte anderer Bürgerämter zurückgreifen. Sind die genannten Kennzahlen im Vergleich wesentlich schlechter, kann das ein Anzeichen für Defizite im Führungsverhalten sein. Die Konsequenz wären dann Maßnahmen zur Verbesserung der Führung. Die Entwicklung von Bewertungsmaßstäben für »weiche« Faktoren steht sicherlich noch am Anfang. Mit der Konzeption von Kennzahlen sind Unwägbarkeiten verbunden, die auch in der weiteren Entwicklung vermutlich nicht vollständig ausgeräumt werden können. Personalcontrolling hat in diesem Zusammenhang aber nicht zuletzt die Funktion, die Relevanz sozialer Faktoren für den betrieblichen Erfolg deutlich zu machen. Gerade im Bereich der öffentlichen Verwaltung muss den Verantwortlichen klar gemacht werden, dass ein systematisches und zielgerichtetes *Führungskräftetraining* durchaus als lohnende Investition gelten kann.

Kontinuierliche Steuerung der Personalarbeit

Zusammenfassend kann festgestellt werden, dass das Personalcontrolling eine *kontinuierliche Steuerung der Personalarbeit* ermöglicht, indem gewünschte (Soll) und tatsächliche Wirkungen (Ist) festgehalten, Schwachstellen und Probleme aufgedeckt und damit Veränderungen bzw. Modifikationen initiiert, konzipiert und zur Umsetzung vorbereitet werden.

5.7.4 Personalinformationssysteme

Informationsbedarf

Ein weiteres Instrument des Personalmanagements, das inzwischen immer mehr an Bedeutung gewinnt, ist das Personalinformationssystem. Die Personalarbeit muss ständig auf eine Vielzahl von personalwirtschaftlich relevanten Daten zurückgreifen (vgl. *Becker, F. G.* 2002 S. 428 f., *Berthel, J./Becker, F. G.* 2007 S. 505 ff.). Dazu gehören u. a. folgende Informationen über

- die Anwesenheits- und Fehlzeiten,
- die Qualifikationen und die durchgeführten Fort- und Weiterbildungsmaßnahmen,
- die Daten zur Mitarbeiterbeurteilung (Leistungs- und Potenzialbeurteilungen),
- die Gehalts- und Lohnabrechnungen,
- den Stellenplan,
- die Organisationsdokumente (z. B. Organigramme und Stellenbeschreibungen, Prozessdokumentationen),
- die Personalplanung,
- die Nachfolgeplanung.

Um auf diese und andere Daten zum Personalmanagement jederzeit einen systematischen und sicheren Zugriff zu haben, ist die Einführung und Pflege eines EDV-gestützten Informationssystems durchaus sinnvoll. »Die Auswertungen können sowohl für Organisationseinheiten wie auch für das Gesamtunternehmen vorgenommen und grafisch aufbereitet werden. Darüber hinaus sind auf den speziellen Bedarf eines Unternehmens abgestimmte Auswertungen möglich« (*Holey, Th./Welter, G./Wiedemann, A.* 2004 S. 295). Ein gut funktionierendes Personalinformationssystem kann ein Personalcontrolling hervorragend unterstützen.

D

Wenn die relevanten personalwirtschaftlichen Daten durch entsprechende Software verwaltet, bearbeitet und ausgewertet werden können und ein System eingerichtet ist, das neben administrativen Prozessen (Stellenverwaltung, Lohn- und Gehaltsabrechnungen auch dispositive Aufgaben (Personalplanung) wahrnehmen kann, spricht man von einem Personalinformationssystem (vgl. *Schwarzer, B./Krcmar. H.* 1999 S. 170, *Hilb, M.* 2006 S. 162 ff.).

Administrative Prozesse

Als *administrative Prozesse* werden alle Aufgaben der Personalverwaltung bezeichnet, die kontinuierlich anfallen und demgemäß routinemäßig bearbeitet werden können: Feststellen von Fehlzeiten, Lohn- und Gehaltsabrechnungen, Gleitzeitermittlungen, Änderungsdienste in der Stammdatenverwaltung. In administrativen Aufgabenbereichen ermöglichen Personalinformationssysteme Rationalisierungseffekte, indem es das Personal bei Routinetätigkeiten und Massenvorgängen entlastet. Darüber hinaus können folgende Vorteile genutzt werden (vgl. *Knust, P.* 1998 S. 6):

- schneller Zugriff auf geforderte Daten,
- schnelle Versorgung der Personalabteilung mit aktuelleren und umfassenderen Daten,
- problemlose Handhabung großer Datenmengen,
- durch die Entlastung von Routineaufgaben steht mehr Zeit für wichtige personalwirtschaftliche Aufgaben zur Verfügung.

Dispositive Aufgaben

Dispositive Aufgaben beziehen sich auf die Personalplanung und bieten Entscheidungshilfen für künftige Problembereiche. Beispiele sind die Aufstellung eines Stellenplans, die Personaleinsatzplanung und die systematische, bedarfsgerechte Fortbildungsplanung. »Weil die Aufgaben der Personalplanung sehr komplex und einem raschen Wandel unterworfen sind, entsteht hier ein wachsender Bedarf nach Informationen und nach Entscheidungsunterstützung« (*Knust, P.* 1998 S. 7). Auch im Bereich der dispositiven Aufgaben ermöglichen Personalinformationssysteme eine *schnel-*

lere und flexiblere Bewältigung, weil sie den sofortigen Zugriff auf die notwendigen Daten gewährleisten.

Komponenten

Becker beschreibt den Aufbau eines computergestützten Personalinformationssystems (PIS) folgendermaßen: »Ein computergestütztes PIS besteht üblicherweise aus drei Komponenten: (1) In der *Personaldatenbank* sind quantitativ und qualitativ differenzierte Aussagen (z. B. Qualifikationen, Arbeitszeitdaten, Entgeltabrechnungs- und Verwaltungsdaten) über den Personalbestand enthalten. (2) Entsprechend beinhaltet die *Stellendatenbank* quantitativ und qualitativ differenzierte Informationen (v. a. Anforderungen, Arbeitszeiterfordernisse über die Arbeitsplätze und die Tätigkeitsbereiche. (3) Die *Methoden- und Modelldatenbank* dient dazu, mithilfe statistischer Methoden und Planungsansätze sowie unter Verwendung des Managementinformationssystems (z. B. Strategiedaten) eine problemspezifische Transformation der gespeicherten Daten je nach Verwendungszweck (Personalbedarfsprognose, Personalentwicklung) vorzunehmen« (*Becker, F. G.* 2002 S. 428 f.).

Bei der Planung zur Einführung eines Personalinformationssystems ist mit besonderer Sorgfalt vorzugehen. Besonderer Wert sollte auf die Flexibilität und die Anpassungsfähigkeit des Systems gelegt werden. Geänderte Rahmenbedingungen sollten problemlos berücksichtigt werden können, sodass zielgerichtete Auswertungen und Analysen jederzeit möglich sind (vgl. *Knust, P.* 1998 S. 7). Zudem muss das eingesetzte System auf den Bedarf der entsprechenden Organisation zugeschnitten sein. In der Regel beginnt der Planungsprozess mit einer Ist- bzw. Bedarfsanalyse, aus der ein Anforderungsprofil entwickelt wird, das den zur Verfügung stehenden Software-Lösungen letztlich gegenübergestellt werden kann.

Datenschutz

Was für den Manager eines Betriebes bzw. einer Behörde sehr hilfreich und nützlich sein kann, stößt bei den Datenschützern eher auf Argwohn und Vorsicht. Insbesondere die Multifunktionalität der Daten, die durch ein PIS gewährleistet wird, und die Standardisierung elektronisch gespeicherter Daten, die in entsprechender Kombination und Analyse unter Umständen eine völlig neue Informationsrelevanz und -güte erhalten, sind datenschutzrechtlich außerordentlich relevant. Insofern plädieren *Berthel/Becker* für entsprechende Datenschutzvoraussetzungen: »Aufgabe des *Datenschutzes* im Arbeitsverhältnis ist es, einen für den Umgang mit Daten (Tätigkeiten der Datenerhebung, Datenverarbeitung, Datennutzung) zulässigen Rahmen festzulegen, um einen Datenmissbrauch zu verhindern, die Privatsphäre der Mitarbeiter zu schützen und die Vertraulichkeit und Diskretion der Mitarbeiterdaten weitgehend zu gewährleisten« (*Berthel, J./Becker, F. G.* 2007 S. 511). Insofern sollte der Beauftragte für den Datenschutz von Beginn an in die Planungen mit einbezogen werden.

Wiederholungsfragen

1. Erläutern Sie den Begriff des Personalmanagements. Welche Aufgabenbereiche müssen abgedeckt werden?
2. Welche Angelegenheiten werden im Rahmen der Personalpolitik geregelt?
3. Beurteilen Sie den Entwicklungsstand des Personalmanagements in der öffentlichen Verwaltung.
4. Was versteht man unter einem Referentenmodell. Gibt es andere Möglichkeiten für die Organisation des Personalwesens?
5. Welcher Zusammenhang besteht zwischen Personalführung und Menschenbild?
6. Erläutern und vergleichen Sie die Motivationstheorien von *Maslow* und *Herzberg*.
7. Welche eindimensionalen Führungsstile kennen Sie?
8. Vergleichen Sie die Führungsstilmodelle von *Blake/Mouton* und *Reddin*?
9. Gibt es einen situationsunabhängigen richtigen Führungsstil? Begründen Sie Ihre Antwort.
10. Warum wird das Führen durch Zielvereinbarungen im New Public Management favorisiert?
11. Welche Funktion hat ein Mitarbeitergespräch? Wie läuft es ab?
12. Welchen Anforderungen muss eine Führungskraft gerecht werden?
13. Welche Bedeutung haben Information und Kommunikation für das moderne Führungsverständnis?
14. Warum sollten Mitarbeiter ihre Vorgesetzten beurteilen?
15. Was verbinden Sie mit dem Begriff Coaching?
16. Warum ist Personalbedarfsplanung notwendig?
17. Wie kann man den Brutto-Personalbedarf ermitteln?
18. Welche Faktoren müssen Sie berücksichtigen, wenn Sie eine langfristige Personalplanung vornehmen wollen?
19. Welche Teilaufgaben müssen im Rahmen der Personalbedarfsdeckung erfüllt werden?
20. Was ist Personalmarketing? Warum ist es notwendig?
21. Welche Inhalte gehören in eine Stellenanzeige?
22. Was ist ein Anforderungsprofil? Aus welchen Komponenten setzt es sich zusammen? Erarbeiten Sie ein Anforderungsprofil für den Leiter einer Personalabteilung.
23. Was sind Schlüsselqualifikationen?
24. Welche Instrumente können Sie einsetzen, wenn Sie eine Personalauswahl vornehmen wollen?
25. Wie sollte der Ablauf eines Auswahlgespräches aussehen?
26. Wie können Sie sicherstellen, dass ausgewählte Bewerber im Rahmen des New Public Managements eine Funktion übernehmen können?

27. Beschreiben Sie den Aufbau und die Funktionsweise eines Assessment Centers.
28. Können Assessment Center in Kommunalverwaltungen eingesetzt werden?
29. Warum sind Einführungsstrategien für neue Mitarbeiter notwendig?
30. Welche Maßnahmen können im Rahmen eines Einführungsprogramms durchgeführt werden?
31. Was heißt Personalentwicklung? Welche Arten werden unterschieden?
32. Wie können Sie im Rahmen einer Kommunalverwaltung den Fortbildungsbedarf der Mitarbeiter ermitteln?
33. Worin unterscheiden sich Leistungs- und Potenzialbeurteilungen?
34. Welche Möglichkeiten der Karriereplanung stehen den Mitarbeitern einer Kommunalverwaltung offen?
35. Was heißt Personalentwicklung on the job? Welche Einzelmaßnahmen sind in diesem Zusammenhang einsetzbar?
36. Warum ist die Einführung des New Public Managements eine Herausforderung für die Personalentwicklung?
37. Welche Funktionen erfüllen Stellenbeschreibungen? Welche Inhalte gehören in eine Stellenbeschreibung?
38. Skizzieren Sie das Vorgehen bei einer Stellenbewertung für einen Verwaltungsbeamten.
39. Was verstehen Sie unter Personalcontrolling?

Lösungshinweise

1. Personalmanagement bezieht sich im Wesentlichen auf die Schaffung von Qualifikation und Motivation der Mitarbeiter. Es geht um die Gesamtheit aller Ziele, Strategien und Instrumente, die das Leistungsvermögen (Qualifikation), und die Leistungsbereitschaft (Motivation) und das Verhalten der Führungskräfte und Mitarbeiter beeinflussen. Die daraus resultierenden Aufgaben umfassen die Systemgestaltung (Schaffung der Voraussetzungen für das Personal) und die Verhaltenssteuerung (Führung). Vergleiche S. 283 f.
2. Personalpolitik befasst sich mit den Zielen und Grundsätzen, die für das Personalmanagement der eigenen Organisation gelten sollen. Die Ziele und Grundsätze werden mitunter in Verwaltungsleitbildern thematisiert. Vergleiche S. 282.
3. Der allgemeine Entwicklungsstand des Personalmanagements wird in fünf Phasen dargestellt. Die vorerst letzte Phase V besagt, dass das Personalmanagement die Mitarbeiter als wichtigste, wertvollste und sensitivste Unternehmensressource

interpretiert (unternehmerische Orientierung des Personalmanagements). Die Phase IV geht davon aus, dass sich das Personalmanagement nach Wirtschaftlichkeitsaspekten richtet, indem die Führung und das Management des Personals an veränderte Rahmenbedingungen angepasst werden. Während die Wirtschaftunternehmen zumindest teilweise die Phase V erreicht haben, hat die öffentliche Verwaltung wohl allenfalls die Phase IV erreicht. Vergleiche Abbildung 5.2.

4. Mit dem Referentenmodell wird eine spezifische Arbeitsteilung der Personalabteilung bezeichnet, wobei die anfallende Personalarbeit auf Personalreferenten und ihre Sachbearbeiter in der Weise verteilt wird, dass jeder Referent das ganze Aufgabenspektrum der Personalmanagements insgesamt gewährleistet. Das alternative Modell praktiziert eine Arbeitsteilung, nach der die Mitarbeiter bzw. die jeweiligen Organisationseinheiten jeweils eine spezifische Funktion abdecken, z. B. die Personalbetreuung, das Personalmarketing, die Personalplanung oder die Personalentwicklung. Vergleiche S. 289 f.
5. Menschenbilder charakterisieren die Mitarbeiter in Organisationen in spezifischer Weise. Danach sind sie entweder intrinsisch motiviert oder sie müssen durch Druck und Sanktionen zur Arbeit gezwungen werden. Wieder andere Vertreter behaupten, dass die Menschen in Bezug auf diese Ausrichtungen indifferent sind. Je nachdem, von welchem Menschenbild eine Führungskraft überzeugt ist, wird sie ihre praktische Personalführung ausgestalten. Vergleiche S. 294 ff.
6. *Maslow* hat als Motivationstheorie die Bedürfnispyramide entwickelt, nach der die Bedürfnisse der Menschen hierarchisch aufeinander bezogen sind. Erst wenn eine Stufe der Bedürfnisbefriedigung erreicht ist, wird die nächste relevant. Das höchste Bedürfnis ist die Selbstverwirklichung. *Herzberg* hat die so genannte Zweifaktoren-Theorie ausgearbeitet. Danach gibt es Hygienefaktoren und Motivatoren. Sofern die Hygienefaktoren positiv eingeschätzt werden, kann das allenfalls Unzufriedenheit vermeiden. Zur Motivation taugen lediglich die so genannten Motivatoren, die gemeinsam haben, dass sie sich alle auf die Aufgaben und die Aufgabenbewältigung beziehen. Vergleiche S. 296 ff.
7. Ein berühmtes eindimensionales Führungsstilmodell ist die Theorie von *Tannenbaum/Schmidt*. Danach lässt sich das Verhalten von Führungskräften auf einem Kontinuum mit den Polen *autoritär* und *partizipativ* einordnen. Autoritäre Führung in reiner Form bedeutet »Der Vorgesetzte entscheidet und gibt die Entscheidung bekannt«. Reine partizipative Führung bedeutet: »Der Vorgesetzte fungiert als Koordinator für Prob-

lemdefinition, Alternativensuche und Entscheidung.« Vergleiche S. 299 f.

8. Das Führungsstilmodell von *Blake/Mouton* ist zweidimensional, weil die praktizierten Führungsstile anhand von zwei Parametern unterschieden werden: Aufgabenorientierung und Beziehungsorientierung. Der beste Führungsstil ist jener, der sich durch hohe Ausprägungen in beiden Dimensionen auszeichnet. Dies gilt situationsunabhängig. Demgegenüber geht *Reddin* davon aus, dass jeder Führungsstil effektiv sein kann, sofern er situationsadäquat angewendet wird. Insofern kann auch der von *Blake/Mouton* propagierte gute Führungsstil ineffektiv sein, wenn er in Situationen angewendet wird, für die er nicht geeignet ist. Vergleiche S. 301 ff.
9. Es gibt keinen Führungsstil, der in jeder Situation als effektiv und richtig angesehen werden kann. Sofern eine Entscheidung schnell und unmittelbar erfolgen muss, ist eine Beratung und Diskussion mit den Mitarbeitern, wie es der kooperative Führungsstil anstrebt, nicht angemessen. Er führt dann nicht zum Erfolg. Vergleiche S. 304 ff.
10. Das New Public Management fordert u. a., dass die Beziehung zwischen einer über- und einer untergeordneten Organisationseinheit in Form eines Kontraktmanagements funktionieren soll. Das bedeutet, dass die Steuerung über Zielvereinbarungen funktioniert. Wenn dieses Prinzip bis auf die operative Ebene umgesetzt wird, heißt das, dass auch die Mitarbeiter der Ausführungsebene mit ihren jeweiligen direkten Vorgesetzten über Zielvereinbarungen geführt werden. Insofern ist das Führen durch Zielvereinbarungen eine Konsequenz der Einführung moderner Verwaltungsstrukturen. Vergleiche S. 310 ff.
11. Durch das Instrument Mitarbeitergespräch kann das Führen durch Zielvereinbarungen in die Praxis umgesetzt werden. In dem direkten Gespräch zwischen Mitarbeiter und Führungskraft können Zielvereinbarungen vereinbart und die jeweilige Zielerreichung überprüft werden. Vergleiche S. 317 ff. Zum Ablauf des Mitarbeitergesprächs siehe S. 318 f.
12. Für Führungskräfte hat *Fauth* ein Anforderungsrahmenprofil entwickelt. Näheres dazu vermittelt die Abbildung 5.14.
13. Führen heißt letztlich Kommunizieren und Informieren. Ohne Kommunikation und Information können Führungsziele nicht erreicht werden. Zudem tragen gute Kommunikationsbeziehungen zu einer tragfähigen Kultur der Verwaltung bei. Vergleiche S. 312 ff.
14. Kooperative Führung setzt sowohl bei den Mitarbeitern als auch bei den Führungskräften Kritikfähigkeit voraus. Auf Seiten der Mitarbeiter wächst die Bereitschaft, Kritik anzuneh-

men in dem Maße, als auch die Führungskräfte bereit sind, sich der Kritik ihrer Mitarbeiter zu stellen. Vergleiche S. 316.

15. Coaching bedeutet Beratung und Betreuung. Führungskräfte begreifen sich als Coach, wenn sie sich in besonderer Weise um die Entwicklung eines Mitarbeiters kümmern, indem sie nicht nur eine konsequente Leistungsorientierung fordern, sondern darüber hinaus beratend und unterstützend wirken und damit *Hilfe zur Selbsthilfe* gewähren. Dies geschieht zum Beispiel bei der Erfüllung besonders schwieriger und komplexer Aufgaben wie auch in schwierigen Situationen. Coaching spielt bei der Führungsnachwuchskräfteentwicklung eine große Rolle. Vergleiche S. 320 f.
16. Eine sorgfältige Personalplanung ist erforderlich, weil der wirtschaftliche Einsatz von Personal nur realisiert werden kann, wenn weder zuviel noch zuwenig Personal eingesetzt wird. Durch die Methoden der Personalplanung kann sichergestellt werden, dass weder Personalengpässe noch -überhänge auftreten. Vergleiche S. 322 ff.
17. Der Brutto-Personalbedarf kann durch analytische Verfahren wie auch durch summarisch-empirische Verfahren ermittelt werden. In analytischen Verfahren wird der Personalbedarf auf der Basis sorgfältiger Erhebungen von Fallzahlen und Bearbeitungszeiten durch spezifische exakte Berechnungen ermittelt. Da sich analytische Verfahren nicht in allen Fällen anwenden lassen, muss der Personalbedarf mitunter summarisch-empirisch auf der Grundlage von Kennzahlen ermittelt werden. Vergleiche S. 323 ff.
18. Prognosen über den langfristigen Personalbedarf können nur angestellt werden, wenn diejenigen Einflussgrößen betrachtet werden, die für Veränderungen des Personalbedarfs besonders wichtig sind. Dazu gehört die Entwicklung der Aufgaben, die Entwicklung der Organisations- und Sachmittel wie auch die Entwicklung im Personalsystem selbst. Vergleiche S. 332 f.
19. Bei der Personalbedarfsdeckung müssen folgende Aufgabenbereiche realisiert werden: Personalbeschaffung und Personalmarketing, Personalauswahl, Personaleinführung sowie Personalentwicklung. Vergleiche S. 334 f.
20. Personalmarketing ist darauf ausgerichtet, sich in stärkerem Maße um potenzielle Bewerber zu bemühen. Bei der Suche nach geeigneten Fachkräften konkurriert die öffentliche Verwaltung mit Stellenangeboten der privaten Wirtschaft. Dabei ist Marketing mehr als nur Werbung. Alle Aktivitäten und Bereiche sind in das Marketing eingebunden. Vergleiche S. 335 ff.
21. In eine Stellenanzeige gehören die folgenden Angaben: Aussagen über die Verwaltung, Aussagen über die freie Stelle, Aussa-

gen über Anforderungsmerkmale, Aussagen über Leistungen, Ende der Bewerbungsfrist, erforderliche Bewerbungsunterlagen, persönlicher Ansprechpartner. Zu den Einzelheiten vergleiche die Abbildung 5.24.

22. Ein Anforderungsprofil stellt dar, welche Voraussetzungen ein Bewerber mitbringen muss, um für die Stellenbesetzung in Frage zu kommen. Zu den Elementen eines Anforderungsprofils zählen: formale Anforderungen, Kenntnisse/Wissen, Fertigkeiten, Fähigkeiten, Schlüsselqualifikationen. Vergleiche S. 346 ff. und die Abbildung 5.26.
23. Schlüsselqualifikationen sind Fähigkeiten von Mitarbeitern, die man im Rahmen einer größeren Organisationseinheit nicht nur für eine spezifische Stelle oder Position benötigt. Vielmehr handelt es sich um Stellen ungebundene Fähigkeiten, die für Arbeiten in einer modernen öffentlichen Verwaltung allgemein unerlässlich sind. Vergleiche S. 347.
24. Um eine sorgfältige Personalauswahl vorzunehmen, können die folgenden Instrumente eingesetzt werden: Prüfung der Bewerbungsunterlagen, Auswahlgespräche bzw. Einstellungsinterview, Arbeitsproben und Situationstests, psychologische Testverfahren, biografischer Fragebogen, Assessment Center. Vergleiche S. 349 ff.
25. Es gibt unterschiedliche Vorschläge, wenn es darum geht, ein Auswahlgespräch zu strukturieren. In der Regel geht man heute davon aus, dass die Variante eines teilstrukturierten Gesprächs der Problemstellung am ehestens gerecht wird. Die Abbildung 5.29 zeigt auf, wie ein systematischer Aufbau aussehen kann.
26. Um dies sicherzustellen ist zunächst das Anforderungsprofil mit jenen Kenntnissen und Fähigkeiten zu versehen, die für die Umsetzung der neuen Steuerungsinstrumente unerlässlich sind. Bei der Bewerberauswahl muss dann sichergestellt werden, dass diese Kriterien auch tatsächlich überprüft werden. Hier kommt es vor allem darauf an, die Kandidaten mit spezifischen und relevanten Situationen zu konfrontieren. Zudem ist anzuraten, realistische Arbeitsproben vorzusehen. Vergleiche S. 346 ff.
27. In einem Assessment Center werden die zur Verfügung stehenden Auswahlinstrumente umfassend eingesetzt und durch weitere eignungsdiagnostische Instrumente ergänzt. Es dauert in der Regel ein bis zwei Tage, hat einen sehr stringenten Ablauf und setzt die Kandidaten bewusst unter Stress. Charakteristisch für Assessment Center ist weiterhin, dass die Bewerber gleichzeitig von mehreren geschulten Beobachtern interviewt, getestet und bewertet werden. Vergleiche S. 356 ff.

28. Assessment Center sollen Auswahlentscheidungen auf eine verlässliche Basis bringen. Die Prognosevalidität ist grundsätzlich sehr hoch. Insoweit wäre es nahe liegend, das systematische Auswahlverfahren auch in Kommunalverwaltungen einzusetzen. Die KGSt beurteilt das Verfahren eher skeptisch, weil einerseits die überwältigende Diagnosefähigkeit angezweifelt wird. Zudem wird die Auswahlentscheidung auf externe Experten verlagert. Schließlich sprechen auch die hohen Kosten gegen das Assessment Center. Vergleiche S. 357 f.
29. Die Bedeutung der Personaleinführung wird oft unterschätzt. Dabei ist eine Stellenbesetzung erst dann erfolgreich abgeschlossen, wenn ein neuer Mitarbeiter nach ein paar Monaten in der Lage ist, seine Aufgaben gut, zuverlässig und motiviert zu erfüllen. Insofern ist es wichtig, dass neue Mitarbeiter während der ersten Wochen und Monate angemessen begleitet und betreut werden. Auf diese Weise können Frustrationen, Abwanderungsgedanken und tatsächliche Frühfluktuationen vermieden werden. Vergleiche S. 361 ff.
30. Für ein Einführungsprogramm – auch Induktionsprogramm genannt – eignen sich u. a. die folgenden Maßnahmen: Welcome-Package, Einführungsschriften, Checklisten, Einführungsseminare, Paten- bzw. Mentorenkonzept. Vergleiche S. 364 f.
31. Die Personalentwicklung befasst sich mit allen Maßnahmen, die darauf abzielen, die Qualifikation der Mitarbeiter zu gewährleisten. Zur Personalentwicklung zählen Bildung, Arbeitsstrukturierung und Förderung bzw. Karriereplanung. Im weiteren Sinne schließt Personalentwicklung auch die Organisationsentwicklung ein. Vergleiche S. 370 ff.
32. Die systematische Personalentwicklung setzt voraus, dass der Entwicklungsbedarf sorgfältig ermittelt wird. Zur Bedarfsermittlung eignen sich u. a. folgende Maßnahmen: authentische Anforderungsprofile, Leistungs- und Potenzialbeurteilungen, Mitarbeitergespräche, Verhaltensbeobachtungen, Statistiken, Expertengespräche, Assessment Center und Workshops. Vergleiche S. 373 ff.
33. Leistungsbeurteilungen beziehen sich auf die Gegenwart und auf die Vergangenheit. Was hat ein Stelleninhaber bislang auf einer Stelle geleistet? Demgegenüber befassen sich Potenzialbeurteilungen mit den zukünftigen Entwicklungsmöglichkeiten. Was kann ein Stelleninhaber qualitativ über das hinaus noch leisten, was er bislang erreicht hat. Entscheidungen über Beförderungen sollten sowohl auf Leistungs- als auch auf Potenzialbeurteilungen basieren. Vergleiche S. 374 ff.
34. Den Bediensteten stehen in der Regel zwei Karrierewege offen: die Führungslaufbahn und die Fachlaufbahn. Eine Führungs-

laufbahn ist innerhalb der Behörde nur für einen kleinen Teil der Belegschaft eine realistische Karrierechance. In Zeiten des Lean Managements, in der die Führungsebenen reduziert werden, müssen sich immer mehr Mitarbeiter auf die Möglichkeiten einer Fachlaufbahn konzentrieren. Vergleiche S. 392 ff.

35. Personalentwicklung on the job bedeutet, dass die Mitarbeiter am Arbeitsplatz qualifiziert werden. In diesem Zusammenhang werden Arbeitssituationen geschaffen, die das direkte Lernen ermöglichen. Dazu zählen Erfahrungsvermittlung, Stellvertretung, Projektarbeit, qualifikationsfördernde Arbeitsstrukturierung wie Job Enlargement, Job Enrichment und Job Rotation, aber auch Mentoring und Coaching. Vergleiche S. 395.
36. Im Rahmen des New Public Managements werden neue Konzepte, Methoden und Instrumente eingeführt. Die Einführung gelingt aber nur, wenn die Mitarbeiter bereit und auch qualifiziert sind, in den neuen Strukturen zu arbeiten. Dafür muss ein Konzept der Personalentwicklung sorgen. Vergleiche S. 398 ff.
37. Stellenbeschreibungen unterstützen eine Reihe organisatorischer und personalwirtschaftlicher Maßnahmen wie die Personalbedarfsdeckung, die Personalführung, die Personalentwicklung und das Organisationsmanagement. Zur Stellenbeschreibung gehören die folgenden Inhalte: Zuordnungsbeziehungen, Arbeitsbeziehungen, Aufgabenbild, Besetzungsbild und Ausstattungsbild. Vergleiche S. 402 ff.
38. Die Bewertung der Beamten richtet sich in Kommunalverwaltungen am KGSt-Modell, das ein Verfahren darstellt, in dem eine analytische Bewertung vorgenommen werden kann. Es werden sieben Anforderungsmerkmale unterschieden, die jeweils separat anhand der Stellenaufgaben bewertet werden. Dazu zählen: Schwierigkeitsgrad der Informationsverarbeitung, Schwierigkeitsgrad der dienstlichen Beziehungen, Grad der Selbstständigkeit, Grad der Verantwortung, (Grad des Kraftaufwandes), Grad der Vor- und Ausbildung, Grad der Erfahrung. Aus den kriterienbezogenen Einzelbewertungen ergeben sich jeweils Punktzahlen, die in der Summe einen Gesamtwert ergeben, der wiederum einer Besoldungsgruppe zugeordnet werden kann. Vergleiche S. 405 ff.
39. Im Personalcontrolling werden die personalwirtschaftlichen Aktivitäten und Maßnahmen geplant, gesteuert und weiterentwickelt. Es geht darum, in Bezug auf die Anwendungsfelder des Personalmanagements (z. B. Personalplanung, Personalauswahl, Personalentwicklung) Sollvorgaben mit dem jeweiligen Ist zu vergleichen, um darauf aufbauend Schwachstellen und Probleme zu erkennen. Schließlich werden den Mängeln Ursachen zugeordnet, was wiederum ermöglicht, Veränderungen und Verbesserungen herbeizuführen. Vergleiche S. 413 ff.

6 Die Zukunft des Verwaltungsmanagements

Verheißungen und Rückschläge

Die Verheißungen des New Public Managements waren zu Beginn und Mitte der 90er-Jahre sehr groß. Die Vision von einem modernen Dienstleistungsunternehmen hat sich aber nicht leicht, schon gar nicht im Schnellverfahren und auch nicht ohne Rückschläge realisieren lassen. Für den aufmerksamen und kritischen Beobachter drängen sich aus heutiger Sicht Fragen auf: Wie lässt sich der Stand der gegenwärtigen Reformanstrengungen beurteilen? Welche Erfolge haben sich bislang eingestellt? Wie kann man sich die weiteren Entwicklungen des Verwaltungsmanagements vorstellen?

Die beiden ersten Fragen sind bereits im Kapitel 2 erörtert worden. Danach haben sich zwar beachtliche Fortschritte eingestellt, insgesamt lässt sich aber behaupten, dass die notwendigen Veränderungen noch nicht vollständig realisiert sind. Zudem kommen ständig neue Herausforderungen auf die Verwaltungsorganisationen zu, die im Rahmen des Verwaltungsmanagements abgearbeitet werden müssen. In der Konsequenz heißt das, dass es keine Alternativen zum Fortgang der Reformbestrebungen gibt. Sofern man einen Ausblick über das Jahr 2010 hinaus wagen will, stellt sich die Frage, welchen Herausforderungen die Organisationen in den nächsten Jahren gerecht werden müssen. Für den Bereich der privaten Unternehmen hat *Vahs* vier Determinanten ausgemacht, die die organisatorische und personalwirtschaftliche Gestaltung der Unternehmen in Zukunft stark beeinflussen werden (vgl. *Vahs, D.* 2007 S. 39 f.):

- *Zusätzliche Effektivitäts- und Effizienzerfordernisse:* Der steigende Zeit-, Qualitäts- und Kostendruck wird sich in den nächsten Jahren für die Unternehmen noch verschärfen. Man kann vorbehaltlos davon ausgehen, dass die öffentlichen Verwaltungsorganisationen diesem verschärften Druck in gleichem Maße ausgesetzt sein werden.
- *Erhöhter Flexibilitäts- und Innovationsbedarf:* Die Entwicklungen im Markt und im Wettbewerb setzen die Unternehmen insoweit unter verschärftem Druck, als sie mit immer kürzeren Innovations- und Produktlebenszyklen sowie steigenden Kundenerwartungen zurecht kommen müssen. Die öffentliche Verwaltung wird auch in Zukunft naturgemäß beständigere Produktstrukturen aufweisen. Insofern ist der Innovationsdruck bei der Produktentwicklung geringer einzustufen. Gleichwohl

wird es in den Behörden deutliche Produktstrukturverschiebungen geben müssen. Die Aufgaben- und Produktkritik wird dazu führen, dass sich der öffentliche Sektor tendenziell auf das Kerngeschäft (die gesetzlichen Aufgaben) konzentrieren wird. Das heißt, dass die so genannten *freiwilligen* Aufgaben noch deutlicher reduziert werden als bisher.

- *Wachsende Bedeutung des Humanpotenzials:* Auf der Ebene der Unternehmen wird die Bedeutung des Humanpotenzials noch steigen. Die Entwicklung des menschlichen Wissens und die menschlichen Fähigkeiten bekommen den Rang des globalen Wettbewerbsfaktors Nummer eins. Insoweit werden jene Unternehmen die Spitzenpositionen einnehmen, denen es gelingt, die besten Kräfte zu rekrutieren und zu halten, um auf dieser Basis das interne Wissensmanagement ausbauen zu können. Diese Erfordernisse betreffen den öffentlichen Sektor unmittelbar, stellen sie doch das Bildungs- und Wissenschaftssystem unserer Gesellschaft vor große Herausforderungen. Inzwischen ist die Reform unseres Wissenschaftssystems denn auch ein vordringliches Politikthema. Zudem wird die öffentliche Verwaltung insgesamt darauf angewiesen sein, Personal zu beschäftigen, das den Anforderungen im Hinblick auf Kreativität und Initiativkraft, Belastbarkeit und Mobilität sowie methodische und soziale Kompetenzen gerecht werden kann. Ein besonderes Problem wird darin bestehen, dass die öffentliche Verwaltung im Vergleich zur Privatwirtschaft bei der Personalrekrutierung strukturelle Nachteile aufweist, die mittelfristig kaum zu beseitigen sind.
- *Zunehmende Globalisierung wirtschaftlicher Aktivitäten:* In diesem Zusammenhang wird betont, dass tendenziell größere Wirtschafts- und Währungsräume sowie noch intensivere transnationale Wertschöpfungsbeziehungen entstehen werden. Dies ist eine Entwicklung, die den öffentlichen Sektor in fast gleicher Weise beeinflussen wird. Allein die Ausweitung der europäischen Bestrebungen wird die nationalen Verwaltungen immer stärker beeinflussen. Die Kommunalverwaltungen kommen nicht umhin, die politischen Entscheidungen und Entwicklungen der EU genau zu beobachten, um die Konsequenzen, die sich daraus für die eigene Behörde ergeben, besser abschätzen zu können.

Die genannten Entwicklungen werden sich sowohl auf das Organisationsmanagement als auch auf die personalwirtschaftlichen Aktivitäten der Verwaltungsorganisationen auswirken.

Organisation

Vahs geht davon aus, dass die Organisationen sowohl im Innen- als auch im Außenverhältnis auf die dargestellten Herausforderungen reagieren müssen (vgl. *Vahs, D.* 2007 S. 540 f.):

Stabilität und Flexibilität

- Im *Innenverhältnis* ist ein ausgewogenes Verhältnis zwischen Stabilität und Flexibilität gefordert. Stabilität ist notwendig, um den wiederkehrenden Dauer- und Routineaufgaben einen Rahmen vorzugeben, der eine effektive und effiziente Bewältigung ermöglicht. Bei privaten Unternehmen wird diese Stabilität und die damit einhergehende Standardisierung eher bei den Sekundärprozessen (interne Prozesse wie operative Personalarbeit, Beschaffungswesen …) erforderlich sein, während bei den Aufgaben, die unmittelbar auf Marktveränderungen reagieren müssen, Flexibilität sowie schnelle Veränderungsbereitschaft und -fähigkeit unerlässlich sind. Hier erwartet *Vahs* bei den privaten Organisationen eine Entwicklung hin zu kurzen Entscheidungswegen, zur Delegation von Kompetenzen und zur Vermeidung von Bürokratie. Im Bereich der öffentlichen Verwaltung wird man in Zukunft davon ausgehen müssen, dass auch ein Gutteil der nach außen gerichteten Aufgaben bzw. Leistungen in stabilen und dauerhaft verlässlichen Organisationsstrukturen besser bewältigt werden können, als in Organisationsstrukturen, die die Handlungs- und Entscheidungsspielräume der Akteure maximieren. Das Stabilitätserfordernis trifft im Wesentlichen auf die Ordnungs- und Sozialverwaltung zu. Die Kommunalverwaltungen werden das Problem lösen müssen, wie sie die notwendige Stabilität und die erforderliche Flexibilität in einer Gesamtorganisation nebeneinander institutionalisieren können. Bislang wird das Problem oft dadurch gelöst, dass man jene Produkte, die nicht in die herrschenden Organisationsstrukturen hineinpassen, in selbstständige Organisationen (Eigenbetriebe, Gesellschaften mit beschränkter Haftung und Aktiengesellschaften) auslagert. Sofern es den Verwaltungsorganisationen nicht gelingt, problemadäquat Stabilität und Flexibilität nebeneinander im Rahmen einer Gesamtstruktur zu gewährleisten, wird sich der Trend zu Auslagerungen fortsetzen. Unsere These ist aber, dass die Kommunalverwaltungen zukünftig relativ differenzierte Organisationsstrukturen zulassen werden, um auch jene Leistungen besser bewältigen zu können, die ein höheres Maß an Anpassungs- und Innovationsfähigkeit aufweisen.

Kooperationen

- Im *Außenverhältnis* hat nach *Vahs* die Offenheit für organisationsübergreifende Aufgabenbewältigungen eine herausragende Bedeutung. »Während sich viele Unternehmen heute noch als weitgehend autonome Einheiten betrachten, werden sie sich in Zukunft unter Beibehaltung ihrer individuellen Ziel- und Wertsysteme vermehrt auf Kooperationen mit externen Akteuren einlassen müssen, um die wachsende Komplexität und Dynamik des Marktes erfolgreich bewältigen zu können« (*Vahs, D.* 2007 S. 540 f.). Durch Kooperationen und die damit einhergehende Integration der Teilprozesse können sich die beteiligten Unternehmen auf ihre Kernfähigkeiten konzentrieren und damit im Zusammenspiel den Kundennutzen und die Effizienz steigern. Diese Entwicklung lässt sich auch für die öffentliche Verwaltung prognostizieren. Schon heute gibt es im Bereich der Jugendhilfe und im Bereich der kommunalen Kulturförderung zahlreiche Kooperationsbeziehungen mit freien Trägern. Die Komplexität der Gesamtprozesse erfordert es zunehmend, dass die spezifischen Fähigkeiten der beteiligten öffentlichen und privatrechtlichen Organisationen sinnvoll miteinander verknüpft werden.

In der allgemeinen Organisationslehre werden zur Zeit verschiedene Organisationsmodelle gehandelt, die die grundsätzlich hierarchische Organisationsform zunehmend ablösen werden: die modulare Organisation, die vernetzte Organisation und die virtuelle Organisation (vgl. *Vahs, D.* 2007 S. 541 ff.).

Dezentralität

Die *modulare Organisation* ist für Organisationen geeignet, die über ein komplexes Leistungsprogramm mit vielen Produktvarianten verfügen. Charakteristisch ist die Differenzierung in relativ kleine und überschaubare Einheiten. Die Teileinheiten sind hinsichtlich Ergebnisverantwortung und Ressourceneinsatz in hohem Maße dezentralisiert. Zudem sind sie so organisiert, dass die Geschäftsprozesse ohne Inanspruchnahme anderer Organisationseinheiten abschließend bewältigt werden können. Intern sind die Module in der Regel als Hochleistungsteams organisiert. Im Bereich der Kommunalverwaltungen ist die Modellvorstellung der modularen Struktur durchaus geeignet. Die Idee des New Public Managements mit Kontraktmanagement und dezentraler Ressourcenverantwortung läuft ansatzweise auf modulare Strukturen hinaus. Allerdings ist die Autonomie der Fachbereiche im Vergleich zur Modellvorstellung noch sehr eingeschränkt. Zudem ist der Teamgedanke in den Fachbereichen bzw. Fachdiensten noch wenig etabliert. Es ist aber davon auszugehen, dass sich in den Kommunalverwaltungen die modularen Strukturen noch ausweiten werden, insbesondere in Produktbereichen, die eine hohe Anpassungs- und Innovationsfähigkeit erfordern (z. B. Jugend- und Kulturbereich). Daneben werden Fachbereiche mit stark hierarchischen Strukturen bestehen.

Partnerschaften haben Zukunft

Die *vernetzte Organisation* ist eine Modellvorstellung, die eine weitgehende organisationsübergreifende Zusammenarbeit vorsieht. »Netzwerke sind komplexe und mehrdimensionale Beziehungsgeflechte aus selbstständigen Einheiten (Personen, Gruppen,

Unternehmen), die relativ stabile Beziehungen aufweisen, durch gemeinsame Werte verbunden und auf die Realisierung von Wettbewerbsvorteilen in komplexen und dynamischen Märkten zielen« (*Vahs, D.* 2007 S. 543). Auf Ebene der privaten Unternehmen handelt es sich um Joint Ventures, Wertschöpfungspartnerschaften und Strategische Allianzen. Im Bereich der öffentlichen Verwaltung spricht man in diesem Zusammenhang von Public-Private-Partnership, bei der die öffentliche und die private Verantwortung miteinander verknüpft werden. In den meisten Fällen haben die öffentlichen Organisationen die Gewährleistungsverantwortung inne, während die privaten Dienstleister das operative Geschäft übernehmen (vgl. *Schedler, K./Proeller, I.* 2006 S. 35 f.). Darüber hinaus wird es auch zwischen den Kommunalverwaltungen zu intensiveren Kooperationen kommen. Der Zwang zur Kostensenkung wird vor allem in den technischen Bereichen zu verstärkter Zusammenarbeit führen. So besteht zum Beispiel die Möglichkeit, dass lokal beieinander liegende selbstständige Gemeinden einen gemeinsamen Bauhof einrichten. Diese Kooperationstendenzen werden sich in Zukunft insgesamt noch ausweiten, sodass die Modellvorstellung einer vernetzten Organisation im Bereich der Verwaltungsorganisationen ansatzweise eine Bedeutung haben dürfte.

Riskante Arrangements

Die *virtuelle Organisation* geht davon aus, dass sich für einen begrenzten Zeitraum problembezogen aufgabenspezifische und standortübergreifende Kooperationen bilden, »deren Ziele die Bewältigung von komplexen und neuartigen Problemen bei einer hohen Marktunsicherheit, die gegenseitige Ergänzung von Fähigkeiten und die Kostenteilung sind« (*Vahs, D.* 2007 S. 546). Es handelt sich um rechtlich und wirtschaftlich autonome Partner, die ihre jeweiligen Kompetenzen zur Erreichung eines gemeinsamen Ziels situativ und punktuell sinnvoll miteinander verknüpfen. Derartige Arrangements sind sehr voraussetzungsvoll und erfordern eine hochgradige Kooperationsfähigkeit. Sie funktionieren wohl nur dann, wenn alle Beteiligten sich als Gewinner der Zusammenarbeit fühlen können. Zudem müssen die Beteiligten die Fähigkeit haben, mit hoher Komplexität und Unsicherheit umgehen zu können. Es ist sehr unwahrscheinlich, dass derartige Arrangements im Bereich der öffentlichen Verwaltung eine größere Bedeutung erlangen. Sie widersprechen dem Bestreben der Verwaltungsorganisationen nach Stabilität und Sicherheit.

Zusammenfassend ist davon auszugehen, dass die öffentliche Verwaltung auch weiterhin primär noch hierarchische Strukturen aufweisen wird. Das hierarchische Prinzip wird allerdings in spezifischen Bereichen durch modulare und vernetzte Organisationsformen ersetzt bzw. ergänzt werden. Man wird zunehmend davon Abschied nehmen, dass eine Kommunalverwaltung einheitlich organisiert ist.

Personalmanagement

Intrapreneure in der öffentlichen Verwaltung?

Die bislang letzte Phase der Entwicklung des Personalmanagements wird durch die unternehmerische Orientierung gekennzeichnet. Die Mitarbeiter sollen die Rolle von Mitunternehmern (»Intrapreneure«) einnehmen und sich mit hohem Engagement für das Unternehmen einsetzen. In diesem Zusammenhang wird von ihnen erwartet, dass sie sich bei der Entwicklung der Unternehmenspolitik und -strategie, die stärker als in früheren Phasen betont und dem Verantwortungsbereich der Unternchmcnsspitze zugeordnet wird, aktiv einbringen. In seinen Hauptfunktionen konzentriert sich das Personalmanagement auf das unternehmerische Mitwissen, Mitdenken, Mithandeln und Mitverantworten. In der öffentlichen Verwaltung hat man sich mit der Vorstellung der Mitarbeiter als Mitunternehmer bislang eher schwer getan. Diese Vorstellung fällt umso schwerer, als es sich im Falle der Verwaltungsorganisationen oft gar nicht um Unternehmen im eigentlichen Sinne handelt. Trotz alledem hat es sich in den öffentlichen Verwaltungen inzwischen durchgesetzt, dass die Mitarbeiter als wichtigste Ressource anerkannt sind, gleichwohl das Personal bei steigenden finanziellen Problemen gleichzeitig als beträchtlicher Kostenfaktor betrachtet wird, der reduziert werden muss. In diesem Spannungsverhältnis hat das Personalmanagement über das Jahr 2010 hinaus eine äußerst wichtige und schwierige Aufgabe zu bewältigen. Es muss einerseits über ein ausgeklügeltes Motivations- und Belohnungssystem das Engagement und die Leistungsbereitschaft der Mitarbeiter positiv beeinflussen. Andererseits haben die Personalverantwortlichen über mehr oder weniger stringente Anweisungen sowie klare Erwartungshaltungen dafür zu sorgen, dass das Personal effektiv und wirtschaftlich eingesetzt und dem allgemeinen Trend folgend abgebaut wird.

Leadership

In der allgemeinen Personalmanagementlehre wird hinsichtlich der Personalführung seit dem Jahr 2000 ein Trend beobachtet, der in den Rollen des »Leaders« und »Networkers« ein erhebliches Wachstumspotenzial sieht, wobei insbesondere der transformationalen Führung ein erheblicher Bedeutungszuwachs zugemessen worden ist (vgl. *Wunderer, R./Dick, K.* 2000). Die transformationale Führung »... inspiriert, zeigt Visionen auf, regt intellektuell an, geht auf individuelle Besonderheiten der Geführten ein, Person des Führers und/oder aufgezeigte Visionen aktivieren intrinsische Motive« (*Wunderer, R./Dick, K.* 2000 S. 171). *Wunderer/Dick* haben eine Prognose gewagt, die auf das Jahr 2010 bezogen war. Inzwischen kann man davon ausgehen, dass die Notwendigkeit von visionären und aktivierenden Führungspersönlichkeiten immer noch besteht. Leider muss mehr und mehr akzeptiert werden, dass es diese Persönlichkeiten nicht oder kaum gibt. Die letzten Jahre konnte in vielerlei Hinsicht ein Versagen der Manager beobachtet werden – einerseits bei der strategischen Steuerung ihrer Unternehmen und vor allem in ethischer Hinsicht. Die nächsten Jahre werden somit geprägt sein von einer Steigerung der Forderung nach ethischen Grundsätzen im Management. Das Thema *Corporate Governance* steht ja seit einiger Zeit auf der Tagesordnung. Herausragende Führungskräfte müssen nicht nur motivieren können, sie müssen wieder glaubwürdiger werden und dieses neue Vertrauen auch authentisch transportieren können. Im Rahmen des Verwaltungsmanagements haben diese Verwerfungen nicht in dem Maße stattgefunden, wenn man einmal davon absieht, dass das Vertrauen in die Politiker stetig sinkt. Um einen ins Stocken geratenen Prozess der Verwaltungsreform wieder in Gang zu setzen, benötigt die öffentliche Verwaltung den so genannten Spielmacher im Sinne von *Maccoby*. Die dazu notwendige Führungskräfteentwicklung hat immer noch nicht stattgefunden, gleichwohl man das Bedürfnis bereits seit langem betont hat. Um das Verwaltungsmanagement innovativer zu gestalten, ist es zudem erforderlich, dass noch mehr Nicht-Juristen in Top-Führungspositionen gelangen. Die zurzeit anstehende Dienstrechtsreform müsste auch in dieser Hinsicht Fortschritte bringen.

Personalmarketing

Wunderer/Dick haben im Jahre 2000 überdies dem Personalmarketing eine sehr große Bedeutung beigemessen. Dieser Trend hat sich bewahrheitet, und er wird sich noch verstärken – jenseits 2010. Der Wettbewerb um Talente und Fachkräfte dürfte noch härter werden. Das wird die öffentliche Verwaltung besonders treffen, da sie den attraktiven Jobangeboten der freien Wirtschaft kaum etwas entgegenzusetzen hat. Die innovative Weiterentwicklung der Verwaltungsorganisationen ist jedoch auf Personal angewiesen, das neben herausragenden fachlichen Qualifikationen die notwendigen methodischen, sozialen und motivationalen Fähigkeiten mitbringt.

Employability

Die Prognosen von *Wunderer/Dick* haben der Personalauswahl einen Bedeutungsverlust in Relation zur Personalentwicklung vorhergesagt. Dass bei einem enger werdenden Arbeitsmarkt die älteren Mitarbeiter immer wichtiger werden, ist leicht nachvollziehbar. Insofern ist das lebenslange Lernen weiterhin von großer Bedeutung. Es ist abzusehen, dass die Beamten und Angestellten im öffentlichen Dienst einer deutlichen Verlängerung ihrer Lebensarbeitszeit entgegensehen. Insoweit sind Arbeitskräfte gefordert, die eine permanente Lernbereitschaft mitbringen. In diesem Zusammenhang wird das Konzept der *Employability* (Beschäftigungsfähigkeit) weiter Karriere machen. Mitarbeiter, die über Employability verfügen, brauchen keine Arbeitsplatzsicherheit hinsichtlich der aktuellen Beschäftigung, weil sie jederzeit für andere und weitergehende Aufgaben geeignet und demzufolge nachgefragt sind (vgl. *Honegger, J.* 2001 S. 50 ff.). Man wird von Bediensteten der öffentlichen Verwaltung mit zunehmender Tendenz verlangen, dass sie die eigene persönliche Qualifizierung und Weiterentwicklung in Eigenverantwortung wahrnehmen und offensiv angehen. Schon jetzt zeichnet sich ab, dass die Angebote der Hochschulen an (auch berufsbegleitenden) Masterstudiengängen neue Möglichkeiten der persönlichen Karriereplanung schaffen. Es ist davon auszugehen, dass sich der Beamtenstatus auch nach der aktuellen Dienstrechtsreform nur schwer mit den neuen Anforderungen verträgt. Dafür werden die Reformen leider nicht weit genug gehen. Jenseits des Jahres 2010 wird aber das Bedürfnis der öffentlichen Verwaltung nach flexiblen und motivierten Mitarbeitern noch wachsen. Insofern ist zu erwarten, dass der Beamtenstatus tendenziell an Bedeutung verliert.

Die Bedeutung der Personalauswahl wird im Bereich der öffentlichen Verwaltung eher noch wachsen. Wenn man insgesamt von einer rückläufigen Tendenz bei den Personalbeständen und einer Verlängerung der Lebensarbeitszeit ausgeht, wird die Zahl der Neueinstellungen eher geringer. Trotzdem wird es auf einem enger werdenden Arbeitsmarkt immer schwerer, ausreichend qualifizierte Bewerber zu finden. Und es dürfte zudem zutreffen, dass Fehlentscheidungen bei der Personalauswahl noch folgenreicher sein dürften, als dies gegenwärtig schon der Fall ist. Insoweit ist zu erwarten, dass die Verfahren zur Personalauswahl noch professioneller werden müssen.

Literaturverzeichnis

Abele, P.: Bürgerämter gestalten, Dienstleistungen – Räume – Partizipation, München 1999.

Ahlers, A.: Mitarbeiterbeteiligung – erst Ziele und Rollen klären, dann beteiligen, in: Organisationsentwicklung 02/2002, S. 48 – 59.

Albers, H.: Haushaltsrecht und Haushaltspolitik der kommunalen Gebietskörperschaften, in: *Blanke, B. et al.* 2003, Teil B, S. 101 – 130.

Badelt, C. (Hrsg.): Handbuch der Nonprofit Organisation, Strukturen und Management, 2. Auflage, Stuttgart 1999.

Bähr, U.: Controlling in der öffentlichen Verwaltung, Sternenfels-Berlin 2002.

Bähr, U./Hieber, F.: Kostenrechnung für die öffentliche Verwaltung, Sternenfels-Berlin 2002.

Banner, G.: Von der Behörde zum Dienstleistungsunternehmen, Die Kommunen brauchen ein neues Steuerungsmodell, in: VOP 1/1991, S. 6 – 11.

Banner, G.: Steuerung kommunalen Handelns, in: *Roth, R./Wollmann, H.* (Hrsg.) Kommunalpolitik, Bonn 1994, S. 350 – 361.

Banner, G.: 25 Jahre Verwaltungsreform – und es geht weiter ..., in: Innovative Verwaltung (VOP) 11/2003, S. 13 – 17.

Bartels, K.: Kosten- und Leistungsrechnung in der öffentlichen Verwaltung, in: *Blanke, B. et al.* 2003, Teil D, S. 19 – 27.

Barthel, C.: Personalentwicklung in der öffentlichen Verwaltung, in: *Schäfer, C./Fischer, J.*: Neues Verwaltungsmanagement. Verwaltung modernisieren, Ressourcen nutzen, Abläufe optimieren, C.3.2, Stuttgart 2007, S. 1 – 20.

Bauersachs, B.: Personal erfolgreich managen – Personalcontrolling in der öffentlichen Verwaltung; in: *Horváth & Partner*, Neues Verwaltungsmanagement, 1996, C 2.4, Stuttgart 1997.

Bea, F. X./Haas, J.: Strategisches Management, 2. Auflage, Stuttgart/Jena 2001.

Bea, F. X.*/Göbel, E.*: Organisation, 2. Auflage, Stuttgart 2002.

Becker, F. G.: Lexikon des Personalmanagements, 2. Auflage, München 2002.

Becker, F. G.: Grundlagen betrieblicher Leistungsbeurteilung. Leistungsverständnis und -prinzip, Beurteilungsproblematik und Verfahrensprobleme, 4. Auflage, Stuttgart 2003.

Becker, M.: Personalentwicklung, Bildung, Förderung und Organisationsentwicklung in Theorie und Praxis, 3. Auflage, Stuttgart 2002.

Becker, M.: Personalentwicklung. Bildung, Förderung und Organisationsentwicklung in Theorie und Praxis, 4. Auflage, Stuttgart 2005.

Becker, R.: Verwaltungsabläufe optimieren (I). Die Prozessanalyse, in: *Horváth & Partner*, Neues Verwaltungsmanagement 1996, C 3.2, Stuttgart 1996.

Becker, R.: Steuern mit Konzept – Ein Controllingkonzept für die öffentliche Verwaltung; in: *Horváth & Partner*, Neues Verwaltungsmanagement 1996, C 6.1, Stuttgart 1997.
Becker, R./Kaufmann, L.: Den Personalbedarf bestimmen – Prozessplanbasiertes Personalbedarfsmanagement in der öffentlichen Verwaltung, in: *Horváth & Partner*, Neues Verwaltungsmanagement 1996, C 2.6, Stuttgart 1997.
Benz, C.: Wie gut sind Sie? Qualitätssicherung in der öffentlichen Verwaltung, in: *Horváth & Partner*: Neues Verwaltungsmanagement 1996, C 5.1, Stuttgart 1996.
Bertelsmann Stiftung (Hrsg.): Carl Bertelsmann Preis 1993: Demokratie und Effizienz in der Kommunalverwaltung, Gütersloh 1993.
Berthel, J.: Personalmanagement, 5. Auflage, Stuttgart 1997.
Berthel, J./Becker, F. G.: Personalmanagement, 7. Auflage, Stuttgart 2003.
Berthel, J./Becker, F. G.: Personalmanagement. Grundzüge für Konzeptionen betrieblicher Personalarbeit, 8. Auflage, Stuttgart 2007.
Blake, R. R./Mouton, J. S.: Grid Organization Development, 2. Auflage, Houston 1993.
Blake, R. R./Mouton, J. S.: Verhaltenspsychologie im Betrieb, Das neue Grid-Management-Konzept?, Düsseldorf-Wien 1986.
Blake, R.R./Mouton, J.S.: Besser führen mit GRID, 2. Auflage, München 1996.
Blanke, B. et al. (Hrsg.): Modernes Management für die Verwaltung, Ein Handbuch, Grundwerk Mai 2003, Hannover 2003.
Bleicher, K.: Organisation, Strategien, Strukturen, Kulturen, 2. Auflage, Wiesbaden 1991.
Bleicher, K.: Das Konzept Integriertes Management, 4. Auflage, Frankfurt a. M., New York 1996.
Bleicher, K.: Das Konzept des integrierten Managements, Visionen, Missionen, Programme, 5. Auflage, Frankfurt a. M./New York 1999.
Böhmer, R./Dahlmann, C.: Controlling als betriebswirtschaftliches Instrument in der Kommunalverwaltung, aus: *Janning, H.* et al., Das Modell Soest – Der Umbau der Kommunalverwaltung auf Kreisebene, in: *Goller, J./Maack, H./Müller-Hedrich, B. W./Schad, T.*, Verwaltungsmanagement, B 1.3, Stuttgart 1994.
Bolay, F. W.: Betriebswirtschaft und öffentliche Verwaltung, Anmerkungen zu einigen populären Missverständnissen, in: DVP 5/2001, S. 179–183.
Boyett, J. H./*Boyett*, J. T.: Management Guide, Die Top-Ideen der Management-Gurus, München 1999.
Bogumil, J.: Ökonomisierung der Verwaltung. Auswirkungen einer zunehmenden Vermarktlichung der Verwaltung auf kommunale Steuerungsfähigkeit, in: *Schäfer, C./Fischer, J.*: Neues Verwaltungsmanagement. Verwaltung modernisieren, Ressourcen nutzen, Abläufe optimieren, F 1.1., Stuttgart 2007, S. 1–24.
Bogumil, J.: Die Bürgerkommune. Das Konzept in Theorie und Praxis, in: *Schäfer, C./Fischer, J.*: Neues Verwaltungsmanagement. Verwaltung modernisieren, Ressourcen nutzen, Abläufe optimieren, F 1.1, Stuttgart 2007 a, S. 1–224.
Bogumil, J./Kißler, L.: Der Bürger als Kunde? Zur Problematik von »Kundenorientierung« in kommunalen Gestaltungsvorhaben: Beitrag für die

Sitzung »Kommunalpolitik im Modernisierungsschub, Reaktivierung und Entpolitisierung der Kommunalpolitik? des AK-Lokale Politikforschung« auf dem DVPW-Kongress am 27. 8. 1994 in Potsdam, Hagen, Ms. 1994.

Brockhoff, K./Hauschildt, J.: Schnittstellen-Management – Koordination ohne Hierarchie, in: zfo 1993, S. 396–403.

Bröckermann, R.: Personalwirtschaft. Lehr- und Übungsbuch für Human Resource Management, 4. Auflage, Stuttgart 2007.

Broekmate, L./Dahrendorf, K./Dunker, K.: Qualitätsmanagement in der öffentlichen Verwaltung, München Berlin 2001.

Brokemper, A.: Bewusstseinswandel schaffen – Die Mitarbeiter für die Modernisierung gewinnen. In: *Horváth & Partner*, Neues Verwaltungsmanagement 1996, C 2.2, Stuttgart 1996.

Brokemper, A.: Kommunales Controlling, Umsetzungsbeispiele und Entwicklungstendenzen, in: *Goller, J./Maack, H./Müller-Hedrich, B. W./ Schad, T.*, Verwaltungsmanagement, B 2.11, Stuttgart 1997.

Brokemper, A./Arnaout, A. A.: Welche Informationen braucht die Politik? Empfängerorientiertes Berichtswesen für den Gemeinderat, in: *Horváth & Partner*, Neues Verwaltungsmanagement 1996, C 1.2, Stuttgart 1996.

Brückmann, F./Walther, N.: Controlling, Kennzahlen und Berichtswesen, Mit Hinweisen auf die Praxis in Offenbach, in: *Goller, J./Maack, H./ Müller-Hedrich, B. W./Schad, T.*, Verwaltungsmanagement, B 2.9., Stuttgart 1996.

Bruhn, M./Stauss, B. (Hrsg.): Dienstleistungsqualität, Konzepte-Methoden-Erfahrungen, 3. Auflage, Wiesbaden 2000.

Brunner-Salten, R.: Handbuch Public Change Management, Effizientes Veränderungsmanagement für öffentliche Verwaltungen, Frankfurt a. M. 2003.

Budäus, D./Conrad, P./Schreyögg, G.: New Public Management, Berlin/ New York 1998.

Budäus, D. (Hrsg.): Leistungserfassung und Leistungsmessung im öffentlichen Sektor, 2. Norddeutsche Fachtagung zum New Public Management, Wiesbaden 2002.

Budäus, D.: Reform kommunaler Verwaltungen in Deutschland – Entwicklung, Schwerpunkte und Perspektiven, in: *Schuster, W./Murawski, K. P.* 2002, S. 15–40.

Budäus, D.: Governance – Versuch einer begrifflichen und inhaltlichen Abgrenzung, in: *Budäus, D.* (Hrsg.): Governance von Profit- und Nonprofit-Organisationen in gesellschaftlicher Verantwortung, Wiesbaden 2005.

Budäus, D. (Hrsg.): Governance von Profit- und Nonprofit-Organisationen in gesellschaftlicher Verantwortung, Wiesbaden 2005.

Budäus, D.: Entwicklungen und Perspektiven eines Public Managements in Deutschland; in: *Jann, W./Röber, M./Wollmann, H.* (Hrsg.), Public Management – Grundlagen, Wirkungen, Kritik, S. 173 ff., Berlin 2006.

Büchi, R./Chrobok, R.: GOM – Ganzheitliches Organisationsmodell, Methode und Techniken für die praktische Organisationsarbeit, Baden-Baden 1994

Bühner, R.: Betriebswirtschaftliche Organisationslehre, 5. Auflage, München et al. 1992.

Champy, J.: Reengineering im Management, Die Radikalkur für die Unternehmensführung, Frankfurt a. M./New York 1995.
Conradi, P.: Personalentwicklung, Stuttgart 1983.
Daenzer, W. F./Huber, F. (Hrsg.): Systems Engineering, Methodik und Praxis, 8. Auflage, Zürich 1994.
Damkowski, W./Precht, C.: Public Management, Neue Steuerungskonzepte für den öffentlichen Sektor, Stuttgart, Berlin, Köln 1995.
Damkowski, W./Precht, C. (Hrsg.): Moderne Verwaltung in Deutschland, Public Management in der Praxis, Stuttgart, Berlin, Köln 1998.
Damkowski, W./Precht, C. (Hrsg.): Public Management in Deutschland, Neuere Entwicklungen und eine Zwischenbilanz, in: *Damkowski, W./ Precht, C.* (Hrsg.): Moderne Verwaltung in Deutschland. Public Management in der Praxis, Stuttgart, Berlin, Köln 1998.
Deutscher Normenausschuss (Hrsg.): DIN 69 901: Projektmanagement, Berlin 1980.
DGFP (Hrsg.): Personalcontrolling in der Praxis, Stuttgart 2001.
Dienel, P. C.: Die Planungszelle, Der Bürger als Chance, 5. Auflage, Opladen 2002.
Diethelm, G.: Projektmanagement, Band 1: Grundlagen, Herne/Berlin 2000.
Dill, P.: Unternehmenskultur, Bonn 1987.
Doppler, K./Lauterburg, C.: Change Management, Den Unternehmenswandel gestalten, 10. Auflage, Frankfurt a. M./New York 2002.
Drumm, H. J.: Personalwirtschaftslehre, 4. Auflage, Berlin et al. 2000.
Drumm, H. J.: Personalwirtschaft, 5. Auflage, Berlin et al. 2005.
Dumont du Voitel, R./Meinhold-Henschel, S.: Kontrakte zwischen Politik und Verwaltung, in: VOP 12/1997, S. 19–21.
Eckardstein, D. v.: Das EFQM-Modell des Qualitätsmanagements; in: *Eckardstein, D. v./Kasper, H./Mayrhofer, W.* 1999, S. 421–430.
Eckardstein, D. v./Kasper, H./Mayrhofer, W. (Hrsg.): Management, Theorien – Führung – Veränderung, Stuttgart 1999.
Eickmeyer, H./Bissinger, S.: Kommunales Management, Organisation-Finanzen-Steuerung, Stuttgart 2002.
Eyerkaufer, K.: Ausstieg aus dem Berufsbeamtentum, Innovatives Personalmanagement in der Kreisverwaltung Main-Kinzig, in: VOP 3/1998, S. 9–12.
Fauth, W.: Praktische Personalarbeit als strategische Aufgabe, 2. Auflage, Wiesbaden 1992.
Fieguth, G./Kegelmann, J./Stock, A.: Mit externen Beratern erfolgreich kooperieren. Wie sich mit interner Kompetenz der Einsatz von externen Beratern optimieren lässt, in: *Schäfer, C./Fischer, J.*, Neues Verwaltungsmanagement. Verwaltung modernisieren, Ressourcen nutzen, Abläufe optimieren, B 2.1, Stuttgart 2007, S. 1–20.
Flendt, M./Wurst, C.: Rotation fördert die Entwicklung der Beschäftigten, Systematischer und geplanter Stellenwechsel als Personalmanagementinstrument, in: Innovative Verwaltung (VOP) 11/2003, S. 21–23.
Flohr, B./Niederfeichtner, F.: Zum gegenwärtigen Stand der Personalentwicklungsliteratur, Inhalte, Probleme und Erweiterungen in: *Kossbiel, H.* (Hg.): Personalentwicklung, Zeitschrift für betriebswirtschaftliche Forschung – Sonderheft 14, Wiesbaden 1982, S. 11–49.

French, W. L./Bell jr., C. H.: Organisationsentwicklung, sozialwissenschaftliche Strategien zur Organisationsveränderung, 4. Auflage, Bern, Stuttgart 1994.
Frey, M.: Wege einer neuen Verwaltungskultur, Die Neue Steuerung erfordert eine andere Qualität der internen Prozesse, in: VOP 12/1997, S. 12 – 14.
Fuchs, J.: Die neue Art Karriere im schlanken Unternehmen, in: Harvard Business Manager, Heft 4/98, S. 83 – 91.
Gaitanides, M.: Prozessorganisation. Entwicklung, Ansätze und Programme prozessorientierter Organisationsgestaltung, München 1983.
Gaitanides, M./Scholz, R./Vrohlings, A.: Prozessmanagement, Grundlagen und Zielsetzungen, in: Prozessmanagement. Konzepte, Umsetzungen und Erfahrungen des Reengineering, hrsg. von *Gaitanides, M./ Scholz, R./Vrohlings, A.* et al., München 1994, S. 1 – 19.
Gemünden, H. G./Högl, M.: Teamarbeit in innovativen Projekten: Eine kritische Bestandsaufnahme der empirischen Forschung, in: *Gemünden, H. G./Högl, M.* (Hrsg.), Management von Teams, Theoretische Konzepte und empirische Befunde, Wiesbaden, S. 1 – 31.
Geppert, M.: Stellenbeschreibungen, Eine universelle Technik für modernes Führen und Verwalten, in: *Goller, J./Maack, H./Müller-Hedrich, B. W./Schad, T.* (Hrsg.), Verwaltungsmanagement, C 3.4, Stuttgart 1991
Gleich, R.: Der richtige Einstieg – Auf dem Weg zu einem modernen Verwaltungsmanagement, in: *Horváth & Partner*: Neues Verwaltungsmanagement 1996, A 1, Stuttgart 1996.
Gleich, R.: Controlling mit Kennzahlen – Kennzahlen als Informations- und Steuerungsinstrument in der öffentlichen Verwaltung, in: *Horváth & Partner*: Neues Verwaltungsmanagement 1996, C 6.3, Stuttgart 1997.
Goller, J./Maack, H./Müller-Hedrich, B. W./Schad, T. (Hrsg.): Verwaltungsmanagement, Handbuch für öffentliche Verwaltungen und öffentliche Betriebe, Loseblatt-Sammlung, Stuttgart 1989.
Gottbehüt, C.: Balanced Scorecard als Steuerungsinstrument für Kommunalverwaltungen, in: *Scherer, A. G./Alt, J.* (Hrsg.), Balanced Scorecard in Verwaltung und Non-Profit-Organisationen, Stuttgart 2002.
Geipel, P.: Strategie und Kultur, Bern et al. 1988.
Grimm, H. G./Vollmer G. R.: Personalführung, 5. Auflage, Bad Wörishofen 2002.
Grimm, H. G./Vollmer, G. R.: Personalführung, 8. Auflage, Bad Wörishofen 2007.
Grochla, E.: Unternehmensorganisation, 9. Auflage, Opladen 1983.
Haas, R./Hopp, H./Kese, V. (Hrsg.): Die Zukunft der Kommunen in Europa, Europakonferenz des Landkreises Ludwigsburg 2007, Stuttgart 2008.
Hammer, M./Champy, J.: Business Reengineering, Die Radikalkur für das Unternehmen, Frankfurt a. M. 1994.
Händel, S./Munkwitz, C.: Anwendung der Wertanalyse in der öffentlichen Verwaltung, in: *Goller,J./Maack, H./Müller-Hedrich, B. W./Schad, T.*, Verwaltungsmanagement, B 7.2., Stuttgart 1992.
Haenel, S.: Personalentwicklung in der New Economy, in: *Grüner, H./Steiner, M.* (Hrsg.), Personalmanagement in der Zeit nach der New Economy, Künzelsau 2002, S. 124 – 145.
Hauschildt, J.: Innovationsmanagement, 2. Auflage, München 1997.

Heinz, R.: Kommunales Management, Überlegungen zu einem KGSt-Ansatz, Stuttgart 2000.
Hentschel, B.: Dienstleistungsqualität aus Kundensicht, Wiesbaden 1992.
Henze, J.: Personalwirtschaftslehre 1, 6. Auflage, Stuttgart 1994.
Hersey, P./Blanchard, K. H.: Management of Organizational Behaviour: Utilizing Human Resources, 4. Auflage, Englewood Cliffs/N. J. (Prentice Hall) 1982.
Herzberg, F./Mausner, B./Snyderman, B. B.: The Motivation to Work, 2. Auflage, New York – London 1959.
Herzberg, F.: Work and the Nature of Men, London 1968.
Hess, A./Müller, A.: Überblick über das IT-Controlling, in: *Schäffer, U./ Weber, J. (Hrsg.)*: Bereichscontrolling. Funktionsspezifische Anwendungsfelder, Methoden und Instrumente, Stuttgart 2005, S. 325 – 349.
Hieber, F.: Öffentliche Betriebswirtschaftslehre, 5. Auflage, Berlin 2005.
Hieber, F.: Strategisches Controlling in der Kommunalverwaltung, in: *Meurer, E./Stephan, G.* 2001, S. 257 – 282.
Hieber, F.: Strategisches Controlling in der öffentlichen Verwaltung, in: *Maier, W./Hopp, H./Ziegler, E. (Hrsg.)* Mut zur Veränderung, Festschrift für Jost Goller, Stuttgart 2005, S. 148 – 165.
Hilb, M.: Integriertes Personalmanagement, 15. Auflage, München 2006.
Hilbertz, H.-J.: Der Stuttgarter Weg aus der Finanz- und Funktionskrise, in: *Goller, J./Maack, H./Müller-Hedrich, B. W./Schad, T.*, Verwaltungsmanagement, B.1.9, Stuttgart 1996.
Hilbertz, H.-J.: Der richtige Weg, aber noch nicht am Ziel, in: VOP 10/ 2001, S. 9 – 12.
Hilbertz, H. J.: Herausforderungen an das kommunale Management, Fakten und Trends, Mitgliederversammlung der KGSt am 26. 09. 2002 in Stuttgart, Stuttgart 2002.
Hilbertz, H. J.: Herausforderungen an die Steuerung von Kommunen, Fakten und Trends, Vortrag vom 27. Mai 2003 in Graz, Graz 2003.
Hill, H.: Verwaltung neu denken, in: VOP 1/1993 S. 15 ff.
Hill, H.: Einführung eines neuen Steuerungsmodells, in: Verwaltungsorganisation 1/1995, S. 6.
Hill, H.: Strategische Erfolgsfaktoren in der öffentlichen Verwaltung, in: *Hill, H./Klages, H.* (Hrsg.), Qualitäts- und erfolgsorientiertes Verwaltungsmanagement, 2. Auflage, Berlin 1997.
Hill, H./Klages, H.: Speyerer Qualitätswettbewerb mit neuem Angebot, Wettbewerb wird mit dem Selbstbewertungssystem CAF kombiniert, in: Innovative Verwaltung (VOP) 1 – 2/2002, S. 12 – 14.
Hill, W./Fehlbaum, R./Ulrich, P.: Organisationslehre 1, 5. Auflage, Bern/ Stuttgart 1994.
Hill, W./Fehlbaum, R./Ulrich, P.: Organisationslehre 2, 5. Auflage, Bern/ Stuttgart 1994.
Holey, Th./Welter, G./Wiedemann, A.: Wirtschaftsinformatik, Ludwigshafen 2004.
Holzbaur, U.: Management, Ludwigshafen 2000.
Höptner, R.: Das Neue Steuerungsmodell, in: *Blanke, B. et al.* 2003, Teil B, S. 77 – 100.
Honegger, J.: Employability statt Jobsicherheit, in: Personalwirtschaft 6/ 2001, S. 50 – 54.
Hopp, H.: Beauftragte in Politik und Verwaltung, Bonn 1993.

Hopp, H.: Prozessgestaltung in maktorientierten Dienstleistungsunternehmen, in: *Pepels, W.* (Hrsg.), Organisationsgestaltung in marktorientierten Unternehmen, Heidelberg 2001, S. 212–233.

Hopp, H.: Organisationsentwicklung als Vorgehensmodell für einen konzeptorientierten organisatorischen Wandel, in: Ausbildung – Prüfung – Fortbildung (apf) 03/2004, S. 9–14.

Hopp, H.: Mitarbeiter in Veränderungsprozessen – eine differenzierte Betrachtung von Beteiligungsmöglichkeiten und -grenzen, in: *Maier, W./Hopp, H./Ziegler, E. (Hrsg.)* Mut zur Veränderung, Festschrift für Jost Goller, Stuttgart 2005, S. 166–178.

Hopp, H.: New Public Management, Idee, Bausteine und Entwicklung, in: Controller Magazin 2/2007, S. 192–200.

Horváth, P.: Controlling, 6. Auflage, München 1996.

Horváth, P./Reichmann, T.: Vahlens Großes Controlling Lexikon, 2. Auflage, München 2003.

Horváth & Partner (Hrsg.): Neues Verwaltungsmanagement, Grundlagen, Methoden und Anwendungsbeispiele, Loseblatt-Sammlung (Raabe-Verlag), Stuttgart 1996.

Innenministerium Baden-Württemberg (Hrsg.): Kommunaler Produktplan Baden-Württemberg, Stuttgart 1996.

Innenministeriun Baden-Württemberg (Hrsg.): Produkte – Ziele – Kennzahlen, Kommunaler Produktplan Baden-Württemberg, Stuttgart 2001.

Jann, W./Röber, M./Wollmann, H. (Hrsg.): Public Management – Grundlagen, Wirkungen, Kritik, Berlin 2006.

Janning, H.: Bürgernah, gewinnbringend und effizient?, in: Handbuch Kommunale Politik, Das Mandat erfolgreich gestalten, Stuttgart 1994.

Janning, H. et al.: Das Modell Soest – Der Umbau der Kommunalverwaltung auf Kreisebene, in: *Goller, J./Maack, H./Müller-Hedrich, B. W./ Schad, T.*, Verwaltungsmanagement. Handbuch für öffentliche Verwaltungen und öffentliche Betriebe, B 1.3, Stuttgart 1994 a.

Jarmai, H.: Die Rolle externer Berater im Change Management, in: *Reiß et al.* 1997, S. 171–185.

Jeserich, W.: Mitarbeiter auswählen und fördern, Assessment-Center-Verfahren, Wien 1981.

Jetter, W.: Effiziente Personalauswahl, Durch strukturierte Einstellungsinterviews die richtigen Mitarbeiter einsetzen, 2. Auflage, Stuttgart 2003.

Joerger, G./Geppert, M. (Hrsg.): Grundzüge der Verwaltungslehre, 3. Auflage, Bd. 2, Stuttgart 1983.

Joerger, G.: Die Einführung neuer Mitarbeiterinnen und Mitarbeiter, in: *Goller, J./Maack, H./Müller-Hedrich, B. W./Schad, T*, Verwaltungsmanagement, C 6.2, Stuttgart 1991.

Jourdan, R.: Ein Verwaltungsleitbild für die Kommunalverwaltung, in: *Goller, J./Maack, H./Müller-Hedrich, B. W./Schad, T.*, Verwaltungsmanagement, G 5.6, Stuttgart 1996.

Kaesler, C./Sonnenberg, H.-G.: Was ist ein Assessment Center?, in: JOB-FIT, Band 4: Assessment Center-Training, Mit Fallbeispielen und Übungen aus der Praxis, St. Gallen 1993, S. 13–40.

Kaplan, R. S./ Norton, D. P.: Balanced Scorecard, Stuttgart 1997.

Kettgen, G.: Moderne Personalentwicklung in der Wirtschaft. Anspruch, Modell, Realisierung, Sindelfingen 1989.

Kieser, A./Kubicek, H.: Organisation, 3. Auflage, Berlin et al. 1992.

Kieser, A./Walgenbach, P.: Organisation, 5. Auflage, Stuttgart 2007.
Kirchhoff, G.: Organisationsuntersuchungen in der öffentlichen Verwaltung, Konzept, Verfahrensablauf, Techniken, in: *Goller, J./Maack, H./Müller-Hedrich, B. W./Schad, T.*, Verwaltungsmanagement, D 4.3, Stuttgart 1992.
Kirchhoff, G.: Total Quality Management, Ein Innovationskonzept für kundenorientierte Verwaltungen, in: *Goller, J./Maack, H./Müller-Hedrich, B. W./Schad, T.*, Verwaltungsmanagement, B 1.7., Stuttgart 1996.
Klages, H.: Wertorientierungen im Wandel, Rückblick, Gegenwartsanalyse, Prognosen, 2. Auflage, Frankfurt a. M./New York 1985.
Klages, H.: Wertedynamik. Über die Wandelbarkeit des Selbstverständlichen, Zürich, Osnabrück 1988.
Klages, H.: Wertewandel, Rückblick, Gegenwartsanalyse, Ausblick, in: *Feix, W. E.* (Hrsg.): Personal 2000: Visionen und Strategien erfolgreicher Personalarbeit, Frankfurt a. M./Wiesbaden 1991, S. 50–77.
Klages, H.: Grundsätze und Erfordernisse einer grundlegenden Erneuerung und Modernisierung der öffentlichen Verwaltung, in: *Goller, J./Maack, H./Müller-Hedrich, B. W./Schad, T.*, Verwaltungsmanagement, B 1.2, Stuttgart 1997.
Klages, H./Gensicke, T., 1996: Führungsstil im Wandel, in: VOP 8/1996, S. 34–39.
Klimecki, R. G.: Organisationsentwicklung und Führung, in: HWFü, hrsg. von *Kieser, A.* et al., 2. Auflage, Stuttgart 1995, Sp. 1652–1664.
Klimecki, R. G./*Gmür*, M.: Personalmanagement, Strategien, Erfolgsbeiträge, Entwicklungsperspektiven, 2. Auflage, Stuttgart 2001.
Klimecki, R. G./Gmür, M.: Personalmanagement, 3. Auflage, Stuttgart 2005.
Kleinfeld, R.: Kommunalpolitik, Eine problemorientierte Einführung, Opladen 1996.
Knebel, H./Schneider, H.: Die Stellenbeschreibung, 5. Auflage, Heidelberg 1993.
Knöll, H. D.: Haushaltswesen: Kameralistik, Doppik ...? Einheitliche Tendenzen bei der Haushaltsführung nicht immer erkennbar. in: VOP 1-2/1996, S. 40–46.
Knust, P.: Die Personalverwaltung unterstützen – Personalinformationssysteme in der öffentlichen Verwaltung, in: *Horváth & Partner*, Neues Verwaltungsmanagement 1996, C 2.9, Stuttgart 1998.
Kolb, M.: Personalmanagement, 2. Auflage, Berlin 1998.
Kolb, M.: Personalmanagement, 3. Auflage, Berlin 2002.
Köster, R.: Grundlagen der Verwaltungsorganisation, in: *Blanke, B. et al.* 2003, Teil C., S. 3–10.
Köster, R.: Organisationsstrukturen der öffentlichen Verwaltung, in: *Blanke, B. et al.* 2003 (2003a), Teil C., S. 11–20.
KGSt (Kommunale Gemeinschaftsstelle für Verwaltungsmanagement) (Hrsg.): KGSt-Politikerhandbuch zur Verwaltungsreform, Köln 1996.
KGSt (Kommunale Gemeinschaftsstelle für Verwaltungsmanagement): Verwaltungsorganisation der Gemeinden. Aufgabengliederungsplan – Verwaltungsgliederungsplan, Köln 1979.
KGSt (Kommunale Gemeinschaftsstelle für Verwaltungsmanagement): Stellenplan – Stellenbewertung, 6. Auflage, Köln 1982.

KGSt (Kommunale Gemeinschaftsstelle für Verwaltungsmanagement): Wertanalyse nach DIN 69 910 – Hinweise zur Anwendung in der Kommunalverwaltung (Bericht Nr. 12/1986), Köln 1986.

KGSt (Kommunale Gemeinschaftsstelle für Verwaltungsvereinfachung): Heranbildung von Führungskräften (Bericht Nr. 7/1990), Köln 1991.

KGSt (Kommunale Gemeinschaftsstelle für Verwaltungsmanagement): Dezentrale Ressourcenverantwortung, Überlegungen zu einem neuen Steuerungsmodell (Bericht Nr. 12/1991), Köln 1991.

KGSt (Kommunale Gemeinschaftsstelle für Verwaltungsmanagement): Wege zum Dienstleistungsunternehmen Kommunalverwaltung – Fallstudie Tilburg (Bericht Nr. 19/1992), Köln 1991.

KGSt (Kommunale Gemeinschaftsstelle für Verwaltungsmanagement): Chefbericht Marketing, Einführung in das Personalmarketing (Bericht Nr. 11/1992), Köln 1992.

KGSt (Kommunale Gemeinschaftsstelle für Verwaltungsvereinfachung): Arbeitshilfe Personalmarketing, Vorsorge für erfolgreiche Personalgewinnung und -erhaltung (Bericht Nr. 12/1992), Köln 1992.

KGSt (Kommunale Gemeinschaftsstelle für Verwaltungsmanagement): Personalauswahl (Bericht Nr. 15/1992), Köln 1992.

KGSt (Kommunale Gemeinschaftsstelle für Verwaltungsmanagement): Das neue Steuerungsmodell (Bericht Nr. 5/1993), Köln 1993.

KGSt (Kommunale Gemeinschaftsstelle für Verwaltungsmanagement): Budgetierung (Bericht Nr. 6/1993), Köln 1993.

KGSt (Kommunale Gemeinschaftsstelle für Verwaltungsmanagement): Das Neue Steuerungsmodell – Definition und Beschreibung von Produkten (Bericht Nr. 8/1994), Köln 1994.

KGSt (Kommunale Gemeinschaftsstelle für Verwaltungsmanagement): Personalentwicklung, Grundlagen für die Konzepterarbeitung (Bericht Nr. 13/1994), Köln 1994.

KGSt (Kommunale Gemeinschaftsstelle für Verwaltungsmanagement): Qualitätsmanagement (Bericht Nr. 6/1995), Köln 1995.

KGSt (Kommunale Gemeinschaftsstelle für Verwaltungsmanagement): Personalentwicklung im Neuen Steuerungsmodell (Bericht Nr. 6/1996), Köln 1996.

KGSt (Kommunale Gemeinschaftsstelle für Verwaltungsmanagement): Kommune und Wettbewerb, Erste Überlegungen und Empfehlungen (Bericht Nr. 8/1996), Köln 1996.

KGSt (Kommunale Gemeinschaftsstelle für Verwaltungsmanagement): Zentrale Steuerungsunterstützung (Bericht Nr. 11/1996), Köln 1996.

KGSt (Kommunale Gemeinschaftsstelle für Verwaltungsmanagement): KGSt-Produktbuch für Gemeinden, Städte und Kreise (Bericht Nr. 5/1997), Köln 1997.

KGSt (Kommunale Gemeinschaftsstelle für Verwaltungsmanagement): Bewertung von Beamtenstellen im Neuen Steuerungsmodell (Bericht Nr. 2/1998), Köln 1998.

KGSt (Kommunale Gemeinschaftsstelle für Verwaltungsmanagement): Handbuch Organisationsmanagement (Handbuch 1999), Köln 1999.

KGSt (Kommunale Gemeinschaftsstelle für Verwaltungsmanagement): Rahmenregeln bei dezentraler Ressourcen- und Ergebnisverantwortung (Bericht Nr. 4/2000), Köln 2000.

KGSt (Kommunale Gemeinschaftsstelle für Verwaltungsmanagement): Personalentwicklung im Veränderungsprozess (Bericht Nr. 3/2000), Köln 2000.

KGSt (Kommunale Gemeinschaftsstelle für Verwaltungsmanagement): Steuerung mit Zielen: Ziele entwickeln und präzisieren (Bericht Nr. 3/2001), Köln 2001.

KGSt (Kommunale Gemeinschaftsstelle für Verwaltungsmanagement): »Lebenslagen«: Verwaltungsorganisation aus Bürger- und Kundensicht (Bericht Nr. 5/2002), Köln 2002.

KGSt (Kommunale Gemeinschaftsstelle für Verwaltungsmanagement): Strategische Ziele des Personalmanagements (Bericht Nr. 1/2002), Köln 2002.

KGSt (Kommunale Gemeinschaftsstelle für Verwaltungsmanagement): Kennzahlengestütztes Personalcontrolling (Bericht Nr. 7/2003), Köln 2003.

KGSt (Kommunale Gemeinschaftsstelle für Verwaltungsmanagement): Kommunen im Wettbewerb – Wettbewerb gestalten, Leistungen verbessern (Materialien Nr. 1/2003), Köln 2003.

KGSt (Kommunale Gemeinschaftsstelle für Verwaltungsmanagement): Professionelle Personalauswahl (Bericht Nr. 10/2003), Köln 2003.

KGSt (Kommunale Gemeinschaftsstelle für Verwaltungsmanagement): Fortbildung für das Neue Haushalts- und Rechnungswesen (Bericht Nr. 11/2003), Köln 2003.

KGSt (Kommunale Gemeinschaftsstelle für Verwaltungsmanagement): Das Verhältnis von zentralen und dezentralen Einheiten in der Kommunalverwaltung (Bericht Nr. 5/2006), Köln 2006.

KGSt (Kommunale Gemeinschaftsstelle für Verwaltungsmanagement): Das Neue Steuerungsmodell – Bilanz der Umsetzung (Bericht Nr. 2/2007), Köln 2007.

KGSt (Kommunale Gemeinschaftsstelle für Verwaltungsmanagement): EU-Dienstleistungsrichtlinie: Kommunale Leistungen mit Relevanz (Bericht Nr. 2/2008), Köln 2008.

Kosiol, E.: Organisation der Unternehmung, 3. Auflage, Wiesbaden 1976.

Kopperger, G.: Total Quality Management und Lean Management als Grundlage zur Entwicklung von Leistungsverwaltungen, in: Modernes Verwaltungsmanagement 1996, Seite 48–64.

Korintenberg, W.: Bürgerorientierung von Verwaltungen – Organisatorische Voraussetzungen, in: VOP 6/1990, S. 374 f.

Korintenberg, W.: Strategisches Personalmanagement für die öffentliche Verwaltung, Erfolgs- und Misserfolgsfaktoren im Reformprozess, Wiesbaden 1997.

Krähmer, R.: Das Tilburger Modell der Verwaltungsorganisation und Verwaltungsführung (SGK-Argumente Nr. 8), Düsseldorf 1992.

Krause, H.-U./Stein, U.: Controlling, Eine zielorientiertes Steuerungssystem im Managementprozess, Stuttgart 2001.

Krieg, H.-J./Ehrlich, H.: Personal, Lehrbuch mit Beispielen und Kontrollfragen, Stuttgart 1998.

Krüger, W.: Grundlagen der Organisationsplanung, Gießen 1983.

Krüger, W.: Organisation der Unternehmung, 2. Auflage, Stuttgart et al. 1993.

Krüger, W./von Werder, A./Grundei, J.: Organisations-Controlling: Konzept, Ausgestaltung, Nutzen, in: zfo 1/2008 S. 4–10.

Kuhnert, B./Ramme, I.: So managen Sie Ihre Servicequalität, Messung und Umsetzung für erfolgreiche Dienstleister, FAZ-Buch, Frankfurt a. M.1998.

Kupka, H.: Verwaltungsmodernisierung unter besonderer Berücksichtigung des Zusammenspiels und des sich wandelnden Verhältnisses zwischen Rat und Verwaltung, in: Jahrbuch für Kommunen 1998, Stuttgart 1997, S. 158–169

Lang, E.: Modernisierung der öffentlichen Verwaltung, in: Modernes Verwaltungsmanagement 1996, S. 13–47.

Laux, E.: Vom Verwalten. Beiträge zur Staatsorganisation und zum Kommunalwesen, Baden-Baden 1993.

Lettieri, A.: Die Bedeutung von Schlüsselqualifikationen für Positionen im gehobenen nicht-technischen Dienst unter Berücksichtigung der Studieninhalte der FH Ludwigsburg – Hochschule für öffentliche Verwaltung und Finanzen, Eine empirische Untersuchung von Stellenanzeigen im Staatsanzeiger, Diplomarbeit, Ludwigsburg 2003.

Lewin, K.: Frontiers in group dynamics (I und II), in: Human Relations 1947, S. 4–41 und 143–153.

Lisges, G./Schübbe, F.: Personalcontrolling. Personalbedarf planen, Fehlzeiten reduzieren, Kosten steuern, München 2005.

Litke, H.-D.: Projektmanagement, 3. Auflage, München et al. 1995.

von Lucke, J./Eckert. K.-P./Breitenstrom, Ch.: EU-DLR – Einheitlicher Ansprechpartner. Rahmenarchitektur und technischer Lösungsvorschlag, White Paper des Fraunhofer-Instituts FOKUS, Berlin 2008.

Luhmann, N.: Organisation und Entscheidung, Opladen/Wiesbaden 2000.

Macharzina, K.: Unternehmensführung, Das internationale Managementwissen, Konzepte-Methoden-Praxis, 3. Auflage, Wiesbaden 1999.

Madauss, B. J.: Handbuch Projektmanagement, 5. Auflage, Stuttgart 1994.

Mahnkopf, R.: Budgetierung – die Antwort auf veränderte Anforderungen an den kommunalen Haushalt, in: Modernes Verwaltungsmanagement 1996, S. 87–143.

Mair, J: Schluss mit lustig, Warum Leistung und Disziplin mehr bringen als emotionale Intelligenz, Teamgeist und Soft Skills, Frankfurt a. M. 2002.

Majer, C.: ISO 9000-Zertifizierung, in: *Eckardstein, D. v./Kasper, H./Mayrhofer, W.* 1999, S. 405–420.

Mayer, F.: Personalentwicklung in der öffentlichen Verwaltung – Bestandsaufnahme und Zukunftsperspektiven, in: *Horváth & Partner*, Neues Verwaltungsmanagement 1996, C 2.1, Stuttgart 1996.

Mayer, F.: Mit Zielen führen – Die Methode der Zielvereinbarung, in: *Horváth & Partner*, Neues Verwaltungsmanagement 1996, C 2.5, Stuttgart 1997.

Mayerhofer, H./Meyer, M.: Projekte und Projektmanagement in NPOs, in: *Badelt, C.* 1999, S. 357 – 388.

Mehlich, H.: Anwendungssysteme in der öffentlichen Verwaltung. Die Einführung von Personalinformationssystemen, in: *Goller, J./Maack, H./Müller-Hedrich, B. W./Schad, T.*, Verwaltungsmanagement, E 2.9, Stuttgart 1995.

Mehlich, H.: Electronic Government, Die elektronische Verwaltungsreform, Grundlagen-Entwicklungsstand-Zukunftsperspektiven, Wiesbaden 2002.

Meixner, H.-E.: Lust statt Frust in der öffentlichen Verwaltung, Wege aus der Führungskrise, Köln et al. 1998.

Metzen, H.: Schlankheitskur für den Staat, Lean Management für die öffentliche Verwaltung, Frankfurt a. M./New York 1994.

Meurer, E./Stephan, G. (Hrsg.): Rechnungswesen und Controlling in der öffentlichen Verwaltung, Grundlagen, Beispiele und Erfahrungsberichte für die Verwaltungspraxis, Freiburg 2001.

Meyer, A./Blümelhuber, Ch./Pfeiffer, M.: Der Kunde als Co-Produzent und Co-Designer – oder: die Bedeutung der Kundenintegration für die Qualitätspolitik von Dienstleistungsanbietern, in: *Bruhn, M./Stauss, B.* 2000, S. 49–70.

Mies, H.: Das neue Verwaltungsleitbild – die Verwaltung als Dienstleister, in: Jahrbuch für Kommunen 1998, Stuttgart 1997, S. 178–187.

Möllhoff, D: Praxishandbuch Personalmanagement, Grundlagen und Instrumente für erfolgreiche Personalarbeit, Frankfurt a. M./New York 2001.

Modernes Verwaltungsmanagement, herausgegeben von der Bayerischen Verwaltungsschule, Stuttgart et al. 1996.

Müller-Stevens, G./Lechner, Ch.: Strategisches Management, Wie strategische Initiativen zum Wandel führen, Stuttgart 2001.

Müller-Stevens, G./Lechner, Ch.: Strategisches Management, Wie strategische Initiativen zum Wandel führen, 2. Auflage, Stuttgart 2003.

Müller, U.: Controlling aus verwaltungswissenschaftlicher Perspektive. Ein Beitrag zur Verwaltungsreform, Wiesbaden 2004.

Müller, U.: Controlling/Verwaltungscontrolling, in: *Voigt, R./Walkenhaus, R.* (Hrsg.): Handwörterbuch zur Verwaltungsreform, Wiesbaden 2006, S. 62–68.

Nagel, G.: Wagnis Führung, 365 Tage aus dem Leben eines Change Managers, München 1999.

Naschold, F.: Modernisierung des Staates, Zur Ordnungs- und Innovationspolitik des öffentlichen Sektors, Berlin 1993.

Nau, H.-R/Wallner, G.: Verwaltungscontrolling für Einsteiger, Kosten- und Leistungsrechnung in öffentlichen Unternehmen und Verwaltungen, Freiburg 1998.

Naßmacher, H./Naßmacher, K.-H.: Kommunalpolitik in der Bundesrepublik, Opladen 1979.

Nerdinger, F.W.: Das Mitarbeitergespräch, Eine Alternative zur herkömmlichen Beurteilung, in: *Goller, J./Maack, H./Müller-Hedrich, B. W./ Schad, T.*, Verwaltungsmanagement, E 2.9, Stuttgart 1993.

Neuberger, O.: Das Mitarbeitergespräch, Persönlicher Informationsaustausch im Betrieb, 3. Auflage, Goch 1980.

Neuberger, O.: Arbeit, Begriff – Gestaltung – Motivation – Zufriedenheit, Stuttgart 1985.

Neuberger, O.: Personalwesen 1: Grundlagen, Entwicklung, Organisation, Arbeitszeit, Fehlzeiten, Stuttgart 1997.

Neuberger, O.: Führen und führen lassen, 6. Auflage, Stuttgart 2002.

Olfert, K./Steinbuch, P. A.: Personalwirtschaft, 9. Auflage, Ludwigshafen 2001.

Olfert, K.: Organisation, 14. Auflage, Ludwigshafen 2006.

Olfert, K.: Personalwirtschaft, 12. Auflage, Ludwigshafen 2006.

Parasuraman, A./Zeithaml, V. a./Berry, L. L.: A Conceptual Model of Service Quality and its Implications for Future Research, in: Journal of Marketing, Vol. 49 (Fall 1985), S. 41–50.

Paul, G.: Organisationsentwicklung, Verwaltungen helfen sich selbst, 2. Auflage, Stuttgart 1997.

Peter, L. J./Hull, R. Das Peter-Prinzip oder die Hierarchie der Unfähigen, Reinbek bei Hamburg 2004.

Probst. G. J. B.: Organisation, Strukturen, Lenkungsinstrument, Entwicklungsperspektiven, Landsberg 1993.

Räder, B. K.: Umsetzung neuer Verwaltungsmodelle am Beispiel eines Bürgeramtes, in: Modernes Verwaltungsmanagement 1996, S. 144–172.

Radtke, B.: Entwicklung des Leitbildes parallel zur Reform, Wandel in den Köpfen der Beschäftigten aktiv unterstützen, in: VOP 5/1998, S. 16–19.

Rau, T.: Betriebswirtschaftslehre für Städte und Gemeinden, Strategie, Personal, Organisation, 2. Auflage, München 2007.

Reddin, W. J.: Das 3-D-Programm zur Leistungssteigerung des Managements, München 1981.

Regnet, E.: Kommunikation als Führungsaufgabe: *von Rosenstiel, L./Regnet, E./Domach, M.* (Hrsg.): Führung von Mitarbeitern, 5. Auflage, Stuttgart 2003, S. 234–252.

Reichard, C.: Betriebswirtschaftslehre der öffentlichen Verwaltung, 2. Auflage, Berlin/New York 1987.

Reichard, C.: Umdenken im Rathaus, Neue Steuerungsmodelle in der deutschen Kommunalverwaltung (Modernisierung des öffentlichen Sektors – Bd. 3), 2. Auflage, Berlin 1994.

Reichard, C.: Das »Neue Steuerungsmodell« und der Bürger, in: Deutsche Zeitschrift für Kommunalwissenschaften (DfK), Jg. 41, 2002, H. II, S. 44–60.

Reichard, C.: Public Management im deutschsprachigen Raum, in: *Blümle, E.-B./Pernsteiner, H./Purtschert, R. et al.* (Hrsg.), Öffentliche Verwaltung und Nonprofit-Organisationen, Festschrift für Reinhart Schauer, Wien 2003.

Reiß, M.: Change Management als Herausforderung, in: *Reiß, M./Rosenstiel, L. v./Lanz, A.* (Hrsg.) 1997, S. 5–30.

Reiß, M./Rosenstiel, L. v./Lanz, A.: Change Management, Programme, Projekte und Prozesse, Stuttgart 1997.

Ritz, A./Thom, N.: Internationale Entwicklungslinien des New Public Managements: Vergleichende Analyse von 11 Ländern, Arbeitsbericht Nr. 45 des Instituts für Organisation und Personal der Universität Bern, Bern 2000.

Röber, M. (Hrsg.): Moderne Verwaltung für moderne Metropolen, Berlin und London im Vergleich, Opladen 2002.

Rode, U.: Von anderen lernen, Mit Benchmarking Leistungspotenziale ermitteln und nutzen, in: *Horváth & Partner*, Neues Verwaltungsmanagement 1996, B 1, Stuttgart 1996.

Rode, U.: Mit Produkten planen und steuern, Welche Möglichkeiten und Grenzen Sie bezüglich der Produktorientierung beachten sollten, in: *Horváth & Partner*, Neues Verwaltungsmanagement 1996, C 3.16, Stuttgart 2000.

Rosenstiel, L. v.: Die Arbeitsgruppe, in: *Rosenstiel, L. v./Regnet, E./ Domsch, M.* (Hrsg.), Führung von Mitarbeitern, 5. Auflage, Stuttgart 2002, S. 367–386.
Rosenstiel, L. v.: Grundlagen der Organisationspsychologie, 3. Auflage, Stuttgart 1992.
Rosenstiel, L. v.: Wandel in der Karrieremotivation – Neuorientierung in den 90er-Jahren, in: *Rosenstiel, L. v.* et al. (Hrsg.): Wertewandel, Herausforderungen für die Unternehmenspolitik in den 90er-Jahren, 2. Auflage Stuttgart 1993, S. 47–81.
Ruschel, A.: Arbeits- und Berufspädagogik für Ausbilder in Handlungsfeldern, Ludwigshafen 1999.
Ruter, R. X.: Total Quality Management in der öffentlichen Verwaltung, in: Bürgermeister Handbuch, Ergänzungslieferung Februar 1998, Stadtbergen.
Sackmann, S.: Organisationskultur: Die unsichtbare Einflussgröße, in: Gruppendynamik, Zeitschrift für angewandte Sozialwissenschaft 1983, S. 393–406.
Schäfer, N.: Organisationspsychologie für die Praxis, Berlin 1997.
Schäfer, N.: Organisationspsychologie für die Praxis, Sternenfels 2005.
Schäffer, U./Weber, J. (Hrsg.): Bereichscontrolling. Funktionsspezifische Anwendungsfelder, Methoden und Instrumente, Stuttgart 2005.
Schanz, G.: Organisationsgestaltung, Management von Arbeitsteilung und Koordination, 2. Auflage, München 1994.
Schauer, R./Kepler, J.: Leistungsorientiertes Rechnungswesen für das Verwaltungsmanagement, Entwicklungstendenzen zu einem entscheidungsorientierten Rechnungswesen in öffentlichen Verwaltungen, in: *Goller, J./Maack, H./Müller-Hedrich, B. W./Schad, T.*, Verwaltungsmanagement, F 1.2, Stuttgart 1997.
Schedler, K./Proeller, I.: New Public Management, Bern et al. 2000.
Schedler, K./Proeller, I.: New Public Management, 3. Auflage, Bern et al. 2006.
Schein, E. H.: Wie vollziehen sich Veränderungen? in: Änderung des Sozialverhaltens, hrsg. von *Bennis, W,G./Benne, K. D./Chin, R.*, Stuttgart 1975, S. 128–139.
Schmidt, G.: Methode und Techniken der Organisation, 11. Auflage, Gießen 1997.
Schmidt, H.-J.: Betriebswirtschaftslehre und Verwaltungsmanagement, 5. Auflage, Heidelberg 2001.
Schmöller, W.: Drei Jahre Leitbild Unternehmen der Stadt Passau, Modernisierung findet breite Akzeptanz und Anerkennung., in: VOP 5/1997, Seite 14–18.
Scholz, C.: Personalmanagement, 4. Auflage, München 1994
Scholz, C.: Personalmanagement, 5. Auflage, München 2000.
Scholz, R./Vrohlings, A.: Prozess-Redesign und kontinuierliche Prozessverbesserung, in: Prozessmanagement, Konzepte, Umsetzungen und Erfahrungen des Reengineering, hrsg. von *Gaitanides, M./Scholz, R./ Vrohlings, A.* et al., München et al. 1994, S. 99–122.
Schulte-Zurhausen, M.: Organisation, 2. Auflage, München 1999.
Schulte-Zurhausen, M.: Organisation, 3. Auflage, München 2002.
Schuster, W./Murawski, K. P. (Hrsg.): Die regierbare Stadt, Stuttgart 2002.

Schuster, W.: Die kommunale Dimension der Europäischen Union – Chancen und Aufgaben, in: *Haas, R./Hopp, H./Kese, V.* (Hrsg.): Die Zukunft der Kommunen in Europa, Europakonferenz des Landkreises Ludwigsburg 2007, Stuttgart 2008, S. 33–38.

Schwarzer, B./Krcmar, H.: Wirtschaftsinformatik, Grundzüge der betrieblichen Datenverarbeitung, 2. Auflage, Stuttgart 1999.

Servatius, H.-G.: Reengineering-Programme umsetzen, Von erstarrten Strukturen zu fließenden Prozessen, Stuttgart 1994.

Siepmann, H./Siepmann, U.: Verwaltungsorganisation, 5.Auflage, Köln 1995.

Simon, H.: Das große Handbuch der Strategiekonzepte, Ideen, die die Businesswelt verändert haben, Frankfurt a. M. 2000.

Simon, W.: Moderne Management-Konzepte von A–Z, Strategiemodelle, Führungsinstrumente, Managementtools, Offenbach 2002.

Sprenger, R. K.: Aufstand des Individuums, Warum wir Führung komplett neu denken müssen, Frankfurt a. M./New York 2000.

Sprenger, R. K.: Vertrauen führt, Worauf es im Unternehmen wirklich ankommt, Frankfurt a. M./New York 2002.

Stächele, W.: Kommunen in Europa – Europa in den Kommunen, in: *Haas, R./Hopp, H./Kese, V.* (Hrsg.): Die Zukunft der Kommunen in Europa, Europakonferenz des Landkreises Ludwigsburg 2007, Stuttgart 2008, S. 27–32.

Städtetag Baden-Württemberg: Geschäftsprozessoptimierung im Bürgeramt. Leitfaden des Städtetages Baden-Württemberg für Einrichtung von Bürgerämtern, Stuttgart 1997.

Staehle, W. H.: Management: Eine verhaltensorientierte Perspektive, 6. Auflage, München 1991.

Staehle, W. H.: Management: Eine verhaltensorientierte Perspektive, 7. Auflage, München 1994.

Stadt Köln: Die Neue Verwaltungsstruktur, Von der Behörde zum Dienstleistungsunternehmen, Köln 1996.

Stargardt, H.-J.: Grundlagen, Ziele und Methoden der Personalwirtschaft, 2. Auflage, Herford 1992.

Statistisches Landesamt Baden-Württemberg (Hrsg.): Der demografische Wandel in Baden-Württemberg, Reihe Statistische Analysen 2/2007, Stuttgart 2007.

Stauss, B.: Internes Marketing als personalorientierte Qualitätspolitik, in: *Bruhn, M./Stauss, B.* 2000, S. 203–222.

Steinmann, H./Schreyögg, G.: Management, Grundlagen der Unternehmensführung, Konzepte – Funktionen – Fallstudien, 3. Auflage, Wiesbaden 1993.

Steinmann, H./*Schreyögg, G.*: Management, Grundlagen der Unternehmensführung, Konzepte – Funktionen – Fallstudien, 4. Auflage, Wiesbaden 1997.

Steinmann, H./Schreyögg, G.: Management. Grundlagen der Unternehmensführung, Konzepte – Funktionen – Fallstudien, 6. Auflage, Wiesbaden 2005.

Stopp, U.: Betriebliche Personalwirtschaft, Zeitgemäße Personalwirtschaft – Notwendig für jedes Unternehmen, 15. Auflage, Ehningen/Stuttgart 1989.

Strauss, G./Sayles, L. R.: Personnel – The Human Problems of Management. 3. Auflage, Englewood Cliffs, N. J. 1972.

Streibl, U.: Organisationsgestaltung in der Kommunalverwaltung, Aufgaben-Ziele-Strukturen, Wiesbaden 1996.

Thom, N: Management des Wandels, Grundelemente für ein differenziertes und integriertes »Change Management«, Berner akademische Reden, Bern, Stuttgart, Wien 1996.

Thom, N./Ritz, A.: Public Management, Innovative Konzepte zur Führung im öffentlichen Sektor, Wiesbaden 2000.

Thom, N./Ritz, A.: Public Management, Innovative Konzepte zur Führung im öffentlichen Sektor, 3. Auflage, Wiesbaden 2006.

Thom, N./Zaugg, R. J.: (Hrsg.): Excellence durch Personal- und Organisationskompetenz, Bern et al. 2001.

Thom, N./Zaugg, R. J.: Excellence durch Personal- und Organisationskompetenz, in: *Thom, N./Zaugg, R. J.* (Hrsg.) 2001, S. 1–19.

Verwaltungsakademie Berlin (Hrsg.): Unternehmen Verwaltung. Neues Berliner Verwaltungsmanagement: Teilprojekt Dezentrale Fach – und Ressourcenverantwortung, Berlin 1995.

Vahs, D.: Organisation, Einführung in die Organisationstheorie und -praxis, Stuttgart 1997.

Vahs, D.: Organisation, Einführung in die Organisationstheorie und -praxis, 6. Auflage, Stuttgart 2007.

Vahs, D./Leiser, W.: Change Management in schwierigen Zeiten, Erfolgsfaktoren und Handlungsempfehlungen für die Gestaltung von Veränderungsprozessen, Wiesbaden 2003.

Vahs, D./Leiser, W.: Change Management in schwierigen Zeiten, Erfolgsfaktoren und Handlungsempfehlungen für die Gestaltung von Veränderungsprozessen, 2. veränderter Nachdruck, Wiesbaden 2007.

Vahs, D./Schäfer-Kunz, J.: Einführung in die Betriebswirtschaftslehre, 5. Auflage, Stuttgart 2007.

Vogel, A. M.: Verwaltungscontrolling, in: Modernes Verwaltungsmanagement 1996, Seite 144–172.

Vollmer, G.: Das Einstellungsinterview. Verbesserung der Aussagekraft durch kompetente Durchführung und Auswertung – Checkliste zu Gesprächsinhalt und Gesprächsphasen, in: *Goller, J./Maack, H./Müller-Hedrich, B. W./Schad, T.*, Verwaltungsmanagement, C 4.1, Stuttgart 1990.

Wahren, H.-K. E.: Gruppen- und Teamarbeit in Unternehmen, Berlin, New York 1994.

Wald, A.: Personalmanagement für die kommunale Praxis, Grundlagen-Methoden-Ziele, Berlin 1996.

Walkenhaus, R.: Governance, in: *Voigt, R./Walkenhaus, R.* (Hrsg.): Handwörterbuch zur Verwaltungsreform, Wiesbaden 2006, S. 162–166.

Weber, J.: Einführung in das Controlling, 10. Auflage, Stuttgart 2004.

Weber, S.: Vernetzung als Prozess entwerfen mit Großgruppenverfahren, in: Organisationsentwicklung 02/2002, S. 60–73.

Weber, W,/Kabst, R.: Personalwesen im europäischen Vergleich (The Cranfield Project on International Strategic Human Resource Management), Ergebnisbericht 2000.

Wehrmann, I./Abel, R. D.: Von der Kindertagesstättenverwaltung zum Kindertagesstättenmanagement, Ein Beitrag zur Zukunft von Kindertagesstätten, Bremen 2000.
Weidner, W. et al.: Organisation in der Unternehmung, 4. Auflage, München et al. 1992.
Weisbord, M./Jonoff, S.: Future Search – Die Zukunftskonferenz, Wie Organisationen zu Zielsetzungen und gemeinsamem Handeln finden, Stuttgart 2001.
WIBERA: Landeshauptstadt Stuttgart: Effektivierung der Arbeit von Gemeinderat und Verwaltung, Eine Untersuchung zur Verbesserung der Steuerung einer großstädtischen Verwaltung, Düsseldorf 1993.
WIBERA: Leitbilder in der Verwaltungsmodernisierung, Düsseldorf 1995.
Wintzen, R.: Konzernsteuerung in der Kommunalverwaltung, Kontraktmanagement zwischen Politik und Verwaltung, Diplomarbeit, Fachhochschule Ludwigsburg 1998.
Wittlage, H.: Methoden und Techniken praktischer Organisationsarbeit, Herne/Berlin 1993.
Wittlage, H.: Unternehmensorganisation, 6. Auflage, Herne et al. 1998.
Wöhler, B./Weise, F.: Eine Balanced Scorecard entwickeln – Eine Anleitung für professionelle Vorbereitung, Durchführung und nachhaltige Implementierung, in: *Horváth & Partner*, Neues Verwaltungsmanagement 2003, C 3.23, Stuttgart 1996.
Womack, J. P./Jones, D. T./Roos, D. T.: Die zweite Revolution der Autoindustrie, Frankfurt a. M. 1992.
Wunderer, R.: Führung und Zusammenarbeit, Beiträge zu einer Führungslehre, Stuttgart 1993.
Wunderer, R. (Hrsg.): Mitarbeiter als Mitunternehmer: Grundlagen, Förderinstrument, Praxisbeispiele, Neuwied 1999.
Wunderer, R./Dick, P.: Personalmanagement – Quo vadis? Analysen und Prognosen zu Entwicklungstrends bis 2010, Neuwied 2000.
Wunderer, R./Kuhn, T. (Hrsg.): Innovatives Personalmanagement, Theorie und Praxis unternehmerischer Personalarbeit, Neuwied/Berlin 1995.
Wunderer, R./Kuhn, T.: Unternehmerisches Personalmanagement – zentraler Ansatzpunkt zur Förderung unternehmerischen Verhaltens, in: *Wunderer, R./Kuhn, T.* 1995, S. 3–20.

Stichwortverzeichnis

Die Autoren

Prof. Dr. rer. soc. Helmut Hopp, Jahrgang 1957, hat das Studium der Sozialwissenschaften und der Soziologie an den Universitäten Wuppertal und Bielefeld im Jahre 1985 abgeschlossen. 1992 erfolgte die Promotion zum Doktor der Gesellschaftswissenschaften (Dr. rer. soc.) an der Universität Wuppertal mit einem verwaltungswissenschaftlichen Thema. Von 1992 bis 1995 war Dr. Hopp Organisationsberater bei einer Wirtschaftsberatungsgesellschaft in Düsseldorf. 1995 konnte er eine Professur für Verwaltungsmanagement an der Hochschule für öffentliche Verwaltung und Finanzen Ludwigsburg annehmen. Seit 2002 ist er Prorektor der Hochschule. Er hat zahlreiche Veröffentlichungen im Bereich des Verwaltungsmanagements.

Astrid Göbel blickt auf umfassende Beratungserfahrung im öffentlichen Sektor zurück. Nach ihrem Studium der Betriebswirtschaftslehre in Tübingen baute sie den Bereich Public Services Advisory bei Arthur Andersen auf und wurde 2001 zur Partnerin berufen. Bei weiteren Stationen in IT-Dienstleistungsunternehmen war sie unter anderem als Mitglied der Geschäftsleitung Deutschland und Österreich für den Geschäftsbereich »Öffentliche Verwaltung« verantwortlich. Seit 2007 ist sie als Partnerin im Bereich Public Sector bei der Wirtschaftsprüfungs- und Beratungsgesellschaft KPMG in Berlin tätig. In dieser Funktion ist sie schwerpunktmäßig für die Organisations- und Prozessberatung von Bundes- und Landesministerien und den nachgeordneten Institutionen zuständig. Des Weiteren ist sie verantwortlich für die deutschlandweite Koordination des Bereiches Public Sector. Zu ihren Beratungsschwerpunkten zählen unter anderem die Strategie- und Managementberatung, Change Management und Organisationsentwicklung.